SAS 语言基础与高级编程技术

◎ 胡良平　胡纯严　主编
◎ 王　琪　吕辰龙　郭辰仪　鲍晓蕾　副主编

SAS

统计分析教材

電子工業出版社
Publishing House of Electronics Industry
北京·BEIJING

内 容 简 介

本书全面系统地介绍了国际著名的统计分析系统 SAS 软件的主要内容，包括 SAS 语言基础、SAS 高级编程技术、SAS 9.2 和 SAS 9.3 新增内容及用法简介、用 SAS 实现试验设计及处理病态数据的两个过程简介，其中前两部分是本书的重点。SAS 语言基础部分涵盖了如下内容：SAS 软件介绍、导入访问外部数据、基本 SAS 语言及其应用、常用 SAS 函数及其应用；而 SAS 高级编程技术部分包括如下内容：宏及其应用、SQL 及其应用、ODS 及其应用、数组及其应用、IML 及其应用，以及如何掌握 SAS 语言的核心技术。书中还介绍了 SAS 9.2 和 SAS 9.3 中一些新增过程和选项，以及部分实用新过程的使用方法和技巧。

本书不仅适合于广大 SAS 初学者，也适合于具有初、中级以上水平的 SAS 用户学习和使用，还可以作为教授 SAS 的教材或参考书。

图书在版编目(CIP)数据

SAS 语言基础与高级编程技术/胡良平，胡纯严主编．—北京：电子工业出版社，2014.5
统计分析教材
ISBN 978-7-121-22989-3

I. ①S… II. ①胡… ②胡… III. ①统计分析-应用软件-程序设计-高等学校-教材 IV. ①C819

中国版本图书馆 CIP 数据核字(2014)第 078147 号

策划编辑：秦淑灵
责任编辑：苏颖杰
印　　刷：河北虎彩印刷有限公司
装　　订：河北虎彩印刷有限公司
出版发行：电子工业出版社
　　　　　北京市海淀区万寿路 173 信箱　邮编　100036
开　　本：787×1092　1/16　印张：28.75　字数：733 千字
版　　次：2014 年 5 月第 1 版
印　　次：2025 年 9 月第 8 次印刷
定　　价：59.00 元

凡所购买电子工业出版社图书有缺损问题，请向购买书店调换。若书店售缺，请与本社发行部联系，联系及邮购电话：(010)88254888。

质量投诉请发邮件至 zlts@phei.com.cn，盗版侵权举报请发邮件至 dbqq@phei.com.cn。

服务热线：(010)88258888。

《SAS 语言基础与高级编程技术》编委会

主　编　胡良平　胡纯严

副主编　王　琪　吕辰龙　郭辰仪　鲍晓蕾

编　委（以单位和姓氏笔画为序）

天津医科大学	李长平
北京大学医学部	曹　波
北京军区北戴河疗养院	关　雪
军事医学科学院	王　琪　孙日扬　吕辰龙　沈　宁　柳伟伟 胡良平　胡纯严　钱　诚　郭辰仪　鲍晓蕾
济南军区疾病预防控制中心	李子建
首都医科大学	刘惠刚　陶丽新　郭　晋
解放军 522 医院	贾元杰
解放军 95969 部队卫生队	高　辉
解放军卫生信息中心	葛　毅
SAS 公司北京办事处	宋卫平

前　言

迄今为止，国内外已出版的SAS书籍已经相当多了，每位作者都尽力把自己学习和使用SAS的经验和体会全盘托出，目的就是为了让新的SAS用户少走弯路。本书作者仍然怀着同样的心情，不仅传授着学习SAS的体会和经验，还把最新版的SAS知识介绍给广大新老SAS用户；不仅介绍SAS软件本身的一些学习和使用经验，还介绍如何巧妙地使用SAS解决一些棘手的统计问题，特别是处理非标准的科研资料或含有较多异常值的数据。

本书内容共4篇，第1篇SAS语言基础，包含4章，分别为第1章SAS软件介绍、第2章导入访问外部数据、第3章基本SAS语言及其应用和第4章常用SAS函数及其应用；第2篇SAS高级编程技术，包含6章，分别为第5章宏及其应用、第6章SQL及其应用、第7章ODS及其应用、第8章数组及其应用、第9章IML及其应用和第10章如何掌握SAS语言的核心技术（这是第5章到第9章的概括和总结，起到了提纲挈领、纲举目张之功效）；第3篇SAS 9.2和SAS 9.3新增内容及用法简介，包含6章，分别为第11章SAS 9.2中SAS/BASE模块中新增内容简介、第12章SAS 9.2的SAS/STAT模块新增内容简介、第13章SAS 9.3的SAS/BASE模块新增内容简介、第14章SAS 9.3的SAS/STAT模块新增内容简介、第15章 用SAS中的新过程实现某些统计分析、第16章SAS 9.2和SAS 9.3的新增选项和功能；第4篇用SAS实现试验设计及处理病态数据的两个过程简介，包含2章，分别为第17章与试验设计有关的SAS过程和第18章ORTHOREG和QUANTREG过程处理病态数据的效果展示。

本书的阅读顺序为：初学者先学习第1～4章；初、中级SAS水平的用户可直接学习第5～9章；高级SAS水平的用户可参阅第10章；希望了解SAS软件中的新增过程和新增选项的读者，可浏览第11～14章；希望运用某些新增过程解决实际问题的用户，可重点学习第15、16和18章；希望运用SAS直接产生多因素试验设计类型的用户，可以阅读第17章。

值得一提的是，我的两位在读博士研究生吕辰龙和郭辰仪结合自己学习SAS的体会，分别撰写了第5、7、9、15章和第2、6、8、16章；已毕业和即将毕业的两位博士研究生王琪和鲍晓蕾分别撰写了第3、4章和第11～14章；博士研究生胡纯严撰写了第10章，并协助审阅全书。

由于笔者水平有限，书中难免会出现这样或那样的不妥，甚至错误之处，恳请广大读者不吝赐教，以便再版时修正（E-mail：lphu812@sina.com）。

胡良平
于北京军事医学科学院研究生部
生物医学统计学咨询中心
2013年11月

目　录

第1篇　SAS语言基础

第 2 篇 SAS 高级编程技术

第 3 篇　SAS 9.2 和 SAS 9.3 新增内容及用法简介

第4篇　用SAS实现试验设计及处理病态数据的两个过程简介

第1篇　SAS语言基础

第1章　SAS软件介绍

1.1　SAS软件的历史与规模

SAS软件研究所迄今已经历了30多年的发展历程：

1966—1975年	为了分析大量的农业数据，美国北卡罗来纳州立大学的几个学者(Jim Goodnight博士即是其中的一员)在当时最大的主机系统上开发了用于统计分析的软件，即SAS软件的雏形。
1976年	Goodnight博士和其他3个合伙人在北卡的Raleigh小城创立了SAS公司。 同年第一届SAS用户大会(SUGI)举办。 SAS软件的第一个商用版本Base SAS发布。
1980年	在北卡Cary小镇自建的第1幢大楼Building A竣工，建立了全球总部，同年SAS欧洲总部在英国开设。 SAS/Graph和SAS/ETS软件发布。 SAS的客户数量超过了3000个。 在北卡的SAS园区内自建了第5幢大楼Building E，为员工提供舒适的工作环境。 第一届欧洲用户大会(SEUGI)在伦敦举办。 在亚洲的第一个分公司在新加坡开设。 SAS Version 4发布。
1985年	SAS开设了香港和日本分公司。 SAS Version 5发布。 SAS发布了第一个运行于PC DOS上的版本。
1988年	SAS公司Cary总部员工超过1000人。 SAS软件安装在超过65%的IBM主机系统上。 SAS系统全部用C语言重新开发。 引入多硬件厂商架构(MVA)，发布SAS Version 6。这是第一个可运行在UNIX、MS-DOS和Windows平台上的SAS版本。 发布SAS/CPE软件，奠定了SAS在计算机性能评估系统方面的创新者地位。
1990年	SAS在中国大陆的第一个办事处在北京设立。 发布SAS/CONNECT软件，通过客户机/服务器模式支持分布式处理。

MVS、CMS和OpenVMS操作系统上的SAS 6.06发布。

1992年　SAS的第一个行业应用软件，用于制药行业临床数据分析的SAS/PH-Clinical软件发布。

1996年　SAS成立专业服务部门为客户提供咨询服务。

SAS软件被Datamation杂志的20多万读者评为数据仓库的年度产品。

SAS发布了版本6.12，宣布支持Web应用方式，同时发布海量数据服务器软件SAS SPDS。

同年发布SAS的第一个跨行业的业务解决方案套件——财务管理解决方案SAS/CFO Vision。

1999年　SAS公司年营业收入超过10亿美元。

SAS园区内的第22幢大楼Building T建成。

SAS作为金牌赞助商赞助了1999年世界特殊奥林匹克运动会。

SAS Version 7发布，宣布停止对DOS版本的支持。

发布用于人力资源分析和管理的解决方案套件SAS/HR Vision。

发布端到端的风险管理解决方案套件SAS Risk Dimensions。

推出其客户关系管理系列解决方案中的第一个套件——SAS电信业客户流失管理解决方案；和Dun & Bradstreet共同发布SAS供应商管理解决方案。

美国食品和药品管理局(FDA)选择SAS格式作为接受和保存电子数据的文件格式。

2000年　SAS发布新的公司品牌Logo和标志语"The Power to Know"。

SAS Version 8发布，支持Linux操作系统。

2003年　SAS连续第7年入选《财富》杂志"最佳雇主100"榜单。

SAS公司连续27年保持双位数的增长。

赞助了2003年世界特殊奥林匹克运动会。

引入全新的SAS 9架构，发布SAS 9.1。

宣布萨班斯法案合规性解决方案。

发布营销活动管理解决方案、营销活动优化解决方案和客户交互管理解决方案，进一步增强了其在分析型客户关系管理领域的领导者地位。

发布供应链智能管理解决方案。

2005年　SAS在北京的研发中心注册成为赛仕软件研究开发(北京)有限公司，进一步加大在中国的投入。

SAS 9.1.3发布。

发布SAS Forecast Server，新一代高性能准确预测解决方案。

推出SAS零售业智能管理解决方案。

2006年　SAS以连续30年双位数增长的骄人业绩庆祝其30岁生日，年营收达到19亿美元。

SAS在北美和欧洲发布渠道合作伙伴计划。

SAS 9.1.3 SP4发布。

SAS反洗钱解决方案被评为最佳。

SAS签约第100个BASEL II(新巴塞尔资本协定)软件实施客户。

2007年　SAS用户大会(SUGI)改名为SAS全球论坛在Orlando盛大举行，参会用户人数超过 3600 名(44 个国家)。
SAS 连续 3 年位列操作风险管理系统领导厂商。
SAS 年营收超过 20 亿美元大关，达到 21.5 亿美元。

2008 年　SAS 连续 11 年入选《财富》杂志“最佳雇主 100”。
在全球经济衰退的情况下继续保持了 5.1% 的增长。
SAS 9.2 发布。

2009—2013 年　SAS 的规模和在全球的影响力仍在扩大，详情从略。

1.2　SAS 软件的框架与结构

SAS 软件平台的设计宗旨是在确保高效地访问、处理大量数据的同时，为大量的用户提供及时的商业智能。为此，平台的设计采用多层架构，把各种功能分布到不同的计算机资源，使得不同的工作由最合适的计算机来承担。

同时，这样的多层架构还可以根据工作负载量的要求而伸缩(扩展)。对于大型的公司，整个多层的架构可以部署在很多不同的计算机上，这些计算机也可以运行不同的操作系统；而如果是试验项目，或是为了演示，或者公司规模很小，整个平台也可以安装在一台计算机上。

SAS 软件平台的架构分为以下四层。

(1)源数据层

源数据层存储企业的数据资源。企业范围内现存的所有数据资产都可以被利用，不管它是存储在关系型数据库系统中，还是 SAS 中的数据表，或是 ERP 系统中的数据。

(2)SAS 服务器

SAS 服务器利用企业的数据资源执行 SAS 软件的各种处理。在这一层中，有不同的 SAS 服务器(SAS 元数据服务器、SAS 工作空间服务器、SAS OLAP 服务器、SAS 存储过程服务器)来处理不同负载类型和处理强度的工作。SAS 服务器会把请求处理的工作量分配到各个服务器上，来迅速满足多种客户端应用程序对信息处理的请求。

(3)中间层

中间层使得用户可以通过浏览器来访问智能数据和实现 SAS 软件平台的功能。在这一层中提供了基于 Web 的界面来帮助用户生成报表和发布信息，同时把分析和处理的请求传递给 SAS 服务器。

(4)客户端

客户端层为最终用户提供从他们的桌面通过友好、易用的界面来访问智能数据和实现 SAS 软件分析、处理能力的功能。对于大多数的信息消费者，可以仅通过使用浏览器来执行报表和分析的任务；而对于那些更高级的设计和分析的任务，则可以在用户的桌面计算机上安装各种的 SAS 客户端软件(SAS Add-in for Microsoft Office、SAS Enterprise Guide、SAS Enterprise Miner、SAS Data Intergration Studio、SAS Information Map Studio、SAS Management Console、SAS OLAP Cube Studio 等)。

SAS 软件的结构是模块化的，整个 SAS 软件由多个模块组成。随着时间的推移，根据全球用户的需求，模块在不断增加。初始阶段，SAS 基于 DOS 系统环境下运行时，仅有 SAS/BASE 模块、SAS/STAT 模块、SAS/GRAPH 模块等为数不多的几个模块；后来，进入 Windows 环境下运行，模块数由原先的十几个发展为二十多个，到现在，约有三十多个(甚至更多)。值得一提的是，SAS 软件不单纯是靠增加模块来拓展其功能，而且还在原有的很多模块中增加新的 SAS 过程；同时，又在原有的某些过程中增加具有新功能的选项。

1.3　SAS 环境与 SAS 窗口

在 Windows 环境中找到 SAS 系统程序组中的 SAS 图标并双击就启动了 SAS 系统。成功启动 SAS 的标志就是进入图 1-1 所示的窗口，它被称为 SAS 应用工作空间。此空间由一个大窗口中嵌套着多个小窗口组成，直接能看到的小窗口有位于左边的 SAS 资源管理窗口、位于上部的 SAS 日志窗口和位于下部的 SAS 编辑窗口。通过图 1-1 中最上面的“窗口”菜单，还可进入以文本格式输出计算结果的“输出窗口”和以树状图形呈现计算结果的“结果窗口”。

它像其他 Windows 应用程序一样，在一个主窗口内，包含若干个子窗口，并有菜单条、工具栏、状态栏等。

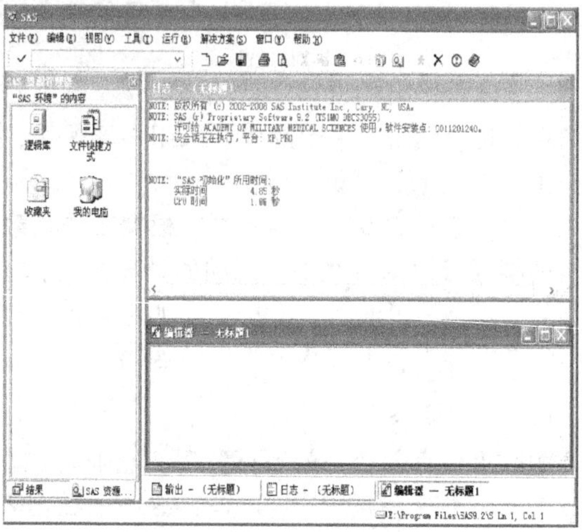

图 1-1　SAS AWS(SAS 应用工作空间)

编辑窗口的使用类似于在 Windows 中的“记事本”程序的使用，可以在其中编辑文本文件，主要是编辑 SAS 程序。程序可以直接在窗口中输入，插入新行用回车，插入点光标(闪动的竖线)可以用光标键(上下左右箭头、Home 键、End 键)移动或用鼠标单击到某一处。按住 Shift 键再按光标键可以加亮显示一块文本，然后用复制、剪切、粘贴命令(Edit 菜单中的 Cut、Copy、Paste，或工具栏对应图标)可以复制或移动加亮显示的文本。日志窗口记录程序的运行情况，即显示运行是否成功和运行所用时间。如果出错，将显示错在什么地方，并以红色显示出错信息。

输出窗口显示 SAS 程序的文本型输出(图形输出单独有一个 GRAPHICS 窗口)，输出分页显示。要把光标移动到某一窗口，可以用主菜单中的 Window 菜单选择要显示的窗口。用功能键 F5 可以切换到程序窗口，F6 可以到日志窗口，F7 可以到输出窗口。

SAS 主窗口标题栏下是主菜单。SAS 菜单是动态的，其内容随上下文而改变，即光标在不同窗口其菜单也不同。其中，File(文件)菜单主要包含有关 SAS 文件调入、保存及打印的功能；Edit (编辑)菜单用于窗口的编辑(如清空、复制、剪切、粘贴、查找、替换)；Locals(局部)菜单与当前正在进行的操作有关，如果用户正在程序窗口中编辑程序，则 Locals 菜单有提交运行、调回修改等项，如果在日志窗口或输出窗口则 Locals 菜单项根本不出现；Globals 菜单内容比较复杂，它可以打开被关闭的程序窗口、日志窗口、输出窗口、图形窗口，可以进入 SAS 提供的各个独立模块。主菜单下是一个命令条和工具栏菜单。命令条主要是用于与 SAS 较早版本的兼容性，可以在这里输入 SAS 的显示管理命令。工具栏图标提供了常见任务的快捷方式，比如保存、打印、帮助等。鼠标光标在某一工具栏图标上停留几秒即可显示其说明。工具栏图标的解释如下：

 Submit—提交编辑窗口中的程序。

 New—清空编辑窗口。

 Open—打开文件到编辑窗口。用户指定一个文件调入到编辑窗口内。这个文件从此与编辑窗口相关联，以后的存盘操作将自动存入这个文件。

 Save—存盘，保存编辑窗口内容。注意，如果此窗口已经与一个文件相联系的话，此功能将覆盖文件的原有内容而不提示。

 Print—打印当前窗口内容。

 Print preview—打印预览。

 Cut—剪切选定文本。

 Copy—复制选定文本。

 Paste—粘贴。注意这些操作是对 Windows 剪贴板进行的，可以用来与其他 Windows 应用程序交换文本、数据等。剪切或复制到剪贴板的内容可以被其他应用程序粘贴，其他应用程序放到剪贴板的内容也可以粘贴到 SAS 的编辑窗口中。

 Undo—撤销刚才的编辑操作。

 DOS prompt—临时进入 DOS。

 Browse—打开浏览器并进入 SAS 公司的主页 www. sas. com。

 Directories—进入 Directory(目录)窗口，可以浏览各 SAS 数据库的内容，可以浏览数据库中的数据集、SAS 目录的内容。

 SAS/ASSIST—启动 SAS 的菜单驱动界面 SAS/ASSIST 。

 Help—启动 Windows 的帮助系统进入 SAS 的帮助。

可以说，基本的 SAS 窗口有“SAS 资源管理”、“结果”、“程序编辑”、“日志”和“输出”窗口，但另外还有三十多个窗口可供用户处理打印和进行微调 SAS 会话之类的操作。这些窗口的名称和窗口命令的详细列表从略。若用户想获得此列表，可通过下面的方法实现：先选中主界面工具栏中最后一个选项(图标为一本书)，即帮助(Help)，然后按照“帮助(Help)→SAS 产品→Base SAS→SAS 窗口引用→SAS 窗口索引”的步骤显示全部 SAS 窗口列表。

1.4　如何发挥 SAS 帮助功能的作用

SAS 软件系统提供了强大的帮助功能，其内容包括很多计算方法所蕴含的计算原理和计算公式、SAS 语言和 SAS 函数、与统计学和 SAS 软件有关的很多概念，以及初学者如何学习和使用 SAS 的教程，还有很多用 SAS 解决实际问题的 SAS 样例(包括 SAS 程序和运行结果及结果解释)。

怎样才能进入 SAS 帮助窗口呢？进入的方法有以下三种。

第一种方法，在图 1-1 所示窗口的左上角有一个命令盒(长条空白区域)，在其内输入“HELP ×××”，其中“×××”为用户希望通过 SAS 帮助窗口了解的问题，然后按回车键或按此盒左边的“√”按钮。例如，用户希望了解 SAS/BASE 模块中 FREQ 过程的语法结构，就可输入“HELP FREQ”。这种方法适合查找 SAS 命令、SAS 过程、SAS 函数等详细信息。

第二种方法，按图 1-1 最上面菜单栏中最后一个按钮，即“帮助”(Help)。

第三种方法，按图 1-1 最上面工具栏中最后一个按钮，即图标为一本书。

后两种方法进入帮助窗口的区别在于：第二种方法包含了第三种方法，也就是说，使用第二种方法时会弹出一个下拉式子菜单，如图 1-2 所示的有 6 行文字的小方框，若再选中其第一行，就等同于直接采用第三种方法进入 SAS 帮助窗口。

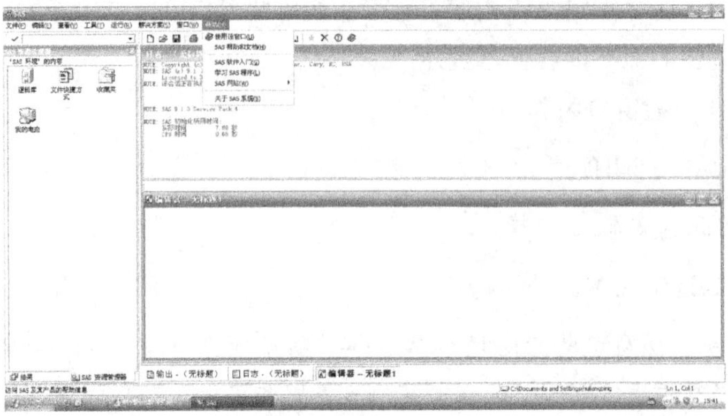

图 1-2　SAS 帮助窗口

图 1-2 中弹出的小方框，自上而下的 6 行的内容分别为① 使用该窗口；② SAS 帮助与文档；③ SAS 软件入门；④ 学习 SAS 程序；⑤ SAS 网站；⑥ 关于 SAS 系统。

用户需要了解哪些信息或希望从头开始学习 SAS，可以从相应的入口进入。

1.5　SAS 过程与 SAS 程序的区别

在 SAS 系统中，当人们希望描述、整理或分析数据时，都需要通过其内部编译后的程序来实现，这些编译后的程序仅以一个名称的形式呈现，如 FREQ、TTEST 等。它们的具体内容是看不见的，在本质上，它们就是一个被封装起来的函数或子程序，SAS 软件开发者们称它们为“SAS 过程(SAS PROCEDURE)”。在 SAS 的每个产品中都有很多实现不同或相近功能的过程，整个 SAS 系统中的 SAS 过程可能有好几百个。调用某个具体的 SAS 过程时，有其严格的语法规定，其中有些是固定的写法(语句和关键词)，有些是可选可不选的“选项(OPTIONS)”，为了达到不同的目的，可能需要选取不同的选项，本书中将会提供常用的选项，详细的选项必须查阅 SAS 说明书或 SAS 帮助信息。

若采用 SAS 菜单驱动系统或称为 SAS 非编程模块的方式来使用 SAS，用户可能感觉不到 SAS 过程的存在，只需要根据窗口中的提示进行适当的选择，就能获得所需要的结果。若不采用此法来运行 SAS，该如何实现呢？需要在程序编辑窗口书写一段 SAS 代码，通过提交这段 SAS 代码给 SAS 系统执行后，也能获得用户所需要的结果。这段 SAS 代码被称为 SAS 程序(SAS PROGRAM)。有了 SAS 过程，是否就不需要 SAS 程序了？如果用户永远只使用 SAS 菜单驱动系统来运行 SAS 的话，可以不需要书写 SAS 程序；如果用户不想使用 SAS 菜单驱动系统或用此系统无法实现某些目的时，就需要书写 SAS 程序了。

SAS 程序有简单和复杂之分，若用户希望 SAS 系统实现的功能已有现成的 SAS 过程可以解决，则此时的 SAS 程序就比较简单了，只要在 SAS 程序中按规定格式写入相应的 SAS 数据步语句(提供原始数据并通过 SAS 系统创建能被 SAS 系统调用的数据形式，被称为 SAS 数据集)和 SAS 过程步语句(调用相应的被编译过的 SAS 程序分析由 SAS 数据步创建的 SAS 数据集)即可；若用户希望 SAS 系统实现的功能在 SAS 系统中尚无现成的 SAS 过程可以直接实现，需要通过 SAS 语言编程来实现，则此时的 SAS 程序就比较复杂了，需要有相应的计算公式或算法，采用 SAS 语句、SAS 函数，甚至要运用高级 SAS 编程技术(本书第 2 篇中的相关内容)等方式将其表达出来，可称其为未编译的 SAS 子程序。

1.6　SAS 数据步与 SAS 过程步简介

通常，最简单的 SAS 程序由一段 SAS 数据步语句和一段 SAS 过程步语句组成。这两段 SAS 程序都由若干条 SAS 语句组成，每个 SAS 语句以英文的分号结束。一般来说，SAS 程序必须在 SAS 编辑窗口中输出，并通过按图 1-1 中工具栏的倒数第 4 个按钮（小人图标）来发送 SAS 程序，也称为将 SAS 程序提交给 SAS 系统执行。

SAS 数据步的形式：以 data 语句开头，以 run 语句结束。SAS 数据步的作用：创建能被 SAS 系统调用的特殊数据形式，被称为 SAS 数据集。例如，以下就是一段 SAS 数据步程序：

```
data xuexi;
    input obs name $ 15. sex $  height weight;
cards;
1  wang xiao ming   M  170  70
2  zhang san bao     M  168  67
3  qing hui qiong   F  165  56
4  zhang ping        F  169  66
5  li xiao qian     M  178  82
;
run;
```

其作用是创建一个名为 xuexi 的临时 SAS 数据集。成功创建的 SAS 数据集的形式如图 1-3 所示。

	obs	name	sex	height	weight
1	1	wang xiao ming	M	170	70
2	2	zhang san bao	M	168	67
3	3	qing hui qiong	F	165	56
4	4	zhang ping	F	169	66
5	5	li xiao qian	M	178	82

图 1-3　成功创建的 SAS 数据集的形式

SAS 过程步的形式：以 proc 语句开头，以 run 语句（或 quit 语句）结束。SAS 过程步的作用：调用 SAS 系统中某个已被编译过的程序，对指定的 SAS 数据集进行相应的处理（绘图、制表或计算）。例如，以下就是一段 SAS 过程步程序：

```
proc reg data=xuexi;
    model weight=height;
run;
```

其作用是基于已被成功创建的临时 SAS 数据集 xuexi，调用 SAS 系统中被编译过的可用于创建体重（weight）随“身高”（height）变化而变化的直线回归方程，并进行回归系数与零之间差别和整个直线回归方程是否具有统计学意义的计算和假设检验。

1.7　SAS 数据集与其他格式数据简介

1.7.1　如何使数据成为 SAS 数据集

要用 SAS 软件分析数据，首先必须创建 SAS 数据集。成功创建 SAS 数据集的原始数据可有多种不同的形式：

第一，直接将数据写在 SAS 数据步中 CARDS 语句与独占一行的空语句（只有一个分号）之间，将正确编写的 SAS 数据步程序发送给 SAS 系统执行，就可成功创建 SAS 数据集。此法适合用于数据量不太大的场合。

第二，在任何一个文本编辑器（如 Windows 系统"附件"中的"记事本"或"写字板"、SAS 的编辑窗口等）中输入数据，并以文本格式将数据存储在一个指定的位置（如硬盘、优盘），再在 SAS 数据步中采用 INFILE 语句将数据打开，利用 INPUT 语句创建变量并读取数值（具体操作后面将会介绍），将正确编写的 SAS 数据步程序（注意：通常仅包含 4 个 SAS 语句，即 DATA 语句、INFILE 语句、INPUT 语句和 RUN 语句）发送给 SAS 系统执行，就可成功创建 SAS 数据集。此法适合用于数据量很大的场合。

第三，由第三方软件格式的数据转换而来。例如，SPSS 软件中存储的数据，在此软件环境中另存为 SAS 软件格式的文件；由 Excel 软件输入并保存的数据，可通过两种方式转换成 SAS 数据集：① 直接利用 SAS 系统中的导入数据功能，将 Excel 格式的数据转换成 SAS 数据集；② 在 SAS 程序编辑窗口输入一段 SAS 程序，调用 SAS 中的 IMPORT 过程，将 Excel 格式的数据转换成 SAS 数据集。此法适合用于数据量很大且变量名有文字说明的场合。

1.7.2　SAS 数据集的种类与 SAS 数据集的命名

1. 临时与永久 SAS 数据集

在运行 SAS 期间创建的且在退出 SAS 系统后自然消失的 SAS 数据集（被自动存储在 SAS 系统指定的 WORK 库或称为文件夹内）称为临时 SAS 数据集；在运行 SAS 期间创建的且在退出 SAS 系统后仍然被保留下来的 SAS 数据集（被存储在用户指定的非 WORK 库或某个特定的文件夹内）称为永久 SAS 数据集。

2. 如何给 SAS 数据集取名

SAS 数据集名字的长度是多少？最短为 0，如"data;"即在关键词 data 之后不写任何内容，仅有一个表明此语句结束的标志";"。实际上，拟创建的 SAS 数据集名字的长度为 5，因为每运行一次 SAS 数据步程序，SAS 系统会给当前创建的 SAS 数据集取一个名字，依次为 data1、data2、…，最长的 SAS 数据集名字为 32 个字符。

SAS 数据集名字的命名规则是什么？通常，SAS 数据集名字为 1 ~ 32 个字符；第 1 个字符必须是字母或下画线，而不应选用数字或其他符号；临时 SAS 数据集名字的字符之间不应有圆点"·"。

3. SAS 数据集名字的种类

（1）省略名

若将 data 语句简单写成"data;"，就称为省略了 SAS 数据集名的 data 语句。每运行一次 SAS 数据步程序，SAS 系统给创建的 SAS 数据集依次自动命名为 data1、data2、…、data *n*。

（2）一词名

若在 data 后面放置仅含一个单词的名字，就称为一词名。一词名的 SAS 数据集都是临时 SAS 数据集，如"data abc;"、"data qw234;"。临时数据集都被存储在临时 SAS 数据库 WORK 中，退出 SAS 作业时将随之消失。

（3）二词名

若在 data 后面放置一个包含"."的名字，则称为二词名，如"data new. abc;"、"data q1. old ;"。一般来说，二词名的 SAS 数据集都是永久 SAS 数据集，必须先用 libname 语句指定库关联名，它同时又是二词名的第一部分。

(4) 特殊名

SAS 系统还设置了 3 个特殊的 SAS 数据集名，分别是“_DATA_”、“_NULL_”和“_LAST_”。用“data _DATA_;”语句的效果等价于用“data;”语句。用“data _NULL_;”时，表明 SAS 系统将执行 SAS 数据步，可用“put”等语句输出中间结果，但观测值并不写入 SAS 数据集_NULL_，这样可以节省计算机资源。用“data _LAST_;”时，表明在此之前(指进入 SAS 系统后尚未彻底退出 SAS 系统的这段时间)无论创建了多少个 SAS 数据集，现特引用最后创建的那个 SAS 数据集。

(5) 多名字

若试图在执行一个 SAS 数据步之后同时创建符合各自条件的多个 SAS 数据集，则可在 data 之后放置多个 SAS 数据集名。例如，希望将图 1-3 中的原始数据按性别分别形成两个 SAS 数据集，所需要的 SAS 程序如下：

```
data data_for_male data_for_female;
   input obs name $ 15. sex $  height weight;
   if sex = 'M' then output data_for_male;
   else output data_for_female;
cards;
1  wang xiao ming   M  170  70
2  zhang san bao    M  168  67
3  qing hui qiong   F  165  56
4  zhang ping       F  169  66
5  li xiao qian     M  178  82
;
run;
```

将这段 SAS 数据步程序发送给 SAS 系统执行，就可创建两个 SAS 数据集，其名字分别为 data_for_male(含有 3 位男性的全部信息，通过程序中的第 3 句实现)和 data_for_female(含有 2 位女性的全部信息，通过程序中的第 4 句实现)。

1.7.3　创建 SAS 数据集的方法

1. 如何用 cards 语句创建两种 SAS 数据集

用 cards 语句创建临时 SAS 数据集的方法：将 1.6 节中介绍的 SAS 数据步程序发送给 SAS 系统执行，就在 SAS 资源管理器的逻辑库中的“WORK”文件夹内生成了一个名为 xuexi 的临时 SAS 数据集，用鼠标左键双击它，就可打开此 SAS 数据集，展示数据集的环境称为“视窗”。

用 cards 语句创建永久 SAS 数据集的方法：可沿用 1.6 节中介绍的 SAS 数据步程序，但需要略作修改和补充，具体如下：

```
libname abc 'D:\SASTJFX';
data abc.xuexi;
   input obs name $ 15. sex $  height weight;
cards;
1  wang xiao ming   M  170  70
2  zhang san bao    M  168  67
3  qing hui qiong   F  165  56
4  zhang ping       F  169  66
5  li xiao qian     M  178  82
;
run;
```

在这段 SAS 数据步程序中，libname 语句用来创建“库关联名”，其后的“abc”指代它后面单引号内的内容，称为路径(由盘符和文件夹名组成，文件夹必须在运行此段程序之前被正确创建)。这里，abc 是用户随意取的名字，它实际上是“D:\SASTJFX”的别名。data 语句之后的“abc. xuexi”就是一个希望被创建的永久 SAS 数据集的名字，它被存储在由 abc 指代的盘上的特定文件夹(SASTJFX)内。若操作正确，则在 D 盘文件夹“SASTJFX”内存储了一个永久 SAS 数据集，名称为 xuexi. sas7bdat。

2. 如何用 infile 语句打开文本文件从而创建两种 SAS 数据集

假定在 SAS 编程窗口输入下面的内容：

```
1  wang xiao ming   M  170  70
2  zhang san bao    M  168  67
3  qing hui qiong   F  165  56
4  zhang ping       F  169  66
5  li xiao qian     M  178  82
```

再通过 SAS 应用工作空间左上角的 File 菜单将数据直接存储在 D 盘“SASTJFX”文件夹内，此文本格式的数据文件可取名为 qqqwww. dat。于是，可以采用下面的两段 SAS 数据步程序分别创建临时和永久 SAS 数据集。

基于文本文件创建临时 SAS 数据集所需要的 SAS 程序如下：

```
data xuexi;
   infile 'D:\SASTJFX\qqqwww.dat';
   input obs name $ 15. sex $ height weight;
run;
```

基于文本文件在 D 盘“SASTJFX”文件夹内创建永久 SAS 数据集所需要的 SAS 程序如下：

```
libname aaa 'D:\SASTJFX';
data aaa.xuexi;
   infile 'D:\SASTJFX\qqqwww.dat';
   input obs name $ 15. sex $ height weight;
run;
```

3. 如何将 Excel 数据文件转换成临时 SAS 数据集

若待分析的数据已采用第三方非统计软件(如 Excel 软件等)创建了不同格式的数据文件，其中有些可用 SAS 系统提供的导入数据接口或 SAS 程序方便地转换为 SAS 数据集(利用导出数据接口可以实现相反的操作)。

【例 1-1】 设有一个用 Excel 软件创建的数据文件 xuexi. xls，文件的内容如图 1-4 所示。

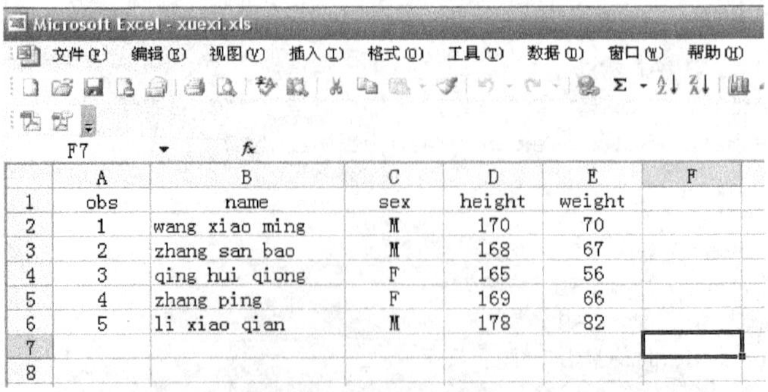

	A	B	C	D	E	F
1	obs	name	sex	height	weight	
2	1	wang xiao ming	M	170	70	
3	2	zhang san bao	M	168	67	
4	3	qing hui qiong	F	165	56	
5	4	zhang ping	F	169	66	
6	5	li xiao qian	M	178	82	
7						
8						

图 1-4　在 Excel 软件的数据输入窗口中输入的信息

该 Excel 文件中输入了 5 行 4 列数据，在数据的第 1 行之前插入了一行与各列数据对应的变量名（不用原先的变量名 A、B、C、…），这样各列数据的含义就不言自明了。以文件名 xuexi. xls 将此数据存储在 D 盘文件夹“SASTJFX”内。请将此 Excel 文件转换成临时 SAS 数据集。

【分析与解答】 方法一：采用 SAS 中的导入接口将 Excel 数据文件转换成临时 SAS 数据集。

假定已将 Excel 数据文件 xuexi. xls 成功存储在 D 盘“SASTJFX”文件夹内，通过如下步骤，可将其转换为临时 SAS 数据集：

① 进入 SAS 系统→文件→导入数据→在窗口右边弹出一个含有命令盒的窗口。

在命令盒中显示可导入的数据文件类型为 Microsoft Excel Workbook（ * . xls； * . xlsb； * . xlsm； * . xlsx），用户可通过此命令盒最右边的下拉按钮选择拟导入的数据文件的格式。

② 按窗口下边的 Next→弹出一个小窗口，要求通过浏览方式确定拟导入的 Excel 文件的路径和文件名→选中 D：\SASTJFX\xuexi. xls→按 OK 按钮。

③ 系统询问要导入的 Excel 文件是表几（自动显示表 1，即 sheet1 $，若不是表 1，可重新选择）→按 Next 按钮。

④ 弹出一个新窗口，有两个命令盒，上行为逻辑库名（自动显示临时库名“WORK”，也可改变），下行为拟创建的数据集名→输入“xuexi_data_set”→按 Finish 按钮。

⑤ 在窗口左边逻辑库 WORK 内就会包含刚创建的 SAS 数据集。

⑥ 用鼠标左键双击此数据集，可显示此数据集的内容。

值得注意的是，若 Excel 文件中第 1 行内容作为 SAS 数据集中的变量名，按上述操作一般不会出问题；若在 Excel 文件中第 1 行输入的是数据不是变量名，则在上面第②步结束时，在“sheet1 $”之下将有“options”选项。按下此选项，会出现如图 1-5 所示的窗口。

在图 1-5 中的第一行意为：用第 1 行的数据作为 SAS 变量名，且复选框中有“√”，表明该行选项的内容将生效。若 Excel 数据文件的第 1 行不是变量名而是数据，拟采用软件中默认的变量名，则应将这个复选框内的“√”去掉，然后按右边的 OK 按钮，接下来的操作步骤与上面的第③～⑥步相同，可获得正确的转换结果。

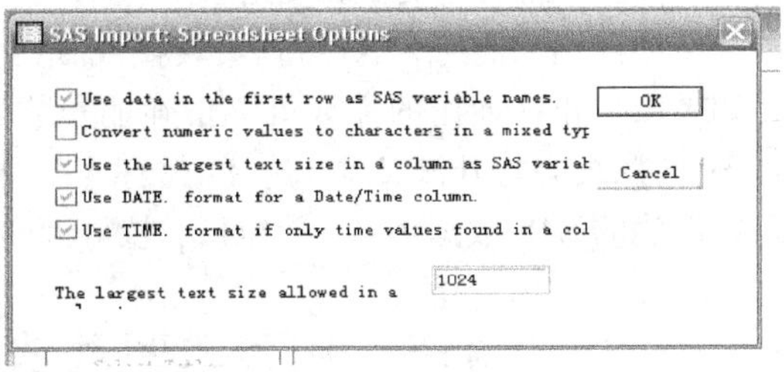

图 1-5　按下“options”选项弹出的窗口界面

方法二：采用 SAS 程序将 Excel 数据文件转换成临时 SAS 数据集。

通过在 SAS 编程窗口运行下面的一段 SAS 程序，可实现将 Excel 文件转换成临时 SAS 数据集：

```
    PROC IMPORT OUT =WORK.shijian DBMS =EXCEL REPLACE
          DATAFILE =”D: \SASTJFX \xuexi.xls”;
       SHEET = "Sheet1 $ ";  GETNAMES =YES;  RUN;
```

值得注意的是，若 Excel 文件的第 1 行不是变量名而是数据，则上面程序中的倒数第二句应改为“GETNAMES = NO”；若要转换的数据在 Excel 文件的第 3 张表单中，则上面程序中的倒数第三句应改为“SHEET = "Sheet3 $"”。若转换成功，则新产生的临时 SAS 数据集 shijian 存放在 SAS/WORK 库中，可通过 SAS 资源管理器找到此库，双击此库中指定的 SAS 数据集名，便可将其打开，也可在编程窗口直接调用这个临时 SAS 数据集。

值得一提的是，SAS 程序中的引号和分号都必须在英文状态下输入，若是在中文状态下输入的，执行时会出错，而且还很难发现错在哪里！

4. 如何将 Excel 数据文件转换成永久 SAS 数据集

【例 1-2】　沿用例 1-1 的问题及实现方法，将 Excel 数据文件转换成永久 SAS 数据集。

【分析与解答】　方法一：采用 SAS 中的导入接口将 Excel 数据文件转换成永久 SAS 数据集。

在【例 1-1】的第④步中，在自动显示的 WORK 选项盒的右边有一个下拉按钮，用鼠标左键单击它，会出现另外三个 SAS 库名，即 MAPS、SASHELP 和 SASUSER，可选择其中一个(通常选 SASUSER)，其他步骤相同，就可把新创建的数据集存储在非 WORK 的 SAS 库中，也就是一个永久的 SAS 数据集了(缺点：不便将数据集存储在用户自己创建的某个文件夹内)。

方法二：采用 SAS 程序将 Excel 数据文件转换成永久 SAS 数据集。

将【例 1-1】的程序略加修改，就可将新创建的数据集存储在用户指定的文件夹中。例如，将数据集存储在 D 盘“SASTJFX”文件夹内，数据集名为 zaishijian，所需要的 SAS 程序如下：

```
libname aaa 'D:\SASTJFX';
PROC IMPORT OUT=aaa.zaishijian DBMS=EXCEL REPLACE
        DATAFILE='D:\SASTJFX\xuexi.xls';
        SHEET="Sheet1 $";  GETNAMES=YES; RUN;
```

这段程序表明，库的关联名为 aaa，它就是“D:\SASTJFX”的别名，被创建的 SAS 永久数据集为 zaishijian. sas7bdat。

5. 用 SAS 系统读入其他版本或分析软件创建的数据集

若待分析的数据已采用第三方统计软件(如 SPSS、BMDP 等统计软件包)创建了不同格式的数据集，则需要通过使用 libname 语句和在 SAS 中内置的转换程序(称为读取特定格式数据的库引擎)将特定的数据文件转换为 SAS 数据集。这种方式使用起来很不方便，下面介绍如何利用 SPSS 软件提供的文件存储功能将 SPSS 数据集转换成 SAS 数据集。

如果用户正在使用的计算机上正确地安装了 SPSS 软件，直接用鼠标左键双击 SPSS 数据文件进入 SPSS 系统并打开该文件，选择“另存为”，在弹出的存储文件窗口内选择合适的“保存类型”并输入拟创建的 SAS 数据集名，确定后，就得到转换后的 SAS 数据集。

1.8　用菜单驱动法运行 SAS 的方法简介

1.8.1　用菜单驱动法运行 SAS

所谓用菜单驱动法运行 SAS，实际上就是 SAS 系统将完成某些工作的程序放在系统内部，通过某些按钮将用户的数据和要求传递给系统，系统接收到某些指令后就会实施相应的操作，实现用户的目的。从提供信息和提出要求到获得用户需要的结果，用户只需通过选择相应的菜单或按钮来实现，故称此方法为菜单驱动法。

1.8.2　用菜单驱动法进行卡方检验

【例 1-3】　从两个同类和规模相近的大工厂里随机地各抽取 100 名工人，其中甲厂男性 63 人、女性 37 人；乙厂男性 25 人、女性 75 人。请问：甲、乙两工厂工人中男性构成比之间的差别是否具有统计学意义？

【分析与解答】　首先应明确，这是一个四格表资料的统计分析问题，也可称为两个总体比例的比较问题。假定我们选用 SAS/ANALYST(即分析家)模块来完成这项任务。

进入此模块的方法是：解决方案(solution)→分析→分析家(analyst)，显示的界面如图 1-6 所示。

在此界面中，中间窗口为此模块的导航窗口，以树状结构呈现项目名称、分析的名称和分析所得到的结果；右边窗口为此模块的数据输入窗口。若将第 1 列用作四格表资料的行变量及其水平代码的位置，将第 2 列用作四格表资料的列变量及其水平代码的位置，将第 3 列用于呈现四个格子中的频数，输入数据后的结果如图 1-7 所示。

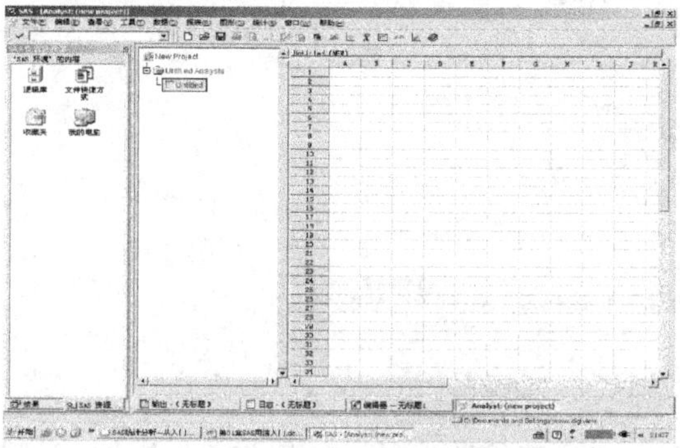

图 1-6　进入分析家模块后的主界面

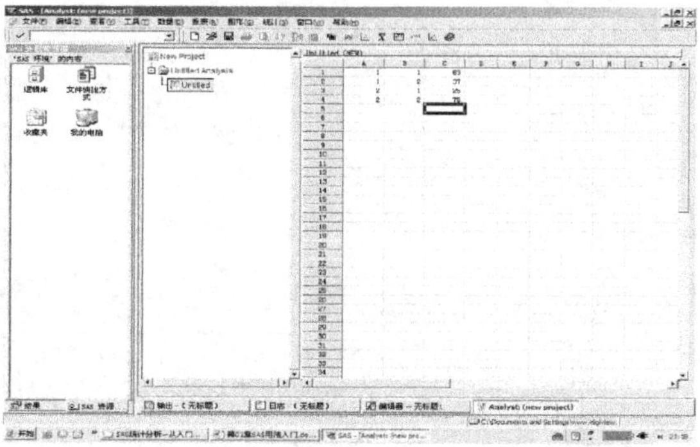

图 1-7　将四格表资料输入后的主界面

从图 1-7 可知，输入数据的顺序如下：

A	B	C
1	1	63
1	2	37
2	1	25
2	2	75

这里，A 代表工厂，A = 1 指甲工厂，A = 2 指乙工厂；B 代表性别，B = 1 指男性，B = 2 指女性；C 代表各格子里的频数。然后，按如下顺序操作：在菜单栏上找到“统计”选项，统计→表分析，进入后显示如图 1-8 所示界面。

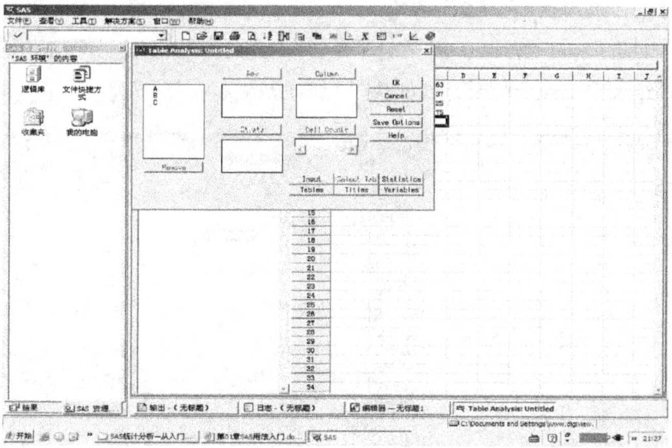

图 1-8　进入“表分析”环境后的界面

在“表分析(Table Analysis)”窗口内，左边显示 A、B、C 三个变量名，其他四个小窗口中都是空的，从上到下、从左到右的四个小窗口名依次为 Row、Column、Strata、Cell Counts，当选中 A、B、C 之一时，这四个窗口名才清楚地显示出来，否则是虚的。可将 A、B、C 依次放入 Row、Column、Cell Counts 三个窗口内(操作方法：选中 A 再选中 Row，其他操作相同)，然后，选中“分析表”右下角的“Statistics(统计量，复数形式)”，显示的界面如图 1-9 所示。

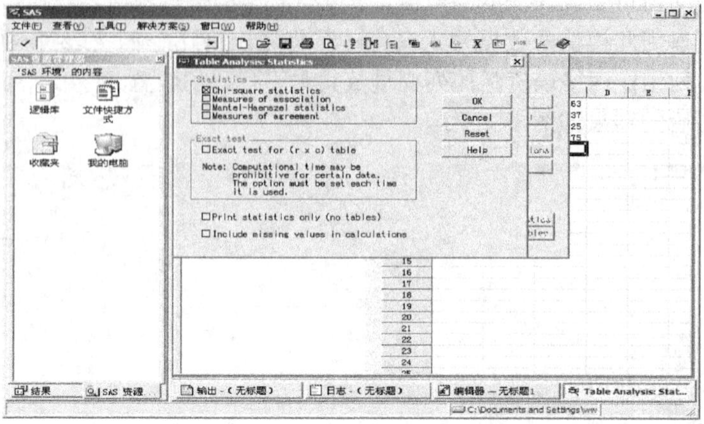

图 1-9 进入“统计量选定”窗口后的界面

在图 1-9 中，分上、下两个区域，上面区域内有四个待选定的统计量，它们依次为卡方统计量(Chi-square statistics)、关联度量统计量(Measures of association)、MH 卡方统计量(Mantel-Haenszel statistcs)和一致性度量统计量(Measures of agreement)，这里仅选了第一项；下面区域内是关于 R×C 表资料精确检验(即计算 Fisher 精确概率)的选项，即使不选此项，对四格表资料而言，也会给出 Fisher 精确检验的概率计算结果。选择 OK 按钮，返回前一界面；选择“Tables”，弹出一个表格显示内容选择界面，然后选择“Observed”和“Row”，其他不选，如图 1-10 所示；选择 OK 按钮，返回前一界面；再选择 OK 按钮，就产生了输出结果。此时，在 SAS/ANALYST 模块的导航窗口增加了不少信息，包括计算结果(Table Analysis of Untitled)和 SAS Code(系统自动生成的产生此计算结果的 SAS 程序)，如图 1-11 所示。

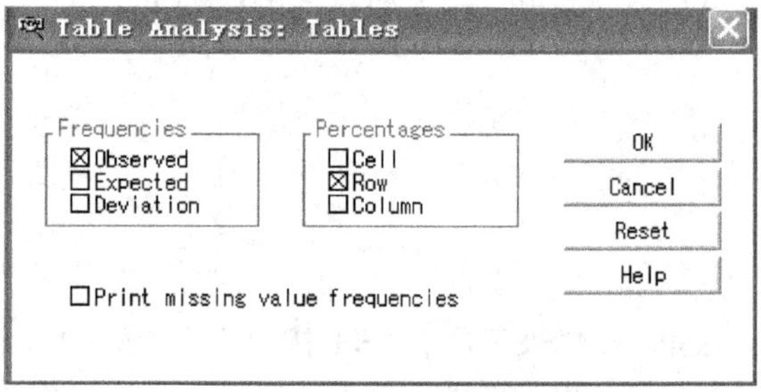

图 1-10 表格显示内容选择界面

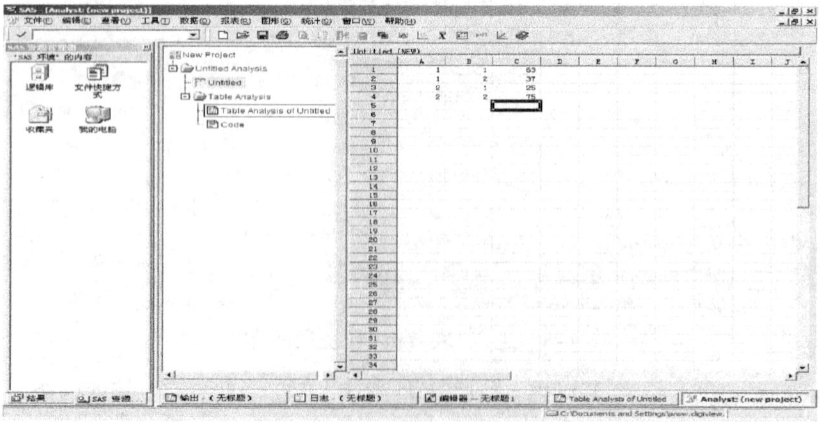

图 1-11 显示该模块计算结果的窗口界面

在图 1-11 中，单击导航窗口中的“Table Analysis of Untitled”，显示如下计算结果：

FREQ 过程

A * B 表

A 频数 行百分比	B 1	2	合计
1	63 63.00	37 37.00	100
2	25 25.00	75 75.00	100
合计	88	112	200

A * B 表的统计量

统计量	自由度	值	概率
卡方	1	29.3019	<.0001
似然比卡方	1	30.1138	<.0001
连续校正卡方	1	27.7800	<.0001
Mantel-Haenszel 卡方	1	29.1554	<.0001
Phi 系数		0.3828	
列联系数		0.3575	
Cramer 的 V		0.3828	

以上是对四格表资料进行卡方检验结果：$\chi^2 = 29.302$，$P < 0.0001$，说明两个工厂的男性构成比例之间的差别有统计学意义，甲工厂男性构成比例高于乙工厂男性构成比例。

Fisher 精确检验

单元格(1, 1) 频数(F)	63
左侧 Pr <= F	1.0000
右侧 Pr >= F	4.734E-08
表概率(P)	3.852E-08
双侧 Pr <= P	9.467E-08

样本大小 = 200

以上是对四格表资料进行 Fisher 精确检验结果：$P = 9.467 \times 10^{-8} < 0.0001$，结论同上。

在图 1-11 中，单击导航窗口中的“Code”，则显示 SAS 系统自动生成的进行卡方检验的 SAS 程序如下：

```
*** Table Analysis *** ;
proc freq data = WORK._TMP_;
   tables A* B / CHISQ NOPERCENT NOCOL;
   weight C;
run;
```

这段 SAS 程序各语句的含义是：第一句是注释语句，系统不执行它；第二句是调用 SAS 过程 freq，调用的方法是在其前面加上关键词 proc；在 freq 之后的内容为此过程语句的选择项，此处为临时数据集名 WORK._TMP_，将其放在关键词 data = 之后；每个 SAS 语句行用一个“；”结束；第三句叫“tables”语句，指明四格表资料中放在横向与纵向上的变量名分别是什么，中间用“ * ”连接，此句中的“/”代表其后为选择项，此处要求做卡方检验，不输出总的百分比和列百分比；第四句为“weight”语句，指明代表四格表资料各网格上的频数的变量名为 C；最后一句为 run 语句，它标志着 freq 过程步的结束。

注意：直接双击“输出结果和 SAS Code”，只能显示，不能复制。若希望将这些内容复制到其他地方去，单击鼠标右键，利用弹出的下拉式菜单中提供的选项“Save as”将其另存为一个文本文件即可。

1.9　用编程法运行 SAS 的方法简介

1.9.1　用编程法并利用已有 SAS 过程进行卡方检验

【例 1-4】　沿用【例 1-3】资料，用 SAS 编程法进行卡方检验。

【分析与解答】　设解决本问题所需要的 SAS 程序名为 SASTJFX1_1. SAS，程序如下：

```
DATA male_proportion;
   DO a =1 TO 2;
      DO b =1 TO 2;
         INPUT f @ @ ;
         OUTPUT;
      END;
   END;
CARDS;
63  37
25  75
;
RUN;
PROC FREQ DATA = male_proportion;
   WEIGHT f;
   TABLES a* b / CHISQ;
RUN;
```

SAS 程序说明与修改指导：SAS 程序中采用大、小写字母所表示的效果是一样的，这里的主要作用是使读者清楚看出，大写词是系统规定的关键词，而小写词或字母代表用户可自己选定的。从 DATA 关键词到第一个“RUN;”语句所表达的这部分内容称为“SAS 数据步(SAS DATA STEP)程序”；而从 PROC 关键词到最后的“RUN;”语句所表达的这部分内容称为“SAS 过程步(SAS PROCEDURE STEP)程序”。

SAS 数据步中语句的说明如下。

(1) 临时 SAS 数据集

DATA 是数据步语句的关键词，其后的 male_proportion 是用户为全部数据所取的名称，称为 SAS 数据集名。由于这样的数据集形成后会自动存储在 SAS 指定的 WORK 数据库(即文件夹)中，当用户退出 SAS 系统后，WORK 库中的内容会自动消失，故此类数据集称为临时 SAS 数据集。

怎样才能成功创建这个临时 SAS 数据集呢？在 SAS 程序编辑窗口，输入上面这段 SAS 程序，提交给 SAS 系统执行即可。在 SAS 主界面左边的资源管理器窗口内，找到临时数据库 WORK，双击它，则显示已创建的临时 SAS 数据集 work. male_proportion，如图 1-12 所示。

图 1-12　显示创建成功的 SAS 临时数据集文件内容的窗口界面

(2) 永久 SAS 数据集

若把上面 SAS 程序的第一句改写成下面程序中的前两句，则可以创建一个存入 D 盘文件夹 SASTJFX 中的数据集名为 male. proportion 的永久 SAS 数据集。下面 SAS 程序的程序名为 SASTJFX1_2. SAS：

```
LIBNAME male 'd:\sastjfx';
DATA male.proportion;
    DO a =1 TO 2;
        DO b =1 TO 2;
            INPUT f @ @ ;
            OUTPUT;
        END;
    END;
CARDS;
63  37
25  75
;
RUN;
PROC FREQ;
    WEIGHT f;
    TABLES a* b / CHISQ;
RUN;
```

新 SAS 语句的说明：在这段 SAS 程序的 SAS 数据步中，第一句是创建永久 SAS 数据集的关键语句，其中，LIBNAME 是关键词，male 是库关联名，可以用别的字符或字符串，但必须与其下一句中 DATA 关键词后的永久数据集名的前一半名称一致，它所指代的内容就是其后引号内的内容。'd：\sastjfx'表明新创建的永久 SAS 数据集所存储的位置，即 D 盘文件夹“sastjfx”。

关键词 DATA 之后的 male. proportion 叫做“二级水平的数据集名”，因而也就是永久的 SAS 数据集名。其中一级水平的名称必须与 LIBNAME 语句中的库关联名一致。

怎样才能成功地创建这个永久 SAS 数据集呢？在 SAS 程序编辑窗口，输入上面这段 SAS 程序，提交给 SAS 系统执行即可。在 D 盘文件夹“sastjfx”内就显示这样一个 SAS 数据集文件：proportion. sas7bdat。双击此文件名，显示的内容与图 1-7 相同，从略。

(3)DO-END语句

这是一个循环语句，DO是开始的关键词，END是结束的关键词。“DO a=1 TO 2;”就是通知系统循环执行两遍。

程序中的a、b分别代表四格表中的行变量(工厂类别：a=1为甲厂，a=2代表乙厂)和列变量(性别：b=1代表男性，b=2代表女性)。

(4)INPUT语句

使变量f读取数据，其后的两个“@”符号为指针控制符，通知SAS系统把每行的数据全部读完后再跳到下一行。

(5)“CARDS;”语句与独占一行的“;”空语句

在这两个语句之间的内容为全部原始数据，是将创建的SAS数据集的具体内容，变量名a、b、f分别代表将创建的SAS数据集中各列数据的名称，其含义分别是工厂类别、性别和频数。

SAS过程步中语句的说明如下。

(1)关键词PROC

它是SAS过程步开始的标志，最后的“RUN;”语句是SAS过程步结束的标志。

(2)过程名FREQ

FREQ是SAS系统中几百个SAS过程中的一个，此过程的功能主要是用于定性资料的常规统计分析，其详细功能如下：

FREQ过程可以生成单向到n向的频数表和交叉表。对于双向表(二维表)，该过程可以计算检验统计量和关联度;对于n向表，该过程进行分层分析，计算每一层和交叉层的统计量。这些频数也能够输出到SAS数据集里。

(3)WEIGHT语句

为FREQ过程指定数据集中的变量f代表频数，它将以频数的“身份”参与数据分析。

(4)TABLES语句

告诉SAS系统，待分析的列表资料的行变量和列变量分别是a和b。

(5)关键词CHISQ

写在“/”后面的关键词为TABLES语句的选择项，CHISQ是多个选择项之一，它要求SAS系统对数据进行卡方检验。对于四格表资料而言，只要写了这一个选项，系统会将相关的计算结果尽可能多地呈现，见【例1-3】的输出结果，此处从略。

1.9.2　当没有相应的SAS过程时用编程法实现某种统计分析

【例1-5】　某地抽查并测得了360名男性的红细胞计数，平均值为4.66×10^{12}/L，标准差为0.57×10^{12}/L；同时抽查并测得了255名女性的红细胞计数，平均值为4.18×10^{12}/L，标准差为0.29×10^{12}/L。请问：此地男、女红细胞计数的总体均数之间的差别是否具有统计学意义?

分析与解答：这个问题属于两个大样本资料平均值的比较问题。这本身是一个很简单的统计分析问题，但由于没有原始数据，直接调用SAS系统中TTEST过程进行t检验或调用NPAR1WAY过程进行秩和检验，都无法方便地实现统计分析，因此需要借助下面的近似公式进行计算：

$$Z=\frac{|\bar{x}_1-\bar{x}_2|}{\sqrt{S_{\bar{x}_1}^2+S_{\bar{x}_2}^2}}\sim N(0,1) \tag{1-1}$$

式(1-1)的含义是：Z 的分母是两组定量资料标准误差的平方之和再求平方根，可以认为分母是分子的标准误差；Z 近似服从标准正态分布(平均值为0、方差为1 的正态分布)。下面用SAS 语言(包括一些 SAS 语句、函数等)进行直接编程，实现上述的统计分析(设程序名为 SASTJFX1_3. SAS)：

```
DATA abc;
    n1 =360;
    m1 =4.66;
    s1 =0.57;
    n2 =255;
    m2 =4.18;
    s2 =0.29;
    Z =ABS(m1 -m2)/SQRT((s1/SQRT(n1))** 2 +(s2/SQRT(n2))** 2);
    Z =ROUND(Z, 0.001);
    p =1 - PROBNORM(Z);
    p =ROUND(2* p, 0.0001);
    FILE PRINT;
    PUT #2 @ 10 'Z_value' @ 20  'P_value';
    PUT #4 @ 10 Z @ 20 p;
RUN;
```

程序中各语句的说明：关键词 DATA 后面的 abc 为临时数据集名，从第 2 句到第 6 句都是赋值语句，其中 n、m、s 分别代表样本含量、算术平均值和标准误差，这三个变量后的数字 1 和 2 分别代表男性组和女性组。

“Z = ABS(m1 – m2)/SQRT((s1/SQRT(n1)) ** 2 + (s2/SQRT(n2)) ** 2);”实际上是按式(1-1)计算检验统计量的 Z 值，“Z = ROUND(Z, 0.001);”是利用四舍五入函数将计算所得到的 Z 值保留三位小数。其中，“ABS(m1 – m2)”是求两算术平均值之差(m1 – m2)的绝对值；“SQRT(X)”代表求 X 的算术平方根，X = (s1/SQRT(n1)) ** 2 + (s2/SQRT(n2)) ** 2；“ ** 2”代表求平方运算，若是求 n 次方运算可写成“ ** n”。

“PROBNORM(Z)”是标准正态分布函数，即可求出标准正态分布曲线下(– ∞ , Z)之间的面积，也就是服从标准正态分布的随机变量在此区间内取值的概率。

“p = 1 – PROBNORM(Z)”代表标准正态曲线下右侧尾端的概率；“p = ROUND(2 * p, 0.0001);”代表标准正态曲线下双侧尾端的概率之和，且保留四位小数。

“FILE PRINT;”语句与“PUT”关键词配合时，将计算结果打印到 SAS 输出窗口中，若没有“FILE PRINT;”语句，“PUT”关键词将其后的字符串或变量的取值打印到日志窗口中。

“PUT #2 @ 10 'Z_value' @ 20 'P_value';”语句意味着将字符串“Z_value”和“P_value”打印在窗口中的第 2 行上，开始的位置分别为第 10 列和第 20 列。也就是说，“PUT”关键词之后，“#n”代表第 n 行；“@ m”代表第 m 列。要原样打印的字符串必须写在引号内，单引号或双引号均可，但左右两边的引号应一致。

“PUT #4 @ 10 Z @ 20 p;”代表在第 4 行上，第 10 列和第 20 列打印变量 Z 和 p 对应的数值。

输出结果如下：

```
Z_value    P_value
13.674     0
```

结果解释：Z = 13.674，p < 0.0001(因 p 值很小，即便保留四位小数，也无法显示出来，只能打印出 0)，说明该地区男性红细胞计数均数高于女性红细胞计数均数。

1.10　归纳与总结

在 1.9 节中，我们介绍了三种使用 SAS 的方法，不难看出它们之间的联系与区别。

(1) 三种用法之间的联系

它们都依赖于 SAS 系统提供的环境，这些环境都包括在 SAS/BASE 模块中，也就是说，租用 SAS 软件时，此模块是不可缺少的；计算之前，都必须创建 SAS 数据集，否则，无法计算。用非编程模块实现计算时，当用户在电子表格中按规定格式输入数据并依次选中菜单栏中的某些选项后，必须按"确定(或 OK)"按钮提交，在系统执行运算之前，会先创建 SAS 数据集，然后再计算。若在 SAS 程序编辑器窗口输入 SAS 程序，也必须有 SAS 数据步，当系统执行完数据步并成功地创建了 SAS 数据集后，过程步才能发挥作用。

(2) 三种用法之间的区别

非编程法对初学者的心理压力较小，即使很多有关的 SAS 概念、SAS 语言都不知道，也能通过点菜单的方式获得所需要的计算结果；而编程法给读者的感觉是 SAS 软件的使用很复杂，SAS 说明书那么多，要在很短时间内找出现在所需要的那几句 SAS 语句，又如何能把它们条理清楚而又正确地集成在一起，确实是一项很难的任务。

显然，非编程法是很烦琐的，要一步一步地去选择，一旦其中一步选择不当，就可能得不出结果，需要反复尝试多次，方可成功；有时因选错某些项而得出了错误的结果，但用户并不知道，这种情况可就麻烦了。当遇到一个复杂的计算问题，中间的选项非常多，选择错误后再反复选，其结果常常不具有重现性，极不便于检查核对！

编程法看上去要求很高，需要掌握较多的 SAS 语言之后，才能解决实际问题。但笔者经过多年的总结，把最常用的统计分析问题(包括一些试验设计问题)所对应的 SAS 程序都编写出来了，并且将这些零散的 SAS 程序集成在一起，做成了一个小软件，称为 SAS 引导程序集，取名为 SASPAL。本书配有 SASPAL 的光盘，用户只需调用光盘中的例题和对应的 SAS 程序，将自己的数据替换进去，提交给 SAS 系统执行，就可轻轻松松学会用编程法解决各种简单和复杂的统计分析问题。

1.11　SASPAL 软件简介

1.11.1　SASPAL 符合初学者的需求

用编程法解决统计学问题非常快捷，但必须对 SAS 语言比较熟悉。能否略知一点关于 SAS 语言及运行 SAS 程序的知识，就能用 SAS 软件解决大量的统计学问题呢？借助笔者编制的 SASPAL 软件就可方便快捷地实现这一目标。

1.11.2　SASPAL 的使用方法

SASPAL 是一个可执行文件，双击后，输入提供的安装密码就可运行。根据显示的标题，用户可以选择自己需要的内容去学习。内容包括两部分，一部分是用 Word 文档呈现的例题，即要解决的统计学问题和数据；另一部分就是解决此问题对应的 SAS 程序。通常先阅读拟解决的问题，再调用对应的 SAS 程序。

使用 SASPAL 的前提是用户的计算机上已成功地安装了 SAS 软件。此时，双击程序名，在打开程序的同时自动进入 SAS 系统，SAS 程序出现在 SAS 程序编辑器窗口内，可以直接将程序提交给

SAS 系统执行，但这只是例子中的数据。用户当然希望用此程序来分析自己手头的数据，只需用自己的数据替换掉程序中原先的数据，再将程序提交给 SAS 系统执行，就可以轻松地实现自己的目的。即便用户对程序语句知道得很少，只要问题与程序的对应关系没有弄错，一般就都能获得正确的计算结果。

1.11.3　SASPAL 界面简介

下面简单介绍笔者于 2012 年出版的研究生统计学教材——《科研设计与统计分析》所配备的 SASPAL。

图 1-13 所示为该引导程序集(即 SASPAL)主界面，左边为书中篇和章的目录，右边是主编寄语，表达了主编试图推广和普及生物医学统计学的决心和信心。

图 1-13　《科研设计与统计分析》配套 SASPAL 的主界面

图 1-14 所示为选中书中第 2 章中第 1 个例子后的软件界面，左边仍然是篇和章的目录，中间是书中例题编号、右边是与各例题编号对应的 SAS 程序名。当用鼠标左键双击“例 2-1”编号后，即显示例 2-1 的具体内容。

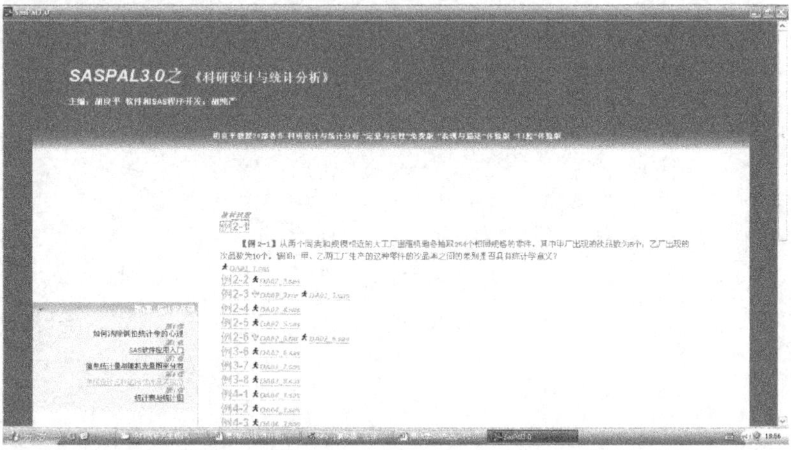

图 1-14　选中第 2 章中第 1 个例子后的界面

图 1-15 显示，选中“例 2-1”的程序名后，软件将自动启动并进入 SAS 系统，先询问用户，是打开、保存还是取消正在载入的 SAS 程序。

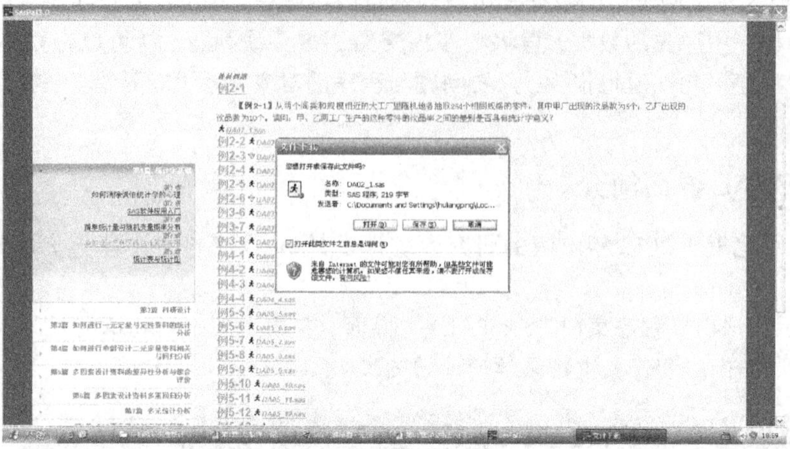

图 1-15　选中例 2-1 程序名后的界面

若用户选择“打开”，则相应的 SAS 程序就被载入 SAS 程序编辑窗口，如图 1-16 所示。结合自己的实际问题修改程序中的数据，发送给 SAS 系统执行，就可获得所需要的结果。

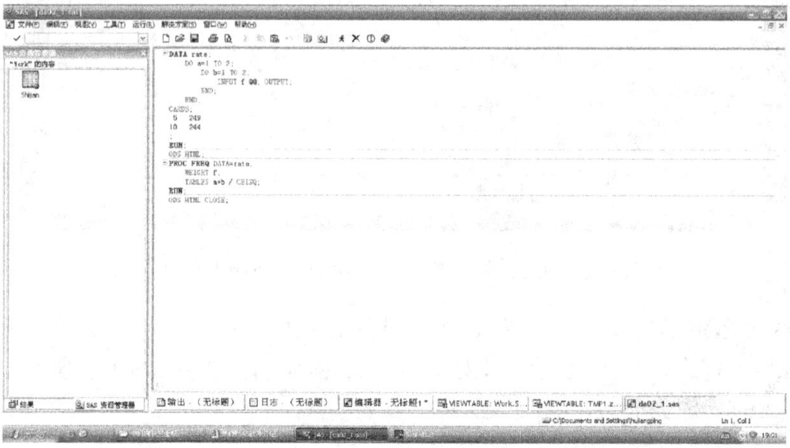

图 1-16　选中图 1-15 中“打开”直接进入 SAS 应用工作空间调出相应程序的界面

第 2 章　导入访问外部数据

日常工作中接触到的数据文件，并非都是 SAS 数据集格式的，不同数据文件间经常需要转换。本章介绍 SAS 数据文件和其他常见数据文件的相互转化，重点在如何将其他格式数据文件转化为 SAS 数据文件或直接引用外部数据。

2.1　概　　述

2.1.1　外部数据

通常我们接触到的数据存储方式可分为两类：一种是以 PC 格式数据文件直接存储，如将数据保存为文本文档或 Excel 文件；另一种是存储在数据库中。

SAS 支持目前流行的大部分 PC 格式文件和数据库，包括 SPSS 文件、CSV 文件、Excel 5/95/97/2000/2002/2003，Microsoft Access Database、Oracle、DB2、MYSQL 等。因此，不论用户的数据是通过什么方法储存在计算机中的，SAS 基本都有相应的方法帮助用户将数据导入到 SAS 中，进行进一步分析处理。

2.1.2　SAS 访问外部数据的方法

访问 PC 格式数据文件的方法有以下两种。

(1) Import/Export 过程，导入/导出向导

对于一般格式的数据，如 Excel、SPSS 以及文本文档，这是最快捷易学的访问方法。使用向导工具最终能输出相应程序，还可用于学习 Import/Export 过程。该方法将数据导入/导出 SAS(其他数据格式)相当于对数据进行了复制和转化。

(2) LIBNAME 语句，ACCESS 过程，DBLOAD 过程，SQL 过程

提供直接方式在 SAS 环境下访问 Microsoft Access、Microsoft Excel 等数据文件，不需要导入数据。

对于初学者来说，建议只阅读关于导入/导出向导部分的内容即可，这部分内容直观易懂。可以在深入了解 SAS 后，再返回学习其他几种略微复杂的访问外部数据的方法。

2.2　导入/导出向导

2.2.1　介绍

导入/导出向导使用起来非常直观，为窗口化操作，支持的文件类型很多，如 Microsoft Access、DBF、JMP、Paradox、SPSS、Stata、符号分割的规则数据文件等。

2.2.2　应用举例

【例 2-1】　导入 Excel 表。

SAS 导入向导具有图形化界面，可以帮助用户一步一步导入外部数据文件。

通过菜单文件(File)→导入数据(Import Data)可以打开导入数据向导。

从图 2-1 所示界面的下拉菜单中选择 Microsoft Excel 97/2000/2002/2003 工作簿，单击 Next 按钮，会弹出“Connect to MS Excel”对话框，如图 2-2 所示，单击 Browse 按钮打开要导入的 Excel 文件，之后单击 OK 按钮，进入选择数据表(Select table)窗口，如图 2-3 所示。

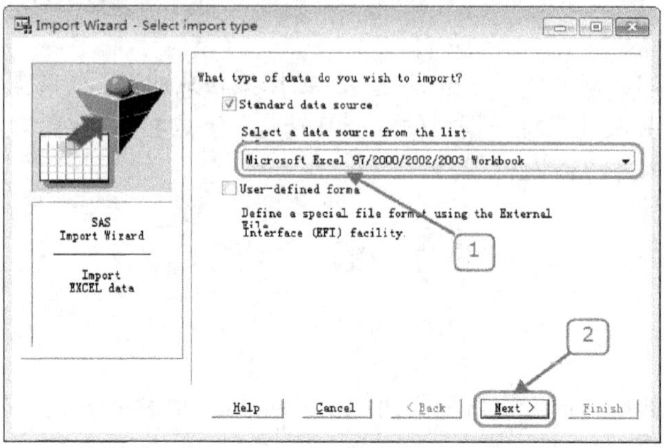

图 2-1　选择导入方式窗口

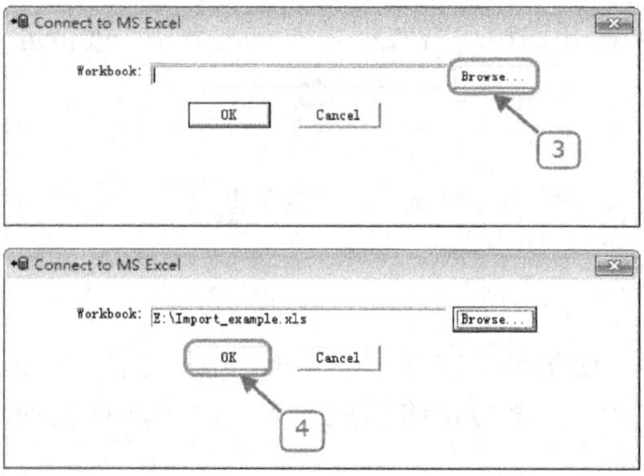

图 2-2　“Connect to MS Excel ”对话框

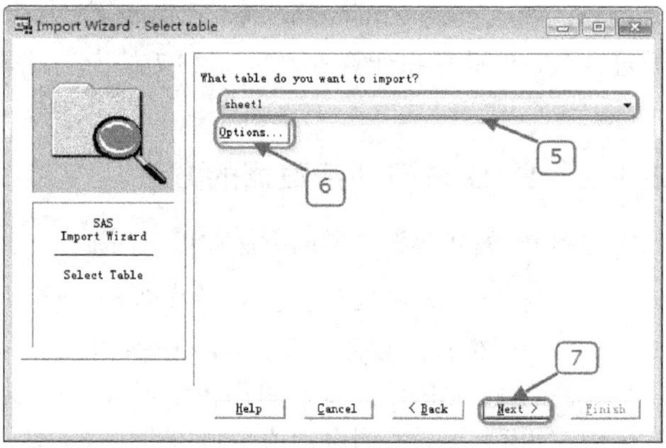

图 2-3　选择数据表窗口

在“Select table”窗口的下拉菜单中选择相应的数据表(在一个 Excel 文件中可能存在多个数据表)。单击 Options 按钮，弹出如图 2-4 所示窗口，可以设置一些具体细节。如果 Excel 文件表中数据的第一行为变量名，则勾选“Use data in the first row as SAS variable names.”。

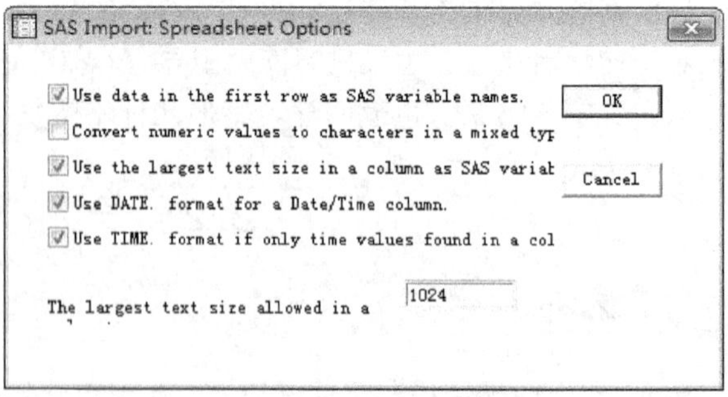

图 2-4　数据表选项窗口

选择要导入的数据文件所在的逻辑库及文件名称。这里选择 WORK 临时库，输入文件名“example”，如图 2-5 所示。

导入向导可自动生成使用 import 过程完成上述步骤的 SAS 程序代码，如图 2-6 所示。“Browse”按钮指定存储位置，即可保存程序到对应文件，如图 2-7 所示。

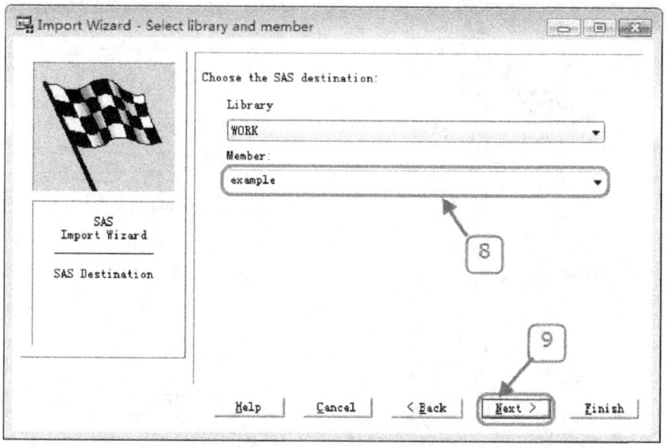

图 2-5　选择库和文件名窗口

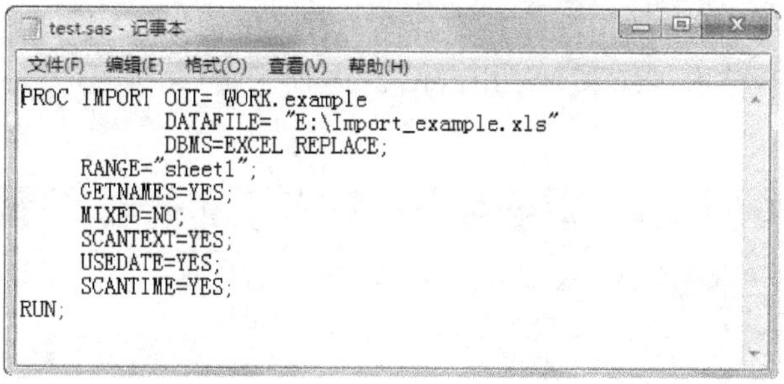

图 2-6　生成的 import 过程代码

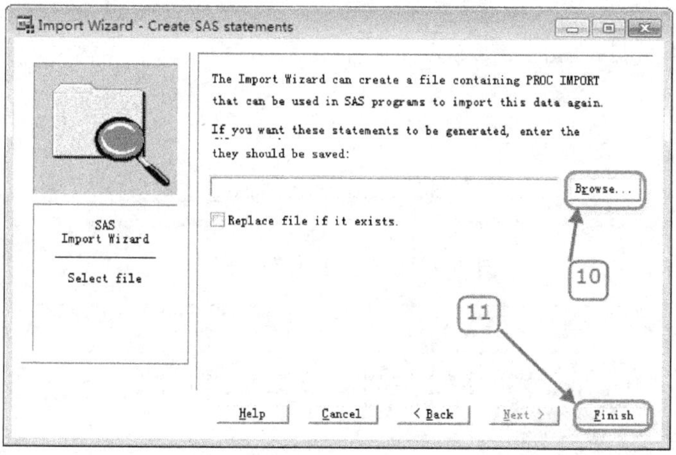

图 2-7　生成 SAS 程序窗口

【例 2-2】　使用 EFI 导入符号分割文件。

所谓符号分割文件，即指文件数据以文本方式存储，数据与数据之间有空格或其他符号规律性分割开，可通过一定的逻辑整理读入到 SAS 中。EFI(External File Interface)可以通过多种方式打开，这里只介绍通过导入向导使用 EFI 的方法。

打开导入向导，选择 User-defined format，单击 Next 按钮，弹出如图 2-8 所示的选择导入方式的窗口，选择目标文件，单击 Next 按钮，弹出选择库和文件名窗口，如图 2-9 所示。

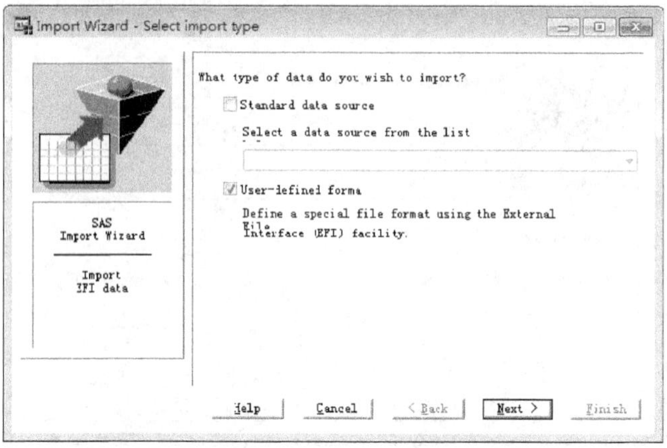

图 2-8　选择导入方式窗口

选择要导入的数据文件所在的逻辑库及文件名称，这里选择 WORK 临时库，输入文件名“Example2”，如图 2-9 所示 。单击 Next 按钮，出现图 2-10 所示窗口，单击 Finish 按钮，打开 EFI 窗口，如图 2-11 所示。

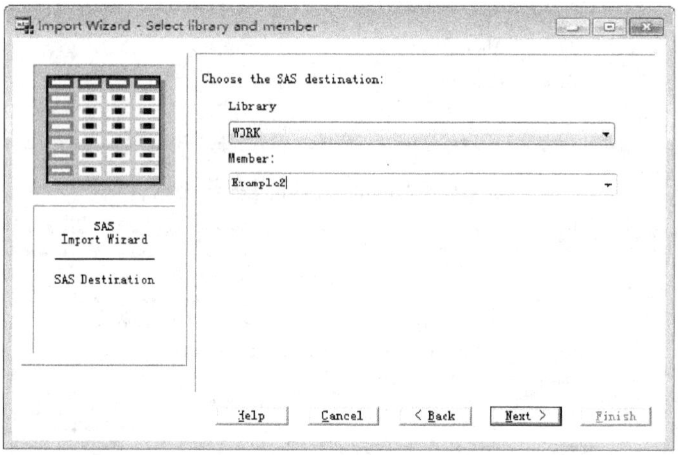

图 2-9　选择库和文件名窗口

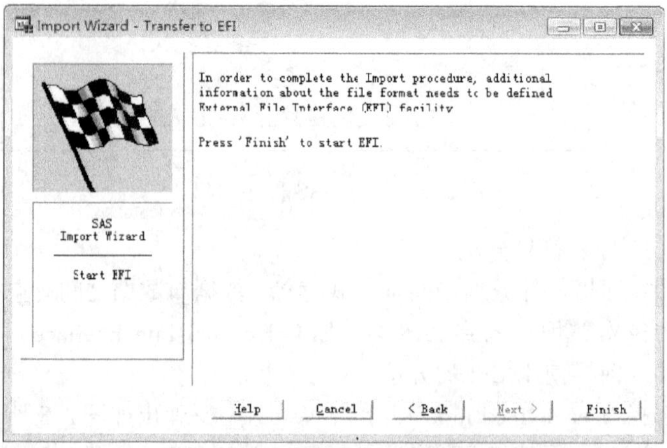

图 2-10　传送至 EFI 窗口

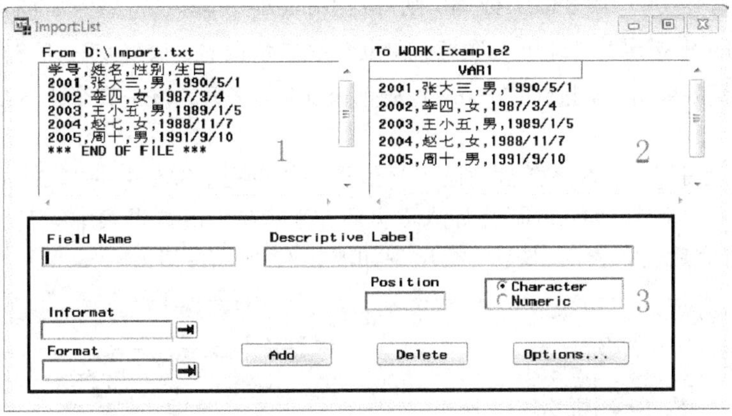

图 2-11　EFI 窗口

图 2-11 中区域 1 为被导入原始文件，可以看到，数据均以逗号隔开，是典型的符号分割文件；区域 2 显示的是被存入数据集 Example2 的变量信息，默认情况下只有一个字符型变量 VAR1；区域 3 是操作区域，可用来添加删除、更改变量名称、格式，以及导入规则等。

单击区域 3 中的 Options 按钮，弹出图 2-12 所示导入选项窗口。由于原始数据每行是一个人的信息，因此选择“One record per SAS row”。

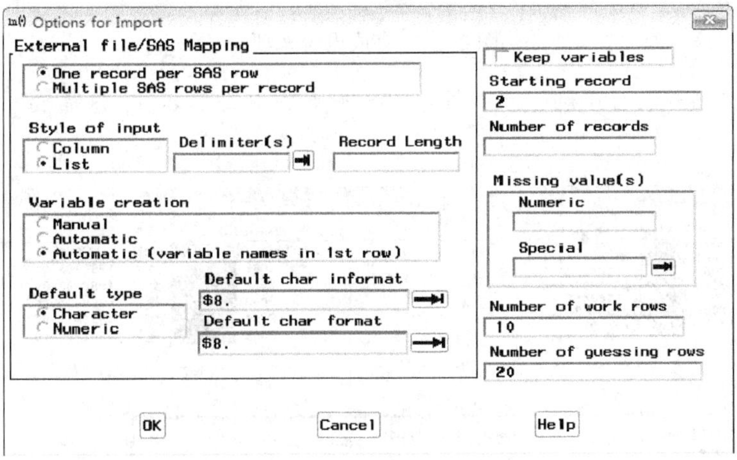

图 2-12　导入选项窗口

“Style of input”选项中共有两个选项，分别是 Column 和 List，前者是指源文件数据中每个变量在每一行中的位置和宽度固定，可以指定一行中从第几个字符到第几个字符为一个变量。在本例中，数据均用逗号分隔开，在姓名有长有短的情况下，数据会无法对齐，这时就需要采用“List”列表方式读入。

“Delimiter(s)”选项可以手动输入，也可以通过旁边的右箭头在打开的列表中选择逗号。

“Variable creation”选项可以指定变量创建方式，由于数据第一行为变量名，我们选择“Automatic(variable names in 1st row)”。

“Starting record”选项指定从第几个数据开始导入，这里默认是 2，不需要更改。“Number of records”指定导入数据个数，若要全部导入，默认即可。

“Missing value(s)”选项仅对数字变量有效，如果原始数据中存在一些固定的数或符号，代表数据缺失。例如，若“－999”代表缺失数据，则可在 Numeric 中输入“－999”；如果符号“X”代表缺失数据，则在 Special 中指定“X”即可。注意，在没有缺失数据时，最好点一下 Special 旁的 ，但不需要指定字符，直接单击 OK 按钮或 Cancel 按钮。SAS 在这里应该是有个小 bug，如果不这样做，往往会提示出错。

其他选项默认就可以了，程序会自动设定。值得一提的是，SAS 中的“Informat”专指导入数据时，数据在源文件中的格式；“Format”指导入数据后，存储在 SAS 数据集中的变量格式。

如图 2-12 设置完后，单击 OK 按钮，会出现如图 2-13 所示窗口。

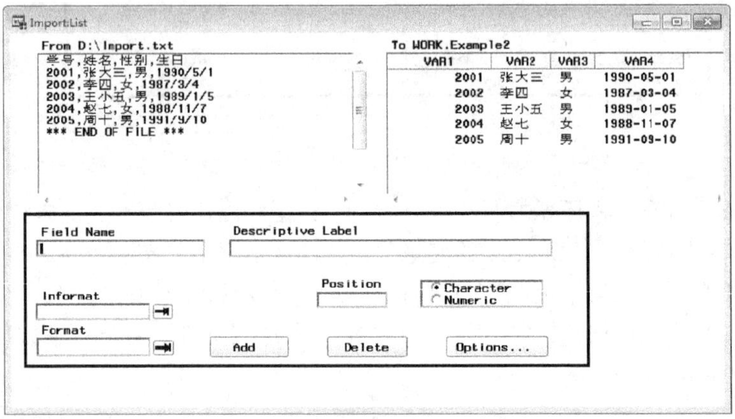

图 2-13　完成设置选项

图 2-13 中变量名并没有正确导入，因为 SAS 不支持中文变量名，这需要手动更改。修改步骤如图 2-14 所示。

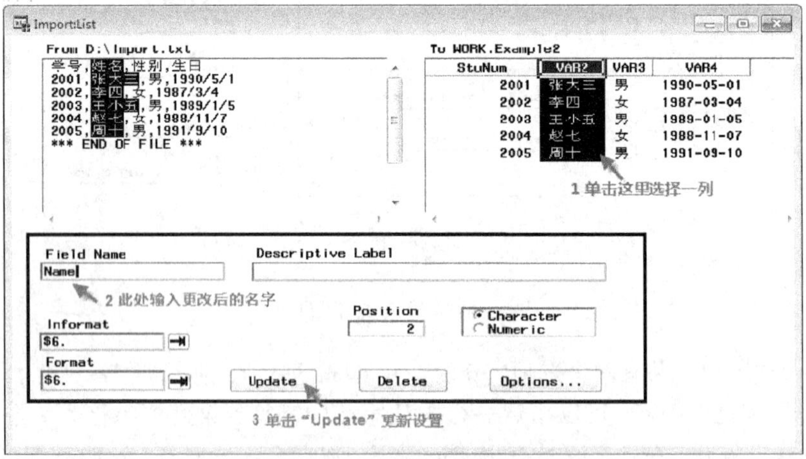

图 2-14　更改变量名

全部更改完毕，单击右上角的 按钮，在弹出的对话框中选择 Save 按钮。

【例 2-3】　导出数据集到 Excel 表。

沿用【例 2-2】中导入的数据集 Example2。

通过菜单“文件(File)→导出数据(Export Data)”可以打开导出数据向导，如图 2-15 所示。单击 Next 按钮，弹出选择输出类型窗口，如图 2-16 所示，选择“Microsoft Excel 97/2000/2002/2003 Workbook”。

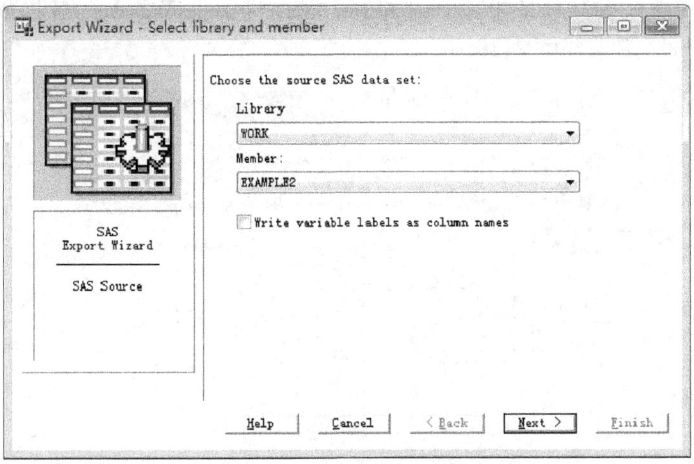

图 2-15　选择库和数据集窗口

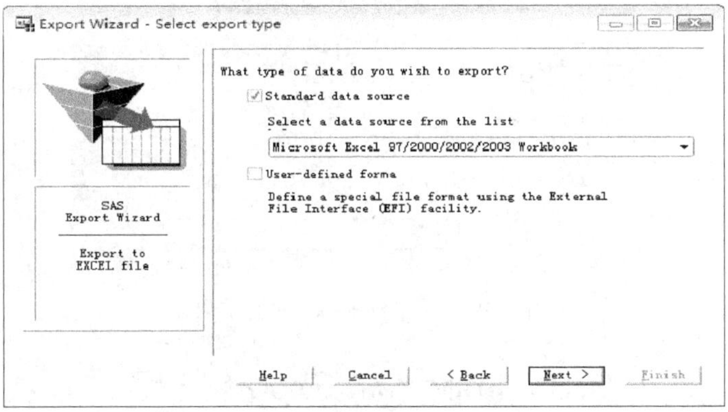

图 2-16　选择输出类型窗口

单击 Next 按钮，会弹出类似图 2-2 的窗口，供用户选择保存路径，选择完毕，出现图 2-17 所示窗口，用户可以在此设置 Excel 中该表的名称，也可以直接单击 Next 按钮，程序会采用默认名称。

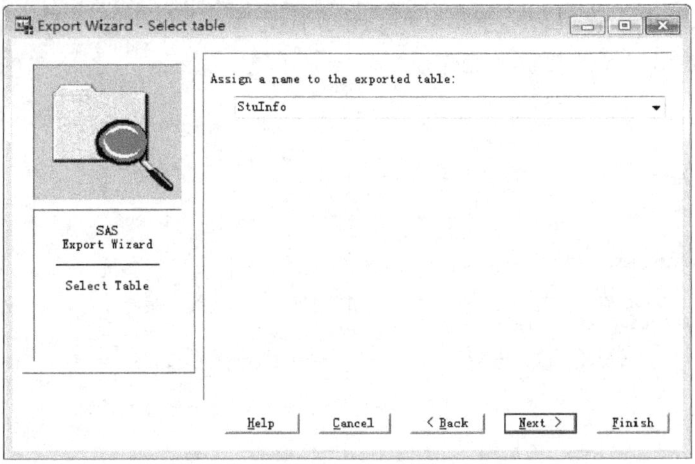

图 2-17　设置 Excel 表名称

在出现的图 2-18 所示窗口中，可以选择路径，保存自动生成 Export 过程程序，单击 Finish 按钮，结束导出向导，最终结果如图 2-19 所示。

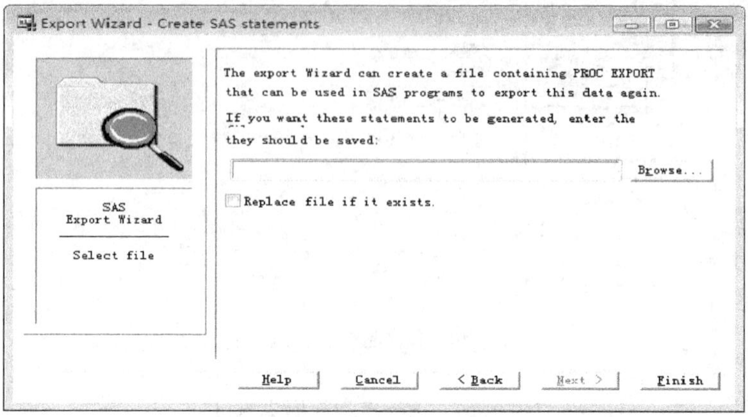

图 2-18　生成 SAS 程序窗口

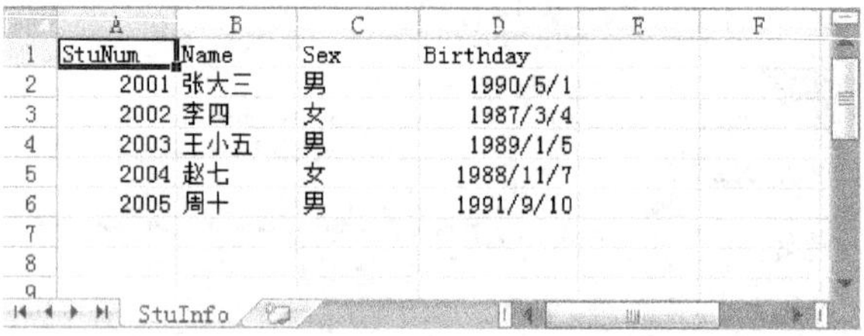

	A	B	C	D	E	F
1	StuNum	Name	Sex	Birthday		
2	2001	张大三	男	1990/5/1		
3	2002	李四	女	1987/3/4		
4	2003	王小五	男	1989/1/5		
5	2004	赵七	女	1988/11/7		
6	2005	周十	男	1991/9/10		

图 2-19　导出到 Excel 中的结果

2.3　Import 和 Export 过程

2.3.1　介绍

2.2 节中介绍了使用导入/导出向导导入/导出数据，本节介绍的 Import 和 Export 过程，实际上就是用户在使用导入/导出向导后生成的 SAS 程序。功能上两者很接近，导入/导出向导在于使用简单，而使用 Import 和 Export 过程可重复利用，对于数据源的变化往往只用改动一个小细节，便能适应，而不像导入/导出向导需要重新操作。

2.3.2　语法

Import 过程语法如下：

```
PROC IMPORT
DATAFILE = "filename"
OUT = <libref. >SAS-data-set
 <DBMS = identifier > <REPLACE > ;
 <data-source-statement(s); >
```

各选项说明如下：

```
DATAFILE = "filename"           // 规定要导入文件的完整路径和文件名，引号内为完整路径和
名称
OUT = <libref. >SAS-data-set    // 规定输出的 SAS 库和数据集，省略库则默认为 WORK 临时库
DBMS = identifier               // 标示导入文件类型
REPLACE                         // 覆盖存在的 SAS 数据集
data-source-statement(s)        // 导入文件选项，不同文件类型选项不同
```

Export 过程语法如下：

```
PROC EXPORT
DATA = <libref. >SAS-data-set  < (SAS-data-set - options) >
OUTFILE = "filename"  | OUTTABLE = "tablename"
 <DBMS = identifier >  <REPLACE >  <LABEL >;
 <data-source-statement(s); >
```

各选项说明如下：

```
DATA = <libref. >SAS-data-set      // 规定要导出的 SAS 库和数据集，省略库则默认为 WORK 临
时库
SAS-data-set - options             // SAS 数据集选项
OUTFILE = "filename"               // 规定输出文件的完整路径和文件名，引号内为完整路
                                      径和名称
DBMS = identifier                  // 标示导出文件类型
REPLACE                            // 覆盖存在相同文件名文件
data-source-statement(s)           // 导出文件选项，不同文件类型选项不同
```

注：<> 内为非语法内容，表示该部分可省略，未加 <> 符号的语句为必写内容。

上面所示两个过程选项虽很多，但实际如果从逻辑分析，会发现其语法结构很简单。两个过程语法的第一行都旨在告诉 SAS 用户希望转换类型的数据源——Import 是将外部文件导入 SAS，Export 是将 SAS 数据集导出。第二行指出了输出数据的目的地址和名称。DBMS 选项指出文件的类型，因为不同文件类型在计算机中存储数据的方式不同，SAS 可以根据这个选项选择相应的转换规则。而不同的文件类型，对应地有很多存储规则细节可以设定，不同的 DBMS 有不同的选项，可以在“data-source-statement”这里设置。

弄清楚了这些，下面介绍 DBMS 都有哪些可选，这也是 SAS 可以实现不同类型文件数据间传递的一个概括。文件类型标识符选项如表 2-1 所示。

表 2-1　文件类型标识符选项

DBMS = 文件类型标识	导入文件类型说明	扩展名
ACCESS	Microsoft Access 2000/2002/2003	. mdb
ACCESS97	Microsoft Access 97	. mdb
ACCESSCS	Microsoft Access 通用	. mdb
CSV	逗号分隔的符号分割文件	. csv
DBF	dBASE 5.0/IV/III +/III	. dbf
DBFMEMO	带 memos 的 dBASE 5.0/IV/III +/III 文件 带 memos 的 FoxPro 和 Visual FoxPro 文件	. dbf . fpt
DLM	符号分割文件(默认分隔符为空格)	. *
DTA	Stata 文件	. dta
EXCEL	Excel 97/2000/2002/2003	. xls
EXCEL4	Excel 4.0	. xls
EXCEL5	Excel 5.0/7.0(95)	. xls
EXCELCS	Excel (64 bit Windows)	. xls
JMP	JMP 文件	. jmp

PARADOX	Paradox . DB 文件	. db
PCFS	PC 文件服务器的文件	. *
SAV	SPSS 文件	. sav
TAB	符号分隔文件(tab 为分隔符)	* . txt
WK1	Lotus1 - 2 - 3 Release 2	. wk1
WK3	Lotus1 - 2 - 3 Release 3	. wk3
WK4	Lotus1 - 2 - 3 Release 4/5	. wk4
XLS	Excel 5. 0/95/97/2000/2002/2003	. xls

由表 2-1 可见，常见的各种数据类型文件，SAS 都可以支持。在收集数据时，完全可以采用使用者最熟悉的工具，而之后需要分析处理时，直接导入 SAS 就可以了。

2.3.3　data-source-statement 选项

不同的文件，导入导出时的设置是不同的，这些都体现在文件标识符后的“data-source-statement”中。下面就两种最典型的文件类型——符号分隔文件和 Excel 文件的不同设置进行详细介绍。

1. 符号分隔文件

适用的文件标识符：CSV、TAB、DLM。

选项说明如下：

DATAROW =

规定数据从第几行开始读，如果第一行是名称，可设置其值为 2，默认为 2，属于 Import 过程。

GETNAMES =

Import 过程专有，告诉 SAS 数据文件第一行数据作为变量名称。

GUESSINGROWS =

SAS 会自动通过一部分数据，猜测某一变量的类型，如字符型、日期型或数值型，默认通过 20 行数据猜测，可更改为其他用户希望的值，属于 Import 过程。

PUTNAMES =

Export 过程专有，是否输出 SAS 变量名称到导出数据文件中。如果设定了 SAS 变量标签(Label)，则标签替代变量名输出。

DELIMITER =

当文件标识符为“DLM”时可使用。设定数据间分隔符格式，使用单引号引用符号，如‘&’。例如，空格的 ASCII 码值为 20，则可使用‘20’x 。(注：ASCII 码是国际通用计算机字符编码。)

【例 2-4】　导入符号分隔文件。

```
PROC IMPORT OUT = WORK.TEST          // 存在 WORK 下的 TEST 数据集中
     DATAFILE = "D:\Import.txt"
     DBMS = DLM REPLACE;             // 指出为符号分隔文件
     DELIMITER = '20'x;              // '20'x 表示采用 ASCII 码值中的 20 作为分隔符，实际
                                        上就是空格
     GETNAMES = NO;                  // 程序会自动为各个导入变量命名为 VAR1，VAR2，…，如
                                        果原文件中变量在第一行有名称，则把“NO”换为
                                        “YES”。
RUN;
```

【例 2-5】　导出符号分隔文件。

```
PROC EXPORT DATA = SASHELP.CLASS          // 把 SASHELP 库中的 CLASS 数据集导出
OUTFILE = 'C:\MYFILES\CLASS.TXT'          // 设定保存地址和文件名
    DBMS = DLM;                           // 指出为符号分隔文件
    DELIMITER = '&';                      // 用“&”作为符号分隔
RUN;
```

2. Excel 文件

适用的文件标识符：EXCEL、XLS、EXCELS(64bit Windows)、EXCEL5、EXCEL4。

选项说明如下：

DBSASLABEL =

赋值为 Yes(或 Compat)时，设定 Excel 中变量列名为 SAS Label(标签名)；赋值为 No(或 None)时，则 Label 为空。

GETNAMES =

Import 过程专有，告诉 SAS 数据文件第一行数据作为变量名称。

MIXED =

仅当 DBMS = EXCEL 时可用。属于 Import 过程。当为 Yes 时，将数值变量转化为字符串；为 No 时，原样保持。

NEWFILE =

Export 过程专有，指定输出数据是否在一个新的文件中，若为 Yes，且输出文件存在，那么 SAS 会覆盖这个文件。

RANGE =

设定导入 Excel 表的数据位置。例如，在表名为 summary 的文件中有一个区域被命名为 test，则该选项应设定为“RANGE = "'summary $ a4:b20'";”(包括英文引号和分号)。

若是一个区域，如从 a2:e11(代表左上角和右下角之间矩形区域内的数据)，则应设定为“RANGE = "'summary $ a4:b20'";”。

SCANTEXT =

当为 Yes 时，SAS 会遍历 Excel 中的数据列，每列的变量长度取 Excel 表中该列最长的。当设定了 TEXTSIZE 选项时，该项无效。

USEDATA =

检测日期变量，为 Yes 时按日期类型导入。

SCANTIME =

检测时间变量，为 YES 时按日期时间类型导入。若此时设置了 USEDATA，则该选项无效。

SHEET =

设定 Excel 表名，属于 Export 过程。

TEXTSIZE =

设定 SAS 导入时每个变量的大小，支持 1 ~ 32767，超过设定值长度部分会被删除。

【例 2-6】　导入 Excel 表。

```
PROC IMPORT OUT = WORK.a                 // 导入数据存在 work 下的 a 数据集中
    DATAFILE = "D:\Export.xls"           // 指定要导入的文件路径和文件名
    DBMS =EXCEL REPLACE;                 // 指明文件类型
    GETNAMES = YES;                      // 指定 Excel 文件第一行为变量名
    MIXED =NO;                           // 对于 Excel 中的数值变量按原样导入
    SCANTEXT = YES;                      // 会遍历 Excel 中数据列，每列的变量长度取 Excel
                                            表中该列最长的
    USEDATE = YES;                       // 检测并导入日期类型变量
```

【例 2-7】　导出 Excel 表。

```
PROC EXPORT DATA = sashelp.class              // 把 sashelp 库中的 class 数据集导出
            FILE = "text.xls"                 // 设定保存地址和文件名
            DBMS = excel REPLACE;             // 指出为 Excel 格式
    SHEET = "Orders";                         // 设定表名为 Orders
RUN;
```

2.3.4　小结

SAS 可以导入导出的文件还有很多，如 Access、SPSS 和 Stata 等，这些数据集的导入跟本节列举的两种很接近。因篇幅所限，不可能将各个类型一一列举，仅以以上两个类型抛砖引玉。在实际工作中，如果没有精力去了解每个选项有什么作用，最好使用导入/导出向导，可参考 2.2 节中所提到的例子。在向导的最后，可以生成一段导入/导出过程的代码，如果需要多次用到，可将此代码保存，同时这些代码也是最有效、最直观的学习途径。

2.4　数据直接访问

2.4.1　介绍

实际应用中，对于大型的数据集或数据库，不可能全盘导入到 SAS 中再处理，因为这样导入时非常费时，而且还会占用大量的存储空间，十分不利。SAS 提供了四种非常方便的工具，通过一些设定，可以使我们方便地直接访问外部数据而不需要导入到 SAS 中。这四种工具分别是：LIBNAME 语句、ACCESS 过程、DBLOAD 过程和 SQL 过程。ACCESS 过程和 DBLOAD 过程是在 Windows 环境下的特殊的过程，支持 DBF、DIF、WK3、WK4、Excel 4、Excel 5 和 Excel 95。前面的一些类型数据文件已经很少用到了，尤其是现在大多数用户至少使用的都是 Excel 2003 以上的版本了，并且这两个过程的功能都能被 LIBNAME 语句替代，因此，可以抛开这两个过程，学习 LIBNAME 语句和 SQL 过程就可以了。

2.4.2　LIBNAME 语句

LIBNAME 语句可以用来新建逻辑库，例如：

```
libname mylib v9 "D:\";
```

这样会在 D 盘根目录下，创建一个采用 SAS 9 版本的永久逻辑库，自定义的数据集，v9 是默认的，此处省略效果一样。其语法格式如下：

```
libname [逻辑库名] [引擎名] [物理地址] <选项>
```

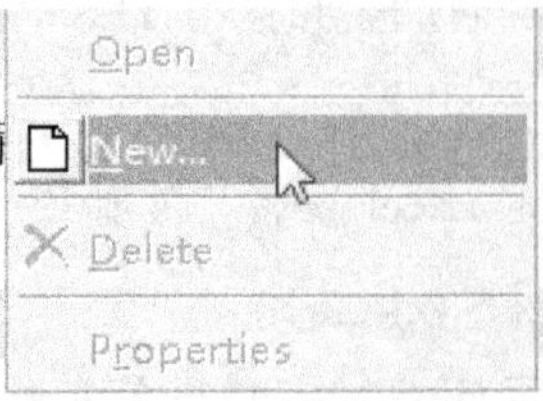

图 2-20　资源管理器属性菜单

我们可以通过界面交互方式实现上面的程序。如图 2-20 所示，在 SAS 资源管理器(Explorer)中，单击右键，选择新建

(New)选项，在如图 2-21 所示窗口中指定名称 mylib，引擎选择 Default，指定路径后即可。

引擎菜单中还可以看到有许多其他外部文件或数据库类型的引擎，常见的如 Access、MYSQL、Excel、SPSS 等，这其实是 LIBNAME 的真正用武之地。

LIBNAME 通过自己的引擎，可以将外部文件或数据库连接到 SAS 内部，建立相应的逻辑库。对于用户来说，对这些外部数据的访问，和直接操作 SAS 逻辑库和数据集没有任何区别。SAS 做了一项相当于映射的工作，对用户来说，可以对这些数据直接像普通 SAS 数据集和逻辑库一样处理，中间的转换等操作都交给了数据引擎。LIBNAME 对于不同的引擎有许多不同的选项，设定起来很麻烦，最简单直接的方法就是使用上面用到的交互式方式。

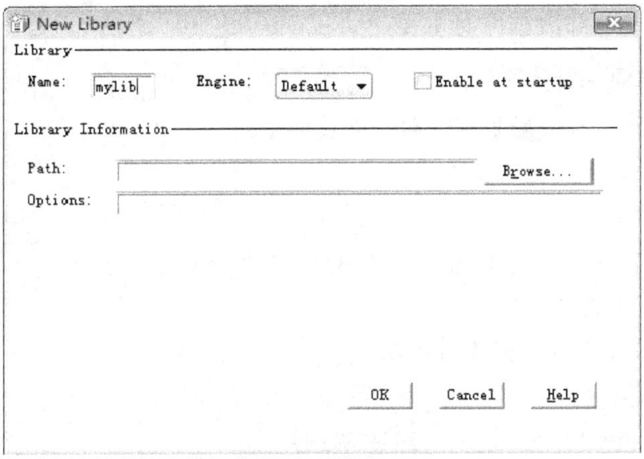

图 2-21　新建逻辑库

例如，我们希望导入一个 Access 数据库，选择引擎为 ACCESS，其界面选项会发生相应改变，如图 2-22 所示。

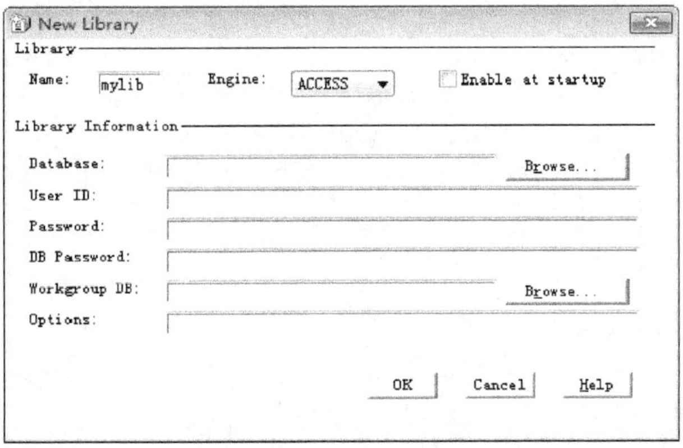

图 2-22　连接 Acess 数据库

Database 项处填写数据库文件所在位置，也可单击"Browse"按钮后直接选择。

许多数据库有严格的权限限制，会设定用户名和密码，分别填写在 User ID 和 Password 中。

如图 2-23 所示，通过引擎连接的逻辑库和一般逻辑库有一定区别，很容易辨认。这样，就可以实现不把数据导入进来，而对数据进行分析等操作了。

图 2-23　一般逻辑库(左)和连接得到的数据库(右)

上面的过程用 SAS 语句实现为：

```
libname Mylib ACCESS "D:\Demo.mdb";
libname Mylib  "D:\Demo.mdb";
```

以上两个语句等价。第二个语句中，SAS 会自动选用合适的引擎。

2.4.3　SQL 过程连接外部数据

SQL 过程为 SAS 引入数据库查询模块。SQL 为标准化查询语言，广泛应用于现在主流的关系数据库中，在后面的章节中会有详细介绍。

在 SQL 过程中，连接外部数据库时主要用到 connect 语句。语法如下：

```
CONNECT TO 数据库类型选项;
```

例如，希望连接一个 Access 数据库文件，格式如下：

```
proc sql;
connect to access as db(path="d:\demo.mdb");
```

其中的“as db”为设置别名。

若希望连接一个 Excel 文件，实现语句如下：

```
PROC SQL;
CONNECT TO EXCEL(PATH="d:\sasdemo.xls");
SELECT *  FROM CONNECTION TO EXCEL
  (SELECT *  FROM INVOICE);
DISCONNECT FROM EXCEL;
QUIT;
```

其中，“DISCONNECT FROM”语句为断开连接;SELECT 为查询语句。

第 3 章　基本 SAS 语言及其应用

SAS 软件提供了菜单驱动和程序驱动两种方式，通过编写程序与 SAS 系统交互的方式，即命令驱动(Command - driven)能以更灵活的算法实现用户目的，可以说程序驱动是 SAS 的核心操作方式。SAS 程序语言(SAS Program Language)综合了一些其他高级程序语言的功能和格式，有其独特的语法规则。本章主要介绍一些常用的 SAS 语句用法及 SAS 语言在 Windows 环境下的相关概念。

3.1　SAS 程序

3.1.1　SAS 程序简介

SAS 程序(SAS PROGRAM)是 SAS 用户运用 SAS 语言编写的一段程序。其目的是为了将用户的试验数据与指标(即变量)名称联系在一起，并告诉 SAS 系统调用特定的 SAS 过程完成某项任务。数据步和过程步构成了所有 SAS 程序，它们既可以单独使用也可以结合使用。

数据步(Data Step)以关键词 data 开头，可由多条语句构成，结束标志可以是空语句、run 语句、过程步或下一步数据步。数据步通常用于创建或修改 SAS 数据集，但也可用来生成定制报表。

过程步(Proc Step)以关键词 proc 开头，可由多条语句构成，结束标志是 run 或 quit 语句。过程步通常用来分析和处理 SAS 数据集形式的数据，有时还可创建包含过程结果的 SAS 数据集。

【例 3-1】　表 3-1 中是一段 SAS 程序，通过这个程序可初步了解 SAS 程序的结构和书写格式。设程序名为 sas3_1. sas。

表 3-1　8 名中学生的身高、体重资料代码

行　号	语　句	行　号	语　句
1	/ ***************************** \	20	ods html;
2	│8 名中学生的身高体重资料　│	21	proc means data = BCJQ3_1;
3	\ *****************************/	22	var bmi;
4	options nodate number = 0;	23	output out = result mean = BMImean;
5	data BCJQ3_1;	24	run;
6	input name $ sex $ age weight height @ @ ;	25	procprint data = result(keep = BMImean);
7	BMI = weight/(height/100) ** 2;	26	format BMImean 4. 1;
8	label BMI = 'body mass index';	27	run;
9	datalines;	28	ods html close;
10	WANG　M　14　42　150		
11	ZHANG　M　16　46　170		
12	LI　F　15　44　149		
13	TANG　M　15　38　162		
14	LIU　F　14　47　162		
15	DIAO　F　16　52　168		
16	ZHU　M　14　45　158		
17	JIA　F　16　50　167		
18	;		
19	run;		

3.1.2　SAS 程序的构成和书写格式

1. SAS 程序的构成

SAS 程序的基本构成单位是 SAS 语言元素，包括 SAS 语句、SAS 系统选项、SAS 数据集选项、SAS 函数和 call 子程序、ARM 宏及 SAS 输入/输出格式。

2. SAS 程序的书写规则

一行一般只写一条 SAS 语句，每条 SAS 语句以分号“;”结尾。SAS 语句可以从任何一行、任何一列开始，一行可以写多条 SAS 语句。一般情况下，一条语句中不同的语法单位要用空格或换行符分隔，但是一些字符的前方或后方，可以不用空格分隔，SAS 可以自动分析语句结构，识别语法单位。所有的数据步和过程步均主动加上“run”或“quit”语句作为结束。SAS 语句书写不区分字母的大小写，但在一些特殊场合除外。

3. SAS 注释语句(SAS Comment)

注释语句，也称 Comment 语句，是方便阅读 SAS 程序、语句的说明，SAS 在编译程序时将忽略这些注释语句。

SAS 注释语句有以下两种基本形式：

```
* 用户书写的说明或注解;
/* 用户书写的说明或注解*/
```

3.2　SAS 语句概念

SAS 语句是由 SAS 关键词、SAS 名、特殊字符、操作符等语法单位有机组成的字符串，可以规定某种操作或为系统提供某些信息。

3.2.1　SAS 关键词

SAS 关键词(SAS Keywords)是 SAS 系统已赋予明确意义的保留单词，这些词在特定位置即有特定意义，通常不能被用户重新定义，并且一般应避免使用在其他可以自定义的位置。在 SAS 程序中，除了赋值、累加、注释等语句外，多数语句都是以关键词开头的。

3.2.2　SAS 名

SAS 名有两种：一是系统保留的 SAS 名；二是用户自定义的 SAS 名。SAS 语句中，可能出现的 SAS 名有变量名、数据集名、输入/输出格式名、过程名、选项名、函数名、数组名、SAS 宏及宏变量名、SAS 目录条目名、逻辑库名、逻辑库引用名和文件引用名。

3.2.3　SAS 常量

常量也称常数，是指其值固定不变的数字或者字符串。SAS 常量有以下几种类型：字符型常量(也称为文本)、数值型常量(也称为数字)、时间日期型常量和位检测型常量。

1. 字符型常量(Character Constants)

字符型常量即一系列字符串，引用时一般用单引号‘’括起来。例如，下面语句中，“Tom”是一个字符型常量：

```
if name = 'Tom' then do;
```

2. 数值型常量(Numeric Constants)

数值型常量在 SAS 中有标准、科学记数法和十六进制 3 种形式。

3. 时间、日期、时间日期型常量(Time, Date, Datetime Constants)

在 SAS 中使用时间、日期、时间日期型常量时，需要用单引号或双引号将一般形式的时间日期括起来，并在其后加 d 表示日期常数，加 t 表示时间常数，加 dt 表示时间日期常数。

时间日期型常量有以下几种形式：

① 用'ddmmm < yy > yy'd 或'ddmmm < yy > yy'd 表示日期值，如"date = '1jan2011'd;"。

② 用'hh:mm < :ss. ss > 't 或"hh:mm < :ss. s > "t 表示时间值，如"time = '9:25't;"。

③ 用'ddmmm < yy > yy:hh:mm < :ss. s > 'dt 或"ddmmm < yy > yy:hh:mm < :ss. s > "dt 表示时间日期值，如"dtime = '01may04:9:30:00'dt;"。

4. 位检测常量(Bit Testing Constants)

位检测是用位掩码比较一个值的内部值，数值和字符都可以进行位检测。

需注意的是，被检测对象的字节数不能大于掩码位数，否则，SAS 会根据掩码位数截取被检测对象，则可能得到错误的比较结果。被检测对象的字节数小于掩码位数时，SAS 会根据被检测对象的性质从左或从右按位数依次检测，并在日志窗口显示一条警告信息。

3.2.4　SAS 变量

在程序运行期间其值可以改变的量称为变量。变量相当于一个容器，储存着同质对象的值，变量在使用时要定义它的一些属性，如名字、类型、长度、输入/输出格式、标签、变量次序、索引类型等。

调用 CONTENTS 过程可以显示数据集中变量的属性。例如，在程序 BCJQ3_1 的基础上添加下面一段程序运行后，变量按观测位置排序显示相关信息(如无 VarNum 参数，则变量默认按字母顺序排序)：

```
proc contents varnum data = BCJQ3_1;
run;
```

结果窗口显示数据集属性、引擎/主机相关信息及如下的变量属性信息：

按创建时间排序的变量

#	变量	类型	长度	标签
1	name	字符	8	
2	sex	字符	8	
3	age	数值	8	
4	weight	数值	8	
5	height	数值	8	
6	BMI	数值	8	body mass index

建立变量的方法有：① 使用赋值语句；② 使用 input 语句；③ 使用 attrib、length、format、informat 语句；④ 使用 retain 语句；⑤ 使用 fget 函数。

SAS 变量列表也称为变量的缩写记号，是以缩写的方式引用多个 SAS 变量的方法。SAS 中变量的缩记方式有以下 4 种。

① 数字范围列表：例如，一系列变量 X3、X4、X5、X6，可缩记为 X3 ~ X6。

② 名字范围列表：例如，引用 BCJQ3_1 数据集中的所有变量可以用变量次序为第一和最后一个的变量来缩记，其形式为"name—bmi"。

③ 名字前缀列表：例如，sum(of sales:)语句中，sum()函数的参数包括以 sales 为前缀的所有变量，如 sales_jan、sales_feb、sales_mar 等。

④ 特殊名字列表：其实是利用自动变量，"_all_"表示数据集中所有变量，"_numeric_"表示所有数值型变量，"_character_"表示所有字符型变量。

如果变量在使用时的类型和前面语句中定义的类型不符，SAS 会尝试自动转换变量的类型，并在日志窗口显示相关的转换信息。

3.2.5　缺失值

缺失值是指未储存数据的观测值。缺失值有三种类型：数值型缺失值；字符型缺失值；特殊型缺失值(是一种特殊的数值型缺失值，用户可以用字母 A～Z 和下画线表示不同类型的缺失值)。各种缺失值的描述见表 3-2。

表 3-2　缺失值的描述

缺失值类型	描　述	解　释
数值型	.	一个点
字符型	' '	单引号括起来的一个空格
特殊型	.字母	一个点紧跟一个字母，如".B"
	._	一个点紧跟下画线

3.2.6　SAS 表达式

SAS 表达式是由常量、变量、函数和运算符等语法单位构成的一组指令集，执行返回值可为算术值、字符值或布尔值。表达式中的常量、变量称为操作数，函数、运算符及表示分组关系的圆括号等称为操作符。

表达式根据其组成成分可分为简单表达式和复合表达式，如以下几个例子：

① x;

② 3;

③ x + 3;

④ exp(n/(n - 1));

⑤ not 0 - exp(n/(n - 1)) + x + 3。

从上面的例子中可以看到，简单 SAS 表达式可以只有一个变量、常量或函数；复合表达式则由多个简单表达式或操作数通过操作符的有机组合、连接而成。where 表达式也是一种表达式，用于 where 语句或 where = 数据集选项，对数据步或过程步指定符合条件的某些观测进行处理。表达式可以是一条 SAS 语句的组成部分，也可以单独作为一条 SAS 语句出现。在 SAS 程序语句中，常用表达式创建变量、赋值、计算新值、变换变量、执行条件处理等。

3.2.7　SAS 运算符

运算符是表示算术、比较、逻辑等关系的特殊符号。根据其所在位置可分为：前缀运算符，即用于操作数前的运算符，如正号"+"、负号"-"等；中缀运算符，即用于操作数中间的运算符。也可以根据其用途及用法分为以下几种。

① 算术运算符(Arithmetic Operators)：是指进行算术运算的符号，如表 3-3 所示。

② 比较运算符(Comparison Operators)：指两个变量或者常量、表达式之间进行比较的运算符，如表 3-4 所示。

表 3-3　算术运算符及其含义

符　号	定　义	样　例	结　果
**	求幂	a ** 3	a 的 3 次方
*	乘	2 * y	2 乘以 y
/	除	var/5	var 除以 5
+	加	num + 3	num 加 3
-	减	sale - discount	sale 减 discount

表 3-4　比较运算符及其含义

符　号	等价助记码	定　义	样　例
=	EQ	等于(Equal to)	a = 3
^=, ~=, ¬=	NE	不等于(Not Equal to)	a ne 3 或 a^ = 3
>	GT	大于(Greater Than)	num gt 5
<	LT	小于(Less Than)	num < 8
>=	GE	大于或等于(Greater than or Eauql)	sales >= 300
<=	LE	小于或等于(Less than or Equal)	sales <= 100
in	IN	等于列表中的一个(equal to one of list)	num in(3, 4, 5)

③ 逻辑(布尔)运算符(Logical or Boolean Operators)：常在表达式中表示比较关系，如表 3-5 所示。

④ 极大和极小运算符(MIN and MAX Operators)

极大运算符为 <>，极小运算符为 > <，用于返回两个表达式的最大值或最小值。例如，如果 A > B，则“A <> B”的返回值为 A，“A > < B”的返回值为 B。如果比较的表达式中含有缺失值，则按缺失值的排序次序进行比较。

表 3-5　逻辑或布尔运算符

符　号	等价助记码	定　义	举　例
&	AND	逻辑“且”	(a > b & c > d)
|	OR	逻辑“或”	a > b|c > d
^	NOT	逻辑“非”	^(a > b)

⑤ 串联运算符(Concatenation Operator)

串联运算符为两个竖线“||”，用于连接两个或多个字符串。例如，level = 'grade'||'a'，则 level 的值为‘gradea’。用两个竖线“||”连接两个或多个字符串的结果长度，是这几个字符串长度之和，并且串联运算符“||”不会自动整理字符前后的空格。

3.3　数据步常用语句

3.3.1　数据获取语句

数据获取通常就使用 input 语句。

【例 3-2】　用 input 语句以简单方式读取数据流中的数据。

```
data BCJQ3_2;
  input name $  / weight height;
datalines;
WANG
42 150
ZHANG
46 170
;
run;
```

这段程序中，input 语句描述输入数据记录值的形式，给相应的变量赋值；$指示 name 是字符型值，而不是数值型值；/将指针前移到下一个输入行的第 1 列。这段程序首先读取字符型变量 name 的值后转至下一行的第 1 列读取变量 weight 的值及后面的变量 height 的值。

【例 3-3】　用 input 语句以列方式读取数据。

```
data BCJQ3_3;
  input id1
  name $3 - 7
```

```
  weight 8 -10;
list;
datalines;
1 WANG 42
2 ZHANG 46
;
run;
proc print;
run;
```

在 input 语句中，列数跟在变量名之后，指示输入数据记录中的变量值从哪些列中读取，并将读取值赋予相应的变量。本例从数据文件的第 1 列读取变量 id 的值，从第 3 ~ 7 列读取字符型变量 name 的值，从第 8 ~ 10 列读取变量 weight 的值。

数据行或外部文件数据排列方式如下：

```
RULE:       ----+----1----+----2----+…
            1 WANG 42
            2 ZHANG 46
```

读取的数据样式如下：

id	name	weight
1	WANG	42
2	ZHANG	46

【例 3-4】 用 input 语句以格式化方式读取数据。

```
data BCJQ3_4;
   input name $char5. +2 height comma6.;
datalines;
WANG HT150
;
run;
```

在 input 语句中，变量名后跟随变量的输入格式，由输入格式给出变量值类型、变量值宽度，并将读取的值赋予相应的变量。本例以$ char5. 格式读取变量 name 的值，跳过 2 列后以 comma6. 格式读取变量 height 的值。

读取的数据样式如下：

	name	height
1	WANG	150

【例 3-5】 用 input 语句以列表方式读取数据。

```
data BCJQ3_5;
   input name: $13. age;datalines;
Wangli 14
Zhanghaizheng 16
;
run;
```

在 input 语句中，以简单方式列出变量名，SAS 扫描输入数据值，这种方式可以读取排成一列或由空格等分隔符分隔的数据值。冒号“:”允许 input 语句使用用户指定的一个输入格式读取变量值。对于字符型变量，这种方式下，输入指针从一个非空白列开始读取变量值，直到下一个空白列，或到变量定义的长度，或者到达数据行的末端。本例使用 input 语句对当分隔符是空格时变量长度不一致的变量规定统一长度(13 个字节)。

【例 3-6】 用 input 语句以命名方式读取数据。

```
data BCJQ3_6;
input name=  $ age=;
datalines;
name=WANG age=14
name=ZHANG age=16
;
run;
```

在 input 语句中，变量名后跟随一个等号“=”，SAS 读取变量名及等号之后的数据值，并将读取值赋予相应的变量。本例中 SAS 读取数据行中“name=”后的值赋给变量 name，读取“age=”后的值赋给变量 age。

读取的数据样式如下：

	name	age
1	WANG	14
2	ZHANG	16

【例 3-7】 用 input 语句以命名方式读取包含空格的字符型数据。

```
data BCJQ3_7;
  input header=$15. name=$;
datalines;
header=  age=16 and up  name=ZHANG
;
run;
```

数据行中的“age=60 and up”是一个含有等号、空格的数据值，所以需要在其前后加两个空格，以区分其他数据值。

读取的数据样式为：

header	name
age=16 and up	ZHANG

input 语句与其他语句的比较如下：

① input 语句可以读取外部文件或数据行中的数据值，并且需要对这些数据值的类型、长度等信息进行描述；而 set 语句则是读取 SAS 数据集中的数据，这些数据已经具有描述信息。

② input 语句是读取数据值，而 put 语句则是在日志窗口或外部文件中写入数据值或文本。

③ input 语句能从外部文件中读取数据值，而 infile 语句是指定外部文件位置，并具有控制外部文件怎样读取的选项。

3.3.2 数据步文件管理语句

1. data 语句

data 语句指示数据步开始，或为输出数据集提供名字。

【例 3-8】 用 data 语句规定要创建的 SAS 数据集。

```
data;                     /* 系统自动规定数据集名 datan */
data fitness;             /* 创建临时数据集 fitness */
data _null_;              /* 特殊名，不创建 SAS 数据集，用于输出 */
```

【例 3-9】　数据集选项举例。

```
data new(drop=y);                    /* 去除 SAS 数据集 new 中的变量 y */
data new(label='治疗方法');          /* 规定数据集 new 标签名为"治疗方法" */
```

【例 3-10】　用 data 语句创建 DATA 步数据视图文件。

```
libname out 'c:\sas\mydir1';
data out.scores /view=out.scores;
```

在斜线后面跟选项 view =，该选项规定用户要创建的输入 DATA 步视图的名字，并且在 data 语句中必须规定两次这个名字。libname 语句是创建文件关联名的重要语句，其后引号中的内容为路径（包括盘符和文件夹名）；out 是用户自己取的关联名（不要超过 8 个字符），它就代表其后所写的路径。在 data 语句中，"out. scores"意味着要创建一个名为 scores 的永久 SAS 数据集，它被存储在 C 盘"sas\mydirl"文件夹中，存储后的实际数据集名为 scores. sas7bdat。

【例 3-11】　用 data 语句存储被编辑程序或执行一个被存储的编辑程序。

```
libname stored 'c:\sas\mydir2';
data out.Stales2 /pgm=stored.scales;
    set sales 1;
    …
    run;
```

在斜线后面跟着选项 pgm =，并给出程序名称。out 同样为用户自己取的关联名，代表其后所写的路径。out. Stales2 代表创建一个名为 Stales2 的永久 SAS 数据集，它被存储在"c:sas\mydir2"文件夹中，存储后的实际数据集名为 Stales2. sas7bdat。

SAS 数据集分为两类：一类称为临时 SAS 数据集，如【例 3-8】中的数据集，它们被存储在 SAS/WORK 库（即文件夹）中，一旦退出 SAS 系统，它们就自动消失了；另一类称为永久 SAS 数据集，即使退出 SAS 系统，仍被保留，如【例 3-10】、【例 3-11】中的数据集，这种数据集必须被保存在非 SAS/WORK 库中，可以是 SAS 系统默认的某个库，也可以是用户自己创建的某个库（即文件夹）。

2. cards 语句

cards 语句指示数据行开始。

【例 3-12】　用 cards 语句指示数据行开始。

```
data BCJQ3_8;
    input x y;
    cards;
    [数据行]
    ;
run;
```

cards 语句等价于 datalines 语句，均可指示数据行开始。

3. cards4 语句

cards4 语句指示包含分号的数据行开始。

【例 3-13】　用 cards4 语句读取含有分号的数据。

```
data BCJQ3_9;
    input name $ age;
cards4;
WANG; 14
ZHANG; 16
```

```
LI; 15
;;;;
run;
```

cards4 语句等价于 datalines4 语句，均可指示包含分号的数据行开始。

4. file 语句

file 语句用于规定将要输出的外部文件，它一般要与 put 语句配合使用。同一个 data 步可以用到多个 file 语句。file 语句是可执行语句，因而可以用在(IF－THEN)过程中。

【例 3-14】 用 file 语句在日志文件中显示“hello”字符串。

```
data BCJQ3_10;
   file log;
   put 'hello';
run;
```

【例 3-15】 用 file 语句在结果输出窗口的指定行列显示文本。

```
data BCJQ3_11;
file print linesleft = remain pagesize = 20;
put @ 5 'name' @ 10 'sex'//
@ 5 'age' @ 10 'height';
run;
```

@5 将指针移动到第 5 列，@ 10 将指针移动到第 10 列，/将指针前移到下一个输入行的第 1 列。

显示的文本如下：

```
name sex
age   height
```

5. infile 语句

infile 语句用来定义一个外部数据文件，文件中的数据用 input 语句来读取。外部文件可以是已存在的磁盘文件，也可以是从键盘上输入的数据行。

【例 3-16】 用 infile 语句读取外部文件。

```
filename mydata 'd:\BCJQ\3_1.txt';
data BCJQ3_12;
   infile mydata;
   input name $ sex $ age weight height;
run;
```

这段程序先用 filename 语句规定了 mydata 是操作系统相应目录下文本文件 3_1. txt 的文件引用名，然后在 infile 语句中使用，这种引用称为间接引用；当然也可以直接引用文件的物理地址，则程序中不需要 filename 语句，infile 语句可改成如下所示：

```
infile 'd:\BCJQ\3_1.txt';
```

【例 3-17】 用 infile 和 datalines 语句读取以逗号为分隔符的数据流数据。

```
data BCJQ3_13;
  infile datalines delimiter = ',';
input name $ age;
datalines;
WANG, 14
```

```
ZHANG, 16
LI, 15
;
run;
```

这段程序中，在 infile 语句中添加了 delimiter = ',' 选项，通过 infile 和 datalines 语句的联合使用，读取以逗号为分隔符的数据流数据。

【例 3-18】 用 infile 语句更新外部文件。

```
data BCJQ3_14;
    infile 'd:\BCJQ\3_1.txt';
    file 'd:\BCJQ\3_1.txt';
    input name $ sex $ age weight height;
        if name = 'WANG' then age =17;
    put name $ sex $ age weight height;
run;
```

可以将 infile 语句和 file 语句联合使用更新外部文件，这段程序中，更新操作系统相应目录下的 3_1.txt 文件，如果文件中有 name =‘WANG’的观测，则将这个观测的 age 变量的值改为 17。

【例 3-19】 用 infile 语句读取有连续分隔符的数据行数据。

```
data BCJQ3_15;
    infile cards dsd;
    input x @ @ ;
cards;
, 5, , 6
;
run;
```

由于使用了 dsd 选项，这段程序读取的数据值为缺失值、5、缺失值、6。如果没有 dsd 选项，添加 dlm = ',' 选项时，则只能读取 5 和 6 两个数据值。

上述几个语句的比较如下：

infile 语句为 input 语句指定输入文件，file 语句为 put 语句指定输出文件。infile 语句通常用于确定外部文件，而 datalines 语句指示数据来自随后的数据流，但用户可以在 infile 语句中使用 datalines 选项来控制数据的读取。

6. put 语句

put 语句在 SAS 日志、输出窗口或最近的 file 语句指定的外部位置写入语句。

【例 3-20】 用 put 语句在外部文件中写入变量值和文本字串。

```
data BCJQ3_16;
    set BCJQ3_1;
    file 'd:\BCJQ\bmi.txt';
    put name $1 -10 bmi 4.1;
run;
```

这段程序将 BCJQ3_1 数据集中的变量 name 和 bmi 写入操作系统相应目录下的 bmi.txt 文件。

【例 3-21】 用 put 语句输出行。

```
data BCJQ3_17;
    input name $ age;
    file print;
    put @ 5 name +10 10* '_' / @ 6 age /;
```

```
datalines;
WANG 14
ZHANG 16
LI 15
;
run;
```

这段程序中，file print 语句指定 put 语句的输出位置在结果输出窗口；put 语句中，指定从第5列开始写入变量 name 的值，后移10列显示10个下画线，然后在下一行的第6列写入变量 age 的值，换行写下一个内容。

【例3-22】 用 put 语句以列方式写变量值。

```
data BCJQ3_18;
    x=11;
    y=15;
    put x 10-18 .1 y 20-28 .1;
run;
```

这段程序中，指定在日志第10~18列以1位小数的形式写变量 x 的值，在日志第20~28列以1位小数的形式写变量 y 的值。

【例3-23】 用 put 语句以格式化方式写变量值。

```
data BCJQ3_19;
    input name $ age;
    put @10(name age)($16. 8.1);
datalines;
WANG 14
ZHANG 16
LI 15
;
run;
```

这段程序中，在 SAS 日志的第10列以$16.格式写变量 name 的值，以8.1格式写变量 age 的值。

读取的数据样式如下：

WANG	14.0
ZHANG	16.0
LI	15.0

【例3-24】 用 put 语句以列表方式写变量值。

```
data BCJQ3_20;
    input name $ age;
    put name $ age ;
datalines;
WANG 14
ZHANG 16
LI 15
;
run;
```

这段程序中，指定在日志中写变量 name、age 的值。

【例3-25】 用 put 语句以命名方式写变量值。

```
data BCJQ3_21;
    input name $ age;
    put name= $ 6-16 age= 18-21;
datalines;
WANG 14
ZHANG 16
LI 15
;
run;
```

这段程序中，变量后跟一个等号，还具有输出格式和写入列的位置。

读取的数据样式如下：

```
name = WANG     age = 14
name = ZHANG    age = 16
name = LI       age = 15
```

put 语句与 input、output 语句的比较如下：

① put 语句是在 SAS 日志或外部文件中写入变量值和文本字串，而 input 语句是从输入数据流的数据行或外部文件读取原始数据。

② put 语句和 input 语句都使用单尾符@和双尾符@@在输出或输入缓存中保持当前行。不同的是，在 input 语句中，双尾符@@是在数据步从一次循环到下次循环时在输入缓存中保持行；而在 put 语句中，单尾符@和双尾符@@具有相同的作用，都是在数据步循环中保持行。

③ put 语句和 output 语句都能在数据步产生输出。put 语句使用输出缓存，并将输出行写入外部位置、SAS 日志或用户的显示器中；而 output 语句使用程序数据向量，并将观测写入 SAS 数据集。

7. modify 语句

modify 语句在一个已存在的数据集的某位置替换、删除和追加观测，不产生另外的副本。

【例 3-26】 用 modify 语句修改所有观测。

```
data BCJQ3_1;
    modify BCJQ3_1;
    BMI=sqrt(BMI);
run;
```

这段程序中，将 BCJQ3_1 数据集中的变量 BMI 开方。

8. merge 语句

merge 语句将两个或多个 SAS 数据集的观测合并成一个观测。

【例 3-27】 用 merge 语句以一对一的方式合并多个数据集。

```
data BCJQ3_22A;
    input num name $ sex $;
    cards;
    1 WANG M
    2 ZHANG M
    3 LI F
    4 TANG M
    ;
```

```
data BCJQ3_22;
    merge BCJQ3_22A BCJQ3_22B;
    proc print;
run;
```

```
data BCJQ3_22B;
    input t1 - t3;
    cards;
    89 76 90
    78 88 74
    96 98 92
    ;
run;
```

合并后的数据集如下：

Obs	num	nameVsex	t1	t2	t3	
1	1	WANG	M	89	76	90
2	2	ZHANG	M	78	88	74
3	3	LI	F	96	98	92
4	4	TANG	M	.	.	.

【例 3-28】 用 merge 语句以变量 x 匹配合并多个数据集。

```
data BCJQ3_23A;
    input num name $ sex $ ;
    cards;
    1 WANG M
    2 ZHANG M
    3 LI F
    4 TANG M
    ;
data BCJQ3_23B;
    input num t1 - t3;
    cards;
    1 89 76 90
    3 78 88 74
    4 96 98 92
    ;
run;
proc sort data = BCJQ3_23A;
    by num;
proc sort data = BCJQ3_23B;
    by num;
proc print data = BCJQ3_23A;
proc print data = BCJQ3_23B;
dataBCJQ3_23;
    merge BCJQ3_23A BCJQ3_23B;
    by num;
proc print;
run;
```

合并后的数据集如下：

Obs	num	name	sex	t1	t2	t3
1	1	WANG	M	89	76	90
2	2	ZHANG	M	.	.	.
3	3	LI	F	78	88	74
4	4	TANG	M	96	98	92

merge 语句与其他语句的比较如下：

① merge 语句从两个或多个 SAS 数据集中合并观测；update 语句从两个数据集中合并观测；update 语句改变或更新主数据集中的观测值，也可以添加观测。

② 像 update 语句一样，modify 语句也是通过改变或更新主数据集中的观测从两个数据集中合并观测。

③ 使用 set 语句读取两个或多个数据集中的观测，也有些类似于使用 by 语句的 merge 语句，但两者的功能不完全一样。

9. update 语句

update 语句通过申请处理更新主文件。

【例 3-29】 用 update 语句更新数据集。

```
data data1;
input num name $ sex $;
cards;
1 WANG M
2 ZHANG M
3 LI F
4 TANG M
;
data data2;
input num name $;
cards;
1 WANG
2WU
3.
4 TANG
;
run;
```

```
data BCJQ3_24;
update data1 data2;
by num;
proc print;
run;
```

这段程序用于处理数据集 data2，以变量 num 的值更新主数据集 data1 中的数据。

更新后的数据集如下：

Obs	num	name	sex
1	1	WANG	M
2	2	WU	M
3	3	LI	F
4	4	TANG	M

update 语句与 merge 语句的比较如下：

① update 语句和 merge 语句都能更新数据集中的观测。

② merge 语句自动用第 2 个数据集中的缺失值取代第 1 个数据集中已存在的值；但 update 语句不会默认这样做，除非指定 updatemode = nomissingcheck 选项。

③ update 语句申请处理改变或更新主文件中被选择观测的值，而不能添加新观测。

10. set 语句

set 语句从一个或多个 SAS 数据集中读取观测。

【例 3-30】 用 set 语句保留部分观测。

```
data BCJQ3_25(drop=sex age);
   set work.BCJQ3_1;
   if sex='M';
run;
```

这段程序从 BCJQ3_1 数据集中复制男生的部分数据。

新生成的数据集如下：

name	weight	height	BMI
WANG	42	150	18.6667

ZHANG	46	170	15.9170
TANG	38	162	14.4795
ZHU	45	158	18.0260

【例 3-31】　用 set 语句连接数据集。

```
data BCJQ3_26A;
    input a b@ @ ;
cards;
1 1 2 3 3 5 4 7 5 9
data BCJQ3_26B;
    input a c@ @ ;
cards;
1 2 2 4 3 6 4 8 5 10
data BCJQ3_26;
    set BCJQ3_26A BCJQ3_26B;
proc print data = BCJQ3_26;
run;
```

这段程序将 BCJQ3_26A、BCJQ3_26B 依次相连，形成有 a、b、c 三变量的 BCJQ3_26 数据集：

obs	a	b	c
1	1	1	.
2	2	3	.
3	3	5	.
4	4	7	.
5	5	9	.
6	1	.	2
7	2	.	4
8	3	.	6
9	4	.	8
10	5	.	10

假设本例中 BCJQ3_26A 中的变量 b 与 BCJQ3_26B 中的变量 c 实际是同一变量(意义相同)，要把它们拼接在一起，则可进行如下处理：

```
set BCJQ3_26A BCJQ3_26B(rename = (c = b));
```

或

```
set BCJQ3_26A(rename = (b = job)) BCJQ3_26B(rename = (c = job));
```

输出结果如下：

obs	a	b(job)
1	1	1
2	2	3
3	3	5
4	4	7
5	5	9
6	1	2
7	2	4

8	3	6
9	4	8
10	5	10

set 语句与其他语句的比较如下：

① set 语句从一个已存在的 SAS 数据集中读取观测；input 语句是从外部文件或数据流中读取数据，用来建立 SAS 变量和为变量赋值。

② 在 set 语句中使用"key ="选项可以不按顺序、通过数据值来读取观测；在 set 语句中使用"point ="选项可以不按顺序、通过观测号读取观测。

③ set 语句可以将两个或更多的数据集连在一起，形成一个单独的大的数据集，属"纵向连接"；merge 语句将两个或多个 SAS 数据集中的观测值合并成一个新数据集中的单个观测值，属"横向合并"。

11. by 语句

by 语句控制数据步复制、合并、修改或更新等数据集操作，规定特殊的分组变量。

【例 3-32】 用 by 语句将数据集中的观测按变量 age 降序进行排列。

```
by descending age;
```

在数据步中，by 语句只用于 set、merge、modify 或 update 语句中。默认情况下，SAS 认为数据集按数值或字母升序排序，descending 选项对数据集按指定变量的降序排列。

3.3.3 SAS 变量操作语句

1. array 语句

array 语句用于定义数组元素。

【例 3-33】 用 array 语句定义一维数组。

```
array simple{3} red green yellow;
```

这段程序用 array 语句定义了一个一维数组，名为 simple，数组中有 red、yellow、blue 3 个元素。

```
array test{6} t1 - t6(10, 20, 2* (40 50));
```

这段程序用 array 语句定义了一个名为 test 的一维数组，数组中 6 个元素名分别为 t1、t2、t3、t4、t5、t6，其初始值分别为 10、20、40、50、40、50。

```
array test[7] _temporery_(2* (1:3), 0);
```

这段程序用 array 语句定义了一个名为 test 的一维临时数组，数组中 7 个元素的初始值分别为 1、2、3、1、2、3、0。

【例 3-34】 用 array 语句定义二维数组。

```
array x[5, 3] score1 - score15;
```

这段程序用 array 语句定义了一个 5 行 3 列的二维数组，名为 x，数组中有 score1 ~ score15 共 15 个元素。

```
array test{3:4, 3:7} test1 - test10;
```

这段程序用 array 语句定义了一个 2 行 5 列的二维数组，数组元素名分别为 test1 ~ test10。

【例 3-35】 用 array 语句将数组 color 中的 3 个元素 x1、x2、x3 的初始值分别设为"red"、"yellow"、"blue"。

```
array color(* ) $ x1 - x3('red' 'yellow' 'blue');
```

2. 数组引用语句

数组引用语句描述即将被处理的数组中的元素。

【例 3-36】 在赋值语句中引用数组。

```
data BCJQ3_27;
  array num{3} n1 - n3(1, 1, 0);
    do i =1 to 3;
      if num{i} =0 then num{i} =1;
    end;
run;
```

这段程序中，首先定义了一个 3 个元素的一维数组，数组元素的初始值分别为 1、1、0，然后使用 do 语句处理数组中的每个元素，在 if 选择结构语句中，使用赋值语句对符合条件的数组元素进行了重新赋值，即将初始值为 0 的元素值改为 1。

【例 3-37】 在累加语句中引用数组。

```
data BCJQ3_28;
  array new{* } score1 - score4 (50 60 70 80);
    do i =1 to dim(new);
      new{i} =new{i} +10;
    end;
run;
```

这段程序中，使用 do 语句对数组 new{ * } 中的每个元素值进行处理，累加语句使每个数组元素的值加 10。dim( ) 函数返回值为一维数组的元素个数，常用来作为 do 循环语句的上界。

3. attrib 语句

attrib 语句将一个或多个变量与其输入、输出格式、标签或者长度等属性联系在一起，即定义或修改变量的属性。

【例 3-38】 用 attrib 语句对单个变量定义多种属性。

```
attrib name length = $20 lable = 'the name of students';
```

这段程序将字符型变量 name 的长度定义为 20 字节，标签为 the name of students。

【例 3-39】 用 attrib 语句对多个变量定义相同的属性。

```
attrib x1 x2 x3 length = $5;
```

这段程序将变量 x1、x2、x3 的长度定义为 5 字节。

4. length 语句

length 语句指定储存变量的字节数。

【例 3-40】 用 length 语句指定储存变量的字节数。

```
data BCJQ3_29;
  length  name $ 13;
  input name sex $age weight height;
  cards;
  WangPing  M 14 42 150
  ZhangYingJie M 16 46 170
  LiLai F 15 44 149
  ;
```

这段程序用 length 语句指定变量 name 为 13 字节。由于 name 变量已在 length 语句中定义为字符型变量，故 input 语句中可以不再用符号 $定义。

5. label 语句

label 语句定义变量的描述标签信息。

【例 3-41】　用 label 语句为变量设置标签。

```
proc print data = BCJQ3_1 noobs label;
var name sex age weight height;
label name = '姓名' sex = '性别' age = '年龄' weight = '体重' height = '身高';
run;
```

程序运行结果如下：

SAS 系统

姓名	性别	年龄	体重	身高
WANG	M	14	42	150
ZHANG	M	16	46	170
LI	F	15	44	149
TANG	M	15	38	162
LIU	F	14	47	162
DIAO	F	16	52	168
ZHU	M	14	45	158
JIA	F	16	50	167

6. format 语句

format 语句在 data 步中把变量与输出格式联系起来。输出格式可以是 SAS 提供的格式，也可以是用户使用 PROC FORMAT 定义的格式。当 SAS 系统打印这些变量的值时，将使用所联系的格式来输出这些值。data 步使用 format 语句可永久地把格式同变量联系起来。PROC 步使用 format 语句指定的格式仅仅在 PROC 步起作用。

【例 3-42】　用 format 语句使变量以自定义格式输出。

```
data BCJQ3_30;
    input weight @ @ ;
    format weight 5.2;
    datalines;
    42 46 44
    ;
run;
proc print;
run;
```

这段程序用 format 语句规定 weight 变量以 5.2 格式输出。

程序运行结果如下：

Obs	weight
1	42.00
2	46.00
3	44.00

format 和 attrib 语句的比较如下：

format 和 attrib 语句都可以定义和修改变量的输出格式，format 语句可用于 DATASETS 过程，改变或取消变量的输出格式。

7. informat 语句

informat 语句将变量与其输入格式联系在一起，即定义变量的输入格式。

【例 3-43】 用 informat 语句规定临时的默认输入格式。

```
data BCJQ3_31;
    informat default = $ char4. default =4.2;
    input name $ sex $ age weight height;
    put name $ sex $ age weight height;
    cards;
    WANG M 14 42 150
    ;
run;
```

这段程序提交后，LOG 窗口输出显示如下：

```
WANG M 0.14 0.42 1.5
```

本例中，input 语句列出的变量没有规定输入格式，那么使用这里规定的默认输入格式，即用格式$ char4. 输入 name 和 sex，用格式 4.2 输入 age、weight、height。

8. drop 语句

drop 语句将变量排除在数据集之外。

【例 3-44】 用 drop 语句删除变量。

```
data BCJQ3_32;
    set BCJQ3_1;
    drop sex;
proc print;
run;
```

这段程序运行后删去了 BCJQ3_1 中的变量 sex。

运行结果如下：

Obs	name	age	weight	height	BMI
1	WANG	14	42	150	18.6667
2	ZHANG	16	46	170	15.9170
3	LI	15	44	149	19.8189
4	TANG	15	38	162	14.4795
5	LIU	14	47	162	17.9089
6	DIAO	16	52	168	18.4240
7	ZHU	14	45	158	18.0260
8	JIA	16	50	167	17.9282

9. keep 语句

keep 语句指定包含在 SAS 输出数据集中的变量。

【例 3-45】 用 keep 语句保留变量。

```
data BCJQ3_33;
    set BCJQ3_1;
    keep name age;
proc print;
run;
```

这段程序运行后仅保留 BCJQ3_1 中的变量 name 和 age。

运行结果如下：

Obs	name	age
1	WANG	14
2	ZHANG	16
3	LI	15
4	TANG	15
5	LIU	14
6	DIAO	16
7	ZHU	14
8	JIA	16

keep 语句与其他语句的比较如下：

① keep 语句不能用于过程步，而"keep ="选项可以用于过程步。

② keep 语句可应用于 data 语句命名的所有输出数据集，如果要在不同的数据集中写入不同的变量，可以使用"keep ="数据集选项。

③ drop 语句是与 keep 语句平行的语句，drop 语句用于指定从输出数据集中排除的变量。

④ keep 和 drop 语句选择出包括或排除在数据集中的变量，子集 if 语句则是根据条件选择某些观测。

⑤ 不要混淆 keep 和 retain 语句，retain 语句是使 SAS 从数据集一次循环至下一个循环时保持变量的值。

10. rename 语句

rename 语句为输出数据集中的变量指定新的名字。

【例 3-46】 用 rename 语句重命名变量。

```
data BCJQ3_34;
    input name $ age;
    rename name=sname;
    put name;
datalines;
WANG 14
ZHANG 16
LI 15
;
run;
```

这段程序中，使用 rename 语句将变量 name 改名为 sname，可以看到在 put 语句中还是使用变量的旧名。

rename 语句与其他语句的比较如下：

① rename 语句不能用于过程步，而"rename ="选项可用于过程步。

② "rename ="数据集选项允许用户指定在输入或输出数据集中想要重命名的变量，处理前在输入数据集中使用。

③ 如果在输出数据集中使用"rename ="数据集选项，则当前数据步的程序中必须继续使用变量的旧名，当输出数据集产生后，可以使用变量的新名。

④ 如果 set 语句中的"rename ="选项在输入数据集中重命名变量，则可以在当前数据步程序中使用新变量名。

⑤ 重命名变量作为一项管理任务，可使用 DATASETS 过程或通过 SAS 窗口界面存取变量。这些方法更简单，而且不需要数据步处理。

11. retain 语句

retain 语句使 input 语句或赋值语句生成的变量从数据步一次循环到下次循环时保持它的值。可以使用 retain 语句为个别变量、变量列表或数据成员赋初始值。

【例 3-47】　用 retain 语句赋初始值。

```
retain month1 -month5 1 year 0 a b c 'XYZ';
```

这段程序将变量 month1 ~ month5 的初始值设为 1，将变量 year 的初始值设为 0，将变量 a、b、c 的初始值设为"XYZ"。

```
retain month1 -month5 (1:4);
```

这段程序将 month1、month2、month3、month4 的初始值分别设为 1、2、3、4，变量 month5 未设初始值。

3.3.4　SAS 观测值操作语句

1. abort 语句

abort 语句停止执行当前数据步处理、SAS 正进行的作业或者会话。

【例 3-48】　用 abort 语句使 SAS 程序有计划地终止。

```
data BCJQ3_35;
    input height @ @ ;
        if height >175 |height <150 then abort;
datalines;
150 170 149 162 162 168 158 167
;
run;
```

abort 语句常出现在 if-then 或 select 这种分支结构语句中，可以规定出现错误的条件，使 SAS 程序有计划地终止。这段程序提交运行后，当遇到 height > 175 或 height < 150 的数据值满足 if 语句条件时，将在日志窗口显示一条错误信息"abort 语句在某行某列终止了执行"和一条关于 BCJQ3_35 数据集可能不完整的警告信息，产生的数据集中只包含前 2 个观测、第 3 个观测且其后的观测都停止了处理。

2. stop 语句

stop 语句可以停止执行当前数据步。

【例 3-49】　用 stop 语句停止执行当前数据步。

```
if idcode =9999 then stop;
```

从这段程序中当变量 idcode 的值为 9999 时，用 stop 语句停止了数据步执行。

stop 语句与 abort 语句的比较如下：

stop 语句在窗体操作和交互行操作方式下，也可以停止当前处理，但 abort 语句会将自动变量_error_的值设置为 1，而 stop 语句则不会；在批处理和非交互行操作方式下，abort 语句会将自动变量_error_设置为 1，并终止处理，而 stop 语句是终止当前处理，继续进行后续语句的处理。

3. 赋值（分配）语句（Assignment Statement）

这类语句求得等号"="右边表达式的值，并将结果值储存在等号"="左边的变量中。

【例 3-50】　用赋值语句将变量 x 的原值加 1，然后赋予变量 x。

```
x=x+1;
```

【例 3-51】　用赋值语句将字符串 Tom 赋予变量 name。

```
name='Tom';
```

【例 3-52】　用赋值语句将复合表达式的返回值赋予变量 y。

```
y=not0-exp(n/(n-1))+x+3;
```

【例 3-53】　用赋值语句将返回值赋予变量 z。

```
data BCJQ3_36;
    length x $2.;
    input(x y)($);
    z=x||y;
datalines;
a b
;
run;
```

这段程序中，首先定义了 x 是 2 字节长度的字符型变量；y 也为字符型变量，未定义长度，默认为 8 字节。用串联符"||"串联变量 x 和 y，通过赋值语句将返回值赋予变量 z，所以变量 z 也为字符型变量，长度为 10 字节。

4. 累加语句（Sum Statement）

这类语句将表达式的结果与一个累加变量相加。

【例 3-54】　用累加语句将变量 bal 与变量 deb 的相反数相加。

```
bal+(-deb);
```

注意：这里的加号"+"是必须的，否则不能构成累加语句。

【例 3-55】　用累加语句将变量 nx 与表达式"x ne ."的返回值相加（表达式成立则返回值为 1，不成立返回值为 0）。

```
nx+(x ne .);
```

【例 3-56】　在 if-then 条件结构语句中使用累加语句，如果符合 if 语句指定的条件则执行累加语句。

```
if status='ready' then  OK+1;
```

累加语句相当于联合使用 sum( ) 函数和 retain 语句：

```
retain 变量 0;
变量=sum(变量,表达式);
```

5. declare（dcl）语句

declare（dcl）语句声明一个数据步的组件对象，产生一个实例并为数据步对象初始化值。

【例 3-57】　用 declare 语句产生一个数据步名为 h 的 hash 组件对象。

```
declare hash h();
```

该语句相当于下面的 2 个语句：

```
declare hash h;
h = _new_ hash ();
```

6. _new_语句

_new_语句产生数据步组件对象的实例。

【例 3-58】　用_new_语句创建 hash 对象并分配给变量 h。

```
declare hash h;
h = _new_ hash ();
```

这段程序中，declare 语句告诉 SAS 变量 h 是一个 hash 对象。

7. delete 语句

delete 语句停止处理当前观测。

【例 3-59】　用 delete 语句将变量 leafwt 中为缺失值的观测删除。

```
if leafwt = . then delete;
```

【例 3-60】　用 delete 语句和 if-then 语句使符合条件的观测不被写入数据集中。

```
data BCJQ3_37;
   input name $ height;
   if height <150 then delete;
datalines;
WANG 150
ZHANG 170
LI 149
TANG 162
LIU 162
DIAO 168
ZHU 158
JIA 167
;
run;
```

delete 语句与其他语句的比较如下：

① 当指定一个条件从数据集中排除某些观测，或遇到当前观测不需要继续处理时，使用 delete 语句更简便；当指定一个条件包含某些观测时，使用 if 子集语句更简便。

② drop 语句用于排除某些变量，delete 语句用于排除某些观测。

③ remove 语句也具有 delete 语句相似的功能和用法，但 remove 语句只用于 modify 语句中，而且可以是物理或逻辑地删除某些观测。

8. remove 语句

remove 语句从 SAS 数据集中删除一个观测。

【例 3-61】　用 remove 语句删除 BCJQ3_38 数据集中 name 为 LIU 的观测。

```
data BCJQ3_38;
   input name $ height;
datalines;
WANG 150
ZHANG 170
LI 149
TANG 162
LIU 162
DIAO 168
ZHU 158
JIA 167
;
run;
```

```
data BCJQ3_38;
   modify BCJQ3_38;
   if name = 'LIU' then remove;
run;
```

remove 语句与其他语句的比较如下。

① 如果数据步有 output、replace 或 remove 语句，必须有明确的将观测输出的语句。

② output、replace 和 remove 语句相互独立，不止一个语句可以应用于同一个观测，它们的次序只是逻辑次序。

③ 如果 output、replace 和 remove 语句都应用于同一个观测，最后才执行 output 动作，以保持观测指针位置的正确。

④ remove 语句可执行物理或逻辑删除，可用于 modify 语句中所有的数据集引擎；delete 和子集 if 语句都是物理删除，所以它们在 modify 语句的一些引擎中无效。

9. replace 语句

replace 语句在相同位置替换一个观测。

【例 3-62】 根据一定条件，利用处理数据集 temp 中的数据，替换主数据集 BCJQ3_39 中变量 age 的值。

```
data BCJQ3_39;
   input name $ age;
datalines;
WANG 14
ZHANG 16
LI 15
;
run;
data temp;
   input name $ age;
datalines;
WANG 19
ZHANG 21
LI 20
;
run;
```

```
data BCJQ3_39;
   modify BCJQ3_39 temp;
   by name;
   if age >20 then replace;
run;
```

新生成的数据集如下：

name	age
WANG	14
ZHANG	21
LI	15

10. output 语句

output 语句将当前观测写入 SAS 数据集。

【例 3-63】 在给定的条件满足时，用 output 语句将当前观测写入 SAS 数据集。

```
if deptcode gt 2000 then output;
```

【例 3-64】 用 output 语句将 age > 30 的观测写入 temp 数据集。

```
if age >30 then output temp;
```

【例 3-65】 用 output 语句从一个输入文件创建多个数据集。

```
data BCJQ3_40 temp1 temp2;
    input name $ age;
        if 30 >=age >25 then output BCJQ3_40;
            if age >30 then output temp1;
            else output temp2;
datalines;
WANG23
ZHANG31
LI28
;
run;
```

这段程序中当遇到 25 < age≤30 的观测时，将观测输入到 BCJQ3_40 数据集中；当 age > 30 时将观测写入 temp1 数据集，否则，将观测写入 temp2 数据集(注意 else 语句和最近的一个 if 语句相匹配，temp2 数据集中包括了 age≤30 的所有观测)。

output 语句与其语句的比较如下：

① output 语句将当前观测写入数据集；put 语句将变量值或文本写入外部文件或 SAS 日志。

② 控制一个观测写入指定的数据集，使用 output 语句；控制某些变量写入数据集，可以在 data 语句中使用“keep = ”、“drop = ”数据集选项，也可以使用 keep 或 drop 语句。

③ 当在 modify 语句中使用 output 语句时，使用 output、replace 或 remove 语句取代数据步结尾默认的动作，如果在数据步使用这些语句，则需要对加入数据集中的新观测有明确的输出语句。

11. error 语句

error 语句设置自动变量_error_的值为 1，有选择性地在日志中写入信息。

【例 3-66】 如果符合条件，用 error 语句在日志窗口显示信息和变量 age 值。

```
if type = 'teen' & age >19 then
error 'type and age did not match' age =;
```

12. if 语句，子集

if 语句的作用是当观测遇到表达式指定的条件时，继续处理。

【例 3-67】 用 if 语句实现如果 age 不为缺失值或 0，则执行处理。

```
if age;
```

【例 3-68】 用 if 语句建立只包含 sex = “F”的观测的数据集。

```
data BCJQ3_41;
    input(name sex)($)@@;
        if sex='F';
datalines;
WANG M
ZHANG M
LI F
;
run;
```

if 语句与其他语句的比较如下。

① 子集 if 语句相当于下面的 if-then 语句：

```
if not(表达式) then delete;
```

② 当生成数据集时，如果指定一个包含观测的条件比较容易，则使用子集 if 语句；如果指定一个排除观测的条件比较容易，则使用 if-then、delete 语句。

13. call 语句

call 语句调用 call 子程序。

【例 3-69】 用 call 语句将变量 x1、x2、x3 设为缺失值。

```
call missing(of x1-x3);
```

【例 3-70】 用 call 语句产生声音。

```
call sound(523,2000);
```

这段程序将产生频率为 523Hz(中央 C 音)、持续 2000ms 的声音。

【例 3-71】 用 call 语句发布操作系统命令。

```
data BCJQ3_42;
    call system('dir *.txt');
run;
```

这段程序将调用 system()函数向操作系统发布 dir *.txt 命令，列出操作系统工作目录下所有的.txt 文件信息。

【例 3-72】 用 call 语句调用随机函数子程序产生随机数。

```
data BCJQ3_43;
  retain x1 10 x2 15;
    do i=1 to 5;
      call rannor(x1,y1);
      call rannor(x2,y2);
        output;
    end;
run;
```

每个随机函数都有一个相应的 call 子程序，当一个数据步产生多组随机数时，随机函数产生的多组随机数字来自同一个数字流，而使用 call 子程序比使用随机函数能更好地控制种子值，产生的多组数字由于种子随机独立，所以各组随机数字之间也相互独立(参见第 4 章)。

14. list 语句

list 语句将被处理的输入数据观测记录写入 SAS 日志。

【例 3-73】　用 list 语句在日志中显示变量长度记录的长度。

```
data BCJQ3_44;
    input name $ age;
        if age <16 then list;
        datalines;
        WANG 14
        ZHANG 16
        LI 15
        ;
    run;
```

这段程序运行后，日志中将显示一个标尺，并显示记录的长度：

```
RULE:        ----+----1 ----+----2 ----+----3 -…
1            WANG 14
2            LI 15
```

list 语句和 put 语句的比较如表 3-6 所示。

表 3-6　list 语句和 put 语句的比较

操　　作	list 语句	put 语句
何时写	在数据步每次循环结束	立即
写什么	输入数据记录	变量或文本
写在哪	只能写在 SAS 日志中	可以写在 SAS 日志、输出结果窗口或外部文件中
可以和哪些语句合用	只有 put 语句	任何数据读取的语句
处理十六进制值	如果遇到非显示字符，自动显示十六进制值	只有给定了十六位进制的输出格式，才能以十六进制的形式显示字符

15. lostcard 语句

当 SAS 遇到数据中一个观测具有多条记录，记录中有缺失值或无效记录时，lostcard 语句校正输入数据。

【例 3-74】　下面的程序中，假定数据行第 2 个观测的第 2 个记录丢失，SAS 将第 3 个观测的第 1 个记录读作第 2 个观测的第 2 个记录，则可能出现与预想情况不符的问题。

```
data BCJQ3_45;
    input x y;
datalines;
1 2
3
5 6
;
run;
```

程序生成的数据集样式如下：

Obs	x	y
1	1	2
2	3	5

在这段程序中加入 lostcard 语句运行后，数据集中没有观测，日志中显示如下信息：

```
NOTE: LOST CARD.
RULE:      ----+----1----+----6----+----3----+----4----+----5…
226        1 2
NOTE: LOST CARD.
228        5 6
NOTE: LOST CARD.
NOTE: LOST CARD.
229        ;
x=. y=. _ERROR_=1 _N_=1
NOTE: INPUT 语句到达一行的末尾，SAS 已转到新的一行
NOTE:数据集 WORK.BCJQ3_49 有 0 个观测和 2 个变量
```

【例 3-75】　在条件结构语句中使用 lostcard 语句识别缺失数据记录并校正输入数据。

```
data BCJQ3_46;
  input id1-3 age
    #2 id2 1-3 loc
    #3 id3 1-3 wt;
  if id ne id2 or id ne id3 then do;
  put 'DATA RECORD ERROR: ' id= id2= id3=;
lostcard;
end;
datalines;
301 32
301 61432
301 127
302 61
302 83171
400 46
409 23145
400 197
411 53
411 99551
411 139
;
run;
```

数据步读取数据时，如果 id 不匹配(id 不等于 id2 或 id 不等于 id3)，则 SAS 执行 put 语句和 lostcard 语句。本例中，id 为 302 的观测缺少一行记录(应还有一行 id 为 302 的记录)，id 为 400 的观测的第 2 行记录错误(id=409，应为 400)，所以数据行中，只有前 3 行和最后 3 行被当作 2 个观测写入数据集(应有 4 个观测)，数据行中间的 5 行数据则执行了 lostcard 语句，被丢弃，所以生成的数据集中只包含数据行前 3 行和最后 3 行形成的两个观测。

16. 空语句(Null Staments)

空语句指示数据行结束，或相当于一个占位符。语法如下：

```
; 或 ;;;;
```

空语句不执行任何动作，但它也是执行语句。datalines 或 cards 语句后的空语句主要用于指示数据行结束；标号语句可以位于空语句之前；空语句也可以用在条件处理中。

17. where 语句

where 语句是在执行数据集连接(set)、合并(merge)、更新(update)或修改(modify)之前进行的

操作。使用 where 语句时，因为 SAS 系统只从输入数据集中读入满足条件的观测，所以这样的 SAS 程序更有效。

【例 3-76】 用 where 语句从 SAS 数据集中选取相应的观测。

```
data temp;
   input name $ age;
datalines;
WANG 14
ZHANG 16
LI 15
;
run;
data BCJQ3_47;
   set temp;
   where age <15;
run;
```

这段程序中，在 temp 数据集中读取 age < 15 的观测形成 BCJQ3_47 数据集。

where 语句与其他语句的比较如下：

① 在 data 步 where 语句和子集 if 语句的最大差别是 where 语句在观测读入到程序数据向量之前起作用，而子集 if 语句对已经在程序数据向量的观测起作用；where 语句不是执行语句，而子集 if 语句是可执行语句；where 语句有自己的表达式，而子集 if 语句使用 SAS 表达式；where 语句仅仅从 SAS 数据集的观测中选择，而子集 if 语句可以从已存在的 SAS 数据集中或在用 input 语句产生的观测中选择；当 where 表达式和子集 if 表达式产生相同结果时，在几乎所有情况下，where 语句要比 if 语句的效率高；从大的 SAS 数据集中选择一个小的子集时，用 where 语句比用子集 if 语句效率高得多，因为在进行选择之前，SAS 系统没有从大数据集中移动所有观测到这个小数据集的程序数据向量中。

② 不要将 where 语句和 drop 或 keep 语句混淆。drop 和 keep 语句用于选择变量，where 语句用于选择观测。

18. missing 语句

missing 语句在输入数据中分配一个字符代表特殊的数字型缺失值。

【例 3-77】 用 missing 语句指定字符代表特殊的缺失值。

```
dataBCJQ3_48;
   missing a r;
input name $ age;
datalines;
WANG 14
ZHANG A
LI R
;
run;
```

这段程序中，用 a 代表被调查者当时不在家，用 r 代表被调查者拒绝回答问题。这种方式比使用无效的数据值更清楚。

“missing =”系统选项允许用户指定一个字符显示在普通缺失值的地方。如果数据中包含代表特殊缺失值的字符，比如 a 或 z，不要使用“missing =”系统选项来定义它们，而应使用 missing 语句。

3.3.5　数据步循环与控制语句

1. do 语句

do 语句与 end 语句的功能如表 3-7 所示。

表 3-7　do 语句与 end 语句功能

语　句	功　能	语　句	功　能
do	创建一组语句	do while	重复执行 do 循环中的语句至某个条件不再为真
循环 do	根据下标变量重复执行 do 与 end 语句之间的语句	do over	在 do 循环中对隐含数组元素执行一些语句
do until	重复执行 do 循环中的语句至某个条件为真	end	标记一个 do 组或 select 组结束

【例 3-78】　在 if-then 语句中使用 do 语句。

```
if years >5 then do;
months =years* 12;
end;
else yrsleft =5 -years;
```

这段程序用简单 do 语句实现了只有 years >5 时，才执行 do 组语句；如果 years≤5 则不执行 do 组语句，继续执行 else 语句后的赋值语句。

【例 3-79】　用 do 循环语句读取 2×2 列表资料。

```
data BCJQ3_49;
    do i =1 to 2;
        do j =1 to 2;
            input f @ @ ;
            output;
        end;
    end;
datalines;
30 10 11 49
;
run;
```

这段程序使用嵌套 do 循环语句将具有 2 水平的两组受试对象的频数资料创建为 SAS 数据集。

【例 3-80】　用 do while 语句实现当 n <5 时总是执行 do 循环。

```
n =0;
do while(n <5);
put n =;
n +1;
end;
```

【例 3-81】　用 do until 语句计算 π 的近似值。

```
data BCJQ3_50;
retain n 1 t 1 pi 0 s 1;
    do until((abs(1/n) <1e -7));
        pi =pi +t;
        n =n +2;
        s = -s;
        t =s/n;
        output;
```

```
        end;
    pi=pi*4;
    put pi;
    run;
```

π 的近似值可由下式得到：$\pi/4 \approx 1/1 - 1/3 + 1/5 - 1/7 \cdots$ 到最后一项的绝对值小于 10^{-7} 为止。程序运行后，put 语句在日志窗口显示 pi 值为 3.1415924536。

【例 3-82】　如何用 do over 语句将隐含数组的所有元素乘以 50。

```
    data BCJQ3_51;
        input sc01-sc05;
        array s sc01-sc05;
        do over s;     /* 等价于 do_i_=1 to 5*/
        s=s*50;
        end;
        cards;
        11 14 29 12 23
        ;
    run;
```

do 语句与其他语句的比较如下：

① 简单 do 语句常作为 if-then/else 结构语句的一部分，指定执行一组语句。

② 循环 do 语句基于索引变量的值，反复执行 do 与 end 语句中间的语句。

③ do while 语句当条件为真时，反复执行 do 语句，在每次重复执行前检查条件的真假。do until 语句在循环的末点得到条件的返回值，而 do while 语句则在循环的起点得到条件的返回值。也就是说，即使条件为假，do until 语句至少执行一次，而 do while 语句不执行。

2. end 语句

end 语句停止 do 组或 select 组处理。

【例 3-83】　用 end 语句结束循环 do 组的循环处理。

```
    do name= 'WANG', 'ZHANG', 'LI';
    output;
    end;
```

3. leave 语句

leave 语句停止处理当前循环，继续按顺序执行下一个语句。

【例 3-84】　用 leave 语句停止处理当前 do 循环。

```
    data BCJQ3_52;
        input name $ sex $ age weight height;
        bonus=0;
            do year=age TO 20;
                if bonus ge 400 then leave;
                bonus+100;
            end;
    datalines;
    WANG M 14 42 150
    ZHANG M 16 46 170
    LI F 15 44 149
    TANG M 15 38 162
    LIU F 14 47 162
```

```
DIAO F 16 52 168
ZHU M 14 45 158
JIA F 16 50 167
;
run;
```

本例通过 if-then 语句检查变量 bonus 的值是否满足条件，当 bonus≥400 时，用 leave 语句停止处理当前 do 循环。

leave 语句与其他语句的比较如下：

leave 语句停止当前循环，而 continue 语句是停止处理当前循环并继续下次循环；leave 语句可用于 do 循环和 select 组，而 continue 语句只能用于 do 循环结构中。

4. go to 语句

go to 语句指示程序立即转向标号语句规定的位置执行，如果其后有 return 语句，则返回数据步的开始位置执行。

【例 3-85】 用 go to 语句指示程序转向标号语句。

```
data BCJQ3_53;
    input x;
        if 1 <=x <=5 then go to add;
            put x =;
        add: sumx +x;
datalines;
7
4
323
;
run;
```

这段程序中，如果 x 满足条件，则程序跳过中间其他语句，转至标号语句 add 指示的位置执行；如果 x 不满足条件，则顺序执行语句，所以当遇到观测 4 时，不执行 put 语句。

5. link 语句

link 语句指定一个标号语句作为该语句的目的地。

【例 3-86】 用 link 语句执行一组语句。

```
data BCJQ3_54;
    input name $ score lesson $;
    if name ='WANG' then link calcu;
  return;
  calcu:if lesson ='lesson_1'
  then finalscore =score +10;
    else if lesson ='lesson_2'
  then finalscore =score -5;
return;
datalines;
WANG 56 lesson_1
ZHANG 98 lesson_2
WANG 76 lesson_2
;
run;
```

这段程序中，当 name =“WANG”时，程序跳转到标签语句 calcu 指向的目标执行，直到遇到 return 语句，return 语句将 SAS 跳转到 link 语句后的第 1 个语句执行，然后返回数据步开始位置读取下一个观测，当 name 的值不为 WANG 时，SAS 执行赋值语句，写入观测，并返回数据步开始位置。

新生成的数据集如下：

name	score	lesson	finalscore
WANG	56	lesson_1	66
ZHANG	98	lesson_2	.
WANG	76	lesson_2	71

link 语句与其他语句的比较如下：

① link 和 go to 语句的区别在于其后 return 语句的动作，link 语句后的 return 语句返回执行 link 语句后的语句。go to 语句后的 return 语句则返回数据步开始位置执行，除非 link 语句在 go to 语句之前，在这种情况下，继续执行 link 语句后的第 1 个语句。link 语句中常有一个明确的 return 语句，而 go to 语句中常无明确的 return 语句。

② 当在一个程序中需要在几个点都执行一组语句时，使用 link 语句能使代码更简洁、更具逻辑性；如果一组语句在一个程序中只执行一次时，使用 do 组语句比使用 link - return 语句更具有逻辑性。

6. 标号语句

标号语句确定一个连接到其他语句的语句。

【例 3-87】 使用标号语句确定一个连接到其他语句的语句。

```
data BCJQ3_55A BCJQ3_55B;
  input Item $ Stock @ ;
    if Stock =0 then go to reorder;
  output BCJQ3_55A;
return;
reorder:input Supplier $;
  output BCJQ3_55B;
datalines;
milk0 A
bread 3 B
;
run;
```

这段程序中，当 Stock = 0 时，使用 go to 语句跳转到 reorder 标号语句指示的语句执行，即执行“input Supplier $; ”语句和其后的 output 语句，创建成 BCJQ3_55B，否则返回数据步的开始位置继续处理下一个观测，创建成 BCJQ3_55A。

7. if-then/else 语句

if 后的表达式为真时执行 then 后面的语句，表达式为假时执行 else 后面的语句。

【例 3-88】 如果遇到 sex = ‘F’的观测则不写入数据集，否则将观测写入数据集。

```
data BCJQ3_56;
    input name $ sex $ @ @ ;
      if sex = 'F' then delete;
      else output;
datalines;
WANG M
ZHANG M
LI F
;
run;
```

8. select 语句

select 语句执行一个或几个语句或组群语句。

【例 3-89】　无选择表达式的 select 语句。

```
data BCJQ3_57;
input x;
  select;
    when(x=0) x+1;
    when(x>0);
    otherwise put 'x<0';
  end;
datalines;
-1
10
0
.
;
run;
```

这段程序中，当 x=0 为真时，x 的值加 1；当 x>0 为真时不执行任何动作；其他情况下（本例中为遇到 -1 和缺失值两个观测值时）执行 put 语句。

9. return 语句

return 语句停止执行数据步当前点，返回数据步预先指定的点。

【例 3-90】　用 return 语句让 SAS 系统返回到数据步开头。

```
data BCJQ3_58;
  input x y;
  if x=y then return;
  put x= y=;
datalines;
21 25
20 20
7 17
;
run;
```

这段程序中，当遇到 x=y 的观测时，SAS 执行 return 语句，未执行 if 语句后的 put 语句，并将观测写入数据集；当遇到的观测不符合条件时，执行剩余的语句，并将观测写入数据集。

3.4　过程步常用语句

1. var 语句

var 语句在很多过程步中用来指定被分析的变量。

【例 3-91】　用 var 语句指定被分析的变量。

```
var  xuetangzhi nianling abc tttwww;
var x1-x11 a1-a99;
```

2. by 语句

by 语句在过程步中一般用来指定一个或几个分组变量，根据这些分组变量值把观测（即个体）分组，然后对每一组观测分别进行本过程指定的分析。在使用带有 by 语句的过程步之前一般要求先用 SORT 过程对数据集排序。

【例 3-92】 根据 by 语句指定的变量进行排序。

```
proc sort data = BCJQ3_1;
by age;
run;
```

3. class 语句

在某些过程步中（如 anova 或 glm），使用 class 语句指定一个或几个分类变量，这些分类变量就将充当影响因素；而在另一些过程步中（如 means），class 语句的作用与 by 语句类似，可以指定分类变量，把观测按分类变量分组后分别进行分析，此时使用 class 语句就不需要先按分类变量排序了。

【例 3-93】 用 class 语句指定分组变量。

```
proc ttest cochran;
class sex;
var weight;
run;
```

4. model 语句

model 语句在一些统计建模过程中用来指定模型的形式，相当于以简略的形式呈现的计算公式。

【例 3-94】 用 model 语句指定模型的形式。

```
model  xuetangzhi = nianling;
```

此语句的作用取决于它被引用的 SAS 过程，若 SAS 过程为“reg”，model 语句的含义是建立用定量的自变量 nianling 去预测定量的因变量 xuetangzhi 取值的直线回归方程，常称为直线回归分析；若 SAS 过程为“anova”，再配上“class　nianling;”语句，则 model 语句的含义是检验定性因素 nianling 全部水平下定量结果变量 xuetangzhi 的平均值之间的差别是否具有统计学意义，常称为单因素多水平设计定量资料方差分析。

5. freq 语句

freq 语句指定一个重复数变量，每个观测中此变量的值说明这个观测实际代表多少个完全相同的重复观测。

freq 变量只取整数值。如果变量不是整数，SAS 会将它截为整数；如果变量小于 1 或缺失，程序将不使用这些观测来计算统计量。如果没有 freq 语句，那么每个观测的默认频数为 1。频数变量的总和代表观测的总数。

【例 3-95】 用 freq 语句指定重复数变量。

```
proc univariate noprint;
histogram x/midpoints = 90 to 160 by 10;
freq fre;
run;
```

6. weight 语句

weight 语句指定一个权重变量，在某些允许加权的过程中代表权重。

weight 语句中变量不一定是整数，当遇到非正权重变量值时，程序的行为见表 3-8。

注意：在 FREQ 过程中，weight 语句中变量的值代表每一个观测出现的频数。

表 3-8　权重变量值及程序的行为

权重变量值	程序的行为
0	计算总观测数中的观测
小于 0	将权重值转为 0 并计算总观测数中的观测
缺失	从分析中将观测排除

【例 3-96】　用 weight 语句指定权重变量。

```
proc catmod;
weight f;
model a* b* c=y;
run;
```

7. id 语句

有些过程(如 print、univariate)需要输出观测的代号，一般使用观测的序号。但是，如果数据集中有一个变量可以用来区分观测(如人名)，就可以用 id 语句指定这个变量作为观测标志。

【例 3-97】　用 id 语句指定作为观测标志的变量。

```
id name;
```

该语句指定用变量 name 的值来标志观测。

8. where 语句

用 where 语句可以选择输入数据集的一个行子集来进行分析，在 where 关键字后指定一个条件。

【例 3-98】　用 where 语句选择子集。

```
where age >=50 and age <=70;
```

指定只分析年龄(设其变量名为 age)大于 50 岁且小于等于 70 岁的被调查者。

9. label 语句

label 语句为变量指定一个标签，很多过程可以使用这样的标签。

【例 3-99】　用 lable 语句指定标签。

```
label region='Sales Region';
指定变量 region 的标签为 Sales Region。
```

10. output 语句

SAS 过程可以对数据集作某些分析，这时结果出现在 output 窗口(高精度绘图过程的输出在 graphics 窗口)。在 SAS 过程步中经常用 output 语句指定输出结果存放的数据集。不同过程中把输出结果存入数据集的方法各有不同，output 语句是用得最多的一种。

【例 3-100】　用 output 语句指定存放输出结果的数据集。

```
output out=b;
```

该语句指定存放输出结果的数据集为临时数据集 b。

3.5 全程语句

3.5.1 全程数据存取语句

1. libname 语句

libname 语句将 SAS 逻辑库与逻辑库引用名关联在一起或取消关联；清除一个或全部逻辑库引用名；列出 SAS 逻辑库特征；合并 SAS 逻辑库；隐含关联 SAS 目录。

【例 3-101】 用 libname 语句指定和使用逻辑库引用名。

```
libname stulib 'd:\BCJQ\data\';
option user=stulib;
data BCJQ3_59;
input name $ height;
datalines;
WANG  150
ZHANG 170
;
run;
```

这段程序中首先定义了一个名为 stulib 的逻辑库引用名，通过 option 语句将当前用户的工作逻辑库指定为 stulib，然后在 stulib 逻辑库下建立名为 BCJQ3_59 的数据集。指定储存数据集物理地址时，也可以不使用 option 语句，而直接使用数据集二级名字 stulib. BCJQ3_59。

2. filename 语句

filename 语句将 SAS 文件引用名(FILEREF，File Reference 的自定义缩写)与外部文件或输出驱动器连接在一起；取消文件和文件引用名的连接；列出外部文件的属性。

【例 3-102】 用 filename 语句为外部文件指定文件引用名。

```
filename myfile 'd:\BCJQ\3_1.txt';
data BCJQ3_60;
   infile myfile;
   input name $ sex $ age weight height;
run;
filename myfile list;
```

这段程序中，生成 BCJQ3_60 数据集，建立 5 个变量，从操作系统指定目录下的 3_1. txt 文件中读入观测数据。首先用 filename 语句将 myfile 定义为“d:\BCJQ\3_1. txt”文件的文件引用名，在 infile 语句中就可以直接使用文件引用名来引用外部文件，最后用 filename 语句在日志窗口显示文件引用名 myfile 的物理地址。

filename 语句指定外部文件的文件引用名；libname 语句指定 SAS 数据集或可被存取 DBMS 文件的逻辑库引用名。filename 语句用于目录存取方法、剪贴板存取方法、电子邮件数据存取方法、FTP 数据存取方法等各类用法，在此不作详细介绍。

3.5.2 全程日志控制语句

1. page 语句

page 语句将 SAS 日志从新的一页开始。

【例 3-103】 用 page 语句将 SAS 日志从新的一页开始。

```
page;
```

用户可以在窗口环境、批处理或非交互行模式运行 SAS 过程中使用 page 语句，page 语句本身不被显示在日志中；当 SAS 以交互行模式运行时，page 语句可能显示为空格。

2. skip 语句

skip 语句在 SAS 日志中产生空白行。

【例 3-104】 用 skip 语句在 SAS 日志中产生 10 个空白行。

```
skip 10;
```

3.5.3 全程环境控制语句

x 语句在 SAS 会话中发布操作系统命令。

【例 3-105】 用 x 语句向操作系统发布命令。

```
data BCJQ3_61;
infile 'd:\BCJQ\3_1.txt';
input name $ sex $ age weight height;
run;
X 'del d:\BCJQ\3_1.txt ';
```

这段程序中，单引号内的内容为 DOS 命令，意为删除 d 盘指定目录下的 3_1.txt 文件。

3.5.4 全局输出控制语句

1. footnote 语句

footnote 语句在过程步或程序步输出页的底部写入不超过 10 行的文本。

【例 3-106】 用 footnote 语句规定脚注。

```
footnote8 "Managers' Meeting";
```

该语句规定在脚注的第 8 行写入一个文本信息。

2. title 语句

title 语句给 SAS 输出指定一个标题行。

【例 3-107】 用 title 语句规定标题。

```
title5 color=red "Year's End Report";
```

该语句设置输出行的标题为“Year's End Report”，且标题位于第 5 行，字体为红色。

3.5.5 全程程序控制语句

1. dm 语句

dm 语句像一条 SAS 语句一样，提交 SAS 程序编辑器、日志、过程输出或文本编辑器命令。

【例 3-108】 用 dm 语句改变窗口颜色。

```
dm 'color text cyan;color command red';
```

该语句将程序编辑器窗口的文本颜色设置为深蓝色，命令行颜色设置为红色。

【例 3-109】 用 dm 语句清除日志窗口内容，并使结果输出窗口成为活动窗口。

```
dm log 'clear' output;
```

2. endsas 语句

当执行完数据步或过程步后，endsas 语句结束 SAS 作业或对话。

endsas 语句常用于交互式或窗体操作会话中，它不能用于诸如 if-then 的选择结构中。

【例 3-110】　用 endsas 语句退出 SAS 系统。

```
endsas;
run;
```

3. % include 语句

%include 语句将 SAS 程序语句和(或)数据行带入当前 SAS 程序。

【例 3-111】　用% include 语句调用外部文件。

```
%include'd:\BCJQ\3_1.txt';
```

%include 语句立即执行，而 include 语句带入输入行到程序编辑器窗口但并不执行，需要有一个提交运行命令来执行。

4. lock 语句

lock 语句获得和释放对已存在的 SAS 文件的独占锁定。

【例 3-112】　用 lock 语句对 work. BCJQ3_1 数据集获得独占访问锁定。

```
lock work.BCJQ3_1;
```

5. options 语句

options 语句改变一个或多个 SAS 系统选项的值。

【例 3-113】　用 options 语句设置 SAS 系统选项的值。

```
options nodate linesize=72;
```

本例在结果输出中不显示日期，输出结果每行 72 个字符。

改变 SAS 系统选项可以通过 options 语句或显示管理命令 options。用显示管理命令时，选项名和设置都在窗口相应的列上显示，为了改变某种设置，只要简单地在显示的值上按回车键或 Return 键即可。

6. run 语句

run 语句执行前面输入的 SAS 语句，如【例 3-1】所示。

7. quit 语句

quit 语句结束一个交互式过程。

【例 3-114】　用 quit 语句结束交互式过程。

```
proc gplot data=a;
plot chpr*data;
title 'First plot';
run;
plot dekl*data;
title 'Second plot';
run;
quit;
```

比较：

quit 语句用来结束 gplot 过程，因为 gplot 过程为交互式的；run 语句不能结束该过程，它只是告诉 gplot 去执行 run 语句之前的语句。

第4章　常用SAS函数及其应用

SAS像多数高级语言一样，提供了丰富的标准函数，并且在内容上不断地发展改进，数量也从SAS6.12的二百多个增加到SAS9.2的近五百个。本章列举了最常用的7类SAS函数和SAS call子程序，以及应用实例，有助于读者学习和使用。一旦学会使用合适的函数，你的工作效率将加倍。

4.1　SAS函数中的基础知识

4.1.1　SAS函数

SAS函数是一个子程序，它由0或几个参数返回一个结果值。每个SAS函数都有一个关键词名字。为了引用函数，要写出它的名字，然后写出一个参数或几个参数，将其用放入括号中，而后这个函数对这些参数进行某种运算。

SAS函数书写格式如下：

```
函数名(参数表)
```

其中，函数名为SAS关键字；参数表给出函数所要求的一个或多个参数。

4.1.2　SAS参数

SAS参数可以是变量名、常数、函数或表达式。

当参数多于一个时，参数之间应该用逗号分隔。例如，可以用函数SUM(x1, x2, x3)求x1、x2、x3三个自变量的和。

也可以写成“函数名(of 变量名列表)”格式。其中，变量名列表可以是任何合法的变量名列表。比如x1、x2、x3的和可以等价地用SUM(of x1 x2 x3)或SUM(of x1 - x3)表示。

但需要注意的是两种写法不能混在一起。比如，SUM(of x1, x2, x3)和SUM(x1 - x3)都是不正确的。

4.1.3　函数值

除了个别特殊情况，多数函数值的属性与其参数属性是一致的，数值函数值的默认长度为8个字节，字符函数值的默认长度是200个字符。

4.1.4　SAS函数分类

最新SAS 9.2/BASE模块的Language Reference：Dictionary中的内置函数，与SAS 9.1.3比较，减少了程序响应度量函数(ARM)、货币折算函数(Currency Conversion)、双字节函数(DBCS)等函数种类，新增了算术函数(Arithmetic)、组合函数(Combinatorial)、距离函数(Distance)、财务函数(Finance)、数字函数(Numeric)、搜索函数(Search)、排序函数(Sort)等，具体分类见表4-1。

表 4-1　SAS 函数分类

分　类	中文名称	分　类	中文名称
Arithmetic	算数函数	Numeric	数字函数
Array	数组函数	Probability	概率函数
Bitwise Logical Operations	逐位逻辑函数	Quantile	分位数函数
Character String Matching	字符串匹配函数	Random Number	随机数函数
Character	字符函数	SAS File I/O	SAS 文件输入/输出函数
Combinatorial	组合函数	Search	搜索函数
Date and Time	日期时间函数	Sort	排序函数
Descriptive Statistics	样本统计函数	Special	特殊函数
Distance	距离函数	State and Zip Code	州和 zip 码换算函数
External Files	外部文件函数	Trigonometric	三角函数
External Routines	外部程序函数	Truncation	截取函数
Financial	财务函数	Variable Control	变量控制函数
Hyperbolic	双曲线函数	Variable Information	变量信息函数
Macro	宏函数	Web Tools	网络工具
Mathematical	数学函数		

4.1.5　使用 SAS 函数的注意事项

使用 SAS 函数有以下注意事项：

① SAS 函数不能直接用在 PUT 语句中。

② 多数函数不许以缺失值为其参数。

③ 注意函数参数的取值范围，如对数函数的参数值要大于零等。

④ 若某些概率函数的参数选择不当，可能引起收敛性问题，在这种情况下，函数值为缺失值并给出错误信息。

4.2　日期时间函数

4.2.1　日期时间函数简介

SAS 的日期时间函数见表 4-2。

表 4-2　日期时间函数

函　数	描　述
DATDIF(sdate, edate, basis)	计算两个日期之间相距的天数，basis 指定 SAS 中的时间格式
DATE()	计算当前日期作为 SAS 日期数据
DATEJUL(julian-date)	将 julian 西洋日期格式转换为 SAS 日期格式
DATEPART(datetime)	从日期时间格式的数据中抽取日期
DATETIME()	计算当前日期时间值
DAY(date)	由 SAS 日期值 date 得到日
DHMS(date, hour, minute, second)	从日期、小时、分钟、秒 4 个数值得到 SAS 日期时间值
HMS(hour, minute, second)	从小时、分钟、秒 3 个值计算 SAS 日期时间值
HOLIDAY(holiday, year)	计算指定年份、指定节日的 SAS 日期时间值
HOUR(time | datetime)	从 SAS 时间或 SAS 日期时间中计算小时的数值
INTCINDEX(interval <<multiple. <shift-index>>>, date-time-value)	按给定日期、时间或日期时间值，计算周期指数
INTCK('interval', from, to)	计算在一定时间间隔后的 SAS 日期时间值

（续表）

函 数	描 述
INTCYCLE(interval <<multiple. <shift-index>>>)	按给定日期、时间或日期时间间隔，返回下一较高季节周期的日期、时间或日期时间间隔
INTFIT(argument-1, argument-2, 'type')	返回两个日期之间的时间间隔
INTFMT(interval <<multiple. <.shift-index>>>, 'size')	按给定日期、时间或日期时间间隔，返回推荐的格式
INTGET(date-1, date-2, date-3)	返回基于 3 个日期值或日期时间值的时间间隔
INTINDEX(interval <<multiple. <shift-index>>>, date-value)	按给定日期、时间或日期间隔，计算周期指数
INTNX(interval, from, n)	计算从 from 开始经过 n 个间隔后的 SAS 日期时间值
INTSEAS(interval <<multiple. <shift-index>>>)	按给定日期、时间或日期时间间隔，返回季节周期的长度
INTSHIFT(interval <<multiple. <shift-index>>>)	返回与基时间间隔相对应的移位时间间隔
INTTEST(interval <<multiple. <shift-index><<)	若时间间隔有效，返回 1；若时间间隔无效，则返回 0
JULDATE(date)	将 SAS 日期格式转换为 julian 西洋日期
MDY(month, day, year)	从月、日、年得到 1 个 SAS 日期值
MINUTE(time|datetime)	从时间值或日期时间值中抽取分钟值
MONTH(date)	从日期中得到月份
NWKDOM(n, weekday, month, year)	返回指定年的指定月中某个星期几第 n 次出现时的日期
QTR(date)	从 SAS 日期值得到对应的季度
SECOND(time|datetime)	从 SAS 时间值或 SAS 日期时间值中得到秒
TIME()	计算当前时间
TIMEPART(datetime)	从日期时间值中抽取时间值
TODAY()	计算当前日期
WEEK(date, <descriptor>)	计算周数
WEEKDAY(date)	由 SAS 日期值得到 1 周内的第几天
YEAR(date)	由 SAS 日期值得到年份
YRDIF(sdate, edate, basis)	计算两个日期之间所差的年份
YYQ(year, quarter)	从年份和季度产生 1 个 SAS 日期值

4.2.2 用 DATDIF 函数计算两个日期之间的天数

【例 4-1】 求 2011 年 1 月 1 号与 2012 年 1 月 1 号之间的天数(按每个月 30 天计算)。

具体 SAS 程序如下(设程序名为 sas4_1. sas)：

```
data pgm4_1;
sdate='01jan2011'd;
edate='01jan2012'd;                    //调用 datdif 函数
days=datdif(sdate, edate, '30/360');  //按每个月 30 天计算
put days=;
run;
```

运行结果显示：

```
days=360
```

【例 4-2】 求 1982 年 7 月 30 号与 2012 年 5 月 6 号之间的天数(按每个月实际天数计算)。

具体 SAS 程序如下(设程序名为 sas4_2. sas)：

```
data pgm4_2;
sdate='30jul1982'd;
edate='06may2012'd;                              // 调用 datdif 函数

days=datdif(sdate, edate, 'act/act');            // 按每个月实际天数计算
put days=;
run;
```

运行结果显示:

```
days=10873
```

4.2.3　用 YRDIF 函数计算两个日期之间的年数

【例 4-3】　求 2001 年 1 月 1 号与 2011 年 1 月 1 号之间的年数。

具体 SAS 程序如下(设程序名为 sas4_3. sas):

```
data pgm4_3;
sdate='01jan2001' d;
edate='01jan2011' d;                          // 调用 yrdif 函数
year1= yrdif(sdate, edate, '30/360');         // 按一年 360 天一个月 30 天计算
year2=yrdif(sdate, edate, 'act/360');         // 按一年 360 天每个月实际天数计算
put year1= year2=;
run;
```

运行结果显示:

```
year1=10    year2=10.144444444
```

【例 4-4】　求 2008 年 8 月 26 号与 2013 年 6 月 10 号之间的年数。

具体 SAS 程序如下(设程序名为 sas4_4. sas):

```
data pgm4_4;
sdate='26aug2008' d;
edate='10jun2013' d;                          // 调用 yrdif 函数
year1= yrdif(sdate, edate, 'act/act');        // 按实际天数计算
year2=yrdif(sdate, edate, 'act/365');         // 按一年 365 天每个月实际天数计算
put year1= year2= ;
run;
```

运行结果显示:

```
year1=4.7880829403    year2= 4.7917808219
```

4.2.4　用 HOUR 函数和 MINUTE 函数计算当前时间

【例 4-5】　计算当前时间。

具体 SAS 程序如下(设程序名为 sas4_5. sas):

```
data pgm4_5;
x=hour(datetime());          // 调用 hour 和 minute 两个函数
y=minute(datetime());
put x= y=;
run;
```

运行结果显示:

```
x=17   y=16
```

表示当前时间为当天第 17 小时第 16 分钟。

4.2.5　用 YEAR 函数、QTR 函数、MONTH 函数和 DAY 函数分别计算当前的年份、季度、月份和日期

【例 4-6】　计算当前的年份、季度、月份和日期。

具体 SAS 程序如下(设程序名为 sas4_6.sas)：

```
data pgm4_6;
year=year(date());        //调用 year、qtr、month 和 day 四个函数
qtr=qtr(date());
month=month(date());
day=day(date());
put year= qtr= month= day=;
run;
```

运行结果显示：

```
year=2011  qtr=4  month=12  day=8
```

表示当前时间为 2011 年第 4 季度 12 月 8 日。

4.2.6　用 HOLIDAY 函数计算指定年份、指定节日的日期

【例 4-7】　计算 2012 年圣诞节的日期。

具体 SAS 程序如下(设程序名为 sas4_7.sas)：

```
data pgm4_7;
holiday=holiday('Christmas', 2012);    //调用 holiday 函数
put holiday= WEEKDATE.;                //输出格式为 WEEKDATE.(输出星期和日期
                                         值)
run;
```

运行结果显示：

```
holiday=Tuesday, December 25, 2012
```

4.3　截取函数

4.3.1　截取函数简介

运行 SAS 的截取函数见表 4-3。

表 4-3　截取函数

函　数	描　述	函　数	描　述
CEIL(x)	取大于等于变量 x 的最小整数	INT(x)	取 x 的整数部分
FLOOR(x)	取小于等于变量 x 的最大整数	ROUND(x, n)	x 按 n 指定的精度取舍入值
FUZZ(x)	当自变量 x 和某个整数的差在 1E-12 的范围内时取整数	TRUNC(x, q)	x 按规定长度 q 截取的数值

4.3.2　用 CEIL 函数求最小整数

【例 4-8】　求大于等于 25.13 的最小整数。

具体 SAS 程序如下(设程序名为 sas4_8.sas)：

```
data pgm4_8;
x=ceil(25.13);          // 调用 ceil 函数
put x=;
run;
```

运行结果显示：

```
x=26
```

4.3.3 用 FLOOR 函数求最大整数

【例 4-9】 求不超过 -135.2 的最大整数。

具体 SAS 程序如下(设程序名为 sas4_9.sas)：

```
data pgm4_9;
x=floor(-135.2);         // 调用 floor 函数
put x=;
run;
```

运行结果显示：

```
x=-136
```

4.3.4 用 INT 函数取整数部分

【例 4-10】 求 -135.2 的整数部分。

具体 SAS 程序如下(设程序名为 sas4_10.sas)：

```
data pgm4_10;
x=int(-135.2);          // 调用 int 函数
put x=;
run;
```

运行结果显示：

```
x=-135
```

4.3.5 用 ROUND 函数按指定的精度取舍入值

【例 4-11】 将 2012.372 精确到百分位数。

具体 SAS 程序如下(设程序名为 sas4_11.sas)：

```
data pgm4_11;
x=round(2012.372,0.01);          // 调用 round 函数
put x=;
run;
```

运行结果显示：

```
x=2012.37
```

4.3.6 用 TRUNC 函数求截取数值

【例 4-12】 求 1/5 按 3 个字节存储时的值。

具体 SAS 程序如下(设程序名为 sas4_12.sas)：

```
data pgm4_12;
x=trunc(1/5,3);          // 调用 trunc 函数
put x=;
run;
```

运行结果显示：

```
x=0.1999816895
```

4.4　分位数函数

4.4.1　分位数函数简介

设连续型变量 X 的分布函数为 $F(x)$，对给定的 $p(0\leqslant p\leqslant 1)$，若有 x_p 使得 $F(x_p)=p$，则称 x_p 为随机变量 X 的 p 分位数(或称分布 $F(x)$ 的 p 分位数)。SAS 的分位数函数见表 4-4。

表 4-4　分位数函数

函　数	描　述
BETAINV(p, a, b)	计算贝塔分布的 p 分位数
CINV(p, df, nc)	计算卡方分布的 p 分位数
FINV(p, ndf, ddf, nc)	计算 F 分布的 p 分位数
GAMINV(p, a)	计算伽马分布的 p 分位数
PROBIT(p)	计算标准正态分布的 p 分位数
QUANTILE('dist', probability, parm-1, …, parm-k)	计算指定分布的 p 分位数
TINV(p, df, nc)	计算 t 分布的 p 分位数

4.4.2　用 CINV 函数计算卡方分布的 p 分位数

χ^2 分布的 p 分位数为

cinv(p, df, nc)　$(0\leqslant p\leqslant 1, df>0, nc\geqslant 0)$

该函数计算自由度为 df、非中心参数为 nc 的 χ^2 分布的 p 分位数。取 nc=0 或不规定此项参数表明是中心 χ^2 分布。

【例 4-13】 计算自由度为 3.5、非中心参数为 4.5 的 χ^2 分布的 0.95 分位数。

具体 SAS 程序如下(设程序名为 sas4_13.sas)：

```
data pgm4_13;
q=cinv(0.95, 3.5, 4.5);        //调用 cinv 函数
put q=;
run;
```

运行结果显示：

```
q=17.504582117
```

4.4.3　用 FINV 函数计算 F 分布的 p 分位数

F 分布的 p 分位数为

finv(p, ndf, ddf, nc)$(0\leqslant p\leqslant 1, ndf>0, ddf>0, nc\geqslant 0)$

该函数计算分子自由度为 ndf，分母自由度为 ddf，非中心参数为 nc 的 F 分布的 p 分位数。若取 nc=0 或没有规定 nc，它就是中心 F 分布的 p 分位数；若 nc 太大，那么使用的算法可能不成功，这种情况函数得到一个缺失值。

【例 4-14】 计算分子自由度为 2，分母自由度为 10，没有规定非中心参数的 F 分布的 0.95 分位数。

具体 SAS 程序如下(设程序名为 sas4_14.sas)：

```
data pgm4_14;
q=finv(0.95, 2, 10);        //调用 finv 函数
put q=;
run;
```

运行结果显示：

```
q=4.1028210151
```

4.4.4　用 PROBIT 函数计算标准正态分布的 p 分位数

标准正态分布的 p 分位数为

$$\text{probit}(p) \quad (0 \leqslant p \leqslant 1)$$

该函数计算标准正态分布函数的分位数。它是概率函数 probnorm 的逆函数。如果随机变量 $X \sim N(0, 1)$，则

$$P\{X \leqslant \text{probit}(z)\} = z$$

这个函数产生的结果在 -5 和 5 之间。

【例 4-15】　计算标准正态分布函数的 0.95 分位数。

具体 SAS 程序如下（设程序名为 sas4_15.sas）：

```
data pgm4_15;
q=probit(0.95);        //调用 probit 函数
put q=;
run;
```

运行结果显示：

```
q=1.644853627
```

4.4.5　用 TINV 函数计算 t 分布的 p 分位数

t 分布的 p 分位数为

$$\text{tinv}(p, df, nc) \quad (0 \leqslant p \leqslant 1, df > 0)$$

该函数计算自由度为 df、非中心参数为 nc 的 t 分布的 p 分位数。若 nc 没有规定或取 nc=0，那么计算的就是中心 t 分布的分位数；若 nc 的绝对值很大，使用的算法可能失败，这种情况函数得到一个缺失值。

【例 4-16】　计算自由度为 3、非中心参数为 5 的 t 分布的 0.95 分位数。

具体 SAS 程序如下（设程序名为 sas4_16.sas）：

```
data pgm4_16;
q=tinv(0.95,3,5);         //调用 tinv 函数
put q=;
run;
```

运行结果显示：

```
q=15.066410178
```

4.5　数 学 函 数

4.5.1　数学函数简介

SAS 的数学函数见表 4-5。

表 4-5　数学函数

函　数	描　述

ABS(x)	求绝对值
AIRY(x)	计算 AIRY 函数值
BETA(a, b)	计算 BETA 函数值

（续表）

函　　数	描　　述
CNONCT(x, df , prob)	求卡方分布的非中心参数值
COALESCE(x1 , x2 ,…,xn)	求下列数值的第一个非缺失值
DAIRY(x)	计算 AIRX 函数的导数
DEVIANCE(distribution, variable, shape-parameter(s) , ε)	计算基于概率分布的偏差
DIGAMMA(x)	计算伽玛函数的对数值
ERF(x)	计算误差函数
ERFC(x)	计算误差函数的余函数
EXP(x)	计算指数函数值
FACT(n)	计算阶乘
FNONCT(x, ndf, ddf, prob)	求 F 分布的非中心参数值
GAMMA(x)	计算完全伽玛函数值
GCD(x1 , x2 , x3 , …, xn)	计算一个或多个整数的最大公约数
IBESSEL(nu, x, kode)	计算修正的 bessel 函数
JBESSEL(nu, x)	计算 bessel 函数值
LCM(x1 , x2 , x3 , …, xn)	计算能被一组数中的每个数整除的最小倍数
LGAMMA(x)	计算伽玛函数的自然对数
LOG(x)	计算自然对数
LOG1PX(x)	计算 1 加该参数的对数
LOG10(x)	对自变量 x 求以 10 为底的对数
LOG2(x)	对自变量 x 求以 2 为底的对数
LOGBETA(a, b)	计算 beta 函数的对数
MOD(x1 , x2)	计算余数值
SIGN(x)	返回数字 1, -1 或 0
SQRT(x)	计算算数平方根
TNONCT(x, df, prob)	求 t 分布的非中心参数值
TRIGAMMA(x)	计算 TRIGAMMA 函数值

4.5.2　用 ABS 函数求绝对值

【例 4-17】　求 -171 的绝对值。

具体 SAS 程序如下(设程序名为 sas4_17. sas):

```
data pgm4_17;
x =abs(-171);        // 调用 abs 函数
put x =;
run;
```

运行结果显示:

```
x =171
```

4.5.3　用 EXP 函数计算 e 的 *x* 次幂

【例 4-18】　计算 $e^{3.14}$ 的值。

具体 SAS 程序如下(设程序名为 sas4_18. sas)：

```
data pgm4_18;
x=exp(3.14);          // 调用 exp 函数
put x=;
run;
```

运行结果显示：

```
x=23.103866859
```

4.5.4　用 LOG 函数计算以 e 为底的真数 *x* 的自然对数值

【例 4-19】　计算 ln5 的值。

具体 SAS 程序如下(设程序名为 sas4_19. sas)：

```
data pgm4_19;
x=log(5);          // 调用 log 函数
put x=;
run;
```

运行结果显示：

```
x=1.6094379124
```

4.5.5　用 LOG10 函数计算以 10 为底的真数 *x* 的对数值

【例 4-20】　计算 lg314 的值。

具体 SAS 程序如下(设程序名为 sas4_20. sas)：

```
data pgm4_20;
x=log10(314);          // 调用 log10 函数
put x=;
run;
```

运行结果显示：

```
x=2.4969296481
```

4.5.6　用 MOD 函数计算余数值

【例 4-21】　计算 52 除以 6 的余数。

具体 SAS 程序如下(设程序名为 sas4_21. sas)：

```
data pgm4_21;
x=mod(52,6);          // 调用 mod 函数
put x=;
run;
```

运行结果显示：

```
x=4
```

4.5.7　用 SQRT 函数计算平方根

【例 4-22】　计算 9 的平方根。

具体 SAS 程序如下(设程序名为 sas4_22. sas)：

```
data pgm4_22;
x=sqrt(9);        // 调用 sqrt 函数
put x=;
run;
```

运行结果显示：

```
x=3
```

4.5.8 用 SQRT 函数、FNONCT 函数和 FINV 函数计算 ψ 值

ψ 值是使方差分析同时满足下面两个条件时的非中心 F 分布的非中心参数值 δ 除以试验因素的自由度 ν_1（即检验统计量 F 的分子的自由度）后开算术平方根的结果，即 $\psi = \sqrt{\delta/\nu_1}$。两个条件如下：

① 拒绝 H_0 时，可能犯错误的最大概率为 α。

② 不能拒绝 H_0 时，若接受 H_0，可能犯错误的最大概率为 β。

若分子和分母的自由度分别为 ndf 和 ddf、分布曲线下左侧概率为 $1-\alpha$ 的中心 F 分布对应的分位数为 FINV($1-\alpha$, ndf, ddf)，那么，可推出

$$\psi = \sqrt{\delta/\nu_1} = \sqrt{\delta/\mathrm{ndf}} = \sqrt{\mathrm{FNONCT}(\mathrm{FINV}\ (1-\alpha,\ \mathrm{ndf},\ \mathrm{ddf}),\ \mathrm{ndf},\ \mathrm{ddf},\ \beta)/\mathrm{ndf}}。$$

【例 4-23】 当 $\alpha=0.05$，ndf=2，ddf=10，$\beta=0.10$ 时，计算 ψ 值。

具体 SAS 程序如下(设程序名为 sas4_23. sas)：

```
data pgm4_23;
x=sqrt(fnonct(finv(1-0.05, 2, 10), 2, 10, 0.10)/2);     // 调用 sqrt 函数、fnonct
                                                         函数和 finv 函数
put x=;
run;
```

运行结果显示：

```
x=2.9528593959
```

4.5.9 用 CNONCT 函数和 CINV 函数计算 λ 值

λ 值是使 χ^2 检验同时满足 4.5.8 一节所列出的两个条件时的非中心 χ^2 分布的非中心参数值。

自由度为 ν、分布曲线下左侧概率为 $1-\alpha$ 的中心 χ^2 分布的分位数为 CINV($1-\alpha$, ν)。可推出自由度为 ν、分位数为 CINV($1-\alpha$, ν)、分布曲线下左侧概率为 β 的非中心 χ^2 分布的非中心参数值 δ = CNONCT(CINV($1-\alpha$, ν), ν, β)。该非中心参数值就是所要计算的 λ 值，即 $\lambda=\delta$。

【例 4-24】 当 $\alpha=0.05$，$\beta=0.10$，$\nu=4$ 时，计算 λ 值。

具体 SAS 程序如下(设程序名为 sas4_24. sas)：

```
data pgm4_24;
x=cnonct(cinv(1-0.05, 4), 4, 0.10);     // 调用 cnonct 函数和 cinv 函数
put x=;
run;
```

运行结果显示：

```
x=15.405051859
```

4.6　概率函数

4.6.1　概率函数简介

SAS 的概率函数见表 4-6。

表 4-6　概率函数

函　　数	描　　述
CDF('dist', quantile, parm-1, …, parm-k)	计算累计分布函数
LOGCDF('dist', quantile, parm-1, …, parm-k)	计算左侧累积分布函数的对数值
LOGPDF('dist', quantile, parm-1, …, parm-k)	计算概率密度函数的对数值
LOGSDF('dist', quantile, parm-1, …, parm-k)	计算生存函数的对数值
PDF('dist', quantile, parm-1, …, parm-k)	计算概率密度函数
POISSON(lambda, n)	计算泊松分布的概率
PROBBETA(x, a, b)	计算贝塔分布的概率
PROBBNML(p, n, m)	计算二项式分布的概率
PROBBNRM(x, y, r)	计算二项正态分布的概率
PROBCHI(x, df, nc)	计算卡方分布的概率
PROBF(x, ndf, ddf, nc)	计算 F 分布的概率
PROBGAM(x, a)	计算伽玛分布的概率
PROBHYPR(nn, k, n, x, or)	计算超几何分布的概率
PROBMC(distribution, q, prob, df, nparms, parameters)	由多组均值的多重比较分布计算概率和分位数
PROBNEGB(p, n, m)	计算负二项分布的概率
PROBNORM(x)	计算标准正态分布的概率
PROBT(x, df, nc)	计算 t 分布的概率
SDF('dist', quantile, parm-1, …, parm-k)	计算生存函数

4.6.2　用 PROBCHI 函数计算服从卡方分布的随机变量小于 x 的概率

χ^2 分布的分布函数为

$$\text{probchi}(x, df, nc)$$

该函数计算服从自由度为 df、非中心参数为 nc 的 χ^2 分布的随机变量小于给定 x 的事件的概率。如果 nc 没有规定或取为 0，那么被计算的就是中心 χ^2 分布。自由度 df 允许不是整数。

【例 4-25】　计算自由度为 5、中心卡方分布曲线下卡方值小于 20 的概率值。

具体 SAS 程序如下（设程序名为 sas4_25.sas）：

```
data pgm4_25;
p=probchi(20,5);        //调用 probchi 函数
put p=;
run;
```

运行结果显示：

```
p=0.9987502694
```

4.6.3　用 PROBF 函数计算服从 F 分布的随机变量小于 x 的概率

F 分布的分布函数为

probf(x, ndf, ddf, nc)

该函数计算服从分子自由度为 ndf，分母自由度为 ddf 的 F 分布的随机变量小于给定值 x 的事件的概率。自变量 nc 是中心函数。当分布是中心 F 分布时，取 nc = 0 或不规定这项自变量。自由度可以是非整数。

【例 4-26】 计算自由度为 20 和 5、非中心参数为 15 的 F 分布曲线下 F 值小于 5 的概率。

具体 SAS 程序如下(设程序名为 sas4_26. sas)：

```
data pgm4_26;
p = probf(5, 20, 5, 15);        // 调用 probf 函数
put p = ;
run;
```

运行结果显示：

```
p = 0.8772112982
```

4.6.4 用 PROBNORM 函数计算标准正态分布曲线下的面积

标准正态分布函数为

probnorm(x)

该函数计算服从标准正态分布的随机变量 U 小于给定 x 的概率，即 $P\{U < x\}$。这个函数等价于

$$\frac{1}{2}\left[1 + \mathrm{ERF}\left(\frac{x}{\sqrt{2}}\right)\right]$$

其中，ERF 是误差函数。

【例 4-27】 计算三个特殊的正态概率值，即正态曲线下从 $-\infty$ 到给定数值之间的面积。

具体 SAS 程序如下(设程序名为 sas4_27. sas)：

```
data pgm4_27;
x = probnorm(0);       // 调用 probnorm 函数
y = probnorm(1.96);
z = probnorm(2.576);
put x = y = z = ;
run;
```

运行结果显示：

```
x = 0.5   y = 0.9750021049   z = 0.9950024677
```

即正态曲线下从 $-\infty$ 到 0.5、1.96 和 2.576 之间的面积分别为 0.5、0.975 和 0.995。

4.6.5 用 PROBT 函数计算服从 t 分布的随机变量小于 x 的概率

t 分布的分布函数为

probt(x, df, nc)

该函数计算服从分子自由度为 df，非中心参数为 nc 的 t 分布随机变量小于给定值 x 的事件的概率。若参数 nc 没有规定或取为 0，那么被计算的就是中心 t 分布。自由度 df 允许非整数，用 t 分布作双边检验时，用(1 - probt(abs(x), df)) * 2 计算显著水平。

【例 4-28】 计算自由度为 3 的中心 t 分布曲线下 t 的绝对值大于 2.76 的概率。

具体 SAS 程序如下(设程序名为 sas4_28. sas)：

```
data pgm4_28;
p = (1 - probt(abs(2.76), 3)) * 2;        // 调用 probt 函数
put p = ;
run;
```

运行结果显示：

```
p = 0.0701523186
```

4.6.6　用 PROBMC 函数计算 q 临界值

多组均值的多重比较分布函数为

PROBMC(distribution, q, prob, df, nparms, parameters)

该函数计算多个均数两两比较或多重比较时所构造的特定统计量（如学生化极差）的尾端概率或分位数。

distribution 是一个标识分布类型的字符串。当 q 等于某个具体的数值时（此时，参数 prob 的取值必须用“·”代替），其表示服从参数 distribution 所代表的某种分布的统计量的值；当 q 的取值用“·”代替时（此时，参数 prob 必须等于一个位于(0, 1)之间的具体的数值），表示将通过 PROBMC 函数求取参数 distribution 所代表的某种分布曲线下左侧概率为 prob 的分位数。prob 是相应分布的概率密度曲线下随机变量的取值位于特定分位数左侧的概率。q 与 prob 必须有而且只能有一个的取值用“·”来代替，而 PROBMC 函数所返回的值正是 q 和 prob 两个参数中取值用“·”来代替的那个参数的值。df 为方差分析时误差项的自由度，nparms 是处理组的组数。parameters 是一个可选项，该选项为一个序列，组成了 nparms 这个参数的具体内容。当试验因素各水平组的样本含量不等时，必须指定该选项。nparms 这个参数的含义取决于分布的类型。若不指定这些参数，则意味着假定各组的样本含量相等。

对学生化极差，当自由度 df≠∞ 且各组的样本含量不等时，函数 PROBMC 无效。

对 Williams 检验，当各组的样本含量不等时，函数 PROBMC 也无效。

【例 4-29】　设有某项单因素 5 水平设计，每个水平组做 4 次独立重复试验，测量某项定量指标的取值，并假定资料满足方差分析的前提条件，取检验水准 $\alpha = 0.05$，经单因素 5 水平设计一元定量资料的方差分析处理，发现试验因素对试验结果的影响有统计学意义，现欲采用 Student-Newman-Keuls(SNK) 检验（即 q 检验）进行 5 个总体均值之间的多重比较，请计算所需的 q 临界值。

由题意可知，检验水准 $\alpha = 0.05$，试验因素的水平数 $k = 5$，各水平组的样本含量 $n = 4$，故多重比较时的自由度 $\mathrm{df} = k(n-1) = 15$。所需求取的 q 临界值为 $q(5, 15, 0.05)$、$q(4, 15, 0.05)$、$q(3, 15, 0.05)$ 和 $q(2, 15, 0.05)$，共 4 个。可用下面的 SAS 程序计算出上述 q 临界值（设程序名为 sas4_29. sas）：

```
data pgm4_29;
alpha = 0.05;
df = 15;
do a = 5 to 2 by -1;
q = probmc("range", ., 1 - alpha, df, a);     // 调用 probmc 函数
output;
end;
run;
ods html;
proc print data = pgm4_29 noobs; run;
ods html close;
quit;
```

运行结果显示：

```
alpha    df    a      q
 0.05    15    5   4.36699
 0.05    15    4   4.07597
 0.05    15    3   3.67338
 0.05    15    2   3.01432
```

4.7　样本统计函数

4.7.1　样本统计函数简介

SAS 的样本统计函数见表 4-7。

表 4-7　样本统计函数

函　　数	描　　述
CMISS(x, y, …)	计算缺失值的数量
CSS(x, y, …)	计算校正平方和
CV(x, y, …)	计算变异系数
EUCLID(x, y, …)	返回非缺失值的欧氏范数
GEOMEAN(x, y, …)	计算几何均值
HARMEAN(x, y, …)	计算调和平均值
IQR(x, y, …)	计算四分位数范围
KURTOSIS(x, y, …)	计算峰度系数
LARGEST(k, x, y, …)	计算第 k 个最大非缺失值
MAD(x, y, …)	由中位数计算中位绝对变差
MAX(x, y, …)	求最大值
MEAN(x, y, …)	计算非缺失值的算术平均值
MEDIAN(x, y, …)	求中位数
MIN(x, y, …)	求最小值
MISSING(num expression | character expression)	计算自变量的缺失数
N(x, y, …)	计算样本个数，不包括缺失值
NMISS(x, y, …)	计算样本中缺失值的个数
ORDINAL(count, x, y, …)	返回部分列表的最大值
PCTL(percentage, x, y, …)	计算与百分比相对应的百分点
RANGE(x, y, …)	计算极差
RMS(x, y, …)	计算方均根
SKEWNESS(x, y, …)	计算偏度系数
SMALLEST(k, x, y, …)	计算第 k 个最小非缺失值
STD(x, y, …)	计算标准差
STDERR(x, y, …)	计算标准误
SUM(x, y, …)	计算总和
SUMABS(x, y, …)	计算非缺失值的绝对值的和
USS(x, y, …)	计算平方和
VAR(x, y, …)	计算方差

4.7.2　用 MEAN 函数、MAX 函数与 MIN 函数分别计算算术均值、最大值与最小值

【例 4-30】　计算 234，-56，9，11 的算数均值、最大值与最小值。

具体 SAS 程序如下(设程序名为 sas4_30. sas)：

```
data pgm4_30;
x=mean(234, -56, 9, 11);     //调用 mean 函数
y=max(234, -56, 9, 11);      //调用 max 函数
z=min(234, -56, 9, 11);      //调用 min 函数
put x= y= z=;
run;
```

运行结果显示：

```
x=49.5   y=234   z=-56
```

这 4 个数的算数均值为 49.5，最大值为 234，最小值为 -56。

4.7.3　用 SUM 函数、USS 函数与 CSS 函数分别计算和、未校正平方和与校正平方和

【例 4-31】　计算 157，5，88 的和、未校正平方和与校正平方和。

具体 SAS 程序如下(设程序名为 sas4_31. sas)：

```
data pgm4_31;
x=sum(157, 5, 88);     //调用 sum 函数
y=uss(157, 5, 88);     //调用 uss 函数
z=css(157, 5, 88);     //调用 css 函数
put x= y= z=;
run;
```

运行结果显示：

```
x=250   y=32418   z=11584.666667
```

这 3 个数的和为 250，未校正平方和为 32418，校正平方和为 11584.666667。

4.7.4　用 VAR 函数、STD 函数、STDERR 函数和 CV 函数分别计算方差、标准差、标准误与变异系数

【例 4-32】　计算 512，7，80，121 的方差、标准差、标准误与变异系数。

具体 SAS 程序如下(设程序名为 sas4_32. sas)：

```
data pgm4_32;
x1=var(512, 7, 80, 121);      //调用 var 函数
x2=std(512, 7, 80, 121);      //调用 std 函数
x3=stderr(512, 7, 80, 121);   //调用 stderr 函数
x4=cv(512, 7, 80, 121);       //调用 cv 函数
put x1= x2= x3= x4=;
run;
```

运行结果显示：

```
x1=51211.333333   x2=226.29921196   x3=113.14960598   x4=125.72178442
```

这 4 个数的方差为 51211.333333，标准差为 226.29921196，标准误为 113.14960598，变异系数为 125.72178442。

4.7.5　用 SKEWNESS 函数和 KURTOSIS 函数分别计算偏度系数与峰度系数

【例 4-33】　计算 3, 5, 15, 25, 35 的偏度系数和峰度系数。

具体 SAS 程序如下(设程序名为 sas4_33.sas):

```
data pgm4_33;
x=skewness(3, 5, 15, 25, 35);    // 调用 skewness 函数
y=kurtosis(3, 5, 15, 25, 35);    // 调用 kurtosis 函数
putx= y=;
run;
```

运行结果显示:

```
x=0.4622255068  y= -1.568741052
```

这 5 个数的偏度系数为 0.4622255068，峰度系数为 -1.568741052。

4.7.6　用 NMISS 函数计算缺失值的个数

【例 4-34】　计算 1, 0, -1, 1, 1, ., -1, 0, 1, 1, ., 1, 0, -1, -1, 0 的缺失值个数。

具体 SAS 程序如下(设程序名为 sas4_34.sas):

```
data pgm4_34;
x=nmiss(1, 0, -1, 1, 1, ., -1, 0, 1, 1, ., 1, 0, -1, -1, 0);    // 调用 nmiss 函数
putx=;
run;
```

运行结果显示:

```
x=2
```

4.8　随机数函数

4.8.1　随机数函数简介

SAS 的随机数函数见表 4-8。

表 4-8　随机数函数

函　数	描　述	函　数	描　述
NORMAL(seed)	计算服从正态分布的随机数	RANNOR(seed)	产生服从正态分布的随机数
RANBIN(seed, n, p)	产生服从二项式分布的随机数	RANPOI(seed, m)	产生服从泊松分布的随机数
RANCAU(seed)	产生服从柯西分布的随机数	RANTBL(seed, p1, … pi, …pn)	产生服从离散分布的随机数
RAND('dist', parm-1, …, parm-k)	根据特定的分布产生随机数	RANTRI(seed, h)	产生服从三角分布的随机数
RANEXP(seed)	产生服从指数分布的随机数	RANUNI(seed)	产生服从均匀分布的随机数
RANGAM(seed, a)	产生服从伽玛分布的随机数	UNIFORM(seed)	产生服从均匀分布的随机数

4.8.2　用 NORMAL 函数或 RANNOR 函数产生服从正态分布的随机数

【例 4-35】　用 NORMAL 函数产生服从 $N(0, 1)$ 正态分布的随机数。

具体 SAS 程序如下(设程序名为 sas4_35.sas):

```
data pgm4_35;
retain _seed_0;                    // 将 seed 赋值为 0
m =0;                              // 定义平均数 m 为 0
s =1;                              // 定义标准差 s 为 1
do _i_=1 to 1000;
x =m + s*normal(_seed_);           // 调用 normal 函数
output;
end;
drop _seed_ _i_;
run;
```

运行结果产生 1000 个服从 $N(0, 1)$ 的正态分布随机数，输出名称为 pgm4_35 临时数据集。

【例 4-36】 用 RANNOR 函数产生服从 $N(0, 1)$ 的正态分布随机数。

具体 SAS 程序如下（设程序名为 sas4_36. sas）：

```
data pgm4_36;
retain _seed_0;                    // 将 seed 赋值为 0

m =0;                              // 定义平均数 m 为 0
s =1;                              // 定义标准差 s 为 1
do _i_=1 to 1000;
x =m + sqrt(s)*rannor(_seed_);     // 调用 rannor 函数
output;
end;
drop _seed_ _i_;
run;
```

运行结果产生 1000 个服从 $N(0, 1)$ 的正态分布随机数，输出名称为 pgm4_36 临时数据集。

NORMAL 函数和 RANNOR 函数的区别如下：

NORMAL(seed) 函数中，seed 为整形变量，产生随机数的种子，seed 为 0，或 5 位、6 位、7 位的奇数。RANNOR(seed) 函数中，seed 取值范围为 $1 \sim 2^{31}-1$，如果 seed 小于 0，则采用当前时间作为 seed 产生随机数。正态分布随机数函数 NORMAL 和 RANNOR 是同质的，但 NORMAL 没有相对应的 CALL 子程序 。

4.8.3 用 UNIFORM 函数或 RANUNI 函数产生服从均匀分布的随机数

【例 4-37】 用 UNIFORM 函数产生在区间[-5, 1]上的服从均匀分布的随机数。

具体 SAS 程序如下（设程序名为 sas4_37. sas）：

```
data pgm4_37;
retain _seed_0;                         // 将 seed 赋值为 0
a = -5;                                 // 区间下限为 -5
b =1;                                   // 区间上限为 1
do _i_=1 to 1000;
x =a + (b - a)*uniform(_seed_);         // 调用 uniform 函数
output;
end;
drop _seed_ _i_;
run;
```

运行结果产生 1000 个在区间[-5, 1]上的服从均匀分布的随机数，输出名称为 pgm4_37 临时数据集。

【例 4-38】 用 RANUNI 函数产生在区间[-5, 1]上的服从均匀分布的随机数。

具体 SAS 程序如下(设程序名为 sas4_38. sas):

```
data pgm4_38;
retain _seed_0;                    // 将 seed 赋值为 0
a = -5;                            // 区间下限为 -5
b =1;                              // 区间上限为 1
do _i_ =1 to 1000;
x =a + (b - a)*ranuni(_seed_);     // 调用 ranuni 函数
output;
end;
drop _seed_ _i_;
run;
```

运行结果产生 1000 个在区间[-5, 1]上的服从均匀分布的随机数，输出名称为 pgm4_38 临时数据集。

UNIFORM 和 RANUNI 函数的区别如下：

UNIFORM(seed)函数中，seed 必须是常数，为 0，或 5 位、6 位、7 位的奇数。RANUNI(seed)函数中，seed 为小于 $2^{31}-1$ 的任意常数。均匀分布函数 UNIFORM 和 RANUNI 是同质的，但 UNIFORM 没有相对应的 CALL 子程序。

4.8.4　用 RANEXP 函数产生服从指数分布的随机数

【例 4-39】　产生参数为 1.3 的服从指数分布的随机数。

具体 SAS 程序如下(设程序名为 sas4_39. sas):

```
data pgm4_39;
retain _seed_0;                // 将 seed 赋值为 0

lambda =1.3;                   // 参数为 1.3
do _i_ =1 to 1000;
x =ranexp(_seed_)/lambda;      // 调用 ranexp 函数
output;
end;
drop _seed_ _i_ lambda;
run;
```

运行结果产生 1000 个参数为 1.3 的服从指数分布的随机数，输出名称为 pgm4_39 临时数据集。

4.8.5　用 RANBIN 函数产生服从二项分布的随机数

【例 4-40】　产生符合二项分布(10, 0.5)的随机数。

具体 SAS 程序如下(设程序名为 sas4_40. sas):

```
data pgm4_40;
retain _seed_0;
n =10;
p =0.5;
do _i_ = 1 to 1000;
x =ranbin(_seed_, n, p);       // 调用 ranbin 函数
output;
end;
drop _seed_ _i_;
run;
```

运行结果产生 1000 个服从二项分布(10, 0.5)的随机数，输出名称为 pgm4_40 临时数据集。

4.8.6　用 RANPOI 函数产生服从泊松分布的随机数

【例 4-41】　产生参数为 3.7 的服从泊松分布的随机数。

具体 SAS 程序如下(设程序名为 sas4_41.sas)：

```
data pgm4_41;
retain _seed_ 0;
lambda =3.7;
do _i_ = 1 to 1000;
x = ranpoi(_seed_, lambda);        // 调用 ranpoi 函数
output;
end;
drop _seed_ _i_ lambda;
run;
```

运行结果产生 1000 个参数为 3.7 的服从泊松分布的随机数，输出名称为 pgm4_41 临时数据集。

值得注意的是：在同一个数据步中对同一个随机数函数的多次调用将得到不同的结果，但不同数据步中从同一种子出发将得到相同的随机数序列。随机数种子如果取 0 或者负数则种子采用系统日期时间。

4.9　SAS CALL 子程序

SAS 系统提供了一系列 CALL 子程序，用于产生随机数或执行其他系统功能。所有 SAS CALL 子程序均由 CALL 语句激活，即函数的名字必须写在 CALL 语句的关键字“CALL”后面。

4.9.1　随机数子程序

SAS 的随机数子程序主要有 9 个，见表 4-9。

表 4-9　随机数子程序

随机数子程序	描　述
CALLRANBIN(seed, n, p, x)	返回来自二项式分布的随机变量
CALLRANCAU(seed, x)	返回来自柯西分布的随机变量
CALL RANEXP(seed, x)	返回来自指数分布的随机变量
CALL RANGAM(seed, a, x)	返回来自伽玛分布的随机变量
CALL RANNOR(seed, x)	返回来自正态分布的随机变量
CALL RANPOI(seed, m, x)	返回来自泊松分布的随机变量
CALL RANTBL(seed, p1, …pi, …pn, x)	返回来自离散分布的随机变量
CALL RANTRI(seed, h, x)	返回来自三角分布的随机变量
CALL RANUNI(seed, x)	返回来自均匀分布的随机变量

4.9.2　其他子程序

这类子程序 SAS 提供了很多，较为常用的有 5 种，见表 4-10。

表 4-10　其他子程序

其他子程序	描　述
CALL LABEL(v1, v2)	指定字符变量 v2 的值为变量 v1 的标签
CALL SYMPUT(x1, x2)	通过 DATA 步对宏变量提供信息
CALL SYSTEM(command)	发布主机系统命令
CALL VNAME(v1, v2)	指定变量 v1 的名字作为变量 v2 的值
CALL EXECUTE(s)	规定一个字符表达式来得到宏调用或者 SAS 语句

4.9.3　随机数子程序的运用

SAS 系统提供一系列随机数子程序，使得用户可以比用随机数函数更好地控制种子

流和随机数流。除 NORMAL 和 UNIFORM 这两个函数之外，所有随机数函数都有一个相应的子程序。

随机数发生器子程序用 CALL 语句产生。CALL 语句的一般格式如下：

```
CALL routine(seed, <argument, >variate);
```

其中，routine 是某个 SAS 随机数函数的名字；seed 是存放当前种子值的变量名字；variate 是存放生成的随机数的变量名字；argument 是特殊分布要求的参数。seed 变量在 CALL 语句第一次执行前被赋予初值，例如，用赋值语句或 RETAIN 语句赋值。

CALL 语句执行之后，seed 保存这个流的当前种子值，variate 保存生成的随机数。

当用 DATA 步来生成几个随机数流时，使用 CALL 子程序比使用随机数函数效果更好。虽然用一些随机数函数也能创建几个随机数集，但它们都属于一个流。

例如：

```
data pgm4_42;
    retain seed1 seed2 123456789;
    do i =1 to 5;
        x1 =ranuni(seed1);
        x2 =ranuni(seed2);
        output;
    end;
ods html;
proc print;
        title '使用随机数函数';
run;
ods html close;
```

运行结果如下：

使用随机数函数

Obs	seed1	seed2	i	x1	x2
1	123456789	123456789	1	0.95542	0.87942
2	123456789	123456789	2	0.99394	0.82913
3	123456789	123456789	3	0.99744	0.25082
4	123456789	123456789	4	0.21090	0.83717
5	123456789	123456789	5	0.58702	0.71544

种子 seed1 和 seed2 初始值是一样的，但是生成并存放在 x1 和 x2 的随机数是不相同的。这是因为在 DATA 步只产生 1 个随机数流，x1 和 x2 中的随机数都是 seed1 产生的结果，当产生 x1 第 1 个值后，再产生 x2 第 1 个值，再产生 x1 第 2 个值，如此继续。seed2 在这里没有起到任何作用。

如果使用 CALL 子程序，就可以产生多个随机数流。

例如：

```
data pgm4_43;
    retain seed3123456789;
    retain seed4123456789;
    retain seed5 157903284;
    do i =1 to 5;
        call ranuni(seed3, x3);
        call ranuni(seed4, x4);
        call ranuni(seed5, x5);
```

```
        output;
    end;
ods html;
proc print;
    title '调用随机数 CALL 子程序';
run;
ods html close;
```

运行结果如下：

调用随机数 CALL 子程序

Obs	seed3	seed4	seed5	i	x3	x4	x5
1	2051752218	2051752218	412284237	1	0.95542	0.95542	0.19198
2	1888541278	1888541278	2088756581	2	0.87942	0.87942	0.97265
3	2134478923	2134478923	2049836366	3	0.99394	0.99394	0.95453
4	1780549980	1780549980	2083277757	4	0.82913	0.82913	0.97010
5	2141992067	2141992067	1262476829	5	0.99744	0.99744	0.58789

这里运用随机数 CALL 子程序产生了 3 个独立的种子流和随机数流，因为 seed3 = seed4，所以生成并存放在 x3 和 x4 中的随机数是完全相同的，seed3、seed4 与 seed1 的初始值是相同的，所以 x3 中的随机数即是 x1 和 x2 中随机数共同组成的，x4 同理。seed5 被赋予了不同的初始值，因此产生了不同的随机数流。使用 CALL 语句，用户随时可以查看到当前的种子值；而使用随机数函数，用户只能看到初始值，如 seed1 中 5 个观测只能看到 seed1 被赋予的初始值 123456789。

第2篇　SAS高级编程技术

第5章　宏及其应用

5.1　概　　述

本章介绍的宏工具是一种可以用来扩展SAS功能，减少普通输入文本工作量的SAS工具。可以使用宏工具给一段SAS程序或文本命名，并通过引用这个名称来使用这段程序或文本。SAS系统的MACRO处理器可以让程序更简洁明了、更容易维护，帮助用户在使用SAS系统时更方便、更自动化。具体来说，它具有以下功能：

① 利用宏工具可以给一个变量、一段程序或者一个文本命名，供以后调用，是用于扩充和制作用户化SAS系统的工具。利用宏功能可以减少用户在完成一些重复任务时必须输入的文本量，从而使得程序简洁明了，便于调试与修改。当用户在某个SAS程序中使用宏语句时，这个宏语句便开始实现它所替代的内容的功能。

② 获取SAS的系统信息。SAS在启动时就创建了一些自动宏变量，用以存储当前SAS进程启动的日期、时间、版本号及其他信息，用户可以在任何情况下使用这些宏变量。

③ 有条件的执行数据步和过程步。例如，每天提交一份病人情况的详细报告，每周一增加一份上周的汇总报告，使用宏功能每天运行同一个程序就可以实现上述任务。

④ 开发交互式系统。使用SAS宏语言的% WINDOW语句及一些基本的编程语句可开发交互式用户界面。

⑤ 产生与数据无关的SAS程序，但可展示与数据相关的结果。宏功能可保持SAS程序的独立性和移植性，定义的宏变量或宏语句可游离于数据步和过程步之外，一段宏程序在多种情况下均可运行，并得到期望的结果。

⑥ 在不同的SAS数据步和过程步之间传递数据。SAS宏工具可以定义全局变量，该变量可在SAS的任何地方被引用，所以成为不同过程间传递数据最方便的手段。

⑦ 重复执行SAS程序代码。引用SAS宏变量或宏语句时，以符号%或&作为开始。在编译阶段，系统对程序逐词扫描，当遇到%或&开始的词，就启动宏语言处理器对此进行处理。

5.2　宏　变　量

在SAS程序中，宏变量是一种通过象征符号来动态更改文本的工具。用户可以事先将宏变量指定为某些文本，然后通过引用该变量来达到使用文本的目的。

宏变量值的最大长度限定为32K字节，它的长度通常是由赋值给它的文本决定的，由于文本内容的多变性，宏变量的长度也会随之变化，因此，在定义宏变量时一般不对其长度加以限定。宏变量只包含字符型数据，不过，当这个变量所包含的数据可以解释为数值时，宏功能中允许把这个变量当作数值进行计算。在程序编译过程中，宏变量的值通常保持不变，除非对其值进行明确的改变，对 SAS 数据集变量的操作不会影响到宏变量。

宏变量分为用户自定义宏变量和自动宏变量。用户可以在程序的任何地方定义和使用宏变量。

当一个宏变量被定义时，宏处理器自动将其添加到程序中的宏变量符号表中。如果宏变量是在宏定义以外创建的或是宏处理器自动产生的(SYSPBUFF 除外)，则该变量被放在每次 SAS 系统启动时都会产生的全局符号表中；如果宏变量是在宏程序内部定义，而且没有声明是全局变量，则该变量被放在宏自身的符号表中，每次宏运行时都会更新这张表。

存放于全局符号表中的变量称为全局变量，其值可以被 SAS 程序的任何一部分调用(CARDS 以及 DATALINES 语句除外)，该变量在 SAS 整个运行期间均作用有效。SAS 程序的其他部分也可能产生全局宏变量，但是只有宏处理器本身产生的宏变量才被认为是自动宏变量。

存放于局部符号表中的变量称为局部宏变量，其值只有在执行定义它的宏时才可被引用，在这个宏以外的程序中该变量并不存在。

用户可以使用% PUT 语句查看当前 SAS 系统运行过程中所有可以利用的宏变量。

5.2.1 宏变量的定义

用户可以根据需要自主创建宏变量，改变宏变量的值，以及定义它的作用范围。宏变量必须以字母或者下画线开头，后面跟字母或者数字。用户可以任意定义宏变量的名称，但不能与系统保留字冲突。建议不要使用 AF、DMS、SQL 和 SYS 等前缀，因为 SAS 软件常把它们用在自动宏变量中，用户要尽量避免自定义宏变量与自动宏变量之间的混淆。如果用户在定义时使用了不合法的变量名，在 SAS 的 log 中会提示错误信息。宏功能中的保留字见表 5-1。

表 5-1 宏功能中的保留字

DO	KSUBSTR	QKSCAN	SYMEXIST	
EDIT	KTRIM	QKSUBSTR	SYMGLOBL	
ELSE	KUPCASE	QKTRIM	SYMLOCAL	
ABEND	END	LENGTH	QKUPCASE	SYSEVALF
ABORT	EVAL	LET	QSCAN	SYSEXEC
ACT	FILE	LIST	QSUBSTR	SYSFUNC
ACTIVATE	GLOBAL	LISTM	QSYSFUNC	SYSGET
BQUOTE	GO	LOCAL	QUOTE	SYSRPUT
BY	GOTO	MACRO	QUPCASE	THEN
CLEAR	IF	MEND	RESOLVE	TO
CLOSE	INC	PAUSE	RETURN	TSO
CMS	INCLUDE	NRSTR	RUN	UNQUOTE
COMANDR	INDEX	ON	SAVE	UNSTR
COPY	INFILE	OPEN	SCAN	UNTIL
DEACT	INPUT	PUT	STOP	UPCASE
DEL	KCMPRES	NRBQUOTE	STR	WHILE
DELETE	KINDEX	NRQUOTE	SYSCALL	WINDOW
DISPLAY	KLEFT	METASYM	SUBSTR	
DMIDSPLY	KLENGTH	QKCMPRES	SUPERQ	
DMISPLIT	KSCAN	QKLEFT	SYMDEL	

用户可以使用%PUT _ALL_查看所有自定义宏变量。

定义宏变量最简单的方式是使用宏程序语句%LET，定义方式如下：

```
%let mac_var=Newdata;
```

其中，mac_var 是宏变量名，Newdata 是该宏变量对应的值。宏变量值通常是一串字符，可以包含任何字母、数字以及键盘上可找到的可打印符号，字符间允许有空格。

如果定义的宏变量已经存在，那么上面的语句将会导致原宏变量值的覆盖。

5.2.2　宏变量的直接引用

宏变量被创建之后，用户只要在变量名称前加一个符号"&"(如 &mac_var)，即可实现宏变量的引用。宏变量最大的方便之处就是用户可以在程序的任何地方加以引用。

【例 5-1】　引用宏变量 mac_var。

```
%let mac_var=Newdata;
data;
%put &mac_var;
run;
```

这段程序等价于：

```
data;
put "Newdata";
run;
```

程序运行结果为将字符串"Newdata"打印出来。

为了能够在文本字符串中正确引用宏变量，需要用双引号将文本括起来，单引号中文本的宏变量不能被解析。

【例 5-2】　引用文本字符串中的宏变量。

```
%let mac_var=SAS;
data;
put "data set of &mac_var";
put 'data set of &mac_var';
run;
```

第一个 put 的输出结果是 data set of SAS，第二个 put 的输出结果是 data set of &mac_var，因此，引用引号内的宏变量时必须用双引号将文本括起来。

用户可以根据需要多次引用宏变量，宏变量的值始终保持不变，直到用户对其进行更改。

【例 5-3】　多次引用宏变量。

```
%let dsn=Newdata;
data temp;
    set &dsn;
run;
proc print;
    title "Subset of Data Set &dsn";
run;
```

每次 &dsn 出现时，SAS 程序自动将其替换为 Newdata。这段程序等价于：

```
DATA TEMP;
      Set Newdata;
    RUN;
```

```
        PROC PRINT;
          TITLE "Subset of Data Set NewData";
        RUN;
```

如果引用了不存在的宏变量，SAS 的 log 中会提示错误信息。

很多情况下，用户可能面临着宏变量和前导文本或者末尾文本合并使用的问题(例如，DATA = PERSNL&YR. EMPLOYES”中，&YR 代替了两位数的年份值)，以及两宏变量合并起来使用的情形(例如，&MONTH&YR)。用户可以用简洁易懂的宏变量名称代替该文本，通过使用这个共同的宏变量名称完成在多个地方使用这个文本的目的，而且，只要修改了宏定义，就间接修改了所有该文本出现的位置。

【例 5-4】　宏变量和文本的合并使用。

```
%let name = sales;
    data new&name;
        set save.&name;
          run;
```

这段程序等价于：

```
DATA NEWSALES;
      SET SAVE.SALES;
        RUN;
```

某些情况下，用户需要引用宏变量作为前缀，但如果仅仅将宏变量与文本连接起来写入程序，宏处理器是不能正确解析出宏变量的。假设用户仅定义了名为 name 的宏变量，而用户可能需要 &name1、&name2 的引用，这样的写法会使宏处理器误认为要解析的是 name1、name2 两个宏变量，显然，系统会提示两个宏变量并不存在。在宏变量引用过程中，宏处理器逐字扫描文本，当遇到不能用于宏变量名中的字符时，该扫描动作停止，在此之前读入的文本信息会被解析为一个完整的宏变量，我们通过引入“.”作为划界符来控制宏处理器的扫描范围。

【例 5-5】　宏变量与非宏变量文本的分隔。

```
%let mac_var = name;
data;
%put &mac_var.1;
%put &mac_var..1;
%put &mac_var^1;
run;
```

第一个 put 的输出结果为 name1，第二个 put 的输出结果为 name. 1。这里解决了这样一个问题，如果“.”也是要输出文本中的一部分，只需要用两个划界符，前一个起到标志宏变量名结束的作用，后一个则是文本中的一部分。第三个 put 的输出结果为 name^1，因为“^”在宏变量名中不能使用，宏处理器不会认为“^”是宏变量名的一部分。

由第三个 put 的输出结果可知，下面两条语句等价：

```
%put &mac_var^1;
%put &mac_var.^1;
```

5.2.3　宏变量值的显示

最简单的显示宏变量值的方式是用% PUT 语句，结果会输出在 SAS 的 log 窗口中。

【例 5-6】　显示宏变量的值。

```
%let mac_var1 =1;
%let mac_var2 =2;
%let mac_var3 =3;
data;
%put &mac_var1 + &mac_var2 = &mac_var3;
run;
```

运行结果：

```
1 +2 = 3
```

5.2.4　宏变量值的改变

宏变量值的改变与宏变量的定义类似，只要再次使用% LET 语句对宏变量进行赋值操作即可。

【例 5-7】　改变宏变量的值。

```
%let mac_var =1;
data;
%put &mac_var;
%let mac_var =2;
%put &mac_var;
run;
```

这个例子显示了宏变量的值由 1 变为 2 的操作流程。

5.2.5　宏变量的间接引用

5.2.2 节讲的都是对宏变量的直接引用方式，而在某些情况下，可能需要用户采取对宏变量的间接引用方式。假设定义了一系列宏变量 name1、name2、…、name10，又定义了一个宏变量 n，用户可能需要根据 n 的变化来引用不同的宏变量 name。也就是说，当 n = 3 时，需要引用 name3；当 n = 8 时，需要引用 name8。根据上面的前提条件，我们可能会想到用下面的语句来实现：

```
%put &name&n;
```

然而 SAS 将会提示错误信息，指出 name 不是一个宏变量，因为宏处理器会试图去解析 name 和 n，然后再将它们的值连接起来。因此作如下修改：

```
%put &&name&n;
```

这里添加了一个“&”，让宏处理器多扫描一次以确认是宏变量的间接引用。这条语句解析的基本流程是，先将 && 解析为一个 &，name 作为文本，&n 被解析为数字(设为 3)。这样该语句经过一次扫描就解析为 &name3，之后宏处理器开始解析宏变量 name3，返回 name3 所对应的值。

【例 5-8】　宏变量的间接引用。

```
%let name1 =1;
%let name2 =2;
%let name3 =3;
%macro test;
%do n =1 %to 3;
%put &&name&n;
%end;
%mend test;
%test
```

这段程序的运行结果就是 1 2 3。

宏处理器处理多个 & 的原则是，从左到右把每两个 & 解析成一个 &，然后解析后面的内容。

【例 5-9】 多个 & 时宏变量的引用。

```
%let mac_var3 = result;
%let name = mac_var;
%let n = 3;
data;
%put &&&name&n;
run;
```

这段程序的运行结果是在 SAS 的 log 窗口中输出 result。其中，put 语句解析的基本流程是，先将 && 解析为一个 &，&name 解析为 mac_var，&n 解析为 3。这样该语句经过一次扫描就解析为 &mac_var3，之后宏处理器开始解析宏变量 mac_var3，返回 mac_var3 所对应的值 result。

5.2.6 自动宏变量

当用户启动 SAS 系统时，宏处理器会自动创建一些宏变量用以保存 SAS 运行期间的相关信息。除了 SYSPBUFF 是局部变量外，其余自动宏变量都是全局变量。引用自动宏变量的方式与引用用户自定义宏变量的方法相同，即 & 后面紧跟自动宏变量名。

【例 5-10】 自动宏变量的引用。

```
data;
%put "Today is &sysday, &sysdate9";
run;
```

程序运行后，sysday 返回的是 SAS 系统当前运行时间是星期几，sysdate9 返回的是 SAS 系统当前运行时间的日期，且年份用四位数表示。

自动宏变量分为两类，一类是可读/写的自动宏变量，用户可以根据需要对这类宏变量赋值；另一类是只读的宏变量，用户不能对这一类宏变量做任何修改。具体见表 5-2。

可以使用% PUT _AUTOMATIC_查看所有可以利用的自动宏变量。

表 5-2　按读/写状态划分的自动宏变量

状　态	变量名称	含　义
可读/写	SYSBUFFR	接受随% INPUT 语句输入，但宏处理器不能同该语句中任何一个变量匹配的文本
	SYSCC	操作环境代码
	SYSCMD	存放来自于宏窗口命令行中最后一条不可识别的命令
	SYSDEVIC	当期画图设备的名称
	SYSDMG	反映对一个损坏的数据集采取措施的返回代码
	SYSDSN	存放最新创建的 SAS 数据集的完整名称，库名和数据集名可分开显示，形式为"库名 SAS 数据集名"
	SYSFILRC	FILENAME 语句设置的返回代码
	SYSLAST	存放最新创建的 SAS 数据集的完整名称，形式为"库名. SAS 数据集名"
	SYSLCKRC	LOCK 语句设置的返回代码
	SYSLIBRC	LIBNAME 语句设置的返回代码
	SYSLOGAPPLNAME	存放选项 LOGAPPLNAME 的值
	SYSMSG	存放用户在宏窗口信息域中规定被显示的信息
	SYSPARM	存放系统选项 SYSPARM 规定的值
	SYSPBUFF	宏参数值的文本
	SYSRC	各种系统有关的返回代码

（续表）

状　态	变量名称	含　义
只读	SYSCHARWIDTH	字符串宽度值
	SYSDATE	SAS 系统当前运行的日期（年份是两位数）
	SYSDATE9	SAS 系统当前运行的日期（年份是四位数）
	SYSDAY	SAS 系统当前运行时间是星期几
	SYSENCODING	SAS 系统当前编码方式名称
	SYSENV	SAS 系统运行在前景模式还是背景模式的指示符
	SYSERR	SAS 过程步和数据步设置的返回代码
	SYSERRORTEXT	存放最近一次显示在 SAS 的 log 中的错误信息
	SYSHOSTNAME	当前操作系统的用户名
	SYSINDEX	存放 SAS 系统当前运行期间已开始执行的宏个数
	SYSINFO	返回代码信息
	SYSJOBID	SAS 当前工作或用户的 ID（随主机环境改变）
	SYSMACRONAME	当前执行宏的名称
	SYSMENV	当前宏的执行环境
	SYSNCPU	当前 SAS 运算可能需要的处理器数量
	SYSODSPATH	ODS 中 PATH 变量的值
	SYSPROCESSID	当前 SAS 编译环境的 ID
	SYSPROCESSNAME	当前 SAS 编译环境的名称
	SYSPROCNAME	当前编译的过程名
	SYSSCP	当前 PC 操作系统的缩写
	SYSSCPL	当前 PC 操作系统的名称
	SYSSITE	存放指定给位置号码
	SYSSTARTID	最近一条 STARTSAS 语句产生的 ID
	SYSSTARTNAME	最近一条 STARTSAS 语句产生的操作名称
	SYSTIME	SAS 系统开始执行的时间
	SYSUSERID	当前 SAS 操作的用户 ID 或注册号
	SYSVER	返回 SAS 软件的版本号
	SYSVLONG	返回 SAS 软件的版本号和维护水平的两位数年份
	SYSVLONG4	返回 SAS 软件的版本号和维护水平的四位数年份
	SYSWARNINGTEXT	存放最近一次显示在 SAS 的 log 中的警告信息

5.2.7　全局宏变量

每一个宏变量都有自己的作用范围，根据作用范围大小不同将宏变量分为全局宏变量和局部宏变量。全局宏变量在整个 SAS 程序运行期间均有效，而且可以在程序的任何地方予以使用；局部宏变量只能在创建该变量的宏中使用，在这个宏之外，这个局部宏变量没有任何意义。

宏可以互相嵌套，对于定义在这些宏中的局部宏变量，要弄清楚它们的使用范围。例如，macro_var1 是定义在宏 macro1 中的宏变量，macro_var2 是定义在宏 macro2 中的宏变量，宏 macro2 是定义在宏 macro1 内部的，因此有 macro_var1 是宏 macro1 和宏 macro2 的局部宏变量，而 macro_var2 只是 macro2 的局部宏变量，对于宏 macro1 没有任何意义。

全局宏变量包括：

- 所有自动宏变量（SYSPBUFF 除外）；
- 在任何宏之外定义的宏变量；

● 用% GLOBAL 语句创建的宏变量；
● 由 CALL SYMPUT 程序创建的大部分宏变量。

【例 5-11】　简单创建全局宏变量的方法。

```
%let mac_var =Newdata;
%macro mac;
%global mac_var1;
%let mac_var1 =Newdata1;
%mend mac;
%mac;
%put _global_;
run;
```

本例用了两种创建全局宏变量的方法，一种是在任何宏之外创建宏变量(如变量 mac_var)；另一种是在宏之内创建宏变量，同时声明它是全局的作用范围，用户可以通过输出全局变量表来查看全局变量是否创建成功。

用户可以在 SAS 系统运行的任何时间创建全局宏变量，除了一些只读的自动宏变量外，这些全局宏变量可以随时根据用户需要进行修改。当一个全局宏变量的名称已经存在，而用户又在某个宏内定义了相同名称的宏变量(不是用% LOCAL 语句创建，也不是宏参数)时，该变量并不是局部宏变量，该操作只相当于对这个已经存在的全局宏变量重新进行了赋值，用户在创建宏变量时要避免与已经存在的宏变量或者自动宏变量的名称相冲突。

引用全局宏变量时应注意以下问题：

① 当一个宏变量既存在于全局符号表内，又存在于局部符号表内时，如果在定义它的宏内引用该变量，那么是将其作为局部宏变量来引用的，原因是宏处理器在遇到“&”时优先选择在局部符号表中查询该变量。

② 如果一个全局宏变量是在数据步用 SYMPUT 子程序创建的，那么只能在该数据步运行结束之后才可以引用该变量，原因是 SYMPUT 子程序是在数据步结尾才起作用并创建宏变量的。

5.2.8 局部宏变量

定义在宏内的宏变量都是局部宏变量。每个宏被定义之后都会创建属于自己的局部符号表，属于该宏的局部宏变量都会被自动添加到这个表内。当这个宏执行结束之后，所有属于该宏的局部宏变量都将不存在。

局部宏变量包括：

● 由% LOCAL 语句创建的宏变量；
● 与宏对应的宏参数；
● 由宏语句定义的宏变量(该变量不是已经存在的全局变量，或者没有被声明为% GLOBAL)。

【例 5-12】　简单创建局部宏变量的方法。

```
%let mac_var =Newdata;
%macro mac(mac_var1);
%let mac_var2 =Newdata2;
%put **** inside macro**** ;
%put &mac_var &mac_var1 &mac_var2;
%mend mac;
%mac(Newdata1);
%put **** outside macro**** ;
%put &mac_var &mac_var1 &mac_var2;
run;
```

本例给出了两种创建局部宏变量的方法，一种是在宏内直接定义宏变量；另一种是将变量作为宏参数。本例还给出了局部宏变量与全局宏变量作用范围的区别，几个%put 的输出结果如下：

```
**** inside macro****
Newdata Newdata1 Newdata2
**** outside macro****
WARNING: 没有解析符号引用 MAC_VAR1。
WARNING: 没有解析符号引用 MAC_VAR2。
Newdata &mac_var1 &mac_var2
```

可以看到，全局宏变量 mac_var 无论是在宏内还是宏外均能被正确解析，而两个局部宏变量 mac_var1 和 mac_var2 只有在它们所属的宏执行时才能被正确解析。

宏处理器对宏变量的创建、赋值以及解析都遵循这样的流程：当宏处理器收到一个对宏变量的操作请求后，宏处理器先判断这一请求是来自于宏外的程序还是宏内的程序，假设请求是来自宏外的，宏处理器会检查要操作的宏变量是否存在于全局符号表内，如果存在则进行相应的操作，如果不存在则创建或赋值操作均转化为创建宏变量的操作，而解析操作会提示警告信息；假设请求是来自宏内的，宏处理器先从最内部的局部符号表开始查询该变量的存在与否，如果存在则进行相应操作，不存在则继续查询同层次的局部符号表，如果同层次的局部符号表已全部搜索过一遍，则开始查询较外层的局部符号表，所有局部符号表均搜索不到该变量的情况下，宏处理器最后会搜索全局符号表，以完成对宏变量的操作请求。

5.3　宏与宏参数

宏是一段用户已经事先编辑好的程序，用户可以根据需要对宏进行调用。与宏变量类似，一般用宏来产生文本，但宏有额外的几个优势：

① 通过宏语句可以控制何时以及如何产生文本。

② 可以定义宏参数，方便用户重复使用宏，并且达到不同的输出目的。

5.3.1　创建名为 mac 的宏

宏定义的基本格式如下：

```
%MACRO 宏名;
宏程序内容;
%MEND 宏名;
```

定义一个宏时，以%MACRO 开始，以%MEND 结束，宏名要避免与其他的变量名或者关键字冲突。宏程序是由宏语句、宏引用、文本表达式以及恒定文本组合而成的。宏在替代复杂文本时，往往会显示出很大的优势。

【例 5-13】 创建名为 mac 的宏。

```
%macro mac;
%let mac_var=Newdata;
%put &mac_var;
%mend mac;
run;
```

本例创建了一个名为 mac 的宏，该宏创建了一个局部宏变量 mac_var，并输出了该宏变量对应的值。

5.3.2　创建形如 mac(variable1, variable2, …)的宏

在很多情况下，我们会觉得频繁使用% LET 语句定义宏变量显得很烦琐，不仅不利于程序的简洁，而且也对各宏变量的意义区分增加了困难，这时就需要用宏参数把宏变量和宏有机地结合起来。

在% MACRO 语句中定义的并用圆括号括起来的宏变量称为宏参数。宏参数有这样几个优势：首先，可以减少使用% LET 语句的次数；其次，宏参数可以确保宏变量不会干扰到宏外的 SAS 程序，定义宏参数事实上就是创建局部宏变量，只有在定义它的宏执行时该变量才存在。

【例 5-14】 创建形如 mac(variable1, variable2, …)的宏。

```
%macro mac(var1, var2, var3);
%put &var1 &var2 &var3;
%mend mac;
run;
```

本例创建了一个具有 3 个参数的宏，在宏内部对 3 个参数的值进行了输出，5.3.3 节将介绍给宏参数赋值的方法。

5.3.3　宏参数赋值

之所以选择定义宏参数，多数情况是为了在赋值和修改宏变量上能够大大简化程序，提高对宏的利用效率，下面介绍两种常用的给宏参数赋值的方法。

【例 5-15】 创建宏时直接赋值。

```
%macro mac(var1 = data1, var2 = data2, var3 = data3);
%put &var1 &var2 &var3;
%mend mac;
%mac;
run;
```

本例在创建宏的同时，给宏参数进行了赋值。

【例 5-16】 引用宏时进行赋值。

```
%macro mac(var1, var2, var3);
%put &var1 &var2 &var3;
%mend mac;
%mac(data1, data2, data3);
run;
```

从【例 5-15】、【例 5-16】可以看出两种不同的宏参数的赋值方法在程序编写上的区别。

5.4　宏 的 引 用

5.3 节对宏和宏参数的定义作了简要的介绍，本节将集中介绍宏的引用以及宏函数的引用。

5.4.1　引用名为 mac 的宏

引用宏的基本方法是在宏的名称前加一个百分号(%)。

【例 5-17】 引用名为 mac 的宏。

```
%macro mac;
%let var1 =data1;
%let var2 =data2;
%let var3 =data3;
%put &var1 &var2 &var3;
%mend mac;
%mac;
run;
```

本例中先定义了一个名为 mac 的宏，宏内创建了 3 个局部宏变量，然后用% mac 来引用该宏，该操作的结果是将 3 个宏变量值输出到 SAS 的 log 中。

【例 5-18】 多次引用相同的宏。

```
%let var1 =data_old1;
%let var2 =data_old2;
%let var3 =data_old3;
%macro mac;
%put &var1 &var2 &var3;
%mend mac;
%mac;
%let var1 =data_new1;
%let var2 =data_new2;
%let var3 =data_new3;
%mac;
run;
```

本例中两次引用了名为 mac 的宏，但两次引用的结果并不相同。本例定义了 3 个全局宏变量，第一次引用之后对 3 个全局宏变量的值进行了修改，因此第二次引用该宏输出的是修改之后新的宏变量值。

如果定义了 3 个局部宏变量，并且在某个环节上要对这 3 个宏变量的值进行修改，如果不引入宏参数的话，我们能想到的修改方式就是将宏重新定义一次，定义过程中对变量赋予新值，若用户需要修改多次的话，那么程序将会变得无比烦琐。5.4.2 节将介绍的带参数的宏很好地解决了这一问题。

5.4.2　引用形如 mac(variable1，variable2，…)的宏

宏参数并没有严格的个数限制，用户在定义宏时可以根据需要将频繁使用的变量设为宏参数，便于随时修改变量的值。

【例 5-19】 定义并引用形如 mac(variable1，variable2，…)的宏。

```
%macro mac(var1, var2, var3);
%put &var1 &var2 &var3;
%mend mac;
%mac(data_old1, data_old2, data_old3);
%mac(data_new1, data_new2, data_new3);
run;
```

利用带参数的宏可以很方便地为局部宏变量赋值，即便需要重复引用，用户也可以在引用的同时完成赋值。

5.4.3　引用形如 mac(%mac1()，variable1，…)的宏

本节考虑宏与宏之间嵌套使用的问题。这可能有两种情况，一种是一个完整的宏来引用另一

个完整的宏；另一种是将一个宏函数(宏函数的内容将在后面具体介绍)的返回结果作为宏参数来引用。

【例 5-20】 引用定义在宏内部的宏。

```
%macro mac_outside;
%macro mac(var1, var2, var3);
%put &var1 &var2 &var3;
%mend mac;
%mend mac_outside;
%mac_outside;
%mac(data_old1, data_old2, data_old3);
%mac(data_new1, data_new2, data_new3);
run;
```

本例说明了这样一个问题：如果用户要引用定义在宏内部的宏 mac，就必须事先引用包含它的宏 mac_outside，原因是只有当宏 mac_outside 被引用过一次，宏处理器编译过这个宏内部的程序，宏 mac 才被创建。如果去掉% mac_outside 语句，SAS 的 log 中会给出错误信息，但前提是与 mac 同名的宏之前没有被创建过。

【例 5-21】 用宏 mac_outside 引用宏 mac。

```
%macro mac;
%put &var1 &var2 &var3;
%mend mac;
%macro mac_outside;
%let var1 =data1;
%let var2 =data2;
%let var3 =data3;
%mac;
%mend mac_outside;
%mac_outside;
run;
```

本例中定义了两个宏，在定义宏 mac_outside 时添加了引用宏 mac 的语句% mac，因此，在引用宏 mac_outside 的同时也完成了间接引用宏 mac 的操作，本例中两个宏的定义顺序可以互相交换，不会影响结果。带参数宏之间的嵌套调用与本例的写法基本相同，下面将程序简单修改如下：

```
%macro mac_outside(var_out1, var_out2, var_out3);
%put &var_out1 &var_out2 &var_out3;
%mac(&var_out1, &var_out2, &var_out3);
%mend mac_outside;
%macro mac(var1, var2, var3);
%put &var1 &var2 &var3;
%mend mac;
%mac_outside(data1, data2, data3);
run;
```

这段程序的运行结果是将 data1、data2、data3 输出了两遍。需要注意的是在定义 mac_outside 内部引用宏 mac 时括号内参数的写法，如果不加 &，就变成了把 var_out1 等作为字符串赋给了变量 var1 等；加上 &，就变成了把局部宏变量 var_out1 指代的值赋给了变量 var1 等。

【例 5-22】 引用宏参数是宏函数返回结果的宏。

```
%macro mac(n, var);
%if &n >5
%then  %put &var;
%mend mac;
%mac(%length(data), data);
%mac(%length(data_new), data_new);
run;
```

本例中创建了一个含有两个参数的宏 mac，这个宏是有选择性的输出字符串。% length 函数的功能是返回字符串的长度，也就是说，当这个字符串的长度大于 5 时，输出该字符串，否则不进行任何操作，宏 mac 选取了% length 的返回结果作为其参数。宏参数在选择上给了用户很大的自由空间，选择一个好的宏参数能够在一定程度上简化程序。

5.4.4 引用含有特殊字符的宏

宏语言的基本单位是字符，变量的值无论是数字的还是字符的都会被统一当作字符来处理，因此宏处理器允许用户在文本中使用各式各样的特殊字符。但同时也衍生出一系列问题，如最简单的一个例子，% 是作为百分号来使用还是作为调用宏符号来使用。为了避免出现这类混淆，必须让宏处理器明确这些字符在当前情形的含义，是作为 SAS 系统设定的一些特殊符号还是仅仅作为文本中的字符。宏引用函数能够根据用户需要屏蔽一些特殊字符，从而使得宏处理器不会错误地解析这些字符，产生所不希望的结果。宏引用时容易造成混淆的特殊字符见表 5-3。

一些常见的易造成混淆的情况如下：

① % 是作为百分号还是作为宏引用符号。

② 一个文本中不平衡的单引号是不是来自于人名。

③ & 是表示两事物合并还是表示引用宏变量。

④ 逗号是作为参数值还是作为分隔符号。

表 5-3 宏引用时容易造成混淆的特殊字符

blank	)	=	LT
;	(	|	GE
¬	+	AND	GT
^	--	OR	IN
~	*	NOT	%
, (comma)	/	EQ	&
'	<	NE	#
"	>	LE	

常用的宏引用函数有以下几个。

① % STR 和% NRSTR：在宏语句中，这两种函数使得宏处理器把特殊字符作为文本来对待。

② % BQUOTE 和% NRBQUOTE：这两种函数使得宏处理器把那些从宏表达式解析过来的特殊字符作为文本对待。该类函数常用在宏或者宏程序语句执行的过程中。

③ % SUPERQ：该函数不允许宏处理器对其参数进行任何解析。

1. %STR 和%NRSTR 引用函数

当特殊字符影响到宏处理器正常编译宏程序语句时，可以使用% STR 和% NRSTR 引用函数来屏蔽掉这些特殊字符，见表 5-4。

表 5-4 % STR 和 % NRSTR 可以屏蔽掉的特殊字符

blank	)	=	NE
;	(	|	LE
¬	+	#	LT
^	--	AND	GE
~	*	OR	GT
, (comma)	/	NOT	
'	<	IN	
"	>	EQ	

注：1. % NRSTR 还可以屏蔽掉 & 和% 。

2. 如果用这两个函数来屏蔽不匹配的单引号、双引号以及括号时，需要在这些特殊字符前加一个百分号%。

【例 5-23】 屏蔽不匹配的圆括号。

```
%let mac_var = % str(exp% (6);
%put &mac_var;
run;
```

本例中第二个圆括号“(”前面的%一定不能忽略，否则会出错，圆括号可以被替换为单引号、双引号，屏蔽方法都是相同的。

一般情况下，使用% NRSTR 来屏蔽百分号%。有一种情况下可以使用% STR 来屏蔽%：% 后面没有会被宏处理器解释为宏名称的文本。与上面的例子类似，% 前面需要添加一个% 来辅助屏蔽。

【例 5-24】　屏蔽% 的特殊情况。

```
%let mac_var=% str(% % % '% % % ");
%put &mac_var;
run;
```

这段程序运行输出结果：% ‘% ”。从结果不难理解宏处理器的解析原理，它需要% 来辅助屏蔽每一个特殊字符的含义，因此本例的变量值中有 4 个% 是作为在特殊字符前添加的百分号。

【例 5-25】　文本中含有“；”的情况。

```
%let mac_var=% str(proc ttest;run;);
%put &mac_var;
%put % str(good done;);
run;
```

本例中用% STR（或% NRSTR）来帮助宏处理器识别出正确的宏程序语句的结尾，如果不使用% STR 函数，ttest 后面的“；”会被认为是% LET 语句的结尾，使得宏变量最终的存储值为 proc ttest，无法得到用户想要的结果。

第二个% put 语句中，使用引用函数% STR 后，第二个“；”被识别为语句的结尾，得到输出结果为“good done;”，去掉引用函数的话，第一个“；”被识别为语句的结尾，得到的输出结果为“good done”。

【例 5-26】　输出 & + 宏变量名称，而非输出宏变量值。

```
%macro mac;
%let mac_var=saber;
%put %nrstr(You get &mac_var!);
%put You get &mac_var!;
%mend mac;
%mac;
run;
```

程序运行结果如下：

You get &mac_var!

You get saber!

在引用函数的辅助下，第一个% put 语句中 & 作为引用宏变量符号的含义被屏蔽掉，而仅仅是作为普通的文本内容输出出来；第二个% put 语句中宏处理器顺利将 mac_var 识别为宏变量而解析出来。当要屏蔽% 作为引用宏的符号这一含义时，同样需要使用% NRSTR。

下面看这三行语句：

```
%let mac_var=% str(proc ttest;run;);
%let mac_var=proc % str(ttest;)% str(run;);
%let mac_var=proc ttest% str(;)run% str(;);
```

这三行赋值语句的结果是相同的，因为宏处理器只是不解析% STR 屏蔽掉的特殊字符，而其他文本内容保持原样。因此，第三个% LET 语句是最简化的引用方式，但此举并不提倡。类似第一个% LET 语句的用法，将大块的文本包含在引用函数括号内，实际上对宏处理器没有任何危害，而且可以增强程序的可读性。

2. % BQUOTE 和% NRBQUOTE 函数

% BQUOTE 和% NRBQUOTE 在宏或者宏语句执行时可屏蔽掉特殊字符。这两个函数可以直接屏蔽掉% STR 和% NRSTR 能够屏蔽的所有特殊字符。也就是说，对于不匹配的单引号、双引号以及圆括号同样可以直接屏蔽，不用像% STR 和% NRSTR 函数额外在前面添加一个百分号%。此外，这两个函数在屏蔽之前，能够发现那些无法引用的宏变量或者宏，并给出警告信息。

% BQUOTE 函数执行时将宏变量或宏解析时产生的所有圆括号和引号都看做特殊字符，因此，该函数不会介意引号或者圆括号个数是否匹配。

% NRBQUOTE 函数对于解析第一次遇到的宏变量值很有用，它能够阻止% EVAL 函数将 & 和% 解析成操作符。如果% NRBQUOTE 的参数中含有无法解析的宏变量引用或者宏调用，在它将 & 和% 屏蔽之前会给出相应的警告信息。

由于% BQUOTE 和% NRBQUOTE 函数是在执行期间操作的，并且比% STR 和% NRSTR 函数的功能更灵活，因此使用% BQUOTE 和% NRBQUOTE 函数来屏蔽包含宏变量引用文本中的特殊字符是很好的选择。

【例 5-27】 用法举例。

```
data test;
store = "Mr'Smith";
call symput('mac_var', store);
run;
%put %bquote(&mac_var);
```

本例中介绍了% BQUOTE 函数的一个简单用法，在数据步中将 Mr'Smith 分配给 store，需要将字符串包含在双引号中，这样才可以使用不匹配的单引号，call symput 将 store 存储的字符串作为宏变量值赋给 mac_var。在% put 语句中，如果不使用 &BQUOTE 函数，宏处理器将给出错误信息，提示% put 中有无效的操作符。

3. % SUPERQ 函数

% SUPERQ 函数不允许对其参数值进行任何解析，在宏运行期间能够将所有需要屏蔽的特殊文本屏蔽，宏处理器不会给出任何关于宏变量调用和宏引用的警告信息，因为% SUPERQ 函数阻止了宏处理器对其参数的解析。因此，即便% NRBQUOTE 函数能够使程序正常工作，我们也倾向于选择% SUPERQ 函数来避免一些不想要的警告信息。

% SUPERQ 函数从宏符号表中获得宏变量值之后，立即进行引用，同时阻止宏处理器对其函数参数进行进一步解析。例如，一个宏变量 mac_var 被解析为 Tom&Jerry，使用% SUPERQ 函数会阻止宏处理器对 &Jerry 进行进一步解析。

【例 5-28】 使用% SUPERQ 函数阻止宏处理器对其参数进行解析。

```
%window ask
#5 @ 5 'Enter two values:'
#5 @ 24 mac_var 15 attr = underline;
%macro mac;
%put ***  Jack Jones.*** ;
%mend;
%macro test;
```

```
%display ask;
%put *** % superq(mac_var) *** ;
%mend;
%test;
```

我们在命令行输入“% var % mac”，然后得到了这样的结果：*** % var % mac *** ，SAS 的 log 中也没有给出任何警告信息。以上结果说明宏 mac 没有被调用过，因此 mac 中的% put 语句也没有被执行，var 这个宏实际上没有被定义过，但 SAS 的 log 中也没有警告信息，说明% SUPERQ 函数阻止了宏处理器对% mac % var 的进一步解析。

不同的引用函数能够屏蔽不同的特殊字符，表 5-5 简单总结了各引用函数与其可屏蔽的特殊字符。

表 5-5　各引用函数与其可屏蔽特殊字符

特 殊 字 符	宏引用函数
+ − − ＊/<> = ¬ ^ | ~ ; , # blank AND OR NOT EQ NE LE LT GE GT IN	所有引用函数均可屏蔽
& %	% NRSTR, % NRBQUOTE, % SUPERQ, % NRQUOTE
不匹配的 ' "( )	% BQUOTE, % NRBQUOTE, % SUPERQ, % STR ＊, % NRSTR ＊, % QUOTE ＊, % NRQUOTE ＊

5.5　常用宏语句和系统宏函数

5.5.1　宏表达式

宏表达式大致分为三类：文本表达式、逻辑表达式和算术表达式。文本表达式是由文本、宏变量、宏函数以及宏引用任意组合而成的，经过宏处理器的解析，表达式转化为生成文本。逻辑表达式和算术表达式都是由一系列运算符和运算对象组合而成的，并能根据这个表达式求出一个结果。逻辑表达式使用逻辑运算符，算术表达式使用算术运算符。

1. 逻辑表达式和算术表达式的定义

(1) 操作对象

算术表达式和逻辑表达式中的操作对象必须是文本，当对表达式求值时，表示数字的操作对象会被临时转化成算术数值参与计算。宏处理器默认使用整数算法，只有整数和十六进制数值才能进行算术运算，带有小数点的数字文本是不会被转化为数值参与计算的。利用% SYSEVAL 函数可以将含有小数点的数字文本临时转化成浮点数进行运算。

(2) 操作符

宏表达式的操作符是数据步中操作符的子集，如宏语言中没有 MAX 和 MIN 操作符，并且不能识别“：”。宏语言表达式中各运算操作执行的顺序与数据步相同，括号内的操作优先级最高。

在一些特定的宏函数(如% EVAL)或者宏语句(如% DO，% WHILE)中，都可以使用逻辑表达式和算术表达式。通过这些表达式可以控制宏函数和宏语句产生怎样的文本。

也可以使用文本表达式来产生部分或者完整的算术以及逻辑表达式。宏处理器在求表达式值之前会先对表达式进行解析。

【例 5-29】 利用文本表达式产生算术表达式。

```
%let x=3;
%let y=4;
%let operator=* ;
%put &x &operator &y = %eval(&x &operator &y);
```

运行这段程序，输出结果：3 * 4 = 12。可以看到，在%EVAL 函数中宏处理器先解析了 3 个宏变量 x、y、operator，然后计算了表达式 3 * 4。

2. 宏处理器如何处理算术表达式

宏设备是一个字符串操作设备，不过，在某些特殊的情形下，宏处理器可以计算表示数值的操作对象。默认宏处理器只能完成整数的算术计算，利用%SYSEVALF 函数可以完成浮点数的运算。下面举例说明在宏语句中进行整数算术计算。

【例 5-30】 利用宏语句进行整数算术计算。

```
%let x = %eval(4 +7);
%let y = %eval(8* 5);
%let p = %eval(6/2);
%let q = %eval(8/3);
%put The result of x is &X;
%put The result of y is &Y;
%put The result of p is &P;
%put The result of q is &Q;
```

程序运行结果如下：

The result of x is 11

The result of y is 40

The result of p is 3

The result of q is 2

我们注意到，q 值的计算结果只保留了整数部分，也就是说，%EVAL 函数完成除法操作时，会将小数部分舍弃。

由于%EVAL 函数只支持整数算术计算，当宏处理器遇到无法转换成整数数值的字符时(如浮点数)，宏处理器会给出错误信息提示。下面举例说明在宏语句中进行浮点数算术计算。

【例 5-31】 利用宏语句进行浮点数算术操作。

```
%let x = %sysevalf(4.3 +7.2);
%let y = %sysevalf(8.4* 5.11);
%let p = %sysevalf(6.0/2.0);
%let q = %sysevalf(8.0/3.0);
%put The result of x is &X;
%put The result of y is &Y;
%put The result of p is &P;
%put The result of q is &Q;
```

程序运行结果如下：

The result of x is 11.5

The result of y is 42.924

The result of p is 3

The result of q is 2.66666666666666

当%SYSEVALF 函数计算算术表达式时，表示数值的操作对象会被临时转换成浮点数，并且得到的结果也是浮点数。%SYSEVALF 函数还提供了数据类型转换功能，为的是与其他宏表达式能够更好地兼容。

【例 5-32】 利用%SYSEVALF 函数转换数据类型。

```
%let x=3.5;
%put %sysevalf(&x, boolean);
%put %sysevalf(&x, integer);
%put %sysevalf(&x, ceil);
%put %sysevalf(&x, floor);
```

程序运行得到的结果分别为1、3、4、3。本例中，integer是只保留整数部分；ceil是对上取整；floor是对下取整。

3. 宏处理器如何处理逻辑表达式

逻辑表达式的返回值只有true和false两种结果，在宏语言中，任何非零的数值都返回true，而只有0值返回false。

当宏处理器计算逻辑表达式时，表示数字的字符会被临时转换为数值。

【例5-33】 逻辑表达式中的整数比较操作。

```
%macro compare(x, y);
%if &x>&y %then %put &x is greater than &y;
%else %if &x=&y %then %put &x equals &y;
%else %put &x is less than &y;
%mend compare;
%compare(2, 1);
%compare(0, 0);
%compare(-1, 1);
```

程序运行结果如下：

2 is greater than 1

0 equals 0

-1 is less than 1

可以看出，逻辑表达式中表示数字的操作对象被临时转换为数值进行比较。

包含浮点数和缺失值的逻辑表达式，要借助%SYSEVALF函数完成比较操作。

【例5-34】 逻辑表达式中的浮点数比较操作。

```
%macro compare(x, y);
%if %sysevalf(&x>&y) %then %put &x is greater than &y;
%else %if %sysevalf(&x=&y) %then %put &x equals &y;
%else %put &x is less than &y;
%mend compare;
%compare(2.1, 1.1);
%compare(., 0);
%compare(-1.1, 1.2);
```

程序运行结果如下：

2.1 is greater than 1.1

. is less than 0

-1.1 is less than 1.2

需要注意这样一种情况，有些操作对象看起来是整数却包含小数点(如2.0)，这时如果不借助%SYSEVALF函数，宏处理器就会将其视为字符文本，并进行字符值的比较，就会出现10<2.0这样意想不到的结果(读者可以应用【例5-33】检验)，实际应用中要避免这种问题的出现。

5.5.2　常用宏语句

宏语句通常是由关键字符串、SAS 名、特殊字符和操作对象组合而成的，以分号作为结束。用户通过编写宏语句来指导宏处理器执行一项操作。一部分宏语句只能用在宏定义中，另一部分宏语句可以用在整个 SAS 程序的任何地方，具体见表 5-6、表 5-7。

表 5-6　宏定义内外均可以使用的宏语句

语　句	功能描述
% *	指定注释内容
% COPY	从 SAS 库中复制规定的内容
% DISPLAY	显示宏窗口
% GLOBAL	创建全局变量
% INPUT	宏执行时给宏变量赋值
% LET	创建宏变量或者给宏变量赋值
% MACRO	开始宏定义
% PUT	把文本或者宏变量值输出到 SAS 的 log 窗口中
% SYMDEL	删除指定的在参数中命名的宏变量
% SYSCALL	调用 SAS call 程序
% SYSEXEC	发出操作系统指令
% SYSLPUT	在远程主机上定义新的宏变量或者更改已经存在的宏变量值
% SYSRPUT	把远程主机上宏变量值赋给本地主机上的宏变量
% WINDOW	自定义用户窗口

表 5-7　只有宏定义内可以使用的宏语句

语　句	功能描述
% ABORT	终止伴随 SAS 程序正在执行的宏
% DO	开始% DO 语句组
循环% DO	根据索引变量值循环执行语句
% DO % UNTIL	重复执行语句直到条件为真
% DO % WHILE	当一个条件为真时重复执行语句
% END	结束% DO 语句组
% GOTO	使宏处理器跳转到指定的标签
% IF-% THEN /% ELSE	有条件地执行宏
% label:	定义% GOTO 的目标语句
% LOCAL	创建局部宏变量
% MEND	结束宏定义
% RETURN	正常结束当前执行宏

表 5-6、表 5-7 中部分语句的功能已经在前面的例子中多次用到（如%let，%macro，%put 等），读者可以回顾相关内容来熟悉这些语句的功能，下面着重介绍前面没有提到并且在实际应用中很常见的宏语句。

1. %DO 语句

% DO 语句使用格式如下：

```
%DO;
文本和各种宏语句;
% END;
```

% DO 语句作为宏定义内部一块程序单元的开始，以% END 作为结束，这个单元块就是一个% DO 语句组。% DO 语句组可以互相嵌套。% DO 语句常与% IF－% THEN% ELSE 语句连用，用来指定当% IF 条件满足时宏处理器要执行的程序模块。

【例 5-35】 % DO 语句与% IF－% THEN% ELSE 语句连用。

```
%macro mac(n, var);
%if &n >5 %then
%do;
    %put The variable is &var;
    %put The length of the variable is greater than 5;
%end;
%else
```

```
%do;
    %put The variable is &var;
    %put The length of the variable is not greater than 5;
%end;
%mend;
%mac(%length(data_new), data_new);
%mac(%length(data), data);
```

%IF 和%ELSE 根据参数 VAR 的字符串长度不同选择执行不同的%DO 组语句。当一个条件下需要执行多个语句(如执行一个过程)时，可以把这些语句都写到%DO 组内部。

2. 循环%DO 语句

循环%DO 语句使用格式如下：

```
%DO MAC_VAR = 开始值 %TO 终止值 <%BY 增量>;
文本和各种宏语句;
%END;
```

其中，MAC_VAR 也可以是由文本表达式产生的，开始值与终止值决定了%DO 语句的循环次数。如果 MAC_VAR 并不存在于宏符号表中，那么宏处理器会临时创建 MAC_VAR 并将它置于局部符号表内。“增量”决定了每经过一次循环后 MAC_VAR 的改变幅度，默认值是 1，选用合适的增量便于用户控制%DO 的循环次数。

【例 5-36】 批量创建宏变量。

```
%macro create(number);
%do i = &number %to 1 % by -2;
    %let var&i = &i;
    %put var&i = &&var&i;
%end;
%mend;
%create(11);
```

程序运行结果如下：

```
var11 = 11
var9 = 9
var7 = 7
var5 = 5
var3 = 3
var1 = 1
```

利用循环%DO 语句可以很方便地创建规则类似且数目较多的宏变量。

3. %DO %UNTIL 语句

%DO %UNTIL 语句使用格式如下：

```
%DO %UNTIL(表达式);
文本和各种宏语句;
%END;
```

其中，表达式可以是任何能产生合理数值的表达式，宏处理器会在每次循环最后计算表达式的结果，只有当结果为 0 时该表达式才为假，其余情况均为真。如果表达式返回了一个无效的结果或者是结果含有非数值的字符，那么宏处理器会给出错误信息。

由于% DO % UNTIL 语句是在每次循环最后检查表达式结果是否为真的，所以% DO % UNTIL 内的语句至少会执行一次。

【例 5-37】　寻找某个字母在某单词中出现次数。

```
%macro mac(letter, string);
%let i =1;
%let count =0;
%do %until(&i >%length(&string));
%if %substr(&string, &i, 1) = &letter %then
%do;
    %let i =%eval(&i +1);
    %let count =%eval(&count +1);
%end;
%else
    %let i =%eval(&i +1);
%if &i =%length(&string) +1 %then
    %if &count =0 %then
        %put There is no &letter in &string..;
    %else
        %put The &string has &count&letter..;
%end;
%mend;
%mac(s, statements);
%mac(t, statements);
%mac(c, statements);
```

程序运行结果如下：

```
The statements has 2s.
The statements has 3t.
There is no c in statements.
```

本例中，用宏变量 count 来统计规定字母的出现次数，用% SUBSTR 函数来扫描单词的每个位置；如果出现了规定的字母，则 count 就加 1，如此循环直到单词的所有位置均被扫描了一遍，最后输出结果。

4. %DO %WHILE 语句

% DO % WHILE 语句使用格式如下：

```
%DO %WHILE(表达式);
文本和各种宏语句;
%END;
```

其中，“表达式”可以是任何能产生合理数值的表达式，宏处理器会在每次循环的开始计算表达式的结果，只有当结果为 0 时该表达式才为假，其余情况均为真。如果表达式返回了一个无效的结果或者是结果含有非数值的字符，那么宏处理器会给出错误信息。

由于% DO % UNTIL 语句是在每次循环最初检查表达式结果是否为真的，所以如果条件为假，% DO % UNTIL 内的语句将一次都不执行。

【例 5-38】　寻找某个字母在某单词中第一次出现的位置。

```
%macro mac(letter, string);
%let i =1;
%let flag =0;
```

```
%do %while(&i <= %length(&string) and(&flag=0));
%if %substr(&string, &i, 1) = &letter %then
   %do;
   %let flag=1;
   %put The first position of &letter in &string is &i..;
   %end;
%else
   %let i=%eval(&i+1);
%if(&i-1) = %length(&string) %then
   %put There is no &letter in &string..;
%end;
%mend;
%mac(m, macro);
%mac(e, statement);
%mac(t, backspace);
```

程序运行结果如下：

The first position of m in macro is 1.

The first position of e in statement is 5.

There is no t in backspace.

本例中，flag 是标志值，用来标志要寻找的字母是否在该单词中已经出现，若出现则立即将 flag 置为 1 以跳出循环。关于% SUBSTR 和% LENGTH 等函数将在后面的内容中进行介绍。

5. %GOTO 语句和%LABEL 语句

% GOTO 语句和% LABEL 语句使用格式如下：

```
%GOTO label;
%label: 宏文本;
```

用% GOTO 跳转到分支语句有两个限制：其一，% GOTO 跳转的目标语句必须存在于当前宏，该语句无法完成从一个宏跳转到另一个宏的操作；其二，如果% DO 循环语句、% DO % UNTIL 语句或% DO % WHILE 语句当前并没有执行，即使利用% GOTO 语句跳转到这类语句内部也不能引起它们的运行。

在定义 label 名时，前面需要使用百分号，而在% GOTO 语句中声明 label 时，无需使用百分号。

【例 5-39】 简单的语句跳转实现。

```
%macro mac(var);
%if %length(&var) <=5 %then %goto fin;
%let var=%substr(&var, 1, 5);
%fin:%put var = &var;
%mend;
%mac(phone);
%mac(telephone);
```

程序运行结果如下：

var = phone

var = telep

本例完成了这样一个操作：如果输入的字符串长度不超过 5，那么跳转到 fin 直接输出字符串；如果输入的字符串长度超过 5，那么截取该字符串前 5 个字符，再将其输出。

6. %IF-%THEN/%ELSE 语句

%IF-%THEN/%ELSE 语句使用格式如下：

```
%IF 表达式 %THEN 操作;
<%ELSE 操作; >
```

%IF-%THEN%ELSE 语句在前面的例子中已经多次用到，这里不再单独举例。下面简单说明%IF-%THEN/%ELSE 语句和 IF-THEN/ELSE 语句的区别。本质上，两种语句是属于不同的语句体系，%IF-%THEN/%ELSE 语句属于宏语言范畴，功能是有条件地生成文本，而 IF-THEN/ELSE 语句属于 SAS 基本语言范畴，功能仅限于在数据步中有条件地完成某项操作；%IF-%THEN/%ELSE 语句中的条件表达式包含恒定文本或者是能够产生文本的文本表达式，而 IF-THEN/ELSE 语句中的条件表达式只能是数据步变量、字符常量、数值常量或者数据和时间常量。如果数据步中的部分文本是由%IF-%THEN/%ELSE 语句产生的，那么这些文本将被数据步编译器编译并执行。

7. %RETURN 语句

%RETURN 语句可以正常终止当前宏的运行。

【例 5-40】 利用%RETURN 正常结束宏的运行。

```
%macro test(error);
%if &error = 1 %then %return;
data a;
   x =1;
run;
%mend;
%test(0);
%test(1);
```

本例中，当参数值为 0 时，宏 TEST 顺利建立了数据集 a；当参数值为 1 时，由于此时满足%IF 的条件，宏将由于%RETURN 语句而结束运行。

5.5.3 常用系统宏函数

宏语言中的函数能够处理一个或多个参数并产生相应的结果，它将宏和宏参数很好地结合起来，更便于用户根据需要随时进行引用。宏函数种类繁多，SAS 系统为用户设计了很多宏函数实现了各式各样的功能，见表 5-8。

表 5-8　宏函数分类

宏函数种类	宏函数名称	宏函数功能
宏计算函数 (详见 5.5.1 节内容)	%EVAL	计算算术和逻辑表达式(整数格式)
	%SYSEVALF	计算算术和逻辑表达式(浮点数格式)
宏字符函数	%INDEX	返回某字符串在文本中第一次出现的位置
	%LENGTH	返回一个字符串的长度
	%SCAN, %QSCAN	扫描单词，后者可以扫描包含% 和 & 的单词
	%SUBSTR, %QSUBSTR	提取指定的字符串，后者可以提取包含% 和 & 的字符串
	%UPCASE, %QUPCASE	转换小写字符为大写字符，后者可以转换包含% 和 & 的小写字符为大写

（续表）

宏函数种类	宏函数名称	宏函数功能
宏引用函数（详见 5.4.4 节内容）	%BQUOTE，%NRBQUOTE	宏执行时屏蔽解析值内的各种特殊字符，在屏蔽不匹配的引号或者括号时不需要被标记
	%QUOTE，%NRQUOTE	宏执行时屏蔽解析值内的各种特殊字符，在屏蔽不匹配的引号或者括号时需要用%作为标记
	%STR，%NRSTR	宏编译时屏蔽恒定文本内的各种特殊字符，在屏蔽不匹配的引号或者括号时需要用%作为标记
	%SUPERQ	宏执行时屏蔽所有特殊字符，阻止宏处理器的任何解析
	%UNQUOTE	对于某个指定值不屏蔽任何特殊字符
其他宏函数	%SYMEXIST	返回指定的宏变量是否存在
	%SYMGLOBAL	返回指定的宏变量是否是全局宏变量
	%SYMLOCAL	返回指定的宏变量是否是局部宏变量
	%SYSFUNC，%QSYSFUNC	在宏设备中执行 SAS 函数或者自定义函数
	%SYSGET	返回指定的主机环境变量值
	%SYSPROD	返回 SAS 软件产品的许可性

在前几节的介绍中，已经多次提到并运用了部分函数，这里再进一步介绍几个常用的 SAS 宏函数。

1. %INDEX 函数

%INDEX 函数使用格式如下：

```
%INDEX(source, string)
```

source 和 string 都是来自于文本中的字符串。这个函数将从 source 中查找 string 第一次出现的位置，并以数字形式返回 string 首字母所处的位置，如果没有查找到则返回 0。

【例 5-41】 利用%INDEX 查询字符或者字符串。

```
%let var = to see a world in a grain of sand;
%put %index(&var, a);
%put %index(&var, or);
%put %index(&var, ab);
```

程序运行结果如下：

```
8 11 0
```

读者可以自行验证运行结果来熟悉%INDEX 函数的功能。

2. %SCAN 和%QSCAN 函数

%SCAN 和%QSCAN 函数使用格式如下：

```
%SCAN(var, n <, delimiters >)
%QSCAN(var, n <, delimiters >)
```

其中，var 是字符串或者是文本表达式，如果 var 包含特殊字符，需要使用%QSCAN 函数；如果 var 包含逗号，需要借助宏引用函数%QUOTE 来引用这个参数 var。

n 是一个整数或者是可以得到整数结果的表达式，它指定了函数返回的字符位置，如果 n 超过了参数 var 的长度，那么函数将返回一个空的字符串。

在 n 之后还可以定义参数 var 中的分隔符作为单词之间的区分，由于%SCAN 函数默认很多字符作为它的分隔符，如果只需要空格或者逗号作为其分隔符，需要在 n 之后补充一个参数% STR( )或者% STR(,)，这时其他的字符就被视为文本了。

常见的默认分隔符有：blank . <(+& ! $ *) ; ^ - / , % |等。

【例 5-42】 % SCAN 和% QSCAN 函数的对比和使用。

```
%let var = welcome to |China;
%put %scan(&var, 2);
%put %scan(&var, 2, %str( ));
%let var1 = %nrstr(The answer is &var);
%put %scan(&var1, 4);
%put %scan(&var1, 4, %str( ));
%put %qscan(&var1, 4, %str( ));
```

程序运行结果如下：

```
to
to|China
var
welcome to|China
&var
```

% SCAN 函数默认空格和"|"都是分隔符，因此第一个% put 语句只输出 to，而第二个% put 语句中规定了只有空格才能作为分隔符，因此"|"被视为文本；第三个% put 语句与第四个% put 语句与前面的情况相同，而% QSCAN 函数屏蔽了"&"符号，因此直接输出 &var，而不是宏变量 var 的解析结果。

% QSCAN 函数可屏蔽的特殊字符如下：& % ′" ( ) + - * / < > =¬ ^ ~ ; , # blank AND OR NOT EQ NE LE LT GE GT IN。

3. % SUBSTR 和% QSUBSTR 函数

% SUBSTR 和% QSUBSTR 函数使用格式如下：

```
%SUBSTR(var, n <, length >)
%QSUBSTR(var, n <, length >)
```

其中，var 是字符串或者是文本表达式，如果 var 包含特殊字符，需要使用% QSUBSTR 函数。

n 是一个整数或者是可以得到整数结果的表达式，它指定了亚字符串首字母的位置，如果 n 超过了参数 var 的长度，那么函数将给出警告信息并返回一个空值。

length 是一个可选择的参数来指定亚字符串的字符数量，如果 length 超过了 n 之后余下的字符串长度，那么函数将给出警告信息并返回从 n 开始到末尾的所有字符；如果不定义参数 length，默认返回的就是从 n 到末尾的所有字符。

【例 5-43】 % SUBSTR 和% QSUBSTR 函数的对比和使用。

```
%let a = one;
%let b = two;
%let c = three;
%let var = %nrstr(&a&b&c);
%put %substr(&var, 2, 1);
%put %substr(&var, 2, 2);
%put %substr(&var, 2, 3);
%put %qsubstr(&var, 2, 3);
```

程序运行结果如下：

a

a&

atwo

a&b

可以看到，% SUBSTR 函数根据亚字符串首字母的位置和规定的长度进行扫描，如果扫描到解析符号和已存在的宏变量，则宏处理器进行解析，通过% QSBSTR 函数可以屏蔽掉解析符号“&”。

% QSUBSTR 函数可屏蔽的特殊字符如下：& % ´"( ) + - * / < > =¬^ ~ ; , # blank AND OR NOT EQ NE LE LT GE GT IN。

4. %UPCASE 和%QUPCASE 函数

% UPCASE 和% QUPCASE 函数使用格式如下：

```
%UPCASE(字符串或文本表达式)
%QUPCASE(字符串或文本表达式)
```

这两个函数实现了参数中小写字母向大写字母的转换，区别在于后者可以屏蔽特殊字符，如果需要实现逆向转换可以使用% LOWCASE 和% QLOWCASE 函数。

【例 5-44】　% UPCASE 函数和% QUPCASE 函数的对比和使用。

```
%let a=sas;
%let b=%nrstr(&a);
%put %upcase(&b);
%put %upcase(%upcase(&b));
%put %qupcase(&b);
```

程序运行结果如下：

sas

SAS

&A

实际应用中，需要大小写转换的场合有很多，这两个函数需要灵活掌握。

% QUPCASE 函数可屏蔽的特殊字符如下：& % ´"( ) + - * / < > =¬^ ~ ; , # blank AND OR NOT EQ NE LE LT GE GT IN。

5.6 宏与其他模块接口

5.6.1 宏与数据步接口

宏与数据步之间的接口由 8 种工具组成，通过合理的运用这些工具可以在数据步过程影响到宏设备的运作。通常宏设备的工作是发生在数据步之前的，也就是说在数据步执行时，宏语句提供的信息已经被处理过了。用户通过使用接口可以实现如下几种操作：

① 在 SAS 程序中实现数据步及其相邻下一步之间的信息传递。

② 根据数据步执行信息来调用一个宏。

③ 在数据步中解析宏变量。

④ 删除宏变量。

⑤ 从宏设备中传递宏变量信息给数据步。

表 5-9 列出了各种宏与数据步的接口。

表 5-9　宏与数据步的接口

分　类	工　具	功能描述
执行	CALL EXECUTE 子程序	对参数解析并立即执行解析值或者在数据步执行完成后执行解析值
解析	RESOLVE 函数	在数据步中解析文本表达式
删除	CALL SYMDEL 子程序	删除参数中指定的宏变量
信息	SYMEXIST 函数	返回宏变量是否存在的指示信息
读/写	SYMGET 函数	在数据步中返回宏变量的值
信息	SYMGLOBL 函数	返回宏变量是否是全局的指示信息
信息	SYMLOCAL 函数	返回宏变量是否是局部的指示信息
读/写	CALL SYMPUT 子程序	将数据步中产生的值赋给宏变量

读者可参考 SAS 说明书来了解每个函数或者子程序的具体使用方法，这里仅以 RESOLVE 函数为例来说明数据步接口功能的必要性。

RESOLVE 函数的用法并不复杂，函数只涉及一个参数，但参数的来源可以有以下多种。

① 可以是用单引号标注的文本表达式。当参数涉及宏变量引用时，RESOLVE 函数会尝试去解析该引用，如果该宏变量不存在，RESOLVE 函数直接返回一个未解析的引用，例如：

```
Var=resolve('%mac');
Var=resove('&mac_var');
```

② 可以是变量值是文本表达式的数据步变量，例如：

```
Addr='&mac_var';
Var=resolve(addr);
```

③ 可以是能够产生宏设备可解析文本的字符表达式，例如：

```
Var=resolve('%mac' ||left(name));
```

【例 5-45】　利用 RESOLVE 函数解析宏或宏变量引用。

```
%let var=one;
%macro num;
two three
%mend;
data test;
length var1-var3 $ 15;
when='%num';
var1=resolve('&var');
var2=resolve('%num');
var3=resolve(when);
put var1=  var2=  var3=;
run;
```

程序运行结果如下：

```
var1 = one var2 = two three var3 = two three
```

var2 和 var3 最后得到相同的结果，但在参数选取上却使用了两种不同方法，一种是直接给出文本表达式，另一种是用取值为文本表达式的数据步变量。

5.6.2　宏与 SQL 接口

SQL 在数据库检索和更新方面的应用是十分广泛的，SAS 软件的 SQL 处理器能够完成以下几种操作：

- 创建表格与视图；
- 检索表格中存储的数据；
- 检索 SQL 以及 SAS/ACCESS 视图中存储的数据；
- 添加或修改表格中的数值；
- 添加或修改 SQL 以及 SAS/ACCESS 视图中存储的数据。

SQL 在 SELECT 语句中为用户提供了创建宏变量的 INTO 子句，并且宏变量的种类也是可选的。INTO 子句和% LET 语句有着一致的范围规则。

通过使用 SQL 过程提供的宏工具，还可以根据数据有条件地执行程序以及当错误发生时终止程序，表 5-10 给出了 SQL 创建的宏变量的相关功能。

表 5-10　SQL 创建的宏变量的相关功能

宏 变 量	功 能 描 述
SQLEXITCODE	包含了某些 SQL 模式插入失败时所生成的返回代码，当 SQL 过程结束后，这些返回代码都被写入宏变量 SYSERR
SQLOBS	包含了 SELECT 语句产生的行数或者观测数
SQLOOPS	包含了 SQL 过程内部循环处理的重复次数
SQLRC	包含了 SQL 语句的返回代码
SQLXMSG	包含了 Pass-Through 设备返回的指示错误的相关代码和描述信息
SQLXRC	包含了由 DBMS 指定的 Pass-Through 设备的返回代码

更多详细信息可以参考 SAS 说明书。

5.6.3　用户自定义宏的存储

当用户提交了一个宏定义之后，宏处理器进行编译然后默认将其存储到 SAS 的 WORK 库中，这些宏只有在 SAS 软件运行期间才会存在。为了能够存储一些可能会频繁利用的宏，需要使用 AUTOCALL 宏设备或者存储编译宏设备。

AUTOCALL 宏设备将 SAS 宏存储在一个名为 AUTOCALL 库的外部文件中，利用 AUTOCALL 设备可以很容易地建立这样一个存储位置，以便于不同的程序或者不同的用户进行对宏进行调用。AUTOCALL 库之间可以进行合并。

第 6 章　SQL 过程及其应用

6.1　SQL 简介

SQL 的中文名称为“结构化查询语言”，是英文 Structured Query Language 的缩写。SQL 广泛应用于关系数据库和表的数据检索更新操作中。

所谓关系数据库，是一种基于关系模型建立起的数据库。相对于关系模型，还有层次模型、网状模型、面向对象模型等。这些模型是建立其相应类型数据库的基础，是这些数据库存储组织数据的基本逻辑。非关系模型的数据库系统在 20 世纪 70 年代到 80 年代初非常流行，在数据库产品中占主体低位，现在已经逐渐被关系模型的数据库系统所取代。关系模型最早是由 IBM 研究员 E. F. Codd 提出的，SQL 是基于这一模型建立起的一套标准的查询语句。

关系模型是建立在严格的数学概念基础上的。简单来说，从用户观点来看，关系模型由一组关系组成。每个关系的数据结构是一张规范的二维表。这里的表类似与 SAS 中的数据集，每个数据集代表一个关系。数据库中的每一行称为一个元组（Tuple），对应 SAS 的观测（Observation）；每一列称为属性，对应 SAS 中的每一个变量。

如表 6-1 所示为一个五元关系表，每行元素称为一个五元组。

通常，将一个关系记作：关系名（属性 1，属性 2，属性 3，…，属性 *n*）。

若把表 6-1 关系名记为 R，则该表所代表的关系可记为 R（Name，Sex，Age，Height，Weight）。

在一个实际的学生管理系统应用中，可以存在多个关系，例如：

学生（学号，姓名，年龄，性别，系别，年级）；

课程（课程号，课程名，学分）；

选修（学号，课程号，成绩）。

表 6-1　五元关系表

Name	Sex	Age	Height	Weight
Alfred	M	14	69	112.5
Alice	F	13	56.5	84
Barbara	F	13	65.3	98
Carol	F	14	62.8	102.5
Henry	M	14	63.5	102.5
James	M	12	57.3	83
Jane	F	12	59.8	84.5
Janet	F	15	62.5	112.5
Jeffrey	M	13	62.5	84

通过上面的三个关系，如果希望查询某个同学选修的所有的课，逻辑上来看，需要“学生”关系表，通过“姓名”查询“学号”；再在“选修”关系表中通过“学号”查询所有这个同学选修的“课程号”；最后，在“课程”关系表中，查询所有“课程号”的名称并输出。之所以为学生管理系统不厌其烦地建立多张表，就是为了大大方便以后的管理和操作。如果将这些信息都列在一起，那么数据的复杂度、存储空间会大大提高，共享性将大大降低。

另外，需要注意的是，在关系中，一般都存在一个或多个主属性，或称为主码，这个属性在其所在的关系表中是唯一的。例如，上面提到的“学生”关系中的“学号”，“选修”关系中的“学号 + 课程号”。在 SAS 中，对于平时所用到的数据集，SAS 会默认赋给其观测号，实际上也相当于其主码。

SQL 就是对一个又一个关系表，以及表与表之间进行查询等操作的。

SAS 中的 SQL 过程，是对于标准 SQL 的一个扩展。可以通过 SQL 过程操作任意数据集或外部数据库文件。从功能上来说，SQL 和 DATA 步有许多地方是一致的，二者各有利弊，用户可选用较方便的一种进行使用。SAS 的 SQL 过程同其他过程一样，对于 SAS 通用的选项、函数、INFORMAT、FORMAT 同样可以使用。

总结一下，SQL 过程可以实现以下功能：

- 生成报告；
- 生成汇总基本统计信息；
- 从表或视图中检索数据；
- 将表或视图中的数据进行整合；
- 创建表、视图或索引；
- 更新数据；
- 对数据管理系统(DataBase Management System，DBMS)进行操作。

6.2　SQL 过程的语句介绍

本节介绍的内容会很多且琐碎，每一小节都会从功能出发，对语句进行详细介绍。

另外，在 SAS 中，所有的 SQL 语句必须包含在“proc sql”声明后，多个查询语句可以都写在一个声明后，不需要多次声明，例如：

```
proc sql;
/* To Do:在这里写下 SQL 语句*/
quit;
```

这里使用到数据集 Student 和 Scores，见表 6-2、表 6-3。

随书附带的光盘中有这两个数据文件。

将数据文件复制到一个文件夹中，如在“D:\mySAS\”目录下，使用下面命令导入：

```
libname sql v9 "D:\mySAS";
```

表 6-2　数据表 student(一)(只列出部分)

StuNum	Subject	Sex	School	PE	EG
1138010104	文科	男	北京八中	团员	汉族
1138010108	文科	男	北京八中	团员	汉族
1138010114	文科	女	北京八中	团员	汉族
1138010128	文科	男	北京八中	团员	汉族
1138010126	文科	男	北京八中	群众	汉族
1141213504	文科	女	北京六中	团员	回族
1138010213	文科	男	北京八中	团员	汉族
1241253209	理科	男	北京六中	团员	汉族
1138010223	文科	女	北京八中	团员	汉族
1138020411	文科	男	北京八中	团员	汉族
1141213520	文科	男	北京六中	群众	汉族

表 6-3　数据表 scores(二)(只列出部分)

StuNum	Math	Chinese	English	Physics	Chemistry	Biology	History	Geography	Politics
1138010104	95	103	107				78.5	34	61.5
1138010108	112	101	108				79	45	55
1138010114	101	102	98				62	39	47.5
1138010128	62	99	124				44	35	40.5
1138010126	98	109	95				59	41.5	48.5
1141213504	67	101	92				60	44	39.5
1138010213	70	96	92				59	41.5	40.5
1241253209	69	102	76	60	38	57			
1138010223	51	91	52				70	29.5	36.5
1138020411	29	94	71				71	43.5	52
1141213520	25	77	33				38	23	29
1241253201	104	98	91	72	48	54			
1138010215	91	89	63				71.5	27	46

6.2.1　选择表中的列——select

使用 select 语句，可以从表中选出需要检索的列。

【例 6-1】　选择 student 表中所有的列

```
proc sql outobs =10;
title 'Information of Student';
select *
from sql.student;
quit;
```

select 后面接“ * ”表示选择表中所有列。

outobs = 10 是 SAS 中的选项，因为结果较多，限制输出前 10 个结果。

from 后面指定要查询的表名，使用方法同引用 SAS 数据集一样。

程序运行结果如下：

```
                         Information of Student

   StuNum       Subject      Sex      School        PE          EG
------------------------------------------------------------------------
 1138010104      文科         男      北京八中      团员        汉族
 1138010108      文科         男      北京八中      团员        汉族
 1138010114      文科         女      北京八中      团员        汉族
 1138010128      文科         男      北京八中      团员        汉族
 1138010126      文科         男      北京八中      群众        汉族
 1141213504      文科         女      北京六中      团员        回族
 1138010213      文科         男      北京八中      团员        汉族
 1241253209      理科         男      北京六中      团员        汉族
 1138010223      文科         女      北京八中      团员        汉族
 1138020411      文科         男      北京八中      团员        汉族
```

【例 6-2】 选择特定的列。

```
proc sql outobs =10;
title 'Student Number & Subject';
select StuNum, Subject
from sql.student;
quit;
```

select 后面可以写上希望查询的列名称，有多个列时用逗号隔开。

程序运行结果如下：

```
        Student Number & Subject
          StuNum    Subject
  ------------------------------
        1138010104   文科
        1138010108   文科
        1138010114   文科
        1138010128   文科
        1138010126   文科
        1141213504   文科
        1138010213   文科
        1241253209   理科
        1138010223   文科
        1138020411   文科
```

【例 6-3】 消除重复结果。

```
proc sql;
title 'Information of Schools';
select distinct school
from sql.student;
quit;
```

在 select 后面接 distinct 可以将结果中相同的内容合并在一起。例如，希望查找表中同学都分布在哪些学校，而又不希望输出结果中出现重复的名称，可以用到这个选项。

程序运行结果如下：

```
  Information of Schools
         School
       ---------
        北京八中
        北京二中
        北京九中
        北京六中
        北京七中
        北京三中
        北京四中
```

6.2.2　创建新的列

仅仅输出表中的各列常常并不能满足要求，有时希望添加一些文字说明列，有时希望将一些列经过简单计算的结果输出出来，这些问题将会在下面的例子中得到解答。

【例 6-4】 添加新的文字列。

```
proc sql outobs =10;
select 'The Student', StuNum, 'is in school', school
from sql.student;
quit;
```

使用单引号，将要添加的文字引起来，写在 select 后面，同选择多列时情况一样，需要用逗号隔开。

程序运行结果如下：

	StuNum		School
The Student	1138010104	is in school	北京八中
The Student	1138010108	is in school	北京八中
The Student	1138010114	is in school	北京八中
The Student	1138010128	is in school	北京八中
The Student	1138010126	is in school	北京八中
The Student	1141213504	is in school	北京六中
The Student	1138010213	is in school	北京八中
The Student	1241253209	is in school	北京六中
The Student	1138010223	is in school	北京八中
The Student	1138020411	is in school	北京八中

【例 6-5】 使用列中的信息进行简单计算。

```
proc sql outobs =10;
select StuNum, Math + Chinese + English as totalScores, (calculated total-
Scores)/3 as averageScores format 5.1
from sql.scores;
quit;
```

如果希望对表中的列进行计算，则直接引用其名即可。默认情况下新计算出的列是没有名称的，可通过 as 选项定义。如果希望引用计算出来的列，而非原表中的列，需要在引用其名称前加 calculated。

程序运行结果如下：

Information of Schools

StuNum	totalScores	average Scores
1138010104	305	101.7
1138010108	321	107.0
1138010114	301	100.3
1138010128	285	95.0
1138010126	302	100.7
1141213504	260	86.7
1138010213	258	86.0
1241253209	247	82.3
1138010223	194	64.7
1138020411	194	64.7

【例 6-6】 分情况产生新列值——case 语句。

```
proc sql outobs =10;
select StuNum, Math,
    case
        when Math >135 then 'A'
        when 135 >=Math >120 then 'B'
        when 120 >=Math >105 then 'C'
        when 105 >=Math >90 then 'D'
        when 90 >=Math >75 then 'E'
      when 75 >=Math then 'F'
        end as level
from sql.scores;
select StuNum, School,
    case School
        when '北京八中' then 'Beijing 8th High School'
        when '北京三中' then 'Beijing 3rd High School'
        else 'none'
        end as numSch
from sql.student;
quit;
```

本例中首先声明 case 后，对于后面的多种情况分别用"when... then..."语句来描述。"when"后面接情况，"then"后面接要输出的值，这里的值可以是字符串，也可以是数值，规则同其他添加一个新列一样。

另外，如果情况只涉及等值比较，可以采用如本例中第二个查询语句的形式，case 后面为要讨论的变量，这里只能是等值比较；如果需要用到不等号，那只能采用第一种 case 格式。

程序运行结果如下：

StuNum	Math	level
1138010104	95	D
1138010108	112	C
1138010114	101	D
1138010128	62	F
1138010126	98	D
1141213504	67	F
1138010213	70	F
1241253209	69	F
1138010223	51	F
1138020411	29	F

StuNum	School	numSch
1138010104	北京八中	Beijing 8th High School
1138010108	北京八中	Beijing 8th High School
1138010114	北京八中	Beijing 8th High School
1138010128	北京八中	Beijing 8th High School
1138010126	北京八中	Beijing 8th High School
1141213504	北京六中	none
1138010213	北京八中	Beijing 8th High School

1241253209	北京六中	none
1138010223	北京八中	Beijing 8th High School
1138020411	北京八中	Beijing 8th High School

【例 6-7】 处理缺失值。

```
proc sql outobs =10;
select StuNum, Geography, coalesce(Geography, 0)
from sql.scores;
select StuNum, Geography,
    case
        when Geography is missing then 0
        else Geography
    end
from sql.scores;
quit;
```

coalesce 选项可以帮助用户将缺失值替换成希望设定的值。这里需要用户设定两个值，第一个值为希望输出的列，第二个值为前面列如果出现缺失时的替代值。

对于缺失的情况，还可以采用 case 语句，如第二个查询语句所示，两个输出结果完全一样。

程序运行结果如下：

StuNum	Geography	
1138010104	34	34
1138010108	45	45
1138010114	39	39
1138010128	35	35
1138010126	41.5	41.5
1141213504	44	44
1138010213	41.5	41.5
1241253209	.	0
1138010223	29.5	29.5
1138020411	43.5	43.5

【例 6-8】 控制输出列名称。

```
proc sql outobs =10;
select StuNum, StuNum label = '#', StuNum label = 'StudentNumber'
from sql.scores;
quit;
```

当不需要输出原来的列名称或希望更改其名称时，可以使用 label 选项，希望输出空值时可设定 label 值为“#”，SAS 不会输出以特殊字符开头的名称。

程序运行结果如下：

StuNum		Student Number
1138010104	1138010104	1138010104
1138010108	1138010108	1138010108
1138010114	1138010114	1138010114

1138010128	1138010128	1138010128
1138010126	1138010126	1138010126
1141213504	1141213504	1141213504
1138010213	1138010213	1138010213
1241253209	1241253209	1241253209
1138010223	1138010223	1138010223
1138020411	1138020411	1138020411

6.2.3　数据排序——order

使用 order by 选项可以对查询结果排序。无论是原表中的列，还是生成的新列，都可以进行排序。默认是正序排列，通过设定 desc 可以逆序排列。

【例 6-9】 对多列排序。

```
proc sql outobs =10;
select StuNum, Math, Chinese, English
from sql.scores
order by Math, Chinese;
quit;
```

如果只设定一个变量，那么 SAS 只会依据设定的列排序；如果设定了多个变量，SAS 会先按第一个排序，对于第一个设定变量相同的行，再按第二个设定变量进行排序，依次类推。本例中先按 Math 排序后，有 3 个人的数学成绩是一样的，那么就根据第二个设定变量 Chinese 排序。

另外，需要注意的是，如果排序列有缺失值，会排在最前。

程序运行结果如下：

StuNum	Math	Chinese	English
1241223241	10	46	24
1138020609	10	87	30
1141213522	10	95	36
1241223228	14	76	42
1138020606	14	92	64
1241223239	15	49	34
1138020804	15	82	59
1138020712	15	96	34
1241223234	16	82	23
1141213525	17	70	36

【例 6-10】 对 3 门主课语、数、外的平均成绩由大到小排序。

```
proc sql outobs =10;
select StuNum, Math + Chinese + English as totalScores, (calculated total-
Scores)/3 as averageScores format 5.1
from sql.scores
order by averageScores desc, StuNum;
quit;
```

这里使用了计算生成的新列进行排序，在 order by 后使用计算得出的列，不需要声明 calculated，而且仅在此处不需要，其他语句后面引用计算的出的结果都需要声明 calculated。本例中，对平均成绩取从高到低排序，使用 desc 选项，跟在 averageScores 后。

程序运行结果如下：

StuNum	totalScores	average Scores
1138010108	321	107.0
1138010106	310	103.3
1138010102	307	102.3
1138010103	307	102.3
1138010104	305	101.7
1138010126	302	100.7
1138010114	301	100.3
2138020118	297	99.0
1241253201	293	97.7
1138010128	285	95.0

6.2.4 检索满足特定要求的数据——where

如果并不要输出表中所有数据，而是只希望检索出满足要求的一部分，就需要用到 where 选项。

先看一个例子了解 where 的基本用法。

【例 6-11】 检索所有文科生。

```
proc sql outobs =10;
select StuNum, Subject
from sql.student
where Subject ="文科";
quit;
```

程序运行结果如下：

StuNum	Subject
1138010104	文科
1138010108	文科
1138010114	文科
1138010128	文科
1138010126	文科
1141213504	文科
1138010213	文科
1138010223	文科
1138020411	文科
1141213520	文科

前面在讲到 case 语句中时，用到了一些比较运算符，这里系统地介绍一下 SAS 的 SQL 中涉及的运算符，见表 6-4。

表6-4 SAS中SQL过程涉及的运算符汇总

符号	等价缩写	定义	举例	备注
比较运算符				
=	EQ	相等	where Name = 'Asia';	
^=或~=或¬=或<>	NE	不等	where Name ne 'Africa';	
>	GT	大于	where Area > 10000;	
<	LT	小于	where Depth < 5000;	
>=	GE	大于等于	where Statehood >= '01jan1860'd;	
<=	LE	小于等于	where Population <= 5000000;	
逻辑运算符				
&	AND	逻辑与	Continent = 'Asia' and Population > 5000000	
! 或|或|	OR	逻辑或	Population < 1000000 or Population > 5000000	
^或~或¬	NOT	逻辑非	Continent not 'Africa'	
条件运算符				
ANY		在子查找中至少存在一个满足条件的结果	where Population > any(select Population from sql.countries)	查找比表countries中任意最小的Population值大的元组
ALL		在子查找中的所有结果均满足条件要求	where Population > all(select Population from sql.countries)	查找比表countries中任意最大的Population值大的元组
BETWEEN-AND		属性在一个区间内的元组	where Population between 1000000 and 5000000	查找Population介于100万到500万之间的元组
CONTAINS		查找是否包含特定的字符串	where Continent contains 'America';	查找Continent中包含America的元组
EXISTS		在子查找中查找是否存在，不返回数据，只产生逻辑真值或逻辑假值	where exists(select * from sql.oilprod);	
IN		查找属性值属于列出的指定集合的元组	where Name in('Africa', 'Asia');	查找Name中有"Africa"或"Asia"的元组
IS NULL或IS MISSING		判断是否是缺失值	where Population is missing;	查找Population缺失的元组
LIKE		字符串匹配，可包含通配符，"%"代表任意字符串，"_"代表一个字符。如果表示一个中文字符，应使用两个"_"	where Continent like 'A%';	查找continent中以"A"开头的元组
=*		匹配发音与指定字符串相近的	where Name =* 'Tiland'	查找发音同"Tiland"
字符串比较运算符				
EQT		与指定字符串相等	where Name eqt 'Aust';	
GTT		比指定字符串大	where Name gtt 'Bah';	
LTT		比指定字符串小	where Name ltt 'An';	
GET		大于或等于字符串	where Country get 'United A';	
LET		小于或等于字符串	where Lastname let 'Smith';	
NET		不等于字符串	where Style net 'TWO';	

【例 6-12】　复合条件查询——查询语文成绩和数学成绩同时大于 90 分的学生。

```
proc sql;
select StuNum, chinese, math
from sql.scores
where chinese >90 & math >90;
quit;
```

当需要设定多个条件时，需要同时使用逻辑运算符和比较运算符。本例没有输出这些学生的语文成绩和数学成绩，而没有影响到正常查询。

程序运行结果如下：

StuNum	Chinese	Math
1138010104	103	95
1138010108	101	112
1138010114	102	101
1138010126	109	98
1241253201	98	104
1141213505	98	99
1138010106	104	105
1138010102	107	98

【例 6-13】　使用 IN 条件操作符——查询表中北京三中和北京四中的学生。

```
proc sql;
select StuNum
from sql.student
where school in("北京三中", "北京四中");
quit;
```

本例中 IN 后面紧跟的括号中为列出要查找的内容。括号内也可以为子查询，可用于多表查询，这会在后面的章节中用到。与 IN 相对的是 NOT IN，表示不在指定查找内容的范围内。

程序运行结果如下：

StuNum
1241223210
1138010313
1138020517

【例 6-14】　空值可能引起的问题。

```
proc sql;
select StuNum, Physics
from sql.scores
where Physics <50
order by Physics;
select StuNum, Physics
from sql.scores
where Physics <50 and Physics is not missing
order by Physics;
quit;
```

当使用比较运算符“小于”时，如果有空值，如本例中，都会包含在查找结果中。有时，我们并不需要这些结果。例子中的第二个查询使用了 is not missing，这样就可以把空值排除在外。

程序运行结果如下。

第一个查询(只包含前面 10 个结果)：

```
   StuNum            Physics
-----------------------------
   1138010313              .
   1138020804              .
   1141213505              .
   1138020718              .
   1141213525              .
   1138010126              .
   1138020424              .
   1138020726              .
   1138010205              .
   1141213514              .
```

第二个查询：

```
   StuNum              Physics
-----------------------------
  1241223236              8.5
  1241223234               10
  1241253222               12
  1241223227               14
  1241223239               15
  1241223231               17
  1241223225             18.5
  1241223210             19.5
  1241223232             20.5
  1241223235               21
  1241223241               22
  1241223211               26
  1241223237               26
  1241223242               28
  1241233205               30
  1241233212             35.5
  1241223228               36
  1241223223               36
  1241253216               41
  1241253220               45
  1241253219             46.5
  1241233218               48
```

6.2.5　聚集数据

SQL 过程提供了丰富的聚集函数，以进一步方便用户，增强检索功能，见表 6-5。

表 6-5　SQL 聚集函数

函 数 名	功　能	函 数 名	功　能
AVG，MEAN	均值	RANGE	值的范围
COUNT、FREQ、N	统计个数，不计算空值的项	STD	标准差
CSS	修正的平方和	STDERR	平均数标准误差
CV	变异系数	SUM	总和
MAX	最大值	SUMWGT	各变量权重的总和，SQL 中每行数据的权重均为 1
MIN	最小值	T	假设检验与 0 比较的 T 值
NMISS	空值的数量	USS	未修正的平方和
PRT	假设检验与 0 比较的 P 值	VAR	方差

【例 6-15】　查询学生总人数和表中涉及的学校数量。

```
proc sql;
select count(* ) label = "Num of Students", count(distinct school) label = "Num of Schools"
from sql.student;
quit;
```

程序运行结果如下：

```
   Num of        Num of
  Students       Schools
--------------------
      100            7
```

【例 6-16】　查询所有人的物理成绩平均分。

```
/* 计算物理平均成绩*/
proc sql;
select avg(Physics) as AvgPhysics
from sql.scores
quit;
/* 特殊情况，考虑空值*/
proc sql;
select StuNum, case
       when Physics is missing then 0
       else Physics
       end as NewPhysics,
   avg(calculated NewPhysics) as AvgPhysics
from sql.scores
quit;
```

因为表里包括文科生和理科生的成绩，文科生的物理成绩均为空值，计算是需要排除空值的。这一点，SQL 本身已经考虑到，对于空值是不会计入的。实际上，在聚集函数遇到空值时，除了 count 以外，都跳过空值而只处理非空值。

特殊地，如输入数据时 0 都记作空值，在计算如平均数时，这些空值行会跳过，不计在总数内。如果希望考虑这些空值，对于本例，可以采用后半段程序的方式查询。

程序运行结果如下。

第一个查询结果：

AvgPhysics
34.19643

第二个查询结果：

StuNum	NewPhysics	AvgPhysics
1241223211	26	9.575
1241223235	21	9.575
1138010119	0	9.575
1241253216	41	9.575
1141213510	0	9.575
1241223231	17	9.575

6.2.6　为数据分组——Group By

Group By 语句大家在 SAS 过程中经常用到，在这里的作用也是一样的。通过 Group By 语句，可以将数据按某列不同的值进行分组，还可以使用聚集函数，分别计算每组数据。

【例 6-17】 统计学生的政治面貌。

```
proc sql;
select PE, count(* )
from sql.student
group by PE;
quit;
```

程序运行结果如下：

PE	
群众	15
团员	85

【例 6-18】 统计不同学校的学生的政治面貌。

```
proc sql;
select School, PE, count(* )
from sql.student
group by School, PE;
quit;
```

这里涉及多个变量的分组，类似对单个分组，在 Group By 后加要分组的两个变量。

程序运行结果如下：

School	PE	
北京八中	群众	8
北京八中	团员	44
北京二中	群众	1
北京二中	团员	1
北京九中	团员	1
北京六中	群众	6
北京六中	团员	35

```
北京七中      团员      1
北京三中      团员      2
北京四中      团员      1
```

6.2.7　过滤分组查询结果——Having

Having 语句与 Group by 一起使用，主要作用是过滤分组好的数据，挑选出所需要的分组。

【例 6-19】　统计北京八中和北京六中的学生政治面貌。

```
proc sql;
select School, PE, count(* )
from sql.student
group by School, PE
havingSchool in("北京八中", "北京六中");
quit;
```

程序运行结果如下：

```
School        PE
--------------------------
北京八中      群众       8
北京八中      团员      44
北京六中      群众       6
北京六中      团员      35
```

可以看到，Having 同 Where 十分类似，表 6-6 对它们进行了比较。

表 6-6　Having 与 Where 语句的比较

Having	Where
对组设定选择条件，用来包含或剔除指定的组	对数据元组设定选择条件，用来包含或剔除指定的数据元组
必须放在 Group By 语句之后	必须放在 Group By 语句之前
受 Group By 语句影响，若没有 Group By 语句，则与 Where 相同	不受 Group By 语句影响
在 Group By 和聚集函数之后运行	在 Group By 和聚集函数之前运行

【例 6-20】　统计北京八中和北京六中汉族学生的政治面貌。

```
proc sql;
select School, PE, count(* )
from sql.student
where EG = "汉族"
group by School, PE
havingSchool in("北京八中", "北京六中");
quit;
```

程序运行结果如下：

```
School        PE
--------------------------
北京八中      群众       7
北京八中      团员      42
```

北京六中	群众	6
北京六中	团员	30

6.2.8 多表连接查询

当要输出的信息涉及多个表时，需要连接操作实现。所谓的连接操作，就是将多个表的信息通过一定规则条件有选择地组合在一起。

在了解 SQL 的连接操作前，需要先了解一下笛卡儿积的定义。

定义 1　域(Domain)：一组具有相同数据类型的值的集合。

例如，自然数、整数、实数等。在 SAS 表中，每一列数据一般都具有相同的属性，也可看作一个域。

定义 2　笛卡儿积(Cartesian Product)：给定一组域 D1，D2，…，Dn，这些域可以是相同的域。D1，D2，…，Dn 的笛卡儿积为

$$D1 * D2 * \cdots * Dn = \{(d1,\ d2,\ \cdots,\ dn) \mid di\ Di,\ i = i,\ 2,\ \cdots,\ n\}$$

这相当于 n 维域的所有元素的所有组合。更直观地可以看下面这个例子。

【例 6-21】　用 SQL 求笛卡儿积。

首先给出 3 个域：

```
D1 = {A1, A2}
D2 = {B1, B2, B3}
D3 = {C1, C2, C3}
```

求 D1、D2、D3 笛卡儿积的 SAS 程序如下：

```
data d1;
input x1 $ @ @ ;
cards;
A1 A2
;
data d2;
input x2 $ @ @ ;
cards;
B1 B2 B3
;
data d3;
input x3 $ @ @ ;
cards;
C1 C2 C3
;
proc sql;
title "Cartesian Product";
select *
from d1, d2, d3;
quit;
```

程序运行结果如下：

```
              Cartesian Product

       x1            x2            x3
  --------------------------------------
       A1            B1            C1
```

A1	B2	C1
A1	B3	C1
A2	B1	C1
A2	B2	C1
A2	B3	C1
A1	B1	C2
A1	B2	C2
A1	B3	C2
A2	B1	C2
A2	B2	C2
A2	B3	C2
A1	B1	C3
A1	B2	C3
A1	B3	C3
A2	B1	C3
A2	B2	C3
A2	B3	C3

因此可知，D1、D2、D3 的笛卡儿积为

{(A1, B1, C1), (A1, B2, C1), (A1, B3, C1), (A2, B1, C1), (A2, B2, C1), (A2, B3, C1), (A1, B1, C2), (A1, B2, C2), (A1, B3, C2), (A2, B1, C2), (A2, B2, C2), (A2, B3, C2), (A1, B1, C3), (A1, B2, C3), (A1, B3, C3), (A2, B1, C3), (A2, B2, C3), (A2, B3, C3)}

由于连接操作比较复杂，为方便理解，引入 4 个数据集，见表 6-7。本节后面的例子都会用到这几个，不再特别列出。

表 6-7　4 个数据集

数据集 one			数据集 Two		
X	Y	Z	M	N	P
A1	B1	C1	A1	B2	C2
A1	B2	C2	A1	B2	C2
A2	B2	C1	A2	B2	C1
A3	B1	D1	A2	B2	D1
数据集 three			**数据集 Four**		
X	Y	Z	X	Y	W
1	2	1	1	2	1
2	3	2	2	2	2
3	3	3	3	3	3
4	4	4	4	1	4

【例 6-22】　表与表之间的笛卡儿积。

```
proc sql;
title "Cartesian Product ";
    select *  from one, two;
    select *  from one cross join two;
quit;
```

前面域的定义中，其中每个元素并不一定都是代表一个单一的值。在表与表之间的笛卡儿积中，每个表的一行整体作为象征意义上的一个值。两个查询语句的运行结果完全一样，都是求笛卡儿积，具体如下：

Cartesian Product

X	Y	Z	M	N	P
A1	B1	C1	A1	B2	C2
A1	B1	C1	A1	B3	C2
A1	B1	C1	A2	B2	C1
A1	B1	C1	A2	B2	D1
A1	B2	C2	A1	B2	C2
A1	B2	C2	A1	B3	C2
A1	B2	C2	A2	B2	C1
A1	B2	C2	A2	B2	D1
A2	B2	C1	A1	B2	C2
A2	B2	C1	A1	B3	C2
A2	B2	C1	A2	B2	C1
A2	B2	C1	A2	B2	D1
A3	B1	D1	A1	B2	C2
A3	B1	D1	A1	B3	C2
A3	B1	D1	A2	B2	C1
A3	B1	D1	A2	B2	D1

【例 6-23】 内连接——笛卡儿积的子集。

笛卡儿积的结果往往非常多，我们并不全都需要。通过限定条件，可以选出所需的结果。例如，只需要表 6-7 的表 one 和表 two 中 X 和 M 相等的结果。

```
proc sql;
title "Inner Joins";
    select *  from one as t1, two as t2
    where t1.X=t2.M;
quit;
```

程序运行结果如下：

Inner Joins

X	Y	Z	M	N	P
A1	B1	C1	A1	B2	C2
A1	B1	C1	A1	B3	C2
A1	B2	C2	A1	B2	C2
A1	B2	C2	A1	B3	C2
A2	B2	C1	A2	B2	C1
A2	B2	C1	A2	B2	D1

这里有两种方式可以实现内连接查询，一种是通过 where 语句，另一种是通过 innner join... on 语句。两者的运行结果一致，语句如下：

```
select *  from one t1 inner join two t2 on t1.X=t2.M;
```

前面曾提到给变量重命名，这里，可以通过例子中的方式给表 one 和表 two 重命名为 t1 和 t2。完整的重命名格式需要在原表名和重命名之间加 as，这里的 as 是可以省略的。因此第一个查询中使用了 as，而第二个查询没有用，但运行结果一样。

我们看到，在运行结果中，X 和 M 的值一直是一样的，如果只想输出其中一个，可以将查询语句修改为

```
select t1.X, t1.Y, t1.Z, t2.N, t2.P from one t1 innner join two t2 on t1.X = t2.M;
```

从【例 6-22】、【例 6-23】可以看到，如果在多表查询中希望选择或对某一个表项值的引用，需要使用"表.属性"的格式。如果所连接的表的变量没有重名的，那么前面的表名也可以省略。例如，上面的查询语句可简化为

```
select X, Y, Z, N, P from one innner join two on X = M;
```

程序运行结果如下：

X	Y	Z	M	N
A1	B1	C1	B2	C2
A1	B1	C1	B3	C2
A1	B2	C2	B2	C2
A1	B2	C2	B3	C2
A2	B2	C1	B2	C1
A2	B2	C1	B2	D1

使用条件操作符，可以不仅仅限定一个条件。例如，如果再加入 Y 和 N 相等的条件，则查询语句和结果为

```
select * from one inner join two on X = M and Y = N;
```

程序运行结果如下：

X	Y	Z	M	N	P
A1	B2	C2	A1	B2	C2
A2	B2	C1	A2	B2	C1
A2	B2	C1	A2	B2	D1

【例 6-24】 左外连接和右外连接。

在【例 6-23】中，内连接会丢掉所有不符合条件限制的笛卡儿积结果。有时，我们仍需要保留那些没有匹配到的项，这时需要用到外连接。

当只涉及两个表时，希望保留第一个表中的所有项，则使用左外连接。

```
proc sql;
title "Left Outer Joins";
    select *
    from one t1 left join two t2 on t1.X = t2.M and t1.Y = t2.N;
quit;
```

程序运行结果如下：

Left Outer Joins

X	Y	Z	M	N	P
A1	B1	C1			
A1	B2	C2	A1	B2	C2

A2	B2	C1	A2	B2	C1
A2	B2	C1	A2	B2	D1
A3	B1	D1			

从运行结果可以看出，左外连接除了将所有内连接的结果输出外，还将表 6-7 的表 one 中其他数据也输出了，相应的 M、N、P 值用空值表示。

右外连接同理。

```
proc sql;
title "Right Outer Joins";
    select *
    from one t1 right join two t2 on t1.X = t2.M and t1.Y = t2.N;
quit;
```

程序运行结果如下：

Right Outer Joins

X	Y	Z	M	N	P
A1	B2	C2	A1	B2	C2
A1	B3	C2			
A2	B2	C1	A2	B2	C1
A2	B2	C1	A2	B2	D1

【例 6-25】 全外连接。

全外连接是左外连接和右外连接的组合。

```
proc sql;
title "Full Outer Joins";
    select *
    from one t1 full join two t2 on t1.X = t2.M and t1.Y = t2.N;
quit;
```

程序运行结果如下：

Full Outer Joins

X	Y	Z	M	N	P
A1	B1	C1			
A1	B2	C2	A1	B2	C2
A1	B3	C2			
A2	B2	C1	A2	B2	C1
A2	B2	C1	A2	B2	D1
A3	B1	D1			

【例 6-26】 Union 连接。

```
proc sql;
title "Union Join";
    select *
    from three union join four;
quit;
```

使用 Union 连接时，两表不会进行比较，而是直接将两个表合并在一起，总行数为两表行数之和。双方的行之间没有交集。

程序运行结果如下：

Union Join

X	Y	Z	X	Y	W
.	.	.	1	2	1
.	.	.	2	2	2
.	.	.	3	3	3
.	.	.	4	1	4
1	2	1	.	.	.
2	3	2	.	.	.
3	3	3	.	.	.
4	4	4	.	.	.

【例 6-27】 自然连接。

自然连接是一个方便查询的便捷功能。程序会自动在查询的几个表中根据列名称和数据类型找到相同的，进行等值匹配。

```
proc sql;
title "Natural Join";
   select *
   from three natural join four;
quit;
```

本例中，表 6-6 的表 three 和表 four 有共同的变量 X 和 Y，自然连接会自动等值匹配两个表中的 X 和 Y，相当于使用了"where three. X = four. X and three. Y = four. Y"的条件。

程序运行结果如下：

Natural Join

X	Y	W	Z
1	2	1	1
3	3	3	3

【例 6-28】 自身连接。

有时会需要表与表自身进行连接，这就要用到同一表的重命名。

```
proc sql;
title "Self Join";
   select a.X, a.Y, a.Z, '   |', b.Y, b.X, b.Z
   from three a, three b
   where  a.X =b.Y;
quit;
```

程序运行结果如下：

Self Join

X	Y	Z		Y	X	Z
2	3	2	|	2	1	1

3	3	3	|	3	2	2
3	3	3	|	3	3	3
4	4	4	|	4	4	4

6.2.9　嵌套查询

在 SQL 中，一个 select-from-where 语句成为一个查询块。将一个查询块嵌套在另一个查询块的 where 子句或 having 短语的条件中的查询称为嵌套查询。

嵌套查询中最常用到的语句有 In、Any、All、Exists 以及比较操作符。

【例 6-29】　求比北京六中学生语文成绩最高分还高的学生以及其所在学校。

```
proc sql;
select s1.StuNum, s1.school, s2.chinese
from sql.student s1, sql.scores s2
where s1.StuNum = s2.StuNum
        and s2.chinese > (
        select Max(s4.chinese)
        from  sql.student s3, sql.scores s4
        where s3.StuNum = s4.StuNum and s3.school = '北京六中');
quit;
```

程序运行结果如下：

StuNum	School	Chinese
1138010126	北京八中	109
1138010205	北京八中	114
1138020601	北京八中	110
1138010103	北京八中	122
1138010129	北京八中	112

SQL 在进行嵌套查询时，会从最内层的查询开始。子查询先生成一个新的表，将学生表和成绩表根据学号内连接，并挑出所有北京六中的学生；再使用聚集函数 MAX 求得最高的语文成绩。这样，子查询会返回一个值，用于父查询条件限制。

父查询中，同样通过内连接将学生表和成绩表连接在一起，然后通过比较筛选出语文成绩比子查询返回值高的学生。

这段查询还可以使用 All 语句实现相同的功能，而不使用聚集函数 MAX。但通常，用聚集函数实现子查询比直接用 Any 或 All 查询效率高，建议使用第一种做法。

```
select s1.StuNum, s1.school, s2.chinese
from sql.student s1, sql.scores s2
where s1.StuNum = s2.StuNum
        and s2.chinese > all(
            select s4.chinese
            from  sql.student s3, sql.scores s4
            where s3.StuNum = s4.StuNum and s3.school = '北京六中');
```

【例 6-30】　查询英语成绩高于 100 的学生信息。

本例的子查询的返回值不再是单一的一个值，而是一个集合。

```
proc sql;
select *
from sql.student s1
where s1.StuNum in(
        select  s2.StuNum
        from  sql.scores s2
        where s2.english >100);
quit;
```

程序运行结果如下：

StuNum	Subject	Sex	School	PE	EG
1138010104	文科	男	北京八中	团员	汉族
1138010108	文科	男	北京八中	团员	汉族
1138010128	文科	男	北京八中	团员	汉族
1138010222	文科	女	北京八中	团员	汉族
2138020118	文科	男	北京八中	团员	汉族
1138010106	文科	女	北京八中	团员	汉族
1241253208	理科	女	北京六中	团员	汉族
1141213502	文科	男	北京六中	团员	壮族
1138010103	文科	男	北京八中	团员	汉族
1138010102	文科	男	北京八中	团员	汉族

子查询在成绩表中将英语成绩高于 100 的学生挑选出，生成一个新的学号的集合。在父查询中，只需将学号属于子查询返回的集合的学生信息输出即可。

【例 6-31】 使用 EXISTS 实现【例 6-30】。

一些带 EXISTS 或 NOT EXISTS 的子查询不能被其他形式的子查询替换，但所有带 IN、比较运算符、ANY 和 ALL 的子查询都能用带 EXISTS 的子查询等价替换。

```
proc sql;
select *
from sql.student s1
where exists(
        select  *
        from  sql.scores s2
        where s2.english >100 and s1.StuNum = s2.StuNum);
quit;
```

程序运行结果如下：

StuNum	Subject	Sex	School	PE	EG
1138010104	文科	男	北京八中	团员	汉族
1138010108	文科	男	北京八中	团员	汉族
1138010128	文科	男	北京八中	团员	汉族
1138010222	文科	女	北京八中	团员	汉族
2138020118	文科	男	北京八中	团员	汉族
1138010106	文科	女	北京八中	团员	汉族
1241253208	理科	女	北京六中	团员	汉族
1141213502	文科	男	北京六中	团员	壮族
1138010103	文科	男	北京八中	团员	汉族
1138010102	文科	男	北京八中	团员	汉族

6.2.10　查询结果操作符

SQL 提供了将两个或多个查询结果结合的操作符，共有 4 个，分别是：

- UNION——求并集；
- INTERSECT——求交集；
- EXCEPT——集合减法，去掉第一个集合中与第二个集合的交集；
- OUTER UNION——产生从每个查询结果中产生单独的行。

【例 6-32】　两个数据集的不同连接。

```
proc sql;
title "one Union two";
select * from one
union
select * from two;
title "one Intersect two";
select * from one
intersect
select * from two;
title "one Except two";
select * from one
except
select * from two;
title "one Outer Union two";
select * from one
outer union
select * from two;
quit;
```

程序运行结果如下：

one Union two

X	Y	Z
A1	B1	C1
A1	B2	C2
A1	B3	C2
A2	B2	C1
A2	B2	D1
A3	B1	D1

one Intersect two

X	Y	Z
A1	B2	C2
A2	B2	C1

one Except two

X	Y	Z
A1	B1	C1
A3	B1	D1

one Out Union two

X	Y	Z
A1	B1	C1
A3	B1	D1

运行结果解释如下。

表 one 和表 two 为表 6-6 中的 2 个数据集。

Union 结果：虽然 2 个集合的变量名不同，但查询结果操作符是根据内容的，因此，最终的结果为两者的并集，默认使用了第一个集合的变量名。

Intersect 结果：2 个表共有 2 个相同行，求交集的结果即为这两个相同的行。

Except 结果：表 one 中的数据去掉上一步求交集的结果，即为最终查询结果。

Outer Union 结果：不管 2 个表中数据是什么样的，每个表的数据行都在结果中生成一个独立的行。

6.2.11 使用 SQL 创建新表

在 SAS 中，创建新表就相当于创建数据集。SQL 提供了一个非常方便的查询数据的工具，而对于数据集的创建和数据导入，还是数据步更方便一些。一般地，使用 SQL 创建新的表，都是基于其查询结果的。

在前面的众多例子中，输出都直接显示在结果窗口中，而我们常常需要对这些结果进行进一步处理，可以使用 create 语句来实现。

【例 6-33】 从查询结果创建新表。

```
proc sql;
create table queryResult as
select *
from sql.student s1
where s1.StuNum in(
        select  s2.StuNum
        from  sql.scores s2
        where s2.english >100);
quit;
```

沿用【例 6-30】的查询语句，将结果直接创建一个新的表。由于没有指定新表的逻辑库，因此，在 SAS 的 WORK 库中会出现一个新数据集 Queryresult。

这里 create 后的 table 选项是指创建一个 SAS 数据集。如果写为 view，则创建一个视图。在希望节省空间，保持新生成的表能随原数据同步更新等情况下，选用创建 view。

相对与创建，删除表很简单，程序如下：

```
proc sql;
drop table tablename;
```

其中，tablename 为所要删除的表名。

6.2.12 添加新的数据行

添加新的数据可以有两种方式，一种是直接添加信息，另一种是添加查询结果。

【例 6-34】 使用 set 直接添加信息。

```
data insdata;
input x y $ z;
cards;
1 A 2
3 B 4
5 C 6
;
proc sql;
insert into insdata
    set x=7, y='D', z=8
    set x=9, y='E', z=10;
title "Inserted dataset";
select *  from insdata;
quit;
```

程序运行结果如下：

```
                Inserted dataset

         x      y                    z
    ----------------------------------
         1      A                    2
         3      B                    4
         5      C                    6
         7      D                    8
         9      E                   10
```

【例 6-35】　使用 values 直接添加信息。

```
data insdata;
input x y $ z;
cards;
1 A 2
3 B 4
5 C 6
;
proc sql;
insert into insdata
values( 7, 'D', 8)
values(., 'E', 10);
title "Inserted dataset";
select *  from insdata;
quit;
```

程序运行结果如下：

```
                Inserted dataset

         x      y                    z
    ----------------------------------
         1      A                    2
         3      B                    4
         5      C                    6
         7      D                    8
         .      E                   10
```

【例 6-36】　利用查询结果添加信息。

```
data insdata;
input x y $ z;
cards;
1 A 2
3 B 4
5 C 6
;
data desdata;
input x y $ z;
cards;
10 G 12
9 F 8
6 Q 7
;
proc sql;
insert into desdata
   select * from insdata where x >3;
title "Inserted dataset";
select * from desdata;
quit;
```

程序运行结果如下：

```
                Inserted dataset

        x     y                    z
  ------------------------------------
       10     G                   12
        9     F                    8
        6     Q                    7
        5     C                    6
```

6.2.13　更新数据

在 SAS 的 DATA 步中，进行整列的操作很方便，在 SQL 里也可以很方便地实现。

【例 6-37】　对整列数据修改。

在 SAS 的 DATA 步中，如果只想对满足特定条件的数据进行修改，是件十分麻烦的事情，这时就可以借助 SQL 来方便地实现。

```
data u1;
input x y $ z;
cards;
1 A 2
3 B 4
5 C 6
;
proc sql;
update u1
   set z = z* 1.2;
title "Update data";
select * from u1;
quit;
```

程序运行结果如下：

Inserted dataset

x	y	z
1	A	2.4
3	B	4.8
5	C	7.2

利用 SQL 语句，令 z 的数值都乘以 1.2。

【例 6-38】 对特定数据进行修改。

```
data u2;
input x y $ z;
cards;
1 Ad 2
1 Ae 1
2 Afg 3
2 Bq 4
2 Bm 9
3 Cz 6
;
proc sql;
update u2
    set z = z* 1.2
    where y like "A% " and x <2 ;
update u2
    set x = x*
    case
        when y like "A% " then 2
        when y like "B% " then 3
        else 4
    end;
title "Update data";
select *  from u2;
quit;
```

程序运行结果如下：

Inserted dataset

x	y	z
2	Ad	2.4
2	Ae	1.2
4	Afg	3
6	Bq	4
6	Bm	9
12	Cz	6

这里对原表做了两个修改，第一个修改将所有 y 的值为“A”开头的、x 值小于 2 的行中的 z 乘以 1.2；第二个修改将 x 的值分情况乘以不同的倍数：当 y 以“A”开头时，乘以 2，当 Y 以“B”开头时，乘以 3，其他情况乘以 4。case 语句的用处很广，一些巧妙应用可以简化代码，十分方便，应多用活用。

【例 6-39】 删除数据。

经常存在一些数据过时了，需要从表中删除，这时可以用 delete 语句实现。

```
data u3;
input x y $ z;
cards;
1 Ad 2
1 Ae 1
2 Afg 3
2 Bq 4
;
proc sql;
delete
from u3
where Y = 'Ad';
title "Deleted Data";
select *
from u3;
quit;
```

程序运行结果如下：

Inserted dataset

x	y	z
1	Ae	1
2	Afg	3
2	Bq	4

6.2.14 数据列操作

对数据列进行操作，需要使用 alter 语句，可实现对表中列的添加、修改和删除操作。

【例 6-40】 添加列。

```
data a1;
input x y $ z;
cards;
1 Ad 2
1 Ae 1
2 Afg 3
2 Bq 4
;
run;
proc sql;
/* 添加一个数字列*/
alter table a1
     add n num label = 'Number' format = 6.2;
/* 添加一个字符串列*/
alter table a1
     add s char(15) label = 'String' format = $15.;
/* 为添加的列赋值*/
update a1 set n = x + 4;
update a1 set s = 'String:'||y;
/* 输出结果*/
```

```
title "Altered Data";
select *
from a1;
quit;
```

程序运行结果如下:

Altered Data

x	y	z	Number	String
1	Ad	2	5.00	String:Ad
1	Ae	1	5.00	String:Ae
2	Afg	3	6.00	String:Afg
2	Bq	4	6.00	String:Bq

添加列时,必须指明要添加列的名称,是数字还是字符串,其他选项为可选。在添加字符串列时,最好指明字符串长度,如例中的“char(15)”是声明添加一个长度为 15 个字符的字符串。

在 update 语句中,使用到“String:||y”,意思是用字符串 String:和变量 y 的值拼接成新的字符串。

【例 6-41】 修改列。

使用 alter 下的 modify 语句,只能改变列的长度、输入/输出格式、标签。要改变列的名称,可以通过 DATA 步选项 rename = 来实现。

```
data a2;
input x y$ z;
cards;
1 Ad 2
1 Ae 1
2 Afg 3
2 Bq 4
;
proc sql;
/* 修改一个字符串列*/
alter table a2
    modify y char(15) label = 'StringY' format = $15.;
/* 输出结果*/
title "Altered Data";
select *
from a2;
quit;
```

程序运行结果如下:

Altered Data

x	StringY	z
1	Ad	2
1	Ae	1
2	Afg	3
2	Bq	4

【例 6-42】 删除列。

删除列使用 alter 下的 Drop 语句。

```
data a3;
input x y $ z;
cards;
1 Ad 2
1 Ae 1
2 Afg 3
2 Bq 4
;
proc sql;
alter table a3
     drop z;
/* 输出结果*/
title "Altered Data";
select *
from a3;
quit;
```

程序运行结果如下：

```
        Altered Data
          x    y
---------------------
          1    Ad
          1    Ae
          2    Afg
          2    Bq
```

第 7 章　ODS 及其应用

7.1　概　　述

传统的 SAS 过程输出结果均是为传统的针式打印机而设计的，这种方式存在一定的局限性：

① 传统的 SAS 输出使用的是等宽的列表字体，而在多种文件编辑系统下，其使用往往会受到限制。

② 一些常用过程通常只产生输出结果，并不创建数据集。如果能将结果转化为输出数据集，那么就可以将其作为其他过程或者数据步的输入数据集，提高了程序的连贯性。

ODS(Output Delivery System)的出现就是为了突破这些局限性，使输出结果个性化更加容易。用户在利用 ODS 进行生成、存储以及复制 SAS 输出结果时有很大的自由发挥空间，丰富的格式选项有助于用户有效地定制 SAS 输出，更充分地利用分析结果。

7.2　ODS 特点和常用输出目标

7.2.1　ODS 特点

ODS 将未加工的数据与表定义结合起来，并生成一个或多个输出对象，这些对象可以被传递到所有的 ODS 目标。用户通过选择 ODS 目标来控制输出形式，当前可用的 ODS 能够生成以下几种输出形式：

① 传统的等宽字体的 SAS 输出。

- 输出 SAS 数据集。
- 输出包含多个输出对象树状结构的 ODS document 文档。
- 输出为 PostScript 或 PDF 文件格式，用于高分辨率打印。
- 输出多样的格式化标记语言文件格式，如 HTML。
- 输出为 RTF 文件格式，用于 MS Word 软件打开和编辑文档。

② ODS 利用表定义来明确 SAS 过程步和数据步的输出结构，用户可以通过修改这些定义来输出想要的结构。

③ ODS 提供了一种将输出对象传送到 ODS 目标的方式。例如，UNIVARIATE 过程生成了 5 个输出对象，很容易将这些对象输出成 HTML 文档、SAS 数据集、传统 SAS 表格输出或者高清晰打印文件。不同的输出对象可以对应不同的 ODS 目标。

④ 在 SAS 环境下，ODS 在结果文件夹中存储了每一个输出对象的连接。

⑤ 由于格式操作都集中在 ODS 内部进行，一个新加入的 ODS 目标不会影响到任何过程步或者数据步的正常运行。数据步和所有支持 ODS 的过程步都可以调用这个新 ODS 目标。

⑥ 利用 ODS，只需运行过程一次，就可以从一个数据源获取各种 ODS 目标生成的输出，这样既节省了时间，又节省了系统资源。

7.2.2　ODS 目标

ODS 目标主要有两类：SAS 格式目标，生成一个由 SAS 控制和解释的输出，如 SAS 数据集、SAS 输出列表，以及 SAS ODS 文件；第三方格式目标，生成一个可以应用样式、标记语言，以及用于打印的输出，如生成 PostScript、HTML、XML，或者用户自行创建的其他格式的文档。

1. DOCUMENT 目标

通过 DOCUMENT 目标可以用不同方式对数据进行重建和操纵，可以不用重新运行程序而将数据传递到其他目标。DOCUMENT 目标的数据流都是未加工的形式，用户可以根据需求进行个性化。DOCUMENT 目标提供 GUI(图形用户界面)接口，从而使许多操作可以直接通过 GUI 完成。当然，通过 ODS DOCUMENT 语句和 DOCUMENT 过程辅助各种指令一样可以完成相同的操作。

在 SAS 9 之前，过程步和数据步生成的输出都是发送到用户指定的目标，并且可以同时指定多个目标，但如果用户试图要将输出发送到一个事先未指定的目标，则需要重新运行程序。DOCUMENT 目标则省略了这一重复操作，它可以存储输出主体并将结果再现给其他目标。

2. LISTING 目标

LISTING 目标产生的输出和传统 SAS 输出基本类似，它是 SAS 初始运行时默认的输出目标，也就是说，我们时刻都在使用 ODS。

由于大多数过程都共享部分相同的表定义，所以不同过程的输出也有着一定程度的一致性。例如，不同的过程会以相同的方式生成 ANOVA 表，因为它们使用相同的模板描述这个表。然而，有 3 个过程不使用默认表定义产生输出，分别是 PRINT 过程、REPORT 过程和 TABULATE 过程，这类过程使用的表格结构通常需要用户在代码中指定。

3. OUTPUT 目标

OUTPUT 目标可以产生 SAS 输出数据集，以便于用户做进一步分析。有时将不同数据集中相同的统计量输出到一个报告中也可以使用 OUTPUT 目标。将运行结果转化为输出数据集之后，就可以运用各种数据步指令进行数据集操作，其使用方法与处理其他 SAS 数据集没有差别。

4. HTML 目标

HTML 目标默认生成的是 HTML 4.0 文档，使用 HTML 3 语句可以生成 HTML 3.2 文档，文档中包含指定过程的输出结果。

ODS HTML 语句提示输出 HTML 文档，这种网页格式包含丰富的框架和样式表，在输出量较大时便于浏览和查阅。HTML 目标适用于需要在线使用结果的场合，对于需要打印的情况请使用 PRINTER 目标。

5. MARKUP 目标

就像表定义描述表的设计，样式属性描述表的输出样式，TAGSET 用来描述怎样产生标记语言输出。我们既可以使用 SAS 支持的外部 TAGSET，也可以利用 TEMPLATE 过程创建自己的 TAGSET，这使得 MARKUP 目标的应用十分灵活。

6. PRINTER 目标

PRINTER 目标主要是产生用于物理打印等的便携式格式文件。这种文件通常都遵循严格的页面规则，也就是说，不能编辑或更改这些格式的文件的内容。因此，PRINTER 目标产生的输出一般都被用作报告的最终输出形式。

7. RTF 目标

RTF 目标的输出主要面向 MS Word，利用其他软件对 RTF 格式文件进行操作可能会出错。

由于 ODS 本身没有对页面进行任何垂直测量，这将导致表格出现的位置不一定是最理想的。我们并不希望一个表格在中间位置(除非是用户指定的位置)被分开，而是希望输出中尽量保证每个表格的完整性。MS Word 需要知道表格的宽度，但是在表格超过页面宽度时不能自动调整，而 ODS 可以限制文本内容的水平宽度，过宽的表格会被分解成多个表单元。

简而言之，当使用 RTF 目标时，ODS 控制文本内容的水平宽度，MS Word 控制文本内容的垂直宽度，因为 MS Word 可以决定一个页面的空间有多大。

7.3　常用 ODS 语句

7.3.1　PUT 语句

ODS 利用 PUT 语句通过一个特殊的缓冲区为输出数据添加各种各样的格式，这个语句只在数据步中有效，并且是可执行的。本节只介绍 ODS 形式的 PUT 语句用法，其使用格式如下：

```
PUT <specification> <_ODS_> <@|@@ >;
Specification：指定要输出的变量内容和变量位置;
```

- _ODS_：将变量值写到输出窗口中。使用该选项时，必须要在之前使用 FILE PRINT ODS COLUMNS 语句，如果没有指定 COLUMNS，则变量的输出顺序将与缓冲器中的变量顺序相同。
- @ |@ @ ：在 DATA 步不断循环中，保持输出的观测行固定不变。

ODS 列指针与不使用 ODS 的 PUT 语句列指针有细微差别。ODS 列指针不是指单个字符的输出位置，而是指给定变量取值的输出位置，因此，移动指针即从一个列变量位置移动到另一个列变量位置。COLUMN1 表示指定变量输出在第一列的位置，COLUMN2 表示指定变量输出在第二列的位置，以此类推。列指针的一般用法是“@ ODS - COLUMN”，这个数值必须是正的。“ + ODS - COLUMN”表示将指针移动指定的行数，当这个值为正时，指针向右移动；反之，向左移动；为 0 时，指针不移动。“@ ‘COLUMN - NAME’”表示移动到指定名字的变量。

ODS 行指针与普通行指针用法基本相同。“#LINE”表示将指针移动到指定行；“/”表示把指针移动到下一行的第一列。

【例 7-1】 利用 PUT 语句输出程序中的数据。

```
data _null_;
    input id name $ score@@ ;
    FILE PRINT ODS;
    put @ 2 name +(-2) id +1 score;
    cards;
    1 ZS 94 2 FQ 98
    3 NQ 99 4 DZ 96
    5 LR 95 6 NS 99
    7 SS 97 8 FS 98
    9 DK 98 10 ND 97
    ;
    run;
    quit;
```

程序运行结果如下：

id	name	score
1	ZS	94
2	FQ	98
3	NQ	99
4	DZ	96
5	LR	95
6	NS	99
7	SS	97
8	FS	98
9	DK	98
10	ND	97

这里我们关注一下 ODS 列指针的用法。“@2 name”表示在第二列输出 name 变量的全部取值，DATA 步循环每次在某一列输出完变量值之后，列指针都会自动移动到下一列，接下来的“+(-2) id”就是将列指针从第三列左移两列到第一列，并写下变量 id 的取值，程序这样执行之后列指针应指向第二列，那么只需要向右移动一列，列指针即指向第三列，然后写下变量 score 的取值。

将程序中对应语句作如下替换：

```
FILE PRINT ODS = (variables = (score name));
put _ods_;
```

则程序运行结果如下：

score	name
94	ZS
98	FQ
…	…

这里我们利用 variables 指定了要输出的变量名称和输出顺序，PUT 语句就会按规定将对应的变量取值全部输出出来。

【例 7-2】 PUT 语句中 columns 选项的使用。

```
    proc template;
    define table scorelist;
    column  N S;
    end;
run;
    data _null_;
    input id name $ score@@ ;
    FILE PRINT
ODS = (template = 'scorelist'
columns = (S = score
    N = name));
    put _ods_;
    cards;
    1 ZS 94 2 FQ 98
    3 NQ 99 4 DZ 96
    5 LR 95 6 NS 99
    7 SS 97 8 FS 98
    9 DK 98 10 ND 97
    ;
    run;
```

程序运行结果如下：

name	score
ZS	94
FQ	98
NQ	99
DZ	96
LR	95
NS	99
SS	97
FS	98
DK	98
ND	97

关于 template 过程的用法会在后面的内容中介绍，这里只强调 columns 选项的用法。应用该选项，必须要先通过 template 过程定义一个表名称，再定义列变量名称，然后在 columns 中指定每一列所对应的输入数据中的变量，应注意，输出变量顺序与 template 过程的列变量名称定义顺序是相同的。

7.3.2　ODS TRACE 语句

ODS TRACE 语句使用格式如下：

```
ODS TRACE ON </option(s) >;
ODS TRACE OFF;
```

该语句主要控制是否在 SAS 日志中给出一个对象的跟踪记录，默认状态是不给出。

常用选项包括：EXLUDED，令跟踪记录包含被剔除输出对象的相关信息；LABEL，在跟踪记录中给出输出对象的路径标签；LISTING，在 LISTING 目标中输出跟踪记录，即每个输出对象前面都紧跟着描述这个对象的跟踪信息。

ODS 生成的输出对象将数据与数据成分通过表定义组合起来，跟踪记录提供了关于数据成分、表定义、输出对象的相关信息，主要包括以下信息。

- NAME：输出对象的名称，可以用该名称来引用这个输出对象。
- LABEL：输出对象的标签，简略地描述输出对象的内容。
- DATA NAME：创建这个输出对象的数据成分的名称。仅当与输出对象名称不同时给出。
- DATALABEL：描述数据的内容。
- TEMPLATE：ODS 给输出对象规定格式所使用的表定义的名称。
- PATH：输出对象的路径，可以使用该路径来引用这个输出对象。

对于 SAS 程序生成的众多输出对象，我们要知道怎样保留有用的对象，剔除不需要的对象。下面介绍几种指定输出对象的方法。

- 全路径：如“Univariate. City_Pop_90. TestsForLocation”就是一个全路径；
- 部分路径：对应全路径的一部分，可以是任意“.”后面的部分。以前面的全路径为例，它的部分路径可以是“City_Pop_90. TestsForLocation”或者“TestsForLocation”。
- 带双引号的标签：如“The UNIVARIATE Procedure”。
- 标签路径：如果设定了 LABEL 选项，跟踪记录中会给出标签路径，如“"The UNIVARIATE Procedure". "CityPop_90". "Tests For Location"”。
- 部分标签路径：与部分路径类似，以前面的标签路径为例，它的部分标签路径可以是“"CityPop_90". "Tests For Location"”或者“"Tests For Location"”。

【例 7-3】　输出 SAS 程序的跟踪记录。

```
ods trace on/label listing;
proc univariate data=sashelp.class;
class sex;
var height;
run;
ods trace off;
quit;
```

程序的部分运行结果如下。

```
Output Added:
-------------
名称:       Moments
标签:       矩
模板:       base.univariate.Moments
路径:       Univariate.Height.男.Moments
标签路径:   'Univariate PROCEDURE'.'Height'.'Sex = 男          '.'矩'
-------------
```

矩

N	10	权重总和	10
均值	63.91	观测总和	639.1
标准差	4.93793704	方差	24.3832222
偏度	0.04095917	峰度	-0.934876
未校平方和	41064.33	校正平方和	219.449
变异系数	7.72639187	标准误差均值	1.5615128

这里只给出了部分运行结果，程序中 ODS TRACE 语句中设定了 LABEL 和 LISTING 选项，因此跟踪记录中会给出标签路径，并且跟踪记录会在输出窗口中给出；如果去掉 LISTING 选项，跟踪记录会在 SAS 日志窗口中输出。本例是在 SAS 中文版上运行的程序，可以看到跟踪记录包括输出对象名称(NAME)、标签(LABEL)、模板(TEMPLATE)、路径(PATH)、标签路径(LABEL PATH)，后面分别紧跟着相应的内容，跟踪记录之后是一个完整的输出对象，通过利用路径或标签等信息就可以特别指定该输出对象。

7.3.3　常用控制语句

1. ODS EXCLUDE 语句

ODS EXCLUDE 语句使用格式如下：

```
ODS <ODS-destination> EXCLUDE exclusion(s)|ALL|NONE;
```

exclusion(s)指定一个或多个要剔除的输出对象。这里详细介绍一下怎样指定输出对象。首先必须知道将要运行的 SAS 程序都会产生哪些输出对象，然后了解这些对象在 SAS 中怎样描述。7.3.2 节讲到的 ODS TRACE 语句可以把与输出对象有关的各种信息写到 SAS 日志窗口中，而这些信息可以成为描述该对象的有力工具。几种指定输出对象的方法在前面已经介绍过，如全路径、部分路径、标签路径等。

- ALL：剔除所有的输出对象。
- NONE：不剔除所有的输出对象。

- ODS-destination：指定要在哪个 ODS 目标中剔除某输出对象。
- WHERE = where-expression：利用 WHERE 语句可以剔除满足指定条件的输出对象。如“ods exclude where = (_name_ ? 'Histogram') ;”表示剔除名称中含有“Histogram”的输出对象。where 表达式可以是算术或者逻辑表达式，是由一系列操作符和操作对象构成。“_name_”是 SAS 自定义的一个特殊操作对象，用以指代输出对象的名称。类似的还有“_label_”指代输出对象的标签，“_labelpath_”指代输出对象的标签路径，“_path_”指代输出对象的全路径或部分路径。操作符的种类及含义在其他章节已经详细介绍过，这里不再赘述。

【例 7-4】 不同输出目标剔除不同输出对象。

```
ods html;
ods html exclude where = (_path_?"Height");
ods listing exclude where = (_path_?"Weight");
proc univariate data = sashelp.class;
var height weight;
run;
ods html close;
quit;
```

程序的部分运行结果如图 7-1 所示。

图 7-1 SAS 呈现输出结果的树状图之一

本例中分别对两个输出目标进行了操作，一个是 LISTING 目标，另一个是 HTML 目标。我们将 HTML 目标中路径包含“Height”的输出对象全部剔除掉，对应地将 LISTING 目标中路径包含“Weight”的输出对象全部剔除掉，就得到了上面的运行结果。可以看到，LISTING 目标中只含有“Height”的相关输出信息，而 HTML 目标中只含有“Weight”的相关输出信息。

2. ODS SELECT 语句

ODS SELECT 语句使用格式如下：

```
ODS <ODS - destination > SELECT exclusion(s) | ALL | NONE;
```

其中各参数含义和该语句用法都可参照 ODS EXCLUDE 部分讲述的内容，主要区别在于对输出对象的剔除改为对输出对象的选择，最后 ODS 目标只会给出被选择的输出对象。

【例 7-5】 不同输出目标选择不同输出对象。

将【例 7-4】中的语句

```
ods html exclude where = (_path_?"Height");
ods listing exclude where = (_path_?"Weight");
```

替换为

```
ods html select where = (_path_?"Height");
ods listing select where = (_path_?"Weight");
```

则程序的部分运行结果如图 7-2 所示。

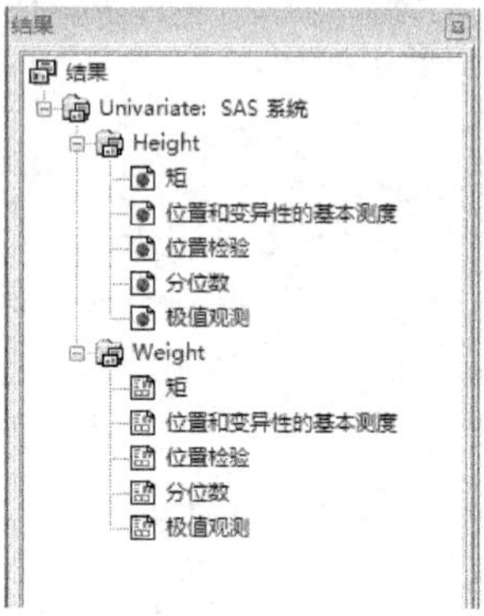

图 7-2　SAS 呈现输出结果的树状图之二

可以看到，得到的运行结果与【例 7-4】正好相对，如果去掉 ODS 后面的目标参数，那么该 SELECT 操作对所有输出目标都生效。读者也可以利用其他的输出对象引用方式，如本例中，挑选两个变量的“MOMENTS”输出对象，即变量 HEIGHT 的“BasicMeasures”输出对象，变量 WEIGHT 的“TestsForLocation”输出对象，即

```
ods listing select
Moments  /* 名称*/
Univariate.Height.BasicMeasures /* 路径*/
'Univariate PROCEDURE'.'Weight'.'位置检验'; /* 标签路径*/
```

3. ODS SHOW 语句

ODS SHOW 语句使用格式如下：

```
ODS <ODS-destination > SHOW;
```

ODS SHOW 语句主要用来决定将哪个输出目标的选择和排除列表写到 SAS 日志窗口中去，省略该语句时，默认是输出总体的选择列表和排除列表。

【例 7-6】　利用 ODS SHOW 语句获得输出目标的相关列表。

```
ods html;
ods show;
ods select Univariate.Weight.BasicMeasures;
ods html select where = (_path_?"Height" and
_name_ = 'BasicMeasures');
ods show;
ods listing exclude Moments
Univariate.Height.BasicMeasures
'Univariate PROCEDURE'.'Weight'.'位置检验';
ods html show;
```

```
ods listing show;
proc univariate data=sashelp.class;
var height weight;
run;
ods html close;
quit;
```

日志窗口显示的信息如下：

```
256   ods show;当前 OVERALL select 列表是: ALL
259   ods show;当前 OVERALL select 列表是:
1. Univariate.Weight.BasicMeasures
262   ods html show;当前 HTML select 列表是:
1. where=(_path_ contains 'Height' and(_name_='BasicMeasures'))
263   ods listing show;当前 LISTING exclude 列表是:
1. Moments2. Univariate.Height.BasicMeasures
3. 'Univariate PROCEDURE'.'Weight'.'位置检验'
```

结果修改了格式并删除了部分行，以节省篇幅，信息中的“256”、“259”等数字与本例无关，是提交的程序总行数。可以看到，两个不同输出目标之间的选择列表和排除列表都相互独立，且两种列表各自也相互独立，而 OVERALL 的选择列表和排除列表会影响到所有目标对应的列表，但对同一列表的最新一次操作会覆盖之前所有的操作。第一个 ODS SHOW 语句给出的是 OVERALL 选择列表，此时没有做任何输出对象选择操作，默认是 ALL；随后的 ODS SELECT 语句没有指定目标，是对所有已开启的输出目标的选择列表进行操作；紧接着的 ODS HTML SELECT 语句仅对 HTML 目标的选择列表有效，所以第二个 ODS SHOW 语句显示 OVERALL 选择列表仅包含 WEIGHT 的 BASICMEASURES，而没有包含变量 HEIGHT 的 BASICMEASURES；后面的两个 ODS SHOW 语句，读者可以自行解读。最后的运行结果应为每个输出目标选择列表中的输出对象，即在 HTML 目标中输出变量 HEIGHT 的 BASICMEASURES，在 LISTING 目标中输出变量 WEIGHT 的 BASICMEASURES。

7.3.4　ODS LISTING 语句

ODS LISTING 语句控制 LISTING 目标的打开、管理和关闭等操作，该输出目标是 SAS 默认打开的。该语句使用格式如下：

```
ODS LISTING <action>;
ODS LISTING <DATAPANEL=number | DATA | PAGE > <FILE=file-specification>;
```

ACTION 主要包括 CLOSE、EXCLUDE、SELECT、SHOW 4 个选项，分别是关闭输出目标、将输出对象加入剔除列表、将输出对象加入选择列表、在 SAS 日志窗口中显示当前剔除列表和选择列表内容。它们的具体功能请参考本章相关内容。

“FILE=”选项用来指定存储输出结果的文件，等号右边可以是一个外部文件名，也可以是一个指定外部文件的文件引用。如果忽略此选项，ODS 会把结果直接输出到 OUTPUT 窗口中。

LISTING 目标是 SAS 7 开发 ODS 之前，一直使用的传统输出目标，也是被大多数用户所熟悉的。LISTING 目标常用来临时观测数据的分析结果，程序上不需做任何修改，也不需要设定繁杂的选项，因此执行起来简单而高效。但 LISTING 目标得到的结果不适宜保存、修改、传阅以及打印，所以，对于正规的试验数据分析或者调查设计研究等，鼓励使用 HTML、OUTPUT、RTF、PDF 等目标来输出结果。

7.3.5　常用第三方格式输出目标语句

1. ODS HTML 语句

ODS HTML 语句控制 HTML 目标的打开、管理和关闭等操作，生成 HTML 4.0 文档来存储输出结果，属于第三方文件格式类。当打开 HTML 目标时，SAS 会自动创建一个与主体文件关联的样式表，用以限定 HTML 文档的显示格式，在 SAS 程序内无法对这个样式表做任何修改，即“STYLE =”选项不起任何作用，用户需要直接修改样式表来更改文档内容的显示格式。该语句使用格式如下：

```
ODS HTML <(<ID=>identifier)> <action>;
ODS HTML <(<ID=>identifier)> <option(s)>;
```

如果不填写 ACTION 和 OPTIONS，ODS 会默认打开 HTML 目标并创建 HTML 输出。

ACTION 主要包括 CLOSE、EXCLUDE、SELECT、SHOW 4 个选项，具体功能请参考本章相关内容。

ODS HTML 为用户提供了很多选项，便于用户根据需求设计出想要的网页显示结果。表 7-1 将一些常用选项及其功能进行总结。

表 7-1　ODS HTML 常用选项及其功能

选　项	功　能
BASE =	指定 HTML 文档链接和引用的 URL 起始部分
BODY =	指定包含 ODS 基本输出结果主体的文件
CODE =	指定包含有关样式信息的文件
CONTENTS =	指定包含 ODS 输出结果目录的文件
CSSSTYLE =	指定作用于结果的 CSS 样式表
FRAME =	指定将主体文件、目录文件、页码文件连接起来的总体框架文件
GPATH =	指定所有生成的图形输出的位置
GTITLE | NOGTITLE	控制图形输出时标题的打印位置
ID =	同时运行同一输出目标的不同选项设定
NEWFILE =	在指定的起始点创建新的主体文件
PAGE =	指定包含每页主体文件的描述以及指向主体文件链接的页码文件
PATH =	指定外部文件或者 SAS HTML 文件目录的位置
STYLE =	指定用于输出文件的样式定义
STYLESHEET =	指定包含输出结果样式信息的文件
TEXT =	指定文档中插入的文本
TITLE =	指定位于浏览器窗口标题栏的文本

ODS HTML 语句是 ODS 标记语言家族的一员，同一类的还有 XML(Extensible Markup Language)、LaTeX 等。对于当今这个网络流行的时代，HTML 作为储存结果的文件格式显然有着广泛的适用性。

【例 7-7】　利用 ODS HTML 语句创建完整的逻辑网页。

```
ods html
body='class_body.html'(title='CLASS_BODY')
contents='class_contents.html'(title='CLASS_CONTENTS')
frame='class_frame.html'(title='CLASS_FRAME')
page='class_page.html'(title='CLASS_PAGE')
path='D:\';
proc univariate data=sashelp.class;
var height weight;
run;ods html close;quit;
```

程序运行结果如图 7-3 所示。

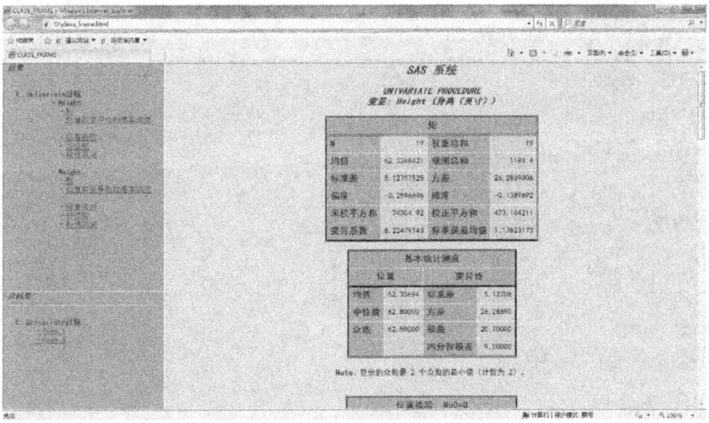

图 7-3　UNIVARIATE 过程输出结果的开始部分之一

【例 7-7】展示的是一个完整的网页输出实例，程序中的 ODS HTML 语句设定了诸多选项，BODY 选项设定了主体文件名；随后的 TITLE 选项设定了用浏览器打开该网页时的标题栏名称（后面的 TITLE 选项类似）；CONTENTS 选项设定了目录文件名；FRAME 选项设定了框架文件名；PAGE 选项设定了页码文件名；PATH 选项设定了所有 HTML 文件的存储路径，也可以在指定各部分文件名时设定其存储路径，如"body = 'D:\class_body.html'(title = 'CLASS_BODY')"；其他选项也可以做类似的修改。图 7-3 中的网页内容分为三个部分，左上是目录文件内容，左下是页码文件内容，右边是主体文件内容，文件标题显示是 CLASS_FRAME，说明浏览器打开的是输出结果的框架文件。

2. ODS PDF 语句

ODS PDF 语句控制 PDF 目标的打开、管理和关闭等操作，生成 PDF 文档来存储输出结果，可以使用 Adobe Acrobat 等软件来浏览这种格式的文档，属于第三方文件格式类。该语句使用格式如下：

```
ODSPDF <(<ID=>identifier)> <action>;
ODSPDF <(<ID=>identifier)> <option(s)>;
```

如果不填写 ACTION 和 OPTIONS，ODS 会默认打开 PDF 目标并创建 PDF 输出。

ACTION 主要包括 CLOSE、EXCLUDE、SELECT、SHOW 4 个选项，具体功能请参考本章相关内容。

ODS PDF 为用户提供了很多选项，便于用户根据需求设计出想要的打印结果，表 7-2 将一些常用选项及其功能进行了总结。

另外一种生成 PDF 输出的方式是利用 ODS PRINTER 语句，通过该语句可以为各种打印格式目标进行输出，还包括 PS 目标和 PCL 目标。如"ods printer ps style = d3d file = 'd3dstyle.ps';"语句生成了样式为 D3D、格式为 PS 的输出文档，其他 PRINTER 目标格式文件也可以用类似语句生成。

表 7-2　ODS PDF 常用选项及其功能

选　项	功　能
AUTHOR =	指定输出文档的作者
BACKGROUND =	指定文本中是否打印背景色
BOOKMARKLIST =	指定是否生成和显示 PDF 文档的书签
COLOR =	指定输出的颜色体制
COLUMNS =	指定每页输出的列数
COMPRESS =	控制 PDF 文件的压缩程度，以减小文件大小
CSSSTYLE =	指定作用于输出的串接样式表
DPI =	指定输出文件中的图像分辨率
FILE =	指定包含输出的文件
ID =	同时运行同一输出目标的不同选项设定
NEWFILE =	在指定的起始点创建新文件
STARTPAGE =	控制分页
STYLE =	指定用于输出的样式定义
SUBJECT =	指定输出文档的主题
TEXT =	指定文档中插入的文本
TITLE =	指定输出文档的标题
UNIFORM =	保证单个表格在页与页之间的一致性

【例 7-8】 利用 ODS PDF 语句生成完整的 PDF 文档。

```
ods pdf
file = 'D: \CLASS.pdf'
text = 'WEIGHT_HEIGHT'
startpage = yes
title = 'CLASS_WEIGHT_HEIGHT'
author = 'SABER'
subject = 'CLASS'
bookmarklist = show;
proc univariate data = sashelp.class;
var height weight;
run;ods pdf close;quit;
```

程序运行结果如图 7-4 所示。

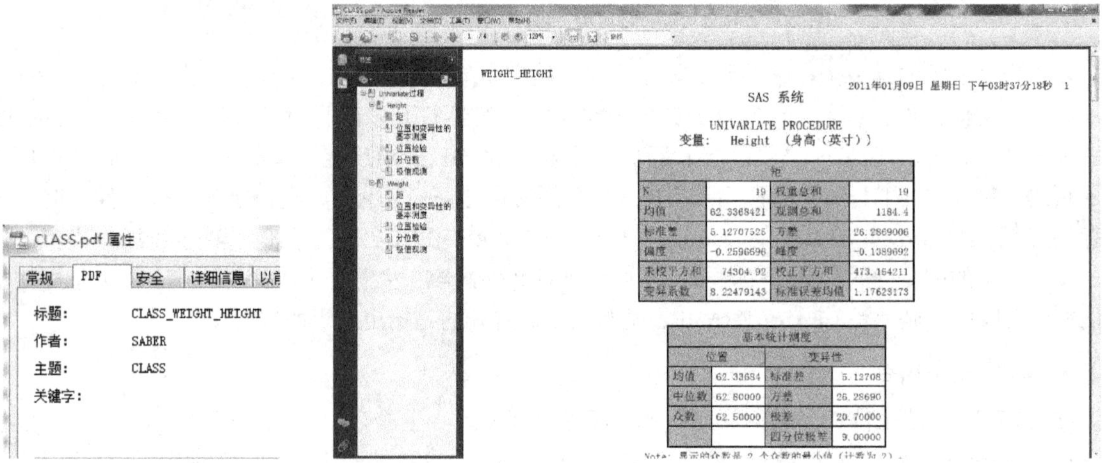

图 7-4　UNIVARIATE 过程输出结果的开始部分之二

本例输出了一个完整形式的 PDF 文档，程序中设置了诸多选项，主要完成了这样几个功能："file = "指定了文件名及其存储路径；"text = "指定了首页左上角出现的文本内容；"startpage = "控制页中断；"yes"在某些过程内部或者过程开始时另起一页；"no"在某些过程内部或者过程开始时不换页，即便过程代码有换页请求，只有当一页填满时或者指定"startpage = now"才另起一页；"title = "、"author = "、"subject = "分别对应了文档属性中的标题、作者和主题，添加关键字可以用"keywords = "选项实现；"bookmarklist = "控制书签的生成与显示，默认是"SHOW"，本例中的代码可以省略此行。运行结果的 PDF 截图中，左侧是书签，右侧是输出正文，读者可以尝试改动和添加 ODS PDF 的各种选项来观察输出文档格式的差异，从而得到自己满意的打印文档。

3. ODS RTF 语句

ODS RTF 语句控制 RTF 目标的打开、管理和关闭等操作，生成 MS Word 可识别的 RTF 文档，属于第三方文件格式类。该语句使用格式如下：

```
ODS RTF <(<ID = >identifier)> <action>;
ODS RTF <(<ID = >identifier)> <option(s)>;
```

ACTION 主要包括 CLOSE、EXCLUDE、SELECT、SHOW 4 个选项，具体功能请参考本章相关内容。

ODS RTF 为用户提供了很多选项，便于用户根据需求设计出想要的打印结果，表 7-3 将一些常用选项及其功能进行了总结。

表 7-3　ODS RTF 常用选项及其功能

选　项	功　能	选　项	功　能
AUTHOR =	指定输出文档的作者	KEEPN|NOKEEPN	控制表格跨页时的处理
BODYTITLE	指定标题和脚注加入正文，而不放入页眉和页脚	NEWFILE =	在指定的起始点创建新文件
COLUMNS =	指定每页输出的列数	PATH =	指定外部文件的位置
CONTENTS	生成目录页	SASDATE	输出 SAS 时间和日期
CSSSTYLE =	指定作用于输出的串接样式表	STARTPAGE =	控制分页
FILE =	指定包含输出的文件	STYLE =	指定用于输出 RTF 文件的样式定义
ID =	同时运行同一输出目标的不同选项设定	TEXT =	指定文档中插入的文本
IMAGE_DPI =	指定图形输出分辨率	TITLE =	指定输出文档的标题

用户可以使用各种 ODS RTF 选项来调整 RTF 目标，其中“FILE =”选项会自动关闭已经打开的 RTF 目标以及与其关联的所有文件，同时打开一个新的 RTF 目标，并创建新的 RTF 文件。

【例 7-9】 利用 ODS RTF 语句生成完整的 RTF 文档。

```
ods rtf
file='CLASS.rtf' contents toc_data
text='WEIGHT_HEIGHT'
startpage=yes
title='CLASS_WEIGHT_HEIGHT'
author='SABER'
path='D:\'
bodytitle keepn sasdate;
proc univariate data=sashelp.class;
var height weight;
run;ods rtf close;quit;
```

程序运行结果如图 7-5（下文称之为上图和下图）所示。

本例输出了一个完整形式的 RTF 文档，文中设置了诸多选项，主要完成了这样几个功能：“file =”指定了输出的 RTF 文件名；“contents”设定生成目录页；“toc_data”指示 ODS 把目录数据插入到 RTF 文档中；“text =”指定了首页左上角出现的文本内容；“startpage =”控制页中断，“yes”在某些过程内部或者过程开始是另起一页；“title =”、“author =”分别对应了文档属性中的标题和作者；“path =”指定了输出文档的存储路径；“bodytitle”指定 SAS 标题和脚注写入正文，去掉此选项时，下图中的“SAS 系统”到“（身高（英寸））”这 3 行字会进入页眉；“keepn”设定只有当整张表格无法在同一页显示完整时，才允许表格跨页；“sasdate”在文档中输出 SAS 时间和日期。上图给出的是目录页，默认目录内容是隐藏的，需要手动显示目录，MS Word 2007 的操作是“引用→更新目录”；下图给出的是正文的首页内容，读者可以尝试改动和添加 ODS RTF 各种选项来观察输出文档格式的差异，从而得到自己满意的结果文档。

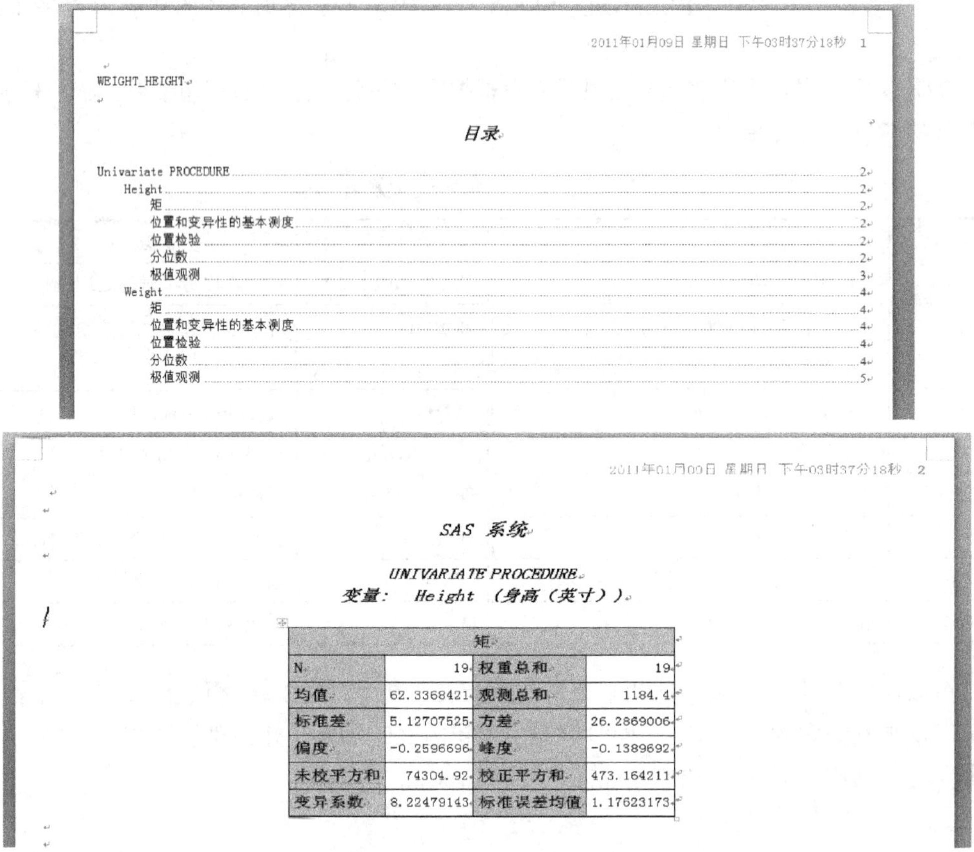

2011年01月09日 星期日 下午03时37分18秒 1

WEIGHT_HEIGHT

目录

Univariate PROCEDURE	2
Height	2
矩	2
位置和变异性的基本测度	2
位置检验	2
分位数	2
极值观测	3
Weight	4
矩	4
位置和变异性的基本测度	4
位置检验	4
分位数	4
极值观测	5

2011年01月09日 星期日 下午03时37分18秒 2

SAS 系统

UNIVARIATE PROCEDURE

变量： Height （身高（英寸））

矩			
N	19	权重总和	19
均值	62.3368421	观测总和	1184.4
标准差	5.12707525	方差	26.2869006
偏度	-0.2596696	峰度	-0.1389692
未校平方和	74304.92	校正平方和	473.164211
变异系数	8.22479143	标准误差均值	1.17623173

图 7-5　UNIVARIATE 过程输出结果的开始部分之三

7.3.6　ODS OUTPUT 语句

ODS OUTPUT 语句可以利用输出对象生成 SAS 数据集，并管理 OUTPUT 目标的选择列表和剔除列表。该语句使用格式如下：

```
ODS OUTPUT action;
ODS OUTPUT data-set-definition(s);
```

ACTION 主要包括 CLEAR（剔除所有输出对象）、CLOSE（关闭 OUTPUT 目标）和 SHOW（在 SAS 日志窗口中显示当前 OUTPUT 目标的选择列表和剔除列表）。

data-set-definition（s）的常见形式如下：

```
output-object-specification <=data-set >
```

输出对象的指定方法在这里不再强调，前文已经做过详细介绍，这里可以设定 MATCH_ALL 选项为每个输出对象都创建数据集。“data-set”位置填写指定的输出数据集名称，可以是一级名称或者二级名称。如果只创建一个输出数据集，那么 SAS 会直接使用指定的名称；如果使用了 MATCH_ALL 选项创建多个数据集，那么 SAS 会对创建的第一个数据集使用指定名称，随后的数据集名称由指定的名称加上数字编号组合而成（从第二个数据集开始名称依次为 data-set1、data-set2、data-set3、…）。

默认情况下，ODS OUTPUT 语句会把具有相同输出路径的输出对象合并到一个数据集中，不考虑任何输出对象之间变量的冲突，这里“相同的输出路径”可以是两输出对象名称相同、部分路径相同、部分路径标签相同等多种情况。对于后一个数据集独有的变量，在前一个数据集的观测中，该变量值将被认为是缺失的；类似地，对于前一个数据集独有的变量，在随后的数据集观测中，其值也将被认为是缺失的。如果两个数据集创建了一个同名不同类型的变量，那么后者的变量将被添加数字后缀来重命名。

【例 7-10】 利用 ODS OUTPUT 语句输出数据集。

```
ods trace on/label listing;
ods output
Univariate.Height.Moments = Height_Moments_output(label = 'Height')
Univariate.Height.Moments = Height_Moments_partoutput(dr op = cValue1 cValue2
label = 'Height_part')
Moments = Overall_Moments_output(keep = VarName Label1
nValue1 Label2 nValue2 label = 'Height_Weight');
proc univariate data = sashelp.class;
var height weight;
run;
ods output close;
ods trace off;quit;
```

程序运行结果如图 7-6 所示。

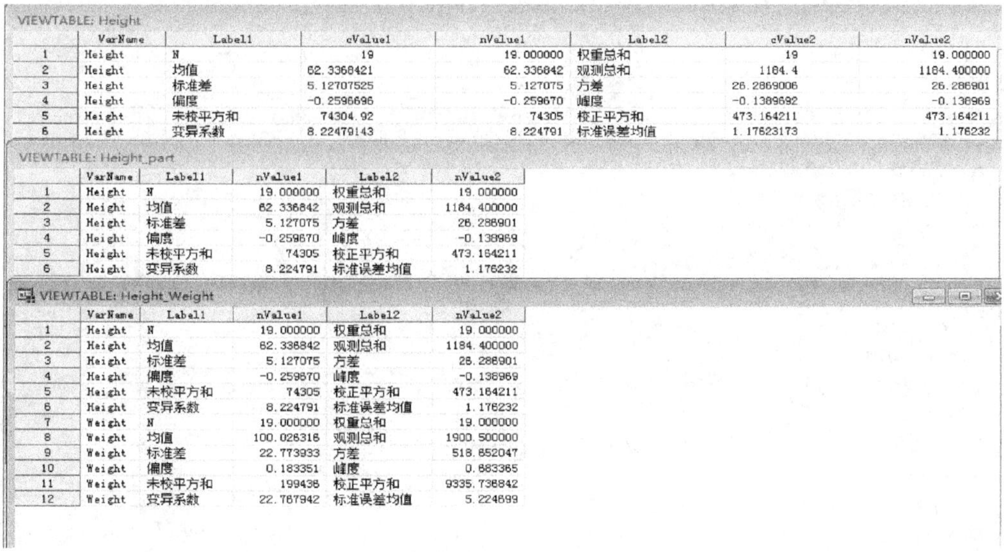

VIEWTABLE: Height

	VarName	Label1	cValue1	nValue1	Label2	cValue2	nValue2
1	Height	N	19	19.000000	权重总和	19	19.000000
2	Height	均值	62.3368421	62.336842	观测总和	1184.4	1184.400000
3	Height	标准差	5.12707525	5.127075	方差	26.2869006	26.286901
4	Height	偏度	-0.2596696	-0.259670	峰度	-0.1389692	-0.138969
5	Height	未校平方和	74304.92	74305	校正平方和	473.164211	473.164211
6	Height	变异系数	8.22479143	8.224791	标准误差均值	1.17623173	1.176232

VIEWTABLE: Height_part

	VarName	Label1	nValue1	Label2	nValue2
1	Height	N	19.000000	权重总和	19.000000
2	Height	均值	62.336842	观测总和	1184.400000
3	Height	标准差	5.127075	方差	26.288901
4	Height	偏度	-0.259670	峰度	-0.138969
5	Height	未校平方和	74305	校正平方和	473.164211
6	Height	变异系数	8.224791	标准误差均值	1.176232

VIEWTABLE: Height_Weight

	VarName	Label1	nValue1	Label2	nValue2
1	Height	N	19.000000	权重总和	19.000000
2	Height	均值	62.336842	观测总和	1184.400000
3	Height	标准差	5.127075	方差	26.288901
4	Height	偏度	-0.259670	峰度	-0.138969
5	Height	未校平方和	74305	校正平方和	473.164211
6	Height	变异系数	8.224791	标准误差均值	1.176232
7	Weight	N	19.000000	权重总和	19.000000
8	Weight	均值	100.026316	观测总和	1900.500000
9	Weight	标准差	22.773933	方差	518.652047
10	Weight	偏度	0.183351	峰度	0.683365
11	Weight	未校平方和	199436	校正平方和	9335.736842
12	Weight	变异系数	22.767942	标准误差均值	5.224699

图 7-6　UNIVARIATE 过程输出结果的开始部分之四

本例中用了两种方式引用输出对象，一共构建了 3 个数据集，前两个数据集用的都是输出对象的路径来做引用，第三个数据集用的是输出对象的名称来做引用。第一个数据集在指定了数据集名称之后还加了标签，但这个标签不会影响到跟踪记录里该输出对象的标签；第二个数据集额外用了“drop =”选项，表明结果数据集要去掉 drop 指定的变量，类似的选项还有“where =”、“keep =”等。可以看到，对比第一个数据集，第二个数据集少了 2 个列变量；第三个数据集用的是输出对象的名称，并使用了“keep =”选项，而 Height 和 Weight 变量都有一个名称为 Moments 的输出对象。因此 ODS 会自动把这些同名的对象合并到一个数据集中去，从而得到第三个数据集的输出结果。要特别注意，ODS 会自动合并相同路径的数据集，防止有意外的结果发生。

7.4　SAS ODS 的应用

本章意在强调 ODS 的应用，而不是指导读者如何判别资料类型并选择分析方法。本章程序力求简化输出结果，剔除掉在实际分析中无需关注的输出对象，只保留我们关注的分析结果，从而帮助读者加深对 ODS 应用的理解。本章的程序只是给出一种输出结果的建议模式，在分析问题时要根据实际情况灵活多变，搞清楚哪些输出结果是我们所关注的，也就是说要具体问题具体分析，从而达到既简化了输出结果，又没有丢失关键输出指标的目的。

7.4.1　输出定量资料 t 检验结果

【例 7-11】 一个小麦新品种经过 6 代选育，从第 5 代(A 组)中抽出 10 株，株高分别为 66 cm、65 cm、66 cm、68 cm、62 cm、65 cm、63 cm、66 cm、68 cm、62 cm，又从第 6 代(B 组)中抽出 10 株，株高分别为 64 cm、61 cm、57 cm、65 cm、65 cm、63 cm、62 cm、63 cm、64 cm、60 cm，问株高性状是否已经达到稳定？

问题分析：该资料涉及两个组，每组随机抽取 10 株小麦，测量指标为"株高"，属于成组设计一元定量资料。若该定量资料满足参数检验前提条件，可进行成组设计一元定量资料 t 检验；否则，应进行成组设计一元定量资料符号秩和检验。

实现程序如下：

```
DATA SASDATA7_11;
INPUT g $ n;
DO i =1 to n;
INPUT x @@ ; OUTPUT; END;
CARDS;
A  10
66 65 66 68 62 65 63 66 68 62
B  10
64 61 57 65 65 63 62 63 64 60
;
RUN;
ods output
TestsForNormality = Test_of_Normality (where = (TestLab = 'W') drop = Test
pSign);
PROC UNIVARIATE data = SASDATA7_11 NORMAL;
VAR x;
BY g;
RUN;
ods output
Equality = Homogeneity_of_Variance
TTests = Pooled_t_test(where = (Variances = 'Equal'));
PROC TTEST data = SASDATA7_11 COCHRAN;
CLASS g;
VAR x;
RUN;
ods html;
%macro printf(dataset);
proc print data = &dataset;
title "Results of &dataset";
run;
%mend printf;
```

```
%printf(Test_of_Normality);%printf(Homogeneity_of_Variance);%printf(Pooled
_t_test);
ods _all_ close;
quit;
```

程序运行结果如下：

Results of Test_of_Normality

Obs	g	VarName	TestLab	Stat	pType	pValue
1	A	x	W	0.902418	Pr < W	0.2329
2	B	x	W	0.899644	Pr < W	0.2171

Results of Homogeneity_of_Variance

Obs	Variable	Method	NumDF	DenDF	FValue	ProbF
1	x	Folded F	9	9	1.31	0.6902

Results of Pooled_t_test

Obs	Variable	Method	Variances	tValue	DF	Probt
1	x	Pooled	Equal	2.57	18	0.0193

这里着重解释 ODS 部分。第一个 ODS OUTPUT 语句是将正态性检验结果输出到数据集，对于“TestsForNormality”名称的输出对象有两个，分别对应 A 组与 B 组，所以 ODS 语句会自动将这两个同名的数据集合并到一起，另外，这里使用了 where 选项，目的是只保留 W 统计量，使用 drop 选项去掉了 2 个列变量，使结果看起来更简洁；第二个 ODS OUTPUT 语句将方差齐性检验和 t 检验结果输出到数据集；最后利用宏将上面生成的 3 个数据集以网页格式输出，当然读者也可根据喜好输出成其他任意格式。利用 ODS OUTPUT 语句生成数据集的关键是弄清楚指定输出对象的名称、路径等信息，读者可以利用 ODS TRACE 语句来查看各输出对象的基本信息。

7.4.2　输出定量资料非参数检验结果

【例 7-12】　现测得铅作业与非铅作业工人的血铅值(每 100g)见表 7-4，检验其差别有无统计学意义。

问题分析：该资料涉及两个组，测量指标为“血铅值”，属于成组设计一元定量资料。若该定量资料满足参数检验前提条件，可进行成组设计一元定量资料 t 检验；否则，应进行成组设计一元定量资料符号秩和检验。

表 7-4　两组工人的血铅值

非铅作业组	铅作业组
5	17
5	18
6	20
7	34
9	43
12	44
13	45
15	.
18	.
21	.
N = 10	N = 7

实现程序如下：

```
DATA SASDATA7_12;
INPUT g $ n;
DO i =1 to n;
INPUT x @@ ;
OUTPUT;
END;
CARDS;
A 10
5 5 6 7 9 12 13 15 18 21
B 7
```

```
17 18 20 34 43 44 45
;
RUN;
ods output
TestsForNormality=TFNormality(where=(TestLab='W') drop=Test pSign);
PROC UNIVARIATE data=SASDATA7_12 NORMAL;
VAR x;BY g;
RUN;
ods output
Equality=EL;
PROC TTEST data=SASDATA7_12 COCHRAN;
CLASS g; VAR x;
RUN;
ods output
WilcoxonTest=WT(where=(Name1='Z_WIL' or Name1='P2_WIL'));
PROC NPAR1WAY data=SASDATA7_12 WILCOXON;
CLASS g; VAR x;
RUN;
ods rtf startpage=no
bodytitle keepn;
%macro printf(dataset);
proc print data=&dataset noobs;
title "Results of &dataset";
run;
%mend;
%printf(TFNormality);%printf(EL);%printf(WT);
ods _all_close;
quit;
```

程序运行结果如下：

Results of TFNormality

g	VarName	TestLab	Stat	pType	pValue
A	x	W	0.919515	Pr < W	0.3529
B	x	W	0.814931	Pr < W	0.0574

Results of EL

Variable	Method	NumDF	DenDF	FValue	ProbF
x	Folded F	6	9	5.24	0.0278

Results of WT

Variable	Name1	Label1	cValue1	nValue1
x	Z_WIL	Z	2.9313	2.931295
x	P2_WIL	Two - Sided Pr > |Z|	0.0034	0.003376

第一个 ODS OUTPUT 语句是将正态性检验结果输出到数据集，与【例 7-11】的选项设定相同；第二个 ODS OUTPUT 语句是将方差齐性检验结果输出到数据集，可以看到，该资料两组数据不满足方差齐性，因此需要关注非参数检验结果；第三个 ODS OUTPUT 语句将 Wilcoxon Test 输出到数据集，同时用 where 语句只保留了 Z 统计量和对应双侧检验 P 值；最后利用宏将上面生成的 3 个数据

集以 Word 格式输出，其中 ODS RTF 语句的相关选项在前面的相关内容中已经作过详细介绍，读者可自行回顾。

说明：为了程序和输出结果简洁，分别用 TFNormality、EL 和 WT 表示正态性检验、方差齐性检验及秩和检验，下同。

7.4.3 输出定量资料方差分析结果

【例 7-13】 从津丰小麦 4 个品系中分别随机抽取 10 株，测量其株高(单位：cm)，数据如下所示。

品系 0－3－1：63、65、64、65、61、68、65、65、63、64

品系 0－3－2：56、54、58、57、57、57、60、59、63、62

品系 0－3－3：61、61、67、62、62、60、67、66、63、65

品系 0－3－4：53、58、60、56、55、60、59、61、60、59

问不同品系津丰小麦的平均株高之间的差别是否具有统计学意义？

问题分析：该资料涉及 4 个组，只有一个小麦品系因素，测量指标为“株高”，属于单因素四水平设计一元定量资料。若该定量资料满足参数检验前提条件，可进行单因素多水平设计定量资料一元方差分析，否则，应进行单因素多水平设计一元定量资料 Kruskal－Wallis 秩和检验。

实现程序如下：

```
DATA SASDATA7_13;
INPUT GROUP $ N; DO i =1 TO N;
INPUT x @@ ;  OUTPUT; END;
CARDS;
GROUP1 10
63 65 64 65 61 68 65 65 63 64
GROUP2 10
56 54 58 57 57 57 60 59 63 62
GROUP3 10
61 61 67 62 62 60 67 66 63 65
GROUP4 10
53 58 60 56 55 60 59 61 60 59
;
RUN;
ods output
TestsForNormality = TFNormality(where = (TestLab = 'W') drop = Test pSign);
PROC UNIVARIATE data = SASDATA7_13 NORMAL;
VAR x;
BY GROUP;
RUN;
ods output
HOVFTest = HT(where = (Source = 'GROUP'))
ModelANOVA = MANOVA
MCLines = SNK(drop = EqGROUP1 - EqGROUP4);
PROC glm data = SASDATA7_13;
CLASS GROUP;
MODEL X = GROUP/SS3;
MEANS GROUP / HOVTEST SNK ;
RUN;
ods pdf startpage = yes;
%macro printf(dataset);
proc print data = &dataset noobs;
title "Results of &dataset";
run;
```

```
%mend;
%printf(TFNormality);%printf(HT);
%printf(MANOVA);%printf(SNK);
ods _all_close;
ods listing;
quit;
```

程序运行结果如下：

Results of TFNormality

GROUP	VarName	TestLab	Stat	pType	pValue
GROUP1	x	W	0.92112	Pr < W	0.3664
GROUP2	x	W	0.955358	Pr < W	0.7319
GROUP3	x	W	0.894252	Pr < W	0.1892
GROUP4	x	W	0.884065	Pr < W	0.1452

Results of HT

Effect	Dependent	Method	Source	DF	SS	MS	FValue	ProbF
GROUP	x	LV	GROUP	3	88.0627	29.3542	0.68	0.5705

Results of MANOVA

Dependent	HypothesisType	Source	DF	SS	MS	FValue	ProbF
x	3	GROUP	3	323.475000	107.8250000	17.52	<.0001

Results of SNK

Effect	Dependent	Method	Line1	Mean	N	Level
GROUP	x	SNK	A	64.300	10	GROUP1
GROUP	x	SNK	A	_	_	
GROUP	x	SNK	A	63.400	10	GROUP3
GROUP	x	SNK		_	_	
GROUP	x	SNK	B	58.300	10	GROUP2
GROUP	x	SNK	B	_	_	
GROUP	x	SNK	B	58.100	10	GROUP4

第一个 ODS OUTPUT 语句将正态性检验结果输出到数据集，与【例 7-12】的选项设定相同，可以看到，4 组数据的正态性检验结果被合并到一个数据集中，省去了分别查看各组结果的麻烦；第二个 ODS OUTPUT 语句是将方差齐性检验、方差分析以及两两比较的结果输出到数据集，可以看到，该资料 4 组数据是满足参数检验前提条件的，因此需要关注参数检验的结果；最后利用宏将上面生成的几个数据集以 PDF 格式输出，以便于读者打印相关结果。

7.4.4　输出定性资料卡方检验结果

【例 7-14】　65 例胰腺囊肿患者，按治疗方法分为 4 组，经皮置管引流 29 例，外引流 14 例，内引流 12 例，胰腺切除 10 例。观察结果，数据见表 7-5，考察各组间频数分布差异是否有统计学意义。

表 7-5　治疗方法和结果

治疗方法	例　数		
	治愈	未治愈	合计
经皮置管引流	25	4	29
外引流	11	3	14
内引流	9	3	12
胰腺切除	7	3	10
合　计	52	13	65

问题分析：该资料结果变量是治疗效果，是二值的，原因变量是治疗方法，是多值名义的，可按双向无序的 R×C 列联表资料进行分析。目的是比较原因变量各水平的频数分布情况，可以用一般卡方检验或 Fisher 精确检验来处理。

实现程序如下：

```
DATA SASDATA7_14;
do a=1 to 4;
do b=1 to 2;
input f @@ ; output;
end;
end;
cards;
25 4
11 3
9 3
7 3
;
run;
ods html;
ods html select ChiSq FishersExact;
proc freq data=SASDATA7_14;
weight f;
tables a*b/chisq;
exact fisher;
run;
ods html close;
quit;
```

程序运行结果如下：

FREQ PROCEDURE

“a ＊ b”表的统计量

统计量	自由度	值	概率
卡方	3	1.5286	0.6757
似然比卡方	3	1.5217	0.6773
Mantel－Haenszel 卡方	1	1.4734	0.2248
Phi 系数		0.1534	
列联系数		0.1516	
Cramer V 统计量		0.1534	
WARNING：38% 的单元格的期望计数比 5 小。卡方可能不是有效检验。			

Fisher 精确检验

表概率(P)	0.0139
Pr <= P	0.6161

本例采用 HTML 目标的输出格式，通过 SELECT 语句选择了两个关键的输出对象。结果中的 WARNING 表明不满足卡方检验的前提条件，需要查看 Fisher 精确检验结果。

7.4.5 输出定性资料秩和检验结果

【例 7-15】 某研究者为了比较 3 种糊剂治疗乳牙慢性根尖炎的治疗效果，将病情近似的患者 180 例，随机分为 3 组：碘仿糊剂组 61 例、Vitapax 糊剂组 56 例、自制糊剂组 63 例。治疗效果见表 7-6。试对 3 组疗效的优劣进行比较。

表 7-6　三种糊剂治疗乳牙慢性根尖炎的治疗效果比较

分　组	例　数			
	治　愈	好　转	未　愈	合　计
碘仿糊剂组(A 组)	42	10	9	61
Vitapax 糊剂组(B 组)	49	5	2	56
自制糊剂组(C 组)	54	5	4	63
合　计	145	20	15	180

问题分析：该资料结果变量是治疗效果，是多值有序变量，原因变量是分组情况，是多值名义变量，可按结果变量为有序变量的单向有序 R×C 列联表资料进行分析。目的是比较 3 种糊剂治疗效果的优劣，可以采用秩和检验来处理。

实现程序如下：

```
DATA SASDATA7_15;
DO A =1 TO 3;
DO B =1 TO 3;
INPUT F @@ ; OUTPUT;
END;
END;
CARDS;
42 10 9
49 5 2
54 5 4
;
RUN;
ods html;
PROC NPAR1WAY data = SASDATA7_15 WILCOXON;
CLASS A;
VAR B;
FREQ F;
RUN;
ods html close;
quit;
```

程序运行结果如下：

The NPAR1WAY Procedure

Wilcoxon Scores (Rank Sums) for Variable B Classified by Variable A					
A	N	Sum of Scores	Expected Under H0	Std Dev Under H0	Mean Score
1	61	6178.00	5520.50	228.129590	101.278689
2	56	4700.50	5068.00	223.124920	83.937500
3	63	5411.50	5701.50	229.882773	85.896825
Average scores were used for ties.					

Kruskal-Wallis Test

Chi-Square	8.3949
DF	2
Pr > Chi-Square	0.0150

本例采用 HTML 目标的输出格式，且没有对 NPAR1WAY 过程的输出对象进行筛选，读者可先根据 P 值得出 3 组疗效有差异的结论，然后再根据平均秩对 3 组疗效进行简单排序。

7.4.6　输出定性资料相关分析结果

【例 7-16】 观察固定矫治中龋齿活跃性变化，检测进行方丝弓固定矫正器治疗的龋齿活跃性度数，30 例不同年龄患者的数据见表 7-7，考察年龄与 CAT 分度是否有相关性。

表 7-7　矫治前与矫治不同时间段各组的 CAT 结果

年　龄	例　数				
	0 度*	1 度*	2 度*	3 度*	合　计
≥7	10	11	6	3	30
≥10	6	12	8	4	30
≥13	3	8	10	9	30
≥16	0	10	11	9	30
≥20	0	9	11	10	30

注：CAT 代表龋齿活跃性检测；＊代表 CAT 分度。

问题分析：该资料结果变量是 CAT 分度，是多值有序变量，原因变量是年龄，是多值有序变量，可按双向有序且属性不同 R×C 列联表资料进行分析。目的是考察年龄与 CAT 分度是否有相关性，可以采用 Spearman 秩相关分析来处理。

实现程序如下：

```
DATA SASDATA7_16;
DO A=1 TO 5;
DO B=1 TO 4;
INPUT F @@ ; OUTPUT;
END;
END;
CARDS;
10 11 6 3
6 12 8 4
3 8 10 9
0 10 11 9
0 9 11 10
;
RUN;
ods html;
ods html exclude VarInformation SimpleStats;
PROC CORR SPEARMAN;
VAR A B;
FREQ F;
RUN;
ods html close;
quit;
```

程序运行结果如下：

CORR PROCEDURE

Spearman 相关系数，N = 150 当 H0：Rho = 0 时，Prob > |r|		
	A	B
A	1.00000	0.36361 <0.0001
B	0.36361 <0.0001	1.0000

本例采用 HTML 目标的输出格式，通过 exclude 语句剔除了 2 个次要的输出对象。通过运行结果可以得到两变量有相关性的结论，但相关系数取值较小（r_s^2 应大于 0.5），没有实际应用价值。

7.4.7　输出多重线性回归分析结果

【例 7-17】 某种水泥在凝固时放出的水化热 Y（卡/克）与水泥中的 4 种化学成分有关，分别是：X1—$3CaO \cdot Al_2O_3$的含量（%），X2—$3CaO \cdot AiO_2$的含量（%），X3—$4CaO \cdot Al_2O_3 \cdot Fe_2O_3$的含量（%），X4—$2CaO \cdot SiO_2$的含量（%）。共化验了 13 组数据（见表 7-8），试分析这 4 种成分对水泥产生热量的影响。

表 7-8　水泥在凝固时放出的热量与其 4 种化学成分的记录

编　号	X1	X2	X3	X4	Y	编　号	X1	X2	X3	X4	Y
1	7	26	6	60	78.5	8	1	31	22	44	72.5
2	1	29	15	52	74.3	9	2	54	18	22	93.1
3	11	56	8	20	104.3	10	21	47	4	26	115.9
4	11	31	8	47	87.6	11	1	40	23	34	83.8
5	7	52	6	33	95.9	12	11	66	9	12	113.3
6	11	55	9	22	109.2	13	10	68	8	12	109.4
7	3	71	17	6	102.7						

问题分析：该资料结果变量是水化热 Y，是定量指标，分析目的是 4 种成分对水泥产生热量的影响，属于寻找因变量是如何随自变量变化而变化的数量依存关系，因此可以采用多重线性回归分析分析来处理。

实现程序如下：

```
DATA SASDATA7_17;
input id X1 - X4 Y @@ ;
cards;
 1  7  26  6  60  78.5
 2  1  29  15  52  74.3
 3  11  56  8  20  104.3
 4  11  31  8  47  87.6
 5  7  52  6  33  95.9
 6  11  55  9  22  109.2
 7  3  71  17  6  102.7
 8  1  31  22  44  72.5
 9  2  54  18  22  93.1
10  21  47  4  26  115.9
```

```
11  1  40  23  34  83.8
12  11  66  9  12  113.3
13  10  68  8  12  109.4
;
run;
ods output SelectionSummary = summary(drop = PartialRSquare ModelRsquare Cp);
title 'Results of SelectionSummary';
proc reg data = SASDATA7_17;
model Y = X1 - X4/selection = stepwise;
model Y = X1 - X4/selection = forward;
model Y = X1 - X4/selection = backward;
run;
ods html;
proc print data = summary noobs;
run;
title;
ods html exclude NObs CollinDiag;
proc reg data = SASDATA7_17;
model Y = X1 X2/collin collinoint stb;
run;
title;
ods _all_ close;
ods listing;
quit;
```

程序运行结果如下：

Results of SelectionSummary

Model	Dependent	Step	VarEntered	VarRemoved	NumberIn	FValue	ProbF
MODEL1	Y	1	X4		1	22.80	0.0006
MODEL1	Y	2	X1		2	108.22	<.0001
MODEL1	Y	3	X2		3	5.03	0.0517
MODEL1	Y	4		X4	2	1.86	0.2054
MODEL2	Y	1	X4		1	22.80	0.0006
MODEL2	Y	2	X1		2	108.22	<.0001
MODEL2	Y	3	X2		3	5.03	0.0517
MODEL3	Y	1		X3	3	0.02	0.8959
MODEL3	Y	2		X4	2	1.86	0.2054

The REG Procedure

Model：MODEL1

Dependent Variable：Y

Analysis of Variance					
Source	DF	Sum of Squares	Mean Square	F Value	Pr > F
Model	2	2657.85859	1328.92930	229.50	<.0001
Error	10	57.90448	5.79045		
Corrected Total	12	2715.76308			

Root MSE	2.40634	R-Square	0.9787
Dependent Mean	95.42308	Adj R-Sq	0.9744
Coeff Var	2.52175		

Parameter Estimates						
Variable	DF	Parameter Estimate	Standard Error	t Value	Pr > |t|	Standardized Estimate
Intercept	1	52.57735	2.28617	23.00	<.0001	0
X1	1	1.46831	0.12130	12.10	<.0001	0.57414
X2	1	0.66225	0.04585	14.44	<.0001	0.68502

Collinearity Diagnostics(intercept adjusted)				
Number	Eigenvalue	Condition Index	Proportion of Variation	
			X1	X2
1	1.22858	1.00000	0.38571	0.38571
2	0.77142	1.26199	0.61429	0.61429

这里着重解释 ODS 部分。ODS OUTPUT 语句是将变量筛选结果输出到数据集，本例使用了 3 种变量筛选方法，会得到 3 个名为“SelectionSummary”的输出对象，所以 ODS 语句会自动将这 3 个同名的数据集合并到一起，程序中使用 drop 选项去掉了 3 个列变量，由此可以很直观的发现 3 种方法筛选结果的不同；ODS HTML 语句将 OUTPUT 生成的数据集以及第二个 REG 过程产生的输出对象以网页格式输出，这里剔除掉了一些不必要的输出对象，由剩下的结果读者可以很快判断模型是否有意义，做共线性诊断，判断变量作用的强弱以及得出线性回归方程。

第 8 章　数组及其应用

SAS 是一种面向数据集的编程语言。与其他编程语言不同，SAS 的一个变量并不单单只是一个值，而代表一列数据，对于一个变量的操作，等同于对于一列数据的操作。SAS 中的数组是针对数据集中变量进行整合操作，对于每一个数组元素的操作才是对数据的操作。

数组只能用在 SAS 数据步中。在处理 SAS 数据时，有时存在一些需要进行相同处理操作的一组或多组变量，利用数组可以简化操作。一般在 SAS 中数组的作用有：

① 整理集合需要处理的变量。

② 充当临时变量，作为计算中间量，不出现在数据集中。

③ 与 Retain 语句等效，可在数据步迭代读入数据的过程中始终保存数据。

8.1　Array 语法格式

Array 语法格式如下：

```
ARRAY 数组名{下标} < $ > <长度> <数组元素> <(元素初始值列表)>
```

各选项说明如下。

- 下标：规定下标范围或元素个数；
- $：声明数组为字符数组；
- 长度：规定字符数组每个元素的长度；
- 数组元素：给出组成数组的元素；
- 元素初始值列表：规定数组中相应元素的初始值。

注意：语法中“ <> ”为非语法内容，表示该语句部分可省略，未加 <> 符号的语句为必写内容。

8.2　数组 Array 定义

要定义一个数组，首先必须给出确定得数组名，这里的数组名命名规则同 SAS 一般变量命名规则相同，同时要注意数组名不能与 SAS 中存在的函数重名。SAS 为了防止此类情况发生时出现的混乱，强制规定在后面出现该数组名时，统一当作数组处理，而非函数，可以看执行程序的日志文档是否有提示。

【例 8-1】　数组与 SAS 函数重名。

```
data b;
array abs(2)(1,2);
put abs(2);
run;
```

执行程序，在日志中会出现下面的提示。

NOTE：数组 abs 与 SAS 提供的或用户定义的函数同名。该名称之后的带括号变量后按数组引用而非函数引用处理。

SAS 数组按变量类型可分为两类，一种是数值型，一种是字符型。SAS 中不存在混合型数组，即在一个数组中，不会既包含数值变量又包含字符变量。

在定义数组时，数组的下标能告诉 SAS 程序用户希望申请的数组维数信息，这在一般情况下是不可以省略的。下标不正确经常会导致所写程序出现问题，需要格外注意。数组下标可以由以下几种方式实现定义。

```
直接规定数组维数(3×5 维数组)：             Array x{5, 3} score1-score15
规定数组下标范围：                        Array x{2:4, 3:6}
{*}——根据后面的数组元素自动判断维数：      Array x{* } la lb lc;
混合方式：                                Array x{2:4, 5}
```

应注意以下几点：

① * 不可以作为混合方式使用。

② 用范围规定维数时，前下标不应大于后小标，如“x{4:3}”是不允许的，x{4:4}、x{4:5}都是允许的。

③ 标注下标的符号可以是“{}”、“()”、“[]”，三者均可。

④ 二维数组中，SAS 以行优先，按顺序将罗列的数组元素整合在数组中；高维数组中，同理，SAS 优先低位(定义中的最后面一位)变化优先存储。例如，定义“array x{5, 3, 2} s1 - 30”，先按顺序存储 x{1, 1, 1}、x{1, 1, 2}后，再开始存储 x{1, 2, 1}。

特殊地，SAS 规定了 4 个特殊的变量名，可作为数组元素名称，实现特殊功能，具体如下：

```
_NUMERIC_            // 将数据集中所有的数值变量作为数组元素
_CHARACTER_          // 将数据集中所有的字符变量作为数组元素
_ALL_                // 将数据集中所有的变量作为数组元素，需确保类型相同，否则会出错
_TEMPORARY_          // 不能与下标为{* }共用。声明临时变量，不会出现在数据集中。
```

8.2.1　定义数值型数组和字符型数组

1. 数值型数组

数值型数组的定义格式如下：

```
ARRAY 数组名{下标} <数组元素> <(元素初始值列表)>
```

例如：

```
array testa(0:2) RA RB RC(4, 5, 6);
array testb(3) English Chinese History;
array testc(* )  English Chinese History;
array testd(3);
array teste(3) _numeric_;
```

说明：数组 testa 规定了下标从 0 开始到 2，并分别赋初值。这种在 SAS 中使用从 0 维下标开始的数组，如果用于大规模计算，可提高程序运行效率。

数组 testb 和 testa 的功能一样，声明了 1×3 维数组，由于没有赋初值，在 SAS 数据集中，都是缺失值。

testb 和 testd 的区别在于，数组中变量对应数据集中的变量名不同，testb 对应数据集中的 English、Chinese、History 3 个变量，如果数据集中已有此变量，则直接引用；如果没有则会生成新的以给定名称命名的变量。testd 对应数据集中的 testd1、testd2 和 testd3 3 个变量，编号由系统生成。

teste 将数据集中所有的数值变量集合在一起组成数组。

2. 字符型数组

字符型数组定义格式如下：

```
ARRAY 数组名 {下标} $ <长度> <数组元素> <(元素初始值列表)>
```

例如：

```
array testa(0:2) $ 10 RA RB RC('a', 'b', 'c');
array testb(3) RA RB RE;
array testc(* ) _character_ RF;
```

说明：前两个语句出现在同一个程序中，testb 依赖于 testa 的 2 个变量。在声明一个字符型数组时，"$"符号一般是必要的，只有在特殊情况下才能省略，否则会被 SAS 认为是数值型数组。在 testb 中，RA 和 RB 是数据集中已存在的两个字符型变量，因此，SAS 判定 testb 为字符型数组，RE 虽然是新声明的变量，但由于 SAS 数组不存在混合数值和字符的形式，因此 RE 被 SAS 自动规定为字符型变量。testc 将数据集中存在的字符型变量，RA、RB、RC、RD 和 RE 集合在一起组成数组，还声明了一个字符型变量 RF，成为数组的最后一个元素。

【例 8-2】 变量长度的设定。

```
data a;
input x1 $4. x2 $3.;
array t(10) $ 12 x1 - x10;
run;
```

本例中，定义了字符数组 t，其中的前两个变量在声明数组前已经定义了长度，在数组中会保持其长度 4 和 3，其余变量 x3 ~ x10 长度为数组规定值 12。

8.2.2　特殊数组——隐含下标数组

SAS 中存在一种可以不用标明下标的数组。与前面提到的数组不同的是，它的下标是默认的，而数组元素不可缺，因此称作隐含下标数组。相对的，前面介绍的数组称为显式下标数组。

类似于一般数组，其语法格式如下：

```
ARRAY 数组名 <{下标}> <$> <长度> 数组元素 <(元素初始值列表)>
```

例如：

```
array testa $ RA RB RC('a', 'b', 'c');
```

说明：testa 的下标默认从 1 开始，在引用此类数组时，有一些方法是其独有的，读者可参看 8.4 节有关部分。

8.2.3　临时数组

临时数组声明需要在数组元素中声明"_temporary_"，其他方面与一般数组没什么差别，需要注意的是，不能用在下标维{ * }和隐含下标数组中。

这里单独将临时数组拿出来，是由于临时数组特殊在它声明的变量可以不出现在数据集中。而由于 SAS 赋予它相当与 RETAIN 语句一样的功能，声明一个临时数组，可保证在 DATA 步中一直保留，在任意时刻都可以引用，直到程序指定改变其值时，才会更新变量。因此，如果希望在程序中声明一些计算过程中的临时变量，而又不希望其出现在数据集中，可使用临时数组。

注意，在下面的声明方式中，_temporary_会出现在数据集中，不能实现上面所介绍的各项特点。

【例 8-3】 临时数组声明无效。

```
data a;
input w h n $;
array t(2) w _temporary_;
cards;
61 100 a
62 120 b
63 140 c
;
run;
```

执行程序后，数据集中共有 4 个变量，即 w、h、n 和名为_temporary_的变量。

8.3 数组 Array 初始化

数组初始化，即在定义数组及其元素的同时，给各个元素赋值，使其不再为默认状态。初始化赋值根据数组类型不同，可以为数值，也可以是字符。这些初值必须在声明是用括号( )引起来。

赋值时，可以直接将每个元素的初值罗列出来，例如：

```
ARRAY x{10} x1 - x10(1 2 3 4 5 6 7 8 9 10);
```

也可等价简写为

```
ARRAY x{10} x1 - x10(1 - 10);
```

如果有连续几个变量相同，则可采用“$n*$(初值列表)”的形式，例如：

```
ARRAY x{10} x1 - x10(2* (1 2 3 4 5));
```

等价于

```
ARRAY x{10} x1 - x10(1 2 3 4 5 1 2 3 4 5);
```

以下几种形式的运行结果相同，读者可以体会其中用法的灵活性：

```
ARRAY x{10} x1 - x10(10*5);
ARRAY x{10} x1 - x10(5*(5 5));
ARRAY x{10} x1 - x10(5 5 3*(5 5) 5 5);
ARRAY x{10} x1 - x10(2*(5 5) 5 5 2*(5 5));
ARRAY x{10} x1 - x10(2*(5 2*(5 5)));
```

8.4 数组引用

对于数组的一般引用，在 SAS 中采用“数组名 + 下标”的方式。需要注意的是，在对数组元素进行引用时，如果定义的数组元素是数据集中的变量，那么所有对数组变量的更改操作等同于对数据集变量直接操作。

【例 8-4】 数组引用实例。

```
data a(drop = i);
input x1 x2;
array t(6) x1 - x6;
do i =3 to 6;
t(i) =x1*i + x2;
end;
cards;
```

```
1 2
3 4
5 6
;
run;
```

程序运行结果如图 8-1 所示。

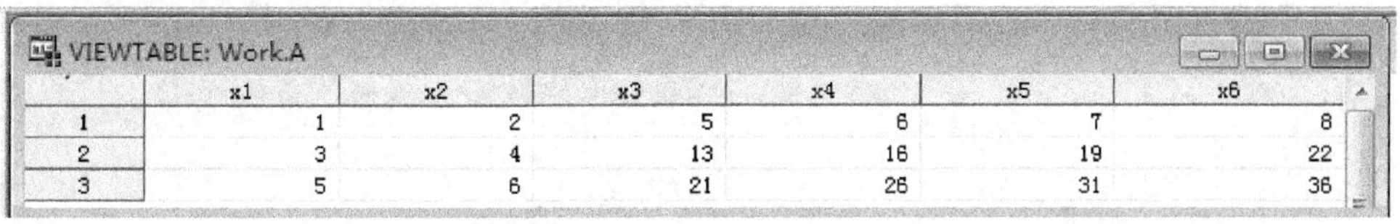

VIEWTABLE: Work.A

	x1	x2	x3	x4	x5	x6
1	1	2	5	6	7	8
2	3	4	13	16	19	22
3	5	6	21	26	31	36

图 8-1　产生 6 个变量，各有 3 个观测

特殊地，对于隐含下标数组的引用，除了一般方法外，还有两种其独有的方法。

1. _i_代表下标

在隐含下标数组中，并不是数组没有下标，而是默认时为_i_。这个也是可以更改的，见下面的例子。

【例 8-5】

```
data test;
input s1 - s5;
array s s1 - s5;
_i_=3;
s = s +2;
Do _i_=1 to 5;
s = s* 20;
end;
cards;
1 1 1 1 1
1 1 1 1 1
1 1 1 1 1
;
run;
```

程序运行后数据集变化如图 8-2 所示。

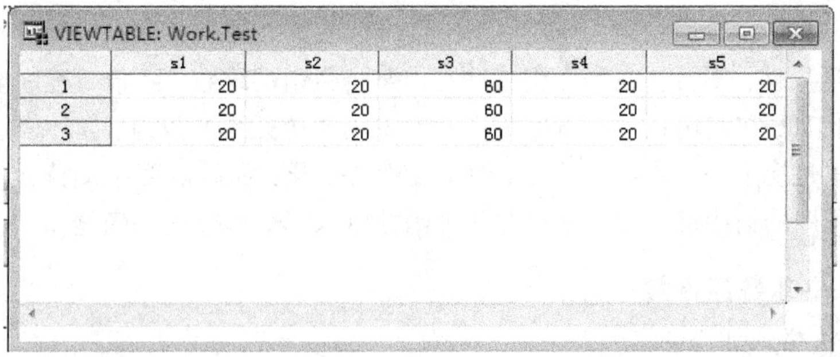

VIEWTABLE: Work.Test

	s1	s2	s3	s4	s5
1	20	20	60	20	20
2	20	20	60	20	20
3	20	20	60	20	20

图 8-2　TEST 数据集中包含 5 个变量，各有 3 个观测

默认下标可以改成任意变量名。还是【例 8-5】中的程序，在声明隐含下标数组时，在下标列表

中声明变量 num，则之后可以用 num 代表其下标。两段程序的运行结果完全相同。

```
data test;
input s1 - s5;
array s (num) s1 - s5;
num =3;
s =s +2;
Do num =1 to 5;
s =s* 20;
end;
cards;
1 1 1 1 1
1 1 1 1 1
1 1 1 1 1
;
run;
```

2. Do Over 语句

Do Over 语句的作用是遍历隐含下标数组的所有元素，但仅限隐含下标数组可以使用，显式下标数组使用时会出错。

【例 8-6】 将数据中的缺失值变为 0。

```
data test;
input s1 - s5;
array s s1 - s5;
Do over s;
if s = . then s =0;
end;
cards;
1 . 1 . 1
1 1 1 . 1
. 1 1 1 1
;
run;
```

8.5　有关数组的 SAS 函数

在引用数组，尤其是多维数组时，经常容易弄错维数或数组的上下限，从而导致程序出错。有时为了使程序更具有通用性，不希望在程序中具体写出某个数组的维数，而希望程序能根据输入数组的大小而自行调整。例如，在使用 do 循环时，对于一个具有 3 个元素的数组，循环表达式是“1 to 3”，而如果同样的程序，只是换了一下数组，元素个数也发生了变化，那就需要手动修改循环表达式，这样会很烦琐，不利于程序的通用性。SAS 中存在两个函数可以帮忙解决这一问题。

1. DIM 函数——求数组维数

DIM 函数的语法格式如下：

```
DIM <n > (array - name)
    DIM(array - name, bound - n)
```

各选项说明如下：

```
n / bound - n        // 指定多维数组第 n 维
array - name         // 数组名
```

【例 8-7】 使用 DIM 函数求多维数组维数。

```
data test;
input s1 - s6;
array s(2, 3) s1 - s6;
Do i =1 to dim(s, 1);
   do j =1 to dim2(s);
   if s(i, j) =. then s(i, j) =0;
   end;
end;
cards;
1 . 1 . 1 1
1 1 1 . 1 1
. 1 1 1 1 1
;
run;
```

说明：本例中，dim(s, 1)求数组第 1 维的维数，dim2(s)求数组第 2 维的维数，分别采用了两种不同的语法格式，在功能上是等价的。

2. LBound 和 HBound——求数组上下界

SAS 中允许数组下标不从 1 开始，这样方便了用户使用，但同时也容易导致在使用中用错。当不确定最初设定的数组上下界的情况下，可以借助 LBound 和 HBound 两个函数来解决这个问题。

求下界的语法格式如下：

```
LBOUND <n > (array - name)
LBOUND(array - name, bound - n)
```

求上界的语法格式如下：

```
HBOUND <n > (array - name)
HBOUND(array - name, bound - n)
```

语法结构与 DIM 类似，在此不再赘述。

【例 8-8】 修改【例 8-7】，使其更通用化。

```
data test;
input s1 - s6;
array s(3:4, 4:6) s1 - s6;
Do i =lbound(s, 1) to hbound(s, 1);
   do j =lbound2(s) to hbound2(s);
   if s(i, j) =. then s(i, j) =0;
   end;
end;
cards;
1 . 1 . 1 1
1 1 1 . 1 1
. 1 1 1 1 1
;
run;
```

说明：本例中，双重循环也分别采用两种语法格式，这样，虽然数组在定义时，下标不是从 1 开始，但程序具有很强的鲁棒性，可以适用于各种类型二维数组。

第 9 章 IML 及其应用

9.1 概　　述

在动态和交互式环境下，SAS/IML(Interactive Matrix Language)是一种既强大又灵活的过程语言。用户可以通过 SAS/IML 模块立即获得程序运行结果，也可以将语句存储起来便于后续使用。SAS/IML 最基本的数据对象是矩阵。

SAS/IML 提供了许多内置模块来方便用户完成各种各样的复杂任务，如矩阵转置或者特征根求解等。在数据管理上，用户可以直接创建、读取以及更新数据集而避免使用数据步。同样，用户也可以根据需要编写自己的函数。

SAS/IML 软件有以下几个特点：

① SAS/IML 软件是一种编程语言。SAS/IML 软件丰富的算术和字符表达式以及功能广泛的内置子程序可以使我们的程序更简洁更高效。SAS/IML 软件也有着完备的控制语句，如 DO/END，START/FINISH，循环 DO，IF-THEN/ELSE，GOTO，LINK，PAUSE 和 STOP 语句等，为用户提供了程序执行控制及其模块化所需的全部命令。

② SAS/IML 软件是对矩阵进行操作的。大多数编程语言的处理对象都是单一的数据元素，而 SAS/IML 软件是利用矩阵进行各式各样的计算。

③ SAS/IML 软件有丰富的函数和 CALL 子程序。

④ SAS/IML 软件可以将算符应用到这个矩阵。用户计算矩阵 A 与 B 对应元素的和可以直接使用表达式“A + B”来实现。

⑤ SAS/IML 软件是交互的。用户可以选择立即执行程序或者将程序封装以后再执行，如果用户执行一个命令，将会立即看到结果。用户可以暂停一个模块的执行，然后输入需要补充的语句再继续运行。

⑥ SAS/IML 软件是动态的。用户不需要声明一个矩阵的尺寸以及为其分配内存空间，SAS/IML 软件将自动完成这个工作。用户可以随时改变矩阵大小和类型，可以随时重置选项和更换模型，也可以同时打开多个文件或访问多个库。

⑦ SAS/IML 软件可以处理数据。用户可以将数据集中全部观测或者有条件地选择部分观测存储到矩阵(也可以是多个向量)中，用户既可以创建新的数据集，也可以对已存在的数据集进行编辑或添加观测。

⑧ SAS/IML 软件可以作图。SAS/IML 软件为用户提供了很多作图指令，便于用户通过图形找到数据之间的关系。

9.2 由矩阵标识创建矩阵

9.2.1 矩阵的定义

SAS/IML 软件的基本运算对象是矩阵。这里矩阵的定义同矩阵代数中的定义相同，是一个两维的(行×列)数组，其中，$1\times N$ 矩阵称作行向量，$M\times 1$ 矩阵称作列向量，1×1 矩阵称作标量。SAS/IML 软件可以定义数值矩阵和字符矩阵。

矩阵的命名要考虑 SAS 编译器下的有效性，一般长度不能超过 8B，开头可以是字母或者下画线，后面可以用字母、数字以及下画线。矩阵的名字与它对应的值互相独立，也就是说用户随时都可以改变一个矩阵的尺寸及其内部的元素值，甚至矩阵的类型(数字或字符)也可以随时调整。

矩阵可以用它的值标识出来。矩阵标识可以是单一的元素，也可以是行乘列的矩形形式，元素可以全是数值也可以全是字符，但不能混合出现。

矩阵标识有多个元素时，需要用大括号“{}”将所有值括起来，并用逗号将行与行之间隔开，且每个行要有相同的元素数量。

矩阵中：

① 数字可以用科学计数法的形式给出；

② 当没有大括号，或者要保持字符串的大小写，或者字符串内部有特殊字符时，用户必须用单引号将字符串括起来，如果字符串内部自带引号，需要将其重复书写一次。特殊字符包括“?”、“=”、“ * ”、“:”、“( )”。

③ 符号“.”表示缺失的数值型元素。

④ 中括号“[ ]”内的数值表示元素的重复因子。

9.2.2 矩阵的创建

利用矩阵标识创建矩阵很简单，只需要将待输入的值用大括号括起来即可。当然，矩阵的创建方式有很多种，可以利用函数创建矩阵，或利用 call 语句创建矩阵，或利用赋值语句创建矩阵。下面介绍几种常见的矩阵创建方式。

【例 9-1】 标量的创建。

```
x =123;
x = "saber";
x = 'chicken run';
```

本例中定义了几种常见标量，写法是矩阵名字在左侧，元素值在右侧，中间用等号相连，当元素数量只有 1 个时，不必使用大括号。

【例 9-2】 数值矩阵的创建。

```
x = {1 2 3 4 5 6};
y = {1, 2, 3, 4, 5, 6};
z = {1 2, 3 4, 5 6};
```

矩阵元素有多个时需要使用大括号，行与行之间用逗号隔开。例中创建了 3 个数值矩阵，分别是行向量 x、列向量 y、3×2 矩阵 z。

【例 9-3】 字符矩阵的创建。

```
x = {ab cDe, Fg hI};
y = {"ab" 'cde', 'fg' "hi"};
```

输出结果如下：

```
x          y
AB   CDE ab   cde
FG   HI  fg   hi
```

本例中创建了 2 个 2×2 的矩阵。可以看到，如果字符串没有用引号括起来时，那么 SAS 将自动将其转化为大写。也就是说，如果要保持字符串的大小写，或者字符串中出现了特殊字符，那么引号是必不可少的。对于字符矩阵，元素的长度取决于所有元素中字符串长度最长的那一个，而其他短的字符串将在后面自动添加空格。

【例 9-4】 含有重复元素的矩阵的创建。

```
x={[2]1,[2]2};
y={1 1,2 2};
```

本例中两个语句创建矩阵的结果相同。对于含有位置相邻且元素值相同的矩阵，可以利用在中括号内部给出其重复次数，并在后面给出相应元素值来输入矩阵标识，从而达到简化矩阵创建的目的。

【例 9-5】 利用赋值语句创建矩阵。

```
x=2#y;
x=sqrt(y);
x=inv(y);
```

本例中利用赋值语句完成矩阵的创建，等号右边分别使用了计算表达式和函数表达式，IML 中的函数将在后文作详细的介绍。在表达式中使用运算符常见三种形式，第一种是前缀运算符（-A），第二种是中缀运算符（A * B），第三种是后缀运算符（A`），使用时可以根据需要灵活变换，但要注意必须符合矩阵的运算法则。

前面已经强调过，如果矩阵元素有多个时，大括号是必不可少的，同一矩阵内部的元素值类型必须相同（全是数值型或者全是字符型），每一行必须有相同的元素个数。

下面给出一个较为完整的例子。

【例 9-6】 矩阵的创建和输出。

```
proc IML;
reset print;
worktime={6 7 8 8 8,
          7 7 7 8 7,
          8 8 8 8 8,
          7 8 6 8 8};
name={'Archer','Lancer','Saber','Rider'};
print worktime[rowname=name];
run;
quit;
```

输出结果如下：

worktime	4 rows		5 cols	(numeric)
6	7	8	8	8
7	7	7	8	7
8	8	8	8	8
7	8	6	8	8

name	4 rows	1 col	(character, size 6)
		Archer	
		Lancer	
		Saber	
		Rider	

	worktime				
Archer	6	7	8	8	8

Lancer	7	7	7	8	7
Saber	8	8	8	8	8
Rider	7	8	6	8	8

reset print 语句使得程序一经提交，结果即自动输出。可以看到，前两部分输出结果包含矩阵的尺寸、类型以及元素值长度(当矩阵是字符型)；第三部分结果将两个矩阵结合起来，通过“rowname =”选项使得矩阵 worktime 的行标签显示为矩阵 name。

【例 9-7】 利用冒号创建向量。

```
x=1:5;
y=5:1;
z='x1':'x5';
xx=do(-1,1,0.5);
```

利用冒号可以很快捷地创建元素之间是递增或者递减关系的向量。如果要设定步长，可以使用 do 函数，本例中第 4 行语句利用这个方法手动设定步长为 0.5。

9.3 矩阵操作

9.2 节介绍了矩阵创建的几种方法，有了矩阵之后再使用运算符就可以完成各种各样的矩阵运算操作。

9.3.1 矩阵运算符的分类

前文介绍过，矩阵运算符可以大致分为三类：

- 前缀运算符；
- 中缀运算符；
- 后缀运算符。

首先要明确各个运算符的优先级，见表 9-1。只有搞清楚了各个运算符的计算优先顺序，才能正确使用并实现矩阵的各种混合运算。

表 9-1　运算符优先级

优先级	运算符
I(最高)	^　-(前缀)　#　**
II	*　#　<>　><　/　@
III	+　-
IV	||　//　:
V	<　<=　>　>=　=　^=
VI	&
VII(最低)	|

9.3.2 矩阵运算符的应用

1. 加号、减号、除号、元素相乘运算符(+、-、/、#)

加数和被加数可以有多种选择，如矩阵加矩阵、矩阵加标量、矩阵加向量。矩阵加矩阵就是简单的矩阵对应元素相加，即第一个矩阵 i 行 j 列的元素加上第二个矩阵 i 行 j 列的元素得到结果矩阵 i 行 j 列的元素，两个相加矩阵的尺寸要相同。

矩阵加标量的结果是由矩阵的每个元素均与这个标量相加所得到的。矩阵也可以与行向量或者列向量相加，结果矩阵是由向量与矩阵的每一行或者每一列分别相加所产生的。

【例 9-8】 “+”应用举例。

```
proc IML;
reset print;
x={1 2 2,3 4 4};
y={2 5 8,4 9 1};
p=1:3;
q={1,2};
```

```
a=x+y;
b=x+p;
c=x+q;
run;
quit;
```

程序运行结果如下：

a	2 rows	3 cols	(numeric)
	3	7	10
	7	13	5
b	2 rows	3 cols	(numeric)
2	4	5	
	4	6	7
c	2 rows	3 cols	(numeric)
	2	3	3
	5	6	6

矩阵与行向量或者列向量求和时，该向量的长度一定要与矩阵的行或列相同。“-”作为减号时与加号用法基本相同。“/”的除数和被除数也可以有上面的 3 种情况，计算方法与加号相同，但要注意作为除数的元素值不能为 0。元素相乘“#”计算的是矩阵元素之间的乘法，即两矩阵对应位置的元素相乘，要同矩阵与矩阵之间的乘法区分开。

2. 比较运算符(<、<=、>、>=、=、^=)

比较运算符可以用在矩阵与矩阵之间、矩阵与标量之间以及矩阵与向量之间。结果矩阵的取值只有 0、1 之分，对应元素比较结果为真则取值为 1，对应元素比较结果为假则取值为 0.

如果矩阵元素为字符串时，系统会自动在短字符串的右侧填补空格，再进行比较；当用在条件语句中时，结果矩阵必须所有元素均为 1，该条件才为真。

【例 9-9】 比较运算符的应用。

```
proc IML;
reset print;
x={1 2 2, 3 4 4};
y={2 5 8, 4 9 1};
p=1:3;
q={1, 2};
a=(x>y);
b=(x<=p);
c=(x=q);
d=(x^=1);
run;
quit;
```

部分程序运行结果如下：

a	2 rows	3 cols	(numeric)
	0	0	0
	0	0	1
b	2 rows	3 cols	(numeric)
	1	1	1
	0	0	0

3. 连接运算符(||、//)

水平连接运算符“||”可以将两个矩阵水平连接起来，两个矩阵必须有相同的行数，结果矩阵的行数即为原矩阵的行数，列数为两个矩阵的列数之和。

【例 9-10】“||”的应用。

```
proc IML;
reset print;
x={1 2 2,3 4 4};
y={2 5,4 9};
a=x||y;
run;
quit;
```

程序运行结果如下：

a	2 rows	5 cols	(numeric)	
1	2	2	2	5
3	4	4	4	9

垂直连接运算符“//”与水平连接运算符用法类似，但对矩阵要求有所不同。“//”要求两个矩阵列数相同，结果矩阵的列数即为原矩阵的列数，行数为两个矩阵的行数之和。

4. 直乘运算符(@)

直乘运算的结果矩阵是由两个矩阵直接相乘得到的(也叫克罗内克积)，新矩阵的行数为两个原矩阵的行数之积，列数为两个原矩阵的列数之积。

【例 9-11】“@”的应用。

```
proc IML;
reset print;
x={1 2 2,3 4 4};
y={2 5};
a=x@y;
b=y@x;
run;
quit;
```

程序运行结果如下：

	a	2 rows	6 cols	(numeric)	
2	5	4	10	4	10
6	15	8	20	8	20

	b	2 rows	6 cols	(numeric)	
2	4	4	5	10	10
6	8	8	15	20	20

5. 寻找元素最大值、最小值(<> 、><)

参与比较的可以是两个矩阵，可以是矩阵与标量，也可以是矩阵与向量。两矩阵比较时，第一个矩阵的每个元素都会与第二个矩阵对应位置的元素进行比较，将最大值作为结果矩阵对应位置的元素；矩阵与标量比较时，矩阵的每个元素都会与该标量进行比较；矩阵与向量比较时，矩阵的每一行或者每一列都会与该向量进行比较。参与比较的元素也可以是字符串。

【例 9-12】“<>”的应用。

```
proc IML;
reset print;
x={1 2 2,3 4 4};
y={2 5 8,4 9 1};
p=1:3;;
a=x<>y;
```

```
b = x <>p;
d = x <>1;
run;
quit;
```

程序运行结果如下：

a	2 rows	3 cols	(numeric)
	2	5	8
	4	9	4
b	2 rows	3 cols	(numeric)
	1	2	3
	3	4	4
d	2 rows	3 cols	(numeric)
	1	2	2
	3	4	4

寻找最小值的运算符用法与寻找最大值基本相同，读者可以自行举例来加深对这个运算符的理解。

6. 逻辑运算符(&、|、^)

参与运算的可以是矩阵与矩阵、矩阵与标量，也可以是矩阵与向量。

① 逻辑与“&”：比较两矩阵每个对应位置的元素，当比较的两元素均非零时，得到的结果矩阵对应位置元素值为 1。

② 逻辑或“|”：比较两矩阵每个对应位置的元素，当比较的两元素有一个非零时，得到的结果矩阵对应位置元素值为 1。当有一个运算因子为标量或向量时，其运算方法与前面介绍的加号、减号等情形时相同。

③ 逻辑非“^”：对该矩阵每个元素进行逻辑非运算，当元素值非零时，等到结果为0；当元素值为零时，得到结果为 1。

【例 9-13】 逻辑运算符的应用。

```
proc IML;
reset print;
x = {1 2 2, 0 4 4};
y = {2 0 8, 4 9 0};
p = 0:2;
a = x&y;
b = x |p;
d = ^x;
run;
quit;
```

程序运行结果如下：

a	2 rows	3 cols	(numeric)
	1	0	1
	0	1	0
b	2 rows	3 cols	(numeric)
	1	1	1
	0	1	1
d	2 rows	3 cols	(numeric)
	0	0	0
	1	0	0

7. 矩阵相乘运算符(*)

参与运算的两个矩阵尺寸要有着严格的要求，即第一个矩阵的列数要与第二矩阵的行数相同，结果矩阵的行数与第一个矩阵的行数相同，结果矩阵的列数与第二个矩阵的列数相同。

【例 9-14】 “ * ”的应用。

```
proc IML;
reset print;
x={1 2, 0 4};
y={2, 0};
a=x*y;
b=y`*x;
run;
quit;
```

程序运行结果如下：

```
a    2 rows    1 col     (numeric)
               2
               0
b    1 row     2 cols    (numeric)
          2       4
```

8. 元素乘方运算符(##)

元素乘方对于矩阵与矩阵、矩阵与标量、矩阵与向量三种情形均适用。以矩阵与矩阵运算为例，第一个矩阵以第二个矩阵对应位置的元素为幂指数，计算得的结果作为结果矩阵对应位置的元素，如果第一个矩阵某一元素值为负，则与之相对应的幂指数必须为整数。对于其中一个运算因子为标量或者向量时的处理方式与其他运算符相同，读者可参考前面的介绍。

【例 9-15】 “#”的应用。

```
proc IML;
reset print;
x={1 2 , 3 8};
y={2 0.5};
a=x#y;
b=x#y`;
run;
quit;
```

程序运行结果如下：

```
a          2 rows      2 cols    (numeric)
                1   1.4142136
                9   2.8284271
b          2 rows      2 cols    (numeric)
                1           4
        1.7320508   2.8284271
```

9. 矩阵乘方运算符(**)

矩阵乘方运算符只适用于矩阵与标量的情形，该矩阵以这个标量为幂指数运算得到结果，矩阵必须是方阵，标量是不小于 -1 的整数，数值太大则会导致计算精确度下降。

【例 9-16】 “ ** ”的应用。

```
proc IML;
reset print;
x={1 2 ,3 8};
a=x**2;
run;
quit;
```

程序运行结果如下：

a	2 rows	2 cols	(numeric)
	7	18	
	27	70	

当标量取值为 -1 时，等价于求该矩阵的逆矩阵。

10. 转置运算符(`)

矩阵转置在矩阵运算中十分常见，它是将原矩阵的行和列进行交换，原矩阵中第 i 行第 j 列的元素，在新矩阵中成为第 j 行第 i 列的元素，矩阵的尺寸也要进行相应的变换。

【例 9-17】 “`”的应用。

```
proc IML;
reset print;
x={1 2 3,3 8 5};
a=x`;
run;
quit;
```

程序运行结果如下：

a	3 rows	2 cols	(numeric)
	1	3	
	2	8	
	3	5	

二目元素运算符的总结见表 9-2。

表 9-2　二目元素运算符

运　算　符	用　　途	运　算　符	用　　途	运　算　符	用　　途	运　算　符	用　　途
+	加	&	逻辑与	/	除	>=	大于等于
-	减	<	小于	<>	元素最大值	^=	不等于
#	元素相乘	<=	小于等于	><	元素最小值	=	等于
##	元素乘方	>	大于	|	逻辑或	MOD(m, n)	余数

9.3.3　矩阵的下标

矩阵的下标([ ])是一种比较特殊的运算符，灵活掌握矩阵下标的用法将会使 IML 编程代码更简单高效。下标运算符的一般形式如下：

```
operand[row, colume]
```

其中，operand 通常是一个矩阵名，也可以是一个表达式；row 可以是矩阵的一行或几行，也可以是标量、向量或者表达式；colume 可以是矩阵的一列或几列，也可以是标量、向量或者表达式。

下标运算符可以完成以下任务。

1. 引用矩阵的一个元素

可以有多种方式来引用矩阵的一个元素，用户可以使用行列下标直接给出元素的位置，或者只给出一个下标，系统会自动逐行进行搜索。

【例 9-18】 引用矩阵的一个元素。

```
proc IML;
reset print;
a={1 2 3, 3 8 5};
x={'x1', 'x2'};
y={'y1' 'y2'  'y3'};
mattrib a rowname=x colname=y;
a21_1=a[2, 1];
a21_2=a['x2', 'y1'];
a21_3=a[4];
run;
quit;
```

程序运行结果如下：

```
a21_1      1 row      1 col      (numeric)
                      3
a21_2      1 row      1 col      (numeric)
                      3
a21_3      1 row      1 col      (numeric)
                      3
```

本例中使用了 3 种方式来引用矩阵的一个元素，第 3 种方式给出的是待引用元素逐行计数的序号。

2. 引用矩阵的一行或一列

引用矩阵的一整行或列时，只需给出对应的行下标或者列下标，这里可以省略另一个下标，但是不能省略逗号。

【例 9-19】 引用矩阵的一行或一列。

```
proc IML;
reset print;
a={1 2 3, 3 8 5};
x={'x1', 'x2'};
y={'y1' 'y2'  'y3'};
mattrib a rowname=x colname=y;
ar2_1=a[2, ];
ar2_2=a['x2', ];
ac3_1=a[, 3];
ac3_2=a[, 'y3'];
run;
quit;
```

程序运行结果如下：

```
ar2_1      1 row      3 cols                    (numeric)
         (numeric)                                  3
```

```
   3              8              5                              5
ar2_2           1 row          3 cols            ac3_2        2 rows        1 col
              (numeric)                                      (numeric)
   3              8              5                              3
ac3_1           2 rows         1 col                            5
```

本例中使用了两种方式来引用矩阵的行或列，一种是直接给出行下标或者列下标；另一种是给出该行或列所对应的标签。

3. 引用矩阵包含的子阵

可以直接给出指定的行和列，来引用矩阵的一个子阵。

【例 9-20】 引用矩阵包含的子阵。

```
proc IML;
reset print;
a = {1 2 3, 3 8 5, 4 7 0};
x = {'x1', 'x2', 'x3'};
y = {'y1' 'y2'  'y3'};
mattrib a rowname = x colname = y;
rows = {1 3};cols = {2 3};
b_1 = a[{1 3}, {2 3}];
b_2 = a[rows, cols];
b_3 = a[{'x1' 'x3'}, {'y2' 'y3'}];
b_4 = a[1:2, 2:3];
run;
quit;
```

程序运行结果如下：

```
b_1        2 rows        2 cols          b_3        2 rows        2 cols
          (numeric)                               (numeric)
          2         3                             2         3
          7         0                             7         0
b_2        2 rows        2 cols          b_4        2 rows        2 cols
          (numeric)                               (numeric)
          2         3                             2         3
          7         0                             8         5
```

无论用怎样的方式来引用一个子阵，行列下标的顺序是不会改变的，先给出的必定是行下标，后给出的必定是列下标。

4. 同时引用矩阵的多个元素

IML 中矩阵都是以行的方式存储的，所以理论上可以通过列出多个元素的位置来达到同时引用的目的；假设矩阵有 m 列的话，那么第 1 行第 1 个元素的位置是 1，第 2 行第 1 个元素的位置是 $m+1$，第 n 行第 1 个元素的位置是 $(n-1)m+1$，各行其他元素的位置都可以据此推算出来。

【例 9-21】 同时引用矩阵的多个元素。

```
proc IML;
reset print;
a = {1 2 3, 3 8 5, 4 7 0};
h = loc(a <= 4);
```

```
b1 = a[h]`;
b2 = a[{1 2 3 4 7 9}]`;
run;
quit;
```

程序运行结果如下：

```
        b1      1 row      6 cols    (numeric)
  1        2        3        3        4        0
        b2      1 row      6 cols    (numeric)
  1        2        3        3        4        0
```

loc 函数返回的是满足条件的元素位置，有了这些位置，就可以顺利引用与之相对应的元素。

5. 利用下标进行赋值

可以利用下标来引用矩阵的元素或子阵，再对其进行赋值，此时，下标要出现在等号的左侧；也可以用表达式给出下标，但表达式的结果必须为行向量或者列向量。

【例 9-22】 利用下标修改矩阵元素值。

```
proc IML;
reset print;
a = {1 2 3, 3 8 5, 4 7 0};
x = {'x1', 'x2', 'x3'};
y = {'y1' 'y2'  'y3'};
mattrib a rowname = x colname = y;
a[2, 1] = 0;
a[3, ] = {0 0 0};
a[, 'y2'] = {0, 0, 0};
run;
quit;
```

程序运行结果如下：

```
a      3 rows      3 cols      (numeric)
            y1          y2          y3
   x1        1           2           3
   x2        0           8           5
   x3        4           7           0
a      3 rows      3 cols      (numeric)
            y1          y2          y3
   x1        1           2           3
   x2        0           8           5
   x3        0           0           0
a      3 rows      3 cols      (numeric)
            y1          y2          y3
   x1        1           0           3
   x2        0           0           5
   x3        0           0           0
```

利用简化下标算符（见表 9-3）可以得到一个降维的矩阵，既可降低行的维数，也可降低列的维数。

表 9-3　简化下标算符列表

运算符	用途	运算符	用途
+	加	<:>	最大值位置
#	元素乘	>:<	最小值位置
<>	求最大	:	求均值
><	求最小	##	求平方和

例如，想求一个矩阵各个列内的元素和（行的维数降为 1），使用“x[+,]”语句：“+”指定了求和并降维是发生在行，忽略了列下标使得列的维数保持不变，每一列的元素分别求和，得到的结果是一个行向量。

可以使用简化下标算符对行或列进行降维，也可以对二者同时操作，但是行的运算总是最先被执行的。

例如，表达式 A[+， <>]返回的是所有列和中的最大值，而表达式 A[， <>][+，]是对每行的最大值进行求和。已知 A = {1 2 3，3 8 5，4 7 0}，利用各种简化下标算符求得的结果见表 9-4。

表 9-4　简化下标算符的应用举例

语　句	用　途	结　果	语　句	用　途	结　果
A[{2 3}， +]	矩阵第 2、3 行求和	{16，11}	A[， < : >]	行最大值位置	{3，2，2}
A[+， <>]	列和的最大值	17	A[> : <，]	列最小值位置	{1 1 3}
A[><， +]	列最小值和	3	A[:， <>]	列平均的最大值	5.6667
A[， <>][+，]	行最大值和	18	A[， ><][:，]	行最小值的平均	1.3333
A[， +][><，]	行和的最小值	6	A[:]	所有元素均值	3.6667

9.3.4　矩阵的混合表达式

使用 SAS/IML 时，用户可以使用含有多个矩阵运算符和运算对象的混合表达式，稍后将以几个表达式为例着重介绍一下混合表达式遵循的运算法则。

读者可以回顾一下表 9-1，从表中可以了解到，第一组矩阵运算符有着最高的优先级，在混合表达式中会被最优先计算，其他组的运算符将按优先级次序依次被计算；如果相邻的两个运算符有着相同的优先级，表达式将按从左到右的顺序计算，这一规律不适用于两运算符同时来自于第一组的情形；在括号中的表达式将会被优先计算。

```
a=x+y*z;
```

由于乘号优先级高于加号，表达式优先计算 y * z，得出的结果再与矩阵 x 求和，最终结果赋值给矩阵 a。

```
a=x/y/z;
```

上式将按照从左到右的运算顺序，先计算 x/y，得到的结果再除以 z，最终结果赋值给矩阵 a。

```
-x**2;
```

上式将会先计算 x 的平方，得到的结果再求其相反数。

```
A'[i,j];
```

上式将会先对矩阵 A 求转置，对结果矩阵寻找其第 i 行 j 列的元素。

```
a=x/(y/z);
```

上式先计算 y/z，得到的结果作为除数与 x 进行除法运算，最终结果赋值给 a。

9.4　IML 编程语句

9.4.1　IML 基本编程语句

1. IF-THEN/ELSE 条件语句

与 SAS 其他编程模块类似，为了有条件地执行一项操作，可以使用 IF-THEN/ELSE 语句，供选择的操作分别出现在 THEN 子句和 ELSE 语句。程序将先计算 IF 表达式，如果结果是真，执行 THEN 后面的操作；反之，执行 ELSE 后面的操作，没有 ELSE 的情况，则直接执行下一条语句。

当条件表达式涉及矩阵时，得到的结果一般是一个包含 0、1 及缺失值的矩阵，如果该矩阵所有元素值均非零并且非缺失，那么条件即为真；如果该矩阵任意一个元素为零，那么条件为假。IF 语句可以嵌套使用，理论上嵌套层数是没有限制的。

【例 9-23】 IF-THEN/ELSE 语句举例。

```
proc IML;
reset print;
A ={1 2 3, 3 8 5, 4 7 0};
B ={0 1 2, 2 7 4, 3 6 0};
if A[ +, <> ] >15 then flag1 =1;
    if A <B then  flag2 =1;
    else flag2 =0;
else flag1 =0;
run;
quit;
```

程序运行结果：flag1 =1，flag2 =0。

2. DO 组语句

DO 组语句以 DO 语句作为开始，END 语句作为结束，组内的一系列语句将被视作一个完整的单元来执行。针对一些程序上的要求，有时必须使用 DO 组语句或者模块，例如，LINK 和 GOTO 语句都必须出现在这样的单元中。

DO 组语句的嵌套层数也是没有限制的。将 DO 组语句结合条件语句使用，在满足特定条件时，可以一次性执行多个操作。

【例 9-24】 DO 组语句举例。

```
proc IML;
reset print;
A ={1 2 3, 3 8 5, 4 7 0};
if A[ +, <> ] >15 then
    do;
        flag1 =1;flag2 =1;
    end;
else
    do;
        flag1 =0;flag2 =0;
    end;
run;
quit;
```

3. 循环语句

利用 DO 语句可以完成循环操作，即重复执行一系列语句直到满足特定条件结束循环为止。DO 语句的循环形式通常有以下 4 种形式。

(1) DO DATA 语句

一般形式如下：

```
DO DATA;
```

DATA 关键字声明了循环终止的条件是读到文件尾部，满足这个条件时，DO 循环立即终止，而其他形式的 DO 循环都是在循环单元的顶部或者尾部通过检验条件判断是否终止的。

(2) 循环 DO 语句

一般形式如下：

```
DO variable = start TO stop <BY increment >;
```

variable 定义了循环变量，start 和 stop 分别定义了起始值和终止值，increment 指定了循环步长，默认是 1。variable 从起始值开始循环，直到等于或超过了终止值时，循环终止。

(3) DO WHILE 语句

一般形式如下：

```
DO WHILE expression;
```

该语句每次循环开始时计算表达式的值，如果结果为零或缺失值，则终止循环，也就是说如果第一次计算表达式的结果就为假，那么该循环单元将不被执行。

(4) DO UNTIL 语句

一般形式如下：

```
DO UNTIL expression;
```

该语句每次循环末尾计算表达式的值，如果结果为零或缺失值，则终止循环，也就是说如果第一次计算表达式的结果就为假，那么该循环单元也将至少执行一次。

【例 9-25】 循环语句的应用举例。

```
proc IML;
infile 'D:\my SAS files\test.txt';
do data;
input xx;
x = x//xx;
end;
sum1 = 0; sum2 = 0; sum3 = 0;
do i = 1 to 9;
sum1 = sum1 + x[i];
end;
i = 1;
do while(i < 10);
sum2 = sum2 + x[i];
i = i + 1;
end;
i = 1;
do until(i > 9);
sum3 = sum3 + x[i];
i = i + 1;
end;
print sum1 sum2 sum3;
run;
quit;
```

程序运行结果：39　　39　　39

本例中利用 do data 语句读取文件中的数据，并垂直连接每一个数据得到一个列向量，后面三个 do 循环语句用了三种不同方式将这个列向量所有元素值进行求和，可以看到三个最终结果是相同的。

4. 转移语句

在通常的编译过程中，语句都是被逐条执行的，利用 GOTO 和 LINK 语句可以引导程序从一部分转移到另一部分。

LINK 语句的跳转是可以通过 RETURN 语句返回的，而 GOTO 语句的跳转是不可返回的，因此，LINK 语句提供了一种调用子程序的方式，子程序以 LABEL 作为开始，RETURN 作为结束。LINK 语句可以嵌套使用，理论嵌套层数没有限制。

需要注意的是：GOTO 语句和 LINK 语句在模块或者 DO 组语句中的使用是受限制的。转移语句指定跳转到的标记处必须在当前的模块或者 DO 组语句中，尽管矩阵符号在模块之间是可以共享的，但语句标记不能，因此所有的 GOTO 语句或者 LINK 语句的标记也必须一起放在 DO 语句或者模块中。当然，对于这种情形是有更好的替代方法的，应用之前讲到的循环语句就可以避免使用转移语句。

【例 9-26】 转移语句的应用举例。

```
proc IML;
x=4;
do;
if x<0 then goto negative;
y=sqrt(x);
print y;
stop;
negative:
print "Sorry, X is negative";
end;
run;
```

```
proc IML;
x=-4;
if x<0 then print "Sorry, X is negative";
else
do;
y=sqrt(x);
print y;
end;
run;
quit;
```

上面两段程序实现了相同的功能，前一段程序用的是转移语句 GOTO，后一段程序用的是条件语句 IF-THEN/ELSE。可以看到，在使用转移语句时，GOTO 语句和标记 negative 必须出现在同一个 DO 组内部。

5. 中断语句

常见的用来执行中断操作的语句有 3 种：PAUSE 语句、STOP 语句和 ABORT 语句。

这里以 PAUSE 语句为例简单介绍一下中断语句的用法，其一般形式如下：

```
PAUSE <message> <*>;
```

PAUSE 语句可以实现以下几个功能：

- 中断模块的执行；
- 记忆中断运行的位置；
- 输出指定的中断信息。

PAUSE 语句使程序进入模块环境的直接模式，该模式使用模块局部符号表，此时，用户可以输入更多的语句。

PAUSE 语句可以使程序从最近的中断处继续执行。用户可以在 PAUSE 语句中指定输出的中断提示信息，在不指定的情况下，默认的提示信息如下：

```
paused in module \ob XXX \obe
```

“XXX”表示的是包含中断的模块名称。如果不需要输出任何提示信息，语句形式如下：

```
pause * ;
```

STOP 语句将停止程序的执行并返回到直接模式，用户输入的新语句将被执行。如果中断是由 PAUSE 语句给出的，STOP 语句会清除所有的中断并返回到直接模式。

ABORT 语句在中断执行的同时直接退出 IML，功能类似于 QUIT 语句，但 ABORT 语句是可执行并且可编程的。在程序发生某种错误时，我们可以识别这个错误并利用 ABORT 语句直接退出 IML。只有模块执行时，ABORT 语句才会执行，而 QUIT 语句无论何时都会立即执行并退出 IML。

9.4.2　模块的定义和执行

IML 中应用模块有以下两个目的：

① 创建子程序和函数，便于在程序任何地方随时对其进行调用；

② 创建单独的符号表，可以定义属于模块的局部变量。

一个模块总是以 START 语句作为开始，以 FINISH 语句作为结束，既可以被视作子程序，也可以被视作函数。能够返回一个参数的模块通常叫作函数，它与 IML 的内置函数没有本质差别，可以使用函数名来调用函数模块，而不是使用 CALL 或者 RUN 语句；非函数模块都可以被称作子程序，需要用 CALL 或者 RUN 语句来调用。

在模块外定义变量时，这个变量将被存储在全局符号表中。在模块外编程时，所用的变量都来自于全局符号表。如果在 START 语句中定义了参数，那么系统将创建一个属于该模块的局部符号表，这个模块中使用的所有变量都将存储在其中。局部符号表可以有多个，每个都对应一个含参数的模块，一个变量可以同时存在于一个全局符号表和多个局部符号表中。局部符号表中的符号值都是临时的，也就是说，它们只存在于这个模块从执行开始到结束这个时间段，这个临时值是否会传递到对应的全局变量取决于这个模块是怎样定义的。

1. 模块的创建和执行

创建模块的一般形式如下：

```
START < name > < ( arguments ) > < GLOBAL( arguments ) > ;
FINISH < name > ;
```

默认的模块名称为 MAIN，执行模块的一般形式有以下两种：

```
RUN name < ( arguments ) > ;
CALL name < ( arguments ) > ;
```

RUN 和 CALL 语句中的参数必须和待引用的模块参数相一致。当用户使用的模块名称与 IML 的内置子程序重名时，RUN 和 CALL 语句在解析名称上有顺序的差别，RUN 语句先解析为用户自定义模块，再解析为 IML 内置子程序或函数；CALL 语句先解析为 IML 内置子程序，再解析为用户自定义模块。因此，在这种情况下，一般使用 CALL 语句执行 IML 内置子程序，使用 RUN 语句执行用户自定义模块。

2. 模块的嵌套

模块之间可以互相嵌套，但要保证嵌套的子模块必须完全包含在它所属的母模块中，每个模块是独立编译的。

【例 9-27】　模块的嵌套示例。

```
start a;
reset print;
    start b;
    a=a+1;
    finish b;
run b;
    finish a;
run a;
```

本例中，IML 先编译模块 A，编译过程中会遇到模块 B 的开始，系统会保存对模块 A 的编译状态然后开始编译模块 B，直到遇到 FINISH 语句。模块 B 的编译结束后，再继续编译模块 A。

3. 不含参数模块

当用户定义一个不含参数的模块时，系统不会创建局部符号表，模块内定义的所有变量都是全局的，模块内外都可以引用这些变量，任何模块内的变量操作也都会影响到全局。

【例 9-28】　创建不含参数模块。

```
proc IML;
x=1;y=5;
z="temp";
start test;
    a=x+y;y=y** 2;
    z="IML";
finish;
run test;
print x y z a;
quit;
```

程序运行结果如下：

x	y	z	a
1	25	IML	6

可见，x=1，y=25，z="IML"，三者都是全局变量，a 是模块内部创建的变量，对应值是6，也是全局变量。

4. 含参数模块

一般来说，含参数模块有以下几个特点：

① 可以用变量名的方式指定参数。

② 如果指定了多个参数，需要用逗号隔开。

③ 如果既有输入变量又有输出变量，最好把输出变量列在前面。

当使用 RUN 或者 CALL 语句调用模块时，参数可以是名称或表达式，然而，在参数用于输出结果时，必须使用变量名，而不能使用表达式。

【例 9-29】　创建含参数模块。

```
proc iml;
a=1; b=2;
c=3; d=9;
start test(x, y);
p=x+y; q=y-x;
```

```
y=10; c=100;
finish;
run test(a, b);
print a b c d;
quit;
```

程序运行结果如下：

a	b	c	d
1	10	3	9

可见 a 值保持不变，b 值因为参数传递由 2 变成了 10，c 在模块内部被赋值 100，但是这只改变了 c 在局部符号表中的取值，并不会影响到它在全局符号表中的取值，d 依然取值为 9。

当使用 RUN 或 CALL 语句调用模块时，每一个参数值都从全局符号表传递到局部符号表。本例中，首先在模块外定义了四个变量(a、b、c、d)，它们的值将被存放在全局符号表中；然后定义了一个含有两个参数(x, y)的模块 test，这一操作使系统为模块 test 创建了一个局部符号表，所有在模块内使用的变量都将被放在局部符号表中。本例中的变量 a、b、d 只存在于全局符号表中，变量 x、y、p、q 只存在于局部符号表中，而变量 c 同时存在于局部和全局符号表中。当使用 RUN 语句调用模块 test(a, b)时，全局符号表中的 a 值传递到局部符号表中的 x。类似地，全局符号表中的 b 值传递到局部符号表中的 y。这里，c 不是参数，因此，全局符号表中的 c 值和局部符号表中的 c 值不具有一致性。当模块结束执行时，局部符号表中的 x、y 值会分别传回到全局符号表中的 a、b。

5. 创建函数模块

函数是可以返回一个值的特殊模块，一般地，通过参数列表返回变量的数量也是没有限制的。对于一个函数模块来说，RETURN 语句是必需的。调用函数模块时可以用赋值语句，函数模块在符号表上的特性与一般参数模块相同。

【例 9-30】 自定义函数模块。

```
proc iml;
start maxx(x, y);
if x <=y then return(y);
else return(x);
finish;
a=4;b=8;
c=maxx(a, b);
d=maxx(maxx(a+c, b), maxx(c-a, c+a));
print c d;
quit;
```

程序运行结果如下：

c	d
8	12

本例中揭示了函数之间是可以互相调用的，而且调用时是可以传递表达式值的。函数模块遵从这样一个解析过程：先解析成 IML 内置函数，再解析成用户自定义函数，最后解析成 SAS 数据步函数。

6. 使用 GLOBAL 子句

对于函数参数模块，模块内创建的局部变量和模块外创建的全局变量没有任何联系。然而，我们是能够在模块中定义全局变量的，使用 GLOBAL 子句可以使指定变量在局部和全局符号表中都能被引用。

【例 9-31】 使用 GLOBAL 子句实例。

```
proc iml;
a=1; b=2;
c=3; d=9;
start test(x, y) global(c);
p=x+y; q=y-x;
y=10; c=100;
finish;
run test(a, b);
print a b c d;
quit;
```

程序运行结果如下：

a	b	c	d
1	10	100	9

本例中使用了 GLOBAL 子句将变量 c 定义为全局变量，使得变量 c 的值在全局和局部符号表中共享，因此，在模块内对 c 值的修改对于模块外一样有效。

由于每个模块都有自己的局部符号表，因此一个全局符号表和多个局部符号表并存的情形是很常见的。一个变量可以独立地存在于这些表中，也可以在一个全局符号表和几个局部符号表间被共享(使用 GLOBAL 子句)。

7. 模块的存储

用户可以使用 STORE 和 LOAD 语句进行模块的存储和重载，形式如下：

```
STORE MODULE=name;
LOAD MODULE=name;
```

可以用 show 语句来显示已经存储的模块名称，例如：

```
Show storage;
```

9.4.3 IML 中的命令语句

IML 中的命令语句常用来完成一些指定的系统操作，例如存储及重载矩阵或模块，完成特殊的数据处理请求。表 9-5 列出了一些常用的命令语句及其功能。

表 9-5　常用命令语句及其功能

命　令	形　式	功　能
FREE	FREE matrices;	释放矩阵占用内存，增加可用空间
LOAD	LOAD <MODULE=(module-list)> <matrix-list>;	从存储库中加载矩阵或者模块
MATTRIB	MATTRIB name <ROWNAME=row-name><COLNAME=column-name> <LABEL=label> <FORMAT=format>;	把矩阵和打印属性联系起来
PRINT	PRINT <matrices> <(expression)> <"message"><pointer-controls> <[options]>;	打印矩阵或信息
RESET	RESET <options>;	同时设置多个系统选项
REMOVE	REMOVE <MODULE=(module-list) <matrix-list>;	从存储库中移除矩阵或者模块
SHOW	SHOW operands;	发出显示系统信息的请求
STORE	STORE <MODULE=(module-list)> <matrix-list>;	将矩阵或者模块存储到库中

这些命令在 IML 中有很重要的应用地位，通过这些语句可以控制输出显示与否（RESET PRINT、RESET NOPRINT 或 MATTRIB），可以获得各种系统信息（SHOW SPACE、SHOW STORAGE 或 SHOW ALL）。

如果遇到可用空间短缺的情形，可以用命令将矩阵存储到库中，然后释放这些矩阵占用的内存，这样就可以增多现阶段的可用空间，而释放的矩阵可以在稍后必要时再进行重载。

FREE 语句释放了指定矩阵所占用的内存空间，该矩阵将失去赋值，行、列数目均为 0。FREE 语句主要应用于数据量比较大而内存相对紧张的情形。如果想要释放大部分矩阵，而只保留少数矩阵，可以用 FREE/ <matrices> 语句，括号内填写需要保留的矩阵名。

LOAD 语句可以把当前库存中的模块或矩阵加载到当前的工作空间中，结合特殊指令_ALL_（module = _all_）可以加载全部的矩阵（模块）。

MATTRIB 语句将打印属性和矩阵联系起来。每个矩阵的行或列标签都可以用矩阵来存储，必要时再将标签矩阵赋给行名或列名。

PRINT 语句可以打印矩阵或信息，可以临时地将打印信息和矩阵联系起来，如果没有足够的空间在同一页中输出所有矩阵，那么超出的矩阵将被放到下一页中，对于列数超出一页显示容量的矩阵，超过的列数会被折叠起来，并用冒号“：”作为延长线来代替。

RESET 语句主要用来设置一些系统选项，具体有哪些选项及其代表的意义请查阅说明书。

REMOVE 语句可以从当前库中移除指定的矩阵或模块，或者将二者同时移除，结合_ALL_指令可以移除全部矩阵或模块。

SHOW 语句可以输出系统信息，如变量名及其属性，激活的数据集，打开的文件，存储在库中的矩阵和模块等，更多内容请查阅说明书。

STORE 语句可以把当前工作空间中的模块或矩阵存储到当前库中，结合特殊指令_ALL_（module = _all_）可以存储全部矩阵（模块）。

9.5　IML 中的常用函数

本章只介绍几个常用的 IML 函数，有些函数如 MIN、MAX 等，虽然常见但是用法很简单，所以并没有加以介绍，更多复杂函数或者有专业需求的函数请查阅帮助文档。

9.5.1　矩阵生成函数

IML 中有很多内置的矩阵生成函数，常用的包括 BLOCK 函数、DESIGN 函数、I 函数、J 函数、SHAPE 函数、REPEAT 函数。

1. BLOCK 函数

BLOCK 函数引用的一般形式如下：

```
BLOCK(matrix1, <matrix2, …, matrix15 >);
```

该函数利用给定的参数矩阵创建了一个块状对角矩阵，括号内最多可一次性选取 15 个参数矩阵。这些矩阵基于对角线连接起来得到了一个新矩阵。

例如，语句 block（A，B，C）的运行结果如下：

$$\begin{bmatrix} A & 0 & 0 \\ 0 & B & 0 \\ 0 & 0 & C \end{bmatrix}$$

【例 9-32】 创建块对角矩阵。

```
proc IML;
reset print;
A={1 1};
B={1 2,3 4};
C=block(A, B);
run;
quit;
```

程序运行结果如下：

C	3 rows	4 cols(numeric)	
1	1	0	0
0	0	1	2
0	0	3	4

2. DESIGN 函数

DESIGN 函数引用的一般形式如下：

```
DESIGN(column-vector)
```

其中，括号内是一个数值型的列向量。

DESIGN 函数根据参数列向量创建一个用户自定义的 0、1 组合矩阵，参数中有几个不同的取值就会产生几列，每一列 1 的数量由列向量中对应该列的元素出现次数来决定，其余位置由 0 填充。

【例 9-33】 创建 0、1 组合矩阵。

```
proc IML;
reset print;
A={2, 3, 5};
B={1, -1, 3, -1};
C=design(A);
C=design(B);
run;
quit;
```

程序运行结果如下：

C	3 rows	3 cols	(numeric)
	1	0	0
	0	1	0
	0	0	1

C	4 rows	3 cols	(numeric)
	0	1	0
	1	0	0
	0	0	1
	1	0	0

可以看到，列的数量取决于列元素不同的取值，而与大小没有任何关系，元素值具体对应哪一列要根据元素实际取值的大小来排列。本例中参数设为 B 向量时，参数值 -1 对应第一列，1 对应第二列，3 对应第三列；结果矩阵行数是由列向量个数决定的。

DESIGNF 函数与之功能类似，但是得到的结果矩阵会比 DESIGN 函数得到的结果矩阵少最后一列，然后用其他列减去去掉的最后一列对应位置的元素值作为最终的结果矩阵。

【例 9-34】 利用 DESIGNF 创建矩阵。

```
proc IML;
reset print;
A={2, 3, 5};
```

```
B={1, -1, 3, -1};
C1=designf(A);
C1=designf(B);
run;
quit;
```

程序运行结果如下：

```
C1      3 rows      2 cols   (numeric)
             1           0
             0           1
            -1          -1
C1      4 rows      2 cols   (numeric)
             0           1
             1           0
            -1          -1
             1           0
```

3. I 函数

I 函数引用的一般形式如下：

```
I(dimension)
```

括号内的参数用来定义矩阵尺寸。

I 函数创建的是一个单位矩阵，即对角线上元素的值全为 1，其他位置元素的值全为 0，dimension 给出的是行和列的数目，取值必须是整数并且大于等于 1。

【例 9-35】 创建单位矩阵。

```
proc IML;
reset print;
A=I(3);
run;
quit;
```

程序运行结果如下：

```
A       3 rows      3 cols(numeric)
        1           0           0
        0           1           0
        0           0           1
```

4. J 函数

J 函数引用的一般形式如下：

```
J(nrow<, ncol<, value>)
```

J 函数创建了一个 NROW 行、NCOL 列，并且所有元素值均等于 value 的矩阵，如果省略列参数，则默认列参数等于行参数，如果省略参数值的定义，则默认值为 1。

【例 9-36】 利用 J 函数创建矩阵。

```
proc IML;
reset print;
A=J(2);
B=J(2, 3, 'saber');
run;
quit;
```

程序运行结果如下：

```
A      2 rows      2 cols      (numeric)
            1            1
            1            1
B   2 rows   3 cols(character, size 5)
        saber   saber   saber
        saber   saber   saber
```

5. SHAPE 函数

SHAPE 函数引用的一般形式如下：

```
SHAPE(matrix <, nrow <, ncol <, pad - value >)
```

SHAPE 函数根据给定的参数构造出指定尺寸的各种样式矩阵，使用方法简单概括如下：

① 如果只给定行参数，那么列参数将由参数矩阵的元素总数除以行参数得到，元素个数必须能够被行参数整除，否则将会报错。

② 如果同时给定参数矩阵、行参数和列参数，但没有给出填充值，那么系统将会逐行读取参数矩阵的元素值，直至达到预期的元素数量，必要时系统会重复读取参数矩阵以达到参数要求。

③ 如果给定了填充值，系统会先读取参数矩阵中的元素值，再将多余的位置写入填充值作为最终的结果矩阵。

【例 9-37】 利用 SHAPE 函数创建矩阵。

```
proc IML;
reset print;
A = shape(66, 3, 2);
B = shape({9 8 7, 6 5 4}, 2, 2);
C = shape({9 8 7, 6 5 4}, 3);
D = shape({11, 22}, 2, 3, 33);
run;
quit;
```

程序运行结果如下：

```
A     3 rows     2 cols   (numeric)          C     3 rows     2 cols   (numeric)
   66         66                                9         8
   66         66                                7         6
   66         66                                5         4
B     2 rows     2 cols   (numeric)          D     2 rows     3 cols   (numeric)
   9          8                                 11        22        33
   7          6                                 33        33        33
```

对于矩阵 A，参数 66 可以看作是一个标量，而不能看作是填充值，填充值是列在参数后面的；矩阵 B 是 2×2 的方阵，它是由参数矩阵逐行读取直到 4 个元素为止；矩阵 C 只给定了行参数，而参数矩阵元素个数为 6，据此得到列参数为 2，因此结果矩阵是 3×2 的；矩阵 D 给定了列向量作为参数，而结果矩阵要求是 2×3 的，当不给定填充值时，系统将会重复读取这个列向量直到元素个数达到要求，当给定填充值时，第一次读取完列向量之后余下的位置都写入填充值。

6. REPEAT 函数

REPEAT 函数引用的一般形式如下：

```
REPEAT(matrix, nrow, ncol)
```

REPEAT 函数将参数矩阵重复 nrow × ncol 次得到结果矩阵，参数矩阵既可以是数值型的，也可以是字符型的。

【例 9-38】　参数矩阵重复指定次数创建新矩阵。

```
proc IML;
reset print;
A = shape(66, 2, 2, 55);
B = repeat(A, 2, 2);
run;
quit;
```

程序运行结果如下：

B	4 rows	4 cols(numeric)	
66	55	66	55
55	55	55	55
66	55	66	55
55	55	55	55

9.5.2　矩阵查询函数

1. LOC 函数

LOC 函数引用的一般形式如下：

```
LOC(matrix)
```

LOC 函数创建了一个 $1 \times n$ 的行向量，这里的 n 是参数矩阵中非零元素的个数，缺失值默认视为 0，结果行向量中的值是参数矩阵中非零元素的位置（逐行查询）。LOC 函数可以应用于寻找满足某条件的子矩阵。

【例 9-39】　寻找满足指定条件的子矩阵。

```
proc iml;
reset print;
A = { -2, 1, 0, 3};
B = loc(A > 0);
C = A[B, ];
run;quit;
```

程序运行结果如下：

B	1 row	2 cols	(numeric)
	2	4	

C	2 rows	1 col	(numeric)
		1	
		3	

2. RANK 函数

RANK 函数引用的一般形式如下：

```
RANK(matrix)
```

RANK 函数运行后得到一个新矩阵，该矩阵包含了对应元素的排秩，对于相等的矩阵元素，它们的秩是几个元素对应的顺序秩（而非 RANKTIE 函数求平均值）。

【例 9-40】　对矩阵元素排序。

```
proc iml;
reset print;
A={-2 1 1,0 3 0.5};
B=rank(A);
C=A;
A[B]=C;
run;quit;
```

程序运行结果如下：

```
A    2 rows    3 cols   (numeric)
        -2        1         1
         0        3       0.5
A    2 rows    3 cols   (numeric)
        -2        0       0.5
         1        1         3
```

本例首先利用 RANK 函数根据矩阵 A 中的元素大小给出对应的排秩，然后再将元素按对应的秩重新进行排布，即完成了矩阵元素排序。

3. CHOOSE 函数

CHOOSE 函数引用的一般形式如下：

```
CHOOSE(condition, result-for-true, result-for-false)
```

CHOOSE 函数检查第一个参数的每个元素是否满足指定的条件式，当条件式为真时，函数返回第二个参数对应位置的元素；当条件式为假时，函数返回第三个参数对应位置的元素。

【例 9-41】 利用 CHOOSE 函数实现 IF-ELSE 语句功能。

```
proc iml;
reset print;
x={5 7,3 9};
y={8 2,4 6};
r=choose(x>y, x, y);
run;quit;
```

程序运行结果如下：

```
r    2 rows    2 cols    (numeric)
          8         7
          4         9
```

本例中当 x 的元素大于 y 的元素时，将 x 的元素赋给 r；反之，则将 y 的元素赋给 r，实际上等同于用 if-else 语句逐个比较两矩阵元素，选择大者赋给结果矩阵。

4. UNION 函数

UNION 函数引用的一般形式如下：

```
UNION(matrix1 <, matrix2, …, matrix15 >)
```

该函数返回结果是一个排好序的行向量，是由各参数矩阵所有不相同的元素组成的，参数矩阵最多不超过 15 个，但类型必须相同，可以统一是数值型的，也可统一是字符型的。如果是字符型的，元素长度由参数矩阵中最长的元素来决定，其他短的元素将在右侧用空格填补。UNIQUE 函数功能与之相同。

【例 9-42】　求出各矩阵中全都不相同的元素。

```
proc iml;
reset print;
a={1 1 1,1 2 4,1 3 9};
b={1,2,2};
c=union(a,b);
run;quit;
```

程序运行结果如下：

```
                c        1 row        5 cols      (numeric)
            1        2        3        4        9
```

9.5.3　数学函数

1. APPLY 函数

APPLY 函数引用的一般形式如下：

```
APPLY(modname, argument1 <, argument2, …, argument15 >)
```

APPLY 函数将用户自定义的模块应用到参数矩阵的每一个元素上，并返回一个最终的结果矩阵。第一个参数是模块名，该模块必须在 APPLY 函数执行前定义好，而且必须是有返回值的函数模块。

随后的参数都是要传递给模块的，因此这些参数与函数模块参数要有相同大小的尺寸，参数个数不能超过 15 个。结果矩阵的每一个元素都是由参数矩阵对应位置元素经函数模块计算得到的，参数矩阵既可以是数值型的也可以是字符型的。

【例 9-43】　利用 APPLY 函数实现矩阵元素相乘。

```
proc IML;
start AXB(a,b);
c=a*b;
return(c);
finish;
reset print;
a={2 3,8 5};
b={3 7,4 9};
mod={AXB};
c=apply(mod,a,b);
run;
quit;
```

程序运行结果如下：

```
        c      2 rows      2 cols    (numeric)
                  6          21
                 32          45
```

2. DET 函数

DET 函数引用的一般形式如下：

```
DET(square-matrix)
```

DET 函数可以计算一个方阵的行列式。行列式就是一个单一数值，可以由矩阵特征根乘积得到。原理是对方阵进行 LU 分解，再求得对角线元素乘积(具体可查阅相关书籍)。

【例 9-44】　利用 DET 函数求方阵行列式。

```
proc iml;
reset print;
a={1 1 1,1 2 4,1 3 9};
b=det(a);
run;
quit;
```

程序运行结果如下：

```
b        1 row        1 col     (numeric)
                   2
```

3. DIAG 函数

DIAG 函数引用的一般形式如下：

```
DIAG(argument)
```

如果参数是一个方阵(矩阵时必须是方阵)，那么该函数返回一个只包含参数矩阵对角元素的新矩阵，所有非对角元素都将被置为 0；如果参数是一个向量，该函数将以参数的每个值作为对角元素创建一个新矩阵，所有非对角元素都将被置为 0。

【例 9-45】　求矩阵对角元素。

```
proc iml;
reset print;
x={5 7,3 9};
r=diag(x);
run;quit;
```

程序运行结果如下：

```
r       2 rows       2 cols    (numeric)

              5            0
              0            9
```

4. INV 函数

INV 函数引用的一般形式如下：

```
INV(matrix)
```

INV 函数可以求得指定参数矩阵的逆矩阵，前提是这个参数矩阵必须是可逆的。我们知道，一个矩阵的逆矩阵和它本身的乘积是一个单位阵，这一性质可以应用于线性方程组的求解。

【例 9-46】　求指定矩阵的逆矩阵。

```
proc iml;
reset print;
A={2 2,2 3};
B=inv(A);
r=B* A;
run;quit;
```

程序运行结果如下：

```
B       2 rows       2 cols    (numeric)
            1.5           -1
             -1            1
```

```
r      2 rows      2 cols  (numeric)
              1           0
              0           1
```

5. SOLVE 函数

SOLVE 函数引用的一般形式如下：

```
SOLVE(A, B)
```

该函数解决了形如 AX = B 的线性方程组求根问题，矩阵 A 必须是方阵并且非奇异，实际上根据前面的矩阵求逆函数，对于上述方程组有 X = INV(A) * B，这与 SOLVE 函数达到的目的是相同的，但推荐使用 SOLVE 函数，因为后者的计算更加精确高效。

【例 9-47】 线性方程组求根。

```
proc iml;
reset print;
a={1 1 1,1 2 4,1 3 9};
b={1,2,2};
X=solve(a,b);
run;quit;
```

程序运行结果如下：

```
X      3 rows      1 col(numeric)
                  -1
                 2.5
                -0.5
```

线性方程组求根在实际应用中十分常见，SOLVE 函数为解决这类问题提供了很多方便。

9.6　IML 中数据集的操作

SAS/IML 提供了很多语句来实现数据集和矩阵之间的相互传递。我们可以通过多种方式将数据集中的观测写入矩阵，既可以选择全部观测，也可以只选择部分观测；可以将每一个观测对应矩阵中的一行，每一个变量对应矩阵中的一列，也可以利用 WHERE 语句为观测读取增加限定条件。

9.6.1　打开与激活数据集

数据集在使用之前需进行打开操作，这里提供三种打开数据集的操作方法。

① 对于仅需要读入已存在数据集的情形，可以使用 USE 语句，其引用的一般形式如下：

```
USE SAS-data-set < VAR operand > < WHERE(expression) > ;
```

获得读权限时，可使用的语句包括 FIND、INDEX、LIST、READ 等。

② 对于需要读/写已存在数据集的情形，可以使用 EDIT 语句，其引用的一般形式如下：

```
EDIT SAS-data-set < VAR operand > < WHERE(expression) > ;
```

获得读/写权限时，可使用的语句包括前面的 FIND 等，以及 REPLACE、APPEND、DELETE、PURGE 等。

③ 对于需要创建新数据集的情形，可以使用 CREATE 语句，其引用的一般形式如下：

```
CREATE SAS-data-set < VAR operand > ;
CREATE SAS-data-set FROM from-name
 < [COLNAME = column-name ROWNAME = row-name] > ;
```

可以使用 APPEND 语句将矩阵数据添加到数据集中。

IML 执行的指令都只对当前激活的数据集有效，所以如果连续对同一个数据集进行操作时无需每次都进行指定。当前激活的数据集通常有两个，一个用于输入，另一个用于输出。当一个数据集被打开时，IML 会默认它为当前激活数据集（输入或输出）。有下面几种途径用于激活数据集：

① USE 和 SETIN 语句激活一个数据集用作当前输入。

② SETOUT 语句激活一个数据集用作当前输出。

③ CREATE 和 EDIT 语句激活一个数据集用作当前输入和输出。

9.6.2　显示与引用数据集

我们可以使用 SHOW 语句来显示一些关于数据集的有用信息，SHOW DATASETS 语句可以列出所有已打开数据集和它们的状态；SHOW CONTENTS 语句可以列出当前输入数据集中的观测数、变量数以及各变量的名称、类型、大小等信息。

9.6.1 节对数据集的各种操作运算的对象都是数据集名称，这个名称可以是一级的，也可以是二级的，对于二级名称，第一级应是 SAS 数据库名，第二级应是 SAS 数据集名。WORK 库是一个临时数据库，SAS 关闭后将被清空。

如果只使用一级名称，IML 将会指定一个默认的数据库。IML 运行初始阶段，默认数据库通常是 WORK，可以利用 RESET DEFLIB 语句重置默认数据库。如果试图创建一个永久数据集，就必须使用二级名称并且重置默认的数据库。

【例 9-48】　数据集的打开、激活、显示与引用。

```
data a1;
input id name $ score@ @ ;
cards;
1 ZS 94 2 FQ 98
3 NQ 99 4 DZ 96
5 LR 95 6 NS 99
7 SS 97 8 FS 98
9 DK 98 10 ND 97
;
run;
proc iml;
use A1;
show datasets;
edit A2;
show datasets;
setin A1 point 5;
show datasets;
show contents;
run;quit;
```

程序运行结果如下：

LIBNAME	MEMNAME	OPEN MODE	STATUS
WORK	A1	Input	Current Input
LIBNAME	MEMNAME	OPEN MODE	STATUS
WORK	A1	Input	
WORK	A2	Update	Current Input/Output
LIBNAME	MEMNAME	OPEN MODE	STATUS
WORK	A1	Input	Current Input

```
WORK        A2                                     Update        Current Output
DATASET : WORK.A1.DATA
VARIABLE                           TYPE   SIZE
id                                 num       8
name                               char      8
score                              num       8
Number of Variables    : 3
Number of Observations: 10
```

9.6.3　选择观测条目

数据集中的变量和观测可以通过 LIST 语句列出，其引用的一般形式如下：

```
LIST < range > < VAR operand > < WHERE(expression) > ;
```

1. 列出指定范围观测

我们可以通过一些关键字或者 POINT 选项输出指定的观测条目，参数 range 常用的关键字有以下几个。

- ALL：指定所有观测。
- CURRENT：指定当前观测。
- NEXT < number > ：指定下一条或几条观测。
- AFTER：指定当前观测后面的所有观测。
- POINT Operand：指定被选择的某条观测，见表 9-6。

表 9-6　operand 常见举例

Operand	举例
单个记录号	point 7
一系列记录号	point {3 5 7}
包含记录号的矩阵	point matrix
表示记录号的表达式	Point(p+1)

【例 9-49】　利用 LIST 语句列出指定观测。

```
proc iml;
use A1;
m={1, 3, 5};
list all;list point 4;
list next 2;list point m;
list point(m+1);
run;quit;
```

程序运行结果如下：

```
OBS        id name      score
 1     1.0000 ZS      94.0000
 2     2.0000 FQ      98.0000
 3     3.0000 NQ      99.0000
 4     4.0000 DZ      96.0000
 5     5.0000 LR      95.0000
 6     6.0000 NS      99.0000
 7     7.0000 SS      97.0000
 8     8.0000 FS      98.0000
 9     9.0000 DK      98.0000
10    10.0000 ND      97.0000
OBS        id name      score
 4     4.0000 DZ      96.0000
OBS        id name      score
 5     5.0000 LR      95.0000
 6     6.0000 NS      99.0000
OBS        id name      score
 1     1.0000 ZS      94.0000
 3     3.0000 NQ      99.0000
 5     5.0000 LR      95.0000
OBS        id name      score
 2     2.0000 FQ      98.0000
 4     4.0000 DZ      96.0000
 6     6.0000 NS      99.0000
```

“point 4”使得第四条观测为当前观测，“next 2”输出随后两条观测，m 是一个矩阵，含有三个元素，list 语句输出对应的三条观测，m+1 即所有元素都加 1，输出的三条观测也随之改变。

2. 选择变量

我们可以使用 VAR 语句来选择变量，其引用的一般形式如下：

```
VAR operand
```

operand 可以是下列内容之一：

- 变量名组成的集合；
- 包含变量名的矩阵；
- 表示变量名的表达式；
- 特定关键字：_ALL_(所有变量)、_CHAR_(所有字符变量)、_NUM_(所有数值变量)。

【例 9-50】 利用 LIST 语句结合变量名选择观测。

```
proc iml;
use A1;
m={1, 3, 5};n={name score};
list all var _all_;list point 4 var{id, score};
list next 2 var _char_;list point m var n;
run;quit;
```

程序运行结果如下：

```
OBS   id name      score
 1    1.0000 ZS    94.0000
 2    2.0000 FQ    98.0000
 3    3.0000 NQ    99.0000
 4    4.0000 DZ    96.0000
 5    5.0000 LR    95.0000

 4    4.0000   96.0000
OBS name
 5 LR
 6 NS

 6    6.0000 NS    99.0000
 7    7.0000 SS    97.0000
 8    8.0000 FS    98.0000
 9    9.0000 DK    98.0000
10   10.0000 ND    97.0000
OBS        id      score

OBS name          score
 1 ZS          94.0000
 3 NQ          99.0000
 5 LR          95.0000
```

_ALL_关键字提示输出所有变量，_CHAR_提示输出所有字符变量，本例中只有 name 变量是字符型的，矩阵 n 只包括两个元素，因此 IML 只输出与变量 name、score 对应的数据信息。

3. 选择观测

利用 WHERE 子句可以有条件地选择观测，其引用的一般形式如下：

```
WHERE variable comparison-op operand ;
```

其中，comparison-op 常用算符说明见表 9-7。

表 9-7 comparison-op 常用算符说明

算符	功能	子句成立条件	算符	功能	子句成立条件
<	小于	所有元素	^=	不等于	所有元素
<=	小于等于	所有元素	?	包含给定字符串	任一元素
>	大于	所有元素	^?	不包含给定字符串	所有元素
>=	大于等于	所有元素	=:	以给定字符串开始	任一元素
=	等于	任一元素	=*	与给定字符串发音或拼写类似	任一元素

注：子句成立条件针对的是 operand 为矩阵的情形。

operand 可以是集合、矩阵或者表达式。

逻辑表达式可以用表示交集符号“&”和表示并集符号“|”来实现。

【例 9-51】　利用条件选择观测。

```
proc iml;
use A1;m = {94, 98};n = {name score};
list all var _all_ where(score = {95 97});
list all var n where(score > m);
run;quit;
```

程序运行结果如下：

OBS	id name	score
5	5.0000 LR	95.0000
7	7.0000 SS	97.0000
10	10.0000 ND	97.0000
OBS	name	score
3	NQ	99.0000
6	NS	99.0000

从本例可以看出“>”与“=”在与矩阵比较时成立的条件是不相同的。这里要注意的是，WHERE 子句中表达式左边是来自于数据集的变量，表达式右边可以是标量、向量或矩阵，在一个表达式中使用的数据集变量不能超过一个，且只能用在表达式左边。

9.6.4　从数据集中读取观测

READ 语句可以实现观测从数据集到矩阵的传递，首先要确保待读取的数据集必须已经打开并且是当前被激活的输入数据集。打开数据集可以用 USE、EDIT 等语句，激活一个输入数据集可以用 SETIN 语句。READ 语句引用的一般形式如下：

```
READ < range > < VAR operand > < WHERE(expression) > < INTO name > ;
```

其中，各参数的意义与前面介绍的基本相同。

只使用 READ 语句和 VAR 子句从当前激活的输入数据集中读取变量时，VAR 子句中的每个变量都会得到一个列向量，向量名称与对应的变量相同，列向量行数由选取的观测范围决定。

如果在此基础上添加 INTO 子句，就可以把 VAR 子句中的变量全部读入到一个指定的矩阵中，此时，每个变量都作为结果矩阵中的一列，矩阵行数取决于选取的观测数目。在观测选取上，可以结合 WHERE 子句有条件地进行选择。

【例 9-52】　从数据集中有条件地读取观测到矩阵。

```
proc iml;
use A1;m = {98, 97};n = {id score};
reset print;
read all var _char_ where(score = {96 95}) into test1;
read all var n where(score > (m-1)) into test2;
run;quit;
```

程序运行结果如下：

test1	2 rows	1 col(character, size 8)	2	98
		DZ	3	99

		LR	6	99
test2	5 rows	2 cols(numeric)	8	98
			9	98

本例中创建了两个矩阵，第一个矩阵包含数据集中所有字符变量，并且只读取 score 值为 96 或 95 的观测；第二个矩阵只包含数据集中变量名为 id、score 的两个变量，并且只读取 score 值大于 97 的观测。

9.6.5 编辑 SAS 数据集

通常使用 EDIT 语句获得对一个数据集的读/写操作，常见的编辑操作包括更新变量值、标记待删除观测、删除已标记观测、保存修改等。

假设要更新某个数据集中的变量值，应遵循以下步骤：

① 获得待编辑数据集的读/写权限。

② 寻找待修改的观测。

③ 修改指定的变量值。

④ 替代数据集中的原始值。

【例 9-53】 修改指定观测的变量值。

```
proc iml;
edit A1;reset print;
find all where(score ={95 96}) into test1;
list point test1;
score =90;replace point test1;
list point test1;
run;quit;
```

程序运行结果如下：

OBS	id name	score	OBS	id name	score
4	4.0000 DZ	96.0000	4	4.0000 DZ	90.0000
5	5.0000 LR	95.0000	5	5.0000 LR	90.0000

首先利用 find 语句找到满足特定条件的观测，将一切满足条件的观测标号存到矩阵 test1 中，然后要修改 x 的值为 500，利用 replace 语句替代 test1 中对应观测的 x 值，即完成了数据集的更新。

有时可能需要删除某些指定的观测，这时要用到 DELETE 语句，其引用的一般形式如下：

```
DELETE < range > < WHERE(expression) > ;
```

常见的几种 DELETE 语句的用法有以下几种。

- Delete：删除当前观测。
- Delete point 3：删除第 3 条观测。
- Delete all where(x >3)；删除所有 x >3 的观测。

如果一个数据集中已经删除了很多观测，直接导致余下的观测标号不连续，不利于后续操作，就可以使用 PURGE 语句对观测重新进行编号。

【例 9-54】 删除指定观测。

```
proc iml;
edit A1;
find all where(score >=94 & score <=98) into test1;
list point test1;
delete point test1;list all;
purge;list all;
run;quit;
```

程序运行结果如下：

OBS	id name	score
1	1.0000 ZS	94.0000
2	2.0000 FQ	98.0000
4	4.0000 DZ	96.0000
5	5.0000 LR	95.0000
7	7.0000 SS	97.0000
8	8.0000 FS	98.0000
9	9.0000 DK	98.0000
10	10.0000 ND	97.0000

OBS	id name	score
3	3.0000 NQ	99.0000
6	6.0000 NS	99.0000

OBS	id name	score
1	3.0000 NQ	99.0000
2	6.0000 NS	99.0000

首先利用 FIND 语句找到满足条件的观测标号，然后将其删除。可以发现，由于删除操作使得 OBS 一列不连续，这不利于进行后续更新或者删除观测等操作，因此用 PURGE 语句对余下的观测重新进行排号。

9.6.6　由矩阵创建数据集

IML 允许用户由矩阵创建数据集，应用的语句主要有 CREATE 和 APPEND，原矩阵的列将变成新数据集的变量，原矩阵的行将变成新数据集的观测，即 $m \times n$ 矩阵将得到一个 m 行观测 n 个变量的数据集。CREATE 语句创建了一个新数据集并且获得对它的读写权限，APPEND 语句将矩阵内容写入观测中。CREATE 语句的一般形式如下：

```
CREATE SAS-data-set FROM matrix < [COLNAME = column-name ROWNAME = row-name] > ;
```

其中，COLNAME 为数据集中的变量命名，ROWNAME 增加一个包含行标题的变量。

【例 9-55】　利用 CREATE 语句由矩阵创建数据集。

```
proc iml;
use A1;reset print;
read all var _NUM_ into test;
show datasets;
create A2 from test[colname ={'id' 'score'}];
append from test;
show datasets;show contents;
run;quit;
```

程序运行结果如下：

LIBNAME	MEMNAME	OPEN MODE	STATUS
WORK	A1	Input	Current Input

LIBNAME	MEMNAME	OPEN MODE	STATUS
WORK	A1	Input	
WORK	A2	Update	Current Input/Output

```
DATASET : WORK.A2.DATA
VARIABLE                                TYPE  SIZE
id                                      num      8
score                                   num      8
Number of Variables    : 2
Number of Observations: 10
```

从运行结果可以看出，数据集 A2 由 CREATE 创建并且成为当前激活的读/写数据集，但此时 A2 中并没有观测，需要 APPEND 语句将观测写入到数据集中，最终数据集 A2 中含有 2 个变量和 10 条观测。

上面介绍的是 CREATE 语句和 FROM 子句的组合，实际应用中更为常见的是 CREATE 语句和 VAR 子句的组合，相比之下后者具有更强的通用性。当要读取的变量既有数值型又有字符型时，只能用 VAR 子句，【例 9-55】中的 FROM 子句部分可以用 VAR 子句修改如下：

```
create A2 var{id score};
append from test;
```

9.6.7 数据集排序

IML 可以根据用户指定的关键变量对观测进行排序。对数据集排序前，要确认这个数据集是否被打开，只有关闭的数据集才能进行排序。SORT 语句和 by 子句再加指定变量就可以根据用户需求对数据集进行排序，如果要求保留原始数据，只需排序的同时定义一个输出数据集即可。指定的排序变量可以是多个，关键字 DESCENDING 可以实现降幂排序。

【例 9-56】 用 SORT 语句对数据集进行排序。

```
proc iml;
show datasets;
use A1;list all;
close A1;
sort A1 by score; /* sort A1 out = AA by score;*/
use A1;list all;
run;quit;
```

程序运行结果如下：

OBS	id	name	score
1	1.0000	ZS	94.0000
2	2.0000	FQ	98.0000
3	3.0000	NQ	99.0000
4	4.0000	DZ	96.0000
5	5.0000	LR	95.0000
6	6.0000	NS	99.0000
7	7.0000	SS	97.0000
8	8.0000	FS	98.0000
9	9.0000	DK	98.0000
9	3.0000	NQ	99.0000
10	10.0000	ND	97.0000

OBS	id	name	score
1	1.0000	ZS	94.0000
2	5.0000	LR	95.0000
3	4.0000	DZ	96.0000
4	7.0000	SS	97.0000
5	10.0000	ND	97.0000
6	2.0000	FQ	98.0000
7	8.0000	FS	98.0000
8	9.0000	DK	98.0000
10	6.0000	NS	99.0000

9.6.8　建立数据集索引

对于规模较大的数据集，要查询某个指定变量的信息通常要花费较长时间，因为 SAS 要逐条读取观测，可以通过事先建立索引变量的方式来减少查询时间。INDEX 语句将建立一个包含变量值和索引变量记录号的特殊文件，IML 应用这个索引可以进行更高效的查询。我们可以为任意变量建立索引，但一次只能使用一个索引，而且在应用 PURGE 语句后会丢失所有索引关联，IML 会自动删除全部索引。

索引变量值会自动更新，因此不用担心每次修改数据集之后都要重新建立一次索引。当使用索引时，观测顺序通常已经被打乱，因此不能根据原始物理标号对观测随意访问，也就是说 POINT 语句在执行索引时是禁用的。

【例 9-57】 为数据集变量建立索引。

```
proc iml;
use A1;list all;
index name;
list all;
run;quit;
```

程序运行结果如下：

OBS	id name	score	OBS	id name	score
1	1.0000 ZS	94.0000	9	9.0000 DK	98.0000
2	2.0000 FQ	98.0000	4	4.0000 DZ	96.0000
3	3.0000 NQ	99.0000	2	2.0000 FQ	98.0000
4	4.0000 DZ	96.0000	8	8.0000 FS	98.0000
5	5.0000 LR	95.0000	5	5.0000 LR	95.0000
6	6.0000 NS	99.0000	10	10.0000 ND	97.0000
7	7.0000 SS	97.0000	3	3.0000 NQ	99.0000
8	8.0000 FS	98.0000	6	6.0000 NS	99.0000
9	9.0000 DK	98.0000	7	7.0000 SS	97.0000
10	10.0000 ND	97.0000	1	1.0000 ZS	94.0000

如果对变量 score 建立索引，得到结果与按变量 score 对数据集排序得到的结果很类似，二者的区别在于，IML 建立索引时会自动生成一个文件，不覆盖原数据集，对数据集排序时如果不额外定义输出数据集，那么原数据集将被覆盖；索引得到的特殊文件其观测的物理标号(OBS)并没有发生改变，仍与原文件相同，而排序之后的数据集物理标号已经重新编排。

9.6.9　IML 数据集操作与 DATA 步的比较

如果要在 IML 环境下模仿 DATA 步的处理方式，就必须明确 IML 与 SAS DATA 步之间的基本区别：

① 在 IML 环境下，通常以 CREATE 语句作为开头而不是 DATA 语句。在建立数据集之前，必须明确所有待建立变量的属性，字符变量要预设好足够的字符串长度上限，IML 默认任意没有被声明为字符型的变量都是数值型的；在 DATA 步中，变量属性是可以通过上下文来定义的。

② 在 IML 环境下，必须使用 APPEND 语句来输出观测；在 DATA 步中，可以使用 OUTPUT 语句来输出或者随 DATA 步自动输出。

③ 在 IML 环境下，需要使用 DO DATA 来实现循环；而 DATA 步中，循环是默认执行的。

④ 在 IML 环境中，可以使用 CLOSE 语句执行数据集关闭操作，或者直接用 QUIT 语句退出 IML 环境；DATA 步会在循环结束后自动关闭数据集。

⑤ DATA 步执行速度通常比 IML 要快。

简而言之，DATA 步处理问题更简易，需要的程序更简洁，但 IML 是交互式的，其强有力的矩阵处理能力大大增加了它在应用中的灵活性。IML 数据管理指令如表 9-8 所示。

表 9-8　数据管理指令

指　令	功　能	指　令	功　能
APPEND	在数据集最后添加观测	REPLACE	替换数据集中的观测
CLOSE	关闭数据集	RESET DEFLIB	指定默认 SAS 库
CREATE	创建并打开一个数据集作为读/写数据集	SAVE	保存更改并重新打开数据集
DELETE	标记数据集中删除的观测	SETIN	激活一个已经打开的数据集作为输入数据集
EDIT	打开一个已经存在的数据集作为读/写数据集	SETOUT	激活一个已经打开的数据集作为输出数据集
FIND	搜索观测	SHOW CONTENTS	显示当前输入数据集的目录
INDEX	为数据集变量建立索引	SHOW DATASETS	显示当前打开的数据集
LIST	显示观测	SORT	对数据集排序
PURGE	清除数据集中所有已删除的观测	SUMMARY	产生数值变量的概括统计量
READ	将观测读入 IML 变量	USE	打开一个已经存在的数据集作为输入数据集

第 10 章　如何把握 SAS 语言的核心技术

SAS 语言的核心技术由五大部分组成，即 SAS MACRO(SAS 宏)、SAS ODS(SAS 输出传输系统)、SAS SQL(SAS 查询语言)、SAS 数组、SAS IML(SAS 矩阵运算模块)。这些内容在第 5 ~9 章已进行了详细介绍，本章再提纲挈领地对这些核心技术进行总结。

10.1　宏的核心技术

10.1.1　宏的概念与宏变量

1. 宏的概念

① 何为宏？人们最熟悉的说法有“宏观与微观”、“宏观经济与微观经济”、“宏观社会学与微观社会学”、“宏观管理与微观调控”等，不难理解，宏就是“广博、宏大”之意，如宏达(才识宏大通博)、宏观(宏观物体和宏观现象的总称)、宏构(宏伟的建筑)、宏图(宏大的谋略或规划)。由此可知，SAS 宏语言中的“宏”实际上就是能在 SAS 程序的数据步和过程步(简称全局)中都能起作用的语句，包括按规定方式定义的“变量”和“文本”。

② 何为 SAS 中的宏？SAS 中的宏是一段按 SAS 语言要求编写完成的程序，未提交给 SAS 系统执行(即经过 SAS 宏处理器加工或称为宏编译)的 SAS 宏程序，所写的内容是什么，读者就能看到什么；成功地提交给 SAS 系统执行后的宏程序，在 SAS 程序编辑窗口显示的内容和形式未变，但在其内已经发生了变化，其标志是达到了这段 SAS 宏程序希望实现的目的，例如，按事先规定的次数多次产生同一段文本。

③ 何为宏功能？所谓宏的功能(macro facility)就是指宏的作用，通常指定义宏变量和引用宏变量、定义宏(即一段文本)并引用宏。SAS 的宏功能是通过两个部分来实现的，即宏处理器和宏语言。宏处理器是 SAS 系统中完成宏功能的部分；宏语言是用户与宏处理器交流的句法语言。除了用宏产生文本外，宏还有下面两个功能：包含程序语句，控制什么时候和如何产生文本；接受宏参数，产生用于多处的通用的宏。

④ 何为两种触发宏处理器的定义符？当 SAS 系统编译程序文本时，两种定义符触发宏处理器工作：%，即由“%”作为前缀，紧跟着一个代表某种含义的关键词，例如，第一组(%LET、%MACRO、%MEND)称为宏语句，第二组(%PUT、%EVAL、%SYSEVALF、…)称为宏函数；②&，即由“&”作为前缀，紧跟着一个由“%LET”宏变量定义语句定义过的宏变量名，称为引用宏变量。

2. 宏变量及定义宏变量的方法

① 何为宏变量？宏变量是比较基本的 SAS 宏。宏变量值的最大长度为 32K 字符。一个宏变量的具体长度是由赋值给它的文本而不是一个明确的长度定义决定的，因此它的长度是随着它所包含的内容而变化的。宏变量只包含字符型数据。用户可以用“%PUT _ALL_;”查看当前 SAS 运行过程中所有可以利用的宏变量。

② 如何定义宏变量？定义宏变量并给它赋值的最简单方法是使用宏程序语句“%LET”，其形式为“%LET 宏变量名 = 宏变量值;”。其中，宏变量值是一串字符，可以包括任何字母、数字或键盘上所能找到的可打印符号，字符间可有空格。例如，%let name = beijing;（此句定义一个名为 name 的宏变量，其取值为 beijing)。

③ 重复定义宏变量意味着什么？如果一个宏变量已经存在，再次赋给它的值将取代当前值。

3. 宏变量的引用

① 如何引用宏变量？在创建了一个宏变量之后，使用它的方法是在它的名字前面加一个“&”符号。例如，假定在前面已成功地定义了一个宏变量 name，现在要引用此宏变量就可这样做：&name，如果操作正确，其结果显示为“beijing”。

② 当宏变量或其值中包含宏控制符会发生什么情况？如果一个宏变量或它的值中包括宏控制符(% 或 &)，则先对控制符解释后再进行赋值。例如，% let city = &name;(此句定义一个名为 city 的宏变量，其取值为由 & 符号引用的宏变量 name 的值，即前面定义过的值 beijing，也就是说，宏变量 city 是通过宏变量 name 间接地获得了其取值)。

③ 如何解析英文双引号内需要引用的宏变量？解析一个字符串或文本串中的宏变量并予以引用，需要把这个文本串用英文双引号括起来，英文单引号中的宏变量引用不被解析，当然，中文状态下的双引号和单引号都会出错。例如，% let city = beijing、title1 “data of &city”；这两个语句被执行后都会显示“data of beijing”，因为标题语句 title1 之后采用了英文双引号，双引号内有“&”符号，才能解析之前曾经定义过的宏变量 city，其取值是 bejing。而 title2 'data of &city'；语句运行后只会显示“data of &city”，因为标题语句 title2 之后采用了英文单引号，单引号内虽有“&”符号，却不能解析之前曾经定义过的宏变量 city，“&”连同其后的 city 一同被复制出来。

4. 显示宏变量的值

显示宏变量的值最简单的方法是使用% put 语句，它将在 SAS 的 Log 窗口显示结果。例如：

```
%let x=name; %let y=weight height; %put &x*** &y##;
```

语句在 SAS 的 Log 窗口显示的结果如下：

```
name*** weight height##
```

5. 改变宏变量的值

如果想在 SAS 程序中改变宏变量的值，只要在宏变量值改变之前的语句中使用% LET 语句对其重新赋值即可。例如，% let x = name；% let x = weight height；%put &x##；语句在 SAS 的 Log 窗口显示的结果如下：

```
weight height##
```

6. 间接引用宏变量

如果用户有一系列宏变量，如 city1、city2、…、city20，变量名中的数字是由宏变量 n 来表示的，当前 n 的值为 6，如果想表示宏变量 city6 的值，可使用下面的语句：

```
%put &city&n;
```

这时 SAS 将显示出错信息，因为 city 不是一个宏变量。在这种情况下，应用下面的语句：

```
%put &&city&n;
```

SAS 解析上述语句时，把 && 解析成 &，而把 city 作为文本，把 &n 解析成 6，这样就返回了一个宏变量引用 &city6，最后% put 语句显示出宏变量 city6 的值。例如：

```
%let city1=Beijing;
%let city2=shanghai;
%macro listthem
   %do n=1 %to 2;
      &&city&n;
```

```
    %end;
%mend listthem;
%put %listthem;
```

在 SAS 的 Log 窗口显示的结果如下：

```
Beijing Shanghai
```

说明：上面的“% macro listthem;…%mend listthem;”这段 SAS 程序实际上就是定义了一个名叫 listthem 的宏(即由多个宏语句组成的一段 SAS 程序，其目的是为了实现两次间接引用宏变量)，具体方法将在 10.1.2 节详细叙述。

10.1.2　宏的结构及调用

1. 定义宏的格式

```
%macro 宏名称;
    文本(多个 SAS 语句，每个 SAS 语句都以英文分号结束);
%mend 宏名称;
```

当一个宏被提交时，系统就对它进行宏编译，但不会执行。检查宏语句的语法，若有错误便在 Log 窗口显示。

2. 调用宏的格式

欲使一个宏发挥作用，一定要调用宏，宏调用的一般形式为“% 宏名称”，就是在宏名称前加“%”符号进行调用。类似于宏变量的引用(注意此时是在宏变量名前加上“&”符号)，可以在程序的各处调用宏；调用宏时可以不加分号，也可以加分号。

3. 带参数的宏

宏参数是一种特殊的宏变量，是定义在% MACRO 语句内的宏变量。

4. 带参数的宏的一般形式

```
%macro 宏名称(参数 1, 参数 2, …);
    纯文本(多个 SAS 语句);
%mend 宏名称;
```

其中，参数列表中是用逗号分开的参数名，参数列表中提到的参数是宏文本中可以作为宏变量引用的。例如：

```
%macro hb(outdata, var);
    data &outdata;
        set output1;
        rename &var = ee;
        keep dn &var tb1;
    run;
%mend hb;
```

说明：宏名称 hb 后括号内的内容为宏参数列表，它有两个宏参数，分别为 outdata 和 var；其中，第一个宏参数在其下面的 data 语句中被调用，将产生一个 SAS 数据集的名字；而第二个宏参数在其下面的 rename 语句中被重新赋值为“ee”。

5. 调用带参数的宏的一般形式

```
%宏名称(参数值 1, 参数值 2, …)
```

每个参数值将代入宏定义中相应位置的参数。

带参数的宏可以把宏变量和宏结合在一起，成为宏功能编程的强有力的方法。例如：

```
%hb(outp1, e11);
```

10.1.3　宏循环语句

1. 设定循环次数的%DO 循环语句

在数据步程序中，要实现同一组语句的重复执行，可使用 DO 循环语句。在宏程序的层次上，要实现一段文本的重复执行，可使用宏循环语句，设定循环次数的% DO 循环语句的一般形式如下：

```
%DO 指标变量 = 始点 %TO 终点 (%BY 增量)
    文本或宏程序语句
%END;
```

若增量是 1，则不写% BY 语句。

2. 嵌套宏循环语句

宏循环语句也可以采取嵌套形式，即在宏循环语句% DO-% END 内部，可嵌入另一个% DO-% END 循环语句，称为嵌套宏循环。其形式如下：

```
%DO I =1 %TO I1;
%DO J =1 %TO J1;
    文本或宏程序语句;
%END;
%END;
```

3. 其他宏循环语句

类似于数据步带条件的循环语句 DO WHILE 和 DO UNTIL，宏程序中也有功能类似的% DO % WHILE 和% DO % UNTIL。它们的一般形式如下：

```
%DO %WHILE(表达式);
    文本;
%END;
```

10.1.4　宏函数

1. 常用宏函数列表(见表 10-1 ~ 表 10-3)

表 10-1　宏计算函数

函 数 名	说　明
% EVAL	计算算术和逻辑表达式
% INDEX	寻找在一字符串中第一次出现的某个字符串

表 10-2　宏字符函数

函 数 名	说　明
% LENGTH	返回自变量的长度
% QSCAN	扫描包括% 和 & 的单词
% QSUBSTR	提取字符串中包括% 和 & 的字串
% QUPCASE	转换包括% 和 & 的小写字符为大写字符
% SCAN	扫描单词，并返回一个结束引用的结果
% SUBSTR	提取字符串中的子串
% UPCASE	转换小写字符为大写字符

表 10-3　宏引用函数

函 数 名	说　明
% BQUOTE	引用一个可分辨的值，包括未处理的特殊符号和寄存器操作符
% NRBQUOTE	引用一个可分辨的值，包括未处理的特殊符号和寄存器操作符
% NRQUOTE	引用一个可分辨的值，包括 & 和%
% NRSER	引用固定文本，包括% 和 &
% QUOTE	引用一个除% 和 & 之外的可分辨值
% STR	引用除% 和 & 之外的固定文本
% SUPERQ	引用具有不确定变量值的宏变量
% UNQUOTE	没有被引用

2. 宏函数的使用

① 用% EVAL 函数计算最终结果为零或整数的宏数学表达式的值。一般情况下，宏处理器将英文字母、数字和符号(% 和 & 除外)看作是字符。需要时，可用% EVAL 和% SYSEVALF 函数求出宏变量的整数值或浮点值。例如：

% let x = (100 + 123)；通过定义宏变量的语句生成“(100 + 123)”这个含 9 个符号的字符串；

% let x = % eval(100 + 123)；通过引用一个宏函数% eval 生成“223”这个含 3 个字符的字符串，其实际效果等于做了整数之间的加法运算。例如：

```
%let x=100;
%let y=%eval(&x+200);
%let z=&x+200;
%put y=&y z=&z;
```

提交这段 SAS 程序后，Log 窗口显示的结果如下：

```
y=300   z=100+200
```

由此可知，只要% eval(expression)的“expression”是一个整数数学表达式，此宏函数计算的结果就是一个具体的整数数值或零。

② 用% SYSEVALF 函数计算最终结果为小数的宏数学表达式的值。

% let x = % sysevalf(5.65 + 10)；通过引用另一个宏函数% sysevalf 生成“15.65”这个含 5 个字符的字符串，其实际效果等于做了小数之间的加法运算。

③ 用% substr 函数生成某字符串的子串。例如：

```
Data %substr(abcdefg, 1, 3);
   X=1; Y=2; Z=3;
Run;
```

提交这段 SAS 程序后，在 SAS/WORK 库中生成一个名为 abc 的数据集，其内有 1 个观测、3 个变量，即 X、Y、Z 3 个变量的一组具体取值，分别为 1、2、3。在% substr(abcdefg，1，3) 中，“1”代表从字符串 abcdefg 的第 1 个字符开始；“3”代表截取的字符的个数，即 abc 3 个字符。

④ 用% upcase 将变量的值转化为大写字符。例如：

```
libname xy 'path';
/* 指定数据库 xy, path 为数据库 xy 的路径*/
data flower;
   set xy.flower;
      if customerid='240w' and variety='ginger' then variety='GINGER';
run;
/* 在 SAS/WORK 库中建立临时数据集 flower，由数据库 xy 中的数据集 flower 得到，并将变量
   customerid 的取值为 240w 且变量 variety 的取值 为 ginger 的观测修改成变量 variety
   的取值 为 GINGER */
%macro dd(outdat, indat, var);
data &outdat;
set &indat;
if %upcase(&var)='GINGER' then delete;
run;
%mend dd;
/* 建立宏 dd，将 var 的值变成大写字符，如果为 GINGER 则删除这条观测*/
%dd(aa, flower, variety)
```

提交这段 SAS 程序后，变量 customerid 值为 240w，且变量 variety 的值转换为大写字符 GINGER 的这条观测将被删除。% upcase(&var)中，是指将 var 这个变量的值转换为大写字符。

⑤ 用% scan 扫描单词，并返回一个结束引用的结果。例如：

```
%macro bc;
  %let name = zhang/wang/li/zhao;
    %do i =1 %to 4;
        %put %scan(&name, &i, /);
    %end;
  %mend bc;
%bc;
```

提交这段 SAS 程序后，在 SAS 的 Log 窗口中分别显示 zhang、wang、li、zhao，% scan(&name, &i, /)函数是指以"/"为间隔符扫描第 i 个单词，用% put 函数输出在 Log 窗口中。

⑥ % sysfunc 也是常用的宏函数。通过该函数，用户可以在宏代码中直接调用 SAS 函数及用户自定义函数。例如：

```
%let tbid = %sysfunc(open(sashelp.class, i));
%let cnum = %sysfunc(attrn(&tbid, nvars));
%let rnum = %sysfunc(attrn(&tbid, nobs));
%let rc = %sysfunc(close(&tbid));
%put &tbid &cnum &rnum &rc;
```

输出结果如下：

1　5(sashelp. class 数据集的变量名个数) 19(sashelp. class 数据集的观测值个数) 0

```
%macro riqi;
   %let today = %sysfunc(inputn(20020727, yymmdd8.));
   %put &today;
%mend riqi;
%riqi;
```

提交这段 SAS 程序后，在 SAS 的 Log 窗口中显示"15548"，是指从 1960 年 01 月 01 日到 2002 年 07 月 27 日共 15548 天。% sysfunc 函数用来在数据步外调用数据步函数 inputn。

10.1.5　SYMPUT 子程序——宏与数据步的信息交换

数据步的 SYMPUT 是一个特殊的子程序，它能利用数据步运行中的变量值给一个宏变量赋值。SYMGET 也用于数据步中，作用和 SYNPUT 相反，可以在数据步执行时得到宏变量的值。注意这两个子程序的功能和宏变量赋值及宏变量引用不同，宏变量赋值、引用是静态的，是在数据步运行前就已经完成的，而 SYMPUT 和 SYMGET 可以在数据步运行中改变或访问宏变量的值。包含 SYMPUT 和 SYMGET 的程序需要包在宏的定义中，否则对宏变量的引用是静态引用。所谓子程序是类似于函数的结构，但是子程序不返回函数值，而且必须用 CALL 语句调用。

下面程序的作用是把数据步中一般字符型变量 x 的值"December"赋给宏变量 var，再通过 PRINT 过程将其打印出来：

```
data x;
    x = 'December';
    call symput('var', x);
run;
proc print;
        title "Report for &var";
        options nodate;
run;
```

程序运行结果如下：

```
Report for December
Obs        x
 1     December
```

```
data _null_;
    x=1;
    call symput('num1', x);
    call symput('num2', left(x));
    call symput('num3', trim(left(put(x, 8.))));
run;
%put num1 = *** &num1*** ;
%put num2 = *** &num2*** ;
%put num3 = *** &num3*** ;
```

程序运行结果如下：

```
7
8      %put num1  =   ***&num1 *** ;
num1   =  ***
9      %put num2  =   *** &num2 *** ;
num2   =  ***1
10     %put num3  =   ***&num3 *** ;
num3   =  ***1 ***
```

其中，call symput('num1', x)；是指将变量 x 的值赋给字符型宏变量 num1；call symput('num2', left(x))；是指将变量 x 左对齐后将其值赋给字符型宏变量 num2；call symput('num3', trim(left(put(x, 8.))))；是指先将数值型变量 x 转换为字符型变量，左对齐并去掉尾部空格后将其值赋给字符型宏变量 num3。

10.2　ODS 的核心技术

10.2.1　传送目标

1. 使用默认的 ODS 传送目标

ODS 默认的传送目标是 LISTING，其显示方式如下：

字符文本在 OUTPUT 窗口显示；图形在 GRAPH1 窗口显示。

打开 LISTING 目标：

```
ODS LISTING;
```

关闭 LISTING 目标：

```
ODS LISTING CLOSE;
```

2. 创建 RTF 文件

可以使用"ODS RTF"来产生 Rich Text Format 格式的文件，这个文件可以在 Word 环境(或者其他 Word 处理器)中打开。其句法就是在过程步之前用一个"FILE"选项添加一个"ODS"，在过程步编程之后添加一个"ODS CLOSE"。在这种情况下，前后两个"ODS"将指定 RTF 为输出目标，因此，文件有一个.rtf 扩展名。

例如，创建一个 RTF 文件的代码如下：

```
ODS RTF FILE = 'C:\Documents and Settings\hj\桌面\rtf1.rtf';
PROC MEANS DATA = class; by sex; var Age; RUN;
ODS RTF CLOSE;
```

说明：必须有一个名为 class 的 SAS 数据集。图 10-1 所示的输出显示的是 SAS 输出在 Word 环境中打开后的样子。结果表格是按照 Word 表格建立的，可以使用 Word 表格形式的特征来修改这个表格。

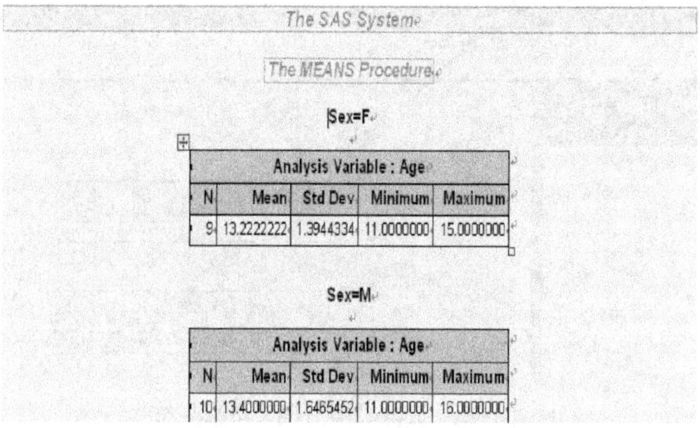
The SAS System

The MEANS Procedure

Sex=F

Analysis Variable : Age				
N	Mean	Std Dev	Minimum	Maximum
9	13.2222222	1.3944334	11.0000000	15.0000000

Sex=M

Analysis Variable : Age				
N	Mean	Std Dev	Minimum	Maximum
10	13.4000000	1.6465452	11.0000000	16.0000000

图 10-1　显示 Word 表格

3. RTF 文件的标题和脚注

当“ODS RTF”输出在 Word 中打开以后，标题和脚注是灰色的。原因是“ODS”把标题放在了 Word 文档的顶部，把脚注放在了 Word 文档的底部。如果不喜欢这种显示方式，或者做其他的标题和脚注时需要使用 Word 文档的顶部和底部，可以把这个操作去掉。在“ODS RTF”中，可以添加一个“BODYTITLE”来要求这个标题和脚注成为文档的组成部分。其句法和输出如下所示：

```
ODS RTF FILE = 'myfilename.rtf' BODYTITLE;
```

例如：

```
ODS RTF FILE = 'C:\Documents and Settings\hj\桌面\rtf1.rtf' BODYTITLE;
```

输出结果与图 10-1 基本相同，从略。

4. 调整 RTF 页边幅度

RTF 页边幅度在 Word 中打开时的默认值是 0.25，打开后可以重设。另外一种选择就是定制 ODS 风格来永久性地调整页边幅度。

5. 创建 PDF 文件

PDF 文件可以通过很多平台来浏览，而且它真正的优点是可以很容易地在不同的打印机上打印，不用考虑页面幅度和分页的问题。

创建 PDF 文件的编码非常简单，除了使用“ODS PDF”，以及文件的扩展名为“.PDF”外，其余和 RTF 的编码一样。

例如，创建一个 PDF 文件的代码如下：

```
ODS PDF FILE = 'C:\Documents and Settings\hj\桌面\PDF1.pdf';
PROC MEANS DATA = class; by sex; var Age; RUN;
ODS PDF CLOSE;
```

6. 创建 PDF 文件的书签

在默认状态下，SAS 就会对 PDF 的输出做出书签。如果不喜欢这些书签，可以使用“ODS PROCLABEL”来做出新的书签，也可以通过在“ODS PDF”的论述中添加“NOTOC”来完全清除书签。清除书签语句格式如下：

```
ODS PDF FILE = 'myfilename.pdf' NOTOC;
```

图 10-2 所示为显示 PDF 格式的结果。

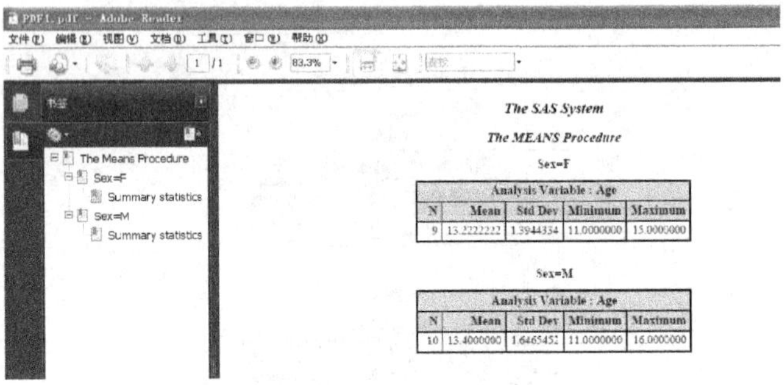

图 10-2　显示 PDF 格式的结果

例如，创建一个 PDF 文件的书签的代码如下：

```
ODS PDF FILE = 'C:\Documents and Settings\hj\桌面\PDF2.pdf';
ODS PROCLABEL 'my ptf';
PROC MEANS DATA = class; by sex; var Age; RUN;
ODS PDF CLOSE;
```

图 10-3 所示为 PDF 格式的书签。

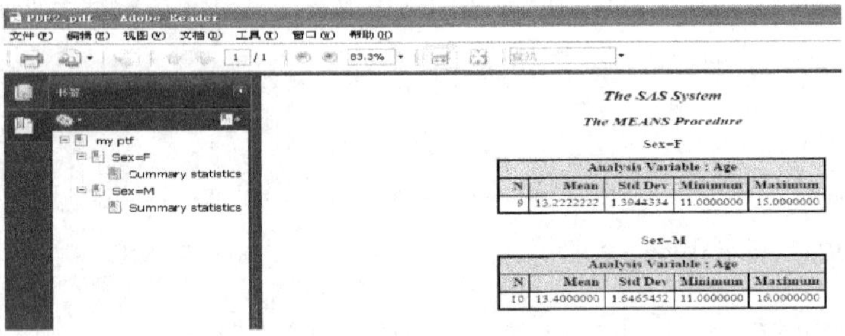

图 10-3　PDF 格式的书签

7. 调整 PDF 页边幅度

PDF 中的页边幅度很容易改变，仅需使用系统语句选择左边距、右边距、顶边距和底边距。例如，要想得到四周是 1 英寸的边距，使用如下编码：

```
OPTIONS  LEFTMARGIN = 1in  RIGHTMARGIN = 1in  TOPMARGIN = 1in BOTTOMMARGIN
=1in;
```

8. 创建景色输出

无论是 RTF 还是 PDF 的输出，如果不适合一个标准的页面形象，可以使用更宽大的景色定位转换输出，在输出程序运行之前添加以下系统选择：

```
OPTIONS ORIENTATION = LANDSCAPE;
```

9. 创建 HTML 文件

在 SAS 里可以制作网络输出，即 HTML 格式的文件。

创建 HTML 文件的代码与创建 RTF、PDF 文件相似：

```
ODSHTML FILE='C:\Documents and Settings\hj\桌面\HTML1.HTML';
PROC MEANS DATA=class; by sex; var Age; RUN;
ODSHTML CLOSE;
```

10. 建立 HTML 文件的内容表格

如果一个 HTML 文件同时输出多个程序步的结果，就会发现因网页太大而很难找到输出结果的各部分。这时可以使用 ODS 给网页添加一个内容表格。做这件事的时候，需要在 ODS HTML 的语句中添加两个参数，建立起一个框架页和内容页。使用框架页用来盛放表格内容和主要输出，用户打开框架页可以查看结果。

例如，HTML 文件的联合输出代码如下：

```
ods html file='C:\Documents and Settings\hj\桌面\html2.html'
CONTENTS='C:\Documents and Settings\hj\桌面\contents.html'
FRAME='C:\Documents and Settings\hj\桌面\frame.html.';
PROC MEANS DATA=class; by sex; var Age; RUN;
proc freq data=class; table sex; run;
ods html close;
```

输出结果如图 10-4 所示。

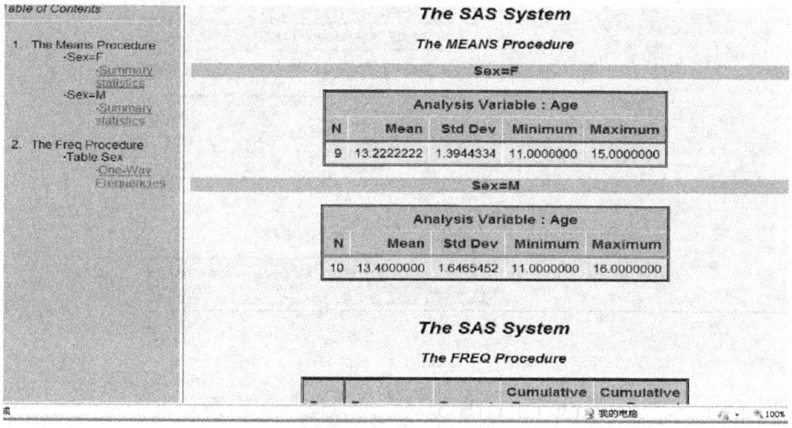

图 10-4　HTML 文件的内容表格

但是必须记住重要的一条，如果在文件名中含有一个完整的路径，将不能够把输出移动到另一个目录。因为从框架文件到内容和输出文件的路径都很难被编码进框架页。如果需要将输出粘贴到网页服务器，则不可使用完整路径(绝对路径)，而改用相对路径。

11. 去除 HTML 文件的程序标签

在图 10-5 所示的输出中，每个表格之前都有“The MEANS Procedure”或“The FREQ Procedure”的标签。使用“ODS NOPTITLE”，在文件主体中就会清除掉任何过程步标签，同时把用户自定义的标签名留在合适的位置。而出现在内容表格中的标签，需要使用“ODS PROCLABEL”提供另外一个替换标签。实施这两个选择，需要添加下面的代码：

```
ODS NOPTITLE;
ODS PROCLABEL 'Hours Billed by Customer';
```

NOPTITLE 这一选择将关闭文件主体中所有过程步的标题，除非通过使用“ODS PTITLE”重设这一选择。但是，“ODS PROCLABLE ”必须在每个过程步出现之前使用。如果在一排中出现两个“PROC PRINTs”，要想修改内容表格中的两个标签，就必须使用两个“ODS PROCLABLE”。具体输出内容此处从略。

例如，去除 HTML 文件程序标签的代码如下：

```
ods html file = 'C: \Documents and Settings \hj \桌面 \html3.html'
CONTENTS = 'C: \Documents and Settings \hj \桌面 \contents.html'
FRAME = 'C: \Documents and Settings \hj \桌面 \frame.html.';
ODS NOPTITLE;
ODS PROCLABEL '冀';
PROC MEANS DATA = class; by sex; var Age; RUN;
ODS PROCLABEL '冀';
proc freq data = class; table sex; run;
ods html close;
```

输出结果如图 10-5 所示。

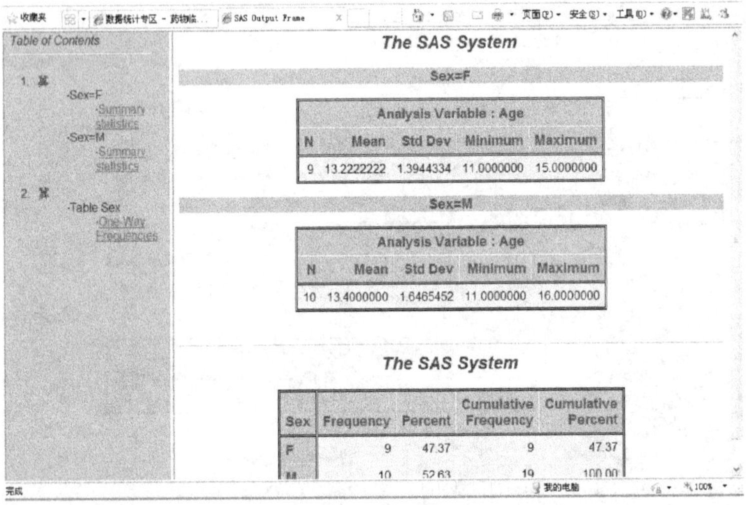

图 10-5　去除 HTML 文件的程序标签

12. 使用 ODS PRINTER

传送至目标 PRINTER 是将输出对象直接在打印机输出或生成打印文件，格式如下：

```
ODS PRINTER <选项>;
```

例如，直接将结果输出到打印机上的代码如下：

```
Ods listing close; Ods printer;
Proc print data = class; Run;
Ods printer close; Ods listing;
```

此例中，没有选项时的默认情况是将输出对象直接在系统默认打印机上输出。

ODS PRINTER 语句常用选项说明见表 10-4。

表 10-4　ODS PRINTER 语句常用选项说明

Printer = '打印机名'	规定直接传送至打印机的名称
File = 文件标示 | '文件物理地址'	规定将输出对象生成打印格式的文件(默认为 PLC 格式)
Ps | pdf	规定生成 PS 或 PDF 格式的文件
Ncolor | Color	规定输出对象包不包含色彩信息(默认为 Ncolor)
Style = 格式	规定输出对象的基本格式

例如，使用 ODS PRINTER 生成 PDF 格式文件的程序代码如下：

```
Ods listing close;  Ods printer file = ' C: \Documents and Settings \hj \桌面 \prt.
pdf'pdf;
Proc print data = class; Run;
Ods printer close; Ods listing;
```

13. 使用 ODS OUTPUT 创建输出数据集

使用 ODS OUTPUT 可以对指定输出对象创建输出数据集，句法非常简单：

```
ODS OUTPUT <output object name >= <dataset name >;
```

程序步如下：

```
ODS OUTPUT CLOSE;
```

唯一复杂的事情是给想要的结果挑选一个输出对象名。SAS 程序能够产生很多输出对象，最简单的挑选方法之一是使用 SAS Display Manager 来运行程序，然后在 Results 窗口中查看结果。

例如，如图 10-6 所示，对于 Age 的 Univariate 的输出是由 5 个输出对象组成的：Moments、Basic Measures of Location and Variability、Tests for Location、Quantiles 和 Extreme Observations。通过看输出和看这个窗口，就能够分辨出哪个里面含有想要的数据集结果。之后，在 Results 窗口中右击这个对象并从弹出的菜单中选择属性，就可以查看输出对象的名字。

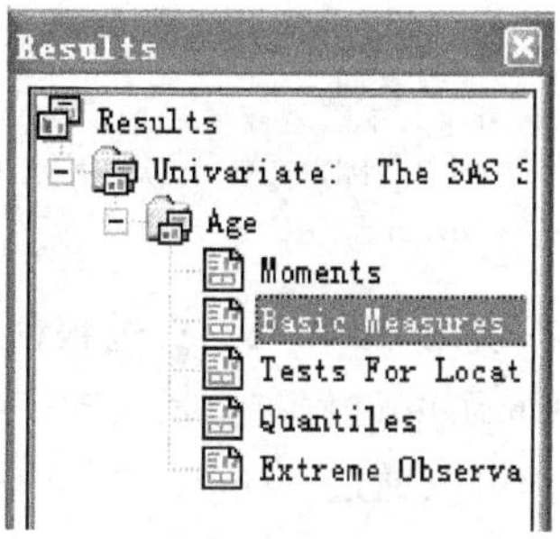

图 10-6　使用 ODS OUTPUT 创建输出数据集

本例想从输出中的 Basic Measures 中得到想要的结果，属性对话框显示输出对象的名字是 Basic Measures。创建一个名为 MyResults 的数据集，代码如下：

```
ODS OUTPUT BasicMeasures = MyResults;
PROC UNIVARIATE DATA = class; var Age; RUN;
ODS OUTPUT CLOSE;
```

输出结果如图 10-7 所示。

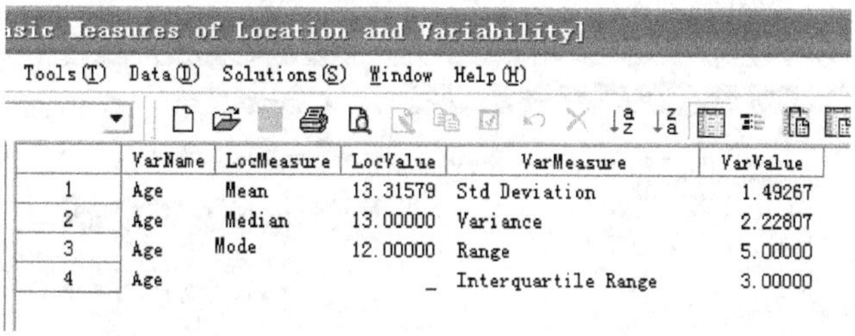

	VarName	LocMeasure	LocValue	VarMeasure	VarValue
1	Age	Mean	13.31579	Std Deviation	1.49267
2	Age	Median	13.00000	Variance	2.22807
3	Age	Mode	12.00000	Range	5.00000
4	Age		_	Interquartile Range	3.00000

图 10-7　创建一个名为 MyResults 的数据集

图 10-8 所示是 Basic Measures 的原始 Univariate 的结果。在这种情况下，输出数据集和原始过

程输出在结构上是相似的，但也并不总是这种情况，有些程序产生的输出数据集和打印结果在结构上有明显的不同。

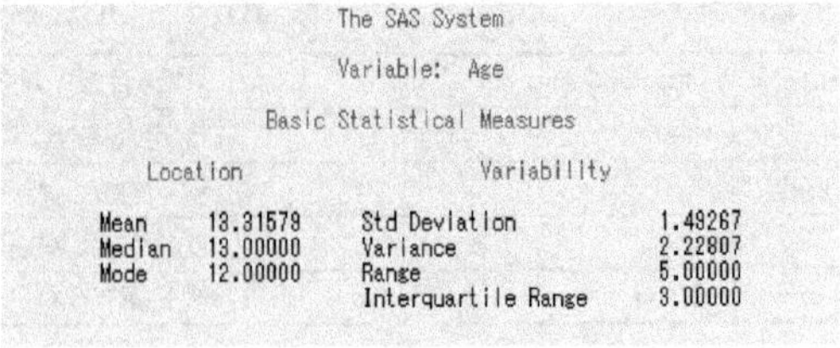

图 10-8　打印结果的结构

上面的例子创建了一个简单的数据集，也可以一次创建多个数据集，只要在 ODS OUTPUT 中列出一系列的“ <输出对象名> = <数据集名> ”就可以了。同样，把来自于多个过程步的输出对象合并为一个输出数据集也是可以的。有关如何进行这一操作，可以阅读 SAS 在线文档或者 SAS 帮助中的 MATCH – ALL 以及 PERSIST 选项。

10.2.2　改变文件风格

1. 使用 style 选项改变文件风格

ODS 中有很多种风格可供选择，对于 RTF、PDF、HTML 等的输出格式，可以通过转换格式来改变。上面的例子中使用的是称为“默认”的默认格式。要变成另外一种转换格式需要在 ODS 语句后加上 STYLE 选项（见表 10-5）。例如：

表 10-5　style 选项

默认	Beige	D3D	Printer
Brown	Minimal	StatDoc	FancyPrinter
SansPrinter	SasdocPrinter	SerifPrinter	BarrettsBlue
Brick	NoFontDefault	Rtf	Theme

```
ODS HTML FILE = 'C:\Documents and Settings\hj\桌面\HTML4.HTML' STYLE = Barretts-
Blue;
PROC MEANS DATA = class; by sex; var Age; RUN;
ODSHTML CLOSE;
```

2. 使用 TEMPLATE 过程创建样式和方便应用 template 过程的秘诀

template 过程主要是设置一些输出文字、图表的格式。上面的 style 就是通过 template 过程来实现的。可以通过 template 过程来看一下 default 下的 style 的内容，例如：

```
proc template;   source styles.default;   run;
```

运行上面的程序，在日志里就可以看到 styles. default 的全部内容，但是太复杂了，很难全部记住。下面这段程序就是方便应用 template 过程的秘诀：

```
ods markup file = "sample2.html" tagset = tagsets.style_popup;
title 'Class List';
footnote 'See www.laurenhaworth.com for more ODS papers and examples';
proc means data = class min median max maxdec = 2; run;
ods markup close;
```

程序运行结果如图 10-9 所示。

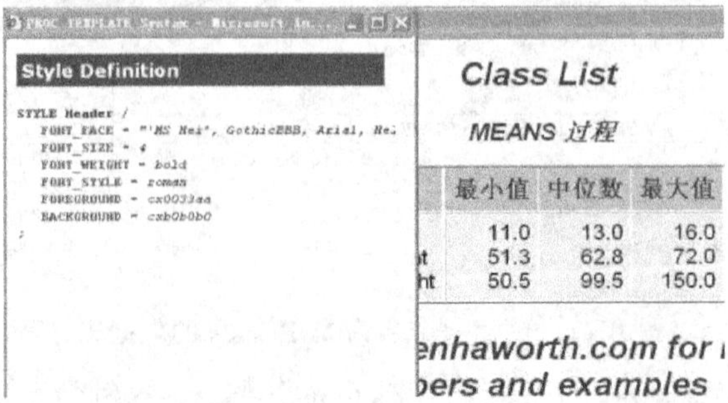

图 10-9　方便应用 template 过程产生的结果

点击输出结果的任何一个地方，都会弹出其相对应的 style 定义。这样，需要对哪里的格式进行修改，就让其弹出格式，然后再定义格式。可以用这种方式对数据、表格、标题、脚注等进行格式设定。

3. 设置表格标题格式

图 10-10 中 style definition 中的内容，就是对 header(标题)的 style 进行定义：

```
STYLE header /
    FONT_FACE = "Arial, Helvetica, sans-serif"
    FONT_SIZE = 3     FONT_WEIGHT = medium    FONT_STYLE = roman
FOREGROUND = cx002288    BACKGROUND = cxe0e0e0 ;
```

下面通过改变表格标题的 style 的各参数的内容来改变输出效果。

首先，定义一个自己的 style——Custom：

```
proc template; define style Styles. Custom;   parent = Styles. Default;
end; run;
```

其次，对 Styles. Custom 进行表格标题修改，如字体大小由 3 变成 6，字体颜色也变为 cxff00ff：

```
proc template;   define style Styles.Custom;   parent = Styles.Default;
    STYLEheader / FONT_FACE = "MS Hei, GothicBBB, Arial, Helvetica, sans - ser-
if"
  FONT_SIZE = 6    FONT_WEIGHT = bold     FONT_STYLE = roman
  FOREGROUND = cxff00ff    BACKGROUND = cxb0b0b0;  end;  run;
```

最后，使用新建的 Custom 格式：

```
ods html file = 'sample1.html' style = Custom;
proc means data = sashelp.class min median max maxdec = 1;  run;
ods html close;
```

4. 设置标题和脚注格式

大标题以及脚注，系统默认为是相同的格式，可以通过以下语句进行分别设置：

```
proc template;   define style Styles.Custom;  parent = Styles.Default;
  STYLE SystemTitle / FONT_FACE = "Comic Sans MS, Helvetica, sans - serif"
     FONT_SIZE = 5  FONT_WEIGHT = bold  FONT_STYLE = italic
     FOREGROUND = cx002288  BACKGROUND = cxe0e0e0;
  STYLE SystemFooter /  FONT_FACE = "Arial, Helvetica, sans - serif"
     FONT_SIZE = 5  FONT_WEIGHT = bold  FONT_STYLE = italic
     FOREGROUND = cx002288  BACKGROUND = cxe0e0e0;  end;  run;
```

5. 设置表格

下面详细讲一下表格的设置，原理跟上面相同。

首先，边框比较细，因此选择时要小心，选中后的结果如图 10-10 所示。

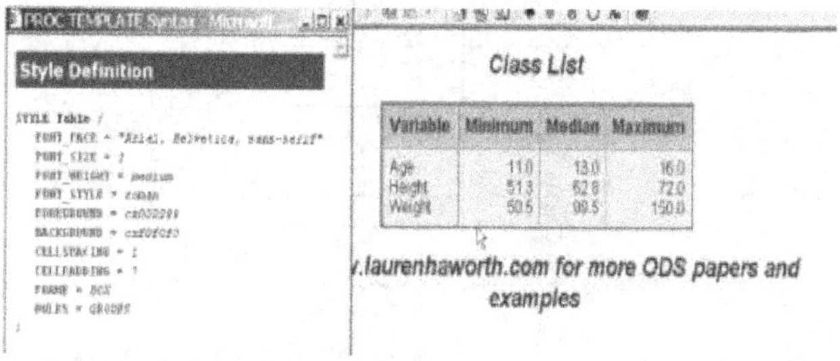

图 10-10　选中表格

最后面两个参数 FRAME 和 RULES 的选项分别如下。

① FRAME：ABOVE—只有最顶部有边缘；BELOW—只有最底部有边缘；BOX—最左最右最顶最底有边缘；HSIDES—最顶和最底有边缘；LHS—只有左边有边缘；RHS—只有右边有边缘；VOID—无边缘；VSIDES—最左最右有边缘。

② RULES：

ALL—所有行和列都有；COLS—列间有；GROUPS—标题和表格之间，表格和脚注之间；NONE—全无；ROWS—行间有。

程序如下：

```
proc template; define style Styles.Custom; parent = Styles.Default;
   STYLE Table /  FONT_FACE = "'MS Hei', GothicBBB, Arial, Helvetica, sans -
serif"
   FONT_SIZE = 3     FONT_WEIGHT = medium     FONT_STYLE = roman
   FOREGROUND = cx002288   BACKGROUND = cxf0f0f0
   CELLSPACING = 1   CELLPADDING = 7   FRAME = void  RULES =none;
   end;  run;
ods html file='sample1.html' style=Custom;
proc means data=sashelp.class min median max maxdec=1;  run;
ods html close;
```

6. 更多 template 过程的功能

template 过程的功能远远不止以上所述，下面对表格格式设定进行介绍，把程序列出来供有兴趣读者参考。这段程序定义输出表格中的数值，将在不同范围的数值用不同的字体颜色显示：

```
proc template;  define table mytable;
   cellstyle mod(_row_, 2) as {background = #e0e0e0}, 1 as {background = #
c3c3c3};
   column name age sex height weight;  define column weight;
   cellstyle _val_ >= 110 as {foreground=red},
   _val_ >= 90 as {foreground=yellow}, 1 as {foreground=green};
   end;  end;  run;
ods pdf file='c:\striped.pdf';
data _null_;  set sashelp.class;  file print ods=(template='mytable'); put _
ods_;  run;
ods pdf close;
```

输出结果如图 10-11 所示。

Name	Age	Sex	Height	Weight
Alfred	14	M	69	112.5
Alice	13	F	56.5	84
Barbara	13	F	65.3	
Carol	14	F	62.8	
Henry	14	M	63.5	
James	12	M	57.3	83
Jane	12	F	59.8	84.5
Janet	15	F	62.5	112.5
Jeffrey	13	M	62.5	84
John	12	M	59	
Joyce	11	F	51.3	50.5
Judy	14	F	64.3	
Louise	12	F	56.3	77
Mary	15	F	66.5	112
Philip	16	M	72	150
Robert	12	M	64.8	128
Ronald	15	M	67	133
Thomas	11	M	57.5	85
William	15	M	66.5	112

图 10-11　将在不同范围的数值用不同的字体颜色显示

10.2.3　创建图形输出

ODS 图形的布局和外观取决于 ODS 模板和样式。这些模板支持一般的图形文件格式，如 GIF、JPEG、PNG、PS、EPSI 等。ODS 制图法将图形显示与表格输出进行了充分的整合。图形的生成受程序的自动控制，且所有的 ODS 图形都受诸如 SELECT、EXCLUDE 等标准 ODS 语句的支配，就像 ODS 表格一样。ODS 制图法能生成不同类型的具有复杂图形布局的平面线图，且这些平面线图类型都与一般的文件格式，如 HTML、PDF、RTF、LATEX 等进行了整合。

ODS 制图法中的语句使 ODS 具有进行自动化图解的功能。其基本格式如下：

```
ODS GRAPHICS ON
        </ IMAGEFMT = image-file-type | STATIC | STATICMAP
        IMAGENAME = filename
        RESET >;
    procedures or data steps
ODS GRAPHICS OFF;
```

【例 10-1】　给予 gD2 疫苗的 HSV-2 发作的对数－秩检验（WALKER，2002P351）。

48 位患有生殖器疱疹的病人被招募到这一研究中，这一研究是关于一种新的针对糖蛋白抗原 gD2 的疱疹疫苗。这些病人在被招募到这一研究中之前 12 个月内都有过至少 6 次疱疹发作的病史，而且是在注射疫苗后的缓解期。他们被随机地安排接受 gD2 疫苗注射（n = 25）或服用安慰剂（n = 23），他们的情况将在随后的一年内被关注。是否有证据表明两组之间病人疾病复发次数的分布有所不同？

在以下 BCJQ10_14. SAS 程序中 SAS/STAT 程序 LIFETEST 被用于执行对数-秩检验（其中，vac 代表病人接受的处理，即 gd2 疫苗注射或服用 PBO 安慰剂；pat 代表病人的编号；wks 代表观察的周数；x 代表病人的疾病复发次数）：

```
data hsv; input vac $ pat wks x @@ ;
cens = (wks < 1); wks = abs(wks); trt = (vac = 'GD2');
datalines;
GD2 1 8 12 GD2 3 -12 10 GD2 6 -52 7
GD2 7 28 10 GD2 8 44 6 GD2 10 14 8
GD2 12 3 8 GD2 14 -52 9 GD2 15 35 11
GD2 18 6 13 GD2 20 12 7 GD2 23 -7 13
GD2 24 -52 9 GD2 26 -52 12 GD2 28 36 13
GD2 31 -52 8 GD2 33 9 10 GD2 34 -11 16
GD2 36 -52 6 GD2 39 15 14 GD2 40 13 13
GD2 42 21 13 GD2 44 -24 16 GD2 46 -52 13
GD2 48 28 9 PBO 2 15 9 PBO 4 -44 10
PBO 5 -2 12 PBO 9 8 7 PBO 11 12 7
PBO 13 -52 7 PBO 16 21 7 PBO 17 19 11
PBO 19 6 16 PBO 21 10 16 PBO 22 -15 6
PBO 25 4 15 PBO 27 -9 9 PBO 29 27 10
PBO 30 1 17 PBO 32 12 8 PBO 35 20 8
PBO 37 -32 8 PBO 38 15 8 PBO 41 5 14
PBO 43 35 13 PBO 45 28 9 PBO 47 6 15
;
run;
ods html; ods graphics on / imagename = 'lifetest';
proc lifetest data = hsv; time wks * cens(1); strata vac; run;
ods graphics off; ods html close;
```

图 10-12 所示为乘积–极限生存函数估计的 HSV-2 病人在给予免疫治疗后首次复发的时间（以周为单位），以及由以上程序生成的概括的统计量。

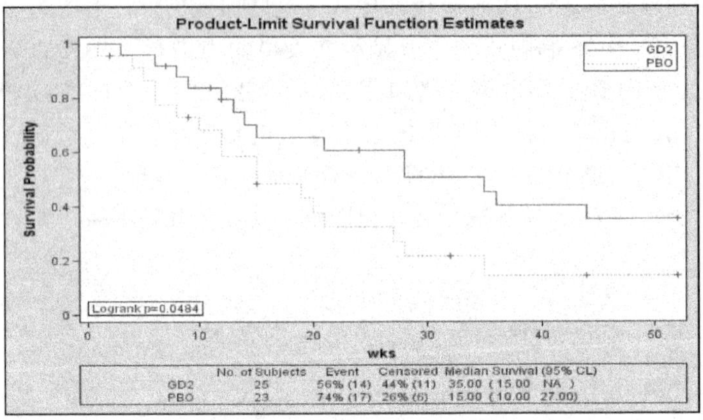

图 10-12　生存曲线

如果想看到别的图解显示生存分布和相关函数对 PROC LIFETEST 所生成结果的估计，可在 SURVIVAL 语句中指定 PLOTS = option 选项，代码如下：

```
ods html; ods graphics on;
proc lifetest data = hsv; time wks * cens(1); strata vac;
   survival plots = ( survival, density, epb, hazard, loglogs , logsurv , hwb ,
   cl, stratum); run;
ods graphics off; ods html close;
```

输出结果如图 10-13 所法。

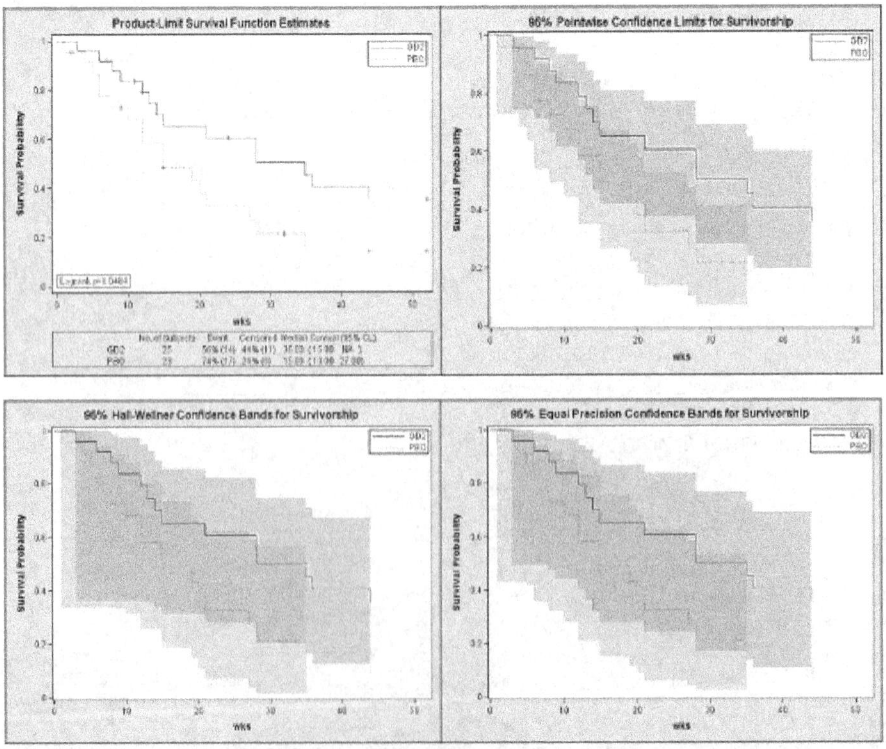

图 10-13　多种与生存分析有关的曲线

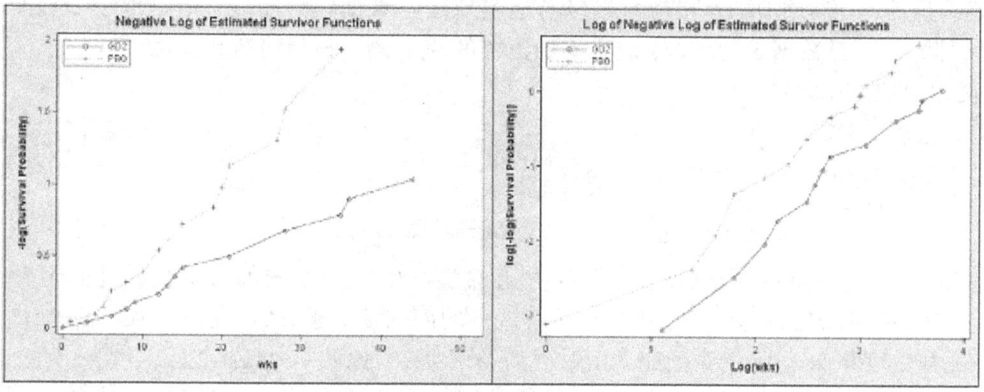

图 10-13(续)　多种与生存分析有关的曲线

图 10-13 包括了一组关于每个阶层的图：一张关于所有阶层的生存函数估计图、一张关于所有阶层的 Hall-Wellner 带图、一张关于所有阶层具有同等精确度的带图、一张关于估计生存函数的负对数图，以及关于估计生存函数的负对数的对数图。

10.3　SQL 的核心技术

10.3.1　SQL 的本质与重点

1. 通用 SAS 语言的本质

SQL 是结构查询语言，针对所有关系型数据库，它的本质即 CRUD 操作(create—新建，retrieve—取得，update—更新，delete—删除)。将 SAS 数据集看成关系型数据库的表单则可以使用 SQL 过程代替 DATA 步操作数据集。

2. SAS SQL 语句和重点

由于 SAS 的 SQL 完全移植了 SQL 的规范和标准，因此 SAS 中可用的子句同普通 SQL 语句完全一样，包括：

```
proc sql <optionlist>; alter table;
create index; create table; create view;
delete; describe; drop; insert; reset; select; update;
validate; quit;
```

其中，加粗的为重点语句，希望读者能够掌握；而未加粗的语句实用性略低，如果不参加 SAS 高级认证考试的话可以略过。

另外，需要再次强调的是，SAS 的 DATA 步本身就可以完成 SQL 大部分功能，也就是说 SAS 的 SQL 可实现的功能并不是独一无二的，编程者完全可以用 DATA 步实现相同的目的。在学习 SAS SQL 语句的同时不要彻底抛弃 DATA 步的编程，哪种更有效就用哪种。在下面的重点 SQL 语句的讲解中，将给出与每个 SQL 功能相同或者相近的 DATA 步语句，以便读者进行对比和选择。

10.3.2　重点 SQL 语句的使用及其与相应功能的 DATA 步对比

1. create table 语句

create table 语句的功能是新建一个数据集，如果该数据集存在则覆盖。由于 SAS 本身就是面向数据集编程的，自然用 DATA 步就可以轻易地实现新建数据集的功能。但是由于 DATA 步本身更强调“数据”而不是数据集的结构，故它不如正统的 SQL 语句显得简洁和有效。

① 使用 DATA 步的程序如下：

```
data BCJQ10_1;
x=3;  y="ggg";  z="t";  run;
data BCJQ10_2;
format x best10.;  format y $6.;  format z $4.;  run;
```

这里给出的两种 DATA 步语句，它们的作用都是产生了一个新的数据集，但很明显数据集 BCJQ10_1 的产生显得比较“业余”，用目前一个流行的词就是新建 DATA 步的“山寨版本”。可以看到，该数据集的变量 x、y、z 的类型完全由赋值的类型决定，比如 x 为 best12 数值型，y 为$3 字符型而 z 为$1 字符型，y 和 z 的长度不同是由于赋值时“ggg”是 3 个字符，“t”只有 1 个字符。

数据集 BCJQ10_2 的创建显然吸取了山寨版本的教训，它在创建变量时刻意地指明了每个变量的类型和长度。或许读者对 SAS 提供的数值类型不太熟悉，在这里略作解释：BCJQ10_2 中的变量 x 的类型为 best10，这是 SAS 数值型的一种，意思是变量 x 拥有 10 个有效的数字，当赋值超过 10 个有效数字时将以科学计数法显示；而$6 和$4 都是字符型，$后面的数字表示最多可占用的字符长度。使用 format 语句新建变量的优势是可以提醒编程者每个变量的类型和长度以免赋值时出错，劣势是编程者必须熟悉 SAS 较为怪异的数值类型表达方式——公平地说这不是初学者应该关注的内容。

② 使用 SAS SQL 的程序如下：

使用 SAS SQL 语句的一般格式如下：

```
proc sql;
create table BCJQ10_3 ( x NUM not null ,  y NUM unique,  z char(6) );  quit;
```

SAS SQL 语句看起来和普通的 SQL 语句没什么不同，同时也很明显地看出与普通 SAS 语句的不同风格，比如 SAS 语句就没有 num 这种数值类型。这很好地诠释了“拿来主义”的精髓。从加粗的三个语句可以看出，SQL 语句不但对 x、y、z 的类型和长度作出了规定，还进一步限定了其他属性，比如，要求 x not null(不能为空值)、要求 y unique(唯一、不能重复)。

另外，再次强调本书立足于简介和实用，只对使用到的语法现象进行解释，不会像 SAS 说明书那样长篇累牍地罗列全部语法概念。比如，此处变量 x、y 的类型是 num，即数值型，而 z 的类型是 char(6)，即最多 6 个字符的字符型；而其他 SQL 可用的数值类型，如 CHARACTER、DATE、DEC、DECIMAL、DOUBLE、FLOAT、INT、INTEGER、NUMERIC、REAL、SMALLINT、VARCHAR 等则不作解释，当然这些内容属于 SQL 本身的语法，相信学过数据库编程的读者也不会陌生。

经过上面的比较，显然使用 SAS 的 SQL 新建数据集效果优于使用 DATA 步，尤其是在运算过程中需要临时新建一些辅助数据集的场合。

2. insert 语句

insert 语句，顾名思义，是向一个数据集添加一行观测。在 SAS 中有两种应用情况，其一是新建数据集的同时添加观测，其二是向已经存在的数据集添加观测。

① 使用 DATA 步的程序如下：

```
data BCJQ10_4;
   input x y z @ @ ;  cards;
1  2   3
1  2.5  4
.  2.5  7
;
```

```
run;
data BCJQ10_5;
   input x y z @ @ ;   cards;
7 7 7
;
run;
data BCJQ10_4;
   set BCJQ10_4 BCJQ10_5;
run;
```

这段程序使用 DATA 步新建数据集 BCJQ10_4，并添加 3 行观测，这个过程就是所谓的新建数据集，通过 input 和 cards 语句配对使用，简便易行。而其后两个 DATA 步的作用是首先创建一个单行观测的数据集 BCJQ10_5，并将它和 BCJQ10_4 合并。

② 使用 SAS SQL 的程序如下：

```
proc sql;
create table BCJQ10_6(
x NUM,   y NUM,   z num
);
insert into BCJQ10_6 values(1, 2, 3);
insert into BCJQ10_6 values(1, 2.5, 4);
insert into BCJQ10_6(y, z) values(2.5, 7);
quit;
proc sql;
   insert into BCJQ10_6 select *  from BCJQ10_5;
quit;
```

这段程序和 DATA 步相对应地，第一个 SQL 过程步的作用是新建数据集 BCJQ10_6，并使用 insert 语句向其插入 3 行观测；第二个 SQL 过程步的作用是向已经存在的 BCJQ10_6 中添加 1 行观测。

读者可以自行比较一下，很明显，如果需要同时新建和插入初始观测，DATA 步比 SQL 显得简便；而如果需要向已存在的数据集添加 1 行观测时，SQL 显得更加方便，因为 DATA 步并没有直接添加观测的方法，只能通过产生数据集再合并的笨办法。

另外，对 insert 语句的语法略作解释。从上面的例子可以看出，insert 语句和关键字 values 或者 select 子句搭配时，values 后面直接跟具体数值或字符，但需要注意，插入的内容必须和数据集变量的个数、类型相吻合，比如数据集 BCJQ10_6 的 3 个变量全部为 num，即数值型，那么如果插入 values(“gg”, 2, 3)就会出错，因为“gg”是字符型的。另外，如果插入的个数少于总变量个数，必须标明是赋值给哪几个变量，比如第一条加粗的 insert 语句标明将 2.5 和 7 赋给 y 和 z 而不是 x。与 values 子句相对应的是 select 子句，select 子句并不具体出现要插入的数值，而是根据条件从已存在的数据集中选择某行数据进行插入，比如第二句加粗的 insert 语句将数据集 BCJQ10_5 的一行观测取出并插入 BCJQ10_6 中。

3. select 语句

select 语句本质是从已存在的数据集中选择符合要求的观测(即行)，并打印到输出窗口。另外，它还有一些引申功能，比如，选择符合条件的观测后产生输出数据集，选择某些变量提交给宏变量等，特别声明，这些引申功能不同于普通 SQL 语句，为 SAS 的 SQL 所独有。

① 使用 DATA 步的程序如下：

```
data BCJQ10_7;   set BCJQ10_4;
      if z =7 then output;   keep x y;
  if y^ =7 then call symput("xxx1", x);
```

```
run;
proc print data = BCJQ10_7;    run;
%put &xxx1;
```

select 语句在数据库编程中用途广泛，或者说绝大部分数据库就是为了方便搜索而建立的，大家每天都在使用的搜索引擎，如百度、google 等，其核心就是 select 语句。

上面程序中现有的数据集 BCJQ10_4 和 BCJQ10_6 分别由 DATA 步和 SQL 产生，但内容完全一样，见表 10-6。而 DATA 步产生的数据集 BCJQ10_7 的条件是 if z = 7，很明显选中了表 10-6 中的第 3、4 行。如果你的目的是产生输出数据集的话，DATA 步看来是一个不错的选择；但如果目的是希望将选出的结果打印到输出窗口，就还需增加一个 print 过程步。

和 DATA 步过程正好相反，使用 SQL 时，如果需要将选出的结果打印到输出窗口，只需要一个 select 语句即可；而若希望将产生的结果保存到输出数据集，则需要在 select 语句前面联合使用 create table 语句，如程序中加粗的语句。这里必须强调的是，create table 和 select 联用是 SAS 独有的，普通 SQL 编程中并没有 create table…as select…这样的语法。

表 10-6　数据集 BCJQ10_4 和 BCJQ10_6

Obs	x	y	z
1	1	2.0	3
2	1	2.5	4
3	.	2.5	7
4	7	7.0	7

另外，前面提到过关于宏与其他程序步接口的问题，本节中对比使用了宏和 DATA 步以及宏和 SQL 的接口。我们的目的是希望将所有满足 y^ = 7(即 y≠7)的 x 值提交给宏变量，从表 10-6 中可以看出，第 1、2、3 行的 y≠7，故宏变量的值应该为前 3 行的 x 值，即 1、1 和.(.即一个空数值)。从运行的结果来看，通过宏和 DATA 步接口子程序 symput 产生的宏变量 xxx1 的值为“.”；而通过宏和 SQL 接口 select…into:(注意 into 后面有个“:”号)…separated by…子句(见第②小节中程序)，产生的宏变量 xxx2 的值为“1 1 .”。由此可见，宏与 DATA 步的接口只能将单个变量某一行的值提交给宏变量，而宏与 SQL 的接口则可以将变量的多行值同时提交给宏变量，各个值之间用选定符号隔开，比如第(2)小节中 separated by “ ”，即空格，如果程序加粗处改写为 separated by “/”，则最后 xxx2 的结果为“1/1/.”。

② 使用 SAS SQL 的程序如下：

```
proc sql;
select x, y fromBCJQ10_6 where z = 7;
   create table BCJQ10_8 as
select x, y from BCJQ10_6 where z = 7;
select x into: xxx2 separated by " " from BCJQ10_6 where y^ = 7;
quit;
%put &xxx2;
```

现在，对 select 语句的语法结构作一些解释，关键词为 select…from…where。select 后的变量为需要在输出窗口显示的变量，比如上面程序中 select x, y 的意思是要在输出窗口只显示 x、y 的值而不显示 z 的值，如果需要显示全部变量可简写成 select ＊。而关键词 where 后面是选择观测(行)的条件，比如上面程序中使用 where z = 7 即为选择那些 z = 7 的行，也就是表 10-6 中的第 3、4 行。

此外，根据 SQL 的语法功能，select 语句不仅可以根据单一条件从单个表(数据集)中选择内容，还可以根据复合条件从表中选择内容。比如，现在需要从数据集 BCJQ10_4 和 BCJQ10_6 中选择某些行的 x 值，条件是 BCJQ10_4 和 BCJQ10_6 的 y 值都不为 7。这时的 select 语句比较复杂，具体如下：

```
proc sql;
select BCJQ10_4.x, BCJQ10_6.x from BCJQ10_4, BCJQ10_6 where BCJQ10_4.y^ = 7 and
BCJQ10_6.y^ = 7 ;
quit;
```

由于两个数据集的变量相同，必须使用“数据集. 变量”的方式来区分，如 BCJQ10_4. x、BCJQ10_6. z 等，所得的结果也比较复杂，经常会出问题。比较有趣的是，关于 select 的复合用法是 SAS 认证考试第二级(advanced SAS)的保留项目，每次必考，而原因恰恰是这部分内容比较复杂。因此建议读者如是仅希望应用，应避免对多个数据集使用 select 语句；如是希望考级，则务必多做练习，搞清其规律。

总之，对于选择或者说搜索某种条件下的结果，倾向于使用 SQL 语句，因为 SQL 语句的核心目标就是如何快速搜索表单甚至是索引以满足日益增多的海量数据。同时宏和 SQL 接口的出现，使“宏数组”的概念得以广泛使用，也是 SAS 的 SQL 经常取代 DATA 步的重要原因。

4. delete 语句

delete 和后面的 update 都是比较单纯的 SQL 子句，它们都没有其他引申含义，只是针对某种条件下观测(行)的删除和更新。同时，由于 SAS 数据集经常是作为原始数据来进行统计分析的，删除和更新操作相对数据库编程来说要少很多，而且 SAS 系统缺乏各类商业数据库系统的灾难处理以及备份能力，故任何“删除”行为都需要谨慎使用。

① 使用 DATA 步的程序如下：

```
data BCJQ10_9;
set BCJQ10_4; if z ne 7 then output;  run;
```

② 使用 SAS SQL 的程序如下：

```
proc sql;  delete from BCJQ10_6 where z =7;  quit;
```

这里同样给出删除观测(行)的两种做法，可以看出，使用 DATA 步时的逻辑是：加载数据集 BCJQ10_4，如果 $z \neq 7$，则保留观测，并且输出到数据集 BCJQ10_9；而使用 SQL 的逻辑是：加载 BCJQ10_6，如果 $z = 7$ 则删除对应观测。

由于 SAS 系统缺乏备份策略，虽然 delete 语句做到了简单实用、一目了然，但编者还是倾向于使用 DATA 步来完成，因为 DATA 步不会破坏原始数据集 BCJQ10_4 的内容，而如果对操作很有把握也可以将 BCJQ10_9 改写为 BCJQ10_4，即直接覆盖。反过来说，如果使用 SQL 进行删除操作后发现删除错误，也无法进行任何回退或者提取备份的处理。

5. update 语句

① 使用 DATA 步的程序如下：

```
data BCJQ10_4;  set BCJQ10_4;  if x =1 then z =7;  run;
```

② 使用 SAS SQL 的程序如下：

```
proc sql;  update BCJQ10_6 set z =7 where x =1;  quit;
```

update 语句即更新语句，和 delete 语句比较，除了子句开头的关键字不同外，其他基本相同，只是 update 语句会用 set 关键字标明需要更改的变量和更改的值，比如上面程序中，行符合 $x = 1$ 时，该行的 z 更新为 7。

和 delete 语句类似，如果这种改动是比较有把握的，使用 SQL 更加简洁方便，但如果希望稳妥还是使用 DATA 步为好。

6. alter table 语句

alter table 语句是对已经存在的数据集中某些变量进行设定。它有两种应用目的：一种是该变量存在，则使用 drop 关键字进行删除操作，注意这里的删除是指删除变量(即列)；而不是 delete 语句那种删除观测(即行)，还可以使用 modify 关键字进行修改操作，这里的修改是指修改变量的数据类型，比如从 char(12)变成 num，而不是 update 那种修改变量某行的具体数值。

另外一种则是该变量不存在，使用 add 关键字进行添加或者说新建变量的操作。

① 使用 DATA 步的程序如下：

```
data BCJQ10_4;
    set BCJQ10_4;  format name $8.;  format sex best12.;  format name $12.;
drop sex;  run;
```

② 使用 SAS SQL 的程序如下：

```
proc sql;  alter table BCJQ10_6 add name char(8) , sex num;
alter table BCJQ10_6 drop  sex;  alter table BCJQ10_6 modify name char(12);
quit;
```

从上面的代码可以看出，DATA 步添加变量和修改变量从程序上看没有差别，容易混淆，不推荐使用。而 SQL 由关键字 add、drop、modify 可以较清晰地标明操作的类型。但需要注意的是，modify 子句并不是永远成功的，当原数据集的变量非空时，从字符型向数值型的转换往往会出错，因为诸如“ggg”、“Abc”等变量无论如何也转化不成数字，因此还请慎用 modify 语句，毕竟对以统计分析为主要目的的软件来说，频繁更换数据类型也不是个好现象，有经验的编程者会从一开始就对各个变量的类型和长度有比较充分和前瞻性的考虑。

10.3.3　实例分析

1.“积液病人的各项指标”的正态性检验结果的汇总

初学者往往对 SAS 的 SQL 的作用不甚了解，SAS 作为一个以统计分析为主要目的的软件也很少通过“搜索”这类操作来展示数据，各类复杂的数据挖掘也绝对不会像编辑 Word 文档那样进行“查找”和“替换”。

那么在统计分析过程中，SAS 的 SQL 到底如何体现它简捷、快速的价值呢？事实上，SAS 编程者在使用 SAS 的过程步进行统计分析时都有一种感觉，往往是编程简单而结果解释困难，一个只有 3 ~ 5 行的过程步会产生数十行甚至上百行的结果报表。有很多人都曾经抱怨过，说 SAS 的结果全是英文，晦涩难懂，有的时候花了很长时间看懂的结果过不了多久又忘记了！编者也深有体会，在多个高校的研究生教学过程中存在一个普遍现象：学生往往很容易学会编程，但基本不会看结果。即使通过上课加计算机实习的强化过程后，也只有短期记忆，哪怕有认真的学生将结果全部打印并附上详细注释效果也不明显，除非经常使用否则无法快速地锁定想要的结果。

经过编者的研究和总结，发现 SAS SQL 可以有效地解决上述问题。由于 SAS 面向数据集的特性，它的任何一步结果都可以用数据集表达(包括报表)。这给编者提供了一个崭新的思路——通过使用 SQL 新建汇总结果数据集，并用宏和 SQL 的接口以及 insert 语句随时插入数据来打造符合使用者习惯的 DIY(do it yourself)结果，下面将介绍具体的实例。

本节使用“积液病人的各项指标”，可以通过导入 Excel 文件的方式方便地将它导入 SAS 成为数据集 jiye，见表 10-7，它是一个 166 × 18 的数据集。现在需要对这 18 个指标中的 12 个定量指标分别进行正态性检验，以验证治疗组(group0)与对照组(group1)在这些指标下的数据是否符合正态分布的。首先做一个基础的分析。

表 10-7 jiye 数据集的概况

Obs	group	sex	age	cdb	key	heart	stum	JB	…	KESN	effect	Bob
1	0	1	44	230.482	1	1	0	137.921	…	36.99	1	0.0
2	0	1	66	268.113	1	1	0	170.849	…	20.88	0	12.0
…	…	…	…	…	…	…	…	…	…	…	…	…
165	1	1	50	277.894	2	1	0	102.894	…	21.47	0	0.0
166	1	1	46	294.783	1	2	0	119.783	…	10.80	1	2.5

【例 10-2】 分析"积液病人的各项指标"中的治疗组与对照组 cdb 指标的正态性。

程序 BCJQ10_10 如下：

```
PROC IMPORT OUT = BCJQ10_10 DBMS = EXCEL REPLACE
      DATAFILE = "F:\study\sasCode\SASTJFX\chapter53\jiye.xls";
RUN;
   PROC SORT data = BCJQ10_10; BY group;  RUN;
PROC UNIVARIATE NORMAL data = BCJQ10_10;
VAR cdb; BY group; RUN;
```

程序输出结果的第一部分为"矩"，即平均值、标准差等(略)，其余部分如下：

```
基本统计测度
 位置                  变异性
 均值    247.7720   标准偏差   45.86838
中位数   252.1790    方差        2104
 众数       .        极差     216.96000
                  四分位极差  61.87300

位置检验：Mu0 = 0
检验     统计量             P 值
学生 t   t  49.21278        Pr > |t|     <.0001
符号     M  41.5            Pr >= |M|    <.0001
符号秩   S  1743            Pr >= |S|    <.0001

正态性检验
检验                  统计量       P 值
Shapiro-Wilk   W    0.983761     Pr < W   0.3803
```

另外，分位数和极端值的输出结果占篇幅很大，也略去。

分析与解答：本例给出了 univariate 过程步的 group = 0，即对照组的完整结果。可以看到，结果共有 6 部分，并给出了中文解释，这在 SAS 过程步中是不多见的，大多数过程步的结果均为英文，同时有大量缩写。之所以给出 group = 0 组的全部结果，是为了向读者朋友们展示一下 SAS 结果的全貌，univariate 过程步的结果相对简单，但也已经展现出了 SAS 结果报表的强大和全面，然而很多时候并不需要这种全面，实际上我们希望看到的结果只是一点点内容，请读者仔细查找一下，在第 4 部分中的 P 值 = 0.3803 > 0.05，就说明了 cdb 在 group = 0 组中符合正态分布。

根据以上分析，提出以下几个问题：

① 能否运行程序后只留下我们需要的那部分结果，去掉不需要的？

② 能否在得到 P 值的同时，让程序自动判断是否符合正态分布？

③ 能否将得到的结果重新排版，以编程者希望的格式展现出来，比如做出像表 10-8 这样的输出结果报表来？

实际上，假设①和②已经由宏实现，在这里略作讨论，以方便未阅读宏而直接阅读 SQL 的读者。

【例 10-3】 分析“积液病人的各项指标”中的治疗组与对照组 cdb 等指标的正态性，舍弃无用的结果，并自动判断是否符合正态分布。

表 10-8　编程者希望的输出结果报表

分组变量	检验变量	正态性
group	age	pass
group	Af_Ut	fail
group	S_R	fail
group	PLOT	pass
group	TRABS	fail

程序 BCJQ10_11 如下：

```
PROC IMPORT OUT = BCJQ10_11 DBMS = EXCEL REPLACE
     DATAFILE = "F:\study\sasCode\SASTJFX\chapter53\jiye.xls";
RUN;
%macro groupedDesign2(dataSource =, groupSymbol = g, var =);
   PROC SORT data = &dataSource; BY &groupSymbol;  RUN;
   PROC UNIVARIATE NORMAL data = &dataSource;  VAR &var;
      BY &groupSymbol;  output out = zTest  PROBN = PROBN;
   RUN;
   data _null_;  set zTest;
      if _n_ =1 then call symput("PROBN1", compress(round(PROBN, 0.001)));
      if _n_ =2 then call symput("PROBN2", compress(round(PROBN, 0.001)));
   run;
   %if %sysevalf(&probn1 >0.05) and %sysevalf(&probn2 >0.05) %then
      %do;  %put 变量 &var.通过正态性检验;  %end;
   %else
      %do;  %put 变量 &var.未通过正态性检验;  %end;
%mend groupedDesign2;
%groupedDesign2(dataSource = BCJQ10_4_2, groupSymbol = group, var = cdb);
%groupedDesign2(dataSource = BCJQ10_4_2, groupSymbol = group, var = Bob);
```

程序输出结果为

```
变量 cdb 通过正态性检验；变量 Bob 通过正态性检验
```

分析与解答：本例使用了自定义宏函数 groupedDesign2。该宏函数需要使用者提供数据集名称、分组变量和欲分析的变量，关键语句均加粗表示。其中，在 univariate 过程步中使用 output 子句将两个 P 值输出到数据集 zTest 中；接着使用 DATA 步和宏的接口子程序 symput 将两个 P 值提交给宏变量，注意此时也可以使用宏与 SQL 的接口 select into：子句提交宏变量，有兴趣的读者可以自己试试看；最后使用宏逻辑% if 和% then 判断代表两个 P 值的宏变量是否均大于 0.05，并在 log 日志窗口打印临时结果。

将本例的设计思路总结如图 10-14 所示，此时已经完成了图中左边的部分，接下来要进一步改进宏函数 groupedDesign2，使之能将正态性检验的结果汇总起来，而不是简单地打印到 log 日志窗口。

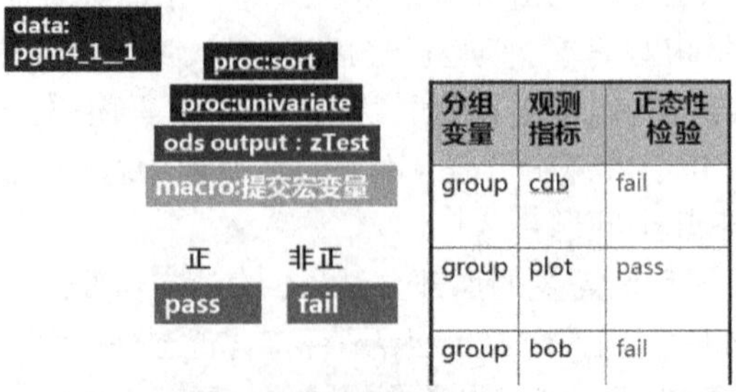

图 10-14　【例 10-3】设计思路

【例 10-4】　分析“积液病人的各项指标”中的治疗组与对照组 cdb 等指标的正态性，舍弃无用的结果，自动判断是否符合正态分布，并创建结果数据集。（注：程序 BCJQ10-12 只起一个示范作用，限于篇幅，故仅以概要的形式呈现）。

程序 BCJQ10_12 如下：

```
PROC IMPORT OUT = BCJQ10_12 DBMS = EXCEL REPLACE
        DATAFILE = "F:\study\sasCode\SASTJFX\chapter14\jiye.xls" ; RUN;
proc sql;
    create table result4(
        groupSymbol char(20) not null,  var char(20) unique,  normality char
(4)
    );
quit;
%macro groupedDesign4(dataSource =, groupSymbol =, var =, out =);
    PROC SORT……
    PROC UNIVARIATE……
    data _null_;  set zTest;
        if _n_=1 ……   if _n_=2 ……   run;
    proc sql;
        %if……
                insert into &out values("&groupSymbol", "&var", "pass");
        %else
                insert into &out values("&groupSymbol", "&var", "fail");
    quit;
%mend groupedDesign4;
%groupedDesign4
(dataSource = BCJQ10_12, groupSymbol = group, var = cdb, out = result4);
%groupedDesign4
(dataSource = BCJQ10_12, groupSymbol = group, var = Af_Ut, out = result4);
```

程序运行结果如下：

Obs	groupSymbol	var	normality
1	group	cdb	pass
2	group	Af_Ut	fail

Obs	groupSymbol	var	normality
1	group	cdb	pass
2	group	Af_Ut	fail
3	group	PLOT	pass
4	group	KESN	fail

分析与解答：为了突出重点，本例程序中略去了部分非重点内容。同样，重点部分加粗表示。按照设计思路，首先需要新建一个结果数据集 result4，它有 3 个字符型变量，其中 groupSymbol 表示分组变量，var 表示检验变量，normality 表示正态性结果。每次运行自定义宏函数 groupedDesign4 时，将向结果数据集 result4 插入一行观测，values 子句的前两个值由宏参数给出，分别为当前分组变量和检验变量，而最后一个值则视情况而定，当宏逻辑% if 成立时其值为 pass，不成立时，其值为 fail。

需要注意的是，每运行一次宏函数 groupedDesign4，程序都会自动向 result4 数据集添加一行观测，但根据 create table 语句的规定，检验变量不得重复，故本例显示的程序结运行果是分别运行 2 次和 4 次宏函数 groupedDesign4 时的结果，读者可以使用更多的检测变量得到 5 行、6 行的结果。

另外，本程序产生的结果数据集 result4 并不会直接显示到输出窗口，读者可以双击 Work 库中的数据集查看结果，也可以使用以下的 print 过程步将输出结果打印成报表形式，在输出窗口中显示：

```
proc print data = result4;
run;
```

至此，我们的程序已经有了相当的进展，实现了图 10-14 所示设计思路，对每个变量只保留了正态性检验的信息，并且通过宏和 SQL 最大程度地简化了编程(只需运行 1 条宏程序)和输出结果(无用部分全部去除，实现了 DIY 想要的结果)。当然，SAS 的 SQL 并不只局限于产生 DIY 输出结果这一个用处，读者可以结合自己的工作需要开发新的用途。总之，多动脑、勤思考，力求理论结合实际才能最大程度地发挥自己的所学，如果只是单纯的学习而不会使用，再好的工具也只能沦为摆设。

10.4　数组的核心技术

10.4.1　SAS 数组的语法结构

1. SAS 数组的概念

通过前面的学习，我们已经了解到 SAS 与其他通用编程语言不同，它是“面向数据集”的编程，因此它的变量在赋值时并非只代表一个数值或者字符串，而是一组数据的集合(即数据集的一列)，故相应地，SAS 的数组概念也和通常意义上的数组有所不同。

为了方便对比学习，本节拟采用的背景资料为“8 名健康志愿者的体检结果”(即一个由 5 名男生和 3 名女生的编号、性别、身高和体重组成的简单样本资料)，它的数据概况如图 10-15 所示。

Obs	id	sex	height	weight
1	1	male	173	64
2	5	male	179	80
3	8	male	168	75
4	10	male	175	62
5	12	male	171	60
6	14	female	166	55
7	16	female	155	50
8	20	female	165	48

图 10-15　“8 名健康志愿者”背景资料的数据概况

```
data BCJQ10_2_1;
    input id sex $ height weight;
    cards;
1  male 173 64
5 male 179 80
8 male 168 75
10 male 175 62
12 male 171 60
14  female 166 55
16 female 155 50
20 female 165 48
;
run;
```

在 SAS 中运行以上代码后，会在 WORK 库中生成结构如图 10-16 所示的数据集 BCJQ10_2_1。

(1) SAS 的变量(列数组、“隐含”数组)

观察数据集 BCJQ10_2_1 可以看到，4 个 SAS 变量 id、sex、height 和 weight 均代表一列数据，SAS 官方并未对此作出特别的说明，但通常把 SAS 的变量理解成列数组，或者叫作“隐含”数组，它由一组数值或者字符串组成，使用时极其方便。比如，若需要将 8 名学生的身高全部加 1，则直接对其数组名或者说变量名操作即可，如下段程序：

```
data BCJQ10_2_2;
    set BCJQ10_2_1;
    height = height + 1;
run;
```

无需循环语句和下标符就可以操作一组数据(一列数据)，这是 SAS 入门门槛较其他通用语言低的一个重要原因。但是，有所得就必有所失，在将“列数组”弱化成变量后，针对特定数组元素的操作反而要比通用编程复杂。比如，若试图将 id 为 5 的学生的身高加 1，就需要使用条件语句，如下段程序所示：

```
data BCJQ10_2_3;
    set BCJQ10_2_1;
    if id=5 then
        do;
            height=height+1;
        end;
run;
```

从这里可以了解到，SAS 的变量虽然等同于通用编程语言中的数组，但它并不能通过下标运算符进行定位，只能整体进行相同的运算，或者使用条件语句剔除不需要的数组元素。

(2)SAS 的数组(行数组)

由于 SAS 的变量与其他通用编程语言中的变量概念不同，因此大大弱化了数组概念在 SAS 编程中的地位，许多使用SAS 的用户甚至认为 SAS 根本就没有数组，这在 C 或者 JAVA 中是不可想象的。但实际上，SAS 是有数组这个概念的，比如，希望同时将 8 名学生的身高和体重都加 1，则可以使用数组来完成。为了和 SAS 的变量有所区分，习惯称 SAS 的数组为行数组。SAS 的数组有以下几个特点：

① 只能在 DATA 步而不可以在 PROC 步中使用 SAS 数组。

② 虽然 SAS 是一种弱语言，但唯独 SAS 数组需要先声明之后才能使用。

③ 除“临时数组”外，SAS 数组的元素必须是 SAS 变量，也就是说，SAS 数组的元素通常是一列数据，而不是一个数据或者宏变量等。

④ 由于 SAS 数组的元素是 SAS 变量，因此 SAS 一维数组就可表达通用编程语言中的二维数组。

(3)SAS 数组的声明

由于只能在 DATA 步中使用数组，故 SAS 数组的声明也必须在 DATA 步中。数组声明的语法结构比较简单，关键字为 array，然后是数组名和元素个数，最后是数组元素，通常情况下数组元素就是 SAS 变量，如下段程序：

```
data BCJQ10_2_4;
    set BCJQ10_2_1;
    array bbc1[2] height weight;
    array bbc2{4};
    array bbc3(8) _temporary_;
run;;
```

其中，array 关键字开头，执行一个数组的声明；bbc1 即定义的数组名，数组名同变量名一样，必须以字母或者下画线开头，同时不得超过 32 个字符；而数组名 bbc1 后面带中括号的数字表示数组元素的个数，[2] 即数组 bbc1 有两个元素；接下来具体指定了数组元素，本例中数组 bbc1 使用两个 SAS 变量 height 和 weight 作为数组元素。

另外，由于 SAS 的数组产生的年代较早，因此它与现在通用编程语言的习惯有所不同，从上段代码可以看出，声明 SAS 数组时，数组下标指示符可以是中括号、大括号或者小括号，而 C 或者 JAVA 语言则必须使用中括号，为了方便和统一，本书中约定只使用中括号作为下标指示符，特此说明。

SAS 数组看上去简单，使用起来却比较麻烦。比如上段代码中，数组 bbc2 和 bbc3 声明时就没有指定具体的数组元素，bbc3 更是用了_temporary_这样的表达方式，国内现有的 SAS 书籍很少对此作出解释，多数只是照搬 SAS 使用手册，故许多初学者不甚了解。编者通过较长时间的实践整理出了一套简单实用的方法，下面将分别从 SAS 数组的分类和实际使用这两方面进行说明。

2. SAS 数组的分类

SAS 数组的分类有些混乱，为了方便读者理解，编者将 SAS 数组概括为三类，但这三类并不平等，具体为两大类和一小类，每类的声明语句都有所区别。

(1) 显示下标数组

概括地说，凡是在声明时明确写出下标指示符和数组元素个数的数组均为显示下标数组。例如：

```
data BCJQ10_2_5;
    set BCJQ10_2_1;
    array bbc4 [2] height weight;
    array bbc5 [4];
    array bbc6 [7] _numeric_ ;
    array bbc7 [1] _character_;
run;
```

以上程序声明了 4 个 SAS 数组：bbc4 ~ bbc7。

其中，数组 bbc4 是比较标准的定义格式，指定了数组元素个数为 2，其后紧跟着确定了数组元素的具体内容为变量 height 和变量 weight。这里需要注意的是，任何 SAS 数组的元素必须是同类型的。由于 SAS 变量的数据类型只有数值型和字符型，故 SAS 数组的元素要么都是数值型的，要么都是字符型的，比如数组 bbc4，它包含的两个变量均为数值型。

数组 bbc5 与 bbc4 不同，它并未指定具体数组元素，如果是通用编程语言，通常就是空数组，但 SAS 有所不同，如果只确定元素个数而不指定具体元素，则系统默认将“数组名 + 编号”这样的变量纳入数组。比如，此处 bbc5 将直接含有 bbc51、bbc52、bbc53 和 bbc54 这 4 个变量，如果这样名字的变量不存在则自动创建，并且每个变量赋缺失值“.”，如表 10-9 所示。

表 10-9　数据集 BCJQ10_2_5

id	sex	height	weight	bbc51	bbc52	bbc53	bbc54
1	male	173	64	.	.	.	.
5	male	179	80	.	.	.	.
…	…	…	…	…	…	…	…
16	female	155	50	.	.	.	.
20	female	165	48	.	.	.	.

数组 bbc6 和 bbc7 就更奇怪了，它们同样没有指定具体的数组元素，而是使用了两个系统保留字段_numeric_和_character_，这表示它们分别将数据集内现有的数值型变量和字符型变量纳入数组，即 bbc6 含有全部数值型变量，而 bbc7 含有全部字符型变量。需要注意的是，如此一来，这样的数组声明语句就出现了两个互相干扰的限制，比如 bbc6 声明将含有全部的数值型变量，那潜规则就是它的数组元素个数必须等于数值型变量的个数！这个隐含条件很容易出现问题，比如看上去原数据集 BCJQ10_2_1 中数值型变量有 3 个：id、height 和 weight，但由于之前 bbc5 定义时产生了 4 个空变量（见表 10-9），故实际数值型变量个数为 7 个，于是数组 bbc6 声明时必须是[7]，如果写成 3 或者 8 系统都会报错。

鉴于使用保留字段_numeric_和_character_声明 SAS 数组时将产生数组元素个数的限制，我们约定，永远不在声明显示下标数组时使用保留字段_numeric_和_character_。

（2）临时数组

首先要说明的是，临时数组是之前提到的“两大类和一小类”中的那一小类。之所以说它是小类，原因是临时数组声明时同样必须明确写出数组元素的个数，但同时它的数组元素不是 SAS 变量，而是具体数值或字符串，与 DATA 步 input 语句类似，当声明的数组是字符型的时候，需要在数组名后加“$”符号。

```
data BCJQ10_2_6;
    set BCJQ10_2_1;
    array bbc8[4] _temporary_(1, 3, 5) ;
    array bbc9[6] $ _temporary_("a", "b", "c") ;
    array bbc10[6] _temporary_  ;
    x=bbc8[3];
    y=bbc8[4];

    m=bbc9[2];
    n=bbc9[4];

    bbc10[4]=2;
    t=bbc10[4];
run;
```

观察上段代码，熟悉 JAVA 等语言的读者会发现，SAS 的临时数组在概念和形式上都十分近似于通用编程语言中的数组。这里声明了 3 个临时数组 bbc8、bbc9 和 bbc10，它们都明确写出了包含元素的个数以及临时数组的标志——保留字段_temporary_，之后的小括号内是指定数组元素的具体内容。与另外两种 SAS 数组（即显示下标数组和隐含下标数组）不同，临时数组不需要指定全部的数组元素，比如 bbc8 的 4 个元素指定了前 3 个分别为 1、3、5，而 bbc9 的 6 个元素指定了前 3 个分别为 a、b、c，剩下未指定的元素根据数值型和字符型的不同分别为缺失值“.”和空值“ ”，而 bbc10 则是全部元素均为缺失值。

为了考察数组元素的具体内容，将临时数组的某些元素通过 SAS 变量表达出来，如表 10-10 所示。

表 10-10　数据集 BCJQ10_2_6

id	sex	height	weight	x	y	m	n	t
1	male	173	64	5	.	b		2
5	male	179	80	5	.	b		2
…	…	…	…	…	…	…	…	…
16	female	155	50	5	.	b		2
20	female	165	48	5	.	b		2

（3）隐含下标数组

与第一类显示下标数组相对应，凡是在声明时没有明确写出数组元素个数的数组称为隐含下标数组。隐含下标数组的声明方式同显示下标数组并无不同，但由于去除了元素个数的限制，就如同 JAVA 中的可变数组那样，在许多场合下使用隐含下标数组会方便很多。

```
data BCJQ10_2_7;
    set BCJQ10_2_1;
    array bbc11 height weight;
    array bbc12 _numeric_;
    array bbc13 _character_;
run;
```

这段程序声明了 3 个隐含下标数组 bbc11、bbc12、bbc13。其中，bbc11 含有两个 SAS 变量 height 和 weight 作为元素；而 bbc12 则通过保留字段_numeric_包含全部数值型变量(id、height、weight)；同理，bbc13 通过保留字段_character_包含全部字符型变量(sex)。可以看到，隐含下标数组没有个数的限制，因此可以畅快地使用保留字段_numeric_和_character_声明数组而不必担心出错，这在数据集含有大量变量时尤为有用，比如需要同时操作全部 1000 个数值型变量，声明数组时将它们一一列出显然是不现实的。

(4)三类 SAS 数组声明的正误判断以及金标准

前述三类 SAS 数组由于概念上的交叉和嵌套，显得比较混乱，编者总结了一些在教学中正确和错误的做法，编成了一道判断题，读者可先对每条声明语句自行判断，然后再看讲解。程序如下：

```
data BCJQ10_2_8;
set BCJQ10_2_1;
    array bbc14[2] height weight;
    array bbc15;
    array bbc16[4]  _character_;
    array bbc17[6]  _temporary_;
    array bbc18  _temporary_;
    array bbc19[2] aa bb _temporary_;
    i=7;
    array bbc20[i];
    %let n=7;
    array bbc21[&n];
    array bbc22 height weight ;
    array bbc23 _numeric_;
run;
```

程序中关于数组 bbc14 ~ bbc23 的声明的正误判断结果见表 10-11。其中，bbc15 和 bbc20 的错误原因比较典型，bbc15 是因为没有确定数组元素的个数，而 bbc20 则是试图用变量 i 声明数组也导致数组元素个数不确定。与此相对应的是 bbc21，它使用宏变量 &n 声明数组，和 bbc20 的变量 i 有所不同，由于宏编译过程是在 SAS 编译过程之前的，即在真正执行数组 bbc21 的声明前，&n 已经换成常数 7 了。

表 10-11　数组 bbc14 ~ bbc23 的声明的正误判断结果

数组名	类　型	正误判断	理　由
bbc14	显示	√	数组元素个数与指定变量数相等
bbc15	隐含	×	数组元素个数不确定
bbc16	显示	×	数组元素个数与指定变量数不相等
bbc17	临时	√	含有 6 个空元素的临时数组
bbc18	隐含/临时	×	数组元素个数不确定
bbc19	临时	×	临时数组不能含有 SAS 变量
bbc20	显示	×	数组元素个数不确定
bbc21	显示	√	宏变量 &n 确定了数组元素个数为 7
bbc22	隐含	√	隐含下标数组通过指定变量确定了元素个数
bbc23	隐含	√	隐含下标数组通过_numeric_确定了元素个数

最后，对三类 SAS 数组的声明作一个小结，实际上无论哪种数组，声明正确与否的关键条件都可以用一条金标准来概括，即声明数组时是否确定了数组元素的个数，如果确定则有可能正确，若

没有确定则一定不正确。一旦金标准通过后，一般隐含下标数组和临时数组就基本正确了，而显示下标数组还需要考察数组元素个数与指定变量数是否相等。

10.4.2　实例分析

1. 整理背景资料“8 名健康志愿者的体检结果”

【例 10-5】 使用显示下标数组将资料中的学生身高和体重均加 1。程序如下：

```
data BCJQ10_3_1;
    input id sex $ height weight;
    cards;
1  male 173 64
5 male 179 80
8 male 168 75
10 male 175 62
12 male 171 60
14  female 166 55
16 female 155 50
20 female 165 48
    ;
run;
data BCJQ10_3_2;
    set BCJQ10_3_1;
    array temp[2] height weight;
    do i =1 to dim(temp);
        temp[i] = temp[i] +1;
    end;
run;
```

本例并不复杂，主要是用来熟悉数组的编程过程。在声明 SAS 数组之后，同其他通用编程语言一样，将会使用循环语句对数组的每个元素执行相同的一系列操作，而数组的元素则用“数组名 + [下标操作符]”的方式来定位。同 C、JAVA 等略有不同的是，SAS 数组的默认起始下标是 1，而不是 0。比如，本例在第二个 DATA 步中，首先声明了一个显示下标数组 temp，它含有两个元素，即变量 height 和 weight；接着用 do 循环语句遍历整个数组的元素，其中 dim( ) 函数是数组的专用函数，相当于 JAVA 中的. length 属性，返回数组的元素个数。表 10-12 是程序运行的结果数据集 BCJQ10_3_2，身高和体重均增加了 1，这是我们想要的结果，但同时多出了一个变量 i = 3，这个变量其实就是 do 循环中的辅助变量，它首先等于 1，对 temp[1]（即 height）产生作用，然后等于 2，最终等于 3 的时候跳出了循环体，因此最终数据集上 i 显示为 3。可以看到，使用显示下标数组会使结果数据集产生不必要的辅助变量，如果辅助变量较多必将造成一定的混乱。

表 10-12　数据集 BCJQ10_3_2

id	sex	height	weight	i
1	male	174	65	3
5	male	180	81	3
…	…	…	…	…
16	female	156	51	3
20	female	166	49	3

【例 10-6】 使用隐含下标数组将资料中的学生身高和体重均加 1。程序如下：

```
data BCJQ10_3_3;
    input id sex $ height weight;
    cards;
1  male 173 64
```

```
5 male 179 80
8 male 168 75
10 male 175 62
12 male 171 60
14  female 166 55
16 female 155 50
20 female 165 48
    ;
run;
data BCJQ10_3_4;
    set BCJQ10_3_3;
    array temp height weight;
    do _i_=1 to dim(temp);
        temp[_i_]=temp[_i_]+1;
    end;
run;
```

本例在第二个 DATA 步中声明了一个隐含下标数组 temp，它与【例 10-5】中的显示下标数组相比，看上去没有明确规定数组元素个数，但实际后面两个变量隐含规定了数组元素的个数为 2。而在 do 循环语句遍历整个数组的元素的时候，使用了一个系统保留字段_i_，这个保留字段是专门遍历隐含下标数组的，好处是它不会出现在结果数据集中，比较有效地保护了结果数据集的整洁性。读者可以自行试验在显示下标数组的循环语句中使用_i_是否能够避免其出现在数据集中。表 10-13 是程序运行结果数据集 BCJQ10_3_4，可以看到，_i_并未出现在数据集里。

表 10-13　数据集 BCJQ10_3_4

id	sex	height	weight
1	male	174	65
5	male	180	81
…	…	…	…
16	female	156	51
20	female	166	49

2. 整理背景资料“积液病人的各项指标”

【例 10-7】　分别使用显示和隐含下标数组挑出缺失值大于等于两个的观测(病人)。

```
PROC IMPORT OUT=BCJQ10_3_5 DBMS=EXCEL REPLACE
        DATAFILE= "F:\study\sasCode\PGM\chapter54\jiye.xls";
RUN;
```

本例就比较有实用价值了，采用的资料也是一个真实的大型病人资料，使用 proc import 过程将 Excel 表格导入数据集后会发现，总共 166 名病人中总有些病人的某些数据缺失，这对我们的分析很不利。在样本比较有限的时候，希望尽量减少有缺失数据的病人，因此希望将那些有两个或者两个以上缺失值的病人挑出来，以便进行回访，完善数据。

使用显示下标数组的代码如下：

```
/* 用显示下标数组*/
data BCJQ10_3_6;
    setBCJQ10_3_5;
    array temp[18] _numeric_;
    format missed best12.;
    missed=0;
    do i=1 to dim(temp);
        if temp[i]=. then missed+1;
    end;
    if missed>=2 then output;
    drop i;
run;
```

可以看到，使用保留字段_numeric_将全部数值型变量纳入 SAS 数组 temp 中。这里明确设定了数组的元素个数为 18，这是个有点费劲的过程，因为 18 这个数字只能靠人工数出来，可以想象，如果是 180 或者 1800 个变量，数数的时间将大于编程的时间！

声明数组之后，同样需要遍历全部的数组元素，然后记录下缺失的个数。那么一个自然的想法就是设置一个累加变量，比如上段代码中的 missed，它首先等于 0，然后在 do 循环中，一旦某个数组元素对应 SAS 变量的值为缺失值“.”则 missed 的值加 1。全部 18 次循环后如果 missed 最终值大于等于 2，则将这行观测输出。最终结果数据集 BCJQ10_3_6 含有 14 行观测，也就是说有两个或者两个以上缺失值的病人有 14 人。当然，根据需求的不同可以适当修改程序，比如计算只要有一个缺失值就算不合格的病人有多少等。

使用隐含下标数组的代码如下：

```
/* 用隐含下标数组*/
data BCJQ10_3_7;
    set BCJQ10_3_5;
    array temp _numeric_;
    format missed best12.;
    missed=0;
    do over temp;
        if temp=. then missed+1;
    end;
    if missed>=2 then output;
run;
```

对于隐含下标数组来说，首先，免除了人工数变量个数的过程。另外从上段程序可以看到，对于隐含下标数组，有一个专用的 do 循环语句，即 do over 语句，它与普通的 do 循环不同的是：① 不需要辅助变量；② 在 do 循环体内，使用数组名代替数组的元素进行遍历。这样看起来，隐含下标数组的编程过程显得简洁和清楚，因此在多数情况下，编者更推荐使用隐含下标数组。当然，这也是个仁者见仁、智者见智的问题，毕竟隐含下标数组的编程由于有一些专用的语句或者专用的保留字段，导致它的样子看起来和通用编程语言的差异较大，如果是有过C++或者 JAVA 编程经历的人初学 SAS，也可以使用显示下标数组来过渡一下。

3. 实现“均匀性度量公式”

【例 10-8】 在正交和均匀试验设计中，矩阵的均匀性度量公式有 5 个，其中之一为 CD_2^2，请使用数组进行编程，实现这个均匀性度量公式。（***U*** 为原始矩阵，***X*** 为变换矩阵。）

$$\boldsymbol{U}=\underbrace{\begin{bmatrix}1&1&1\\1&1&3\\1&3&1\\1&3&3\\2&2&2\\3&1&1\\3&1&3\\3&3&1\\3&3&3\end{bmatrix}}_{s} n$$

$$x_{ij}=\frac{2u_{ij}-1}{2n}$$

$$CD_2{}^2=\left(\frac{13}{12}\right)^s-\frac{2^{1-s}}{n}\sum_{k=1}^{n}\prod_{i=1}^{s}\left(2+\left|x_{ki}-\frac{1}{2}\right|-\left|x_{ki}-\frac{1}{2}\right|^2\right)+\frac{1}{n^2}\sum_{k,l=1}^{n}\prod_{i=1}^{s}\left(1+\frac{1}{2}\left|x_{ki}-\frac{1}{2}\right|+\frac{1}{2}\left|x_{li}-\frac{1}{2}\right|-\frac{1}{2}\left|x_{ki}-x_{li}\right|\right)$$

首先将存有原始矩阵 ***U*** 数据的 Excel 表格导入 SAS 生成数据集 BCJQ10_3_8，程序如下：

```
PROC IMPORT OUT=BCJQ10_3_8 DBMS=EXCEL REPLACE
        DATAFILE="F:\study\sasCode\PGM\chapter54\matrix1.xls";
RUN;
```

当然，如果事先没有将数据保存在 Excel 中，也可以使用 DATA 步的方法将原始矩阵 $\boldsymbol{U}$ 的数据硬编码成数据集，不过这样做的缺点是当需要使用宏进行包装和一般化时，无法将生成数据集的步骤也纳入宏的范畴内，但用在测试过程中还算方便，代码如下：

```
dataBCJQ10_3_9;
    input s1 s2 s3;
    cards;
1 1 1
1 1 3
1 3 1
1 3 3
2 2 2
3 1 1
3 1 3
3 3 1
3 3 3
;
run;
```

本例是一个 9 个试验点(即 9 行)的试验，原始矩阵 $\boldsymbol{U}$ 中每个试验点的维数(即横向)用字母 s 表示，而试验点的个数(即纵向)用字母 n 表示。CD_2^2 通过上面的公式来计算，现在需要将它程序化，当然这个公式的具体做法实际上和 SAS 编程并没有多大关联，学过通用编程语言的人都可以用数组实现它。这里需要重点讲解的是，怎样在 SAS 中选择合适类型的数组进行操作。

通过学习 SAS 编程的基础章节，我们已经知道，SAS 的观测(即行)之间的数据是严格分开的，这也是所谓的 DATA 步自循环过程。换句话说，SAS 数据集的行与行之间是没有任何交集的，看上去 SAS 变量代表一列数据，但实际上 SAS 编译过程中，每次只对一行进行运算，直到这一行的结果全部计算完毕并且输出后，才导入下一行重复运行下去。

而从 CD_2^2 的公式中可以看到，原始矩阵 $\boldsymbol{U}$ 的 9 行数据需要进行反复的连乘和连加运算，也就是说，行与行之间是一定要有交集的，那么通常意义上的 SAS 数组就不符合本例的性质，除非将数据集整理成一列或者一行的样子，但这样做将体现不出 9×3 的数据性质。看起来唯一的选择就是临时数组了，前面已经较详细地描述过临时数组的特性，它是唯一和 SAS 变量无关的数组，它的数组元素全部是具体的数据。因此，为了编写计算 CD_2^2 的代码，首先需要创建一个二维临时数组，将全部 27 个数据纳入，然后就可以使用双层 do 循环的做法实现复杂的连乘和连加运算，代码如下：

```
data _null_;
    set BCJQ10_3_8;
    array temp _numeric_;
    array nnn[9, 3] _temporary_;
    do i =1 to dim(temp);
        nnn[_n_, i] =temp[i];
    end;
run;
```

上段代码将数据集中的 9 行 3 列数据通过 1 个隐含下标数组 temp 赋值给了一个 9×3 的二维临时数组 nnn。这里要注意的是，在什么时刻二维临时数组 nnn 才真正产生完毕呢？很显然，由于 DATA 步的自循环，那么一定是 SAS 编译器扫描到数据集的最后一行时临时数组 nnn 才积累完毕，也就是说，必须要使用 if 语句判断 DATA 步的保留字段_n_是否处于最后一行的条件下，才能进行具体的公式编程，请查看下段代码中加粗的部分：

```
data _null_;
    set BCJQ10_3_8;
    array temp _numeric_;
    array nnn[9, 3] _temporary_;
    array num[9, 3] _temporary_;
    do i =1 to dim(temp);
        nnn[_n_, i] =temp[i];
    end;
    file print;
    if _n_ =9 then
        do;
            ……
        end;
run;
```

当然，由于临时数组不会改变数据集的任何内容，故需要对二维临时数组 nnn 的数据进行操作，实现 CD_2^2 的公式，并且将结果使用 file print 语句打印到输出窗口。对于上段代码的改进如下（由于双层 do 循环比较复杂并且这种编程思想也不属于 SAS 的内容，故此处只列出代码的结构，详细程序请参考本书配套软件中相应的程序）：

```
data _null_;
    set BCJQ10_3_8;
    array temp _numeric_;
    array nnn[9, 3] _temporary_;
    array num[9, 3] _temporary_;
    do i =1 to dim(temp);
        nnn[_n_, i] =temp[i];
    end;
    file print;
    if _n_ =9 then
        do;
            nka =0;
            do k =1 to 9;
                sib =1;
                do i =1 to 3;
                    num(k, i) = (2* nnn(k, i) -1)/(2* 9);
sib =sib* (2 +abs(num(k, i) -0.5) - (num(k, i) -0.5)* (num(k, i) -0.5));
                end;
                nka =nka +sib;
            end;
            nld =0;
            do kk =1 to 9;
                nkc =0;
                do ll =1 to 9;
                    sif =1;
                    do ii =1 to 3;
sif =sif* (1 +0.5* abs(num(kk, ii) -0.5) +0.5* abs(num(ll, ii) -0.5) + ((-0.
5)* abs(num(kk, ii) -num(ll, ii))));
                    end;
                    nkc =nkc +sif;
                end;
            nld =nld +nkc;
            end;
```

```
            m1 = (13/12)** (3);
            m2 = ( - (2** (1 + ( -3))))/9* nka;
            m3 = (1/(9* 9)* nld);
            CD22 = (m1 +m2 +m3);
            PUT #2 @ 5 'cd2_square';
            PUT #4 @ 5 cd22   ;
        end;
run;
```

从这段代码中可以看到，对二维临时数组，采用的做法就是双层甚至是三层 do 循环结构，实际上只有程序中加粗的 3 处才是具体实现原始矩阵 $\boldsymbol{U}$ 向变换矩阵 $\boldsymbol{X}$ 的转化和 CD_2^2 公式的代码，它们的地位就如同【例 10-5】中加粗的那条语句，而其余大量的条件和循环语句只起辅助作用。

10.5　IML 的核心技术

10.5.1　IML 过程的语法结构

1. IML 过程中的矩阵

英文单词 Matrix(矩阵)本意是子宫、母体、孕育生命的地方，在数学名词中，矩阵用来表示统计数据等方面的各种有关联的数据。这个定义很好地解释了 Matrix 代码制造世界的数学逻辑基础。因为这些数字有规则地排列在一起，形状像矩形，所以数学家们称之为矩阵，一个 $m \times n$ 矩阵即一个 m 行 n 列的矩形阵列。矩阵一般由数值组成，但也可以由字符甚至某种结构组成。通过矩阵的变化，就可以得出方程组的解。矩阵这一具体概念是由 19 世纪英国数学家凯利首先提出并形成矩阵代数这一系统理论。

(1) 直接在 IML 中产生矩阵

由于 SAS 是一种弱语言，故除了个别(如数组)情况外，SAS 中的对象都可以不声明而直接使用，矩阵也不例外。IML 过程中的矩阵有两种产生方法，一种是直接赋初值；另一种是由数据集转化而成。先来看看如何直接产生 IML 矩阵，首先运行 IML 过程步，并使用前面介绍过的 reset print 子句将矩阵和输出窗口关联起来：

```
proc iml;
    reset print;
```

提交系统之后，可以看到 SAS 边框左上角会出现“PROC IML 正在运行”的字样，说明系统已经处于 IML 编程模式，接下来就可以进行实际操作。对于 IML 矩阵来说，它分为数值型矩阵和字符型矩阵两种。必须强调的是，与数据集不同，矩阵内部要么都是字符型的，要么都是数值型的，不可混杂使用。

```
proc iml;
    reset print;
    m1 ={
        4 5 ,
        1 7
    };
    m2 ={
        aaB "bbc",
        "ctt" "DGg"
    };
quit;
```

以上程序产生了两个 2×2 矩阵 m1 和 m2。从语法上来看，产生一个矩阵只需使用大括号将数据完全包括起来，并且矩阵的各行之间用逗号隔开即可，但有三点需要注意：

① 矩阵只能含有数值或者字符两者之一，不可混用。比如，m1 为 2×2 的数值矩阵，而 m2 为 2×2 的字符矩阵。

② 矩阵行与行之间或列与列之间的元素个数必须相等，这与数组类似，如果某个位置需要一个空置，则需要使用数值型的缺失值“.”或者字符型的“ ”来代替，绝不能空着不写。

③ 字符矩阵是不区分大小写的，如果需要明确表现出小写字母，需要使用引号。比如，矩阵 m2 中的元素，aaB 将被自动转化为 AAB，而另外 3 个将保持原样。

此外，IML 过程还可以产生向量和变量，当然由于向量和变量可以分别看作一维矩阵和 1×1 矩阵，故它们的生成语句和矩阵基本相同：

```
proc iml;
    reset print;
    m3 ={1, 2, 3}; m4 ={1 2 3}; m5 = (1:8); m6 =3;
quit;
```

上段代码产生 3 个向量 m3、m4、m5，1 个变量 m6 = 3。其中 m3 的元素用逗号隔开，即为列向量；而 m4 没有使用逗号，即为行向量。

向量 m5 使用了一个比较特殊的函数(：)。这个函数可以通过冒号前后的数字为边界，以 1 或者 -1 为步长遍历边界内的全部数值。比如，向量 m5 就将遍历 1～8，实际上，m5 = {1 2 3 4 5 6 7 8}；如果改写为 m5 = (8：1)，则 m5 展开后为 m5 = {8 7 6 5 4 3 2 1}。

由于矩阵广泛应用于线性代数、线性规划、统计分析以及组合数学等学科，形成了许多有特殊意义的矩阵，比如单位矩阵、对角阵等，SAS 的 IML 过程同 R 语言一样，定义了一些函数产生这些特殊矩阵。

下面列举了几个常用的特殊矩阵生成函数，更全面的了解请参考 SAS 用户手册：

```
proc iml;
    reset print;
    m7 =block(5, 8, 9); m8 =block(m1, m7); m9 =i(4); m10 =i(3.8);
    m11 =j(4);  m12 =j(4, 2); m13 =j(4, 2, 8);  m14 =do(1, 8, 2.5);
quit;
```

① block( ) 函数：用来生成对角矩阵，即除主对角线上元素外其余元素都是 0 的 n 阶方阵。比如上段代码中 m7 = block(5，8，9)将产生一个主对角线元素为 5、8、9 的 3 阶方阵。另外，block( ) 函数还可以推广为主对角线上的元素也为矩阵的情况，比如 m8 的对角线由 m1 和 m7 组成，m7 与 m8 的样子见下面的矩阵形式：

$$m7 = \begin{bmatrix} 5 & 0 & 0 \\ 0 & 8 & 0 \\ 0 & 0 & 9 \end{bmatrix} \quad m8 = \begin{bmatrix} 4 & 5 & 0 & 0 & 0 \\ 1 & 7 & 0 & 0 & 0 \\ 0 & 0 & 5 & 0 & 0 \\ 0 & 0 & 0 & 8 & 0 \\ 0 & 0 & 0 & 0 & 9 \end{bmatrix}$$

② i( ) 函数：产生单位矩阵，即主对角线上元素为 1 其余都是 0 的 n 阶方阵，它只有 1 个参数用来设定矩阵的阶数，比如 m9 = i(4) 为 4 阶单位矩阵。如果阶数不为整数则取整数部分，比如 m10 = i(3.8) 为 3 阶单位矩阵。m9 和 m10 的样子如下：

$$m9 = \begin{bmatrix} 1 & 0 & 0 & 0 \\ 0 & 1 & 0 & 0 \\ 0 & 0 & 1 & 0 \\ 0 & 0 & 0 & 1 \end{bmatrix} \quad m10 = \begin{bmatrix} 1 & 0 & 0 \\ 0 & 1 & 0 \\ 0 & 0 & 1 \end{bmatrix}$$

③ j( )函数：用来产生单一数值的矩阵，它有 3 个参数，比如 m13 = j(4, 2, 8)即产生一个 4×2 的矩阵，内部元素均为 8。另外，当需要产生数值为 1 的矩阵时，可以省略第 2 个参数；当产生数值为 1 的方阵时，可以省略第 2、第 3 个参数，请参考 m11 和 m12：

$$m11 = \begin{bmatrix} 1 & 1 & 1 & 1 \\ 1 & 1 & 1 & 1 \\ 1 & 1 & 1 & 1 \\ 1 & 1 & 1 & 1 \end{bmatrix} \quad m12 = \begin{bmatrix} 1 & 1 \\ 1 & 1 \\ 1 & 1 \\ 1 & 1 \end{bmatrix} \quad m13 = \begin{bmatrix} 8 & 8 \\ 8 & 8 \\ 8 & 8 \\ 8 & 8 \end{bmatrix}$$

④ do( )函数：类似于 do 循环语句，通过规定上界、下界和步长来产生向量。它与特殊函数(:)产生的向量类似，不过(:)的步长只能为 1 或者 -1，而 do( )函数可以自定义。比如，m14 = do(1, 8, 2.5)，则以 1 为起始，2.5 为步长，故最终向量含有 1、3.5 和 6 这 3 个元素，如下所示：

$$m14 = [1 \quad 3.5 \quad 6]$$

(2)将 SAS 数据集导入成 IML 的矩阵

在 IML 过程与 SAS 数组的异同的介绍中，我们已经了解到，当需要数据集不同行的数据产生交互时，必须使用 SAS 临时数组，但给一维或者二维临时数组赋初值不但需要循环语句，还需要配合条件语句，这就大大增加了使用的复杂度，同时也导致大量编程人员选择回避 SAS 数组。

自从 SAS 开发了 IML 过程之后，编程者可以通过 IML 中专门的转化语句，轻易地实现 SAS 数据集和 IML 矩阵的转化，这种做法可以完全替代烦琐的数组声明和赋值步骤。根据具体需要，通过运行 IML，可将数据集导入成矩阵，同时，矩阵也可以导出为数据集。下面还是以背景资料"8 名健康志愿者的体检结果"(即一个由 5 名男生和 3 名女生的编号、性别、身高和体重组成的简单样本资料)为例，它的数据概况如图 10-16 所示。

Obs	id	sex	height	weight
1	1	male	173	64
2	5	male	179	80
3	8	male	168	75
4	10	male	175	62
5	12	male	171	60
6	14	female	166	55
7	16	female	155	50
8	20	female	165	48

图 10-16　"8 名健康志愿者"背景资料的数据概况

```
dataBCJQ10_2_1;
   input id sex $ height weight;
   cards;
1  male 173 64
5 male 179 80
8 male 168 75
10 male 175 62
12 male 171 60
14  female 166 55
16 female 155 50
20 female 165 48
;
run;
```

在 SAS 中运行上段代码后，会在 work 库中生成结构如图 10-16 所示的数据集 BCJQ10_2_1。接下来进行数据集导入为矩阵的步骤。

```
proc iml;
   reset print;
   use BCJQ10_2_1;
      read all into matrix55_2_1;
```

```
    close BCJQ10_2_1;
quit;
```

上段程序中通过 use 语句和 close 语句配对使用，在 IML 中调用了原始数据集 BCJQ10_2_1。其中的 close 语句并非必须存在，所谓 close，实际上是关闭 IML 过程与数据集的“通道”，可以想象，如果一个 IML 过程需要打开成百上千个数据集时，打开的通道过多肯定会占用大量的系统资源，甚至导致死机，这种情况下必须在导入数据后立刻关闭“通道”，释放内存。但如果 IML 过程只是调用个别数据集，则可以省略 close 语句，只用 read 语句，而关闭“通道”的步骤由 IML 过程的 quit 语句统一进行。

真正将数据集转化为矩阵 matrix55_2_1 的是加粗的语句，其中 read 与 into 为关键字，read all 表示将数据集的全部观测(即行)纳入矩阵中。之前已经强调过，矩阵必须为纯粹的数值矩阵或者字符矩阵，因此实际 read all 的过程中，字符型变量 sex 被舍弃了，产生的矩阵 matrix55_2_1 为 8×3 的而不是 8×4 的。默认情况下，产生的矩阵并不包含数据集的变量信息，但是可以通过 read 语句的子句给数据集增加列或者行标签，不过这样的做法并没有多少实用价值。一般情况下，直接使用类似数组的方法，用“矩阵名 + 下标指示符”的方式调用矩阵的某行某列或者某个具体元素。

程序运行结果如下：

matrix17_2_1	8 rows	3 cols(numeric)
1	173	64
5	179	80
8	168	75
10	175	62
12	171	60
14	166	55
16	155	50
20	165	48

下面简单给出 read 语句的几种变体，用来给读取过程增加一些条件。如果读者已阅读了本书中关于“SAS 的 SQL”相关内容将会发现，IML 的 read 语句与 SQL 中的 select 语句十分相似。

```
proc iml;
    reset print;
    use BCJQ10_2_1;
    read all;
    read all var{height weight} into matrix55_2_2 ;
    read point 3 into matrix55_2_3 ;
    read point {2 5 8} var{sex} into matrix55_2_4 ;
    read all var{height weight} where(sex = "male") into matrix55_2_5;
quit;
```

上段列出了 5 条 read 语句，其中：

第一句只有两个关键字 read all，表示将数据集的全部观测导入 IML。由于没有 into 子句，也就是没有强制导入的矩阵名称，这时系统将按照数据集的变量(id、sex、height、weight)生成 4 个单独的列向量，而列向量的名称为原数据集中的变量名。也就是说，本句在 IML 中生成了 4 个列变量 id、sex、height 和 weight，其中 sex 为字符型，其他为数值型。

第二句指定了 into 子句，将符合规定的数据导入矩阵 matrix55_2_2，而中间的关键字 var{ }则规定了将哪些变量导入 IML，本句只导入 height 和 weight 两个变量，其他舍去，最终矩阵 matrix55_2_2 为 8×2 的。

第三句使用关键字 point，它的作用是指定导入的观测(行)，本句为 point 3 即只导入第 3 行，也就是“8 168 75”进入矩阵 matrix55_2_3。

第四句使用关键字 point 导入了 2、5、8 这 3 行，并且关键字 var{sex}规定只导入 sex 变量，最终矩阵 matrix55_2_4 为字符型列向量{male，male，female}。

第五句使用关键字 where 设置导入行的条件，where(sex = "male")限定了只有男性的那几行才导入 IML，最终 matrix55_2_5 为 5 × 2 的。

(3)将 IML 的矩阵导出为 SAS 数据集

在数据集导入矩阵并进行需要的运算后，还需要将最终的结果导出为数据集以迎合 SAS 面向数据集编程的特点。矩阵导出 SAS 数据集的语句的关键词是 create，这与 SQL 中生成数据集的语法结构很相似。

```
proc iml;
    reset print;
    use BCJQ10_2_1;
    read all into matrix55_2_6;
    matrix55_2_6[,2]=matrix55_2_6[,2]+1;
    create BCJQ10_2_2 from matrix55_2_6;
    append from matrix55_2_6;
    create BCJQ10_2_3 var{id height weight};
    append from matrix55_2_6;
quit;
```

上段代码中，首先导入原始数据集，接着使用矩阵的下标运算符将第 2 列的数据加 1(也就是身高加 1)，然后给出了两种形式的导出语句：第一种 create 与 from 搭配，生成的数据集 BCJQ10_2_2 的变量会自动以 col 开头命名；而第二种 create 与 var 搭配，设定了生成数据集的变量名称，最终产生的数据集 BCJQ10_2_3 中的变量为 id、height、weight。

create 语句必须和 append 语句联用才能达到导出数据集的目的。

2. 在 IML 过程中进行的矩阵运算和操作

矩阵有大量的运算设定，比如矩阵的加、减、乘、逆、转置等。同其他可以实现矩阵运算的编程语言一样，SAS 的 IML 过程也对矩阵的各种基本运算操作进行了简单有效的设定。根据矩阵运算的方式，分为多矩阵间的运算、单一矩阵内部的运算以及矩阵的分割。

(1)矩阵与矩阵之间的运算

IML 过程采用完全的运算符实现矩阵与矩阵之间的基本运算，其中比较常用的有十几个，如表 10-14 所示。

表 10-14　IML 过程中常用运算符

运算符	功能
+	两矩阵相应元素相加(两矩阵必须行列数分别相同)
-	两矩阵相应元素相减(两矩阵必须行列数分别相同)
*	两矩阵相乘(第一矩阵列数必须等于第二矩阵行数)
**	矩阵的幂运算(必须是方阵)
#	矩阵对应元素相乘
##	矩阵元素的幂运算
/	矩阵相除(被除数必须为一常数)
||	两矩阵水平连接
//	两矩阵垂直连接
`	矩阵的转置

设定初始矩阵 m15 和 m16 如下，分别对表 10-14 中的运算符进行验证：

$$m15 = \begin{bmatrix} 4 & 5 \\ 1 & 7 \end{bmatrix} \quad m16 = \begin{bmatrix} 7 & 9 \\ 2 & 8 \end{bmatrix}$$

```
proc iml;
    reset print;
    m15 = {
        4 5 ,
        1 7
    };
    m16 = {
        7 9,
        2 8
    };
    m17 =m15 +m16; m18 =m15 -m16; m19 =m15#m16; m20 =m15* m16;
    m21 =m15** 2; m22 =m15#3; m23 =m15##m16; m24 =m15`;
    m25 =m15 ||m16; m26 =m15//m16;
quit;
```

这段程序中，加粗的 3 句比较常用，分别是矩阵的相乘、转置和水平连接。由于生成的结果较多，无法一一列举，读者可采用相应的程序在 SAS 中自行试验。另外，IML 的矩阵之间还可以进行逻辑运算，如与、或、非、最大、最小等，这些运算偶尔也会起到一些巧妙的作用，在后文的实例分析中会有所涉及。

(2) 单一矩阵的下标运算

单矩阵的下标运算是 IML 过程的亮点，其他相似的编程语言，如 R 则没有这种设计。下标运算符的出现大大降低了编程的复杂度，避免了原先数组中需要多层循环语句的控制。下标运算符常用的有 7 种，如表 10-15 所示。这 7 种运算符同时联合行、列的下标使用可以实现十分复杂的逻辑，这些逻辑如果使用二维临时数组则均需要双层甚至三层循环控制。

表 10-15　IML 过程中单矩阵下标运算符

运算符	功　能
+	指定元素相加
#	指定元素相乘
<>	指定元素中的最大值
><	指定元素中的最小值
<:>	指定元素中的最大值的位置
>:<	指定元素中的最小值的位置
:	指定元素的平均值

```
proc iml;
    reset print;
    m27 = {
        4 5 ,
        1 7
    };
    m28 =m27[2, ]; m29 =m27[, 2];m30 =m27[+, ]; m31 =m27[, +];
quit;
```

这段程序首先设定原始 2×2 矩阵 m27，由于矩阵等同于二维数组，所以可以使用数组下标定义矩阵下标。换句话说，如果需要取得矩阵的某个元素则可以通过矩阵下标实现，比如矩阵 m27 的第 1 个元素可以用 m27[1, 1]表示，逗号之前代表行，之后代表列。

同理，当需要取得某行的全部数据时，可以将逗号后代表列的位置用空格代替，这表示取得某行的全部列，比如上段代码中的 m28 即为 m27 的第 2 行，而 m29 则为 m27 的第 2 列，可以看出 m28 最终是一个行向量，m29 是列向量。

接下来同时结合下标和下标运算符，m30 = m27[+,]可以理解为 m27 中的全部行向量相加，即 m30 = m27[1,] + m27[2,] = {4 5} + {1 7} = {5 12}。同理，m31 为两个列向量的和。

```
proc iml;
    reset print;
    m27 = {
        4 5 ,
        1 7
    };
    m32 = (m27[+, ])[#]; m33 = (m27[#, ])[+];
    m34 = (m27[, #])[+]; m35 = m27[+];
quit;
```

这段程序中的 4 个矩阵 m32 ~ m35 均进行了复合运算。其中，m32 首先将 m27 的行向量相加，再将结果中的元素全部相乘，即 m32 = (4 + 1) * (5 + 7) = 60；同理，m33 = (4 * 1) + (5 * 7) = 39，m34 = (4 * 5) + (1 * 7) = 27；而 m35 则是 m27 的全部元素之和。以上这 4 个结果矩阵实际上均退化为了变量。本段的代码由于在下标处使用了下标运算符，所以虽然看上去简单但实际并不容易理解，请读者多花一些时间结合配套软件亲自上机操作一下。

```
proc iml;
    reset print;
    m27 = {
        4 5 ,
        1 7
    };
    m36 = m27[<>, ]; m37 = m27[, <>]; m38 = m27[<>];
    pM1 = m27[<:>, ]; pM2 = m27[, <:>]; pM3 = m27[<:>];
quit;
```

从这段程序可以看出，有些时候需要取得一些极值信息，比如希望得到 m27 第 1 列的最大值，那么可以通过 m27[<>, 1]来表示，具体最大值为 4。而进一步来看，m36 = m27[<>,]则表示 m27 的每一列的最大值集合，于是 m36 就变成了含有每列最大值的行向量，即 m36 = {4 7}；m37 则为含有 m27 每行最大值的列向量；m38 为 m27 全部元素的最大值。

同理，当取得最大值的时候，可以通过 <:> 下标操作符来取得最大值的位置。比如，m36 = {4 7}，那么它的位置 pM1 则为{1 2}，具体含义是第 1 列最大值的位置是 1，而第 2 列最大值的位置是 2；pM2 = $\begin{Bmatrix}2\\2\end{Bmatrix}$，即第 1 行最大值的位置在第 2 列，第 2 行最大值的位置也在第 2 列；而 pM3 = {4}，说明全部 4 个元素中最大值的位置在第 4 列。

(3) 单一矩阵的分割

所谓矩阵的分割，就是根据一定条件选择矩阵的部分行或者列。当然，这种分割不是简单地将矩阵分为两块或者几块，也可以“跳着”选取，比如单独拿出矩阵的奇数行或者偶数行等。

在 IML 中对矩阵进行分割的主要手段是向量索引，这个向量索引与普通的向量并无本质不同，主要区别在于向量索引中的元素并不是实际的数据，而是欲分割的矩阵的行列信息。比如最简单的分割情况就是单独剥离出矩阵的某一行或列，之前曾经用过 m28 = m27[2,]这种做法，表达式中的“2”并不是一个具体数值，而是代表原始矩阵的第 2 行，而这种指代关系还可以扩展到多个数值的集合，形成一个向量索引。例如：

```
proc iml;
    reset print;
    m39 = {
```

```
        4 5 ,
        1 7
    };
    m40 = block(m39, m39); m41 = m40[, {2 3 4}]; pM4 = {1 4};
    m42 = m40[, pM4]; pM5 = (1:3); m43 = m40[pM5, ]; m44 = m40[pM5, pM4];
quit;
```

为了标识向量索引与普通向量的不同，将其用 pM 开头命名。这段程序中，首先设定原始矩阵 m39，然后对其使用 block( ) 函数快速产生一个 4 行 4 列的矩阵 m40：

$$m39 = \begin{bmatrix} 4 & 5 \\ 1 & 7 \end{bmatrix} \quad m40 = \begin{bmatrix} 4 & 5 & 0 & 0 \\ 1 & 7 & 0 & 0 \\ 0 & 0 & 4 & 5 \\ 0 & 0 & 1 & 7 \end{bmatrix}$$

有了 m40 之后，可以对它进行一些分割试验。之前已经学会将它的某一列剥离出来，那么将某几列分割的做法实际就是用一个向量索引替换之前数值的位置，比如 m41 = m40[, {2 3 4}]就是将 m40 的后 3 列分割并赋值给 m41。

更一般的做法是，首先定义一个向量索引，然后通过向量索引的名称进行分割。比如上段代码中加粗的部分，首先定义 pM4 = {1 4}，然后在矩阵下标处引用向量索引 pM4，即可将 m40 的第 1、4 列剥离出来，m41 ~ m44 的剥离结果如下：

$$m41 = \begin{bmatrix} 5 & 0 & 0 \\ 7 & 0 & 0 \\ 0 & 4 & 5 \\ 0 & 1 & 7 \end{bmatrix} \quad m42 = \begin{bmatrix} 4 & 0 \\ 1 & 0 \\ 0 & 5 \\ 0 & 7 \end{bmatrix}$$

$$m43 = \begin{bmatrix} 4 & 5 & 0 & 0 \\ 1 & 7 & 0 & 0 \\ 0 & 0 & 4 & 5 \end{bmatrix} \quad m44 = \begin{bmatrix} 4 & 0 \\ 1 & 0 \\ 0 & 5 \end{bmatrix}$$

细心的读者可能已经发现，SAS 的 IML 缺少“ - ”下标运算符，比如在 m41 中，需要提取 m40 的后 3 列，换言之就是需要去掉 m40 的第 1 列，在同样针对矩阵运算的编程语言 R 语言中，就可以使用 m40[，-1]这样的表达方式去掉第 1 列，但很遗憾 IML 中并未给予支持，这给多因素试验中分析如何减少试验点时的程序设计带来了一定的不便。

3. IML 过程中的函数、模块和语句

(1) IML 过程中的函数和子程序

在 10.5.1 节中，我们已经初步使用了一些 IML 的函数，比如 i( ) 函数产生单位矩阵，j( ) 函数产生单一数值矩阵，除此以外，IML 过程还含有大量的实用函数。总的来说 IML 中的函数有两个来源，一个继承自 DATA 步，如 max( )、mean( ) 等；另一个是专门为 IML 量身打造的矩阵函数，用来实现一些复杂的矩阵运算，如求相关矩阵、特征根和特征向量。

此外，IML 过程还可以使用一些类似函数的结构，即子程序，它与函数的区别从书写上来看，子程序必须以 call 关键字来调用，而函数直接使用；从概念上来看，子程序没有返回值或者说有多个结果而函数则有且只有一个返回值。

IML 过程中可以使用的函数和子程序接近 300 个，本书不可能也没有必要一一讲解，下面介绍几个比较实用的，其余可在需要时从 SAS 帮助文档中查找。

```
proc iml;
    reset print;
    a = {
        -1  2 -3,
       0 -1  2
    };
    r = nrow(a); c = ncol(a); sum = sum(a);
    b1 = colvec(a); b2 = repeat(a, 2, 3);
    pM6 = loc(a <0); a[pM6] = 0;
    call symputx("bbc", sum); x = &bbc;
quit;
```

这段程序首先还是产生原始矩阵 a，它是 2×3 的。接下来有两个相当重要的函数 nrow( ) 和 ncol( )，分别用于取得矩阵的行数和列数，这两个函数在程序中经常会用到。再接下来是继承自 DATA 步的函数 sum( )，作用是将矩阵的全部元素累加，它相当于前面介绍的下标运算符"+"，即 sum(a) 与 a[+] 计算的结果一致。

矩阵 b1 和 b2 使用了两个特殊用途的函数，colvec( ) 的作用是将矩阵转化为列向量，比如本例中 a 为 2×3 矩阵，转化后 b1 为 6×1 列向量，元素顺序保持不变；而 repeat( ) 函数是将矩阵按照行和列的方向进行复制，比如 repeat(a, 2, 3) 就是将矩阵行数乘 2，列数乘 3，总计复制 6 次，形成一个 4×9 的大矩阵。

IML 还提供了一个专门的函数用来输出符合条件的元素位置，生成向量索引，请参考上段代码中第 3 条加粗语句。值得注意的是，loc( ) 函数的参数不是矩阵而是矩阵元素的条件，比如本例中 loc(a<0) 表示将矩阵 a 中小于 0 的元素的位置输出到向量索引中。最终向量索引 pM6 的结果为{1 3 5}，表示 a 矩阵中共有 3 个小于 0 的元素（即 -1、-3、-1），分别位于第 1、3、5 位。在得到符合条件的向量索引之后，就可以直接利用索引来进行一些替换，比如 a[pM6] = 0 表示将刚才找到的 3 个小于 0 元素全部设置为 0，这时 a 矩阵已经被改变为 $\begin{bmatrix} 0 & 2 & 0 \\ 0 & 0 & 2 \end{bmatrix}$。

此外，IML 过程还继承了 DATA 步与宏的接口，也就是说，在 IML 过程中，可以使用子程序 symputx 直接将某些需要的数值提交给宏变量。上段程序的最后将 sum( ) 函数产生的元素之和提交给了宏变量 bbc。

```
proc iml;
    reset print;
    a = {
        -1  2 -3,
       0 -1  2
    };
    b3 = corr(a);       b4 = eigval(b3);
    b5 = eigvec(b3);  b6 = inv(a[, {1 2}]);
quit;
```

在介绍了几个基本函数之后，我们来看看 IML 是怎样实现矩阵相关、特征值、逆变换的。上段程序中，首先是 corr( ) 函数，从它的名字就可以看出，这个函数可以取得矩阵的相关矩阵，比如 b3 为 a 的相关矩阵。相关矩阵一定是方阵，并且和原矩阵的列数相同。接下来分别使用 eigval( ) 和 eigvac( ) 得到矩阵的特征根集合和特征向量，需要注意的是，必须是方阵才可以计算特征根，本例计算方阵 b3 的特征根和特征向量，结果如下：

B4	3 rows	1 col	(numeric)
		3	
		8.865E-18	
		-2.61E-16	
B5	3 rows	3 cols	(numeric)
	0.5773503	0.7694185	-0.273243
	-0.57735	0.6213448	0.5297143
	0.5773503	-0.148074	0.8029576

最后是矩阵求逆函数 inv( )，由于求逆运算时原始矩阵必须是方阵，且行列式的值不为 0，即非奇异矩阵(nonsingular)，故取矩阵 a 的前两列作逆运算，最终结果如下：

B6	2 rows	2 cols	(numeric)
	-1	-2	
	0	-1	

(2)IML 过程中的模块

由于一些历史原因，SAS 一直未能实现自定义函数，直到最新版本 SAS 9.2 才初见端倪，而由于现在国内仍在普遍使用 SAS 9.1.3，故对于使用 SAS 的国人来说，SAS 并不具备自定义函数功能。

而在 IML 过程中，SAS 有限度地尝试了类似函数的结构，并部分实现了函数功能，这就是下面要介绍的 IML 模块功能。它同子程序一样，与函数最本质的不同在于没有返回值，也就是说如果使用 IML 的模块，在模块内部运算的结果将会对外部程序产生影响，因此是否在实际工作中使用模块需要读者根据实际情况自行判断。

```
proc iml;
    reset print;
    a = {
        -1  2 -3,
         0 -1  2
    };
    start bbc1;  b=a+5;    finish bbc1;
    call bbc1;  call bbc1;
quit;
```

上段程序加粗处，联合使用 start 语句和 finish 语句定义了一个 IML 的模块 bbc1，如果阅读了本书中宏的相关内容就会发现，模块与宏(函数)非常相似，都需要先定义后使用，同时定义时由开语句和关语句包裹。

本例定义的模块 bbc1 比较简单，它的作用就是对矩阵 a 的全部元素加 5，然后赋值给矩阵 b。模块定义完毕后，使用调用子程序的关键字 call 进行调用，可以看到，由于没有使用参数，故模块 bbc1 多次运行的结果均相同。这种不含参数的模块又叫作隐式参数模块。

```
proc iml;
    reset print;
    a = {
        -1  2 -3,
         0 -1  2
    };
    start bbc2(oldM, newM); newM=oldM+5; finish bbc2;
    call bbc2(a, b); call bbc2(b, c);  print b c;
quit;
```

比较实用的模块是显示参数模块，如上段代码中加粗处的模块 bbc2，它在开语句 start 中定义了两个参数 oldM 和 newM，当使用模块 bbc2 的时候，根据提供的参数不同而产生不同结果。比如，call bbc2(a, b)时，通过矩阵 a 产生矩阵 b；而再次调用 call bbc2(b, c)时，通过矩阵 b 产生矩阵 c，调用完毕后，可以通过 print 语句将矩阵 b 和 c 的内容打印到输出窗口上。

(3) IML 过程中的语句

IML 过程中的语句同样来源于两种渠道，第一种是根据矩阵特点而产生的专有语句，只能在 IML 过程中使用，比如最开始导入和导出数据集的 use 语句、read 语句、create 语句和 append 语句等；第二种是继承自 DATA 步的语句，比如与宏的接口语句，还有全部的逻辑语句(if、do 等)，这些语句的使用与 DATA 步语句的使用并无太多差别，故本章将略去语句的讲解，一些实用语句在实例分析中为大家解说。

10.5.2　实例分析

1. 整理背景资料“8 名健康志愿者的体检结果”

【例 10-9】　使用 IML 模块将资料中的学生身高和体重均加 1。

```
dataBCJQ10_3_1;
    input id sex $ height weight;
    cards;
1  male 173 64
5 male 179 80
8 male 168 75
10 male 175 62
12 male 171 60
14  female 166 55
16 female 155 50
20 female 165 48
    ;
run;
dataBCJQ10_3_2;
    set BCJQ10_3_1;
    array temp[2] height weight;
    do i =1 to dim(temp);
        temp[i] =temp[i] +1;
    end;
run;
```

本例在 SAS 的数组中曾经通过显示和隐含下标数组两种思路给予解答，如上段程序就是显示下标数组的实现。下面再来用 IML 过程进行分析。程序代码如下：

```
proc iml;
    reset print;
    use BCJQ10_3_1;
        read all into matrix55_3_1;
    close BCJQ10_3_1;
quit;
```

首先是将数据集 BCJQ10_3_1 导入 IML 过程，形成矩阵 matrix55_3_1 如下：

MATRIX17_3_1 8 rows 3 cols(numeric)

1　173　64

5	179	80
8	168	75
10	175	62
12	171	60
14	166	55
16	155	50
20	165	48

接下来就是将身高列和体重列均加 1，有两种做法，一种是通过矩阵的下标运算符，另一种是通过类似数组的方法，用循环语句来实现。

```
proc iml;
    reset print;
    use BCJQ10_3_1;
        read all into matrix55_3_1;
    close BCJQ10_3_1;
    pM1 = (2:3);
    matrix55_3_1[, pM1] =matrix55_3_1[, pM1] +1;
quit;
```

使用下标运算符的关键在于上段代码中加粗的那一句，即产生需要的向量索引，本例中由于 height 和 weight 映射为矩阵后分别在第 2 和第 3 列，故向量索引可以写成(2：3)也可以写成{2 3}。有了索引，就可以用它来将矩阵相应列的元素全体加 1。

```
proc iml;
    reset print;
    use BCJQ10_3_1;
    read all into matrix55_3_1;
    close BCJQ10_3_1;
    do i =2 to 3;
       matrix55_3_1[, i] =matrix55_3_1[, i] +1;
    end;
quit;
```

上段代码使用了循环语句，显然更符合通用编程语言的语法规则，但相对于下标运算符，会有较多的控制语句，程序略显复杂。编者建议，如果欲实现的逻辑不算复杂，推荐使用下标运算符，这样可以大大提高编程的效率，将精力集中在业务逻辑而不是控制语句上。

最后，给出完整的编程代码，数据链包括原始数据集→矩阵→矩阵变换结果→导出结果数据集：

```
proc iml;
    reset print;
    use BCJQ10_3_1;
    read all into matrix55_3_1;
    close BCJQ10_3_1;
    pM1 = (2:3);
    matrix55_3_1[, pM1] =matrix55_3_1[, pM1] +1;
    create BCJQ10_3_3 var{"id" "height" "weight"};
append from matrix55_3_1;
quit;
```

2. 实现“有序样品聚类”中的直径矩阵 D 的计算

当一组样品的特征指标与严格的顺序有关时，样品的聚类只能在相邻的样品中进行，即只能按特定顺序去聚集样品，而不能改变样品原先的严格顺序，这样的样品聚类分析称为有序样品聚类分析。

有序样品聚类分析中，其中的一个关键步骤就是得到样品直径矩阵 $\boldsymbol{D}$，所谓样品直径，就是用 $D(i, j)$ 表示 $\{X_i, X_{i+1}, \cdots, X_j\}$ 的直径，定义为 $D(i, j) = \sum_{l=i}^{j}(X_l - \bar{X}_{ij})^2$，其中，$\bar{X}_{ij} = \frac{1}{j-i+1}\sum_{l=i}^{j}X_l$。

显然，这里所谓的直径实际上就是处于同一类中的有序样品之间的离均差平方和，简称为直径。假设一共有 10 个样品，那么每两个样品之间都存在一个直径，也就是说，10 个样品将形成 $C_{10}^2 = \frac{10 \times 9}{2} = 45$ 个直径，这些直径可以组成一个下三角矩阵，称为样品直径矩阵 $\boldsymbol{D}$。

【例 10-10】 某医生收集到某地男孩从出生到 11 岁平均每年增长的体重(kg)，根据年龄得到 11 个数据(9.3、1.8、1.9、1.7、1.5、1.3、1.4、2.0、1.9、2.3、2.1)形成有序样品，使用 IML 过程实现该有序样品的直径矩阵 $\boldsymbol{D}$ 的计算。

首先使用 DATA 步将零散数据输入到数据集中，再将数据集导入至 IML 完成初始准备工作。程序代码如下：

```
data BCJQ10_3_4;
    input x @ @ ;
    cards;
9.3 1.8 1.9 1.7 1.5
1.3 1.4 2.0 1.9 2.3 2.1
    ;
run;
proc iml;
    reset print;
    use BCJQ10_3_4;
    read all into a1;
    close BCJQ10_3_4;
quit;
```

为了使程序简洁，将数据集 BCJQ10_3_4 导入的列向量命名为 a1，a1 共有 11 个元素，因此最终生成的直径矩阵 D 就应该是 11×11 的。为了表达清晰，沿用通用编程语言的编程思路，首先显示声明初始化直径矩阵 $\boldsymbol{D}$。程序代码如下：

```
proc iml;
    reset print;
    use BCJQ10_3_4;
    read all into a1;
    close BCJQ10_3_4;
    n = nrow(a1);
    D = j(n, n, 0);
quit;
```

上段代码中，使用了函数 nrow( ) 获得向量 a1 的列数，即 n = 11，然后通过 j( ) 函数产生初始矩阵 D，它为 11×11 矩阵且元素均为 0。

下面就要将对应位置的直径填入矩阵 D 中。由于直径的计算比较复杂，需要用到连加运算，因此单一的矩阵下标运算符已经不能胜任，必须使用传统的 do 循环控制语句。根据直径的计算公式，需要通过两个控制变量 i 和 j 形成双层 do 循环来保证计算的正确性。程序代码如下：

```
proc iml;
    reset print;
    use BCJQ10_3_4;
    read all into a1;
    close BCJQ10_3_4;
    n = nrow(a1);
    D = j(n, n, 0);
    do i =1 to n;
        do j =1 to n;
            if j < i then D[j, i] = .;
            else
                do;
                    tempMean = a1[i:j][:];
                    do m = i to j;
                        D[j, i] = D[j, i] + (a1[m] - tempMean)** 2;
                    end;
                    D[j, i] = round(D[j, i], 0.001);
                end;
        end;
    end;
    call symputx("n", nrow(a1));
    create D var("_1":"_&n") ;
    append from D;
quit;
```

在上段程序中，有三句比较关键的语句，已经加粗表示，下面分别讲解。

第一句使用 if 语句提供了一个大的分支，所有 j < i 的情况均将直径设置为缺失值“.”，这样做的原因是由于两点之间的距离只应该计算一次，比如“第一点与第三点的距离”同“第三点与第一点的距离”是完全相同的概念和数量，因此最后生成的直径矩阵 D 应该是下三角矩阵，故第一句的作用就是将矩阵 D 的上半部分全都设置为“.”。

第二句使用了下标运算符，它的作用是生成针对 i 和 j 的平均数，为下面计算离均差平方和作准备。首先通过 a1[i：j]这样的表示方法将向量 a1 的部分数值提取出来形成局部向量，比如 b = a1[2：5]表示将 a1 中第 2 ~ 5 元素赋值给向量 b。接着求出局部向量的平均数，这里用到了之前提到过的一个符号“：”，比如 b[：]就是取得向量 b 中元素的平均数，那么将两种表达连接起来就形成了 a1[i：j] [：]的样子。对于初学者来说，使用 a1[i：j] [：]的表达方法无疑很让人感到头疼，很多人无法理解这些抽象符号代表的含义。因此编者建议，可以先多使用循环语句的方式，熟练之后再逐渐改写为下标运算符的方式。使用循环语句实现第二句功能的代码如下：

```
tempSum = 0;
do m = i to j;
    tempSum = tempSum + a1[m];
end;
tempMean = tempSum/(j - i +1);
```

可以看到，循环语句更符合通用编程语言的逻辑思路，便于理解，但是相应地要牺牲一定的代码整洁性。

第三句使用了从 DATA 步继承下来的四舍五入函数 round()，它可以对矩阵的每一个元素截取统一的保留位数，本例中 round(D[j, i], 0.001)表示截取 3 位小数，如果是 2 位，则需将第 2 个参数修改为 0.01。

最后使用 DATA 步与宏的接口将 a1 的列数提交给宏变量，以便将直径矩阵转化为数据集时，便捷地命名各列的变量名。最终的数据集 D 如表 10-16 所示。

表 10-16　11 个有序样品的直径 D 表

Obs	x1	x2	x3	x4	x5	x6	x7	x8	x9	x10	x11
1	0	.	.	.	.	.	.	.	.	.	.
2	28.125	0	.	.	.	.	.	.	.	.	.
3	37.007	0.005	0	.	.	.	.	.	.	.	.
4	42.208	0.02	0.02	0	.	.	.	.	.	.	.
5	45.992	0.088	0.08	0.02	0	.	.	.	.	.	.
6	49.128	0.232	0.2	0.08	0.02	0	.	.	.	.	.
7	51.1	0.28	0.232	0.088	0.02	0.005	0	.	.	.	.
8	51.529	0.417	0.393	0.308	0.29	0.287	0.18	0	.	.	.
9	51.98	0.469	0.454	0.393	0.388	0.37	0.207	0.005	0	.	.
10	52.029	0.802	0.8	0.774	0.773	0.708	0.42	0.087	0.08	0	.
11	52.182	0.909	0.909	0.895	0.889	0.793	0.452	0.088	0.08	0.02	0

第3篇　SAS 9.2和SAS 9.3新增内容及用法简介

第11章　SAS 9.2的SAS/BASE模块中新增内容简介

在SAS 9.2的SAS/BASE模块中，新增了很多内容，同时也有很多内容得到了增强。本章将介绍SAS 9.2 SAS/BASE模块中新增和增强的内容，包括7个方面：Base过程的新功能、Base语言的新功能、输出传输系统的新功能、数据安全技术的新功能、宏语言工具的新功能、可扩展性能数据引擎的新功能以及XML LIBNAME引擎的新功能。

11.1　Base过程的新功能

11.1.1　SAS/BASE模块新增程序

在SAS 9.2的SAS/BASE模块中，新增了5个过程：FCMP过程、JAVAINFO过程、PROTO过程、SCAPROC过程和SOAP过程。现对新增的这5个过程的功能作简单介绍。

1. FCMP过程

FCMP过程的全称为SAS函数编译器过程(Function Compiler Procedure，FCMP)。该过程支持用户在其他SAS过程中使用SAS函数和子程序前创建、测试和储存它们。PROC FCMP接受DATA步语句的轻微变化，可以在PROC FCMP所处理的函数和子程序中使用SAS程序设计语言的大多数功能。

2. JAVAINFO过程

JAVAINFO过程将有关SAS正在使用的Java环境的诊断信息通报给用户。该诊断信息可用于确认是否正确配置了SAS Java环境，它在向SAS技术支持人员报告问题时很有帮助。由于PROC JAVAINFO使用Java报告其诊断信息，所以它还经常用于验证SAS Java环境是否正常工作。

3. PROTO过程

PROTO过程支持用户以批处理模式注册使用C或C++程序设计语言编写的外部函数。用户可以在SAS以及C语言结构和类型中使用这些函数。在PROC PROTO中注册C语言函数后，可以从在FCMP过程中声明的任何SAS函数或子程序中调用它们，也可以从在COMPILE过程中声明的任何SAS函数、子程序或方法组中调用它们。

4. SCAPROC过程

SCAPROC过程支持用户指定包含SAS代码分析器输出的文件名或文件引用名，并将输出信息写入该文件。SAS 代码分析器从正在运行的 SAS 作业捕获有关作业步的信息，诸如文件相关性的输入和输出信息，以及有关宏符号使用情况的信息。SCAPROC 过程还可以生成支持网页的作业，从而可同时运行 SAS 作业的各个独立片段。

5. SOAP 过程

SOAP 过程支持消息传递协议，该协议使用 Axis2 Java 客户端通过 Java 本机接口(Java Native Interface，JNI)调用 Web 服务。

11.1.2　SAS/BASE 模块新增选项

1. APPEND 过程

APPEND 过程新增了 NOWARN 选项。当 NOWARN 选项与 FORCE 选项一起使用以连接具有不同变量的两个数据集时，不显示警告消息。

2. CIMPORT 过程

SAS 9.2 对 CIMPORT 过程进行了以下方面的增强：ISFILEUTF8 = 是一个新增选项，它指定传输文件的编码是否是 UTF - 8。若用户已经知道所导入的传输文件的 UTF - 8 编码标识，但该标识并未储存在传输文件中，则将传输文件指定为 UTF - 8 很有用。SAS 9.2 之前的版本不在传输文件中储存任何编码。另外，该过程还提供新的警告和错误消息来警示用户传输问题和要采取的防御措施。

3. CONTENTS 过程

SAS 9.2 对 CONTENTS 过程的 WHERE 选项进行了限定。由于 PROC CONTENTS 不处理任何观测，所以不能使用 WHERE 选项影响输出。

4. COPY 过程

COPY 过程的 PROC COPY 选项忽略带目录的连接，需使用 PROC CATALOG COPY 复制连接的目录。

5. CPORT 过程

SAS 9.2 完善了有关在 PROC CPORT 的 DATA 语句中使用的 READ = 数据集选项的文档，以便说明何时可能需要只读密码。只能在同时使用 PROC CPORT 中的 READ = 选项指定只读数据集的密码时，才能为该数据集创建传输文件。该过程支持明文密码和经过编码的密码。

6. CORR 过程

新增 ID 语句指定一个或多个附加提示变量，用于标识散点图和散点图矩阵中的观测。

7. DATASETS 过程

新增的 REBUILD 选项指定更正还是删除禁用的索引和完整性约束。当数据集在某些方面被损坏且使用了 DLDMGACTION = NOINDEX 数据集或系统选项时，将修复该数据集、禁用索引和完整性约束及删除索引文件，并将该数据集限制为仅限 INPUT 模式，直到执行了 REBUILD 选项。该选项支持用户继续工作，而不必等待索引修复(修复大型数据集可能要花很长时间)。

COPY 语句的增强方面，指定了 NOCLONE 选项的 COPY 语句支持 SQL 视图、DATA 步视图和一些 SAS/ACCESS 视图(Oracle 和 Sybase)的 OUTREP = 和 ENCODING = LIBNAME 选项。另外，用户可以使用 COPY 过程以及 XPORT 引擎或 REMOTE 引擎在主机间传输 SAS 数据集。

8. FREQ 过程

FREQ 过程可以通过使用“ODS 图形”生成频数图、累积频数图、偏差图、优比图和 Kappa 图。交叉表现在具有 ODS 模板，用户可以使用 TEMPLATE 过程定制该模板。等效性检验和非劣效性检验可用于二项式比例和比例差值。新增的二项式比例置信限包括 Agresti - Coull、Jeffreys 和 Wilson（得分）置信限。EXACT 语句中的 RISKDIFF 选项为比例（风险）差值提供无条件精确置信限。EXACT 语句中的 EQOR 选项提供针对等优比的 Zelen 精确检验。

9. MEANS 过程

PRT 统计量是 PROBT 统计量的别名。MODE 统计量可以与 PROC MEANS 一起使用。

10. MIGRATE 过程

MIGRATE 过程支持更多的跨环境移植。用户可以将 SAS 8.2 数据逻辑库从绝大多数 SAS 8.2 操作环境移植到任何 SAS 9.2 操作环境中。该过程还支持多数 SAS 6 操作环境，但不支持跨环境移植。

11. OPTIONS 过程

OPTIONS 过程的增强方面包括：所有操作环境都支持限定选项；使用 EXPAND 选项可以显示环境变量的值；使用 HEXVALUE 选项可以将具有字符值的系统选项显示为十六进制值；使用 LISTGROUPS 选项可以显示 SAS 系统选项组的列表；要显示多个组中的选项，可以在 GROUP = 选项中列出多个组。

以下系统选项组是新增的，可以在 GROUP = 选项中指定：LOGCONTROL、LISTCONTROL、SMF、SQL 和 SVG。

12. PRINT 过程

PRINT 过程新增了以下选项：SUMLABEL 选项支持用户在汇总行上显示 BY 变量的标签；BLANKLINE 选项支持用户在每 *n* 个观测后插入 1 个空行。

13. PWENCODE 过程

PWENCODE 过程支持 sas003 编码方法，该方法使用 356 位密钥生成经过编码的密码。sas003 编码方法支持 AES（Advanced Encryption Standard，高级加密标准），这是 SAS/SECURE 的一种新安全算法。

14. RANK 过程

RANK 过程的 TIES = 选项具有一个新值 DENSE，该值将相等值作为单顺序统计量计算得分和秩。

15. REPORT 过程

REPORT 过程有以下方面的增强：PROBT 统计量是 PRT 统计量的别名。MODE 统计量可以与 PROC REPORT 一起使用。新增了 STYLE/MERGE 属性名称选项，用于连接样式，而迄今为止使用的 CALL DEFINE 语句无法连接样式，每次执行 CALL DEFINE 语句时，它都会替换以前的所有样式信息。在 PROC REPORT 语句中使用 OUT = 选项请求输出数据集时，支持使用 BY 语句。新增的目录（Table of Contents，TOC）现在支持 BREAK、RBREAK 和 DEFINE 语句中的 CONTENTS = 选项。新增了 BYPAGENO = n 选项来重置 BY 组间的页码。PROC REPORT 语句新增了 SPANROWS 选项，该选项允许将 GROUP 和 ORDER 变量包含在框中，而不是在 GROUP 或 ORDER 变量值下面显示空单元格。SPANROWS 选项还允许当 GROUP 和 ORDER 变量值在 PDF、PS 和 RTF 目标页上跨页显示时重复。PROC REPORT 支持 ODS DOCUMENT 和 ODS OUTPUT 目标。

16. SORT 过程

SORT 过程新增的 PRESORTED 选项使 PROC SORT 在输入数据集内进行检查，确定观测在排序前是否已排好序。当用户知道或强烈怀疑某个数据集已按 BY 语句中指定的关键变量排好序时，请使用 PRESORTED 选项。通过指定该选项，可以避免数据集排序。

SORTSEQ = 选项新增了 LINGUISTIC 子选项，指定语言排序规则，它根据语言规则对字符进行排序，这些规则和默认排序序列选项是基于在当前区域设置中指定的语言。用户可以修改默认的语言排序规则，可用于修改 LINGUISTIC 排序规则子选项的排序规则有 ALTERNATE_HANDLING =、CASE_FIRST =、COLLATION =、LOCALE =、NUMERIC_COLLATION =、STRENGTH =。用户可以指定所有可能的编码值，该结果与用指定编码表示的字符数据的二进制排序相同。

17. SQL 过程

SQL 过程新增了很多支持用户优化查询的功能：根据查询所用引擎的类型，用户可以使用逻辑上等价的表达式替换 PUT 函数;用户可以在执行查询前，对查询中的 DATE、TIME、DATETIME 和 TODAY 函数的引用替换为等价的常数值；可以指定表中必须包含的最小行数或 PUT 函数可以包含的最大 SAS 格式值数，以便 PROC SQL 考虑优化 PUT 函数；在 SELECT 子句或 HAVING 子句中使用汇总函数时，可以绕过重新合并过程；若存在索引，PROC SQL 在处理 SELECT DISTINCT 语句时使用索引文件；可以在用于直接传递的显式查询中使用分号。

PROC SQL 可以使用 PROC FCMP 创建的自定义函数。DICTIONARY EXTFILES 表现在可包括访问方法和设备类型信息。新增了 3 个 DICTIONARY 表：FUNCTIONS 表包含有关当前可访问函数的信息；INFOMAPS 表返回有关所有已知的信息映射的信息；DESTINATIONS 表包含有关所有已知的 ODS 目标的信息。DESCRIBE TABLE CONSTRAINTS 语句将不显示引用主键约束的受密码保护的外键数据集变量的名称。一些 SAS 工作区服务器客户端不支持 TRANSCODE = NO 参数，在 SAS 9.2 中，若不支持该参数，会用星号（ * ）替换（屏蔽）TRANSCODE = NO 的列值；而在 SAS 9.2 之前的版本中，则对 TRANSCODE = NO 的列值进行转码。SAS/ACCESS CONNECT 语句新增了一个 AUTHDOMAIN 选项，该选项支持查找安全凭据（用户 ID 和密码）而不必指定该凭据。

PROC SQL 语句新增了以下选项：

① CONSTDATETIME | NOCONSTDATETIME 选项指定在查询执行前，SQL 过程是否将对该查询中的 DATE、TIME、DATETIME 和 TODAY 函数的引用替换为等价的常数值。CONSTDATETIME 选项提供与新增的 SQLCONSTDATETIME 系统选项相同的功能。

② EXITCODE 选项指定 PROC SQL 是否为每个语句的 SQL 插入失败设置错误代码。

③ IPASSTHRU | NOIPASSTHRU 选项指定是否启用隐式直接传递。

④ REDUCEPUT 选项指定查询使用的引擎类型，通过在查询中使用逻辑上等价的表达式来替换 PUT 函数，可以优化该查询。REDUCEPUT 选项提供与新增的 SQLREDUCEPUT 系统选项相同的功能。

⑤ REMERGE | NOREMERGE 选项指定 SQL 过程不处理使用重新合并的数据的查询。REMERGE 选项提供与新增的 SQLREMERGE 系统选项相同的功能。

⑥ UNDO_POLICY 选项指定若在更新数据时出错，SQL 过程是保留还是放弃已更新的数据。UNDOPOLICY 选项提供与新增的 SQLUNDOPOLICY 系统选项相同的功能。

以下新增的全局系统选项影响 SQL 处理和性能：

① DBIDIRECTEXEC(SAS/ACCESS)为 SAS/ACCESS 引擎控制 SQL 优化。

② SQLCONSTANTDATETIME 选项指定在查询执行前，SQL 过程是否将该查询中的 DATE、TIME、DATETIME 和 TODAY 函数的引用替换为等价的常数值。

③ SQLREDUCEPUT 选项指定 SQL 过程查询使用的引擎类型，通过在查询中使用逻辑上等价的表达式来替换 PUT 函数，可以优化该查询。

④ SQLREDUCEPUTOBS 选项指定当 SQLREDUCEPUT = 系统选项设置为 NONE 时表中必须包含的最小观测数，以便 PROC SQL 考虑在查询中优化 PUT 函数。

⑤ SQLREDUCEPUTVALUES 选项指定当 SQLREDUCEPUT = 系统选项设置为 NONE 时 PUT 函数表达式中可以包含的最大 SAS 格式值数，以便 PROC SQL 考虑在查询中优化 PUT 函数。

⑥ SQLREMERGE 选项指定 SQL 过程是否可以处理那些使用重新合并数据的查询。

⑦ SQLUNDOPOLICY 选项指定若在更新数据时出错，SQL 过程是保留还是放弃已更新的数据。

18. TABULATE 过程

PROBT 统计量是 PRT 统计量的别名。MODE 统计量可以与 PROC REPORT 一起使用，可以在 TABLE 语句中指定变量名列表快捷方式。

19. UNIVARIATE 过程

UNIVARIATE 过程生成符合 ODS 样式的图形，所以更容易创建一致的输出。此外，用户可以使用两种方法来生成图形。对于传统图形，用户可以通过熟悉的过程语法以及 GOPTION 和 SYMBOL 语句来控制图形的每一细节；对于"ODS 图形"(在 SAS 9.2 的 UNIVARIATE 过程中尚为试用)，用户可以通过最少的语法获得最高质量的输出，并且与 SAS/STAT 和 SAS/ETS 过程生成的图形完全兼容。

新增的用于 UNIVARIATE 过程的 CDFPLOT 语句可绘制观测到的某变量的累积分布函数(Cumulative Distribution Function, CDF)，并且支持用户在该图形上叠加拟合的理论分布。新增的 PPPLOT 语句可用于创建概率 - 概率图(也称为 P - P 图或百分比图)，该图用于将某变量的经验累积分布函数(Empirical Cumulative Distribution Function, ECDF)与指定的理论累积分布函数进行比较。Beta、指数、Gamma、对数正态、正态和 Weibull 分布均可用于以上两个语句。

11.2　Base 语言的新功能

11.2.1　概述

SAS 9.2 Base 的新增功能、语言元素及语言元素的增强功能继续扩展了 SAS 的功能。

① SAS 支持下一代互联网协议——IPv6，同时支持 IPv4。

② 对于通用打印，安装 SAS 后可使用 31 种新的 TrueType 字体。此外，通用打印支持可缩放矢量图形(Scalable Vector Graphics, SVG)、可移植网络图形(Portable Network Graphics, PNG)，以及 PDFA - 1b 打印输出格式。

③ 可以使用安全文件传输协议(Secure File Transfer Protocol, SFTP)访问方法访问远程文件。

④ SAS 可以读取和写入 ISO 8601 日期、时间和时间间隔。

⑤ 在针对批处理编程的支持中，若程序未完成便终止，新增的检查点模式支持程序以重新启动模式重新提交，从程序终止时正在执行的 DATA 或 PROC 步继续执行。

⑥ 函数和 CALL 子程序部分介绍了多个新增和增强的函数，以及一些以前属于其他产品而现在成为 Base SAS 一部分的函数。从 Risk Dimensions 产品转移过来的函数可根据不同模型计算欧式

期货期权的买权价格和卖权价格；从 SAS/ETS 转移过来的函数可返回关于各种日期和时间间隔的信息；来自 SAS High - Performance Forecasting 的函数可返回特定日期。

⑦ 在 DATA 步中，用户可以跟踪 DO 组内代码的执行情况。DATA 语句有一个可选参数，可供用户在 DO 语句开始和结束时向 SAS 日志写入注释。

⑧ 新增的 SAS 系统选项支持设置默认记录长度、指定用于访问 PDF 文件的选项、指定“可缩放矢量图形”的值、支持检查点模式和重新启动模式，以及支持各种字体。

⑨ 针对 DATA 步对象属性、运算符和方法的一些新增功能可用于删除 Hash 对象中的所有项而不删除 Hash 对象实例、将 FIND 方法和 ADD 方法合并为单个方法调用、返回 Hash 对象中项的数量，以及为迭代指定启动键项。

⑩ 在 SAS 语言参考中，字典的以前版本中，关于其他出版物中语言元素的参考包含在每种语言元素类型各自的字典中，如可以在格式字典条目中找到$ BIDI 格式的参考；而现在可以在该语言元素类型的每一部分找到其他出版物中记载的这类语言元素的参考。在网页中，该部分就显示在每种语言元素类型的字典条目之前；在 PDF 或打印件中，该部分作为每种语言元素类型的最后一个主题出现。

11.2.2　SAS 系统功能

1. 检查点模式和重新启动模式

若批处理程序以检查点模式启动且未完成便终止，该程序可通过重新启动模式重新提交，从程序终止时正在执行的 DATA 或 PROC 步继续执行，已经完成的 DATA 和 PROC 步无需重新运行。

2. 针对 ISO 8601 基本和扩展时间表示法的支持

SAS 9.2 重新命名了在 SAS 9.1.3 中支持 ISO 8601 基本和扩展时间表示法的输出格式和输入格式，新名称清晰地区分开基本和扩展的输出格式和输入格式。用户可以在后续主题中的相应各部分查看重命名的输出格式和输入格式。此外，新增了 IS8601_CONVERT 这一 CALL 子程序，可支持 ISO 8601 时间间隔与日期时间值以及持续时间值之间的相互转换。

3. 针对 IPv6 的支持

SAS 9.2 引入了针对“下一代”互联网协议——IPv6 的支持，IPv6 是当前互联网协议——IPv4 的后续协议。SAS 9.2 同时支持这两种协议，而不是用 IPv6 取代 IPv4。之所以要开发新协议，一个主要原因就是有限的 32 位 IPv4 地址空间即将耗尽。IPv6 使用 128 位地址方案，可比 IPv4 提供更多的 IP 地址。

4. 通用打印和新增的 TrueType 字体

在 SAS 9.2 中，所有通用打印程序和很多 SAS/GRAPH 设备都使用 FreeType 逻辑库来呈现 TrueType 字体，这些字体用于 SAS 软件支持的所有操作环境中的输出。此外，默认情况下，很多 SAS/GRAPH 设备驱动程序和所有通用打印程序都使用 ODS 样式生成输出，而这些 ODS 样式都使用 TrueType 字体。

安装 SAS 后，除了 SAS Monospace 和 SAS Monospace Bold 之外，还可以使用 31 种新增的 TrueType 字体，包括 5 种与 Microsoft 兼容的拉丁字体、8 种多语言 Unicode 字体和 8 种单语言的亚洲字体。

以下为新增的通用打印程序。

PDFA：生成符合 PDF/A - 1b 的可归档 PDF。

PNG：生成可移植网络图形。这是一种光栅图像格式，旨在用于替换以前简单的 GIF 和较为复杂的 TIFF 格式。

PNGt：生成透明的可移植网络图形。

SVG：生成可缩放矢量图形。这是一种以 XML 描述二维图形和图形应用程序的语言。

SVGt：生成透明的可缩放矢量图形。

SVGView：生成带控件的可缩放矢量图形，利用这些控件可滚动浏览 SVG 输出。

SVGZ：生成压缩的可缩放矢量图形。

5. WHERE 表达式处理

在 WHERE 表达式中，LIKE 运算符现在支持转义字符。转义字符支持在值中搜索百分比符号（%）和下画线（_）字符。

6. DATA 步 Java 对象

DATA 步组件 Java 对象在 9.2 版的 Base SAS 中已成为正式使用的软件。

11.2.3 SAS 语言元素

1. 数据集选项

数据集新增选项 DLDMGACTION = NOINDEX 自动修复不带索引和完整性约束的数据集、删除索引文件、更新数据文件以反映禁用的索引和完整性约束，以及限制数据文件仅可在 INPUT 模式下打开。

2. 输出格式

① 以下为新增的输出格式。

$BASE64X：使用 Base 64 编码将字符数据转换为 ASCII 文本。

$N8601B：使用基本表示法 PnYnMnDTnHnMnS 和 yyyymmddThhmmss 写出 ISO 8601 持续时间、日期时间和时间间隔的格式。

$N8601BA：使用基本表示法 PyyyymmddThhmmss 和 yyyymmddThhmmss 写出 ISO 8601 持续时间、日期时间和时间间隔的格式。

$N8601E：使用扩展表示法 PnYnMnDTnHnMnS 和 yyyy-mm-ddThh:mm:ss 写出 ISO 8601 持续时间、日期时间和时间间隔的格式。

$N8601EA：使用扩展表示法 Pyyyy-mm-ddThh:mm:ss 和 yyyy-mm-ddThh:mm:ss 写出 ISO 8601 持续时间、日期时间和时间间隔的格式。

$N8601EH：使用扩展表示法 Pyyyy-mm-ddThh:mm:ss 和 yyyy-mm-ddThh:mm:ss 写出 ISO 8601 持续时间、日期时间和时间间隔的格式，用连字符（-）代表省略的组成部分。

$N8601EX：使用扩展表示法 Pyyyy-mm-ddThh:mm:ss 和 yyyy-mm-ddThh:mm:ss 写出 ISO 8601 持续时间、日期时间和时间间隔的格式，用 x 代表省略组成部分的每一位。

$N8601H：写出 ISO 8601 持续时间、日期时间和时间间隔的格式 PnYnMnDTnHnMnS 和 yyyy-mm-ddThh:mm:ss，删除持续时间值中的省略组成部分，并用连字符（-）代表日期时间值中的省略组成部分。

$N8601X：写出 ISO 8601 持续时间、日期时间和时间间隔的格式 PnYnMnDTnHnMnS 和 yyyy-mm-ddThh:mm:ss，删除持续时间值中的省略组成部分，并用 x 代表日期时间值中省略的组成部分的每一位。

B8601DA：使用 IOS 8601 基本表示法 yyyymmdd 写出日期值。

B8601DN：使用 ISO 8601 基本表示法 yyyymmdd 写出日期时间值中的日期。

B8601DT：使用ISO 8601基本表示法yyyymmddThhmmssffffff写出日期时间值。

B8601DZ：使用ISO 8601日期时间和时区基本表示法yyyymmddThhmmss+|-hhmm写出协调世界时(Coordinated Universal Time，UTC)时间标度中的日期时间值。

B8601LZ：使用ISO 8601基本时间表示法hhmmss+|-hhmm，通过追加当地时间与UTC之间的时差，将时间值写为当地时间。

B8601TM：使用ISO 8601基本表示法hhmmssffff写出时间值。

B8601TZ：将时间值调整为协调世界时(UTC)，并使用ISO 8601基本时间表示法hhmmss+|-hhmm写出这些值。

BESTD：打印数值，将量值相似的值的小数位对齐，打印整数时不带小数位。

E8601DA：使用ISO 8601扩展表示法yyyy-mm-dd写出日期值。

E8601DN：使用ISO 8601扩展表示法yyyy-mm-dd写出SAS日期时间值中的日期。

E8601DT：使用ISO 8601扩展表示法yyyy-mm-ddThh:mm:ss.ffffff写出日期时间值。

E8601DZ：使用ISO 8601日期时间和时区扩展表示法yyyy-mm-ddThh:mm:ss+|-hh:mm写出协调世界时(UTC)时间标度中的日期时间值。

E8601LZ：使用ISO 8601扩展时间表示法hh:mm:ss+|-hh:mm，通过追加本地SAS会话与协调世界时(UTC)之间的时差，将时间值写为当地时间。

E8601TM：使用ISO 8601扩展表示法hh:mm:ss.ffffff写出时间值。

E8601TZ：将时间值调整为协调世界时(UTC)，并使用ISO 8601扩展表示法hh:mm:ss+|-hh:mm写出这些值。

PERCENTN：生成百分比，用减号表示负值。

VMSZN：生成VMS和MicroFocus COBOL Zone数值数据。

② 以下输出格式以前在其他出版物中说明，现已成为本文档的一部分。

WEEKUw.：使用U算法以十进制格式写出星期编号。

WEEKVw.：使用V算法以十进制格式写出星期编号。

WEEKWw.：使用W算法以十进制格式写出星期编号。

③ DATEw.：除按ddmmmyy或ddmmmyyyy格式写出日期之外，还可按dd-mmm-yyyy格式写出日期。

3. 函数和CALL子程序

① 以下为新增的函数和CALL子程序。

ALLCOMB：以最小更改顺序一次从 n 个变量中任选 k 个值时生成的所有组合。

ALLPERM：以最小更改顺序生成若干变量的值的所有排列。

ARCOSH：返回反双曲余弦。

ARSINH：返回反双曲正弦。

ARTANH：返回反双曲正切。

CALL ALLCOMB：以最小更改顺序一次从 n 个变量中任选 k 个值时生成的所有组合。

CALL ALLCOMBI：以最小更改顺序一次从 n 个对象中任选 k 个指数时生成的所有组合。

CALL GRAYCODE：以最小更改顺序生成 n 个项的所有子集。

CALL ISO8601_CONVERT：将ISO 8601时间间隔转换为日期时间值和持续时间值，或将日期时间值和持续时间值转换为ISO 8601时间间隔。

CALL LEXCOMB：以字典顺序一次从 n 个变量中任选 k 个非缺失值时生成的所有非重复组合。

CALL LEXCOMBI：以字典顺序一次从 n 个对象中任选 k 个指数时生成的所有组合。

CALL LEXPERK：以字典顺序一次从 n 个变量中任选 k 个非缺失值时生成的所有非重复排列。

CALL LEXPERM：以字典顺序生成若干变量的非缺失值的所有非重复排列。

CALL SORTC：对字符参数的值进行排序。

CALL SORTN：对数值参数的值进行排序。

CATQ：使用分隔符分隔各个项，并将含该分隔符的字符串用引号引起来，以此连接字符或数值。

CHAR：从字符串的指定位置返回单个字符。

CMISS：统计缺失参数的数量。

COUNTW：统计字符表达式中的字词数。

DIVIDE：返回用于处理 ODS 输出的特殊缺失值的除法结果。

ENVLEN：返回环境变量的长度。

EUCLID：返回非缺失参数的欧氏范数。

FINANCE：执行财务计算，如折旧、到期时间、应计利息、净现值、定期储蓄和内部收益率。

FINDW：在字符串中搜索单词。

FIRST：返回字符串的第一个字符。

GCD：返回一个或多个整数的最大公约数。

GEODIST：返回两个纬度和经度坐标之间的大地距离。

GRAYCODE：以最小更改顺序生成 n 个项的所有子集。

INTFIT：返回两个日期之间的时间间隔。

INTGET：返回基于 3 个日期值或日期时间值的时间间隔。

INTSHIFT：返回与基时间间隔相对应的移位时间间隔。

INTTEST：若时间间隔有效，返回 1；若时间间隔无效，则返回 0。

LCM：返回能被一组数中的每个数整除的最小倍数。

LCOMB：计算 COMB 函数的对数，即一次从 n 个对象中任选 r 个的组合数的对数。

LEXCOMB：以字典顺序一次从 n 个变量中任选 k 个非缺失值时生成的所有非重复组合。

LEXCOMBI：以字典顺序一次从 n 个对象中任选 k 个指数时生成的所有组合。

LEXPERK：以字典顺序一次从 n 个变量中任选 k 个非缺失值时生成的所有非重复排列。

LEXPERM：以字典顺序生成若干变量的非缺失值的所有非重复排列。

LFACT：计算 FACT(阶乘)函数的对数。

LOG1PX：返回 1 加该参数的对数。

LPERM：计算 PERM 函数的对数，即从 n 个对象中任选 r 个元素的排列数的对数。

LPNORM：返回第二个参数和随后的非缺失参数的 Lp 范数。

MD5：返回指定的字符串的消息摘要的结果。

MSPLINT：返回保单调插值样条的纵坐标。

RENAME：重命名 SAS 逻辑库的成员、外部文件或目录。

SUMABS：返回非缺失参数的绝对值的总和。

TRANSTRN：若一个字符串中的某个子串的值大于零，则在该字符串中替换找到的所有该子串。

WHICHC：搜索与第一个参数相等的字符值，并返回第一个匹配值的索引。

WHICHN：搜索与第一个参数相等的数值，并返回第一个匹配值的索引。

ZIPCITYDISTANCE：返回两个邮政编码位置之间的大地距离。

② 以下函数中的参数说明作了改进：

DOPEN：打开目录，并返回一个目录标识符值。

EXIST：验证 SAS 逻辑库成员是否存在。

FOPEN：打开外部文件并返回一个文件标识符值。

FEXIST：验证与文件引用名相关的外部文件是否存在。

FILENAME：为外部文件、目录或输出设备分配或取消分配文件引用名。

FILEREF：验证是否已将文件引用名分配给当前 SAS 会话。

LIBNAME：为 SAS 逻辑库分配或取消分配逻辑库引用名。

LIBREF：验证是否已分配逻辑库引用名。

MOPEN：根据目录 ID 和成员名称打开文件，并返回文件标识符或 0。

PATHNAME：返回 SAS 逻辑库或外部文件的物理名称，或返回一个空格。

③ 以下函数以前包含在 Risk Dimensions 中，现已成为 Base SAS 的一部分。

BLACKCLPRC：根据 Black 模型计算欧式期货期权的买权价格。

BLACKPTPRC：根据 Black 模型计算欧式期货期权的卖权价格。

BLKSHCLPRT：根据 Black-Scholes 模型计算欧式期权的买权价格。

BLKSHPTPRT：根据 Black-Scholes 模型计算欧式期权的卖权价格。

GARKHCLPRC：根据 Garman-Kohlhagen 模型计算欧式股票期权的买权价格。

GARKHPTPRC：根据 Garman-Kohlhagen 模型计算欧式股票期权的卖权价格。

MARGRCLPRC：根据 Margrabe 模型计算欧式股票期权的买权价格。

MARGRPTPRC：根据 Margrabe 模型计算欧式股票期权的卖权价格。

④ 以下函数以前包含在 SAS/ETS 中，现已成为 Base SAS 的一部分。

INTCINDEX：按给定日期、时间或日期时间值，返回周期指数。

INTCYCLE：按给定日期、时间或日期时间间隔，返回下一较高季节周期的日期、时间或日期时间间隔。

INTFMT：按给定日期、时间或日期时间间隔，返回推荐的格式。

INTINDEX：按给定日期、时间或日期时间间隔和值，返回季节指数。

INTSEAS：按给定日期、时间或日期时间间隔，返回季节周期的长度。

⑤ 以下函数以前包含在 SAS High-Performance Forecasting 中，现已成为 Base SAS 的一部分。

HOLIDAY：返回指定年中指定假日的日期。

NWKDOM：返回指定年的指定月中某个星期几第 n 次出现时的日期。

⑥ 以下函数已由 SAS 语言参考：字典转移到 SAS/IML 文档。

MODULEIC：调用外部子程序，并返回一个字符值（仅在 IML 环境下）。

MODULEIN：调用外部子程序，并返回一个数值（仅在 IML 环境下）。

CALL MODULEI：调用外部子程序，但不返回任何代码（仅在 IML 环境下）。

⑦ 以下函数和 CALL 子程序已增强。

CALL POKE：现在可以直接将浮点数写入基于 32 位平台的内存。

CALL POKELONG：现在可以直接将浮点数写入基于 32 位平台和 64 位平台的内存。

CALL SCAN：返回字符表达式中给定单词的位置和长度。

DATDIF：已将“ACT/360”和“ACT/365”这两个值添加到 basis 参数，并在美国证券业协会出版的文档中添加了一条参考信息。

FSEP：为十六进制字符分隔符添加了一个可选参数。

INDEX：添加了说明如何处理开头空格和结尾空格的示例。

LAG：添加了关于 LAG 函数内存限制的信息。

SCAN：返回字符表达式中的第 *n* 个单词。

ZIPSTATE：在文档中添加了关于美国陆军邮局(Army Post Office，APO)和美国海军邮局（Fleet Post Office，FPO)的信息。

⑧ RX 函数集和 CALL 子程序已从文档中删除，取而代之的是一组 PRX 函数和 CALL 子程序。这些 PRX 函数和 CALL 子程序在 SAS 以前的版本中已可以使用，可以提供强大的功能。

以下为已删除的 RX 函数和 CALL 子程序：RXMATCH 函数、RXPARSE 函数、RXCHANGE CALL 子程序、RXFREE CALL 子程序、RXSUBSTR CALL 子程序。

⑨ SCANQ 函数和 CALL SCANQ 子程序已从文档中删除，由功能强大的 SCAN 函数和 CALL SCAN 子程序取代。

4. 输入格式

① 以下为新增的输入格式。

$BASE64X：使用 Base 64 编码将 ASCII 文本转换为字符数据。

$N8601B：读取以基本表示法或扩展表示法指定的 ISO 8601 持续时间值、日期时间值和时间间隔值的完整、截断和省略格式。

$N8601E：读取以扩展表示法指定的 ISO 8601 持续时间值、日期时间值和时间间隔值。

B8601DA：读取以 ISO 8601 基本表示法 yyyymmdd 指定的日期值。

B8601DN：读取以 ISO 8601 基本表示法 yyyymmdd 指定的日期值，并返回值的时间部分为 000000 的 SAS 日期时间值。

B8601DT：读取以 ISO 8601 基本表示法 yyyymmddThhmmssffffff 指定的日期时间值。

B8601DZ：使用 ISO 8601 日期时间基本表示法 yyyymmddThhmmss +|- hhmm 或 yyyymmddThhmmssffffffZ 读取在协调世界时(UTC)时间标度中指定的日期时间值。

B8601TM：读取以 ISO 8601 基本表示法 hhmmssffffff 指定的时间值。

B8601TZ：读取以 ISO 8601 基本时间表示法 hhmmssfffff +|- hhmm 或 hhmmssffffffZ 指定的时间值。

E8601DA：读取以 ISO 8601 扩展表示法 yyyy-mm-dd 指定的日期值。

E8601DN：读取以 ISO 8601 扩展表示法 yyyy-mm-dd 指定的日期值，并返回值的时间部分为 000000 的 SAS 日期时间值。

E8601DT：读取以 ISO 8601 扩展表示法 yyyy-mm-ddThh:mm:ss.ffffff 指定的日期时间值。

E8601DZ：使用 ISO 8601 日期时间扩展表示法 hh:mm:ss +|- hh:mm.fffff 或 hh:mm:ss.fffffZ 读取在协调世界时(UTC)时间标度中指定的日期时间值。

E8601LZ：读取以 ISO 8601 扩展表示法 hh:mm:ss +|- hh:mm.fffff 或 hh:mm:ss.fffffZ 指定的协调世界时(UTC)值，并将它们转换为当地时间。

E8601TM：读取以 ISO 8601 扩展表示法 hh:mm:ss.ffffff 指定的时间值。

E8601TZ：读取以 ISO 8601 扩展时间表示法 hh:mm:ss +|- hh:mm.ffffff 或 hh:mm:ssZ 指定的时间值。

VMSZN：读取 VMS 和 MicroFocus COBOL Zone 数值数据。

② 以下输入格式已增强。

TRAILSGN：除了读取结尾的加号(+)和减号(-)之外，TRAILSGN 输入格式现在还能读取包含逗号的值。

以下输入格式先前已在其他出版物中说明，现已成为本文档的一部分。

WEEKUw.：读取年中星期编号值的格式，然后使用U算法返回SAS日期值。

WEEKVw.：读取年中星期编号值的格式，然后使用V算法返回SAS日期值。

WEEKWw.：读取年中星期编号值的格式，然后使用W算法返回SAS日期值。

5. 语句

① 以下为新增语句。

CHECKPOINT EXECUTE_ALWAYS：支持执行紧跟其后的DATA或PROC步，而无需考虑检查点-重新启动数据。

FILENAME、SFTP访问方法：支持用户使用SFTP协议访问远程文件。

SYSECHO：支持IOM客户端手动跟踪提交的SAS程序中某个程序段的进度。

② 以下语句已增强。

%INCLUDE：对于位于聚合存储位置且不具备有效SAS名称的文件的文件名，若该文件名用引号引起来，则可用作文件引用名。最大行数限制现在为6K。

ABORT：两个新增可选参数支持用户取消执行已提交的语句及阻止将所有变量输出写入SAS日志。

ATTRIB：一些“SAS工作区服务器”客户端不支持TRANSCODE = NO属性。在SAS 9.2中，若不支持该属性，带TRANSCODE = NO的变量由星号（ * ）替换（屏蔽）；在SAS 9.2之前的版本中，带TRANSCODE = NO的变量都进行了转码。

BY：BY语句可以针对使用SORT过程（带有SORTSEQ = LINGUISTIC选项）进行排序的数据实现语言排序。

DATA：3个新增可选参数支持执行：为嵌套的DO语句的每一级的开头和末尾向SAS日志中写入注释；指定嵌套LINK语句的最大数量；阻止将所有变量输出写入SAS日志。

DECLARE：数据集选项现在可与“数据集：参数标签”一同使用。3个新增的参数标签支持用户执行：维护Hash对象键的汇总计数；将数据集加载到Hash对象时忽略重复键；指定是否允许每个键具有多个数据项。

FILE：对于位于聚合存储位置且不具备有效SAS名称的文件的文件名，若该文件名用引号引起来，则可用作文件引用名。一个新增选项支持将字符串指定为备用分隔符（空格除外），用于LIST输出。

FILENAME、CATALOG访问方法：可以指定RECFM = S（流记录格式）。

FILENAME、EMAIL（SMTP）访问方法：可以指定不带扩展名的文件附件。一个新增选项支持指定电子邮件的优先级。

FILENAME、FTP访问方法：6个新增的FTP选项支持执行：指定引用凭据（用户ID和密码）的身份验证域元数据对象的名称，从而无需明确指定凭据即可连接到FTP服务器；指定使用DIR选项时自动将DATA成员类型追加到成员名称；支持从FTP服务器自动调用宏检索小写目录或成员名称；在用户ID和密码提示成功执行之后保存用户ID和密码；指定用于变量记录格式的行分隔符：后接换行符的回车符、仅换行符或NULL字符；指定FTP服务器响应消息的长度。

FILENAME、URL访问方法：N可用作流记录格式（RECFM = S）的别名。4个新增的URL选项支持执行：指定引用凭据（用户ID和密码）的身份验证域元数据对象的名称，从而无需明确指定凭据即可连接到代理或Web服务器；指定使用URL访问方法打开文件时头信息写入的文件引用名，头信息即写入SAS日志的信息；指定用于访问代理服务器的用户名；指定用于访问代理服务器的密码；指定RECFM = V时使用的行分隔符。

FILENAME、WebDAV访问方法：FILENAME语句语法中的SASBAMW关键字已更改为WEB-

DAV。3 个新增的 WebDAV 选项支持执行：访问目录文件；指定使用 DIR 选项时将文件扩展名自动追加到文件名；使用自动调用宏从 WebDAV 服务器重试小写目录或成员名称。

FOOTNOTE：1 个新增参数支持为 ODS HTML、RTF 和 PRINTER(PDF)目标指定格式化选项。

INFILE：对于位于聚合存储位置且不具备有效 SAS 名称的文件的文件名，若该文件名用引号引起来，则可用作文件引用名。1 个新增选项支持将字符串指定为备用分隔符(空格除外)，用于 LIST 输出。1 个新增可选参数指定当文件引用名指向输入设备、输出设备或位置(非物理文件)时所用的设备类型或访问方法。

LIBNAME：用于 WebDAV 服务器访问为 WebDAV 服务器上的文件分配逻辑库引用名后，路径(URL 位置)、用户 ID 和密码即与该逻辑库引用名相关联。分配第一个逻辑库引用名后，向同一逻辑库分配另一个逻辑库引用名时，将对用户 ID 和密码进行验证。只有在 WebDAV 服务器上的文件已由另一个用户锁定时，SAS 才会兑现对该文件进行锁定的请求。2 个新增的 WebDAV 选项支持执行：指定引用凭据(用户 ID 和密码)的身份验证域元数据对象的名称，从而无需明确指定凭据即可连接到 WebDAV 服务器；提示用户输入 ID 和密码。

MERGE：1 个新增参数支持使用编号的范围列表或命名的前缀列表指定至少 2 个现有的 SAS 数据集。

SET：1 个新增参数创建和命名变量，该变量储存从中读取当前观测的 SAS 数据集的名称。储存的名称可以是数据集名称，也可以是物理名称。物理名称是操作环境用于识别文件的名称。1 个新增参数支持您使用编号的范围列表或命名的前缀列表指定至少 2 个现有的 SAS 数据集。

TITLE：添加了 1 个参数，支持为 ODS HTML、RTF 和 PRINTER(PDF)目标指定格式化选项。

6. 系统选项

① 以下为新增的系统选项。

CMPMODEL：为 MODEL 过程指定输出模型类型。

DEFLATION：指定支持 Deflate 压缩算法的设备驱动程序的压缩程度。

DMSPGMLINESIZE：指定在程序编辑器中一行的最大字符数。

EMAILFROM：使用 SMTP 发送电子邮件时，指定电子邮件选项 FROM 在 FILE 或 FILENAME 语句中是否是必需的。

FILESYNC =：指定何时从包含永久 SAS 文件内容的操作系统缓冲区写入磁盘。

FONTEMBEDDING：指定是否在通用打印程序和 SAS/GRAPH 打印中启用字体嵌入。

FONTRENDERING =：指定 SAS/GRAPH 显示驱动程序和图像格式驱动程序是否通过使用操作系统或 FreeType 字体引擎来显示或打印字体。

GSTYLE：指定在生成作为 GRSEG 目录条目储存的图形时是否可使用 ODS 样式。

IBUFNO =：指定为导航索引文件而分配的可选的额外缓冲区数量。SAS 会为导航索引文件自动分配最少数量的缓冲区。通常情况下，无需指定额外缓冲区。不过，使用 IBUFNO = 指定额外缓冲区可以限制特定索引文件所需的输入/输出运算的数量，由此缩短执行时间。

JPEGQUALITY：指定 JPEG 质量因素，以确定 SAS/GRAPH JPEG 设备驱动程序处理的 JPEG 文件的图像质量与压缩程度之比。

LRECL =：指定用于读取和写入外部文件的默认逻辑记录长度。

PDFACCESS：指定 PDF 文档中的文本和图形能否由屏幕阅读器为视觉障碍人士读取。

PDFASSEMBLY：指定是否可以汇编 PDF 文档。

PDFCOMMENT：指定是否可以修改 PDF 文档注释。

PDFCONTENT：指定是否可以更改 PDF 文档的内容。

PDFCOPY：指定是否可以复制 PDF 文档中的文本和图形。

PDFFILLIN：指定是否可以填写 PDF 表单。

PDFPAGELAYOUT：指定 PDF 文档的页面布局。

PDFPAGEVIEW：指定 PDF 文档的页面查看模式。

PDFPASSWORD：指定用于打开 PDF 文档的密码以及 PDF 文档所有者使用的密码。

PDFPRINT：指定用于打印 PDF 文档的分辨率。

PDFSECURITY：指定 PDF 文档的打印权限。

S2V =：指定% INCLUDE 语句所指定的文件、自动执行文件或自动调用宏文件(带可变长度格式)的起始读取位置。

SORTVALIDATE：指定当排序指示符元数据指示按用户指定的顺序排序时，SORT 过程是否验证数据集已根据 BY 语句中的变量排序。

SQLCONSTDATETIME：指定在查询执行前，SQL 过程是否将对该查询中的 DATE、TIME、DATETIME 和 TODAY 函数的引用替换为等价的常数值。

SQLREDUCEPUT =：对于 SQL 过程，指定查询使用的引擎类型，通过在查询中使用逻辑上等价的表达式来替换 PUT 函数，可以优化该查询。

SQLREDUCEPUTOBS =：对于 SQL 过程，当 SQLREDUCEPUT = 系统选项设置为 NONE 时，指定表中必须包含的最小观测数，以便 PROC SQL 考虑在查询中优化 PUT 函数。

SQLREDUCEPUTVALUES =：对于 SQL 过程，当 SQLREDUCEPUT = 系统选项设置为 NONE 时，指定 PUT 函数表达式中可以包含的最小 SAS 格式值数，以便 PROC SQL 考虑在查询中优化 PUT 函数。

SQLREMERGE：指定 SQL 过程是否可以处理那些使用重新合并数据的查询。

SQLUNDOPOLICY =：指定若在更新数据时出错 SQL 过程是保留还是放弃已更新的数据。

STEPCHKPT：指定是否以检查点-重新启动模式运行批处理程序。在检查点-重新启动模式中，若批处理程序在执行过程中终止，则该程序可以从终止时正执行的 DATA 或 PROC 步开始重新启动。

STEPCHKPTLIB：指定用于标识包含检查点-重新启动数据的逻辑库的逻辑库引用名。

STEPRESTART：指定是否使用检查点数据启动批处理程序。

SVGCONTROLBUTTONS：指定是否在多页 SVG 文档中显示调页控制按钮和索引。

SVGHEIGHT：指定视口的高度，除非 SVG 输出内嵌在另一个 SVG 输出中；指定 XML 文件中最外层 <svg>元素的 HEIGHT 属性的值。

SVGPRESERVEASPECTRATIO：指定是否强制 SVG 输出统一缩放，设置最外层 <svg>元素的 preserveAspectRatio 属性。

SVGTITLE：指定 SVG 输出标题栏上的标题，指定 XML 文件中 <title>元素的值。

SVGVIEWBOX：指定用于设置最外层 <svg>元素的 viewBox 属性的坐标、宽度和高度，该元素支持 SVG 输出缩放成视口大小。

SVGWIDTH：指定视口的宽度，除非 SVG 输出内嵌在另一个 SVG 输出中；指定 XML 文件中最外层 <svg>元素的 width 属性的值。

SVGX：指定矩形区域(其中放置了嵌入的 <svg>元素)的一个角的 *X* 轴坐标，指定 XML 文件最外层 <svg>元素的 x 属性。

SVGY：指定矩形区域(其中放置了嵌入的 <svg>元素)的一个角的 *Y* 轴坐标，指定 XML 文件最外层 <svg>元素的 y 属性。

UPRINTCOMPRESSION：指定是否对通用打印程序和 SAS/GRAPH 打印文件启用压缩。

② 以下系统选项新增了 1 个参数。

DLDMGACTION = NOINDEX：对于数据集，自动修复不带索引和完整性约束的数据集、删除索引文件、更新数据文件以反映禁用的索引和完整性约束，以及限制数据文件仅可在 INPUT 模式下打开。

CMPOPT = FUNCDIFFERENCING：指定是否为用户定义的函数计算分析导数。

③ 以下系统选项已增强。

ECHOAUTO：SAS 将自动执行文件语句写入 SAS 日志。

EMAILHOST：可以指定多个简单邮件传输协议(Simple Mail Transfer Protocol，SMTP)邮件服务器。

电子邮件系统选项：所有电子邮件系统选项现在都可以随时设置，不再局限于只能在 SAS 启动时设置。

OVP：OVP 系统选项的默认值为 NOOVP。

SYSPRINTFONT：您可以指定 SYSPRINTFONT 系统选项设置应用到的通用打印程序的名称。

④ 以下系统选项不再受支持，且已从文档中删除。

BATCH：在 SAS 执行时，不再对 LINESIZE、OVP、PAGESIZE 和 SOURCE 系统选项的设置产生影响。

GISMAPS：SAS 9.2 不再为 SAS/GIS 提供美国人口调查统计区域图。

7. DATA 步对象属性、运算符和方法

① 以下为新增的方法。

CLEAR：删除 Hash 对象的所有项，但不删除 Hash 对象实例。

EQUALS：确定两个 Hash 对象是否相等。

FIND_NEXT：将当前列表项设置为当前键的多项列表中的下一项，并为相应的数据变量设置数据。

FIND_PREV：将当前列表项设置为当前键的多项列表中的上一项，并为相应的数据变量设置数据。

HAS_NEXT：确定当前键的多个数据项列表是否存在下一项。

HAS_PREV：确定当前键的多个数据项列表是否存在上一项。

REF：将 FIND 方法和 ADD 方法合并为单个方法调用。

REMOVEDUP：从 Hash 对象删除与指定键的当前数据项相关联的数据。

REPLACEDUP：用新数据替换与当前键的当前数据项相关联的数据。

SETCUR：为迭代指定起始键项。

SUM：从 Hash 表检索给定键的汇总值，并在 DATA 步变量中储存该值。

SUMDUP：检索当前键的当前数据项的汇总值，并在 DATA 步变量中储存该值。

② 以下方法已增强。

DEFINEDONE：添加了 1 个可选参数，支持在将数据集加载到 Hash 对象时从内存故障恢复。

③ 以下为新增的属性。

ITEM_SIZE：返回 Hash 对象中项的数量。

_NEW_语句已被重新归类为运算符。

11.3　输出传输系统的新功能

11.3.1　概述

输出传输系统(ODS)的新增功能和增强功能提供各种各样的格式化选择和输出目标，从而为报告和显示分析结果提供了几乎无限的选择。

通过 ODS 语句，可以使用新的 ODS 包、标准的 RTF 输出、增强的内嵌格式，以及众多其他新功能。

通过使用 DOCUMENT 过程，可以执行 4 项新任务。

TMPLATE 过程中添加了多个新增功能和增强功能，其中包括新的交叉表模板和增强的样式继承。

改进的 ODS 统计图形支持您使用 ODS 和 SAS/GRAPH 创建和修改统计图形。

默认情况下，SAS/GRAPH 将 ODS 样式用于图形输出。

可以使用 PDFSECURITY 系统选项对 PDF 文件进行加密和密码保护。

可以为 ODS 输出添加 SVG(Scalable Vector Graphics，可缩放向量图形)和新的 TrueType 字体。

可以使用 PROC SQL 来查询打开的 ODS 目标。

11.3.2　ODS 语句的新增功能和增强功能

1. 新增的 ODS 语句

ODS TAGSETS. RTF：创建标准的 RTF 输出，该输出支持您指定分页的方式和位置，以及何时将标题和脚注放入页面正文。

ODS PACKAGE：打开、添加到、发布或关闭一个 SAS ODS 包对象。ODS 包支持 ODS 目标使用"SAS 发布框架"，这是"SAS 集成技术"的功能之一。ODS 包跟踪与其连接的任何活动目标的输出。目标关闭后，可以将该包发布到任意发布目标。可以通过 ODS PACKAGE 语句使用 ODS 包。

ODS TEXT =：将文本插入 ODS 输出。

2. 添加了新选项的 ODS 语句

① 内嵌格式在 SAS 9.2 中具有新语法，并且可以嵌套内嵌样式。ODS ESCAPECHAR 语句支持"可用于 ODS ESCAPECHAR 的函数"中所显示函数(可用于各种目标)的列表。此外，还可以使用 UNICODE 内嵌格式函数在当前的 Unicode 字体中选择任何可用的 Unicode 字符。

② ODS EXCLUDE 语句支持选项 WHERE =，排除满足特定条件的输出对象。

③ ODS GRAPHICS 语句支持以下选项。

ANTIALIAS | NOANTIALIAS | ANTIALIAS =：指定是否在呈现图形中的线条和极值标志时应用反失真功能。反失真功能可平滑处理对角线和某些极值标志的外观。

ANTIALIASMAX =：指定在禁用反失真功能之前可进行反失真处理的极值标志或线条的最大数量，默认值为 600。

BORDER | NOBORDER | BORDER =：指定绘制的图形是否带有外部边框。

DISCRETEMAX =：指定要在点/线图中显示的离散值的最大数量。

GROUPMAX =：指定要在点/线图中显示的组值的最大数量。

HEIGHT =：指定图形的高度。

IMAGEFMT =：指定用于显示 ODS 输出图形的图像格式。若图像格式不可用于活动的输出目标，则设备将自动重新映射到默认的图像格式。

IMAGEMAP | NOIMAGEMAP | IMAGEMAP =：指定是否生成数据提示。

IMAGENAME =：指定基本图像文件名。默认情况下，将使用输出对象的名称。可以使用 ODS TRACE 语句确定输出对象的名称。

LABELMAX =：指定在禁用标注之前所允许的标注区域的最大数量。

MAXLEGENDAREA =：指定一个整数，它将被解释为图例可以占用的整个图形区域的最大百分比。

PANELCELLMAX =：指定图形面板中单元格的最大数量，面板中单元格的数量是根据分类变量动态确定的。

RESET | RESET =：将一个或多个 ODS GRAPHICS 选项重置为其默认值。

SCALE | NOSCALE | SCALE =：指定图形的内容是否按比例缩放。

TIPMAX =：指定在禁用非重复数据提示框之前所允许的此类框的最大数量。

WIDTH =：指定图形的宽度。

④ ODS LISTING 语句支持选项 GPATH =，指定在目标打开时生成的所有图形输出的位置。

⑤ ODS MARKUP 语句支持以下选项。

CSSSTYLE =：指定可应用于您的输出的层叠样式表。

IMAGE_DPI：指定输出图像的图像分辨率(每英寸点数)。

TEXT =：通过触发段落事件并指定分配给 VALUE 事件变量的文本字符串，将文本插入文档。

EVENT =：指定一个事件以及与该事件相关联的事件变量的值。

⑥ ODS PRINTER、ODS PDF 和 ODS PCL 语句支持以下选项。

CSSSTYLE =：指定可应用于输出的层叠样式表。

DPI =：指定输出图像的图像分辨率(每英寸点数)。

NEWFILE =：在指定的起点创建一个新文件。

⑦ ODS PDF 和 ODS PRINTER 语句支持选项 PDFTOC =：，控制 PDF 文档中目录的展开级别。

⑧ ODS RTF 语句支持以下选项。

IMAGE_DPI =：指定图形的分辨率。

CONTENTS：在指定 TOC_DATA 选项后，生成插入 RTF 文档的目录页。

CSSSTYLE =：指定可应用于输出的层叠样式表。

TOC_DATA：指定是否将目录数据插入 RTF 文档。

BODYTITLE：指定将 SAS 标题和脚注插入 RTF 文档的正文，而不是文档的页眉和页脚部分。

BODYTITLE_AUX：指定将 SAS 标题和脚注插入 RTF 文档的正文，而不是文档的页眉和页脚部分。标题和脚注将放入单元格，这允许将标题和脚注居中、右对齐和左对齐。(注：这是试用选项。)

⑨ ODS SELECT 语句支持选项 WHERE =；选择满足特定条件的输出对象。

⑩ ODS TRACE 语句支持选项 EXCLUDED；在跟踪记录中包括有关已排除的输出对象的信息。

11.3.3　DOCUMENT 过程的新增功能和增强功能

DOCUMENT 过程支持执行以下操作：

① 使用 LIST 语句中的新增 BYGROUPS 选项为内容列表中的 BY 变量创建列。

② 通过将 WHERE 表达式与以下语句配合使用，可以依据条件选取 ODS 文档中的条目，以便进行复制、列示、删除、移动或重放(COPY TO、DELETE、LIST、MOVE TO、REPLAY)。

③ 指定要通过 DELETE 语句中新增的 LEVELS = 选项删除的路径级别。

④ 通过新增的 OBTEMPL 语句向任何打开的 ODS 目标中写入 ODS 模板的源代码，该模板与指定的输出对象相关联。

11.3.4　TEMPLATE 过程的新增功能和增强功能

① TEMPLATE 过程添加了以下常规功能和增强功能。

LIST 语句支持 WHERE 表达式，该表达式支持选择满足特定条件的列表项。

SOURCE 语句支持 WHERE 表达式，该表达式支持选择满足特定条件的项。

TEMPLATE 过程支持自定义通过 FREQ 过程创建的交叉表的外观。新增的 CrossTabFreqs 表模板描述如何显示 PROC FREQ 的交叉表。可以创建自定义的 CrossTabFreqs 表模板，以便执行以下操作：对单元格值应用自定义格式；为单元格中的每个值都指定一种样式；更改单元格中值的堆叠顺序；更改和设计页眉和页脚；在页眉和页脚中使用变量标签；独立地设计表区域；更改或删除图例。

② TEMPLATE 过程添加了以下可用于表模板的增强功能和新增功能。

可以创建可全局应用于所有表格输出的主表模板：BASE. TEMPLATE. COLUMN 、BASE. TEMPLATE. FOOTER、BASE. TEMPLATE. HEADER、BASE. TEMPLATE. TABLE。主表模板可用于表模板中的所有 DEFINE 语句。

可以将取子集的变量与 CELLSTYLE- AS 语句一同使用，以便查找表模板和列模板中的公用值。

可以将 TableHeaderContainer 和 TableFooterContainer 样式元素与边框控制样式属性一同使用，以便更改围绕表的页眉和页脚区域的边框。

③ 在 TEMPLATE 过程中提供了以下可用于样式定义的新增语句。

CLASS：基于名称类似的样式元素创建样式元素。

IMPORT：可从外部文件导入层叠样式表(CSS)代码，并将该代码转换为随后将包括在样式定义中的样式元素和样式属性。

④ TEMPLATE 过程添加了以下可用于 ODS 样式定义的增强功能和新增功能。

可以创建主模板 BASE. TEMPLATE. STYLE，它可以全局应用于所有的样式定义。BASE. TEMPLATE. STYLE 通过 DEFINE STYLE 语句创建。

样式元素继承已增强。此外，REPLACE 语句的功能已被 STYLE 语句取代，不再支持它。

可以使用以下具有内嵌格式或 TableHeaderContainer 和 TableFooterContainer 样式元素的样式属性对单个边框样式进行更改：BORDERBOTTOMCOLOR =、BORDERBOTTOMSTYLE =、BORDERBOTTOMWIDTH =、BORDERCOLOR =、BORDERLEFTSTYLE =、BORDERLEFTCOLOR =、BORDERLEFTWIDTH =、BORDERRIGHTCOLOR =、BORDERRIGHTSTYLE =、BORDERRIGHTWIDTH =、BORDERTOPCOLOR =、BORDERTOPSTYLE =、BORDERTOPWIDTH =。

新增样式 HighContrast 支持生成具有 HTML 输出的报表，该输出与满足可访问性的要求形成鲜明对比。

⑤ STYLE 语句支持_SELF_选项，用以指定是使用之前的样式元素，还是使用与新增样式的父级同名的样式元素。

⑥ 在 TEMPLATE 过程中提供了以下可用于标记集模板的新增语句。

CONTINUE：指定执行 DO 循环可返回到相应的 DO 语句。

DO：若所需的条件为 True，则开始执行某个语句块。

DONE：结束语句块。

ELSE：若相应的 DO 语句为 False，则开始执行某个语句块。

EVAL：创建或更新用户定义的变量及其值。

ITERATE：指定要循环的字典变量或列表变量；并且对于每次迭代，将该变量的值赋给_NAME_和_VALUE_事件变量。

NEXT：使字典变量或列表变量递增到下一个值。

STOP：将执行操作转移到当前语句块的末尾。

⑦ TEMPLATE 过程添加了可用于标记集模板的增强功能和新增功能：使用标记集模板中的流命令可以指定变量。

11.3.5　改进的 ODS 统计图形

在 SAS 9.1 中试用的 ODS 图形功能已作为 SAS 9.2 中的 ODS 图形正式使用。

SAS/STAT、SAS/ETS、SAS/QC 和 Base SAS 中提供的 50 多个过程都已经过修改，可使用 ODS 图形功能。无论是在默认情况下还是通过指定过程选项，这些过程现在都能够生成很多新的点/线图。

① ODS 图形功能已扩展，添加了新的图形类型、设计用于统计工作的 ODS 样式，以及可用于增强标题、标签和其他图形功能的点击式编辑器。

② 还可以通过更改图形的底层模板来修改这些图形，这些模板由 SAS 提供，是用 PROCTEMPLATE 和图形模板语言(Graph Template Language，GTL)编写的。

③ LISTING 目标得到 ODS 图形的支持。

④ SAS/GRAPH 过程的新增系列可使用 ODS 图形创建独立的点/线图，如通过平滑工具重叠的多个散点图，这对于探索性的数据分析尤其有用。

⑤ 新增的 SGRENDER 过程提供了一种方式，支持通过使用 GTL 和 PROC TEMPLATE 自行编写模板来创建自定义的显示。

注：要求持有 SAS/GRAPH 许可才能使用 ODS 图形。

11.3.6　针对 SAS/GRAPH 的新增 ODS 支持

所有 SAS/GRAPH 过程和设备现在都支持 ODS 样式。默认情况下，所有颜色、字体、符号和图形大小都源自当前样式。过程语句选项和 SAS/GRAPH GOPTIONS 仍可用于覆盖图形的单个元素，从而为自定义任何图形的外观提供了灵活性。

此外，样式所用的颜色已更新，使图形输出的外观得以增强。

若打开了多个 ODS 目标，SAS/GRAPH 会自动为每个目标选择合适的设备。此外，各个图形都使用与各个目标相关联的 ODS 样式。无需指定设备或样式即可获得最佳结果。例如，若未指定设备，则 SAS/GRAPH 将自动为 HTML 目标选择 PNG 设备，为 RTF 目标选择 SASEMF 设备。

同样，若已打开多个 ODS 目标，并且正在使用 Java 或 ActiveX 设备(ACTIVEX、JAVA、ACTXIMG 或 JAVAIMG)之外的设备，则会为每个打开的目标创建不同的 GRSEG。第一个目标的 GRSEG 储存在 WORK.GSEG 中，其他所有打开目标的 GRSEG 都将根据目标进行命名(如 WORK.HTML)。

11.3.7　新增的 PDF 安全选项

通过使用 PDFSECURITY 系统选项，可以轻松地在 SAS 中对 PDF 文件进行加密和密码保护。

11.3.8　新增的可缩放向量图形和字体

ODS 样式可以使用新增的 TrueType 字体，所有通用打印程序和很多 SAS/GRAPH 设备都使用 FreeType 逻辑库来呈现 TrueType 字体，这些字体用于在 SAS 软件支持的所有操作环境中的输出。此外，默认情况下，很多 SAS/GRAPH 设备驱动程序和所有通用打印程序都使用 ODS 样式生成输出，而这些 ODS 样式都使用 TrueType 字体。安装 SAS 后，除了 SAS Monospace 和 SAS Monospace Bold 之外，还可以使用 21 种新增的 TrueType 字体：5 种与 Microsoft 兼容的拉丁字体、8 种多语言 Unicode 字体和 8 种单语言的亚洲字体。ODS 支持可缩放向量图形(一种以 XML 描述二维图形和图形应用程序的语言)。

11.3.9　查询打开的 ODS 目标

可以通过新增的 SQL 字典表 DESTINATIONS 及其相关联的视图，以编程方式针对打开的 ODS 目标查询 SAS。

11.4　数据安全技术的新功能

11.4.1　概述

SAS 中数据安全技术的新增功能和增强功能如下：AES 数据加密算法；针对 z/OS 操作环境的安全套接字层（Secure Sockets Layer，SSL）支持；针对 z/OS 操作环境的安全 Shell（Secure Shell，SSH）支持；针对 z/OS 和 UNIX 新增了 SSLPKCS12LOC = 和 SSLPKCS12PASS = 两个系统选项。

11.4.2　总体增强

AES 数据加密算法对 SAS/SECURE 和 SSL 而言是新增的。SAS 9.2 在 z/OS 操作环境下引入了对 SSL 和 SSH 的支持；为 SAS/CONNECT 和 SAS/SHARE 提供了几个示例，新增了 SSLPKCS12LOC = 和 SSLPKCS12PASS = 系统选项。

11.5　宏语言工具的新功能

11.5.1　概述

宏语言工具在自动宏变量、系统选项和% MACRO 语句选项方面已增强。执行常见任务以及将宏与 SAS 程序其他部分集成时，这些增强功能有助于减少所需的文本量。

11.5.2　新增的自动宏变量

&SYSENCODING 自动宏变量包含当前会话编码的名称。

&SYSERRORTEXT 自动宏变量包含上一条错误消息的文本（已为在 SAS 日志上显示而格式化）。

&SYSHOSTNAME 自动宏变量包含计算机的主机名。

&SYSTCPIPHOSTNAME 自动宏变量包含支持多个 TCP/IP 堆栈时本地计算机和远程计算机的主机名。

&SYSWARNINGTEXT 自动宏变量包含上一条警告消息的文本（已为在 SAS 日志上显示而格式化）。

11.5.3　新增的 SAS 宏系统选项

MCOMPILE 系统选项支持宏的新定义。

MEXECNOTE 系统选项在调用宏时可在 SAS 日志中显示宏的执行信息。

MEXECSIZE 系统选项表示内存中可执行的最大宏大小。

MINOPERATOR 系统选项指定在执行宏的过程中，对算术表达式或逻辑表达式求值时，宏处理器将助记符 IN 和特殊字符#识别和取值为逻辑运算符。

MREPLACE 系统选项支持重新定义现有的宏。

11.5.4　%MACRO 语句的新选项

MINDELIMITER = 选项在该宏会话中指定一个覆盖 MINDELIMITER = 全局选项的值。

SECURE 选项支持编写包含在储存的已编译宏中的安全宏，以保护知识产权。

MINOPERATOR 选项指定：在执行宏的过程中，对算术表达式或逻辑表达式求值时，宏处理器将助记符 IN 和特殊字符#识别和取值为逻辑运算符。

11.6　可扩展性能数据引擎的新功能

11.6.1　概述

SAS 9.2 可扩展性能数据(SPD)引擎新增和增强了数据集选项、LIBNAME 语句选项以及系统选项。得到以上方面的增强后，SPD 引擎能够对存储在跨多个磁盘卷上的分区中的极大数据集执行快速处理。

11.6.2　SPD 引擎数据集选项

COMPRESS =：支持通过 CHAR 和 BINARY 选项执行二进制压缩。

ENCRYPT =（新增）：指定是否对输出 SPD 引擎数据集进行加密。

IDXBY =：指定在 SPD 引擎中处理 BY 语句时是否使用索引。在某些情况下，该选项可提高性能。

LISTFILES =：只能用于 CONTENTS 过程。该选项可列出构成 SPD 引擎数据集的所有组成文件的完整路径名。

PARTSIZE =：可用千兆字节、千吉字节或默认的兆字节来表示分区大小值。对于 64 位计算机，最大兆字节数已增至 8 796 093 022 207。

11.6.3　SPD 引擎 LIBNAME 语句选项

ACCESS = READONLY：用于确定数据源的访问级别。使用该选项可防止写入数据源。

IDXBY =（新增）：指定在 SPD 引擎中处理 BY 语句时是否使用索引。在某些情况下，该选项可提高性能。

PARTSIZE =：可用千兆字节、千吉字节或默认的兆字节来表示分区大小值。对于 64 位计算机，最大兆字节数已增至 8 796 093 022 207。

11.6.4　SPD 引擎系统选项

COMPRESS =：支持通过 CHAR 和 BINARY 选项执行二进制压缩。

MINPARTSIZE =：默认值是 16M 字节，而不是 0 字节。

11.7　XML LIBNAME 引擎的新功能

11.7.1　概述

SAS 9.2 提供两种版本的 XML LIBNAME 引擎功能。通过指定 XML 引擎别名 XML 可以访问 SAS 9.1.3 XML 引擎功能；通过指定 XML 引擎别名 XML92 可以访问经过额外增强和更改的新引擎功能。

XML92引擎别名提供了增强的LIBNAME语句、新增的XMLMap功能、对停用语法的诊断。

11.7.2 增强的LIBNAME语句

LIBNAME语句语法对XML92引擎别名进行了以下方面的增强：

① 除了将逻辑库引用名分配给特定的XML文档，在基于目录的环境中，还可以将逻辑库引用名分配给SAS逻辑库的物理位置；可以在文档名称中使用通配符，如“ * . xml”。

② XMLPROCESS = 选项的值RELAX已改为PERMIT。XMLPROCESS = PERMIT接受不符合万维网联盟(W3C)规范的字符型数据。请慎用XMLPROCESS = PERMIT，提供该值只是为了方便。若XML文档具有非转义符，则内容不符合标准的XML构架。

③ XMLTYPE = 选项支持XMLMAP标记类型。该类型指定XML标记由XMLMap确定，XMLMap指示XML引擎如何解释正在导入的XML文档或正在导出的SAS数据集。

11.7.3 新增的XMLMap功能

① XMLMap功能对XML92引擎别名进行了下列增强：

可以使用为导入XML文档创建的XMLMap从SAS数据集导出XML文档。XMLMap指示XML引擎如何将SAS格式(变量和观测)映射到特定的XML文档结构。

② XMLMap语法版本1.9中，新增的OUTPUT、HEADING、ATTRIBUTE和TABLEREF元素支持在导出的XML文档中包括文件属性信息。

③ COLUMN元素支持replace = 属性，该属性用于控制数据的连接。COLUMN元素还支持class = 属性，该属性用于确定生成的变量的类型。

④ 新增的DECREMENT-PATH元素用于定义何时减少计数器变量的累计值。

11.7.4 停用的语法

对于XML92引擎别名，LIBNAME语句的XMLTYPE = 选项的OIMDBM和HTML标记类型已停用，OIMSTART = 选项已经停用；无法再将XMLMAP = 选项指定为数据集选项，必须在LIBNAME语句中为XML引擎指定XMLMap。

第 12 章 SAS 9.2 的 SAS/STAT 模块新增内容简介

SAS 9.2 针对 SAS/STAT 模块新增了很多过程，并且对现有过程作了许多改善。本章将简单介绍 SAS 9.2 的 SAS/STAT 模块新增过程与选项。

12.1 ODS 统计图形

在 SAS 9.1 之前，使用统计过程创建图形一般需要进行额外编程。SAS 9.1 引入了输出传输系统(Output Delivery System，ODS)的一个试用扩展，该功能已被 20 多个 SAS/STAT 和 SAS/ETS 过程用于像创建表格一样自动创建统计图形。这种新功能称为 ODS 统计图形(或简称为 ODS 图形)，它所需的额外语法最少，并且提供数据分析和统计建模所需的常用显示方式(包括散点图、直方图和盒形图)。

在 SAS 9.2 中，ODS 图形已被正式使用，并且 SAS/STAT、SAS/ETS、SAS/QC 和 Base SAS 中的 50 多个过程作了相应的修改以使用该图形。无论是在默认情况下还是通过指定过程选项，这些过程现在都能够实现很多新的图形。

ODS 图形的功能有了进一步扩展，包括新增了一些图形类型，针对统计工作设计的 ODS 样式，以及用于增强标题、标签和其他图形功能的点击式编辑器。还可以通过更改图形的底层模板来修改这些图形，这些模板由 SAS 提供，是用图形模板语言(Graph Template Language，GTL)编写的。ODS 图形支持 LISTING 目标。SAS/GRAPH 过程的新增系列可使用 ODS 图形创建独立的点/线图，如通过平滑工具重叠的多个散点图，这对于探索性的数据分析尤其有用。新增的 SGRENDER 过程还支持通过使用 GTL 自行编写模板来创建自定义显示。

12.2 新增的相关软件

SAS® Stat Studio 是一种用于数据探索和分析的新软件。它提供了高度灵活的程序设计环境，可以在其中运行 SAS/STAT 或 SAS/IML®分析，并显示带有动态链接的图形和数据表的结果。Stat Studio 面向数据分析人员，他们负责编写 SAS 程序以解决统计问题，但是需要更多的功能以进行数据挖掘和模型构建。Stat Studio 中的编程语言称为 IMLPlus，它是 IML 编程语言的增强版本。IMLPlus 通过扩展 IML 来提供新的语言功能，其中包括创建和操作统计图形、调用作为函数的 SAS 过程、调用以 C、C++、Java 和 Fortran 编写的计算程序。Stat Studio 可在操作环境为 Microsoft Windows 的 PC 上运行。Stat Studio 还是 SAS/INSIGHT®产品的后续产品，提供与之相同的交互功能。

12.3 新增过程

SAS 9.2 为 SAS/STAT 软件新增了很多过程，其中过程 GLIMMIX、GLMSELECT 和 QUANTREG 以前作为 SAS 9.1.3 的 Web 下载程序提供。GLMSELECT 过程执行常规线性模型框架中的效应选择，QUANTREG 过程执行分位数回归，GLIMMIX 过程分析广义线性混合模型。所有这些过程均在 SAS 9.2 中提供，可以在所有平台上使用。

此外，通过 SAS 9.1.3 的 Web 下载程序将 Bayes 功能引入了以上 3 个过程。BGENMOD、BLIFEREG 和 BPHREG 过程是 GENMOD、LIFEREG 和 PHREG 过程的试用版本，它们使用 Gibbs 采样程序生成后验分布，同时提供跟踪图和收敛诊断。这些功能已汇集到 SAS 9.2 的 GENMOD、LIFEREG 和 PHREG 过程，现在已成为正式发行的软件。

试用的 MCMC 过程是通用的 Markov 链 Monte Carlo(MCMC)模拟过程，设计用于拟合各种 Bayes 模型。可以指定数据的似然函数和参数的先验分布。PROC MCMC 从相应的后验分布获得样本、生成汇总和诊断统计量，并在输出数据集中保存这些后验样本。

试用的 HPMIXED 过程使用很多专门的高性能技术来拟合带有方差组分结构的线性混合模型。HPMIXED 过程是专为处理涉及大量固定效应、大量随机效应或大量观测的估计问题而设计的。HPMIXED 过程支持的这些模型是可以使用 MIXED 过程拟合的模型的子集，并且 PROC HPMIXED 可以大大改进内存需求和计算速度方面的性能。

SAS 9.2 还为 SAS/STAT 软件提供了用于组顺序分析的工具。试用的 SEQDESIGN 过程设计针对临床试验的中间分析；试用的 SEQTEST 过程基于 SEQDESIGN 过程生成的样本大小和边界值执行中间分析。

试用的 TCALIS 过程更新用于结构方程建模的 CALIS 过程。它将成为 SAS/STAT 软件下一发行版中的 CALIS 过程。

12.4　主要的增强方面

Power and Sample Size(PSS)应用程序以前作为 Web 应用程序提供，现在已作为 Java 客户端重新编写。

此外，对 SAS/STAT 中的现有过程进行了 200 多处增强。例如，TTEST 过程提供了简单交叉分析以及等效性检验；所有调查数据分析过程均提供 Jackknife 和 BRR 方差估计以及域分析；POWER 过程为很多其他分析提供检验效能；GENMOD 过程拟合 Zero-Inflated Poisson 回归模型；PROC GENMOD 还提供 GEE 模型的删除和诊断统计量以及这些统计量的图形；PHREG 过程新增了用于计算风险比(包括存在交互情况下的风险比)的 HAZARDRATIO 语句；GLIMMIX 过程引入了有关推断协方差参数的 COVTEST 语句。此外，PROC GLIMMIX 提供了新的估计方法：Laplace 和自适应求积分；可以在 GLIMMIX、GLMSELECT 和 QUANTREG 过程中使用试用的 EFFECT 语句，它支持构造设计矩阵的列的特殊集合(如样条和多成员效应)；等等。

下面详细介绍每个过程的具体增强功能。

1. CALIS 过程

标准化方均根残差(Standardized Root Mean Square Residual，SRMSR)在拟合汇总表中列出，并且 PROC CALIS 提供残差图。

2. CLUSTER 过程

PROC CLUSTER 语句中的 PLOTS 选项生成三次聚类准则(Cubic Clustering Criterion，CCC)图、伪 F(PSF)统计图、伪 t^2 (PST2)统计图以及所有针对聚类数的图。

3. CORRESP 过程

启用 ODS 图形时，默认情况下生成对应分析图。

4. FACTOR 过程

使用 PROC FACTOR 语句中的 PLOTS = 选项可以生成很多图形，其中包括各种因子模式图、参考结构、碎石图和方差解释图。现在可以将 OUT = 选项与 PARTIAL 语句一起使用。PROC 语句中的 PARPREFIX = 选项指定输出数据集中残差变量的前缀。

5. FREQ 过程

FREQ 过程可以生成频数图、累积频数图、偏差图、优比图和 Kappa 图；可以针对二项式比例和比例差值请求进行等值和非劣效性检验；提供二项式比例的新置信限(如 Agresti- Coull、Jeffreys 和 Wilson)，以及比例差值的无条件精确置信限；可以通过在 EXACT 语句中指定 EQOR 选项来请求进行 Zelen 的等优比精确检验。

6. GAM 过程

GAM 过程随 SAS 9.2 提供。PROC GAM 可以生成图形，包括平滑组分图和累加组分图。加法逻辑模型的目标不再必须是数值型，PROC GAM 为响应和分类变量提供相同类型的选项，可以在诸如 PROC LOGISTIC 和 PROC GENMOD 的过程中使用它们。MODEL 语句中的 ANODEV = NOREFIT 选项支持偏差的快速近似分析。

7. GENMOD 过程

BAYES 语句通过 Gibbs 采样为 GENMOD 过程提供的大多数统计分析生成 Bayes 分析。SAS 9.2 还包括 GLM、GEE、Zero-Inflated Poisson 回归模型的删除诊断的点/线图，以及 AIC 和 QIC 模型拟合统计量。现在可以提供鞅残差。LSMEANS 语句可以生成反转链接估计。

8. GLIMMIX 过程

GLIMMIX 过程将统计模型与带有相关或非常数变异性的数据拟合，其中响应变量不一定为正态分布。这些广义线性混合模型(Generalized Linear Mixed Model，GLMM)与线性混合模型一样，假定存在正态(Gauss)随机效应，根据这些随机效应，数据可以具有指数系列中的任何分布。例如，该系列的离散分布有二进制、二项式、Poisson 和负二项式分布，该系列的连续分布有正态、Beta、Gamma 和卡方分布。GLIMMIX 过程最初是作为 Web 下载程序用于 SAS 9.1.3 的。

在 SAS 9.2 中，GLIMMIX 过程提供 Laplace 和自适应求积分估计方法，以及一个基于似然的经验估计量。此外，还提供新的校正偏差的估计量。试用的 EFFECT 语句用于创建样条以及其他特殊效应。COVTEST 语句支持有关协方差参数的基于似然的推论。新增了很多其他协方差结构，包括异类 AR(1)、异类复合对称性、线性结构、异类 Toeplitz、惩罚 B 样条、空间各向异性和 Matérn 协方差结构。除了 LSMEANS 语句中的 ADJUST = NELSON 之外，为 LSMEANS、ESTIMATE 和 LSMESTIMATE 语句中的所有 ADJUST = 方法支持降低多重性调整。

DDFM = KR(FIRSTRORDER)选项用于删除 KR 计算中的二阶导数项。PROC GLIMMIX 语句中的 OUTDESIGN = 选项支持将 X 矩阵和 Z 矩阵写入输出数据集。新增图形包括数据的盒形图和(或)有关分类效应的残差，以及优比图及其置信限。对差异图、均值图、Anom 图和控制图都作了增强。

9. GLM 过程

可以为均值和 LS 均值比较生成新图形。MODEL 语句中的试用 EFFECTSIZE 选项为很多方差分析表添加了对效应大小的测度。PROC GLM 语句中的 PLOTS = DIAGNOSTICS 和 PLOTS = RESIDUAL 选项分别生成汇总诊断和残差图。

10. GLMPOWER 过程

PROC GLMPOWER 语句中新增的 ORDER = 选项为在 CLASS 语句中指定的所有分类变量的水平指定排序顺序。现在支持连续变量，并且可以计算非中心参数。

11. GLMSELECT 过程

GLMSELECT 过程执行常规线性模型框架中的效应选择。提供各种模型选择方法，包括 Tibshirani 的 LASSO 方法(1996)和 Efron 等人的相关 LAR 方法(2004)。该过程提供强大的定制选择功能，可以指定各种选择和停止条件，从传统的高计算效率的基于显著性水平的条件到计算更为密集的基于验证的条件。该过程还提供选择搜索的图形汇总。

SAS 9.2 中的增强内容包括一个用于获得设计矩阵的 OUTDESIGN = 选项、用于控制参数标签样式的 PARMLABELSTYLE = 选项，以及一个试用的 EFFECT 语句，可以使用该语句创建样条、多项式、多成员和集合效应。

12. HPMIXED 过程(试用)

试用的 HPMIXED 过程使用很多专门的高性能技术来拟合带有方差组分结构的线性混合模型。HPMIXED 过程是专为处理涉及大量固定效应、大量随机效应或大量观测的估计问题而设计的。尽管 HPMIXED 过程的拟合对象只是 MIXED 过程所拟合的模型的子集，且它不提供 MIXED 过程提供的确定性推论的范围，但是它在内存需求和计算速度方面明显优于 MIXED。

13. KRIGE2D 过程

KRIGE2D 过程新增了 ODS 图形，该过程现在可以生成散点图和预测图。

14. LIFEREG 过程

BAYES 语句通过 Gibbs 采样提供 Bayes 分析。

15. LIFETEST 过程

LIFETEST 过程现在可以生成累积风险函数的 Nelson- Aalen 估计，可以为 Kaplan- Meier 生存曲线显示有风险的受试对象数目，还可以为样本检验提供比较方法，并且现在可以使用核方法指定更平滑的风险函数。

16. LOGISTIC 过程

LOGISTIC 过程执行 Firth 的惩罚最大似然。MULTIPASS 选项强制该过程根据需要重新读取输入数据集，而不是要求将其储存在内存中或磁盘的临时文件中。SCORE 语句输出新增了累积概率估计值。CONTRAST 语句现在包括反转链接。ROCCONTRAST 语句比较不同的 ROC 模型。现在可以计算存在交互效应的优势比，并提供优势比图。请注意 GRAPHICS 语句已被 PROC 语句中的 PLOTS = 选项替换。EFFECT 图可以处理多个 CLASS 和连续变量。可为精确的参数估计生成标准误差。

17. LOESS 过程

LOESS 过程包括一个 PRESEARCH 选项，该选项在使用黄金分割搜索时使用初步的网格搜索，以提高找到全局最佳选择条件的机会。

18. 宏

%POWTABLE 宏将 POWER 和 GLMPOWER 过程的输出以矩形形式呈现，还可以选择通过使用所选变量的加权均值来生成简化的结果。% ModStyle 宏修改 ODS 图形中显示的颜色、线型和极值标志符号。

19. MCMC 过程(试用)

试用的 PROC MCMC 是一个灵活的基于模拟的过程，适合于拟合各种 Bayes 模型。要使用该过程，需要指定数据的似然函数和参数的先验分布。若拟合的是分层模型，则可能还需要指定超先验分布。PROC MCMC 从相应的后验分布获得样本，生成汇总和诊断统计量，并将后验样本保存在输出数据集中以便进行进一步分析。可以使用 PROC MCMC 分析具有任何似然、先验或超先验的数据，前提是可以使用 SAS DATA 步函数对这些函数进行程序设计。可以通过线性方式或任何非线性函数形式将参数输入模型。PROC MCMC 使用的默认算法是使用正态建议分布的自适应阻塞随机漫步 Metropolis 算法。

20. MDS 过程

MDS 过程新增了 ODS 图形，该过程可以生成拟合图、系数图和配置图。

21. MIXED 过程

MODEL 语句中正式提供 RESIDUAL 和 INFLUENCE 选项。PROC MIXED 语句中的 PLOTS = 选项现可用于指定图形。

22. MULTTEST 过程

MULTTEST 过程提供自适应 Holm、自适应 Hochberg、自适应 FDR、自助法 FDR、pFDR 和置换法 FDR *P* 值调整。已为 PROC MULTTEST 新增了 ODS 图形，并且现在可生成调整 *P* 值图、按秩和直方图调整的原始 *P* 值图以及按检验调整的 *P* 值图。为检验提供 Satterthwaite 自由度。PROC MULTTEST 语句中的 EPSILON = 选项指定比较值。

23. NLIN 过程

已为 PROC NLIN 和 OUTPUT 语句新增了 ALPHA = 选项。PARAMETERS 语句中的 PDATA = 选项支持通过 SAS 数据集为参数指定起始值。OUTPUT 语句中的 DER 选项通过相关参数将模型的一阶导数保存到 OUTPUT 数据集中。

24. NLMIXED 过程

PROC NLMIXED 语句中的 EMPIRICAL 选项请求将参数估计的协方差矩阵作为基于似然的经验估计量计算(White, 1982)。可以使用 PROC NLMIXED 语句中的 SUBGRADIENT 选项将主体特有的梯度添加到 SAS 数据集。

25. NPAR1WAY 过程

已为 NPAR1WAY 过程新增了 ODS 图形，可以使用 PROC NPAR1WAY 语句中的 PLOTS = 选项请求生成盒形图、中位数图和经验分布图。PROC NPAR1WAY 现在使用 HL 选项为双样本数据计算位移的 Hodges-Lehmann 估计。提供置信限，并且可以通过在 EXACT 语句中指定 HL 选项来请求生成精确的置信限。可以使用基于 Conover 得分的检验，包括精确检验。

26. PHREG 过程

CLASS 语句以前只能在 TPHREG 过程中使用，现在可以在 PHREG 过程中使用。BAYES 语句通过 Gibbs 采样提供 Bayes 分析。PROC PHREG 可通过在 BAYES 语句中指定选项来拟合分段的指数模型。SAS 9.2 还提供 Bayes 基线生存预测。HAZARDRATIO 语句提供计算风险比(包括存在交互情况下的风险比)的新工具。PROC PHREG 语句中的 PLOTS 选项生成基线生存函数图。剖面-似然置信限可用于典型分析中生成的风险比，还提供 Firth 的惩罚似然方法。

27. PLS 过程

PLS 过程现在可以生成更多的图形，包括相关负载图，还正式提供 MISSING 选项，可处理出错的缺失值。

28. POWER 过程

新增的 LOGISTIC 语句为二值结果变量 Logistic 回归中单个预测因子的似然比卡方检验执行检验效能和样本大小分析，也可在包含一个或多个协变量(所有预测因子相互独立)的情况下进行分析。新增的 TWOSAMPLEWILCOXON 语句为针对两个独立组的 Wilcoxon-Mann-Whitney 检验执行检验效能和样本大小分析。ONESAMPLEFREQ 语句涵盖某个比例的等效值、非劣效值和置信区间精度。PAIREDFREQ 语句提供新的输入参数形式，包括原始比例和相关性。

29. PRINCOMP 过程

PRINCOMP 过程可以生成更多的图形，包括椭圆图。它包括一个 ID 语句，并将 ID 变量作为提示合并到散点图中。PROC PRINCOMP 语句中的 PARPREFIX = 选项指定用于命名 OUT = 数据集和 OUTSTAT = 数据集中的残差变量的前缀。

30. PRINQUAL 过程

PRINQUAL 过程现在可以生成图形，其中包括多维参数选择分析图和变量转换图。

31. PROBIT 过程

PROBIT 过程现在提供预测的概率图。

32. PSS 应用程序

SAS 9.2 已将 PSS 应用程序转换为 Java 客户端应用程序，不再需要 Web 服务器。它提供针对两个比例分析的相对危险度参数化功能。相关的新增分析包括用于比例的等效值和非劣效值、用于一个比例的置信区间、用于两个分布的 Wilcoxon-Mann-Whitney、Logistic 回归和用于交互的 GLM 对比。

33. QUANTREG 过程

分位数回归将回归模型扩展到响应变量的条件分位数，如第 90 个百分位数。当用回归系数表示的条件分位数中的更改比例取决于分位数时，分位数回归尤其有用。与最小二乘回归相比，分位数回归的主要优势是可以为条件异分布数据灵活建模。

QUANTREG 过程最初是作为 Web 下载程序用于 SAS 9.1.3。在 SAS 9.2 中，QUANTREG 过程已成为正式使用过程。此外，它包括可以生成样条的 EFFECT 语句(试用)，还可以在 OUTPUT 语句中为多个分位数输出结果。

34. REG 过程

REG 过程包括一个失拟检验。MODEL 语句中的 PARTIAL 选项为每个回归量请求生成偏回归图，PARTIALDATA 选项显示偏回归数据。可以提供异方差性一致的(White)标准误差，可以在该过程中使用带 ACOV、HCC 或 WHITE 选项的 MODEL 语句以获得异方差性一致的协方差矩阵，以及使用 TEST 语句进行异方差性一致检验。

35. RSREG 过程

RSREG 过程新增了 ODS 图形，包括诊断图、岭迹图和曲面图。

36. SEQDESIGN 过程(试用)

试用的 SEQDESIGN 过程可设计针对临床试验的中间分析。PROC SEQDESIGN 计算试验的边界值和所需的样本大小。边界值的计算基于将总体 I 型和 II 型的误差概率水平维持在设计中所指定的水平这一思想。可用的方法包括固定边界形状方法(这些方法包括诸如 O' Brian-Fleming 法的统一系列方法)、Whitehead 法和误差消耗法。除了边界值之外, SEQDESIGN 过程还计算诸如平均样本大小和停止概率等数值。

37. SEQTEST 过程(试用)

SEQTEST 过程(试用)与 SEQDESIGN 过程一起使用可以执行针对临床试验的中间分析。在每个阶段, 都可以使用统计过程分析数据, 并计算检验统计量及其信息水平, 然后使用 SEQTEST 过程将该检验统计量与 SEQDESIGN 过程计算出的相应边界值进行比较。

38. SIM2D 过程

SIM2D 过程新增了 ODS 图形功能, 可以提供观测数据的均值图和散点图。

39. SIMNORMAL 过程

SIMNORMAL 过程已成为 SAS 9.2 的组成部分。

40. STDIZE 过程

FREQ 语句中的 NOTRUNCATE 选项指定不将频数值截断为整数。分位数方法可以接受非整数频数, 并且处理权重。为了提高数值精度, PROC STDIZE 为输出变量创建双精度值而不是继承分析中的变量长度。

41. SURVEYFREQ 过程

SURVEYFREQ 过程除了使用 Taylor 序列方法之外, 还使用平衡重复性复制法(Balanced Repeated Replication, BRR)和刀切法进行方差估计。可以使用 REPWEIGHTS 语句提供新复制方法的复制权重, 该过程也可以构造复制权重。PROC SURVEYFREQ 可计算优势比和相对危险度。PROC SURVEYFREQ 语句中新增的 NOMCAR 选项为 Taylor 序列方差估计请求执行一组应答者的子总体分析。

42. SURVEYLOGISTIC 过程

SURVEYLOGISTIC 过程除了使用 Taylor 序列方法之外, 还使用平衡重复性复制法和刀切法进行方差估计。可以使用 REPWEIGHTS 语句提供新复制方法的复制权重, 该过程也可以构造复制权重。可以使用 OUTPUT 和 DOMAIN 语句。PROC SURVEYLOGISTIC 语句中新增的 NOMCAR 选项为 Taylor 序列方差估计请求执行一组应答者的子总体分析。

43. SURVEYMEANS 过程

SURVEYMEANS 过程除了使用 Taylor 序列方法之外, 还使用平衡重复性复制法和刀切法进行方差估计。可以使用 REPWEIGHTS 语句提供新复制方法的复制权重, 该过程也可以构造复制权重。PROC SURVEYMEANS 语句中新增的 NOMCAR 选项为 Taylor 序列方差估计请求执行一组应答者的子总体分析。PROC SURVEYMEANS 可以计算百分位数(仅限 Woodruff 方差估计)。

44. SURVEYREG 过程

SURVEYREG 过程除了使用 Taylor 序列方法之外, 还使用平衡重复性复制法和刀切法进行方差估计。可以使用 REPWEIGHTS 语句提供新复制方法的复制权重, 该过程也可以构造复制权重。此外，PROC SURVEYREG 还包括一个用于域分析的 DOMAIN 语句。OUTPUT 语句支持生成预测值和残差并将它们放入 SAS 数据集。PROC SURVEYREG 语句新增了 ORDER = 选项。PROC SURVEYREG 语句中新增的 NOMCAR 选项为 Taylor 序列方差估计请求执行一组应答者的子总体分析。

45. SURVEYSELECT 过程

SURVEYSELECT 过程提供分层分配总样本大小的方法，分配方法包括比例法、Neyman 法和最佳分配法。

46. TCALIS 过程(试用)

TCALIS 过程在 SAS 9.2 中是试用过程。使用它执行的统计分析种类与使用 PROC CALIS 相同。此外，PROC TCALIS 还具有以下功能：多组分析、增强的均值结构分析、类似路径的模型规范、支持 LISREL 类型的模型、可定制的效应分析、常规参数函数检验、可定制的拉格朗日乘数检验等。当前，只能在 PROC CALIS 而不能在 PROC TCALIS 中指定 COSAN 模型。

47. TRANSREG 过程

TRANSREG 过程包括一些用于现有样条的新增选项，可以更方便、更灵活地指定外部结点。PROC TRANSREG 包括惩罚 B 样条。该过程可生成很多种图形，包括 Box-Cox 图、参数选择映射、回归残差和散点图。

48. TTEST 过程

TTEST 过程可以执行 TOST 等效性分析、AB/BA 交叉设计中的处理和周期分析、加权 Satterthwaite 检验和置信区间、比例分析以及单侧分析。它支持正态和对数正态数据。正态比率可计算 Sasabuchi 检验和 Fieller 置信区间。PROC TTEST 可以提供很多种图形，包括直方图、密度图、盒形图、剖面图、协议图、Q-Q 图和间隔图。PROC TTEST 语句中新增的 ORDER = 选项可以为分类变量(在 CLASS 语句中指定)和交叉处理变量(在 VAR 语句的 CROSSOVER 选项中指定)的水平指定排序顺序。

49. VARCOMP 过程

新增的 METHOD = GRR 选项可提供度量的可重复性和可重现性分析。MODEL 语句中新增了 CL 选项，可计算所有感兴趣的参数的置信区间，这适用于 METHOD = TYPE1 或 GRR 的平衡单向或双向设计。提供自相关统计量和检验。

50. VARIOGRAM 过程

VARIOGRAM 过程可提供自相关统计量。此外，PROC VARIOGRAM 可以生成很多种图形，包括观测数据的散点图、成对距离分布的直方图、经验典型图和稳健半变异函数图，以及经验典型图和稳健半变异函数图的面板。

第 13 章　SAS 9.3 的 SAS/BASE 模块新增内容简介

在 SAS 9.3 的 SAS/BASE 模块中，新增了两个过程，并增强了多个过程的功能，本章将从以下方面简单介绍：过程、统计过程、语言参考、函数和 CALL 过程、语句、系统选项、输出传输系统、ODS 图形过程、图形模板语言、ODS 图形设计器、ODS 图形编辑器、INFOMAPS 过程和信息映射 LIBNAME 引擎、元数据语言接口、宏语言工具、区域语言支持和 SQL 过程。

13.1　Base SAS 9.3 过程的新功能

13.1.1　新增的 Base SAS 过程

1. GROOVY 过程

GROOVY 过程可以运行作为 SAS 代码的一部分编写的 Groovy 语句，同时还可以运行使用 PROC GROOVY 命令指定的文件中的语句。

2. QDEVICE 过程

QDEVICE 过程用于创建关于图形设备和通用打印机的报表，其中概述了包括颜色支持、默认输出大小、边距大小、分辨率、支持字体、硬件符号、硬件填充类型、硬件线条样式和设备选项在内的多项信息。该过程的输出可以发送至 SAS 日志或输出 SAS 数据集。

13.1.2　增强的 Base SAS 过程

1. CIMPORT 过程

CIMPORT 过程新增了 UPCASE 选项，只有双字节字符集(DBCS)才支持该选项；CIMPORT SELECT 和 EXCLUDE 语句可支持 SAS/ACCESS 引擎逻辑库中区分大小写的文件和目录名称；CIMPORT 过程现在支持包含嵌入空格的 SAS 文字名，若指定了 VALIDVARNAME = ANY 或 VALIDMEMNAME = EXTEND，CIMPORT 过程中使用的数据集名称或成员名称的长度现在可增至 32 字节，数据集名称和成员名称的大小写还可以混用。

2. CPORT 过程

CPORT SELECT 和 EXCLUDE 语句可支持 SAS/ACCESS 引擎逻辑库中区分大小写的文件和目录名称；CPORT 过程支持包含嵌入空格的 SAS 文字名，若指定了 VALIDVARNAME = ANY 或 VALIDMEMNAME = EXTEND，CPORT 过程中使用的数据集名称或成员名称的长度现在可增至 32 字节，数据集名称和成员名称的大小写还可以混用。

3. FCMP 过程

FCMP 过程新增了以下函数：INVCDF 函数，计算定义了累积分布函数(CDF)的所有分布的分位数；LIMMOMENT 函数，计算定义了累积分布函数(CDF)的所有分布的有限矩。

4. FORMAT 过程

通过在 PROC FORMAT 语句中指定 LOCALE = 选项，可以创建与当前 SAS 语言/区域对应的格式类别，用户定义的用于定义缺失值的输出格式或输入格式将取代 MISSING 系统选项指定的值；可用于 MULTILABEL 选项的最大标签数为 255；PICTURE 语句指令%n 可对一段时间内的天数设置格式；PICTURE 语句指令%s 可对秒的小数部分设置格式；PICTURE 语句指令%z 可对 UTC 时差设置格式；PICTURE 语句指令%Z 可对时区名称设置格式；使用 VALUE = 语句可以创建一种格式，用来对值执行某种功能；用户可以使用 SAS 资源管理器查看输出格式和输入格式定义。

5. OPTIONS 过程

新增的 PROC OPTIONS 语句选项有：LISTINSERTAPPEND 选项，列出可通过 INSERT 和 APPEND 系统选项来修改值的系统选项；LISTRESTRICT 选项，列出可由站点管理员限制的系统选项。

增强的 PROC OPTIONS 语句选项有：DEFINE 选项，在指定 DEFINE 选项后，有效的选项值将显示在 SAS 日志中，OPTION = 选项，接受一个或多个选项；VALUE 选项，若是由配置文件设置的，则在指定 VALUE 选项后，设置该选项的配置文件的名称将显示在 SAS 日志中。

6. PRINT 过程

PRINT 过程与输出传输系统完全集成。每个 BY 组都是一个单独的表，而且观测计数在每个 BY 组开头都重置为零。署名行最多可包含 512 个字符。对于除 LISTING 目标之外的所有目标，若 HEADING = V，则列标签大小不再受 LISTING 目标指定的页面大小限制；对于 LISTING 目标，若 HEADING = V 且列标题因过长而无法显示在页中，此时将用变量名代替标签。ROWS = 仅适用于 LISTING 目标。若指定了变量值未排序的 BY 变量，SAS 将停止打印输出，并向日志写入一条消息。若 PRINT 过程出错或终止，仍可能生成输出，而以前不会生成输出。

7. PRINTTO 过程

若使用 PRINTTO 过程写入文件或目录条目，用户必须打开 LISTING 目标。若 SAS 是在 object-server 模式中启动的，PRINTTO 过程不会将日志消息传送至 ALTLOG = 系统选项指定的日志。

8. PWENCODE 过程

全局宏变量_PWENCODE 对写入 OUT = 文件引用名的值或是 SAS 日志中显示的值进行设置，若省略 METHOD = 选项，则将使用默认编码方法；若指定 FIPS 140-2 合规选项-encryptfips，默认编码方法将为 sas003；对于其他所有情况，编码方法 sas002 是默认使用的方法。

9. RANK 过程

提供针对 Netezza 数据库管理系统的 In-database 支持。SQL_IP_TRACE 选项显示 PROC RANK 生成的 SQL；PRESERVERAWBYVALUES 选项保留 BY 变量的原始值。

10. REGISTRY 过程

新增两个选项：FOLLOWLINKS 选项，对在处理 LIST 命令时找到的链接进行跟踪；KEYSONLY 选项，限制 LIST、LISTUSER、LISTHELP 和 LISTREG 选项的输出，以便仅显示关键字。

11. REPORT 过程

PROC REPORT 中的 DEFINE 语句添加了 MLF 选项。

12. SCAPROC 过程

RECORD 语句添加了对 EXPANDMACROS、INHERITLIB 和 NOOPTIMZE 参数的支持。

13. SORT 过程

SORT 过程提供针对 Netezza 数据库管理系统的 in- database 支持，新增了 NOUNIQUEKEY、NOUNIQUEREC 和 UNIQUEOUT = 选项。

14. TABULATE 过程

PROC TABULATE 中的 TABLE 语句添加了 NOCELLMERGE 选项。

13.2　Base SAS 9.3 统计过程的新功能

Base SAS 9.3 增强了 CORR 过程、FREQ 过程以及 UNIVARIATE 过程的功能，而且 FREQ 过程的行为已从 SAS 9.2 改为 SAS 9.3。

1. CORR 过程

PROC CORR 语句添加了 POLYSERIAL 选项，该选项请求生成多序列相关系数表。多序列相关性测量两个具有二元正态分布的连续变量(其中只有一个变量是直接观测的)间的相关性。有关未观测到的变量的信息可从观测到的有序变量获得，方法是将未观测到的变量的值分类到有序离散值的有限集合中。

2. FREQ 过程

当指定 AGREE 选项并启用 ODS 图形后，FREQ 过程可以生成一致性图。该过程还可为相对风险度和风险差值提供精确的无条件置信限。FREQ 过程的行为已从 SAS 9.2 改为 SAS 9.3。也就是说，在 FREQ 过程中，当启用 ODS 图形时，不再默认生成频数图和累积频数图。用户可以通过在 TABLES 语句中使用 PLOTS = FREQPLOT 和 PLOTS = CUMFREQPLOT 选项请求这些图。

3. UNIVARIATE 过程

UNIVARIATE 过程支持 SAS 9.3 的 5 种新拟合分布：Gumbel 分布、逆 Gaussian 分布、广义 Pareto 分布、幂函数分布、Rayleigh 分布。这些新分布在 CDFPLOT、HISTOGRAM、PROBPLOT、PPPLOT 和 QQPLOT 语句中可用。

13.3　Base SAS 9.3 语言参考的新功能

以下为 SAS 9.3 语言参考新增或增强的功能：

① ODS 图形不再需要 SAS/GRAPH 许可。图形模板语言(GTL)、ODS 图形过程、ODS 图形编辑器和 ODS 图形设计器全部可在 Base SAS 软件中使用。

② 对于 Windows 和 UNIX 操作环境，HTML 现在成为 SAS 窗口环境中的默认目标。

③ 对于 Windows 和 UNIX 操作环境，以窗口模式运行 SAS 时 HTMLBlue 是新增的默认 HTML 样式。

④ 支持 AdobeType1 字体，可将该字体添加至 SAS 注册表。

⑤ 放宽了 SAS 数据集、SAS 数据视图和项存储的命名规则，允许使用特殊字符和国家特有字符。

⑥ 新增的数据集选项 EXTENDOBSCOUNTER = 用于创建增强的文件格式，以便对超过 32 位长整型最大值的观测进行计数。

⑦ 使用索引优化 WHERE 条件的功能通过增强的 SUBSTR(left of =)函数得以改进。

⑧ 新增的 JMP 引擎允许便捷地将 JMP 数据表读入 SAS。

⑨ 通用打印方面的增强功能支持通过更多方式对输出进行自定义并创建更高品质输出结果。

⑩ 检查点模式和重启模式支持标记的代码段。

13.3.1 Base SAS 中的 ODS 图形

1. Base SAS 软件中包含选定的 SAS/GRAPH 产品

ODS 图形不再需要 SAS/GRAPH 许可。图形模板语言(GTL)、ODS 图形过程、ODS 图形编辑器和 ODS 图形设计器全部可在 Base SAS 软件中使用。

2. 新增的 ODS 输出默认设置

从 SAS 9.3 开始，在 Windows 和 UNIX 操作系统中以窗口模式运行 SAS 时，默认情况下会禁用 LISTING 目标，改为启用 HTML 目标。

对于 Windows 和 UNIX 操作环境，以窗口模式运行 SAS 时，新增的默认 HTML 样式为 HTMLBlue。该样式可提供专为计算机屏幕演示而优化的视图，因而增强了默认输出的效果。新增的全彩色样式非常适用于统计图形，因为该样式可使用不同颜色区分不同组，从而在图形和表之间实现完美的色彩调和。

13.3.2 SAS 系统功能

1. Base SAS 索引

对于 WHERE 条件中的 SUBSTR(left of =)函数，使用索引进行 WHERE 处理的功能得到增强。

2. SAS 数据文件中的观测计数扩展

SAS 数据文件内容是指文件中当前的观测(行)数与已删除的观测数的总和。可以对文件计算的最大观测数由操作环境的长整型数据类型大小决定。新增的 EXTENDOBSCOUNTER = 选项用于为输出 SAS 数据文件请求扩展的文件格式，以便对超过 32 位长整型最大值的观测进行计数。

3. JMP 文件

新增的 LIBNAME 引擎支持在 Base SAS 会话中读/写 JMP 文件。

4. 放宽了 SAS 命名规则

新增的 SAS 数据集、SAS 数据视图和项存储的命名规则允许使用特殊字符和国家特有字符。

5. 通用打印和字体支持

"通用打印"功能支持 EMF(Enhanced Metafile，增强型元文件)输出。支持 Adobe PostScript Type1 字体，可以通过在 SAS 注册表中注册 Type1 字体将其添加至 SAS 环境。通过在创建新页之前设置 ORIENTATION = 系统选项，可以将"通用打印"文档中各页的方向改为竖向或横向。要查看通用打印机的属性，可以使用要输出到 SAS 日志或输出数据集的 QDEVICE 过程创建报表。多数通用打印机都支持 32 位 CMYK 颜色或 32 位 RGBA(透明)颜色。SVGANIM 打印机可生成 SVG 1.1 动画文档。多页 SVG 文档的控制按钮可根据窗口大小确定位置。

6. 用于标记的代码段的检查点模式和重启模式

若针对标记的代码段启用了检查点模式和重启模式，则中途终止的批处理程序可从标记的代码段开始重新提交；若设置了 CHKPTCLEAN 系统选项并且批处理程序成功完成，则将删除 Work 逻辑库的内容。

13.4 Base SAS 9.3 函数和 CALL 子程序的新功能

SAS 函数和 CALL 子程序作为单独的文档发布，新增了在 DATA 步中调用 Web 服务的功能，并对该功能添加了 6 个新的 SOAPxxx 函数。此外，还另外新增了若干函数，并对现有函数进行了增强。

13.4.1 新增的函数和 CALL 子程序

CALL RANCOMB：排列各个参数值，并返回 n 个值的 k 种随机组合。

EFFRATE：返回有效的年利率。

MVALID：检查某个字符串作为 SAS 成员名称是否有效。

NOMRATE：返回名义年利率。

SAVINGS：使用变动利率返回定期储蓄余额。

SOAPWEB：通过使用基本 Web 身份验证调用 Web 服务；在参数中提供凭证。

SOAPWEBMETA：通过使用基本 Web 身份验证调用 Web 服务；从元数据中检索用于身份验证域的凭证。

SOAPWIPSERVICE：通过使用基本 WS-Security 身份验证调用 SAS 注册服务；在参数中提供凭证。

SOAPWIPSRS：通过使用基本 WS-Security 身份验证调用 SAS 注册 Web 服务；在参数中提供凭证；直接调用"注册表服务"以确定如何找到"安全令牌服务"。

SOAPWS：通过使用 WS-Security 身份验证调用 Web 服务；在参数中提供凭证。

SOAPWSMETA：通过使用 WS-Security 身份验证调用 Web 服务；从元数据中检索所提供的身份验证域的凭证。

SQUANTILE：在指定正确的概率(SDF)后，从分布中返回分位数。

SYSEXIST：返回关于是否存在操作环境变量的指示。

TIMEVALUE：通过使用变动利率返回基准日期的参照量的等价值。

13.4.2 现有函数的增强

对现有函数进行了以下方面的增强：

① CDF、PDF、SDF、LOGCDF、LOGPDF、LOGSDF 和 QUANTILE 函数添加了 GENPOISSON 和 TWEEDIE 分布。

② INTINDEX 和 INTSEAS 函数中新增了参数 seasonality，该参数支持更灵活地处理日期和时间周期。

③ YRDIF 函数新增了用于计算年龄的选项。

④ URLDECODE 和 URLENCODE 函数添加了关于 SAS 会话编码和 UTF-8 编码的说明。

⑤ 在 GETOPTION 函数中，可以使用以下选项：

- DEFAULTVALUE 选项：包含系统选项的默认初始值，可使用该值将系统选项重设为其默认值。
- HEXVALUE 选项：将系统选项值作为十六进制值返回。
- LOGNUMBERFORMAT 选项：返回系统选项数值，所用的标点取决于语言区域。
- STARTUPVALUE 选项：返回从命令行或配置文件中启动 SAS 所用的系统选项值。

13.5　Base SAS 9.3 语句的新功能

Base SAS 9.3 新增了 LIBNAME JMP 和 RESETLINE 两个语句，并增强了 ABORT、FILENAME EMAIL、FILENAME FTP、FILENAME WebDAV、LIBNAME 等语句的功能。

13.5.1　新增的 SAS 语句

LIBNAME JMP：将逻辑库引用名与 JMP 数据表关联，并支持读/写 JMP 数据表。

RESETLINE：将 SAS 日志中的程序行编号重置为 1。

13.5.2　增强的 SAS 语句

ABORT：若不想为 n 指定值，则 SAS 返回的错误代码为 ERROR。ERROR 的值取决于操作系统。条件代码 n 作为最终的 SAS 系统退出代码返回至操作系统。

FILENAME EMAIL 访问方法：可以用逗号或空格来分隔多个电子邮件地址。新增了两个电子邮件选项，一个选项支持为电子邮件指定截止日期；另一个选项支持指定在电子邮件送达收信人后发送通知。

FILENAME FTP 访问方法：新增了一个 FTP 选项，用于指定尝试进行被动模式的 FTP 连接。

FILENAME WebDAV 访问方法：新增了一个选项，支持在必要时提示输入登录密码。

LIBNAME：新增的 EXTENDOBSCOUNTER = 选项支持扩展 SAS 逻辑库中所有 SAS 输出数据文件的最大观测计数。

13.6　Base SAS 9.3 系统选项的新功能

Base SAS 9.3 系统选项新增和增强的功能支持执行以下操作：

① 对标记的代码段使用检查点模式和重启模式。

② 将系统选项重置为其启动值或默认值。

③ 创建 LIBNAME 语句中指定的目录。

④ 对 SAS 数据集、SAS 数据视图和项存储的命名使用扩展规则。

⑤ 为文档中的单独页指定竖向或横向；控制 SAS 名称的自动更正。

⑥ 在电子邮件中指定 UTC 时差。

⑦ 指定 URLENCODE 和 URLDECODE 函数的编码。

⑧ 使用 GETOPTION 函数、系统选项和 OPTIONS 过程的增强功能。

13.6.1　对标记的代码段使用检查点模式和重启模式

若针对标记的代码段启用了检查点模式和重启模式，则中途终止的批处理程序可从标记的代码段开始重新提交。若设置了 CHKPTCLEAN 系统选项并且批处理程序成功完成，则将删除 Work 逻辑库的内容。

13.6.2　将系统选项重置为其启动值或默认值

可以使用 GETOPTION 函数将系统选项重置为默认初始值或启动值。若想将某个系统选项重置为其默认值，则可以使用 DEFAULTVALUE 选项获取该系统选项的默认初始值。STARTUPVALUE 选项可以用来获取从命令行或配置文件中启动 SAS 所用的系统选项值。

13.6.3 创建 LIBNAME 语句中指定的目录

指定 DLCREATEDIR 系统选项时，SAS 将为 LIBNAME 语句中指定的 SAS 逻辑库创建一个目录（若尚不存在该目录）。

13.6.4 对 SAS 数据集、SAS 数据视图和项存储的命名使用扩展规则

在以任何执行模式而不是在窗口环境中运行 SAS 时，放宽了 SAS 数据集、数据视图和项存储的命名规则，允许使用特殊字符和国家特有字符。

13.6.5 更改 ODS 文档中页的方向

使用 ORIENTATION = 系统选项，ODS 文档中的页面方向可以是竖向也可以是横向。ORIENTATION = 系统选项还接受其他值。

13.6.6 控制 SAS 名称的自动更正

在 SAS 9.3 之前，SAS 自动尝试更正拼写有误的过程名称、过程关键字和全局语句名称，现在可以使用 NOAUTOCORRECT 系统选项指定 SAS 不自动更正这些名称。

13.6.7 在电子邮件中指定 UTC 时差

对于使用 FILENAME 语句 EMAIL（SMTP）访问方法发送的电子邮件，指定在电子邮件的"日期"标头字段中使用的 UTC 时差。

13.6.8 指定 URLENCODE 和 URLDECODE 函数的编码

使用 URLENCODING = 系统选项指定使用 SAS 会话编码还是 UTF-8 编码解释 URLENCODE 函数和 URLDECODE 函数的参数。

13.6.9 GETOPTION 函数的增强

使用 HEXVALUE 选项可将系统选项值作为十六进制值返回；使用 LOGNUMBERFORMAT 选项可返回含有适用于语言/区域区域的标点（如逗号或句点）的系统选项数值。

13.6.10 增强的 SAS 系统选项

APPEND =：该系统选项不受限制。此外，可以指定 AUTOEXEC = 系统选项作为 APPEND = 系统选项的值。

DKRICOND =、DKROCOND =：这些选项正是"错误处理"系统选项组和"SAS 文件"组的一部分。

FMTSEARCH =：若为指定的某个类别指定了 LOCALE 选项，SAS 将搜索与当前 SAS 语言/区域关联的目录。

INSERT =：该系统选项不受限制。此外，可以指定 AUTOEXEC = 系统选项作为 INSERT = 系统选项的值。

ORIENTATION =：可以修改输出文件（目标为 ODS 目标或通用打印机）中不同文档的页面方向。

VALIDVARNAME =：当 VALIDVARNAME = V7 时，变量名左对齐，删除前导空格，同时忽略尾随空格。

VARLENCHK =：指示 BY 变量不受该系统选项影响。

13.6.11　OPTIONS 过程的增强

1. 新增的 PROC OPTIONS 语句选项

LISTINSERTAPPEND：列出可通过 INSERT 和 APPEND 系统选项修改取值的系统选项。

LISTRESTRICT：列出可由站点管理员限制的系统选项。

2. 增强的 PROC OPTIONS 语句选项

DEFINE：在指定该选项后，有效的选项值将显示在 SAS 日志中。

OPTION =：该选项现在接受一个或多个选项。

VALUE：若选项是由配置文件设置的，则在指定 VALUE 选项后，设置该选项的配置文件的名称将显示在 SAS 日志中。

13.7　Base SAS 9.3 输出传输系统的新功能

输出传输系统进行了以下方面的增强：

① 在 SAS 9.3 中，针对 Microsoft Windows 和 UNIX 的 SAS 窗口环境中的输出默认设置已发生变化。

② ODS 图形编辑器、ODS 图形设计器和 ODS 图形过程均已从 SAS/GRAPH 移至 Base SAS。

③ 可以在 SAS 注册表中更改打印机、PDF、PS 和 PCL 默认打印机的值。

④ DOCUMENT 过程进行了增强。

⑤ TEMPLATE 过程进行了增强。

⑥ ODS 语句进行了增强。

⑦ 提供了 3 个新的系统选项。

13.7.1　SAS 窗口环境(针对 UNIX 和 Windows)中的默认输出更改

1. SAS 窗口环境中的 HTML 输出

在 SAS 9.3 中，SAS 窗口环境中的默认目标是 HTML，而且默认情况下启用 ODS 图形。这些新增的默认设置具有若干优点。图形与表集成，并且所有输出均采用一种新样式显示在同一个 HTML 文件中。新增的这种 HTMLBlue 样式是一种全彩色样式，设计用于将表与现代统计图形进行集成。

通过从 SAS 主窗口顶部的菜单中选择工具→选项→参数选择，可以查看和修改默认设置，打开“结果”选项卡，可以使用助记符 TOPR(音同“topper”)来记住此顺序。图 13-1 所示为指定了新的默认设置的“结果”选项卡。

“结果”选项卡包含以下默认设置：

① 由于未选中“创建列表”复选框，所以不创建 LISTING 输出。

② 由于选中了“创建 HTML”复选框，所以创建 HTML 输出。

③ 由于选中了“使用 WORK 文件夹”复选框，所以 HTML 和图形图像文件将保存在 WORK 文件夹中，而不是当前的目录中。

④ 从“样式”下拉列表中选定了默认样式 HTMLBLUE。

⑤ 由于选中了“使用 ODS 图形”复选框，所以启用“ODS 图形”。

⑥ 由于从“查看结果时使用”下拉列表中选择了“Internal 浏览器”，因此将在 SAS 结果查看器中显示结果。

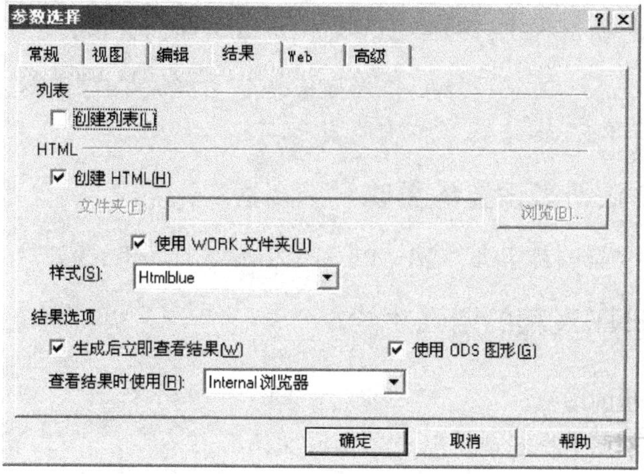

图 13-1　指定了新的默认设置的“结果”选项卡

在许多情况下，图形是数据分析不可或缺的一部分。不过，在运行大型计算程序(如使用带有许多 BY 分组的过程)时，可能不希望创建图形，这种情况下，应禁用“ODS 图形”，这将提高程序的性能。可以使用 ODS GRAPHICS OFF 语句和 ODS GRAPHICS ON 语句，在 SAS 程序中相应禁用和重新启用“ODS 图形”，还可以在“结果”选项卡中更改“ODS 图形”的默认设置。

2. SAS 窗口环境中的 LISTING 输出

在 SAS 9.3 之前，SAS 窗口环境中的 SAS 输出默认情况下创建在 LISTING 目标中。在 LISTING 目标中，表以等宽字体显示，且图形不与表集成。

通过从 SAS 主窗口顶部的菜单中选择工具→选项→参数选择，可以创建 LISTING 输出，打开“结果”选项卡，选中“创建列表”复选框，若不希望产生 HTML 输出，则不要选中“创建 HTML”复选框。

在 SAS 9.3 之前，默认情况下禁用“ODS 图形”。通过使用“结果”选项卡中的相应复选框可以在默认情况下启用或禁用“ODS 图形”，也可以使用 ODS GRAPHICS ON 语句和 ODS GRAPHICS OFF 语句在 SAS 程序中相应地启用和禁用“ODS 图形”。图 13-2 所示为指定了旧的默认设置的 SAS“结果”选项卡。

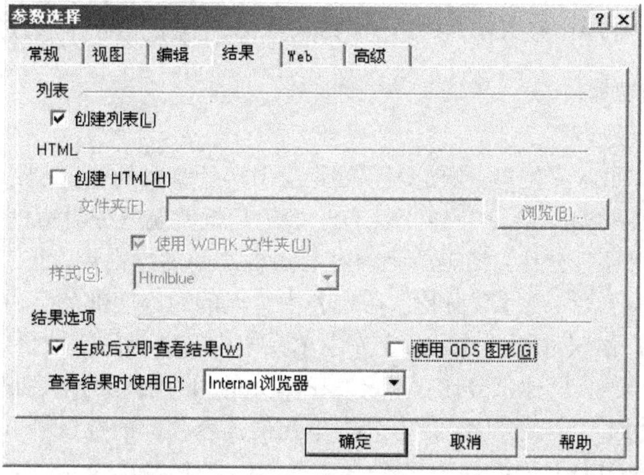

图 13-2　指定了旧的默认设置的“结果”选项卡

13.7.2　Base SAS 软件中包含选定的 SAS/GRAPH 产品

ODS 图形不再需要 SAS/GRAPH 许可，图形模板语言(GTL)、ODS 图形过程、ODS 图形编辑器和 ODS 图形设计器全都可在 Base SAS 软件中使用。

13.7.3　PRINTER 注册表设置的更改

可以在 SAS 注册表中更改打印机、PDF、PS 和 PCL 默认打印机的值。

13.7.4　DOCUMENT 过程的增强功能

1. DOCUMENT 过程的增强

① SAS/GRAPH 外部图形标题现在包括在 ODS 文档中。

② PRINT 过程受到 DOCUMENT 过程的全面支持。

③ REPLAY 语句的 WHERE 选项：新增了设置子集变量，_MAX_是最后一个观测；_MIN_是第一个观测；_OBS_是输出对象中的当前观测号；observation- number 是要重置的观测号；observation-variable 是观测的名称。该选项既可应用于输出对象也可应用于目录。

2. 新增的选项

① TEXTFILE = 选项位于 IMPORT TO 语句中，用于将文本文件导入 ODS 文档，可通过重置该 ODS 文档来打开 ODS 目标。

② BYGROUPS 选项位于 LIST 语句中，用于在条目列表中为 BY 变量创建列。

③ SHOW 选项位于 OBANOTE 语句中，用于指定将注释后面包含输出对象的表写入当前目标。

④ SHOW 选项位于 OBBNOTE 语句中，用于指定将注释前面包含输出对象的表写入当前目标。

⑤ SHOW 选项位于 OBFOOTN 语句中，用于指定将包含输出对象脚注的表写入当前目标。

⑥ SHOW 选项位于 OBSTITLE 语句中，用于指定将包含输出对象子标题的表写入当前目标。

⑦ SHOW 选项位于 OBTITLE 语句中，用于指定将包含输出对象标题的表写入当前目标。

13.7.5　模板过程的增强功能

1. 表模板的增强功能

可以在 DYNAMIC、MVAR 和 NMVAR 语句中提供动态变量的默认值，以用于表格输出。

2. 样式模板的增强功能

新增的样式属性如下。

BACKGROUNDPOSITION = 位置：指定表、单元或图形的背景的位置。

BORDERCOLLAPSE = COLLAPSE | SEPARATE：指定是折叠还是分隔边框。

PADDING = 尺寸 | 尺寸百分比：指定单元内容与边框之间的空白量。

PADDINGBOTTOM = 尺寸 | 尺寸百分比：指定表中单元的内容底部的空白量。

PADDINGLEFT = 尺寸 | 尺寸百分比：指定表中单元的内容左侧的空白量。

PADDINGRIGHT = 尺寸 | 尺寸百分比：指定表中单元的内容右侧的空白量。

PADDINGTOP = 尺寸 | 尺寸百分比：指定表中单元的内容顶部的空白量。

WHITESPACE = NORMAL | NOWRAP | PRE | PRE_LINE | PRE_WRAP：指定文本如何换行。

可以对样式属性使用 RGBA(红、绿、蓝、透明)和 CMYK(青色、品红色、黄色、黑色)等颜色。

13.7.6　ODS 语句的增强功能

ODS 语句的增强功能如下：

① HTML、PDF、PCL 和 LISTING 目标现在支持可缩放矢量图形(SVG)。

② PDF 和 PCL 目标现在默认创建可缩放矢量图形(SVG)。

③ HTML 目标现在支持 BMP 图像类型。

④ ODS PRINTER 语句现在支持 GTITLE 选项和 GFOOTNOTE 选项。

⑤ ODS TAGSETS. RTF 语句新增了事件标记集 TAGSETS. MEAS_EVENT_MAP、TAGSETS. MEAS_SHORT_MAP 和 TAGSET. MEAS_TEXT_MAP，以支持标准标记集；OPTIONS(DOC = "changelog")可为标准标记集提供版本控制信息，指定该选项后，信息将打印输出到 SAS 日志；OPTIONS(TOC_LEVEL =)允许用户设置目录中显示的级别数。

13.7.7　新增的系统选项

ODS 新增的系统选项如下：

① 新系统选项 ODSDEST = 用于在 SAS 窗口环境中还原 SAS 9.2 输出行为。

② 新系统选项 ODSGRAPHICS = 用于在"ODS 图形的显示管理器"中还原默认的 SAS 9.2 行为；新系统选项 ODSSTYLE = 用于还原默认的 SAS 9.2 HTML 样式。

13.8　Base SAS 9.3 ODS 图形过程的新功能

SAS 9.3 中的过程具有以下方面的更改和增强：

① 随 Base SAS 附带且名称已更改。

② 针对默认 ODS 输出的更改。

③ SGPLOT 和 SGPANEL 过程新增了绘图语句。

④ PROC SGPLOT、PROC SGPANEL 和 PROC SGSCATTER 语句新增了选项并增强了功能。

⑤ SGPLOT 和 SGPANEL 过程中的现有绘图语句新增了选项并增强了功能。

⑥ SGPLOT 和 SGPANEL 过程中的轴语句新增了选项并增强了功能。

⑦ SGRENDER 过程新增了选项并增强了功能。

⑧ SGDESIGN 过程增强了功能。

⑨ 新增了属性映射功能，用于控制应用于图形中的特定组数据值的可视属性。

⑩ 新增了注解功能，用于提供可向图形输出添加形状、图像和注解的机制。该功能在 SAS 9.3 中为试用功能。

13.8.1　ODS 图形过程随 Base SAS 附带

"ODS 图形过程"(以前称为"SAS/GRAPH 统计图形过程")现在可通过 Base SAS 软件提供，无需 SAS/GRAPH 软件即可使用。

注：ODS 图形设计器、ODS 图形编辑器和图形模板语言均已移至 Base SAS。

13.8.2　针对默认 ODS 输出的更改

在 Windows 和 UNIX 操作系统中，当在 SAS 窗口环境中执行 ODS 图形过程时，默认行为已进行了以下更改：

① HTML 成为默认的 ODS 目标，若关闭该目标且未打开另一个目标，则不打开任何目标。

② HTMLBlue 是 HTML 目标的默认样式，可以在“SAS 参数选择”中更改该默认样式。

③ 图形不再默认保存在 SAS 当前目录中，而是保存在 SAS Work 逻辑库所在的目录中，可以在“SAS 参数选择”中指定不同的目录。

以批处理模式运行这些过程时，不会应用这些更改。此外，z/OS 操作环境继续使用 ODS LISTING 目标作为默认目标。

若要创建 LISTING 输出，需执行以下操作之一：在“SAS 参数选择”的“结果”选项卡中指定 LISTING；将 ODS LISTING 语句添加至 SAS 程序。

13.8.3　SGPLOT 和 SGPANEL 过程新增的绘图语句

BUBBLE 语句：可用于创建一个气泡图，其中前 2 个变量确定气泡中心的位置，第 3 个变量控制气泡的大小。

HBARPARM 和 VBARPARM 语句：可为分类变量各水平所对应的预先汇总的响应值创建水平或垂直条形图，还可以为上限和下限分配变量。

HIGHLOW 语句：可用于创建表示高值和低值的浮动垂直或水平的线/条演示。该语句还支持将开盘值和收盘值显示为刻度标以及指定多个图属性。

LINEPARM 语句：可用于创建由点和斜率指定的直线。通过为每个所需参数指定一个常量，可以生成单条线；通过为任意或所有所需参数指定一个数值变量，可以生成多条线。

WATERFALL 语句(仅限 SGPLOT，试用)：可用于创建由输入数据计算得出的瀑布图。其中，条形表示 Y 的起始值以及由 X 得出的 Y 值的一系列中间值。

13.8.4　针对 PROC SGPLOT、PROC SGPANEL 和 PROC SGSCATTER 语句的更新

PROC SGPLOT、PROC SGPANEL、PROC SGSCATTER 三个过程语句均包括以下新选项。

① DATTRMAP = 选项：指定 SG 属性映射数据集。

② SGANNO = 选项：指定 SG 注解数据集。

③ PAD = 选项：用于保留注解图形边框四周的空间。

使用 SGPLOT 过程中的 UNIFORM = 选项可以独立控制行轴和列轴的轴缩放和图例标记属性。

13.8.5　针对 SGPLOT 和 SGPANEL 过程中的绘图语句的更新

1. 常规更新

① ATTRID = 选项：指定属性映射数据集内的 ID 变量的值。该选项也用于 SGSCATTER 过程。

② CATEGORYORDER = 选项：指定响应值的排列顺序。该选项影响条形图、线图和点图。

③ CLIATTRS = 和 CLMATTRS = 选项：可指定置信限的线条属性和填充属性。

④ CURVELABELATTRS = 和 DATALABELATTRS = 选项：可指定用来为图曲线和标签设置文本属性的选项。

⑤ DISCRETEOFFSET = 选项：指定允许图形元素偏离类中点或离散轴刻度的大小。该选项影响条形图和盒形图。

⑥ 新增的分组数据选项(使用 GROUP = 选项)：CLUSTERWIDTH = 选项，指定在使用分组的情况下，将聚类宽度指定为中点值间距的比率；GROUPDISPLAY = 选项，指定如何显示分组图形元素，该选项不可用于 HBARPARM 和 VBARPARM 语句；GROUPORDER = 选项，指定组内图形元素的顺序。这 3 个选项影响具有离散轴的所有图。

2. BAND 语句

以下选项和增强功能专用于 BAND 语句：

① CURVELABELLOWER = 和 CURVELABELUPPER = 选项：指定统计图上下限的标签。

② TYPE = 选项：指定带区边界的数据点连接为序列图还是阶梯图。

3. HBAR 和 VBAR 语句

以下选项和增强功能专用于 HBAR 和 VBAR 语句：

① DATALABEL = 选项：现在支持指定包含数据标签值的变量。

② DATASKIN = 选项：指定对所有填充条应用特效。

③ 一些 SAS 样式可显示分组条的填充模式。

注：这些选项也可用于新增的 HBARPARM 和 VBARPARM 语句。DATALABEL 和 DATASKIN 选项可用于新增的 WATERFALL 语句。

SGPLOT 过程中的 VBAR 和 VBARPARM 语句具有 DATALABELPOS = 选项，该选项指定数据标签的位置。

4. HBOX 和 VBOX 语句

以下选项和增强功能专用于 HBOX 和 VBOX 语句。

① CAPSHAPE = 选项：指定须帽线的形状。

② CONNECT = 选项：指定通过连接线连接盒与盒之间的统计量。

③ 可以对多个盒分组。除 GROUP = 选项之外，还提供 GROUPDISPLAY = 和 GROUPORDER = 选项。

④ NOTCHES 选项：显示下凹。

⑤ NOMEAN 选项：用于隐藏均值符号。

⑥ NOMEDIAN 选项：用于隐藏中位线。

⑦ NOOUTLIERS 选项：用于隐藏离群值。

⑧ 可以为连接线、数据标签、盒填充和线条、均值标记、中位线、离群值标记以及须帽线等元素指定外观属性。

5. HISTOGRAM 语句

HISTOGRAM 语句使用以下选项加强了对箱的控制：

① BINSTART = ：指定第一个箱的 X 坐标。

② BINWIDTH = ：指定箱宽。

③ NBINS = ：指定箱数。

6. INSET 和 KEYLEGEND 语句

INSET 和 KEYLEGEND 语句支持使用以下选项更改文本属性：

① INSET 语句中的 TITLEATTRS = 和 TEXTATTRS = 选项。INSET 语句仅适用于 SGPLOT 过程。

② KEYLEGEND 语句中的 TITLEATTRS = 和 VALUEATTRS = 选项。

7. VLINE 语句

SGPLOT 过程中的 VLINE 语句具有 DATALABELPOS = 选项，该选项指定数据标签的位置。

13.8.6　SGPANEL 和 SGPLOT 过程的轴更新

1. SGPLOT 过程的轴更新

XAXIS、X2AXIS、YAXIS 和 Y2AXIS 语句支持若干增强功能和新增选项：

① 新增的 LABELATTRS 和 VALUEATTRS 选项分别指定轴标签和轴刻度值标签的文本属性。

② 新增的 REVERSE 选项指定刻度值反向（降序）显示。

③ 新增的 THRESHOLDMAX 和 THRESHOLDMIN 选项分别指定一个阈值，用于在轴的高端和低端多显示一个刻度标。

2. SGPANEL 过程的轴更新

COLAXIS 和 ROWAXIS 语句支持若干增强功能和新增选项：

① 支持与“SGPLOT 过程的轴更新”中所列更新相同的更新。

② REFTICKS 选项支持指定是否向刻度标添加标签和值（该选项将刻度标添加至指定轴对面的面板一侧。）

13.8.7　对 SGRENDER 过程的更新

可以在“SAS ODS 图形编辑器”（SGE）文件中使用 SGRENDER 过程呈现图形。

13.8.8　对 SGDESIGN 过程的更新

z/OS 系统支持 SGDESIGN 过程，但受到以下限制：

① 该过程不呈现使用以往发行版的“ODS 图形设计器”生成的 SGD 文件。必须在“ODS 图形设计器”9.3 版中打开 SGD 文件（在 Windows 或 UNIX 系统上），然后按 9.3 版格式保存该文件。

② 必须将 SGD 文件传送到“UNIX 系统服务”的 HFS 文件系统才能呈现该文件。

13.8.9　新增的属性映射功能

新增的属性映射功能用于控制应用于图形中的特定组数据值的可视属性。该功能使用 SG 属性映射数据集将数据值关联到可视属性。该数据集对属性映射标识符、组值和属性使用预留变量名。

可以在 SGPLOT、SGPANEL 和 SGSCATTER 过程中使用属性映射。该过程语句引用 SG 属性映射数据集的名称，并且绘图语句指定组和属性映射标识符。

13.8.10　新增的注解功能（试用）

新增的注解功能用于提供向图形输出添加形状、图像和注解的机制。例如，可以添加文本标签、线条、圆形、矩形、多边形和图像。该功能使用 SG 属性数据集，其中包含用于创建注解元素的命令。该数据集对绘制函数及控制该函数如何执行的属性均使用预留变量名。

可以在 SGPLOT、SGPANEL 和 SGSCATTER 过程中使用注解。该过程语句引用 SG 注解数据集的名称。

13.9　Base SAS 9.3 图形模板语言的新功能

图形模板语言（GTL）的新增语句和增强语句提供了更丰富的语言功能，并引入了许多新的绘图类型。更改包括新增的布局语句、新增的绘图语句、新增的图例语句、常规用途的新功能、SAS 9.2 语句的增强功能。

13.9.1　新增的布局语句

① LAYOUT REGION 为不使用轴的图形(如饼图)提供容器。

② LAYOUT GLOBALLEGEND 创建包含多个离散图例的复合图例。

13.9.2　新增的绘图语句

① BUBBLEPLOT 创建输入数据的气泡图，它使用 X 列和 Y 列确定气泡的中心，使用 SIZE 列控制气泡的半径。

② DENDROGRAM 创建树形图，通常用于显示层次聚类分析的结果。

③ HEATMAPPARM 创建二维图形，表示预先纵向合并的三维数据值。

④ HIGHLOWPLOT 创建浮动垂直或水平的线/条，连接分类变量每个值的最小和最大响应值。垂直的线/条通常在金融行业中使用，用于绘制随时间变化的股票市值；水平的线/条通常在健康和生命科学行业中使用，用于显示随时间变化的不良事件的持续时间或药物不良反应的持续时间。

⑤ PIECHART 创建从输入数据计算得出的饼图。

⑥ WATERFALLCHART 创建从输入数据计算得出的瀑布图。瀑布图通常用于显示指定地区的借贷交易或连续变化。

13.9.3　新增的图例语句

① LEGENDITEM 为可以包括在图例中的图例项创建定义。图例项独立于数据，可用于定制图例以改进或替换标准图例。

② MERGEDLEGEND 在图形中显示两个图的分组数据时会合并图例条目。

③ 若离散轴具有过多图例条目，图例看起来会很拥挤，新增的 AXISLEGEND 语句可以减少混乱，它生成连续整数以显示为图形中的轴刻度标值。它还会创建图例，使这些整数与它们所表示的实际刻度标值相关联。

13.9.4　常规用途的新功能

1. 属性映射

GTL 提供离散和范围“属性映射”，可用于将可视属性映射到输入数据值。离散属性映射可用于将离散数据映射到特定的可视属性(如颜色)。该功能可用于使用特定可视属性来表示数据值，而不考虑数据中值的顺序。例如，当使用性别作为图形的分组类别时，可以为标记符号设置属性映射。可以定义映射，这样 SAS 作业中的所有图形都将使用红色圆圈表示女性，使用蓝色菱形表示男性。相关语句有 DISCRETEATTRMAP 和 DISCRETEATTRVAR。

范围属性映射可用于控制颜色分配，而不考虑图形的当前数据范围。该功能可用于表示数据中实际上不存在的值。以温度数据举例，可以设置蓝色表示 0，设置红色表示 100，即使 0 和 100 都不存在于数据中。相关语句有 RANGEATTRMAP 和 RANGEATTRVAR。

2. 绘制语句

一组新增的绘制语句可用于在图形中绘制线条、箭头、椭圆、矩形和其他形状，还可以绘制文本和图像。所有绘制语句的全局绘图空间和绘图单位均在 BEGINGRAPH 语句的新增 DRAWSPACE = 选项中设置。单个绘制语句提供的选项可用于设置单个语句的绘图空间和绘图单位。可用的绘制语句包括 BEGINPOLYGON、BEGINPOLYLINE、DRAWARROW、DRAWIMAGE、DRAWLINE、DRAWOVAL、DRAWRECTANGLE、DRAWTEXT。

3. 许多图形支持的常规增强功能

许多图形语句支持以下新增功能，这些功能值得用户关注。

支持分组变量的图形可以在聚类中显示分组。为此，使用 GROUP =（某些图形的新增选项）指定分组变量并将新增的 GROUPDISPLAY = 选项设置为 CLUSTER。新增的 INCLUDEMISSINGGROUP = 选项指定分组变量的缺失值是否包括在图形中。GROUPORDER =（某些图形的新增选项）指定分组图元素（如直条）对于每个类别值的顺序。新增的 CLUSTERWIDTH = 选项将分组聚类的宽度指定为小数值，表示聚类宽度占中点间距离的比例。

可以使用新增的 DATASKIN = 选项应用数据换肤，用于增强图形中填充元素的可视外观。例如，数据换肤可用于将光滑三维外观应用于条形图的填充直条或饼图的填充扇区。数据换肤仅可用于直条、饼图扇区、气泡和散点图标记。

某些图形类型填充元素的透明度可以独立于图形中的其他透明元素单独管理。例如，可以为条形图的填充直条设置一个透明度级别，而为直条的边框设置不同的透明度级别。同 SAS 9.2 一样，DATATRANSPARENCY = 设置填充和线条的透明度级别。使用新增的 fill-option TRANSPARENCY = 可以为区域填充设置不同的透明度级别。新增的 fill-option 在设置区域填充的任何选项（如 FILLATTRS = 选项）中可用。

4. 输出传输系统的常规增强功能

输出传输系统（ODS）进行了以下方面的增强：

① 在 Windows 和 UNIX 操作环境中以窗口模式运行 SAS 时，默认输出目标从 LISTING 更改为 HTML。

② 在 Windows 和 UNIX 操作环境中以窗口模式运行 SAS 并将输出指向 HTML 目标时，默认样式从 DEFAULT 更改为 HTMLBLUE。新增的全彩色 HTMLBLUE 样式非常适用于 ODS 图形，因为该样式可使用不同颜色区分不同组，从而在图形和表之间实现完美的色彩调和。

③ LISTING、HTML 和 PRINTER 目标现在支持可缩放矢量图形（SVG）。

13.9.5　SAS 9.2 语句的增强功能

1. LAYOUT 增强功能

（1）LAYOUT DATALATTICE 和 LAYOUT DATAPANEL

① 这些点阵类型布局现在支持独立的 X2（顶部）和 Y2（右侧）轴。在 SAS 9.2 中，X2 轴仅可以镜像 X 轴，而 Y2 轴仅可以镜像 Y 轴。

② INCLUDEMISSINGCLASS = 指定是否为包含缺失值的分类变量的交叉包括网格单元。

③ INSETOPTS = 提供 TITLE = 来设置插件标题，以及 TITLEATTRS = 来设置该标题的文本属性。

④ SHRINKFONTS = 根据布局的嵌套级别来指定多单元格布局中的字体是否在适当时按比例缩放。

⑤ SPACEFILL =（位于 SIDEBAR 语句中）指定边栏的内容是否应展开以填充整个边栏区域直至其边界。

(2) LAYOUT LATTICE

① LATTICE 布局支持独立的 X2(顶部)和 Y2(右侧)轴。在 SAS 9.2 中，X2 轴仅可以镜像 X 轴，而 Y2 轴仅可以镜像 Y 轴。

② SHRINKFONTS = 根据布局的嵌套级别来指定多单元格布局中的字体是否在适当时按比例缩放。

③ SPACEFILL = (位于 SIDEBAR 语句中) 指定边栏的内容是否应展开以填充整个边栏区域直至其边界。

(3) LAYOUT GRIDDED

SHRINKFONTS = 根据布局的嵌套级别来指定多单元格布局中的字体是否在适当时按比例缩放。

(4) LAYOUT OVERLAY

① INNERMARGIN 语句在 LAYOUT OVERLAY 容器内生成一个或多个"内嵌边缘"。内嵌边缘是 OVERLAY 容器顶部或底部的嵌套区域。

② ASPECTRATIO = 指定构成图形墙边界的矩形纵横比。

(5) LAYOUT PROTOTYPE

ASPECTRATIO = 指定图形墙区域的纵横比。

2. PLOT 增强功能

(1) BANDPLOT

① INCLUDEMISSINGGROUP = 指定分组变量的缺失值是否包括在图形中。

② 可以单独管理填充带区和带区边框的透明度。同 SAS 9.2 一样，DATATRANSPARENCY = 设置填充和线条的透明度级别。新增的 FILLATTRS = (TRANSPARENCY = number) 可以仅为带区填充设置不同的透明度级别。

(2) BARCHART 和 BARCHARTPARM

① FILLPATTERNATTRS = 指定填充模式的属性，可用于显示单色图形(通常为期刊论文中打印的黑白图形)。

② BASELINEINTERCEPT = 指定基线的响应轴截距。

③ TARGET = 指定提供目标值的数值列，以在图形直条上显示为一个小三角，其中延伸出一条直线跨过直条。

(3) BLOCKPLOT

① EXTENDBLOCKONMISSING = 指定 BLOCK 列中的缺失值开始一个新块还是恢复为以前的非缺失值。

② INCLUDEMISSINGCLASS = 指定分类变量的缺失值是否包括在图形中。

(4) BOXPLOT 和 BOXPLOTPARM

① 这两个语句都支持 GROUP = 选项，并且可以对分组进行聚类。对于覆盖默认分组，新增的 INDEX = 选项可以指定索引来将行属性(颜色和模式)映射到 GraphData1 - GranphDataN 样式元素之一。

② 盒形图支持独立的数值轴。默认情况下，盒形图要求使用离散类别轴。若对应于独立轴的数据是数值(或时间)，则可以在布局的轴选项中将 TYPE = 设置为 LINEAR、TIME 或 LOG。在数值轴有效的情况下，也可以使用新增的 NTERVALBOXWIDTH = 选项指定盒体宽度。

③ 盒形图支持工具提示。TIP = 和 OUTLIERTIP = 选项可用于设置盒体和边框的提示。TIPFORMAT = 和 TIPLABEL = 选项可用于格式化提示以及为提示添加标签。BOXPLOTPARM 还支持 ROLENAME = 选项(不适用于 BOXPLOT)，指定可用于在工具提示中显示其他信息的用户定义角色。

④ BOXPLOTPARM 支持 DISPLAYSTATS = 选项(不适用于 BOXPLOT)，指定要为每个盒形图显示的统计量。

(5) ELLIPSE 和 ELLIPSEPARM

① 可以单独管理填充椭圆和椭圆边框的透明度。DATATRANSPARENCY = 设置填充和线条的透明度级别。FILLATTRS = (TRANSPARENCY = number) 可以仅为填充设置不同的透明度级别。

② INCLUDEMISSINGGROUP = 指定分组变量的缺失值是否包括在图形中。(该选项适用于 ELLIPSEPARM，但不适用于 ELLIPSE。)

(6) FRINGEPLOT、LINEPARM、LOESSPLOT、PBSPLINEPLOT、REGRESSIONPLOT

这些语句都具有新增的 INCLUDEMISSINGGROUP = 选项，指定分组变量的缺失值是否包括在图形中。

(7) NEEDLEPLOT

① NEEDLEPLOT 支持在聚类分组，不支持数据换肤或双透明度级别。

② DATALABEPOSITION = 指定数据标签相对于针线和标记的位置。

③ DISCRETEOFFSET = 指定在公共轴上并排绘制多个响应变量时所有针线和标记与离散 X 值的偏移量。

(8) SCATTERPLOT

① SCATTERPLOT 支持聚类分组和数据换肤。

②DATALABEPOSITION = 指定数据标签相对于标记的位置。

③ USEDISCRETESIZE = 指定标记大小应基于中点间距。DISCRETEMARKERSIZE = 指定要用于该标记的小数取值。

④ MARKERSIZERESPONSE = 指定要用于针对响应值改变标记大小的列。MARKERSIZEMAX = 和 MARKERSIZEMIN = 可用于在使用 MARKERSIZERESPONSE = 时管理标记大小变化的范围。

(9) SCATTERPLOTMATRIX

① DATALABEPOSITION = 指定数据标签相对于标记的位置。

② INCLUDEMISSINGGROUP = 指定分组变量的缺失值是否包括在图形中。

③ INSETOPTS = 提供 TITLE = 来设置插件标题，以及 TITLEATTRS = 来设置该标题的文本属性。

(10) SERIESPLOT

① SERIESPLOT 支持聚类分组。

② DATALABEPOSITION = 指定数据标签相对于系列线和标记的位置。

③ SMOOTHCONNECT = 指定是否用平滑的线条连接图形各顶点。

(11) STEPPLOT

① STEPPLOT 支持聚类分组。

② DATALABEPOSITION = 指定数据标签相对于系列线和标记的位置。

(12) VECTORPLOT

① DATALABEPOSITION = 指定数据标签相对于向量线和箭头的位置。

② INCLUDEMISSINGGROUP = 指定分组变量的缺失值是否包括在图形中。

3. 轴增强功能

(1) LAYOUT OVERLAY 的轴选项

① NAME = 为轴分配一个名称以供在其他语句中引用。

② DISCRETEOPTS = 支持下列离散轴的新功能：COLORBANDS = 指定如何显示对应于离散轴箱体的墙颜色带；COLORBANDSATTRS = 指定交替墙颜色带的外观；TICKTYPE = 指定轴刻度标的位置；TICKVALUEFITPOLICY = 指定用于避免刻度标在轴上发生冲突的策略。

(2) LAYOUT LATTICE 的轴选项

① NAME = 为轴分配一个名称以供在 AXISLEGEND 语句中引用。

② REVERSE = 指定是否应反转轴原点。

③ DISCRETEOPTS = 支持下列离散轴的新功能：TICKTYPE = 指定轴刻度标的位置；TICKVALUEFITPOLICY = 指定用于避免刻度标在轴上发生冲突的策略。

13.10　Base SAS 9.3 ODS 图形设计器的新功能

ODS 图形设计器具有以下方面的更改和增强：① 随 Base SAS 附带；② ODS 样式更改；③ 支持从 SAS 菜单栏启动设计器；④ 更多选项可用于保存图形；⑤ 增强了数据分配选项；⑥ 增强了图属性。

13.10.1　设计器随 Base SAS 附带

ODS 图形设计器随 Base SAS 软件附带，无需 SAS/GRAPH 软件即可使用。

若在以前的 ODS 图形设计器正式发行版(9.2 的第 3 个维护版本)中对参数选择、样式或图库文件进行了自定义，则必须将自定义文件迁移至该设计器在 9.3 中的新位置。若未执行这一一次性任务，9.3 设计器将无法使用自定义的参数选择、样式或图库文件。

ODS 图形设计器不支持在 9.2 的第 3 个维护版本之前创建的 SGD 文件。

13.10.2　ODS 样式的增强和更改

ODS 图形设计器支持新的 ODS 样式 HTMLBlueCML(颜色、标记、线条)。默认样式仍为列表，不过可以在“参数选择”中更改该样式。

注：使用 SGDESIGN 过程呈现的 SGD 图形继续实现打开的 ODS 目标的活动样式。在 SAS 窗口环境中，HTML 成为默认的 ODS 目标，并且 HTMLBlue 是默认样式。输出到 SAS 中的默认 ODS 目标的图形在外观上不同于使用 ODS 图形设计器的默认样式创建的图形。

13.10.3　改进了设计器的启动方式

除了使用 SAS 宏还可以从 SAS 菜单栏启动 ODS 图形设计器。

13.10.4　更多选项可用于保存图形

“另存为”对话框具有以下方面的更改和增强：

① 支持将图形另存为 PDF 文件或增强型元文件(Enhanced Metafile，EMF)。

② 用于为另存为 JPG 或 PNG 文件的图形指定分辨率的选项。

③ 在图中指定 URL 角色时用于为另存为 HTML 文件的条形图指定目标的选项。

④ 用于为图形模板指定名称的选项(也可以在图形属性对话框中指定名称)。

13.10.5　增强了数据分配选项

“分配数据”对话框具有以下方面的更改和增强：

① 对于某些图，“组显示”选项支持指定是否对分组图元素进行聚类、重叠或堆叠(条形图)。散点图、序列图、阶梯图、针状图、盒形图和条形图均支持该功能。

② “离散偏移量”选项支持指定所有图元素偏移离散刻度标的量。

③ 可以指定盒形图和条形图的图元素宽度。(该功能也作为一种图属性提供，也可以通过点击和拖动某个图元素来更改宽度。)

13.10.6　增强了图属性

图属性具有以下方面的更改或增强：

① 增强了条形图的条形外观选项。

② 散点图支持选择数据标签相对于标记的位置；支持通过为标记大小选择 0 来隐藏标签。

13.11　Base SAS 9.3 ODS 图形编辑器的新功能

ODS 图形编辑器具有以下方面的更改和增强：① 随 Base SAS 附带；② 不再需要独立编辑器；③ ODS 的增强功能；④ 编辑图形方面的增强功能；⑤ 用于 SGE 文件的附加呈现选项。

13.11.1　编辑器随 Base SAS 附带

ODS 图形编辑器随 Base SAS 软件附带，无需 SAS/GRAPH 软件即可使用。

13.11.2　不再需要独立编辑器

在以往发行版的 Windows 和 Linux 操作系统中，即便是从 SAS 调用的独立编辑器，仍需要安装 ODS 图形编辑器，否则无法打开 ODS 图形编辑器 SGE 文件。

从 SAS 9.3 开始，不再需要使用独立编辑器从 SAS 打开 SGE 文件，不过仍提供独立编辑器。若需要打开 SGE 文件但却没有在系统上安装 SAS，则需要安装独立编辑器。

13.11.3　ODS 的更改和增强

ODS 图形编辑器支持新的 ODS 样式 HTMLBlueCML(颜色、标记、线条)。在 Windows 和 UNIX 操作系统中，当在 SAS 窗口环境中创建可编辑的图形时，默认 ODS 行为进行了以下更改：

① HTML 成为默认的 ODS 目标。若关闭 HTML 目标且未打开另一个目标，则不打开任何目标。

② HTMLBlue 是 ODS HTML 目标的默认样式。使用 HTML 目标创建的 ODS 图形编辑器(SGE)文件的外观不同于使用以往发行版的 SAS 创建的 SGE 文件。该编辑器不支持 HTMLBlue 样式，而是支持类似的 HTMLBlueCML 样式。要在该编辑器中生成与 HTMLBlue 相同的输出，需指定 HTML BlueCML 样式，然后按需更改线条样式或标记。

③ 支持 ODS 的 SAS 过程默认情况下生成 ODS 图形输出，无需在代码中添加 ods graphics on 语句。

13.11.4 编辑图形方面的增强功能

编辑图形的功能在以下方面得到增强：

① 可以编辑图形中的所有 GTL 注解(DRAW 语句)以及使用“ODS 图形过程”创建的注解。

② 像对单个单元的图形一样，ODS 图形编辑器支持对布局为 DATALATTICE、DATAPANEL 和 LATTICE 的图形的辅助轴进行编辑。对于这些多单元图形，辅助轴独立于主轴。

③ 可以选择文件→新建创建空页，随后可以向该页添加注解。

13.11.5 用于 SGE 文件的附加呈现选项

可以使用 SGRENDER 过程在任意 ODS 目标上呈现 SGE 文件，支持以向量图形格式呈现经过编辑和注解的图形，可以在不支持运行该编辑器的平台(如 z/OS)上呈现图形。

13.12 INFOMAPS 过程和 Base SAS 9.3 的信息映射 LIBNAME 引擎中的新功能

Base SAS 软件中的 INFOMAPS 过程有以下更改和增强功能：

① 支持指定从信息映射生成的每个查询中的数据源。

② 当信息映射包含源自多个数据源的多个测度数据项时，支持在生成查询期间将高级模型用于连接策略。

③ 支持先分配应用于数据源的过滤器(包括为特定的用户或组分配授权的过滤器)，然后在当前信息映射中使用它们。

④ 支持 SAS 身份属性，允许在过滤器中估计特定的用户信息。

⑤ 支持更改信息映射的访问权限。

⑥ 支持本地化多个语言/区域的信息映射属性。

⑦ 支持在不从元数据服务器重新加载信息映射定义的情况下更新当前位于内存中的信息映射，还支持在不结束相应过程的情况下关闭当前位于内存中的信息映射。

⑧ 支持控制以前的 SAS 发行版创建的信息映射在保存时是否更新。

⑨ 支持在批处理期间出现错误时暂停相应过程。

⑩ Base SAS 软件中的信息映射 LIBNAME 引擎得以增强，当使用该引擎访问数据时可识别信息映射的访问权限。

13.12.1 INFOMAPS 过程的功能

1. 新增的语句

CLOSE INFOMAP：用于关闭当前信息映射。

EXPORT LOCALIZABLE_PROPERTIES 和 IMPORT LOCALIZED_PROPERTIES：支持本地化多个语言/区域的信息映射属性。

INSERT IDENTITY_PROPERTY 和 DELETE IDENTITY_PROPERTY：用于将 SAS 身份属性插入当前的信息映射中，并且从当前的信息映射中删除一个或多个 SAS 身份属性。

SET ASSIGNED_FILTERS：用于先分配应用于数据源的过滤器，然后才在当前信息映射中使用它们。

UPDATE CURRENT_INFOMAP：用于在不从元数据服务器中重新加载信息映射定义的情况下更新内存中的信息映射。

UPDATE MAP_PERMISSIONS：用于更改信息映射的访问权限，以及为特定的用户或组分配授权的过滤器。

2. 增强的语句

PROC INFOMAPS：新增了 ERRORSTOP 选项，用于控制在批处理期间出现错误时相应过程是否暂停。

INSERT DATASOURCE 和 UPDATE DATASOURCE：新增了 REQUIRED_DATASOURCE = 选项，用于指定是否在从信息映射生成的每个查询中使用数据源。

UPDATE INFOMAP：新增了 REQUIRED_DATASOURCES = 选项，用于管理信息映射所必需的数据源的列表。

INSERT FILTER 和 UPDATE FILTER：新增了 HIDDEN = 选项，用于指定过滤器是否不向信息映射用户显示。

NEW INFOMAP 和 UPDATE INFOMAP：新增了 JOIN_MODEL = 选项，用于控制在查询生成期间用于连接策略的是基本模型还是高级模型。

SAVE：新增了 ALLOW_MAJOR_VERSION_UPGRADE = 和 ALLOW_MINOR_VERSION_UPGRADE = 选项，用于控制由以前的 SAS 发行版本创建的信息映射的迁移。

13.12.2　信息映射 LIBNAME 引擎功能

信息映射 LIBNAME 引擎现在实现了对信息映射及其数据源的用户读取权限设置。若元数据服务器中信息映射或其数据源的用户读取权限是 DENY，则不允许该用户经由信息映射引擎访问数据。

13.13　Base SAS 9.3 元数据语言接口的新功能

Base SAS 9.3 元数据语言接口的具体改进如下：

① 新增了用于 PROC METADATA 的 METHOD 参数。

② PROC METAOPERATE ACTION = REFRESH 新增了一些选项用来支持新的元数据服务器备份工具。

③ PROC METAOPERATE PAUSE 和 RESUME 操作新增了选项用来支持新的元数据服务器备份工具。

④ PROC METAOPERATE ACTION = REFRESH 新增了选项以支持元数据服务器提醒电子邮件测试。

⑤ PROC METAOPERATE 不再需要使用 ACTION = REFRESH 指定 <SERVER/ >选项。

⑥ METAAUTORESOURCES 系统选项现在基于逻辑库定义中的预分配类型分配 LIBNAME 引擎。

⑦ 新增了用于 METASPN 系统选项的 SPN 格式。

⑧ 文档更改。

13.13.1　过程

1. METADATA 过程增强

根据新增的 METHOD = 参数的值（DOREQUEST 或 STATUS），METADATA 过程将向“SAS 元数据服务器”提交 SAS 开放式元数据接口 IOMI DoRequest 或 IServer Status 方法调用。对于 METHOD =

STATUS 的支持至关重要，因为 DoRequest 方法（原有行为）在“SAS 元数据服务器”暂停时不会工作。使用 METHOD = STATUS 时，可以在服务器暂停期间通过 PROC METADATA 获取元数据服务器配置、备份信息以及各种服务器统计信息。

2. METAOPERATE 过程的增强

REFRESH 操作新增了一些选项用来支持新的元数据服务器备份工具：

① <BACKUP 属性/>：调用“SAS 元数据服务器”的专门备份，使其备份至服务器备份配置中指明的位置。

② <BACKUPCONFIGURATION 属性/>：修改指定的备份配置属性的值。备份配置属性包括 BackupLocation = "目录"、RunScheduledBackups = "Y | N"和 DaysToRetainBackups = "数量"。

③ <RECOVER 选项/>：从指定的备份恢复“SAS 元数据服务器”，还可以选择从元数据服务器记录执行前滚恢复。前滚功能可将所有记录事务或事务恢复至指定的时间点。

④ <SCHEDULE EVENT = "Backup" WEEKDAYn = "timeR"/>：设置或修改服务器备份计划。SCHEDULE EVENT = "Backup"指定要预定的事件。WEEKDAYn = "时间"指定备份计划。“SAS 元数据服务器”支持每天备份，这需要在每周计划中将属性 WeekDay1 = 指定为 Sunday，将属性 WeekDay7 = 指定为 Saturday，并将 WeekDayn = 属性适当编号，相应地表示周中其他各天。备份时间依照 24 小时制指定为 4 位值。例如，0100 表示 1a. m.；1300 表示 1p. m.。要修改该计划，请将适当的 WeekDayn = 属性指定为备份时间。R 可用于指定随同备份执行 REORG。

⑤ <SCHEDULER/>：根据指定的 XML 子元素，重建或重新启动备份预定器线程。

⑥ <OMA ALERTEMAILTEST = "文本"/>：将测试提醒电子邮件发送到在元数据服务器 omaconfig. xml 配置文件的 <OMA ALERTEMAIL = "email- address"/> 选项中配置的地址。提供该选项是为了测试元数据服务器的提醒电子邮件通知子系统。每当服务器备份或恢复失败或服务器本身不能工作时，子系统就会将提醒电子邮件发送到已配置的收件人。

PAUSE 和 RESUME 操作支持新的 <FORCE/> 选项。<FORCE/> 可在恢复过程停止响应时重新控制恢复过程中的“SAS 元数据服务器”。与 RESUME 配合使用时，<FORCE/> 会使服务器返回联机状态。与 PAUSE 配合使用时，可以使用 <SERVER STATE = "ADMIN"/> 选项，以支持管理员在服务器可用于客户端之前先对恢复的系统进行检查。

13.13.2　系统选项

METAAUTORESOURCES 系统选项基于逻辑库定义中的预分配类型设置分配 LIBNAME 引擎。METAAUTORESOURCES 忽略标记为由外部配置（AUTOEXEC 文件）分配的逻辑库，标记为由本机逻辑库引擎分配的逻辑库将由元数据中为该逻辑库定义的逻辑库引擎进行分配；标记为由元数据 LIBNAME 引擎分配的逻辑库将由元数据 LIBNAME 引擎（MLE）进行分配。

METASPN 系统选项的 SPN 格式已经更改，支持格式 SAS/machine-name 或 SAS/machine-name. company. com。

13.14　Base SAS 9.3 宏语言工具的新功能

宏语言工具在以下方面已增强：

① 新增一些自动宏变量，用于减少执行普通任务时所需的文本量。

② 新增一些宏函数。

③ 新增一些宏语句。

④ 新增一些宏系统选项，用于定义和重新定义宏和更好地控制其执行。

13.14.1 新增的自动宏变量

SYSADDRBITS：包含地址位数。

SYSENDIAN：包含对当前会话的字节顺序的指示，可能值为LITTLE或BIG。

SYSNOBS：包含从上一个过程或DATA步关闭的最后一个数据集中读取的观测数。

SYSODSESCAPECHAR：从程序内部显示ODS ESCAPECHAR=的值。

SYSSIZEOFLONG：包含当前会话中长整型数据的字节长度。

SYSSIZEOFPTR：包含以字节计算的指针大小。

SYSSIZEOFUNICODE：包含当前会话中Unicode字符的字节长度。

13.14.2 新增的宏函数

%SYSMACEXEC：指示当前是否正在执行宏。

%SYSMACEXIST：指示WORK.SASMACR目录中是否存在宏定义。

%SYSMEXECDEPTH：返回自调用点开始的嵌套深度。

%SYSMEXECNAME：返回在嵌套级别执行的宏的名称。

13.14.3 新增的宏语句

%SYSMSTORECLEAR：关闭存储的已编译宏并清除SASMSTORE=逻辑库。

%SYSMACDELETE：从WORK.SASMACR目录中删除宏定义。

13.14.4 新增的宏系统选项

MAUTOCOMPLOC：在编译自动调用宏后于SAS日志中显示自动调用宏的源位置。

MAUTOLOCINDES：指定对于WORK.SASMACR目录中已编译自动调用宏定义的目录条目的说明字段，宏处理器是否在该字段前追加自动调用源文件的完整路径名。

MCOVERAGE：支持生成覆盖分析数据。

MCOVERAGELOC=：指定覆盖分析数据文件的位置。

13.15 Base SAS 9.3 区域语言支持的新功能

Base SAS 9.3中扩展了“区域语言支持(NLS)”的范围和功能。NLS提供一组功能，可支持软件产品在其面向的全球每一市场上都正常运行。SAS具备NLS功能，可确保编写的SAS应用程序符合当地语言的使用习惯。通常，使用英语编写的软件非常适合这样的用户：他们使用英语，而且使用的数据按照美国人遵循的语言使用习惯格式化。然而，若没有NLS，这些产品对于世界上其他地区的用户可能就不适用了。借助SAS中的NLS，亚洲和欧洲等地区的用户可以通过母语在本地环境下成功地处理数据。

13.15.1 常规增强功能

SAS 9.3版本中增强了以下功能：

① LOCALE=系统选项表中的别名得到更新。

② “欧洲货币转换”部分进行了更新，新增了使用欧元的新成员。

13.15.2　新增的编码

新增的编码：
Open Edition Katakana：指定 Open Edition Katakana 的编码。
Open Edition Korean：指定 Open Edition Korean 的编码。
Open Edition Simplified Chinese：指定 Open Edition Simplified Chinese 的编码。
Open Edition Traditional Chinese：指定 Open Edition Traditional Chinese 的编码。
Open Edition Japanese：指定 Open Edition Japanese 的编码。
Open Edition Japanese-IBM-939E：指定 Open Edition Japanese-IBM-939E 的编码。

13.15.3　新增的格式

NLDATMTZ：将语言/区域的 SAS 日期时间的时间部分转换为时间和时区。
NLDATMWZ：将指定语言/区域的 SAS 日期值转换为工作日、日期时间和时区。
NLDATMZ：将 SAS 日期时间值转换为时区和日期时间形式的语言/区域敏感的日期时间字符串。
更新的格式：YEN 默认值已从 1 改为 8。

13.15.4　新增的函数

ENCODCOMPAT：验证是否支持在两种编码之间进行代码转换。
ENCODISVALID：指定有效的编码名称。
SASMSG：指定数据集中的消息。返回的消息基于当前语言/区域和指定的键。
SASMSGL：指定特定数据集中的消息。指定的消息基于指定的语言/区域值和指定的键值。
SETLOCALE：指定当前 SAS 语言/区域的语言/区域关键字。

13.15.5　新增的系统选项

URLENCODING：控制 URLENCODING 和 URLDECODE 函数的百分比编码行为。
VALIDMEMNAME：指定 SAS 数据集、视图和项存储的命名规则。
VALIDVARNAME：指定可以在 SAS 会话过程中创建和处理的有效 SAS 变量名的规则。
DFLANG 的 DFLANG 系统选项支持语言/区域选项。

13.16　Base SAS 9.3 SQL 过程的新功能

Base SAS 9.3 SQL 过程的新增功能和增强功能有：① 优化 PUT 函数的能力；② 重新使用 LIBNAME 语句数据库连接的能力；③ 更多的 PROC SQL 语句选项；④ INTO 子句的更多宏变量指定；⑤ 新增字典表；⑥ 新增系统宏变量；⑦ 更新输出示例。

13.16.1　优化 PUT 函数的能力

下列 REDUCE PUT 选项和系统选项已修改，以优化 PUT 函数：REDUCEPUTOBS =、REDUCEPUTVALUES =、SQLREDUCEPUTOBS =、SQLREDUCEPUTVALUES =。

13.16.2　重新使用 LIBNAME 语句数据库连接的能力

LIBNAME 语句建立的数据库连接可在 CONNECT 语句中重新使用，已添加关键字 USING 以实现该功能。

13.16.3　更多的 PROC SQL 语句选项

已添加 PROC SQL 语句选项 STOPONTRUNC、WARNRECURS|NOWARNRECURS，以控制执行和结果输出。

13.16.4　INTO 子句的更多宏变量指定

下列宏变量指定已添加到 SELECT 语句 INTO 子句的语法中：TRIMMED 选项、不受限制的宏变量范围。

13.16.5　新增的字典表

新增了 VIEW_SOURCES 字典表视图。

13.16.6　新增的系统宏变量

添加了用于 PROC SQL 的 SYS_SQLSETLIMIT 宏变量以改进数据库处理。

13.16.7　更新的输出示例

所有 LISTING 输出示例(适用时)已更新，以显示新的 ODS HTML 输出。新的 SAS 9.3 输出默认值仅适用于 Microsoft Windows 和 UNIX 下的 SAS 窗口环境。

第 14 章　SAS 9.3 的 SAS/STAT 模块新增内容简介

SAS 9.3 的 SAS/STAT 模块新增了一个过程和许多增强功能。本章将简单介绍 SAS 9.3 的 SAS/STAT 模块的新增过程和增强内容。

14.1　新 增 过 程

SAS 9.3 的 SAS/STAT 模块新增了一个试用过程——FMM 过程。FMM 试用过程使用统计模型拟合其响应分布为一元分布的有限混合数据。这些模型适用于以下应用情形：估计多重模态或重尾密度，拟合零膨胀或 Hurdle 模型来对具有过多零的数据计数，对过度离散的数据建模以及拟合具有复杂误差分布的回归模型。

PROC FMM 拟合回归模型的有限混合或广义线性模型的有限混合，其中的回归结构和协变量在各成分中可以相同或不同。最大似然法和 Bayesian 法对 FMM 过程可用。

14.2　主要增强功能

SAS/STAT 9.3 的主要增强功能如下：

① EFFECT 语句已正式发布。该语句可在 HPMIXED、GLIMMIX、GLMSELECT、LOGISTIC、ORTHOREG、PHREG、PLS、QUANTREG、ROBUSTREG、SURVEYLOGISTIC 和 SURVEYREG 过程中使用。

② MCMC 过程现在支持 RANDOM 语句。

③ CALIS 过程中的 METHOD = FIML 选项已正式发布。该选项指定全信息最大似然法。全信息最大似然法使用来自所有观测的全部可用信息，而不删除具有缺失值的观测。

④ SURVEYPHREG 过程已正式发布。

⑤ HPMIXED 过程提供 REPEATED 语句和附加的协方差结构。

⑥ MI 过程为多重补缺提供全条件指定方法。

14.2.1　SAS/STAT 9.22 中的主要增强功能

部分用户可能对于 SAS/STAT 9.22 中的更新并不熟悉。下面是在 SAS/STAT 9.22 中引入的一部分主要增强功能：

① SURVEYPHREG 试用过程在 Cox 风险比例模型的基础上对样本调查数据执行回归分析。该过程提供基于设计的方差估计、置信区间和与参数和模型效应有关的假设检验。

② PLM 过程获取 SAS/STAT 线性建模过程中储存的模型结果并执行附加的拟合后干预，而不必重复原来的分析。PLM 过程可以通过使用常用的 ESTIMATE、LSMEANS、LSMESTIMATE 和 SLICE 语句来执行检验假设、计算置信区间、生成预测图和对新数据集评分等任务。

③ EFFECT 语句可在 GLIMMIX、GLMSELECT、HPMIXED、ORTHOREG、PHREG、PLS、QUANTREG、ROBUSTREG、SURVEYLOGISTIC 和 SURVEYREG 过程中使用。同传统的 CLASS 语句

相比，该语句可构建更丰富的线性模型系列。效应类型包括半参数建模的样条，度量值属于多个分类情况下的多成员效应、滞后效应和多项式。

④ 精确 Poisson 回归可用于 GENMOD 过程。

⑤ MCMC 过程可从后验预测分布创建样本。

⑥ 零膨胀负二项式模型可用于 GENMOD 过程。

⑦ HPMIXED 过程已正式发布。

⑧ CALIS 过程已经过完整修订，包括以前在 TCALIS 试用过程中可用的增强功能。

14.2.2　ODS 图形的更改

使用 ODS 图形生成图形不再需要 SAS/GRAPH 许可。此外，统计图形过程系列（SGPANEL、SGPLOT、SGRENDER 和 SGSCATTER）已从 SAS/GRAPH 移到 Base SAS 许可。

MAXPOINTS = 选项已添加到 ANOVA、CLUSTER、GLM、LOGISTIC、MIXED、QUANTREG 和 VARCLUS 过程。该选项指定特定图中可显示的点数限制，超过该限值后就不会创建这些图形。注意，REG 过程已提供了该选项。

ODS 图形启用后不再自动生成 PROC FREQ 的频数图和累积频数图，以及 PROC SURVEYFREQ 的加权频数图。用户可以使用 PLOTS = 选项请求生成这些图形。

在 SAS 9.3 中，SAS 窗口环境中的默认目标是 HTML，在 SAS 窗口环境中默认启用 ODS 图形，这些新增的默认设置具有若干优点。图形与表集成，并且所有输出均采用一种新样式显示在同一个 HTML 文件中。新增的样式 HTMLBLUE 是一种全彩色样式，设计用于将表与现代统计图形进行集成。通过从 SAS 主窗口顶部的菜单中选择工具→选项→参数选择，用户可以查看和修改默认设置，然后点击“结果”选项卡。

14.2.3　增强功能

1. CALIS 过程

正式发布的功能包括：METHOD = FIML 选项；使用 COSAN 模型进行均值结构分析；扩展的 PATH 建模语言可支持将方差或协方差指定为路径；在所有模型类型中进行未命名的自由参数指定；改进的 RAM 模型指定。

此外，PROC CALIS 现在支持使用 FIML 估计法对缺失模式进行详细分析。使用 COVPATTERN = 和 MEANPATTERN = 选项，用户可以通过使用关键字指定各种标准均值和协方差模式，然后，PROC CALIS 自动生成所需的协方差和均值结构。

2. CLUSTER 过程

启用 ODS 图形后，CLUSTER 过程可以默认生成树状图。MAXCLUS = 选项可以从右侧截断 CCC、PSF 和 PST2 图以改善可读性。当有大量的聚类时，可使用 MAXPOINTS = 选项禁用树状图。

3. EFFECT 语句

EFFECT 语句已正式发布，可在 HPMIXED、GLIMMIX、GLMSELECT、LOGISTIC、ORTHOREG、PHREG、PLS、QUANTREG、ROBUSTREG、SURVEYLOGISTIC 和 SURVEYREG 过程中使用。

NATURALCUBIC 选项为样条扩展指定自然三次样条基础。

4. EFFECTPLOT 语句

CLUSTER 选项修改盒形图显示，方法是为 SLICEBY = 分类变量的每个级别显示一张图。

5. FREQ 过程

当指定 AGREE 选项并启用 ODS 图形后，FREQ 过程可以生成一致性图。它还为比例差值提供多个备选置信限，为基于 Farrington- Manning 评分统计量的比例差值提供精确无条件置信限。

6. GENMOD 过程

MODEL 语句中的 EXACTMAX 选项限制了精确 Poisson 回归的响应变量的取值数。

7. GLIMMIX 过程

EFFECT 语句已正式发布。

8. GLMPOWER 过程

GLMPOWER 过程可以使用 ODS 图形生成自己的图形。

9. GLMSELECT 过程

GLMSELECT 过程提供 STORE 语句，可用于保存统计分析的上下文和结果，以便使用 PLM 过程进行进一步处理。

MODELAVERAGE 语句已正式发布，其在输入数据的重新抽样子集中指定模型选择。

EFFECT 语句已正式发布。

10. HPMIXED 过程

HPMIXED 过程提供 REPEATED 语句，其在混合模型中定义重复效应和残差协方差结构。可在 RANDOM 语句的 TYPE = 选项中使用 AR(1)、CS、CSH、UC、UCH 和 UN 协方差结构。

EFFECT 语句已正式发布。

11. LIFETEST 过程

在生存率图中，X 轴上的刻度值现已与生存曲线图对应点上处于死亡危险的人数数值上下对齐。

12. LOGISTIC 过程

用户可以请求将标准化残差保存到输出数据集中。此外，MODEL 语句中 INFLUENCE 选项的 STDRES 子选项可在结果显示中包含标准化残差和似然残差。SCORE 语句中的 FITSTAT 选项可生成 AIC、SBC、RSq、AUC 和 Brier 评分拟合统计量。此外，ODDSRATIO 语句和 CLODDS 选项的 CLDISPLAY = 子选项可以控制置信限误差条的外观。

EFFECT 语句已正式发布。

13. MCMC 过程

新 RANDOM 语句简化了分层随机效应模型的构建并明显缩短了模拟时间，同时改进了收敛特别是在有大量对象或聚类的模型中。该语句定义可以线性或非线性方式进入模型的随机效应，并支持一元和多元先验分布。

除基于 Metropolis 的默认算法外，PROC MCMC 可利用模型中某种形式的共轭性以从目标条件分布中直接抽样。在许多情况下，共轭抽样器会提高抽样效率并大大缩短计算时间。

MCMC 过程可支持包括 Dirichlet 分布、逆 Wishart 分布、多元正态分布和多项式分布在内的多元分布。

14. MI 过程

试用的 FCS 语句使用全条件指定(FCS)法指定多元补缺。对于具有任意缺失数据模式的数据，假定这些变量存在联合分布，这些方法可为所有变量补缺缺失值。同 MCMC 方法相比，FCS 方法要求的迭代数更少。

15. MULTTEST 过程

通过使用 Stouffer- Liptak 组合方法，PROC 语句中的 STOUFFER 选项生成调整的 p 值。

16. NLIN 过程

除了在 OUTPUT 数据集中生成观测范围内的统计量外，NLIN 过程为诊断非线性模型拟合提供了多个试用功能，其中包括 PROC NLIN 语句中的 PLOTS、NLINMEASURES 和 BIAS 选项。PLOTS 选项可用于绘制拟合的模型、拟合诊断、切向和 Jacobian 杠杆率和局部影响。NLINMEASURES 显示非线性度的全局测度，而 BIAS 选项计算参数估计值的 Box 偏差统计量。最后，用户可以在 OUTPUT 语句生成的输出数据集中添加杠杆率、局部影响和残差诊断。

17. ORTHOREG 过程

EFFECT 语句已正式发布。

18. PHREG 过程

PHREG 过程可以使用新增的 RANDOM 语句拟合脆弱性模型(Frailty Models)。在分析聚类数据并希望解释具有随机效应的聚类内相关性时，常常使用脆弱性模型。此外，NLOPTIONS 语句可用于 PROC PHREG，而 Zellner g- prior 可用于分段指数模型。

EFFECT 语句已正式发布。

19. PLS 过程

EFFECT 语句已正式发布。

20. POWER 过程

可以使用 ODS 图形生成图形。

21. QUANTREG 过程

若在 MODEL 语句中指定了多个分位数，TEST 语句中的新 QINTERACT 选项可以检验不同分位数的系数间是否存在差异。

TEST 语句中的 RANKSCORE 选项现在支持 tau 评分函数，其适用于 non- iid 误差模型。

EFFECT 语句已正式发布。

22. ROBUSTREG 过程

MODEL 语句中 LEVERAGE 选项的新 MCDINFO 子选项可显示有关 MCD 协方差估计的详细信息，包括低维结构、细分值、MCD 中心和 MCD 协方差。

EFFECT 语句已正式发布。

23. SURVEYFREQ 过程

用户可以生成具有二阶校正的 Rao- Scott 卡方检验。

24. SURVEYLOGISTIC 过程

重复法方差估计可用于域分析。

EFFECT 语句已正式发布。

25. SURVEYMEANS 过程

基于重复法的方差估计可用于分位数。

26. SURVEYPHREG 过程

SURVEYPHREG 过程已正式发布。此外，新增的编程语句可用于在模型中包含时间相关的协变量。

27. SURVEYREG 过程

SURVEYREG 过程可为域分析提供重复法方差估计。

EFFECT 语句已正式发布。

28. SURVEYSELECT 过程

对于分层样本的整体均值估计，不需要指定整个样本大小来分配给各层，而可以指定所需的误差范围。

29. VARCLUS 过程

启用 ODS 图形后，VARCLUS 过程可以默认生成树状图。当有大量的聚类时，可使用 MAXPOINTS = 选项禁用树状图。

14.2.4 从 SAS/STAT 9.22 到 SAS/STAT 9.3 的软件行为变化

本节介绍从 SAS/STAT 9.22 到 SAS/STAT 9.3 的软件行为变化。其中的一部分变化与 ODS 图形有关，一部分过程采用了 MAXPOINTS = 选项以避免点数超过指定限值时生成图形，默认限值为 5 000 个点。

1. ANOVA 过程

当离群值点数超过 MAXPOINTS = 选项指定的限值时，不会生成在启用“ODS 图形”时用 MEANS 语句或为单向 ANOVA 创建的盒形图。

2. CLUSTER 过程

启用 ODS 图形后，CLUSTER 过程可以默认生成树状图。

3. FREQ 过程

启用 ODS 图形后，不再默认生成频数图和累积频数图。用户可以通过在 TABLES 语句中使用 PLOTS = FREQPLOT 和 PLOTS = CUMFREQPLOT 选项请求这些图。

4. GLM 过程

当点数超过 MAXPOINTS = 选项指定的限值后，不会生成拟合图、盒形图、交互作用图、ANCOVA 图和等高线拟合图。该限值还适用于诊断图和残差图。

5. LOGISTIC 过程

当点数超过 MAXPOINTS = 选项指定的限值时，不会生成与 MODEL 语句中的 INFLUENCE 或 IPLOTS = 选项相关的图。

若指定了 ODDSRATIO 语句或 CLODDS = 选项，则不再生成默认“优比”表，而仅显示请求的结果。

6. MCMC过程

PROC MCMC不再默认生成调节、老化和抽样历史表。要生成该信息，需在PROC MCMC语句中指定MCHISTORY = 选项。

调整后的逆卡方分布使用scale2进行参数化，而以前的版本使用scale进行参数化。

7. MIXED过程

当点数超过MAXPOINTS = 选项指定的限值时，不会生成与INFLUENCE、RESIDUAL和VCIRY选项相关的图。

8. QUANTREG过程

当点数超过MAXPOINTS = 选项指定的限值时，不生成拟合图。排名评分检验已更改。

9. SURVEYFREQ过程

启用ODS图形后，不再默认生成加权频数图。用户可以在TABLES语句中使用PLOTS = WT-FREQPLOT选项请求该显示。

10. VARCLUS过程

启用ODS图形后，VARCLUS过程可以默认生成树状图。

第 15 章　用 SAS 中的新过程实现某些统计分析

15.1　FMM 过程

15.1.1　FMM 过程简介

FMM 过程使用统计模型拟合响应分布为一元分布的有限混合数据。这些模型适用于以下应用情形：估计多重模态或重尾密度，拟合零膨胀或 Hurdle 模型来对具有过多零的数据计数，对过度离散的数据建模以及拟合具有复杂误差分布的回归模型；PROC FMM 拟合回归模型的有限混合或广义线性模型的有限混合，其中的回归结构和协变量在各成分中可以相同或不同；最大似然法和 Bayesian 法对 FMM 过程同样适用。

在单变量有限混合模型中利用 FMM 过程估计参数，可以同时得到很多有用的统计量来帮助完成参数评价和模型拟合。该过程的特点简单介绍如下：

- 对所有模型都做最大似然估计。
- 对许多模型都可以做马尔科夫链蒙特卡洛估计。
- 为建模提供了许多内置的连接函数和分布函数。
- 接受多个 MODEL 语句，并且模型效应、分布、连接函数对于混合成分可以是变化的。
- 模型的构建与其他 STAT 中的过程(如 GLM、GLIMMIX、MIXED 等)类似。
- 在指定成分数量的范围时，可以进行混合模型的序列估计。
- 简单的语法就可实现参数的线性等式约束和不等式约束。
- 在混合概率中为回归效应和分类效应建模。
- 可以将许多重要的统计量保存到数据集中，以更好的解释混合模型。
- 可以将零膨胀附加到任意模型。

FMM 过程可以拟合广义线性模型的混合结构，对于非混合模型的数据该过程也可以进行拟合，这个优点可以使 FMM 过程实现许多其他过程(如 CATMOD、LOGISTIC、GENMOD、GLIMMIX 等)对模型中的参数估计。FMM 过程不能拟合含有随机效应的多值名义数据或模型。FMM 过程的内置分布函数和连接函数是有限的，并且不支持用户自定义的分布函数或连接函数，对于某些成分分布，FMM 过程不支持混合模型的拟合，但是可以尝试用 NLMIXED 过程进行拟合。值得注意的是，FFM 过程同样要遵循线性模型使用的限制条件。

15.1.2　FMM 过程语句用法和功能

1. PROC FMM 语句

PROC FMM 语句用以启动 FMM 过程，表 15-1 介绍了该语句中一些基本选项的主要功能。

表 15-1　PROC FMM 语句的基本选项

基本选项	功能描述	基本选项	功能描述
DATA =	指定输入数据集	NOPRINT	隐藏表格和绘图的输出结果
NAMELEN =	设置效应名称的长度	PARTIAL =	设定局部分类变量
OEDER =	设定 CLASS 变量的分类顺序	TECHNIQUE =	选择优化方法
COMPONENTINFO	显示混合成分的有关信息	SINGULAR =	调整奇异判定标准
CRITERION	指定模型选择的准则		

2. BAYES 语句

BAYES 语句格式如下：

```
BAYES bayes-options ;
```

该语句指定采用马尔科夫链蒙特卡洛采样技术进行模型的参数估计。FMM 过程可以用最大似然法实现任意模型的参数估计，但并不是所有模型都可以使用贝叶斯法进行参数估计。在使用贝叶斯法之前，要先验证马尔科夫链的收敛性。利用 ODS Graphics 语句可以在输出结果的末尾生成图形，这些图形可以帮助我们直观地判断马尔科夫链的收敛性，如果收敛性不满足，那么就不能使用贝叶斯法作出任何统计推断。

3. BY 语句

BY 语句格式如下：

```
BY variables ;
```

用 BY 语句对观测按照某变量进行分组后，用户可以得到关于每个分组的独立分析结果。在使用该语句的时候，SAS 要求输入数据集要事先按照 BY 语句指定的变量进行排序。如果用户给出了多个 BY 语句，那么只有最后一个是有效的。

4. CLASS 语句

CLASS 语句格式如下：

```
CLASS variables </TRUNCATE> ;
```

该语句用来指定模型中的分类变量。该语句必须出现在 MODEL 语句的前面。分类变量既可以是字符型的，也可以是数值型的，其分类水平由变量格式化值确定，因此可以通过格式化的方法确定 CLASS 变量的水平。

选项 TRUNCATE 用来指定分类水平仅仅是由分类变量的前 16 个字符来决定。

5. FREQ 语句

FREQ 语句格式如下：

```
FREQ variable ;
```

该语句指定了输入数据集中表示观测出现频数的变量。如果某观测频数变量取值为 n，则说明该观测重复出现了 n 次。若频数变量取值不为整数，那么 SAS 只截取整数部分作为对应观测的频数；若频数小于 1 或者为缺失，则该观测将被忽略；当不指定频数变量时，所有观测默认频数均为 1。

6. MODEL 语句

MODEL 语句格式如下：

```
MODEL response <(response-options)> = <effects> </ model-options> ;
MODEL events/trials= <effects>< / model-options> ;
MODEL+ <effects>< / model-options> ;
```

该语句定义了混合模型的各个元素，如模型效应、分布、连接函数。该语句是必需的，并且可以同时定义多条 MODEL 语句，每个 MODEL 语句都要明确混合结构的各个成分。当模型之间在分布、连接函数或者回归变量上有所不同时，就可以使用多个 MODEL 语句来定义这些模型。

模型中的独立变量可以是“response”的形式，也可以是“events/trials”的形式，要根据结果变量的呈现方式来选取。使用前者时，并且独立变量不是字符型的，那么 FMM 过程默认独立变量满足正态分布；使用后者时，独立变量默认满足二项分布。

FMM 过程支持连续形式的 MODEL 语句。当数据只有一个响应变量时，利用一条 MODEL 语句定义模型就足够了。如果再使用其他 MODEL 语句为该模型增加成分，可以直接在效应前面使用一个“ + ”。下面的程序就定义了一个含有 3 个成分的二项混合模型：

```
class A;
model y/n = x / k=2;
model     +A;
```

第 1 个 MODEL 语句使用了“events/trials”的形式来定义响应变量，则 FMM 过程默认该变量满足二项分布，“k =2”表示该混合模型的两个成分含有不同的截距项和斜率；第 2 条 MODEL 语句又将分类变量 A 作为新的成分添加到模型中去，响应分布仍是二项分布，并且是前一个 MODEL 语句的延续。

MODEL 语句常用选项的功能见表 15-2。

表 15-2　MODEL 语句常用选项

常用选项	功能描述	常用选项	功能描述
EVENT =	指定二进制模型中的事件分类	KMIN =	指定混合结构的最小成分数量
ORDER =	指定响应变量的分类顺序	NOINT	从模型中剔除固定效应截距项
DIST =	指定响应分布	ALPHA =	确定置信水平
LINK =	指定连接函数	CL	显示固定效应参数估计的置信区间
K =	指定混合结构的成分数量	EQUATE =	在模型中对参数使用简单等式约束
KMAX =	指定混合结构的最大成分数量	LABEL =	为模型添加标签

7. PERFORMANCE 语句

PERFORMANCE 语句格式如下：

```
PERFORMANCE <performance-options> ;
```

该语句用来更改 FMM 过程执行时的某些系统特性(如 CPU 数量、占用线程数量等)。默认情况下，FMM 过程使用多线程进行统计分析，并且使用的线程数量和 CPU 数量是相等的。

8. PROBMODEL 语句

PROBMODEL 语句格式如下：

```
PROBMODEL <effects> </probmodel-options> ;
```

该语句为混合概率和连接函数定义模型效应。在默认情况下，对于具有两个成分的模型 FMM 过程使用 logit 建模；而对于具有超过两个成分的模型 FMM 过程使用广义 logit 建模，这条语句不是必需的，并且不支持贝叶斯参数估计。

9. RESTRICT 语句

RESTRICT 语句格式如下：

```
RESTRICT <'label'> constraint-specification <, …, constraint-specification
>
<operator <value>> </option> ;
```

该语句用来对混合模型中的参数指定线性约束条件，这些限制条件将被整合到最大似然分析中，在使用贝叶斯法时不能使用该语句。

某些情形时可能需要对参数使用约束条件，如将一个参数固定在一个特定值上，使混合结构中不同成分的参数相等；对模型中的参数施加顺序条件；或者是指定参数间的比较等。

10. WEIGHT 语句

WEIGHT 语句格式如下：

```
WEIGHT variable ;
```

WEIGHT 语句将输入数据集中的某变量声明为权重变量，帮助完成模型的加权统计分析。因为混合模型的概率结构不同于传统的统计模型，因此权重变量不能简单解释成对观测变异的更改。权重取值为非正或者缺失的将从分析中剔除，默认所有观测权重为 1。

15.1.3　FMM 过程应用举例

【例 15-1】 某研究者收集并测量了 82 名 30 岁男性的某项生理指标，试对此资料的数据分布加以归类。具体数据见以下程序：

```
data E22_1;
input xx @ @ ;
x = xx/1000;
cards;
9172  9350  9483  9558  9775  10227 10406 16084 16170 18419
18552 18600 18927 19052 19070 19330 19343 19349 19440 19473
19529 19541 19547 19663 19846 19856 19863 19914 19918 19973
19989 20166 20175 20179 20196 20215 20221 20415 20629 20795
20821 20846 20875 20986 21137 21492 21701 21814 21921 21960
22185 22209 22242 22249 22314 22374 22495 22746 22747 22888
22914 23206 23241 23263 23484 23538 23542 23666 23706 23711
24129 24285 24289 24366 24717 24990 25633 26960 26995 32065
32789 34279
;
run;
proc fmm data = E22_1 criterion = AIC;
   model x = /kmin = 3 kmax = 7;
run;
quit;
```

程序分析：分析潜在的多模型数据资料是有限混合模型的基本应用，实质上是在一系列数据中，将相近的数据集合构成一个模型，将整个资料划分成若干个模型，也就是常说的聚类分析。我们可以使用 FMM 过程来实现这样的一维聚类分析。

我们并不清楚该混合模型究竟需要划分几个成分，或者说是该资料要划分成几个类，那么程序中的“criterion = AIC”指定 SAS 系统利用 AIC 准则来选择最优的成分数量；同时，“kmin = 3 kmax = 7”规定类的数量最少为 3 个，最多为 7 个。程序默认各个成分的方差都是不相等的，可以在 MODEL 语句中加入选项“equate = scale”限定各个成分的方差是相等的，读者可以自行尝试对后者的分析并与前者作比较。

结果解释：

Model Information	
Data Set	WORK. E22_1
Response Variable	x

Type of Model	Homogeneous Mixture

Model Information	
Distribution	Normal
Min Components	3
Max Components	7
Link Function	Identity
Estimation Method	Maximum Likelihood

上面给出的是模型基本信息，响应变量是 x，每个成分默认满足正态分布，最小成分数为 3，最大成分数为 7。

Component Evaluation for Mixture Models

Model ID	**Number of Components Total**	**Number of Components Eff.**	**Parameters Total**	**Parameters Eff.**	**−2 Log L**	**AIC**	**AICC**	**BIC**	**Pearson**	**Max Gradient**
1	3	3	8	8	406.96	422.96	424.94	442.22	82.00	0.00035
2	4	4	11	11	406.96	428.96	432.74	455.44	82.00	0.000041
3	5	5	14	14	406.96	434.96	441.23	468.66	82.00	0.000023
4	6	6	17	17	406.96	440.96	450.53	481.88	82.00	0.00014
5	7	7	20	20	406.96	446.96	460.73	495.10	82.00	0.000050

上面给出的是不同成分数下的各种拟合统计量的取值情况。我们设定的是以 AIC 准则为基础进行选择，可以看到 AIC 统计量取值最小时对应的成分数量为 3，此时其他拟合统计量也取得最小值，因此选择将该一维资料划分成 3 个类。

Parameter Estimates for 'Normal' Model

Component	**Parameter**	**Estimate**	**Standard Error**	**z Value**	**Pr > |z|**
1	**Intercept**	9.7101	0.1597	60.80	<.0001
2	**Intercept**	33.0444	0.5322	62.09	<.0001
3	**Intercept**	21.4038	0.2597	82.41	<.0001
1	**Variance**	0.1785	0.09542		
2	**Variance**	0.8495	0.6936		
3	**Variance**	4.8567	0.8098		

上面给出的是 3 个成分的截距项以及每个成分的方差。根据开始的讲解，我们知道，每个成分的方差都是不同的，如果设定每个成分的方差都是相同的，那么这里的方差估计值以及标准误就都会取到相同值。

Parameter Estimates for Mixing Probabilities

Component	Parameter	Linked Scale Estimate	Linked Scale Standard Error	Linked Scale z Value	Linked Scale Pr > |z|	Probability
1	Probability	−2.3307	0.3959	−5.89	<.0001	0.0854
2	Probability	−3.1781	0.5893	−5.39	<.0001	0.0366

上表的核心部分是每个成分的发生概率，第 1 个成分的发生概率约为 0.0854，第 2 个成分的发生概率约为 0.0366，第 3 个成分的发生概率为 1 减去前两个概率值，那么每个成分究竟代表哪个数据范围？图 15-1 回答了这个问题。

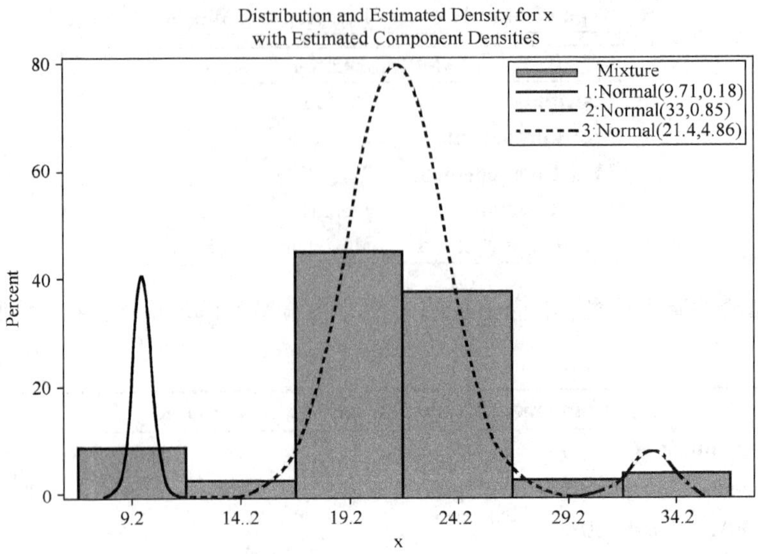

图 15-1　例 15-1 图

成分 1 满足均值为 9.71、方差为 0.18 的正态分布，成分 2 满足均值为 33、方差为 0.85 的正态分布，成分 3 满足均值为 21.4、方差为 4.86 的正态分布。图 15-1 的横轴表示原始数据的取值范围，纵轴表示样本的百分比。通过图形可以发现，成分 3 的峰值最大，表示其涵盖了最多的原始数据，所以出现概率最大，成分 1 其次，成分 2 包含的数据个数最少，从各成分发生概率取值也可得到相同的结果。解读此图时请留意各波峰与各成分的对应关系，避免误判。

【例 15-2】 有这样一项生活调查，研究者在一所公园内随机选择了若干经常在该公园出现的人，记录他们在过去 6 个月内钓鱼的数量，同时记录被调查者的性别和年龄，调查收集的资料见程序，试对此资料进行分析。

SAS 程序如下：

```
data E22_2;
   input gender $ age count @ @ ;
   cards;
  F  5418  M  37  0  F  48  12  M  27  0
  M  550  M  32  0  F  49  12  F  45  11
  M  390  F  34  1  F  50  0  M  52  4
  M  330  M  32  0  F  23  1  F  17  0
  F  445  M  44  0  F  26  0  F  30  0
  F  380  F  38  0  F  52  18  M  23  1
  F  230  M  32  0  F  33  3  M  26  0
  F  468  M  45  5  M  51  10  F  48  5
  F  312  F  25  1  M  22  0  M  41  0
  M  190  M  23  0  M  31  1  M  17  0
  F  210  F  44  7  M  28  0  M  47  3
  M  230  F  29  3  F  24  0  M  34  1
  F  190  F  35  2  M  39  0  M  43  6
;
run;
proc fmm data = E22_2;
   class gender;
```

```
    model count = gender* age / dist=Poisson ;
    model       +             / dist=Constant;
run;
quit;
```

程序分析：该资料需要采用 0 膨胀模型，因为原始数据包含过多的数值 0，如果用单一模型进行分析必然导致过离散。可以尝试分析数值 0 的来源，一位被调查者给出 0 结果的原因有两个，一个是他从来都不钓鱼，那么他的钓鱼数量必然为 0；另一个可能是他钓鱼技术很差，一条鱼都没有钓到；其他非 0 的结果就反映出每个人在过去 6 个月的钓鱼情况。也就是说被调查的人群应分为两类，一类是不钓鱼，另一类是钓鱼，因此合理的去除过离散的方法是将每一类人群分别建模。

程序中有两条 MODEL 语句，用来指定混合模型中每个成分的分布情况：第一条 MODEL 语句定义了一个响应变量 count，同时指定该成分满足泊松分布(dist = Poisson)；第二条语句使用了一个运算符号“ + ”，表示增加了一个响应变量和模型效应完全相同的模型，同时指定了另一成分满足退化分布(dist = Constant)。我们只需在一条 MODEL 语句中指定响应变量即可，“ = ”右边定义的是模型效应，这里只考虑了性别和年龄的交互作用作为模型效应。

结果解释：

Model Information	
Data Set	WORK. E22_2
Response Variable	count
Type of Model	Zero- inflated Poisson
Components	2
Estimation Method	Maximum Likelihood

Optimization Information	
Optimization Technique	Dual Quasi-Newton
Parameters in Optimization	4
Mean Function Parameters	3
Scale Parameters	0
Mixing Prob Parameters	1
Number of Threads	2

上面是利用 FMM 过程运行得到的模型信息和优化信息。可以看到模型被定义成了 0 膨胀的泊松模型，包含两个成分，估计方法为最大似然法。优化信息中显示，优化参数有 4 个，分别对应 3 个均值函数参数(1 个截距和 2 个性别特异性斜率)和 1 个混合概率。

Fit Statistics	
-2 Log Likelihood	145.6
AIC(smaller is better)	153.6
AICC(smaller is better)	154.5
BIC(smaller is better)	161.4
Pearson Statistic	43.4467
Effective Parameters	4
Effective Components	2

以上是用最大似然法得到的拟合统计量的估计结果，读者可以尝试用单一成分模型拟合此资料，得到的各统计量结果会比该结果的取值偏大。

Parameter Estimates for 'Poisson' Model

Component	Effect	gender	Estimate	Standard Error	z Value	Pr > |z|
1	**Intercept**		-3.5215	0.6448	-5.46	<.0001
1	**age * gender**	**F**	0.1216	0.01344	9.04	<.0001
1	**age * gender**	**M**	0.1056	0.01394	7.58	<.0001

Parameter Estimates for Mixing Probabilities					
Effect	Linked Scale				Probability
	Estimate	Standard Error	z Value	Pr > |z|	
Intercept	0.8342	0.4768	1.75	0.0802	0.6972

上面的结果说明截距项以及两个性别特异性斜率都是有统计学意义的。该模型是将泊松回归和 0 两个成分混合，泊松回归成分发生的概率为 0.6972。

15.2　QUANTREG 过程

15.2.1　QUANTREG 过程简介

普通最小二乘法是估计回归系数的最基本的方法，而最小二乘回归可以建立因变量的条件均值关于一个或多个自变量的回归模型。这里将要介绍的 Quantreg 过程可以拟合百分位数回归，建立因变量的条件百分位数关于自变量的回归模型。百分位数回归是 Koenker 和 Bassett 在 1978 年提出的，它将由估计因变量的均数的普通回归模型扩展到了估计因变量的百分位数的回归模型，比如估计因变量的中位数或 90% 百分位数。当由回归系数所反映的自变量对因变量影响的变化快慢取决于因变量的百分位数时，百分位数回归就显得非常有用了。

图 15-2 所示为某项生态研究的结果，该研究持续了 7 年，考察不同宽深比的河流中的鳟鱼密度。图 15-2 拟合了 3 条不同宽深比的河流的鳟鱼密度的上百分位数曲线(75% 百分位数)，图中的横坐标表示河流的宽深比，纵坐标代表鳟鱼密度的不同百分位数。

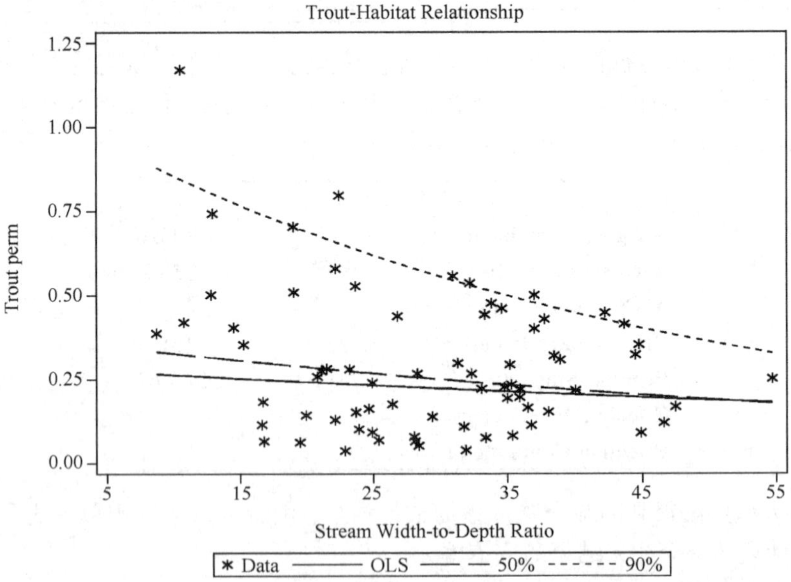

图 15-2　河流中的鳟鱼密度的上百分位数曲线

Dunham、Cade 和 Terrell 于 2002 年分析认为，除了河流的宽深比以外，影响鳟鱼密度的因素还包括许多与河流栖息环境整体相关的未测因素，这些因素的交互作用导致不同宽深比下鳟鱼密度的条件分布不是等方差的。如果宽深比对鳟鱼密度是一个促进因素，则拟合不同宽深比下鳟鱼密度的上百分位回归线会比拟合不同宽深比下鳟鱼密度的条件均值的回归线更接近真实情况。

图 15-2 中的两条虚线分别代表了由 QUANTREG 过程拟合的不同宽深比下鳟鱼密度的 90% 和 50% 百分位数，是将鳟鱼密度取对数后拟合其对不同宽深比的简单线性回归模型得到的(图 15-2 是将取鳟鱼密度取对数后模拟的回归直线转化为原始数据后得到的)。90% 百分位数回归直线的斜率为 -0.0215，其对应的 p 值小于 0.01；50% 百分位数回归直线的斜率与 0 的区别没有统计学意义；同样，由最小二乘回归得到的密度均值的回归直线的斜率与 0 的差别也没有统计学意义。

百分位数回归对异质性数据而言特别有用，换句话说，如果数据出现尖峰或厚尾的分布，或存在显著的异方差等情况，百分位数回归就会显得特别有用。图 15-3 就是一个很好的证明。该图描绘了 8250 个不同年龄的人体重指数的百分位数回归图。图 15-3 中，上百分位数(超重)和下百分位数(偏瘦)都很重要，因为它们共同为完善生长曲线图并建立健康标准提供了基础。图 15-3 同样也是由 QUANTREG 过程拟合多项式百分位数回归而得到的。从图 15-3 可以很清楚地看到，20 岁以下人群的体重指数的变化对于不同的百分位数而言是不一样的。

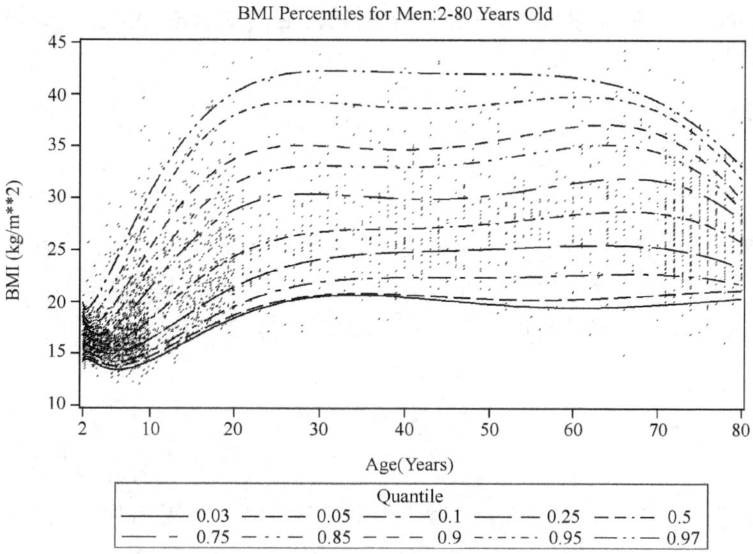

图 15-3　体重指数的百分位数回归图

在很多领域我们都会碰到异质性数据，包括生物医药领域、计量经济学领域、生存分析领域和生态学领域等。百分位数回归(中位数回归是百分位数回归的一个特例)可以全面地描绘不同百分位数下影响因素的作用，因此相对于估计因变量均值的最小二乘回归而言能更好地捕捉数据的重要却容易被遗漏的特征。

由于百分位数回归对模型误差项的分布没有要求，因此其回归系数相对于最小二乘回归更稳健。普通的最小二乘回归要求数据满足正态性以便计算(Conditional Quantiles as Offsets from the Mean)，导致结果只能给出一组包含所有百分位数的回归系数。显然，对于前面的例子，用普通最小二乘回归计算得出一组回归系数是不合适的。

15.2.2　QUANTREG 过程语句用法和功能

1. PROC QUANTREG 语句

PROC QUANTREG 语句用以启动 QUANTREG 过程。表 15-3 介绍了 PROC QUANTREG 语句中一些基本选项的主要功能。

其中 ALGORITHM 的选取由样本含量(n)和协变量数量(p)共同决定，当 $n \leq 5000$ 且 $p \leq 100$ 时，用 ALGORITHM = SIMPLEX；当 $n > 5000$ 且 $p \leq 100$ 时，用 ALGORITHM = INTERIOR；当 $p > 100$ 时，无论 n 怎样取值，都使用 ALGORITHM = SMOOTH。

表 15-3　PROC QUANTREG 语句基本选项

基本选项	功能描述
ALGORITHM =	指定估计回归参数的运算法则
ALPHA =	设置显著性水平
CI =	指定计算回归参数置信区间的方法
INEST =	指定包含模型中所有参数初始估计值的输入数据集
OUTEST =	指定包含所有分位数参数估计值的输出数据集
PLOT	控制绘图细节
HISTOGRAM	基于百分位数回归估计值的标准化残差绘制直方图

2. BY 语句

BY 语句格式如下：

```
BY variables ;
```

用 BY 语句对观测按照某变量进行分组后，用户可以得到关于每个分组的独立分析结果。在使用该语句时，SAS 要求输入数据集要事先按照 BY 语句指定的变量进行排序。如果用户给出了多个 BY 语句，那么只有最后一个是有效的。

3. CLASS 语句

CLASS 语句格式如下：

```
CLASS variables ;
```

该语句用来指定模型中的分类变量，典型的分类变量如治疗方法、性别、种族等。该语句必须出现在 MODEL 语句的前面。分类变量既可以是字符型的，也可以是数值型的，其分类水平由变量格式化值确定，因此可以通过格式化的方法确定 CLASS 变量的水平。

4. ID 语句

ID 语句格式如下：

```
ID variables ;
```

该语句用以指定作为观测标识的变量，对于观测之间的识别非常有用。当省略该语句时，最终显示的只有观测编号。

5. MODEL 语句

MODEL 语句格式如下：

```
<label:> MODEL response = <effects> </ options> ;
```

该语句指定模型包含的主效应以及效应之间的交互作用，与 GLM 过程中的同名语句类似。MODEL 语句中的分类变量必须要在 CLASS 语句中指定过。“label”选项必须是一个合法的 SAS 名称，它主要是标注出相应 MODEL 语句的输出结果。

MODEL 语句常用选项见表 15-4。

表 15-4　MODEL 语句常用选项

常用选项	功能描述	常用选项	功能描述
CORRB/COVB	生成参数估计的相关矩阵/协方差矩阵	PLOT	可以和 ODS Graphics 共同控制百分位数过程的绘图细节
ITPRINT	显示校正方法的迭代过程	QUANTILE =	指定百分位数回归的分位点，默认是 0.5
NOINT	回归分析中剔除截距项	DIAGNOSTICS	显示出输入数据集中的异常观测
NOSUMMARY	不显示简单统计量的计算结果	SEED =	指定计算 MCMB 置信区间所需随机数值发生器的种子数

6. PERFORMANCE 语句

PERFORMANCE 语句格式如下：

```
PERFORMANCE <options> ;
```

该语句用来更改 QUANTREG 过程执行时的某些默认选项。

7. TEST 语句

TEST 语句格式如下：

```
<label:> TEST effects </ options> ;
```

在百分位数回归中，对于给定的分位点，某协变量效应是否有统计学意义是最常关注的；在其他场合，也可能关注对于各个分位点协变量系数是不是完全相同的。TEST 语句可以完成这些假设检验。

8. WEIGHT 语句

WEIGHT 语句格式如下：

```
WEIGHT variable ;
```

该语句指定了观测的权重变量，如果省略该语句，则分析时所有观测权重均默认为 1。在加权百分位数回归分析中，权重为非正的或者缺失的变量将不会用于模型的拟合中去。

15.2.3　QUANTREG 过程应用举例

【例 15-3】 某研究员调查了 26 名病人的胃液 pH 值及尿中亚硝酸盐的浓度，具体数据见表 15-5，试用分位数回归分析描述两者之间的关系。

表 15-5　26 名病人胃液的 pH 值(变量 x)及尿中亚硝酸盐的浓度(变量 y)

x		y		x		y	
5.86	3.26	5.31	43.90	2.94	6.53	5.90	63.40
5.18	0	2.17	9.36	4.07	22.70	4.94	55.60
6.03	19.50	1.93	7.13	2.11	0.19	5.91	81.20
5.71	21.90	5.59	52.50	2.17	1.48	5.59	81.80
4.91	17.80	5.29	50.60	5.77	48.90	5.55	83.80
5.50	35.20	1.94	12.10	1.72	1.64	2.73	52.00
2.64	2.33	2.03	15.70				

SAS 程序如下：

```
data E22_3;
input x y@ @ ;
cards;
5.86   3.26
5.18   0
6.03   19.50
5.71   21.90
4.91   17.80
5.50   35.20
2.64   2.33
2.94   6.53
4.07   22.70
```

```
2.11    0.19
2.17    1.48
5.77    48.90
1.72    1.64
5.31    43.90
2.17    9.36
1.93    7.13
5.59    52.50
5.29    50.60
1.94    12.10
2.03    15.70
5.90    63.40
4.94    55.60
5.91    81.20
5.59    81.80
5.55    83.80
2.73    52.00
;
run;
ods html;
proc quantreg ci=resampling;
   model y=x/quantile=0.1 0.5 0.9;
   test x/wald lr;
run;
ods html close;
quit;
```

程序分析：变量 x 表示胃液 pH 值，变量 y 表示尿中亚硝酸盐的浓度。在 PROC QUANTREG 语句中，可以根据需要设定 ALPHA，默认为 0.05，其中“ci = resampling”指定采用 MCMC 重采样法计算置信区间，给出这个选项后，QUANTREG 还会为用户计算回归参数的标准误、t 值、p 值。“QUANTILE =”选项指定待分析的分位点，这里即将分析的是 10%、50%、90% 三个百分位点。TEST 语句要求对变量 x 的回归系数是否为 0 做假设检验，wald、lr 分别表示 WALD 法和似然比法两种假设检验方法。

结果解释：

Model Information	
Data Set	WORK. E22_3
Dependent Variable	y
Number of Independent Variables	1
Number of Observations	26
Optimization Algorithm	Simplex
Method for Confidence Limits	Resampling

Summary Statistics

Variable	Q1	Median	Q3	Mean	Standard Deviation	MAD
x	2.1700	5.0600	5.5900	4.2112	1.6541	1.2528
y	6.5300	20.7000	52.0000	30.4046	27.7471	28.3770

上表显示的是模型基本信息以及各变量的简单统计量，其中简单统计量包括 25% 分位数、中位数、75% 分位数、均值、标准差以及中位数绝对偏差(Median Absolute Deviation, MAD)。

Parameter Estimates

Parameter	DF	Estimate	Standard Error	95% Confidence	Limits	t Value	Pr > |t|
Intercept	1	-1.5374	54.7758	-114.5891	111.5144	-0.03	0.9778
x	1	0.8187	12.7793	-25.5565	27.1939	0.06	0.9495

Parameter Estimates

Parameter	DF	Estimate	Standard Error	95% Confidence	Limits	t Value	Pr > |t|
Intercept	1	-18.6071	11.2837	-41.8956	4.6813	-1.65	0.1122
x	1	11.7716	2.9961	5.5880	17.9552	3.93	0.0006

Parameter Estimates

Parameter	DF	Estimate	Standard Error	95% Confidence	Limits	t Value	Pr > |t|
Intercept	1	-21.9919	32.8031	-89.6941	45.7104	-0.67	0.5090
x	1	18.5674	8.2860	1.4660	35.6688	2.24	0.0346

上表从上到下依次给出的是 10%、50%、90% 三个分位点的回归分析结果，包括参数估计值、标准误、95% 置信区间、t 值、p 值等。从上面的结果可以推断，对于 10% 分位点，截距项和自变量 x 的系数与 0 之间的差异都没有统计学意义；对于中位数，截距项与 0 的差异没有统计学意义，但自变量 x 的系数与 0 的差异有统计学意义($p = 0.0006 < 0.05$)；对于 90% 分位点，情况与中位数相同，自变量系数不为 0 而截距项为 0。

图 15-3 反映的是三个分位点与自变量 x 取值之间的变化关系，90% 分位点变化最迅速，中位数其次，10% 分位点最平缓。

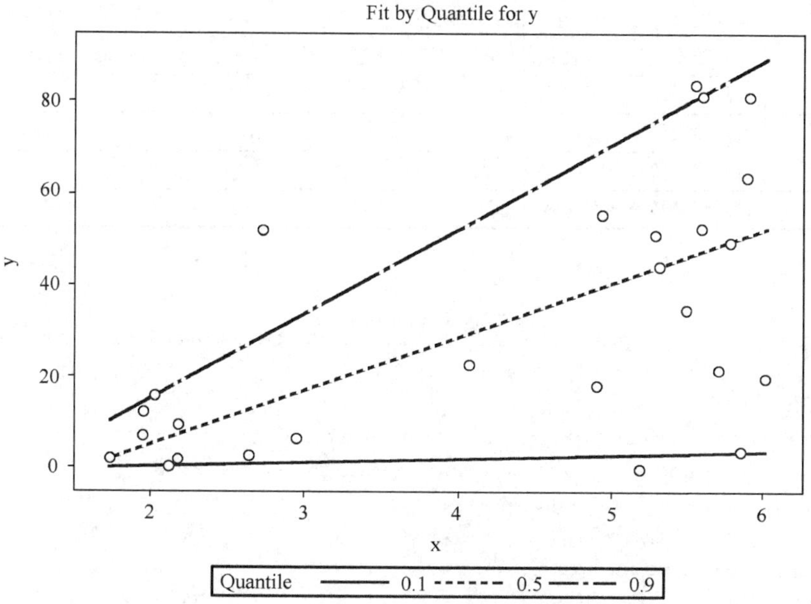

图 15-3　【例 15-3】的百分位数回归图

Test Results					
Quantile	**Test**	**Test Statistic**	**DF**	**Chi-Square**	**Pr > ChiSq**
0.1	**Wald**	0.0041	1	0.00	0.9489
0.1	**Likelihood Ratio**	1.1574	1	1.16	0.2820
0.5	**Wald**	15.4371	1	15.44	<.0001
0.5	**Likelihood Ratio**	10.8404	1	10.84	0.0010
0.9	**Wald**	5.0213	1	5.02	0.0250
0.9	**Likelihood Ratio**	6.4986	1	6.50	0.0108

TEST 语句产生了以上这部分结果。我们分别运用了 Wald 和似然比两种方法验证自变量系数与 0 之间的差异是否有统计学意义，这应该与前面参数估计的结果相一致。通过观察可以得出结论，对于中位数和 90% 分位点，两种方法的验证结果都说明胃液 pH 值对尿中亚硝酸盐浓度在这两个分位点上取值的影响有统计学意义；而对于 10% 分位点，胃液 pH 值对尿中亚硝酸盐浓度在该分位点上取值的影响没有统计学意义。

【例 15-4】 某试验欲对影响初生婴儿体重的几个关于母亲的重要因素进行研究，并使用百分位数回归的方法进行详细的统计分析。现将待分析的因素及其在程序中对应的变量名称总结如表 15-6 所示。

表 15-6　影响初生婴儿体重的几个关于母亲的重要因素

变量名称	含义描述
Weight	初生婴儿体重
Black	1 为黑人母亲，0 为白人母亲
Married	1 表示已婚，0 表示未婚
Boy	1 表示婴儿为男孩，0 表示婴儿为女孩
Visit	产前检查：0 表示从未做过检查，1 表示在中间 3 个月做的第一次检查，2 表示在最后 3 个月做的第一次检查，3 表示在头 3 个月做的第一次检查
Ed	母亲受教育程度：0 表示高中毕业，1 表示上过大学但未完成学业，2 表示大学毕业，3 表示高中以下
Smoke	1 表示吸烟，0 表示不吸烟
CigsPer	表示每天吸多少支烟
Mom_Age	母亲的年龄
M_WtGain	表示母亲怀孕期间的体重增值

SAS 程序如下：

```
proc quantreg ci=sparsity/iid algorithm=interior(tolerance=5.e-4)
         data=sashelp.bweight;
   class visit ed;
   model weight = black married boy visit ed smoke
         cigsper mom_age mom_age* mom_age
         m_wtgain m_wtgain* m_wtgain /
         quantile=0.05 to 0.95 by 0.05
         plot=quantplot;
   run;
   quit;
```

程序分析：本例的数据来源于 sashelp 库中的 bweight 文件。其中受教育程度和产前检查两个因素都是多值定性变量，SAS 选取 Visit = 3 和 Ed = 3 分别作为各自的参考水平，SAS 会相对于参考水平对该因素的其他水平进行百分位数回归分析，这两个变量也是模型中的分类变量，参见 CLASS 语句的说明。

“ci = sparsity/iid”表示使用 SPARSITY 函数计算置信区间，附加 iid 选项表示假设线性模型中的误差是独立同分布的；“algorithm = interior”表示使用内点法估计回归参数，根据前面对该选项的介绍，我们不难了解为什么选择这个选项，TOLERANCE 指定了内点法收敛准则的容差；“quantile = 0.05 to 0.95 by 0.05”表示每隔 0.05 估计一次百分位数回归参数，共估计了 19 个百分位点；“plot = quantplot”指定将某协变量的参数估计和百分位点的变化关系图绘制出来。

结果解释：

Model Information	
Data Set	SASHELP. BWEIGHT
Dependent Variable	weight
Number of Independent Variables	9
Number of Continuous Independent Variables	7
Number of Class Independent Variables	2
Number of Observations	50000
Optimization Algorithm	Interior
Method for Confidence Limits	Sparsity

Summary Statistics

Variable	**Q1**	**Median**	**Q3**	**Mean**	**Standard Deviation**	**MAD**
black	0	0	0	0.1628	0.3692	0
married	0	1.0000	1.0000	0.7126	0.4525	0
boy	0	1.0000	1.0000	0.5158	0.4998	0
smoke	0	0	0	0.1307	0.3370	0
cigsper	0	0	0	1.4766	4.6541	0
mom_age	-4.0000	0	5.0000	0.4161	5.7285	5.9304
mom_age * mom_age	4.0000	16.0000	49.0000	32.9877	39.2861	22.2390
m_wtgain	-8.0000	0	9.0000	0.7092	12.8761	11.8608
m_wtgain * m_wtgain	16.0000	64.0000	196.0	166.3	298.8	88.9561
weight	3062.0	3402.0	3720.0	3370.8	566.4	504.1

上面给出模型的基本信息及概括性统计量的计算结果。从模型信息中可以看出，数据涉及 9 个独立变量，其中 2 个为分类变量，7 个为非分类变量(其中 Black、Married、Boy、Smoke 为二值变量)；变量 Mom_AGE 和 M_WtGain 都以其中位数为中心，分别为 27 和 30。

Quantile and Objective Function	
Quantile	0.05
Objective Function	3295452.0138
Predicted Value at Mean	2431.8588

Parameter Estimates

Parameter		DF	Estimate	Standard Error	95% Confidence Limits		t Value	Pr > |t|
Intercept		1	2478.497	25.0082	2429.4809	2527.5137	99.11	<.0001
black		1	-280.170	18.7496	-316.9194	-243.4205	-14.94	<.0001
married		1	110.2018	17.1018	76.6821	143.7215	6.44	<.0001
boy		1	39.6281	12.7584	14.6216	64.6346	3.11	0.0019
visit	0	1	-383.480	71.7628	-524.1361	-242.8241	-5.34	<.0001
visit	1	1	41.4674	19.8710	2.5199	80.4148	2.09	0.0369
visit	2	1	136.1833	43.8071	50.3208	222.0457	3.11	0.0019
visit	3	0	0.0000	0.0000	0.0000	0.0000	.	.
ed	0	1	20.3352	19.8397	-18.5509	59.2213	1.02	0.3054
ed	1	1	38.0410	22.0847	-5.2452	81.3272	1.72	0.0850
ed	2	1	104.8922	23.7703	58.3021	151.4824	4.41	<.0001
ed	3	0	0.0000	0.0000	0.0000	0.0000	.	.
smoke		1	-155.015	33.2834	-220.2510	-89.7792	-4.66	<.0001
cigsper		1	-6.2174	2.3901	-10.9021	-1.5327	-2.60	0.0093
mom_age		1	0.3796	1.4083	-2.3806	3.1398	0.27	0.7875
mom_age * mom_age		1	-0.7312	0.1806	-1.0852	-0.3772	-4.05	<.0001
m_wtgain		1	19.8980	0.5277	18.8636	20.9324	37.70	<.0001
m_wtgain * m_wtgain		1	-0.3650	0.0227	-0.4095	-0.3206	-16.09	<.0001

上表给出的是在0.05百分位点上各参数的百分位回归估计情况。我们可以根据各协变量的p值或者置信区间来判定在该百分位点上，该因素的影响是否具有统计学意义。

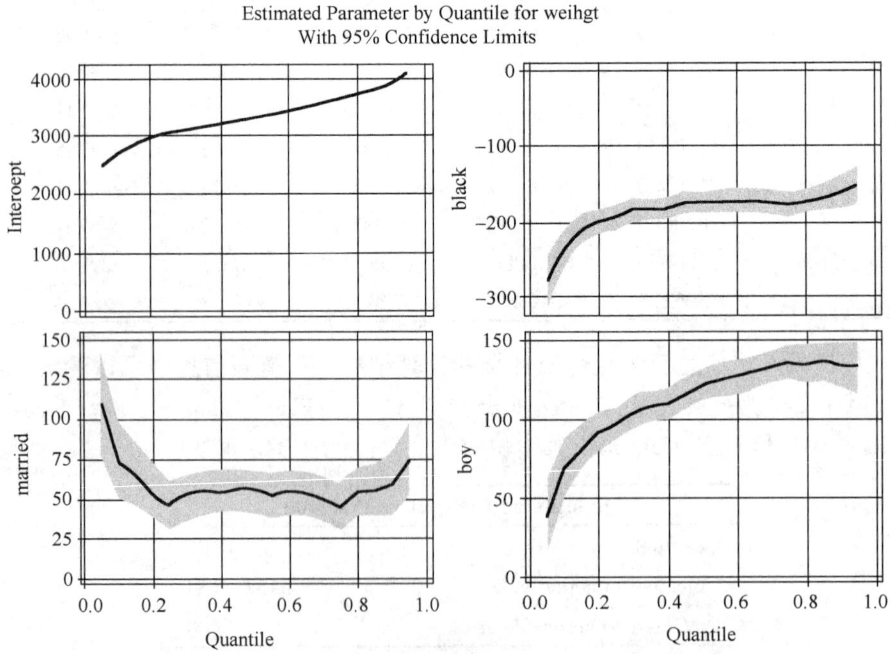

图15-4 【例15-4】绘图的部分结果

由于篇幅所限，这里只给出绘图的部分结果并加以解释，其他的绘图结果读者可自行进行解释。左上图是关于截距项的，是基于其他协变量全部取 0 值这样的假设得到的，即未婚的白人母亲，受教育程度为高中以下(0 值对应参考水平)，年龄 27 岁，怀孕期间增重 30 磅，不吸烟，在头 3 个月做的产前检查，所得到的初生婴儿体重各百分位点与截距项之间的变化关系图。阴影部分表示的是对应协变量参数估计的 95% 置信区间。

右上图表明来自于黑人母亲的婴儿相比来自于白人母亲的婴儿体重要偏轻一些，对于大体重的婴儿这个差距在逐渐缩小；左下图表明已婚母亲的婴儿要比未婚母亲的婴儿体重偏重一些；右下图表明男婴比女婴要重一些。

15.3 GLMSELECT 过程

15.3.1 GLMSELECT 过程简介

GLMSELECT 过程执行常规线性模型框架中的效应选择，提供了多种模型选择方法，包括 Tibshirani 的 LASSO 法(1996)和 Efron 等人的相关 LAR 法(2004)。该过程提供强大的定制选择功能，从传统的高计算效率的基于显著性水平的条件到计算更为密集的基于验证的条件，可以指定各种选择和终止条件。该过程还提供选择搜索的图形汇总。

GLMSELECT 过程与 REG 过程、GLM 过程尤为相近。REG 过程支持多种效应选择方法，但不支持 CLASS 语句；GLM 过程支持 CLASS 语句，但不支持效应选择方法。GLMSELECT 过程填补了这个缺陷，并且在效应选择算法上给予了很大的灵活性。通过 GLMSELECT 的结果可以很方便地得到挑选出来的模型，然后再利用 REG 或者 GLM 过程进行后续的统计分析。GLMSELECT 过程主要支持的效应选择方法有 FORWARD 法、BACKWARD 法、STEPWISE 法、LAR 法和 LASSO 法。

GLMSELECT 过程主要特点如下所述。

① 关于模型指定：

- 支持参数化不同的分类效应；
- 支持任意自由度的嵌套效应和交互效应；
- 支持效应间的分层；
- 支持数据分区；
- 支持包含多成员效应的结构效应。

② 关于方法选择：

- 支持多种效应选择方法；
- 支持超大规模效应变量的筛选；
- 支持分类效应单个水平的筛选；
- 可以基于多项选择条件进行效应选择；
- 可以基于多项模型估计条件的终止选择；
- 支持数据重采样和模型平均化。

③ 关于输出显示：

- 可以生成图解的效应选择过程；
- 可以生成包含预测值和残差的输出数据集；
- 可以生成包含设计矩阵的输出数据集；
- 可以生成包含选择模型的宏变量；
- 支持 BY 组的平行处理；

- 支持多条 SCORE 语句。

下面介绍 GLMSELECT 过程语句用法和功能。

1. PROC GLMSELECT 语句

PROC GLMSELECT 语句用以启动 GLMSELECT 过程。表 15-7 介绍了 PROC GLMSELECT 语句中一些基本选项的主要功能。

表 15-7 PROC GLMSELECT 语句基本选项

基本选项	功能描述	基本选项	功能描述
DATA =	指定用以回归分析的数据集	NAMELEN =	设定结果表格和输出数据集中效应名称的长度
MAXMACRO =	设置生成宏变量的最大数目	NOPRINT	隐藏输出结果
PLOTS =	生成 ODS 图示	SEED =	设定产生伪随机序列的种子数
OUTDESIGN =	生成包含设计矩阵的数据集		

2. BY 语句

BY 语句格式如下：

```
BY variables ;
```

用 BY 语句对观测按照某变量进行分组后，用户可以得到关于每个分组的独立分析结果。在使用该语句的时候，SAS 要求输入数据集要事先按照 BY 语句指定的变量进行排序。如果用户给出了多个 BY 语句，那么只有最后一个是有效的。

3. CLASS 语句

CLASS 语句格式如下：

```
CLASS variable <(v-options)>…<variable <(v-options)>> </ options> ;
```

该语句用来指定模型中的分类变量，该语句必须出现在 MODEL 语句的前面。分类变量既可以是字符型的，也可以是数值型的，其分类水平由变量格式化值确定，因此可以通过格式化的方法确定 CLASS 变量的水平。GLMSELECT 过程的 CLASS 语句额外附加了许多选项，对于一般应用场合这些选项并不多见，具体选项功能可参阅 SAS 帮助文档。

4. FREQ 语句

FREQ 语句格式如下：

```
FREQ variable ;
```

该语句指定了输入数据集中表示观测出现频数的变量。如果某观测频数变量取值为 n，则说明该观测重复出现了 n 次；若频数变量取值不为整数，那么 SAS 只截取整数部分作为对应观测的频数；若频数小于 1 或者为缺失时，则该观测将被忽略。

5. MODEL 语句

MODEL 语句格式如下：

```
MODEL dependent = <effects> / <options> ;
```

等号左边给出的是模型中的独立变量，等号右边给出的是模型中可能出现的协变量、主效应、结构效应、嵌套效应以及交互作用。如果等号右边不给出任何解释变量信息，那么模型最终只包含截距项。

MODEL 语句常用选项见表 15-8。

表 15-8　MODEL 语句常用选项

常用选项	功能描述	常用选项	功能描述
DETAILS =	显示指定的部分分析结果	SELECTION =	指定模型的效应选择方法
HIERARCHY =	指定施加影响的分层效应	STATS =	显示指定的附加统计量
NOINT	从模型中剔除截距项	SHOWPVALUES	在 ANOVA 和 Parameter Estimates 两个表中给出 p 值
ORDERSELECT	指定参数估计的显示顺序与参数首次进入模型的顺序相同	STB	在 Parameter Estimates 表中给出标准化回归系数

6. PERFORMANCE 语句

PERFORMANCE 语句格式如下：

```
PERFORMANCE <options> ;
```

该语句用来更改 GLMSELECT 过程执行时的某些默认选项。

7. SCORE 语句

SCORE 语句格式如下：

```
SCORE <DATA=SAS-data-set> <OUT=SAS-data-set> <keyword <=name> > … <keyword <=name> > ;
```

SCORE 语句指定用以保存预测值的输出数据集，如果省略“DATA =”选项，那么输入数据将被计算得分。当有多个数据集要预测时，可以指定多个 SCORE 语句。若要创建永久数据集，必须指定一个二级的数据集名称(包括数据库名称、数据集名称)。

8. STORE 语句

STORE 语句格式如下：

```
STORE <OUT=>item-store-name </ LABEL='label'> ;
```

STORE 语句可以将 GLMSELECT 过程的分析细节和结果都保存成二进制文件，我们无法对该文件做任何修改，但其内容可以用 SAS 中的 PLM 过程进行解析。

9. WEIGHT 语句

WEIGHT 语句格式如下：

```
WEIGHT variable ;
```

WEIGHT 语句将输入数据集中的某变量声明为权重变量，当权重与观测的方差成比例时，则加权估计为最好的线性无偏估计。

权重取值必须是非负的，如果某观测权重为 0，那么此观测将从分析中剔除；如果权重为负数或缺失时，则权重将被置为 0，然后从分析中剔除。

15.3.2　GLMSELECT 过程应用举例

【例 15-5】　为推算成年人的收缩压(sbp，mmHg)，研究者收集并测量了 50 名成年人的年龄(age)、身高(height，inches)、体重(weight，pounds)和 BMI，具体数据见程序，试对此资料进行回归分析。

SAS 程序如下：

```
data E22_5;
input id age height weight bmi sbp;
cards;
1  28  68  160  24.33  111
2  26  68  165  25.09  101
3  31  68  175  26.61  120
4  18  76  265  32.26  158
5  50  67  145  22.71  125
6  42  69  247  36.48  166
7  20  66  156  25.18  114
8  29  76  180  21.91  143
9  35  63  166  29.41  111
10  47  66  169  27.28  133
11  20  69  120  17.72  95
12  33  68  133  20.22  113
13  24  71  185  25.80  128
14  28  72  150  20.34  110
15  32  61  126  23.81  117
16  21  68  190  28.89  112
17  28  71  150  20.92  110
18  60  61  130  24.56  117
19  55  66  215  34.70  142
20  74  65  130  21.63  105
21  38  68  126  19.16  94
22  26  66  160  25.82  131
23  52  74  328  42.11  128
24  25  69  125  18.46  93
25  24  67  133  20.83  103
26  26  59  105  21.21  114
27  51  64  119  20.43  130
28  29  62  98  17.92  105
29  26  64  150  25.75  117
30  60  64  175  30.04  124
31  22  70  190  27.26  122
32  19  65  125  20.80  112
33  39  73  210  27.71  135
34  77  62  138  25.24  150
35  39  73  230  30.34  125
36  40  69  170  25.10  126
37  44  62  115  21.03  99
38  27  61  140  26.45  114
39  29  73  220  29.03  139
40  78  63  110  19.49  150
41  62  65  208  34.61  112
42  22  71  125  17.43  127
43  37  64  176  30.21  125
44  38  72  195  26.45  136
45  22  65  140  23.30  108
46  79  61  125  23.62  156
```

```
47   24   62   146   26.70   108
48   32   67   141   22.08   105
49   42   70   192   27.55   121
50   42   68   185   28.13   126
;
proc glmselect data = E22_5;
model sbp = age height weight
        bmi/details = all;
run;
quit;
```

程序分析：这个问题是我们所熟知的多重线性回归问题，我们已经掌握了怎样用 REG 过程去分析它，下面试着用本节介绍的 GLMSELECT 过程来解决这个问题。程序很简单，变量筛选方法默认为逐步筛选法，"details = all"指定给出每一步筛选的方差分析、拟合统计量、参数估计以及变量纳入排除情况。

结果解释：

Data Set	WORK. E22_5
Dependent Variable	sbp
Selection Method	Stepwise
Select Criterion	SBC
Stop Criterion	SBC
Effect Hierarchy Enforced	None

Number of Observations Read	50
Number of Observations Used	50

上面给出的是有关模型的一些基本信息，模型中独立变量为 sbp，筛选方法为 Stepwise，筛选准则为 SBC，读入观测数为 50。当排除模型中某个变量时，会使得模型 SBC 统计量下降最大，那么 GLMSELECT 过程会在这一步筛选中排除该变量；若不能通过排除变量的方法来降低模型 SBC 统计量取值，那么模型会选择纳入对应 SBC 统计量最小的变量。GLMSELECT 不断重复这个纳入、排除过程，直到任意变量的纳入或者排除都会使得模型 SBC 统计量增大为止。

The GLMSELECT Procedure

Stepwise Selection：Step 0

Effect Entered：Intercept

Analysis of Variance				
Source	**DF**	**Sum of Squares**	**Mean Square**	**F Value**
Model	0	0	.	.
Error	49	13981	285.32408	
Corrected Total	49	13981		

Root MSE	16.89154
Dependent Mean	121.32000
R-Square	0.0000
Adj R-Sq	0.0000
AIC	335.67115
AICC	335.92647
SBC	285.58317

Parameter Estimates				
Parameter	DF	Estimate	Standard Error	t Value
Intercept	1	121.320000	2.388824	50.79

上面给出的是 Step 0 的筛选情况。可以看到，首先纳入模型的是截距项，此时模型 SBC 统计量为 285.58。

The GLMSELECT Procedure

Stepwise Selection：Step 1

Effect Entered：weight

Root MSE	15.10998
Dependent Mean	121.32000
R – Square	0.2161
Adj R – Sq	0.1998
AIC	325.49446
AICC	326.01620
SBC	277.31851

Parameter Estimates				
Parameter	DF	Estimate	Standard Error	t Value
Intercept	1	92.499482	8.204947	11.27
weight	1	0.176661	0.048558	3.64

Entry Candidates		
Rank	Effect	SBC
1	weight	277.3185
2	bmi	278.0534
3	age	281.0958
4	height	287.1452

上面给出的是 Step 1 的筛选情况，此时模型一个变量都没有，只能试图通过纳入变量来降低模型 SBC 统计量取值。该步中，变量 weight 被纳入到模型中，原因在于候选变量表中 weight 变量具有最小的 SBC 取值，纳入这个变量之后模型 SBC 统计量取值降低到 277.32。

The GLMSELECT Procedure

Stepwise Selection：Step 2

Effect Entered：age

Root MSE	13.66494
Dependent Mean	121.32000

R-Square	0.3723
Adj R-Sq	0.3455
AIC	316.38957
AICC	317.27846
SBC	270.12564

Parameter Estimates				
Parameter	**DF**	**Estimate**	**Standard Error**	**t Value**
Intercept	1	77.184639	8.667552	8.91
age	1	0.406415	0.118875	3.42
weight	1	0.177266	0.043915	4.04

Entry Candidates		
Rank	**Effect**	**SBC**
1	age	270.1256
2	height	280.5159
3	bmi	280.7549

上面给出的是 Step 2 的筛选情况，此时模型只有一个变量，如果排除该变量必然导致模型 SBC 增大，所以可以尝试继续纳入候选变量。该步中，变量 age 被纳入到模型中，原因在于余下的候选变量表中 age 变量具有最小的 SBC 取值，纳入这个变量之后模型 SBC 统计量取值降低到 270.13。

Stepwise Selection Summary				
Step	**Effect Entered**	**Effect Removed**	**Number Effects In**	**SBC**
0	Intercept		1	285.5832
1	weight		2	277.3185
2	age		3	270.1256 *
* Optimal Value Of Criterion				

Stop Details				
Candidate For	**Effect**	**Candidate SBC**		**Compare SBC**
Entry	bmi	273.5792	>	270.1256
Removal	age	277.3185	>	270.1256

上面给出的是模型变量筛选的总结，age 变量对应 SBC 取值多了一个星号，表示该取值为筛选得到的最小取值，随后的 Stop Details 表明无论是纳入或者排除变量都不能使得模型 SBC 统计量取值减小，因此筛选过程可以终止了。

The selected model is the model at the last step(Step 2).

Effects：Intercept age weight

Analysis of Variance				
Source	**DF**	**Sum of Squares**	**Mean Square**	**F Value**
Model	2	5204.54272	2602.27136	13.94
Error	47	8776.33728	186.73058	
Corrected Total	49	13981		

Parameter Estimates				
Parameter	**DF**	**Estimate**	**Standard Error**	**t Value**
Intercept	1	77.184639	8.667552	8.91
age	1	0.406415	0.118875	3.42
weight	1	0.177266	0.043915	4.04

变量的筛选过程止于第二步，保留的效应分别是截距项、年龄、体重。这部分内容还为我们提供了方差分析结果，以及各效应参数估计结果。通过 GLMSELECT 过程可以很方便快捷地得到复杂模型的变量筛选结果，然后再用其他过程对这个简化模型进行后续的统计分析，鼓励读者以后多使用 GLMSELECT 过程进行变量筛选。

【例 15-6】 洛杉矶两所高中的学生数据见表 15-9。需要分析的是旷课天数(daysabs)与性别(gender)、语言水平(langarts)以及数学水平(mathnce)的关系。

表 15-9　洛杉矶两所高中的学生数据

编　号	学　校	性　别	数学水平	语言水平	旷课天数
1	1	1	56.98883	42.45086	4
2	1	1	37.09416	46.82059	4
3	1	0	32.27546	43.56657	2
4	1	0	29.05672	43.56657	3
5	1	0	6.748048	27.24847	3
6	1	0	61.65428	48.41482	13
7	1	0	56.98883	40.73543	11
8	1	1	10.39049	15.35938	7
9	1	1	50.52795	52.11514	10
10	1	1	49.47205	42.45086	9
…	…	…	…	…	…
158	1	1	43.01117	34.43988	0
159	1	1	51.58518	43.56657	1
160	2	0	39.55739	50.52795	4
161	2	1	53.71444	1.007114	0
162	2	1	53.71444	38.95612	0
163	2	1	54.7921	64.20476	2
164	2	0	38.34572	54.7921	1
165	2	0	45.2079	71.82729	2
166	2	1	61.65428	58.68647	0
167	2	0	54.7921	50	0
168	2	1	61.65428	54.7921	0
169	2	0	61.04388	58.68647	7
170	2	1	65.56011	66.26239	2
…	…	…	…	…	…
315	2	0	76.98948	69.27759	0
316	2	0	65.56011	70.94328	2

SAS 程序如下：

```
data  E22_6;
infile 'D:\MXWTTJXS\E22_6.txt';
  input id school $ male $ math langarts daysabs@ @ ;
run;
proc glmselect data=E22_6 plots=all;
```

```
class school male;
model daysabs = school male math langarts/details = all;
run;
quit;
```

程序分析：本例子与【例 15-5】的区别在于，除了语言水平和数学水平这两个定量变量之外，还包含了学校与性别这样两个定性变量。之前我们学过的其他过程是不能对这个模型进行变量筛选的，但是 GLMSELECT 过程可以做到。该程序中“plots = all”要求绘制出所有默认的图形，这些图形对于变量筛选过程的理解会有很大帮助；CLASS 语句中定义了学校和性别这样两个分组变量，该程序其他地方与上面的程序无异。

结果解释：这里主要列出一些与【例 15-5】不同的结果。

Class Level Information		
Class	**Levels**	**Values**
school	2	1 2
male	2	0 1

Dimensions	
Number of Effects	5
Number of Parameters	7

以上是分组变量的相关信息，包括各变量水平数以及各水平取值，由于分组变量的存在，参数个数通常都会大于效应个数，这里 5 个效应主要包括学校、性别、语言水平、数学水平、截距项，7 个参数是因为有 2 个分组变量，分别具有 2 个水平，各对应 2 个待估计参数。

The GLMSELECT Procedure

Stepwise Selection: Step 2

Effect Entered: male

Parameter Estimates				
Parameter	**DF**	**Estimate**	**Standard Error**	**t Value**
Intercept	1	2.125213	0.716501	2.97
school 1	1	4.926943	0.791792	6.22
school 2	0	0	.	.
male 0	1	2.352152	0.792030	2.97
male 1	0	0	.	.

Entry Candidates		
Rank	**Effect**	**SBC**
1	**male**	1243.7483
2	**langarts**	1251.2145
3	**math**	1251.6407

以上是变量筛选的第二步。这一步中性别变量被纳入到模型中来，原因在于它具有最小的 SBC 统计量取值，此时模型的 SBC 统计量取值等于模型中所有变量所取的最小值，即性别变量的 SBC 取值。图 15-5 中，横轴表示的是各个效应，每个效应对应一条直线，纵轴表示 SBC 取值，可以很直观地看出哪个变量具有最小的 SBC 取值，便于快速理解变量筛选的过程。

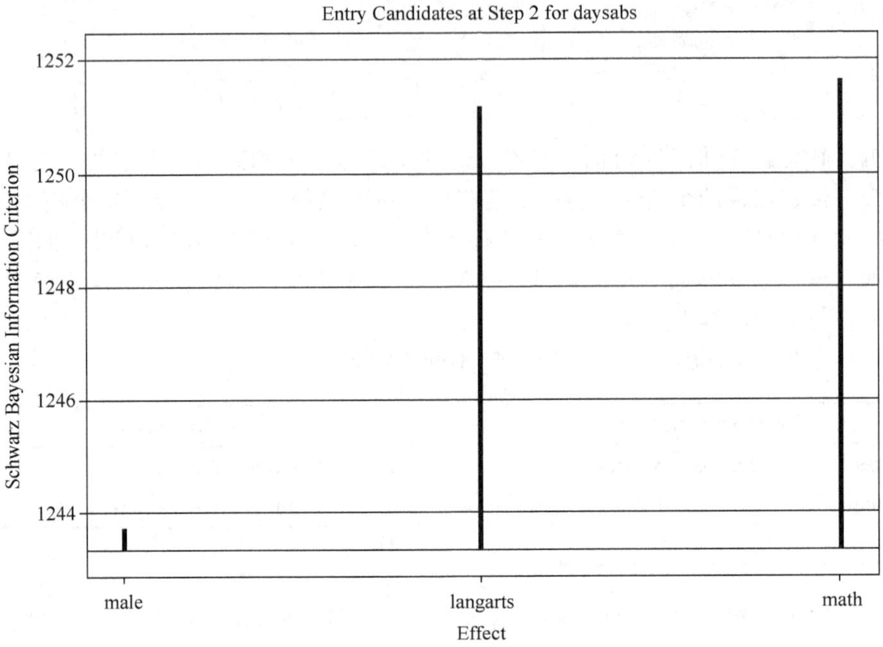

图 15-6　【例 15-6】的结果(一)

Stepwise Selection Summary					
Step	**Effect Entered**	**Effect Removed**	**Number Effects In**	**Number Parms In**	**SBC**
0	**Intercept**		1	1	1273.8608
1	**school**		2	2	1246.7735
2	**male**		3	3	1243.7483 *
* **Optimal Value Of Criterion**					

以上是对变量筛选过程的总结，可以看到每一步模型都纳入或者排除了哪个变量，以及各变量的 SBC 统计量取值。图 15-6 给出了各个拟合统计量的取值变化情况，包括 AIC、AICC、SBC、Adj R-Sq，图中每个点表示筛选的一个步骤，横轴给出了这一步中变量的纳入排除情况，最后标注的星星的位置表示拟合统计量达到了最理想取值。

图 15-6 包含了两部分内容，上半部分反映的是模型中各效应标准化回归系数的变化情况，这使得我们在每一步都能快速地评估各效应对模型的重要性；下半部分是模型 SBC 统计量取值的变化情况。

Parameter Estimates				
Parameter	**DF**	**Estimate**	**Standard Error**	**t Value**
Intercept	1	2.125213	0.716501	2.97
school 1	1	4.926943	0.791792	6.22
school 2	0	0	.	.
male 0	1	2.352152	0.792030	2.97
male 1	0	0	.	.

以上是模型中各保留效应的参数估计结果，可以通过在 MODEL 语句中添加 STB 选项来得到关于各效应的标准化回归系数准确值。

*Optimal Value Of Criterion

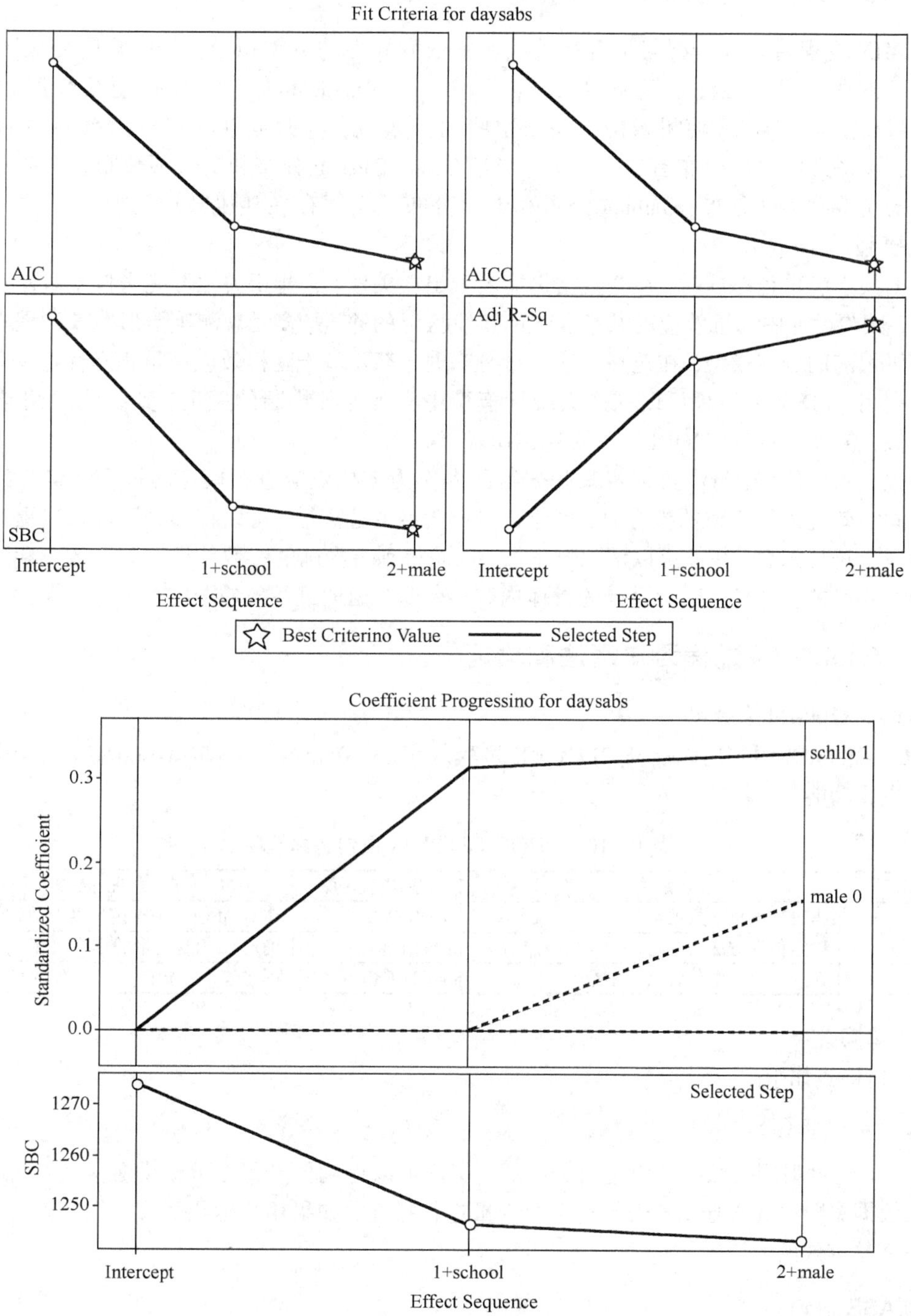

图 15-5 【例 15-6】的结果(二)

15.4　GLIMMIX 过程

15.4.1　GLIMMIX 过程简介

GLIMMIX 过程将统计模型与带有相关或非常数变异性的数据拟合，其中响应变量不一定为正态分布。这些广义线性混合模型(Generalized Linear Mixed Model，GLMM)与线性混合模型一样，假定存在正态(Gauss)随机效应，根据这些随机效应，数据可以具有指数系列中的任何分布。例如，该系列的离散分布有二点分布、二项分布、Poisson 分布和负二项分布；该系列的连续分布有正态分布、Beta 分布、Gamma 分布和卡方分布。当不存在随机效应的时候，该过程符合广义线性模型。

当数据集不满足正态性时，某些数据仍能表现出相关性，这些相关性可能来自于对样本单元的重复观测、试验设计中随机效应的共享、空间(时间)上的邻近、多元观测等情形。该过程不能拟合非正态随机效应的分层模型，在选择响应变量分布时，都要基于随机效应满足正态性这一条件。

用户利用 GLIMMIX 过程可以在广义线性模型中实现各种推断的验证，其语法规则与 MIXED 过程很相似，包含 CLASS、MODEL 以及 RANDOM 等常见语句。

该过程最大的优势在于，可以将某些分组因素作为随机效应进行模型的拟合。将全部分组因素都作为固定效应进行模型的拟合时，可能会造成模型的过离散，可以将部分固定效应提取出来作为随机效应再进行拟合，往往可以消除过离散，从而得到更准确的参数估计。固定效应和随机效应并不是随意界定的，要根据试验设计的具体内容，有理有据地进行效应分类。

15.4.2　GLIMMIX 过程语句用法和功能

1. PROC GLIMMIX 语句

PROC GLIMMIX 语句用以启动 GLIMMIX 过程。表 15-10 介绍了 PROC GLIMMIX 语句中一些基本选项的主要功能。

表 15-10　PROC GLIMMIX 语句基本选项

基本选项	功能描述	基本选项	功能描述
DATA =	指定待分析的数据集	NOREML	在 GLM 模型中确定尺度参数的计算
METHOD =	确定估算方法	ORDER =	确定 CLASS 变量的排序次序
NOPROFILE	在优化模型中包含尺度参数	OUTDESIGN	创建包含 ***X*** 矩阵和 ***Z*** 矩阵的输出数据集

2. BY 语句

BY 语句格式如下：

```
BY variables ;
```

用 BY 语句对观测按照某变量进行分组后，用户可以得到关于每个分组的独立分析结果。SAS 要求输入数据集要事先按照 BY 语句指定的变量进行排序，如果用户给出了多个 BY 语句，那么只有最后一个是有效的。

3. CLASS 语句

CLASS 语句格式如下：

```
CLASS variables ;
```

该语句用来指定模型中的分类变量，典型的分类变量如治疗方法、性别、种族等，该语句必须出现在 MODEL 语句的前面。分类变量既可以是字符型的，也可以是数值型的，其分类水平由变量格式化值确定，因此可以通过格式化的方法确定 CLASS 变量的水平。

4. CONTRAST 语句

CONTRAST 语句格式如下：

```
CONTRAST 'label' contrast-specification <, contrast-specification > <, … >
</ options > ;
```

该语句可以完成用户自定义的假设检验，与 MIXED 过程中的 CONTRAST 语句功能类似，可以多条语句同时使用。例如：

```
CONTRAST 'label' contrast- specification <, contrast- specification > <, … >
</ options > ;
```

"label"项为各个比较的识别标签，每个自定义假设检验都需要这样一个标签，最长不超过 200 个字符，要用引号括起来；"contrast- specification"指明是固定效应还是随机效应，对应填充项分别是"fixed- effect"和"random- effect"，默认是随机效应。

```
class a b;
model y = a b a* b;
contrast 'B at A2' b 1 -1  a* b 0  0  1 -1;
```

上面几行语句是 contrast 语句一个应用举例。假设因素 A、B 各有两个水平，"B at A2"是该比较的标签；"b 1 －1"将因素 B 的两个水平作比较；"a * b 0 0 1 －1"将因素 A 固定在 2 水平上，再将因素 B 的两个水平作比较，这个比较规则是随着对应的交互作用项在 L 向量顺序不同而改变的，而这个顺序是由 CLASS 语句决定的。"a * b"对应的 L 向量各元素依次为 a1b1、a1b2、a2b1、a2b2，其中 a1b1 表示两因素均取 1 水平得到的交互作用项，后面各元素的含义类似。

5. ESTIMATE 语句

ESTIMATE 语句格式如下：

```
ESTIMATE'label' contrast-specification <(divisor=n) >
<, 'label' contrast-specification <(divisor=n) >> <, … > </ options > ;
```

该语句可以完成用户自定义的假设检验。

6. FREQ 语句

FREQ 语句格式如下：

```
FREQ variable ;
```

该语句指定用以作为观测频数的变量，该变量必须为数值型的，记录了每条观测的出现次数。如果某个频数不是整数，则其小数部分将被截去；如果某个频数取值小于 1 或为缺失值，那么相应观测将不会被用在分析过程中；如果没有指定 FREQ 变量，则每个观测默认频数为 1。

7. LSMEANS 语句

LSMEANS 语句格式如下：

```
LSMEANS fixed-effects </ options > ;
```

该语句计算了指定固定效应的最小二乘均值，从某种意义上说，LSMEANS 针对的是非平衡设计的研究数据，而各组或各亚组的数学均数针对的是平衡设计的研究数据。矩阵 $\boldsymbol{L}$ 的构造和计算与 GLM 过程相同，但标准误的计算是要根据协方差参数进行校正。LSMEANS 的计算不支持多项式模型。

LSMEANS 语句中一些基本选项的主要功能见表 15-11。

表 15-11　LSMEANS 语句常用选项

常用选项	功能描述	常用选项	功能描述
ADJUST =	确定多重比较时对 p 值以及可信区间的校正方法	DIFF	显示 LS-means 的差值
ALPHA =	确定置信区间的显著性水平	SLICE =	设置为某一个效应项，用来在该效应下对相应的交互效应进行检验
CL	计算最小二乘均值的置信区间	ODDS	计算固定效应各个水平的 odd
CORR/COV	显示 LS-means 的相关矩阵/协方差矩阵		

8. MODEL 语句

MODEL 语句格式如下：

```
MODEL response <(response-options)> = <fixed-effects> </ model-options> ;
MODEL events/trials = <fixed-effects> </ model-options> ;
```

MODEL 语句用来定义 GLIMMIX 过程所要拟合的模型，包括应变量、自变量以及相互间的作用方式等。固定效应(Fixed-effects)决定了模型的 $\boldsymbol{X}$ 矩阵。与 GLM 过程相比，GLIMMIX 过程不在 MODEL 语句中定义随机效应；与 GLM 过程和 MIXED 过程相比，模型左右两侧的连续变量可以通过 programming statements 来完成计算。截距项默认是包含在固定效应模型当中的。

MODEL 语句中一些基本选项的主要功能见表 15-12。

表 15-12　MODEL 语句常用选项

常用选项	功能描述	常用选项	功能描述
EVENT =	指定二值模型当中事件成功发生所代表的水平	DDFM =	指定计算分母自由度的方法
ALPHA =	确定置信区间的显著性水平	HTYPE =	选择假设检验类型
DIST =	指定响应分布	CL	显示固定效应参数估计的置信区间
LINK =	指定连接函数	CORRB/COVB	显示固定效应参数估计的相关矩阵/协方差矩阵
NOINT	从模型当中剔除固定效应截距项	SOLUTION	显示固定效应参数估计
DDF =	指定分母自由度		

9. WEIGHT 语句

WEIGHT 语句格式如下：

```
WEIGHT variable ;
```

该语句指定了观测的权重变量，如果省略该语句，则分析时所有观测权重均默认为 1。

15.4.3　GLIMMIX 过程应用举例

【例 15-7】　某研究者取了 16 个品种的小麦来研究它对某害虫的抵抗力。研究者在一块试验田上设计了 64 个网格，每 16 个网格组成 1 个区块，每个区块都栽种了 16 个不同品种的小麦，每种小麦对应 1 个网格。假设每株小麦被害虫侵染的可能性都是相同的，并且相互独立。研究者记录下每个网格栽种的小麦总数和被侵染的小麦数量，具体试验数据见程序，试对此试验资料进行统计分析。

SAS 程序如下：

```
data E22_7;
  input block entry lat lng n Y @@ ;
  datalines;
  1 14 1 1  8 2    1 16 1 2  9 1
  1  7 1 3 13 9    1  6 1 4  9 9
  1 13 2 1  9 2    1 15 2 2 14 7
  1  8 2 3  8 6    1  5 2 4 11 8
  1 11 3 1 12 7    1 12 3 2 11 8
  1  2 3 3 10 8    1  3 3 4 12 5
  1 10 4 1  9 7    1  9 4 2 15 8
  1  4 4 3 19 6    1  1 4 4  8 7
  2 15 5 1 15 6    2  3 5 2 11 9
  2 10 5 3 12 5    2  2 5 4  9 9
  2 11 6 1 20 10   2  7 6 2 10 8
  2 14 6 3 12 4    2  6 6 4 10 7
  2  5 7 1  8 8    2 13 7 2  6 0
  2 12 7 3  9 2    2 16 7 4  9 0
  2  9 8 1 14 9    2  1 8 2 13 12
  2  8 8 3 12 3    2  4 8 4 14 7
  3  7 1 5  7 7    3 13 1 6  7 0
  3  8 1 7 13 3    3 14 1 8  9 0
  3  4 2 5 15 11   3 10 2 6  9 7
  3  3 2 7 15 11   3  9 2 8 13 5
  3  6 3 5 16 9    3  1 3 6  8 8
  3 15 3 7  7 0    3 12 3 8 12 8
  3 11 4 5  8 1    3 16 4 6 15 1
  3  5 4 7 12 7    3  2 4 8 16 12
  4  9 5 5 15 8    4  4 5 6 10 6
  4 12 5 7 13 5    4  1 5 8 15 9
  4 15 6 5 17 6    4  6 6 6  8 2
  4 14 6 7 12 5    4  7 6 8 15 8
  4 13 7 5 13 2    4  8 7 6 13 9
  4  3 7 7  9 9    4 10 7 8  6 6
  4  2 8 5 12 8    4 11 8 6  9 7
  4  5 8 7 11 10   4 16 8 8 15 7
;
run;
ods html;
proc glimmix data = E22_7;
    class block entry;
    model y/n = block entry / solution;
run;
ods html close;
quit;
```

程序分析：PROC GLIMMIX 语句调用了 GLIMMIX 过程，CLASS 语句将随后的 block、entry 两变量声明为分类变量，MODEL 语句指定了响应变量以及效应类型（固定效应）。GLIMMIX 过程支持两种不同的响应变量语法规则，本例中使用的是 events/trials 规则，变量 y 代表的是在 n 次伯努利试验（Trials）中某事件（Events）发生的概率。当使用 events/trials 规则时，GLIMMIX 过程会自动选择二项分布作为响应分布，再根据响应分布进一步选择模型的连接函数。MODEL 语句中的 SOLUTION 选项是把针对固定效应的应对措施都在结果中显示出来。程序中的变量 block 表示区块，entry 表示小麦品种，lat、lng 表示该小麦品种在对应区块栽种的位置坐标。

结果解释：

Model Information	
Data Set	WORK. E22_7
Response Variable(Events)	Y
Response Variable(Trials)	n
Response Distribution	Binomial
Link Function	Logit
Variance Function	Default
Variance Matrix	Diagonal
Estimation Technique	Maximum Likelihood
Degrees of Freedom Method	Residual

上表描述了该模型的基本信息，包括响应变量、响应分布、连接函数、方差函数、方差矩阵、估计方法、方法自由度等信息。

Class Level Information		
Class	**Levels**	**Values**
block	4	1 2 3 4
entry	16	1 2 3 4 5 6 7 8 9 10 11 12 13 14 15 16

Number of Observations Read	64
Number of Observations Used	64
Number of Events	396
Number of Trials	736

上面的结果中第一张表格描述了类别水平信息，区块有 4 个水平，小麦品种有 16 个水平；第二张表格呈现了输入数据的有关信息。

Optimization Information	
Optimization Technique	Newton- Raphson
Parameters in Optimization	19
Lower Boundaries	0
Upper Boundaries	0
Fixed Effects	Not Profiled

上表给出的是模型最优化的有关信息，默认优化方法是 Newton- Raphson 法。

Iteration History

Iteration	Restarts	Evaluations	Objective Function	Change	Max Gradient
0	0	4	134.13393738	.	4.899609
1	0	3	132.85058236	1.28335502	0.206204
2	0	3	132.84724263	0.00333973	0.000698
3	0	3	132.84724254	0.00000009	3.029E-8

Convergence criterion(GCONV = 1E-8) satisfied.

上表显示的是该问题的迭代过程，可见模型经过 3 次迭代之后达到了收敛，Change 列反映了每次迭代之后目标函数的变化，但这并不是决定迭代终止与否的唯一标准，GLIMMIX 过程要同时监测很多条件来判定是否终止迭代。

Fit Statistics	
-2 Log Likelihood	265.69
AIC(smaller is better)	303.69
AICC(smaller is better)	320.97
BIC(smaller is better)	344.71
CAIC(smaller is better)	363.71
HQIC(smaller is better)	319.85
Pearson Chi-Square	106.74
Pearson Chi-Square / DF	2.37

上表给出的是模型拟合优度的有关信息，其中 -2Log Likelihood 常用于比较嵌套模型的拟合优度，而 AIC、AICC、BIC、CAIC 以及 HQIC 常用于比较非嵌套模型的拟合优度。通常，GLM 中 pearson 统计量和自由度的比值(上表最后一行)应该等于 1，大于 1 表明模型存在过离散。

Parameter Estimates

Effect	block	entry	Estimate	Standard Error	DF	t Value	Pr > |t|
Intercept			-1.2936	0.3908	45	-3.31	0.0018
block	1		-0.05776	0.2332	45	-0.25	0.8055
block	2		-0.1838	0.2303	45	-0.80	0.4289
block	3		-0.4420	0.2328	45	-1.90	0.0640
block	4		0	.	.	.	.
entry		1	2.9509	0.5397	45	5.47	<0.0001
entry		2	2.8098	0.5158	45	5.45	<0.0001
entry		3	2.4608	0.4956	45	4.97	<0.0001
entry		4	1.5404	0.4564	45	3.38	0.0015
entry		5	2.7784	0.5293	45	5.25	<0.0001
entry		6	2.0403	0.4889	45	4.17	0.0001
entry		7	2.3253	0.4966	45	4.68	<0.0001
entry		8	1.3006	0.4754	45	2.74	0.0089
entry		9	1.5605	0.4569	45	3.42	0.0014
entry		10	2.3058	0.5203	45	4.43	<0.0001
entry		11	1.4957	0.4710	45	3.18	0.0027
entry		12	1.5068	0.4767	45	3.16	0.0028
entry		13	-0.6296	0.6488	45	-0.97	0.3370
entry		14	0.4460	0.5126	45	0.87	0.3889
entry		15	0.8342	0.4698	45	1.78	0.0826
entry		16	0	.	.	.	.

上表给出的是模型的参数估计值以及假设检验的结果，原假设均为各参数估计值等于 0。

Type III Tests of Fixed Effects

Effect	Num DF	Den DF	F Value	Pr > F
block	3	45	1.42	0.2503
entry	15	45	6.96	<.0001

上表给出的是两个因素的影响是否有统计学意义的最终结果，假设检验的方法为 Wald 检验，而非似然比法。结果显示，因素 block 对应 $p = 0.2503$，因素 entry 对应 $p < 0.0001$，可知区块对于小麦是否会受到害虫侵害的影响没有统计学意义，而不同小麦品种对害虫侵害的抵抗力是不同的。

【例 15-8】 某试验为探究动物种群上的地理隔离是否会对交配产生影响，取了两组来自于不同种群的蝾螈各 20 只，并且每组中雄性和雌性数量相同，每组蝾螈又进一步均分为 4 组，那么每个小组有 5 只蝾螈并且要求这些蝾螈性别相同，试验设计了 6 个时间点，每个时间点每只蝾螈都要与 1 只同种群或者不同种群的异性蝾螈进行交配(配对不重复)，并记录交配是否成功，具体试验数据见程序，试对此试验进行统计分析。

SAS 程序如下：

```
data E22_8;
    input day fpop $ fnum mpop $ mnum mating @@ ;
    datalines;
4  rb  1 rb  1 1  4  rb  2 rb  5 1
4  rb  3 rb  2 1  4  rb  4 rb  4 1
4  rb  5 rb  3 1  4  rb  6 ws  9 1
4  rb  7 ws  8 0  4  rb  8 ws  6 0
4  rb  9 ws 10 0  4  rb 10 ws  7 0
4  ws  1 rb  9 0  4  ws  2 rb  7 0
4  ws  3 rb  8 0  4  ws  4 rb 10 0
4  ws  5 rb  6 0  4  ws  6 ws  5 0
4  ws  7 ws  4 1  4  ws  8 ws  1 1
4  ws  9 ws  3 1  4  ws 10 ws  2 1
8  rb  1 ws  4 1  8  rb  2 ws  5 1
8  rb  3 ws  1 0  8  rb  4 ws  2 1
8  rb  5 ws  3 1  8  rb  6 rb  9 1
8  rb  7 rb  8 0  8  rb  8 rb  6 1
8  rb  9 rb  7 0  8  rb 10 rb 10 0
8  ws  1 ws  9 1  8  ws  2 ws  6 0
8  ws  3 ws  7 0  8  ws  4 ws 10 1
8  ws  5 ws  8 1  8  ws  6 rb  2 0
8  ws  7 rb  1 1  8  ws  8 rb  4 0
8  ws  9 rb  3 1  8  ws 10 rb  5 0
12 rb  1 rb  5 1  12 rb  2 rb  3 1
12 rb  3 rb  1 1  12 rb  4 rb  2 1
12 rb  5 rb  4 1  12 rb  6 ws 10 1
12 rb  7 ws  9 0  12 rb  8 ws  7 0
12 rb  9 ws  8 1  12 rb 10 ws  6 1
12 ws  1 rb  7 1  12 ws  2 rb  9 0
12 ws  3 rb  6 0  12 ws  4 rb  8 1
12 ws  5 rb 10 0  12 ws  6 ws  3 1
12 ws  7 ws  5 1  12 ws  8 ws  2 1
12 ws  9 ws  1 1  12 ws 10 ws  4 0
16 rb  1 ws  1 0  16 rb  2 ws  3 1
16 rb  3 ws  4 1  16 rb  4 ws  5 0
16 rb  5 ws  2 1  16 rb  6 rb  7 0
16 rb  7 rb  9 1  16 rb  8 rb 10 0
16 rb  9 rb  6 1  16 rb 10 rb  8 0
```

```
16 ws  1 ws 10 1  16 ws  2 ws  7 1
16 ws  3 ws  9 0  16 ws  4 ws  8 1
16 ws  5 ws  6 0  16 ws  6 rb  4 0
16 ws  7 rb  2 0  16 ws  8 rb  5 0
16 ws  9 rb  1 1  16 ws 10 rb  3 1
20 rb  1 rb  4 1  20 rb  2 rb  1 1
20 rb  3 rb  3 1  20 rb  4 rb  5 1
20 rb  5 rb  2 1  20 rb  6 ws  6 1
20 rb  7 ws  7 0  20 rb  8 ws 10 1
20 rb  9 ws  9 1  20 rb 10 ws  8 1
20 ws  1 rb 10 0  20 ws  2 rb  6 0
20 ws  3 rb  7 0  20 ws  4 rb  9 0
20 ws  5 rb  8 0  20 ws  6 ws  2 0
20 ws  7 ws  1 1  20 ws  8 ws  5 1
20 ws  9 ws  4 1  20 ws 10 ws  3 1
24 rb  1 ws  5 1  24 rb  2 ws  2 1
24 rb  3 ws  3 1  24 rb  4 ws  4 1
24 rb  5 ws  1 1  24 rb  6 rb  8 1
24 rb  7 rb  6 0  24 rb  8 rb  9 1
24 rb  9 rb 10 1  24 rb 10 rb  7 0
24 ws  1 ws  8 1  24 ws  2 ws 10 0
24 ws  3 ws  6 1  24 ws  4 ws  9 1
24 ws  5 ws  7 0  24 ws  6 rb  1 0
24 ws  7 rb  5 1  24 ws  8 rb  3 0
24 ws  9 rb  4 0  24 ws 10 rb  2 0
;
run;
ods html;
proc glimmix data = E22_8;
   class fpop fnum mpop mnum;
   model mating(event = '1') = fpop |mpop / dist = binary;
   random fpop* fnum mpop* mnum;
   lsmeans fpop* mpop / ilink;
run;
ods html close;
quit;
```

程序分析：我们以具体观测为例解释一下各变量的含义。程序中，第一个观测表示在第 4 天编号为 1 的雌性 RB(代表蝶螈种群)蝶螈与编号为 1 的雄性 RB 蝶螈进行了交配试验，变量 mating 为 1 表示交配成功；再看第 4 行第一个观测，同一天上编号为 7 的雌性 RB 蝶螈与编号为 8 的雄性 WS (代表蝶螈种群，不同于 RB)蝶螈进行了交配试验，结果交配失败。

响应变量 mating 有两个水平，“0”或者“1”，代码中“EVENT = 1”要求 GLIMMIX 过程以交配成功这一水平为基础来建模，“dist = binary”表示响应变量分布是二值的。RANDOM 语句中的“fpop * fnum”项为每只雌性蝶螈的 logit 模型创建了一个随机截距项，而“fpop * fnum”项为每只雄性蝶螈的 logit 模型创建了一个随机截距项。

LSMREANS 语句计算了“fpop * mpop”效应(4 个水平)的最小二乘均数，ILINK 选项要求估计均值和标准误都要输出到结果中。

结果解释：

Model Information	
Data Set	WORK. E22_8
Response Variable	mating
Response Distribution	Binary
Link Function	Logit
Variance Function	Default
Variance Matrix	Not blocked
Estimation Technique	Residual PL
Degrees of Freedom Method	Containment

以上结果是模型的基本信息，提供了包括数据集名称、响应变量名称、响应变量分布、连接函数、方差函数、方差矩阵、估计方法、方法自由度等多项信息。

Class Level Information		
Class	**Levels**	**Values**
fpop	2	rb ws
fnum	10	1 2 3 4 5 6 7 8 9 10
mpop	2	rb ws
mnum	10	1 2 3 4 5 6 7 8 9 10

Number of Observations Read	120
Number of Observations Used	120

上表是变量分类信息，原资料包含两个雌性种群和两个雄性种群，分别对应变量 fpop 和 mpop，每个雌性的或雄性的种群含有 10 只个体，分别对应变量 fnum 和 mnum。fpop * mpop 共有 4 种水平组合，代表 4 种不同交配组合。

Response Profile		
Ordered Value	**mating**	**Total Frequency**
1	**0**	50
2	**1**	70

The GLIMMIX procedure is modeling the probability that mating = '1'.

上表提供的是响应变量的有关信息，SAS 只在响应变量是二值的情况下给出。该表给出了每个响应水平所对应的样本数量，以及事件成功发生所对应的响应水平(mating = 1)。

Optimization Information	
Optimization Technique	Newton-Raphson with Ridging
Parameters in Optimization	2
Lower Boundaries	2
Upper Boundaries	0
Fixed Effects	Profiled
Starting From	Data

上表给出的是模型优化的有关信息，采用的优化方法是 Newton- Raphson 法。

Iteration History					
Iteration	Restarts	Subiterations	Objective Function	Change	Max Gradient
0	0	4	537.09173501	2.00000000	1.719E-8
1	0	3	544.12516903	0.66319780	1.14E-8
2	0	2	545.89139118	0.13539318	1.609E-6
3	0	2	546.10489538	0.01742065	5.89E-10
4	0	1	546.13075146	0.00212475	9.654E-7
5	0	1	546.13374731	0.00025072	1.346E-8
6	0	1	546.13409761	0.00002931	1.84E-10
7	0	0	546.13413861	0.00000000	4.285E-6

Convergence criterion(PCONV = 1.11022E-8) satisfied.

上表显示的是模型优化的迭代流程，GLIMMIX 过程一共进行了 8 次迭代，模型最终满足了收敛要求。

Covariance Parameter Estimates		
Cov Parm	Estimate	Standard Error
fpop * fnum	1.4099	0.8871
mpop * mnum	0.08963	0.4102

上表给出了协方差参数估计的相关情况，罗列了两个随机效应项的协方差估计与标准误，这与 RANDOM 语句指定的内容有关。通过比较发现，雌性蝾螈的异质性比雄性蝾螈的异质性要大很多。

Type III Tests of Fixed Effects				
Effect	Num DF	Den DF	F Value	Pr > F
fpop	1	18	2.86	0.1081
mpop	1	17	4.71	0.0444
fpop * mpop	1	81	9.61	0.0027

fpop * mpop Least Squares Means								
fpop	mpop	Estimate	Standard Error	DF	t Value	Pr > |t|	Mean	Standard Error Mean
rb	rb	1.1629	0.5961	81	1.95	0.0545	0.7619	0.1081
rb	ws	0.7839	0.5729	81	1.37	0.1750	0.6865	0.1233
ws	rb	-1.4119	0.6143	81	-2.30	0.0241	0.1959	0.09678
ws	ws	1.0151	0.5871	81	1.73	0.0876	0.7340	0.1146

上一张表给出的是两个固定效应以及它们之间交互作用的假设检验结果，可以看出，雌性蝾螈种群对应 p 值为 0.1081，雄性蝾螈种群对应 p 值为 0.0444，表明后者的影响存在统计学意义；二者交互作用对应 p 值为 0.0027，说明交互作用的影响也存在统计学意义。

下一张表给出了交互作用 4 种水平组合的最小二乘均值。若一个配对中，固定雄性蝾螈为 RB 种群，当雌性蝾螈由 RB 种群替换成 WS 种群时，logit 值从 1.1629 迅速下降到 -1.4119，两种情形对应的交配成功率分别为 0.7619 和 0.1959；若固定雄性蝾螈为 WS 种群，更换雌性蝾螈种群时，logit 值分别为 0.7839 和 1.0151，对应的交配成功率分别为 0.6865 和 0.7340，这两种情形的交配结果比较接近。综上可知，WS 的雌性蝾螈容易跟相同种群的蝾螈实现交配，而 WS 的雄性蝾螈跟两个种群的雌性蝾螈都比较容易实现交配。

第 16 章　SAS 9.2 和 SAS 9.3 的新增选项和功能

SAS 每一次更新版本，除了会增加许多新的过程以外，同样会对已有的过程进行不断地完善和丰富。而有些新加入的内容，正是平时分析中十分需要的内容。本章综合了 SAS 9.2 和 SAS 9.3 已有过程的更新内容，精选常用过程及常用功能加以详细介绍。

16.1　Freq 过程中的新增选项和功能

16.1.1　使用 ODS 图形模式生成统计图

从 SAS 9.2 开始，绘图不再是件麻烦的事情，绘图功能通常集成在 ODS 中，直接在过程中就可以产生常用的统计图。只有当需要详细标记横轴、纵轴文字及图例等的情况下，才需要调用专门的绘图过程如 Gchart、Gplot 等。

Freq 过程开启 ODS 图形功能，十分简单，只需要在 Freq 过程前加入：

```
ODS Graphics on;
```

在过程步的结尾加入：

```
ODS Graphics off;
```

此语句同样适用于 SAS 9.3。在 SAS 9.3 中，如果勾选了“参数选择”→“结果”选项卡中的“使用 ODS 图形”选项，则可省略这条语句。

当 ODS 图形开启后，SAS 9.2 会默认输出频数图和累计频数图；而在 SAS 9.3 中，当启用 ODS 图形时，不再默认生成频数图和累积频数图，用户可以通过在 TABLES 语句中使用 PLOTS = FREQPLOT 和 PLOTS = CUMFREQPLOT 选项请求这些图。若需要绘制其他图形，也需要通过配合 Plots 选项的参数来控制。

【例 16-1】 使用 ODS 绘制频数图。某调查记录了欧洲某两个区域内儿童眼睛颜色和头发颜色。调查发现，在这两个区域里，眼睛颜色共有 3 种，分别是蓝色(Blue)、绿色(Green)和棕色(Brown)，头发颜色有浅色(Fair)、红色(Red)、不深不浅(Medium)、深色(Dark)和黑色(Black)。统计数据如表 16-1 所示。

表 16-1　调查两个区域儿童眼睛颜色和头发颜色

地区编号	眼睛颜色	头发颜色				
		Fair	Red	Medium	Dark	Black
1	Blue	23	7	24	11	.
	Green	19	7	18	14	.
	Brown	34	5	41	40	.
2	Blue	46	21	44	40	6
	Green	50	31	37	23	.
	Brown	56	42	53	54	13

使用 Freq 过程绘制频数图程序如下：

```
data Color;
    input Region Eyes $ Hair $ Count @ @ ;
        label Eyes   = 'Eye Color'
            Hair   = 'Hair Color'
            Region = 'Geographic Region';
        datalines;
1 blue  fair    23  1 blue  red      7  1 blue  medium  24
1 blue  dark    11  1 green fair    19  1 green red      7
1 green medium  18  1 green dark    14  1 brown fair    34
1 brown red      5  1 brown medium  41  1 brown dark    40
1 brown black    3  2 blue  fair    46  2 blue  red     21
2 blue  medium  44  2 blue  dark    40  2 blue  black    6
2 green fair    50  2 green red     31  2 green medium  37
2 green dark    23  2 brown fair    56  2 brown red     42
2 brown medium  53  2 brown dark    54  2 brown black   13
;
run;
ods graphics on;
proc freq data = Color order = freq;
    tables Hair Eyes* Hair / plots = freqplot(type = dot);
    tables Region* Hair / plots = freqplot(type = dot scale = percent);
    weight Count;
    title 'Eye and Hair Color of European Children';
run;
ods graphics off;
```

程序运行结果如图 16-1 ~ 图 16-3 所示。

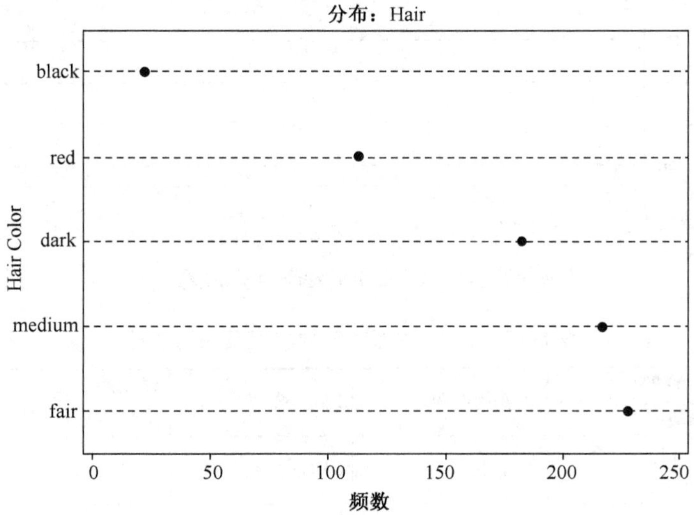

图 16-1　头发颜色频数分布图

除此以外，使用 ODS 图形功能还能绘制用于 kappa 检验、卡方检验的方法的图形绘制，表 16-2 详细列出了可用的选项及应用条件。

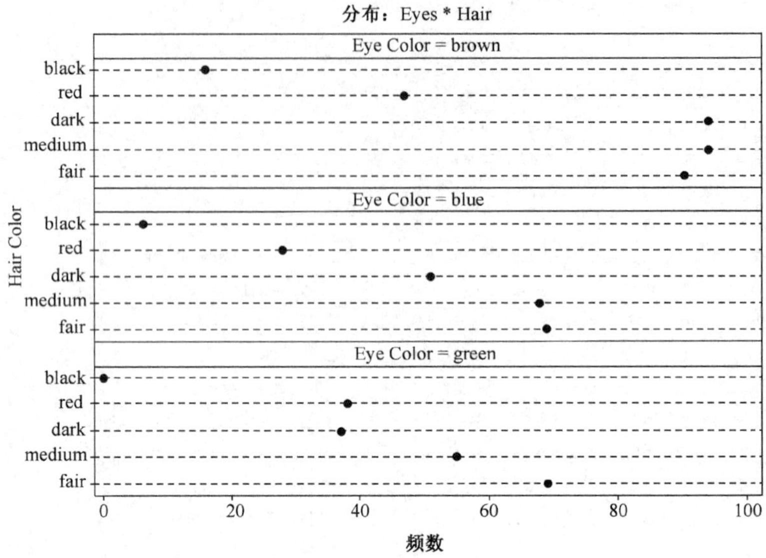

图 16-2　头发颜色和眼睛颜色分布图

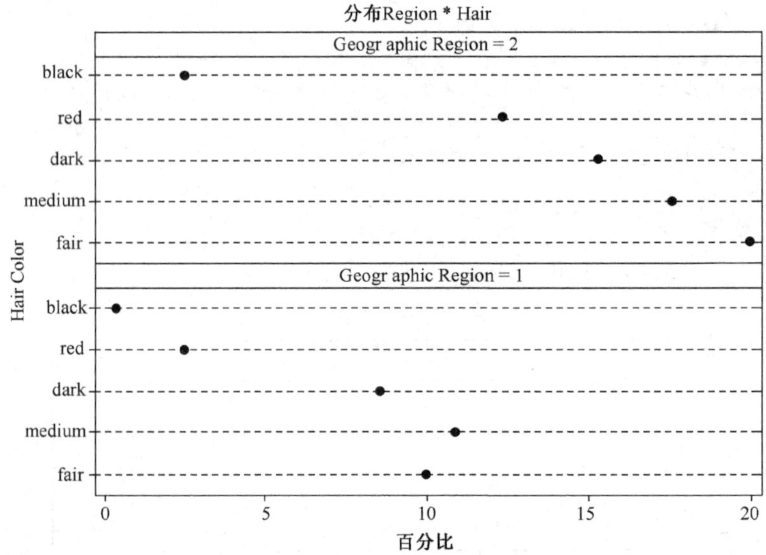

图 16-3　区域和头发颜色分布图

表 16-2　ODS 图形功能的选项及应用条件

Plots 选项	适用的表格数据类型	需要的选项	Plots 选项	适用的表格数据类型	需要的选项
AGREEPLOT	r×r 表	AGREE	ODDSRATIOPLOT	h×2×2 表	MEASURES 或 RELRISK
CUMFREQPLOT	单列表		RELRISKPLOT	h×2×2 表	MEASURES 或 RELRISK
DEVIATIONPLOT	单列表	CHISQ	RISKDIFFPLOT	h×2×2 表	RISKDIFF
FREQPLOT	任意		WTKAPPAPLOT	h×r×r 表	AGREE
KAPPAPLOT	h×r×r 表	AGREE			

16.1.2　等效性、优效性和非劣效性检验

从 SAS 9.2 开始，等效性检验和非劣效性检验可以直接使用过程选项实现了。对于定性资料使用 Freq 过程的 riskdiff 选项，定量资料使用 ttest 的 sides 选项。

riskdiff 选项接在 table 语句后，其参数使用格式如下：

```
tables 因素 A* 因素 B/riskdiff(Riskdiff 选项) ;
```

括号内填入需要调用的选项，多个选项之间用空格隔开，具体见表 16-3。

表 16-3　Riskdiff 选项详细设置及功能

Riskdiff 选项	功　能
column = 1 | 2 | both	选择计算哪一列的优效、非劣效或等效性检验，不设置则默认为 column = 1
correct	设置是否进行连续性校正
equal	与 0 作差异性检验，零假设为风险值 $p = 0$
equalv | equivalence	等效性检验，通过 margin 选项设置界值
noninf | noninferiority	非劣效性检验，通过 margin 设置界值
sup | superiority	优效性检验，通过 margin 设置界值
method	设置检验方法，默认为 Wald 检验
margin = value | (lower, uper)	界值设置

【例 16-2】　非劣效性检验。为提出一种相对简单的治疗某种真菌病的方案 A，采用与标准治疗方案 B 进行比较。随机选择 210 例符合要求的病人，随机均分为两组，分别接受 A、B 方案，评价细菌学清除率，数据见表 16-4。如果设定非劣效界值为 -0.12，试评价新的治疗方案在治疗该种真菌病的疗效(以清除率作为评价标准)是否非劣效于标准治疗方案。

表 16-4　两组患者的细菌学清除率

治疗方案	清　除	未 清 除
A	82	23
B	85	20

SAS 程序如下：

```
datanoninf_example;
do a =1 to 2;
do b =1 to 2;
input x@ @ ;
output;
end;
end;
cards;
82 23
85 20
;
proc freq;
tables a* b/riskdiff(noninf MARGIN =0.12);
weight x;
run;
```

程序中的 noninf 表示进行非劣效性检验；equiv 表示等效性检验；sup 表示优效性检验；MARGIN = 0.12 表示界值。

程序运行结果如下：

表“b-a”的统计量

列 1 风险估计值						
	风险	渐近标准误差	(渐近)95%置信限		(精确)95%置信限	
第 1 行	0.7810	0.0404	0.7018	0.8601	0.6897	0.8558
第 2 行	0.8095	0.0383	0.7344	0.8846	0.7213	0.8796
合计	0.7952	0.0278	0.7407	0.8498	0.7343	0.8477
差值	-0.0286	0.0557	-0.1377	0.0805		
差值为(行 1 - 行 2)						

比例(风险)差值的非劣效性分析						
H0：P1 - P2 <= -边际　Ha：P1 - P2 > -边际						
边际 = **0.12**　**Wald** 方法						
比例差值	**ASE(样本)**	**Z**	**Pr > Z**	非劣效性限值	**90%置信限**	
-0.0286	0.0557	1.6427	0.0502	-0.1200	-0.1201	0.0630

列 2 风险估计值						
	风险	渐近标准误差	(渐近)95%置信限		(精确)95%置信限	
第 1 行	0.2190	0.0404	0.1399	0.2982	0.1442	0.3103
第 2 行	0.1905	0.0383	0.1154	0.2656	0.1204	0.2787
合计	0.2048	0.0278	0.1502	0.2593	0.1523	0.2657
差值	0.0286	0.0557	-0.0805	0.1377		
差值为(行 1 - 行 2)						

可以从结果“列 1 风险估计值”看出，方案 A 的清除率为 0.78，方案 B 的清除率为 0.81。第 2 个表给出了非劣效性检验结果，$z=1.6427$，$p>0.05$，因此不能拒绝 H_0。另外，如果第 2 个结果表格中的“**H0：P1 - P2 <= -**边际　**Ha：P1 - P2 > -**边际”指出了原假设和被择假设，则可用来查看选项是否使用正确。

统计结论：$z=1.6427$，$p>0.05$，按照 $\alpha = 0.05$，因此不能拒绝 H_0。

专业结论：可以认为新的治疗方案治疗该种真菌病的疗效劣效于标准治疗方案。

【例 16-3】　等效性检验。为评价新的第二代三唑类药物伏立康唑和两性霉素 B 脂质体抗真菌的疗效，在一次临床试验中，415 例患者分配至伏立康唑组，422 例患者分配至两性霉素 B 脂质体组，治疗后的有效例数分别为 108 例和 129 例，有效率分别为 26.0% 和 30.6%。设定等效性界值为 10%，试判断两种药物是否等效。

表 16-5　两组患者的治疗结果

药 物 种 类	有效例数	无效例数	有效率(%)
伏立康唑	108	307	26.0
两性霉素 B 脂质体	129	293	30.6

SAS 程序如下：

```
dataequiv_example;
do a=1 to 2;
do b=1 to 2;
input x@@ ;
output;
end;
end;
```

```
cards;
108307
129293
;
run;
proc freq;
tables a*b/riskdiff(equiv MARGIN=0.10) ;
weight x;
run;
```

程序中的 equiv 表示等效性检验；margin = 0.10 表示上下界值为 10%，若上下界值不等则采用 margin = (lower, upper)的形式。

程序运行结果如下：

表"b-a"的统计量

列 1 风险估计值						
	风险	渐近标准误差	(渐近)95% 置信限		(精确)95% 置信限	
第 1 行	0.2602	0.0215	0.2180	0.3025	0.2187	0.3053
第 2 行	0.3057	0.0224	0.2617	0.3496	0.2620	0.3521
合计	0.2832	0.0156	0.2526	0.3137	0.2528	0.3150
差值	-0.0454	0.0311	-0.1064	0.0155		
差值为(行 1 － 行 2)						

比例(风险)差值的等效性分析	
H0: **P1 － P2 <=** 边际下限或 **>=** 边际上限	
Ha: 边际下限 **< P1 － P2 <** 边际上限	
边际下限 **= -0.1**　边际上限 **= 0.1**　**Wald** 方法	
比例差值	**ASE**(样本)
-0.0454	0.0311

两个单侧检验(TOST)			
检验	Z	P 值	
边际下限	1.7545	Pr > Z	0.0397
边际上限	-4.6776	Pr < Z	<.0001
全部			0.0397

等效性限制		90% 置信限	
-0.1000	0.1000	-0.0966	0.0057

列 2 风险估计值						
	风险	渐近标准误差	(渐近)95% 置信限		(精确)95% 置信限	
第 1 行	0.7398	0.0215	0.6975	0.7820	0.6947	0.7813
第 2 行	0.6943	0.0224	0.6504	0.7383	0.6479	0.7380
合计	0.7168	0.0156	0.6863	0.7474	0.6850	0.7472
差值	0.0454	0.0311	-0.0155	0.1064		
差值为(行 1 － 行 2)						

从"列 1 风险估计值"表中可以看到，第一种药的有效率为 26.0%，第二种药的有效率为 30.6%。两个单侧检验看最大的，$p = 0.0397 < 0.05$。

统计结论：因为 $p = 0.0397 < 0.05$，所以拒绝 H_0，接受 H_1。

专业结论：可以认为两种药物是等效的。

16.1.3　单组设计二项分布置信限估计

SAS 9.2 之前的版本仅提供 Wald 方法计算单组设计二项分布置信限区间，SAS 9.2 和 SAS 9.3 提供按 Agresti-Coull、Jeffreys 和 Wilson（得分）计算置信限的功能。属于 binomial 选项的子选项。binomial 置信限选项及功能见表 16-6。

表 16-6　binomial 置信限选项及功能

选　项	功　能
agresticoull | ac	Agresti-Coull 方法
all	包括所有方法
exact | clopperpearson	基于二项分布的置信限精确计算
jeffreys | j	
wilson | w	Wilson 方法
wald	Wald 方法

【例 16-4】　采用不同的方法计算某种结果出现的总体比例的置信限。沿用【例 16-1】关于儿童眼睛颜色和发色的调查结果。分别采用 Agresti-Coull 法、Wilson 法和基于二项分布的精确计算方法，计算某种结果出现的总体比例的置信限。

SAS 程序如下：

```
proc freq data = Color order = freq;
   tables Eyes / binomial(acwilson exact) alpha = .1;
   weight Count;
   title 'Hair and Eye Color of European Children';
run;
```

程序运行结果如下：

Eye Color				
Eyes	频数	百分比	累积频数	累积百分比
brown	341	44.75	341	44.75
blue	222	29.13	563	73.88
green	199	26.12	762	100.00

Eyes = brown 的二项式比例	
比例	0.4475
ASE	0.0180

类型	**90%** 置信限	
Wilson	0.4181	0.4773
Agresti-Coull	0.4181	0.4773
Clopper-Pearson（精确）	0.4174	0.4779

H0 检验：比例 **= 0.5**	
H0 下的 **ASE**	0.0181
Z	-2.8981
单侧 **Pr < Z**	0.0019
双侧 **Pr > |Z|**	0.0038

默认地，SAS 会计算眼睛颜色的第一个类型的二项式比例。如希望考察其余两个类型，则需要在 Binomial 选项中加入“level = 2”或“level = 3”来考察蓝色眼睛或绿色眼睛的比例。

语句更改如下：

```
tables Eyes / binomial(acwilson exact level =2) alpha = .1;
```

运行结果的 4 个表中，第 1 个和第 2 个给出了频数及相关信息，第 3 个表用 3 种方法给出了比例的置信区间估计，第 4 个表给出了眼睛为棕色（brown）的比例同 0.5 的差异性检验结果。

16.1.4 Zelen's test

Zelen 检验是用来判定多个 2×2 表数据优势比一致性的检验方法，常用来对治疗效果等进行对比分析。

【例 16-5】 计算 $h \times 2 \times 2$ 的数据类型的 odds ratios 值。注意：这里，h 可被视为有一个分层因素具有 h 个水平，在每一层中都是一个四格表资料。

SAS 程序如下：

```
data FatComp;
      input group Exposure Response Count;
      datalines;
  1 0 0  6
  1 0 1  2
  1 1 0  4
  1 1 1 11
  2 0 0  6
  2 0 1  2
  2 1 0  4
  2 1 1 11
;
    proc sort data = FatComp;
      by descending Exposure descending Response;
    run;
    proc freq data = FatComp order = data;
      tables group* Exposure* Response / cmh;
      exact  eqor;
      weight Count;
    run;
```

程序运行结果如下(因为两组数据完全一样，因此 $p = 1$，表明是一致的)：

优比齐性检验	
Breslow-Day 卡方	0.0000
自由度	1
Pr >卡方	1.0000
Zelen 精确检验(**P**)	0.5295
精确 **Pr** <= **P**	1.0000

说明：检验各层四格表资料的优势比是否相等的检验被称为 Breslow-Day 检验，这是一个近似检验方法，其检验统计量近似服从自由度为层数减 1 的卡方分布；而 Zelen 检验是其精确检验，其概率值基于超几何概率分布计算而得。

16.2 UNIVARIATE 过程中的新增选项和功能

16.2.1 使用 ODS 生成统计图

UNIVARIATE 过程可以生成符合 ODS 样式的图形，更容易创建一致的输出。此外，用户可以使用两种方法来生成图形。对于传统图形，用户可以通过熟悉的过程语法以及 GOPTION 和 SYM-

BOL 语句来控制图形的每一细节。对于 ODS 图形(在 SAS 9.2 的 UNIVARIATE 过程中尚未使用)，用户可以通过最少的语法获得最高质量的输出，并且与 SAS/STAT 和 SAS/ETS 过程生成的图形完全兼容。

ODS 图形支持的 UNIVARIATE 绘图选项见表 16-7。

表 16-7　ODS 图形支持的 UNIVARIATE 绘图选项

选　项	描　述
CDFPLOT	累计分布图
HISTOGRAM	柱状图
PPPLOT	P-P 图
PROBPLOT	概率分布图
QQPLOT	Q-Q 图

【例 16-6】 CDFPLOT 绘制累积分布函数图。某公司生产光纤线，希望研究其产品的强度。下面程序中数据集 Cord 中的数据为 50 次强度测试的结果，单位是磅每平方英尺，试绘制累积分布函数图：

```
data Cord;
    label Strength = "Breaking Strength(psi)";
    input Strength @ @ ;
  datalines;
  6.94 6.97 7.11 6.95 7.12 6.70 7.13 7.34 6.90 6.83
  7.06 6.89 7.28 6.93 7.05 7.00 7.04 7.21 7.08 7.01
  7.05 7.11 7.03 6.98 7.04 7.08 6.87 6.81 7.11 6.74
  6.95 7.05 6.98 6.94 7.06 7.12 7.19 7.12 7.01 6.84
  6.91 6.89 7.23 6.98 6.93 6.83 6.99 7.00 6.97 7.01
  ;
  run;
title 'Cumulative Distribution Function of Breaking Strength';
  ods graphics on;
  proc univariate data = Cord noprint;
    cdf Strength / normal;
    inset normal(mu sigma);
  run;
```

程序运行结果如图 16-4 所示。

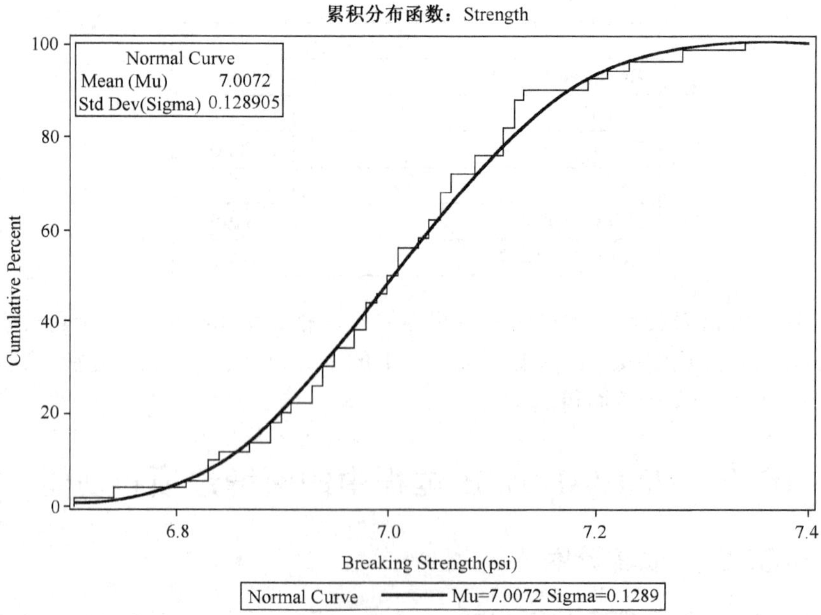

图 16-4　强度测试结果累积分布图

由图 16-4 可以看到，数据相对集中且均匀地分布在 6.9 ~ 7.1 之间，与正态累计曲线相比较，可以看出该数据的正态性良好，很适合各种基于正态分布的统计分析方法。

16.2.2　用 PPPLOT 绘制 P-P 图

【例 16-7】　工业加工一批钢板，每块钢板上需要打两个洞，两个洞之间的距离测量结果在下面程序生成的数据集 Sheets 中，绘制 50 个距离数据和正态分布的 P-P 图：

```
        data Sheets;
           input Distance @ @ ;
           label Distance = 'Hole Distance in cm';
           datalines;
         9.80 10.20 10.27  9.70  9.76
        10.11 10.24 10.20 10.24  9.63
         9.99  9.78 10.10 10.21 10.00
         9.96  9.79 10.08  9.79 10.06
        10.10  9.95  9.84 10.11  9.93
        10.56 10.47  9.42 10.44 10.16
        10.11 10.36  9.94  9.77  9.36
         9.89  9.62 10.05  9.72  9.82
         9.99 10.16 10.58 10.70  9.54
        10.31 10.07 10.33  9.98 10.15
       ;
       run;

     title 'Normal Probability-Probability Plot for Hole Distance';
       ods graphics on;
       proc univariate data = Sheets noprint;
     ppplot Distance / normal(mu =10 sigma =0.3)
                       square;
     run;
```

程序运行结果如图 16-5 所示。

由图 16-5 可以看出，这些洞之间的距离能很好地符合均值为 10、方差为 0.3 的正态分布。

16.2.3　新增 5 种连续型随机变量的概率分布

UNIVAEIATE 过程最重要的功能就是探索单组设计一元定量数据的特性，包括均值、矩估计以及分布的判断和检验。在 SAS 9.3 中加入了 5 种新的连续型随机变量的概率分布：Gumbel 分布、逆 Gaussian 分布、广义 Pareto 分布、幂函数分布、Rayleigh 分布。这些新分布在 CDFPLOT、HISTOGRAM、PROBPLOT、PPPLOT 和 QQPLOT 语句中可用。

1. Gumbel 分布

Gumbel 分布用来描述一个模型出现的最大(小)值的分布情况。例如，有一条河流连续 10 年的最高水位线的数据，利用 Gumbel 分布可以估计该河流可能出现的最高水位水平，从而指导一些防灾设施的建设。

分布函数为

$$f(x;\mu,\beta) = \frac{1}{\sigma}e^{-z-e^{-z}},\quad z = \frac{x-\mu}{\sigma}$$

其中，$x \in (-\infty, +\infty)$，$\sigma > 0$

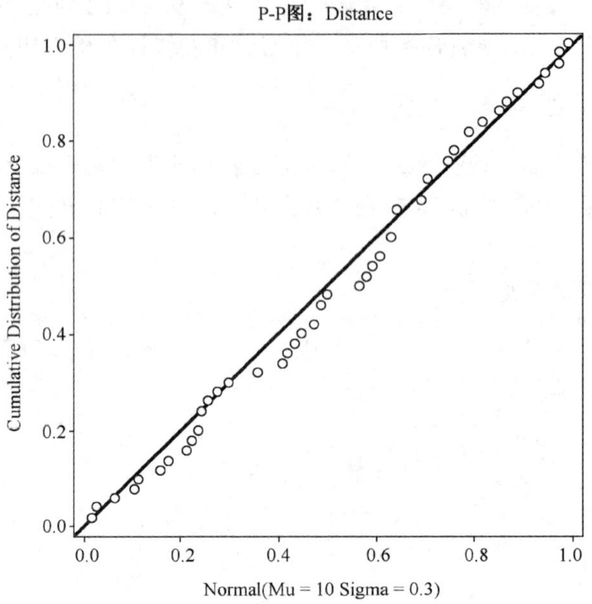

图 16-5　P-P 图

绘制 P-P 图调用 SAS 程序如下：

```
proc univariate data=measures;
   ppplot width / gumbel(mu=1 sigma=2);
run;
```

2. 逆 Gaussian 分布

逆 Gaussian 分布通常也称为 Wald 分布，概率密度函数为

$$f(x;\mu,\lambda) = \left(\frac{\lambda}{2\pi x^3}\right)^{1/2} \exp \frac{-\lambda(x-\mu)^2}{2\mu^2 x}$$

其中，$x>0$，$\mu>0$，$\lambda>0$。

当 λ 趋于无穷大时，逆 Gaussian 分布十分接近于正态分布。逆 Gaussian 过程并不是说如字面意思是 Gaussian 分布的逆。Gaussian 分布描述布朗运动时，指在固定时间内可能出现的不同运动水平的分布；而逆 Gaussian 过程描述布朗运动当固定某个运动水平时出现的时间的分布。

绘制 P-P 图调用 SAS 程序如下：

```
proc univariate data=measures;
   ppplot width / igauss(lambda=1 mu=2);
run;
```

3. 广义 Pareto 分布

Pareto 是一位意大利经济学家，全名为 Vilfredo Pareto。最初，Pareto 分布是用来描述个人收入的，即社会的小部分人掌握着大部分的财富。通常大家用 Pareto 原则来表示这个观点，即社会中 20% 的人掌握着 80% 的社会财富。

Pareto 分布的概率密度函数为

$$F(x_{(i)}) = 1 - \left[1 - \frac{\alpha(x_{(i)} - \theta)}{\sigma}\right]^{1/\alpha},\quad \sigma > 0$$

其中，数据 $\{x_1, x_2, \cdots, x_n\}$，从小到大排序后为 $\{x_{(1)}, x_{(2)}, \cdots, x_{(n)}\}$。

绘制 P-P 图调用 SAS 程序如下：

```
proc univariate data=measures;
   ppplot width /pareto(theta=1 sigma=2 alpha=3);
run;
```

4. 幂函数分布

幂函数分布用来描述一组有序变量的分布情况。如有一组数据$\{x_1, x_2, \cdots, x_n\}$，从小到大排序后为$\{x_{(1)}, x_{(2)}, \cdots, x_{(n)}\}$，则其分布函数为

$$F(x_{(i)}) = 1 - \exp\left(-\frac{x_{(i)} - \theta}{\sigma}\right), \quad \sigma > 0$$

绘制 P-P 图调用 SAS 程序如下：

```
proc univariate data=measures;
   ppplot width / exponential(theta=1 sigma=2);
run;
```

5. Rayleigh 分布

Rayleigh 分布是常见的 Gaussian 分布衍生分布。其分布函数为

$$F(x_{(i)}) = 1 - \exp\left[-\frac{(x_{(i)} - \theta)^2}{2\sigma^2}\right], \quad \sigma > 0$$

绘制 P-P 图调用 SAS 程序如下：

```
proc univariate data=measures;
   ppplot width / rayleigh(theta=1 sigma=2);
run;
```

【例 16-8】 已知某数据近似于 Gumbel 分布，使用 SAS 绘制直方图，并估计 Gumbel 分布参数。SAS 程序如下：

```
data Plastic;
   input Strength @ @ ;
   datalines;
30.26 31.23 71.96 47.39 33.93 76.15 42.21
81.37 78.48 72.65 61.63 34.90 24.83 68.93
43.27 41.76 57.24 23.80 34.03 33.38 21.87
31.29 32.48 51.54 44.06 42.66 47.98 33.73
25.80 29.95 60.89 55.33 39.44 34.50 73.51
43.41 54.67 99.43 50.76 48.81 31.86 33.88
35.57 60.41 54.92 35.66 59.30 41.96 45.32
;
ods html;
proc univariate data=Plastic noprint;
   histogram Strength / GUMBEL(mu=est sigma=est)  nmidpoints=8;
   inset gumbel(mu sigma);
run;
ods html close;
```

程序中，histogram 的选项中出现 mu = est sigma = est，这里的 est 表示使用极大似然估计的方法，计算相应的参数值；inset 语句用于输出图例，本例中用来输出估计的参数值。

程序运行结果如图 16-6 所示。

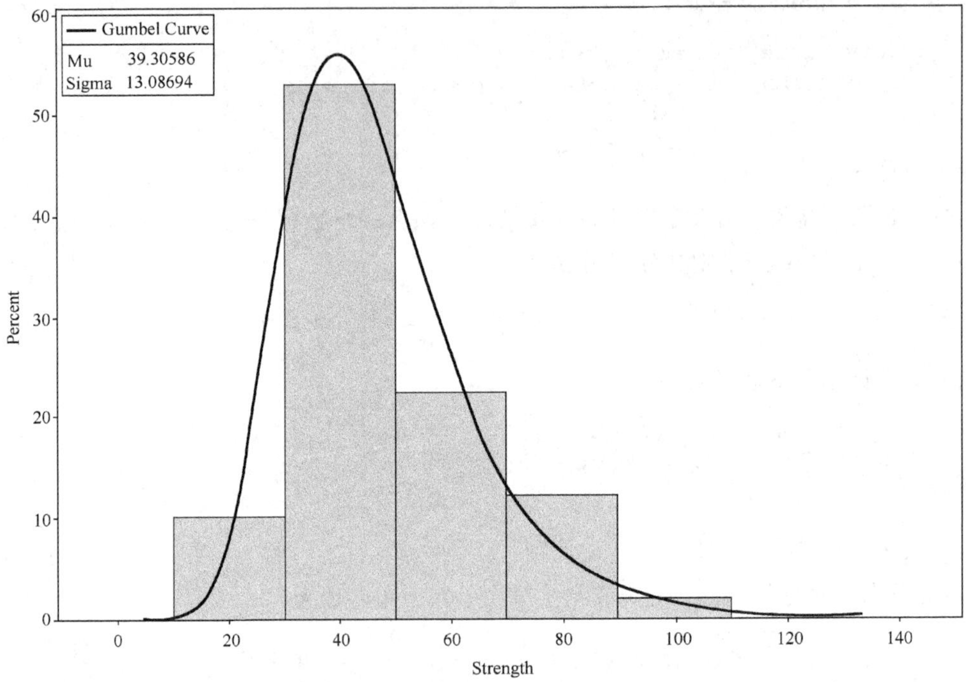

Goodness-of-Fit Tests for Gumbel Distribution				
检验	统计量	p 值		
Kolmogorov-Smirnov	**D**	0.12095673	**Pr > D**	0.056
Cramer-von Mises	**W-Sq**	0.07255269	**Pr > W-Sq**	0.250
Anderson-Darling	**A-Sq**	0.44813263	**Pr > A-Sq**	0.294

图 16-6　直方图绘制及 **Gumbel** 分布拟合

由图 16-6 可以看出，估计的参数 Mu = 39.3，Sigma = 13.1，数据基本符合 Gumbel 分布。由 SAS 给出的假设检验结果，Kolmogorov-Smirnov 检验法得出满足 Gumbel 分布的结论，然而另外两种方法得出不满足 Gumbel 分布的结论，因而该数据仅仅是分布形状上同 Gumbel 分布类似，是否满足 Gumbel 有待商榷。

16.3　CORR 过程——PLOYSERIAL 选项计算多序列相关分析表

SAS 9.3 新增了 PLOYSERIAL 选项，计算多序列相关分析表。

PROC CORR 语句添加了 POLYSERIAL 选项。POLYSERIAL 选项请求多序列相关系数表。多序列相关性测量两个具有二元正态分布的连续变量(其中只有一个变量是直接观测的)间的相关性。有关未观测到的变量的信息可从观测到的序数型变量获得，方法是将未观测到的变量的值分类到有序离散值的有限集合中。

【例 16-9】　某试验研究人体耗氧量同其他人体指标的相关性。试验中，测定受试对象在跑步 1.5km 后所用的时间和氧气消耗量。但氧气量无法精确测量，只能给出一个等级评价指标。下面的程序中，Age 表示试验对象的年龄；Weight 表示受试对象的体重，单位为 kg；Runtime 表示受试对象跑 1.5km 需要的时间，单位为 min；Oxygen 表示间接观测到的氧气消耗量，是一个有序等级变量，氧气消耗越多，该值越大。试分析氧气消耗同其他指标间的关系。

SAS 程序如下：

```
data Fitness1;
   input Age Weight RunTime Oxygen @@ ;
   datalines;
44 89.47 11.37  8    40 75.07 10.07  9
44 85.84  8.65 10    42 68.15  8.17 11
38 89.02   .    9    47 77.45 11.63  8
40 75.98 11.95  9    43 81.19 10.85  9
44 81.42 13.08  7    38 81.87  8.63 12
44 73.03 10.13 10    45 87.66 14.03  7
45 66.45 11.12  8    47 79.15 10.60  9
54 83.12 10.33 10    49 81.42  8.95  9
51 69.63 10.95  8    51 77.91 10.00  9
48 91.63 10.25  9    49 73.37 10.08  .
57 73.37 12.63  7    54 79.38 11.17  9
52 76.32  9.63  9    50 70.87  8.92 10
51 67.25 11.08  9    54 91.63 12.88  7
51 73.71 10.47  9    57 59.08  9.93 10
49 76.32   .    .    48 61.24 11.50  9
52 82.78 10.50  9
;
proc corr data = Fitness1 pearson polyserial;
  with Oxygen;
  var  Age Weight RunTime;
run;
```

问题分析：氧气消耗量本身是一个连续型变量，但无法直接测得，只能通过间接的手段进行估计。对于这样的情况，即结果变量为潜在连续型变量，但只能间接测得一个指标的离散值，若希望分析它与其他连续型变量之间的相关性，则应采用多序列相关分析的方法进行分析。

本例中 corr 过程后的 pearson 和 polyserial 分别表示采用典型相关分析和多序列分析方法。对于 pearson 分析的结果，SAS 会统一将 with 和 var 后的数据按连续型变量处理；对于 polyserial 分析的结果，with 语句后的变量为潜在连续型变量，通过间接测得；其他连续型结果，则照常在 var 后声明即可。

结果解释：

CORR 过程

1 WITH 变量:	Oxygen
3 变量:	Age Weight RunTime

简单统计量						
变量	N	均值	标准差	中位数	最小值	最大值
Oxygen	29	8.93103	1.16285	9.00000	7.00000	12.00000
Age	31	47.67742	5.21144	48.00000	38.00000	57.00000
Weight	31	77.44452	8.32857	77.45000	59.08000	91.63000
RunTime	29	10.67414	1.39194	10.50000	8.17000	14.03000

上面两表输出的是单变量分析的结果，包括均值、标准差、中位数和极值。

Pearson 相关系数 Prob > |r| under H0: Rho = 0 观测数			
	Age	**Weight**	**RunTime**
Oxygen	-0.25581 0.1804 29	-0.22211 0.2469 29	-0.85750 <0.001 28

上表输出的是 Oxygen 同其他 3 个变量间相关分析的结果。

多序列相关								
连续变量	序数型变量	N	相关性	**Wald** 检验			**LR** 检验	
				标准误差	卡方	**Pr** >卡方	卡方	**Pr** >卡方
Age	**Oxygen**	29	-0.23586	0.18813	1.5717	0.2100	1.4466	0.2291
Weight	**Oxygen**	29	-0.24514	0.18421	1.7709	0.1833	1.6185	0.2033
RunTime	**Oxygen**	28	-0.91042	0.04071	500.0345	<.0001	38.6963	<.0001

上表输出的是 Oxygen 与其他 3 个变量间多系列相关分析的结果。

两种相关分析都得出 Oxygen 同 RunTime 存在很强的相关性。

16.4　FACTOR 过程绘制因子分析相关的统计图

使用 FACTOR 过程的 PLOTS 选项，从 SAS 9.2 以后可以生成很多图形，包括因子模式图、参考结构、碎石图和方差解释图。

【例 16-10】　以下程序中数据集 SocioEconomics 内的数据为美国某地区一份调查结果。其中包括人口(Population)、平均受教育年数(School)、就业人数(Employment)、相关专项业务(Services)、平均房价(HouseValue)。对此数据进行因子分析，并输出相关统计图。

SAS 程序如下：

```
data SocioEconomics;
   input Population School Employment Services HouseValue;
   datalines;
5700     12.8     2500     270      25000
1000     10.9     600      10       10000
3400     8.8      1000     10       9000
3800     13.6     1700     140      25000
4000     12.8     1600     140      25000
8200     8.3      2600     60       12000
1200     11.4     400      10       16000
9100     11.5     3300     60       14000
9900     12.5     3400     180      18000
9600     13.7     3600     390      25000
9600     9.6      3300     80       12000
9400     11.4     4000     100      13000
;
```

```
ods graphics on;

proc factor data = SocioEconomics
    priors = smc msa residual
    rotate = promax reorder
    outstat = fact_all
    plots = (scree initloadings preloadings loadings);
run;

ods graphics off;
```

程序中：plot 语句后的 4 个选项分别表示：scree—碎石图；initloadings—未旋转前因子模式图；preloadings—预备旋转前因子模式图；loadings—旋转后因子模式图。

鉴于篇幅有限，这里不对运行结果一一解释，仅列举因子分析 PLOT 输出图像结果。运行 SAS 程序，得到图形输出结果如图 16-7 ~ 图 16-10 所示。

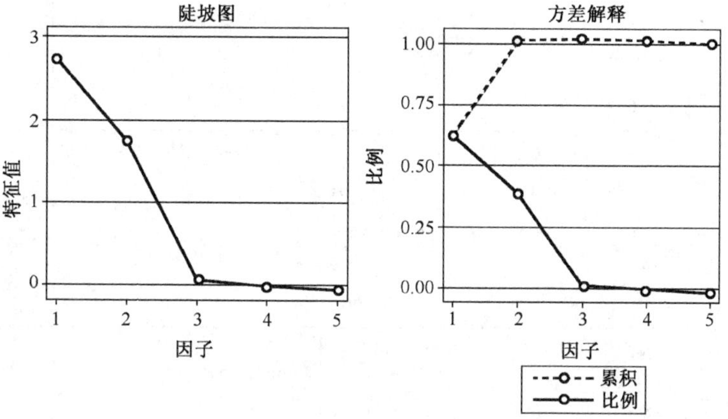

图 16-7　碎石图

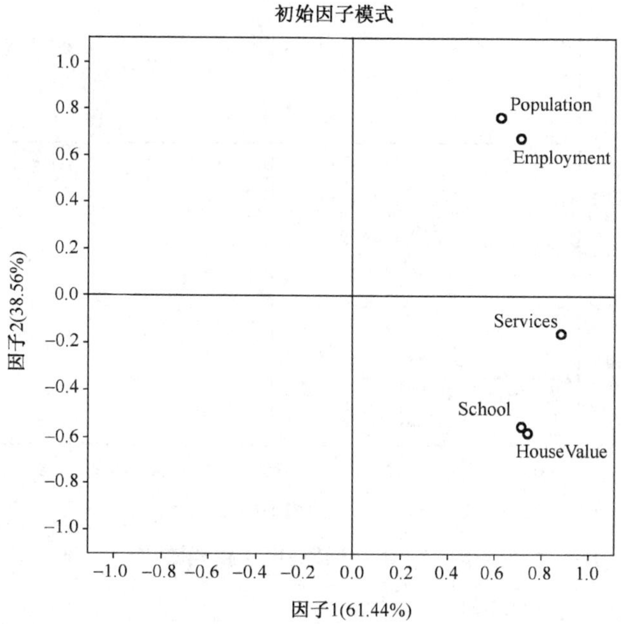

图 16-8　未旋转前因子模式图

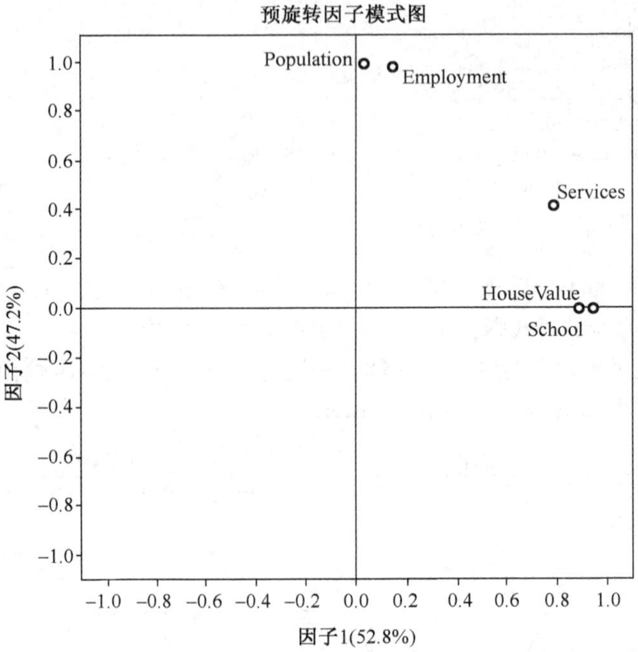

图 16-9　预备旋转前因子模式图

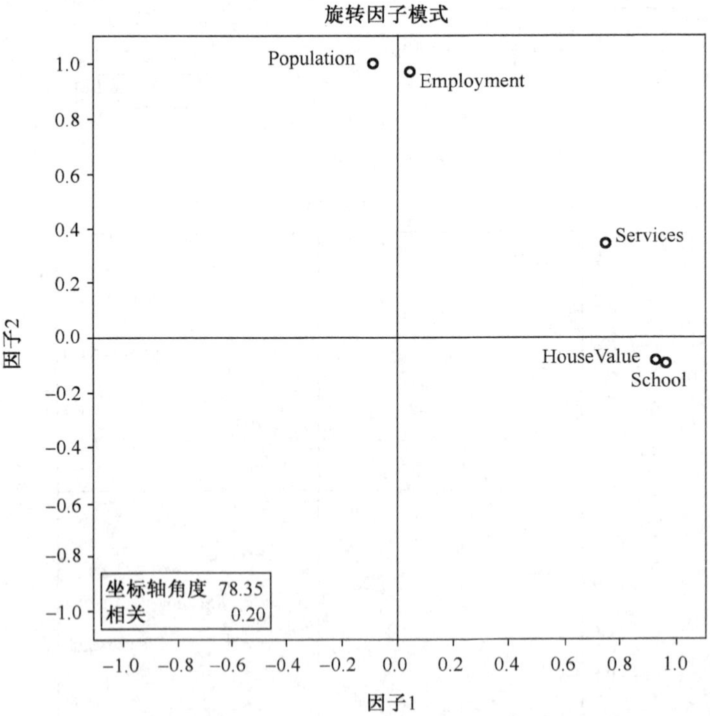

图 16-10　旋转后因子模式图

16.5　GLM 过程

16.5.1　均值和 LS 均值比较图形输出

【例 16-11】 某试验研究电流对萎缩肌肉的治疗情况。以下程序 Rep 为重复次数；Time 为通电流的时间；Current 为电流强度水平，共 4 个等级；Number 为每日治疗次数；MuscleWeight 为肌肉重量。数据存在 musles 数据集内。下面将演示使用该数据集生成均值和 LS 均值比较图形。

SAS 程序如下：

```
data muscles;
   do Rep =1 to 2;
     do Time =1 to 4;
        do Current =1 to 4;
          do Number =1 to 3;
             input MuscleWeight @@ ;
             output;
          end;
        end;
      end;
    end;
    datalines;
72 74 69 61 61 65 62 65 70 85 76 61
67 52 62 60 55 59 64 65 64 67 72 60
57 66 72 72 43 43 63 66 72 56 75 92
57 56 78 60 63 58 61 79 68 73 86 71
46 74 58 60 64 52 71 64 71 53 65 66
44 58 54 57 55 51 62 61 79 60 78 82
53 50 61 56 57 56 56 56 71 56 58 69
46 55 64 56 55 57 64 66 62 59 58 88
;
ods html;
ods graphics on;

proc glm data =muscles plots =meanplot;
   class time;
   model MuscleWeight = time;
   means time/hovtest lsd snk;
run;
proc glm data =muscles plots =diffplot;
   class Rep Current Time Number;
   model MuscleWeight = Rep Current |Time |Number;
   lsmeans Current* Time / tdiff pdiff slice =Current;
run;
ods graphics off;
ods htmlclose;
```

当开启 ODS 图形输出后，在 GLM 过程中，glm 的选项中添加 plots = meanplot 或 plots = diffplot，这样使用相应的 means 或 lsmeans 语句就会输出相应的图形。

均值图形如图 16-11 所示。

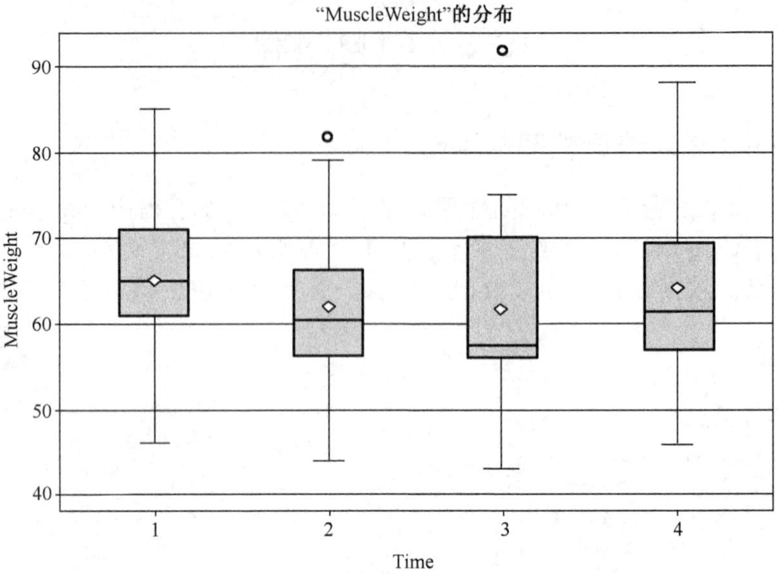

图 16-11　不同治疗时间肌肉重量均值图

可以看到，SAS 自动生成了一幅横轴为 Time（治疗时间）、纵轴为 MuscleWeight（肌肉重量）的箱式图。从图 16-11 可以直观地看出，不同时间的肌肉重量差别并不大，也不存在明显趋势。

LS 均值比较图形输出如图 16-12 所示，由图可见，随着 Current 和 Time 乘积的增加，MuscleWeight 呈上升趋势。

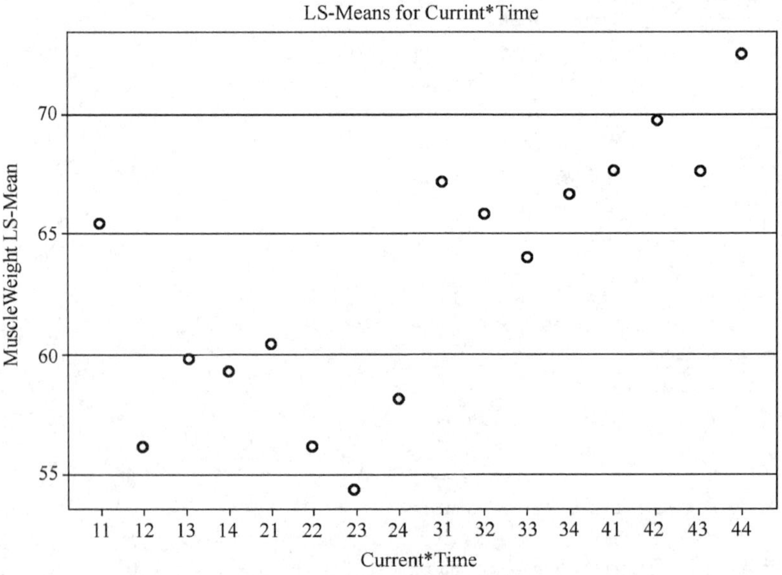

图 16-12　Current * Time 的 MuscleWeight 分布图 1

图 16-13 中，SAS 将 Time 和 Current 分开，横轴为 Time，不同的圆圈颜色表示不同的电流强度，由图可见，Current 为 2 时，效果最差，MuscleWeight 最低；为 4 时，MuscleWeight 最高。MuscleWeight 由高到底，对应的 Current 依次为 4、3、1、2。不同 Current 和 Time 的 MuscleWeight 比较图如图 16-14 所示。

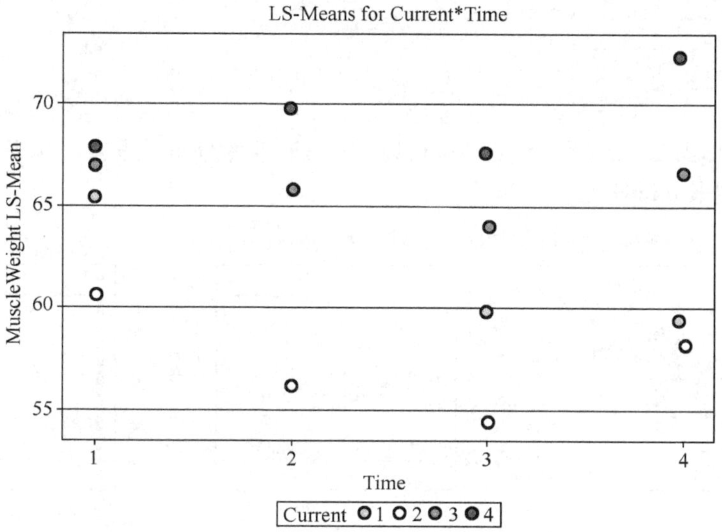

图 16-13　Current * Time 的 MuscleWheight 分布图 2

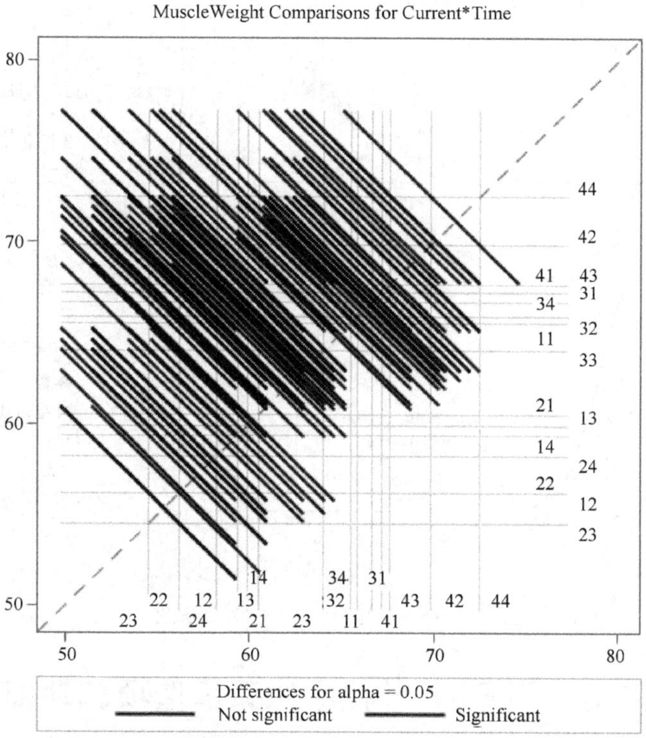

图 16-14　不同 Current 和 Time 的 MuscleWheight 比较图

16.5.2　生成汇总诊断图和残差图

SAS 9.2 中添加了生成汇总诊断图和残差图的功能，主要用于帮助用户通过观察残差等信息直观判断该模型是否适用于 GLM 模型。

沿用【例 16-11】中的数据，生成汇总诊断图及残差图程序如下：

```
proc glm data =muscles plots = diagnostics;
     class Rep Current Time Number;
     model MuscleWeight  = Rep Current |Time |Number;
run;
```

程序运行结果如图 16-15 所示。从图中可以看出，残差的分布并没有明显规律性，说明该问题很适合用 GLM 模型来分析处理。

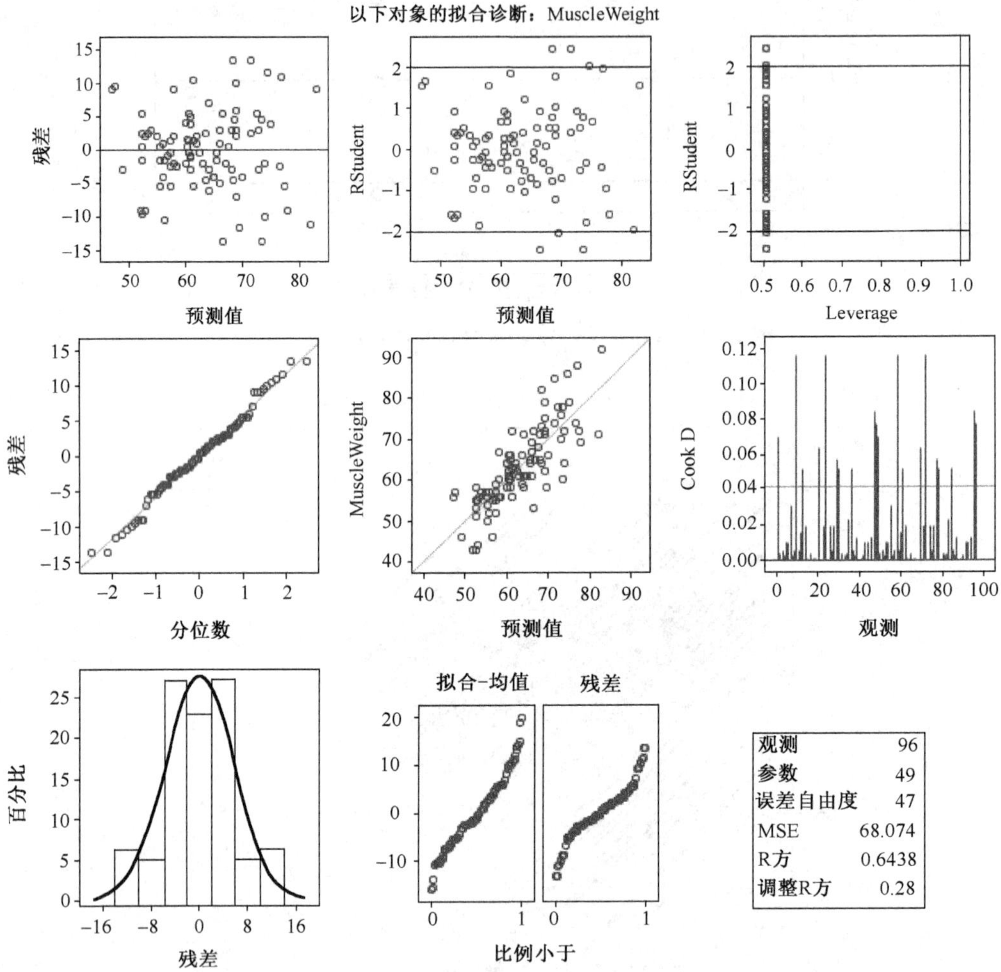

图 16-15　【例 16-11】汇总诊断图

16.6　TTEST 过程中的新增选项和功能

从 SAS 9.2 开始，加入了 SIDE 和 TOST 选项，前者可用于单侧检验，后者可用于等效性检验；以外，还有 TEST 选项，可控制是进行差异性检验，还是比例检验。

16.6.1　定量资料等效性检验

【例 16-12】　某血液病研究室观察复方硫酸亚铁冲剂治疗小儿缺铁性贫血的治疗效果，试图用每日 10mg 剂量代替每日 20mg 剂量，治疗 2 个月后血红蛋白升高值见表 16-8，设定等效性界值为 8.8g/L，分析两种治疗方法是否等效。

表 16-8　两组患者治疗后血红蛋白升高值

剂量/mg	血红蛋白升高值/(g/L)									
10	31.68	36.48	29.48	19.2	27.04	31.96	44.9	21.66	49.28	3.801
20	55.56	17.03	33.95	47.77	61.21	42	38.02	14.58	38.25	41.66

SAS 程序如下：

```
dataequiv;
input c x@@ ;
cards;
1  31.68  2  55.56
1  36.48  2  17.03
1  29.48  2  33.95
1  19.20  2  47.77
1  27.04  2  61.21
1  31.96  2  42.00
1  44.90  2  38.02
1  21.66  2  14.58
1  49.28  2  38.25
1  3.801  2  41.66
;
proc ttest tost(8.8);
class c;
var x;
run;
```

程序中的 tost 选项设定等效性的界值，若只设定 1 个值 8.8，则默认上、下界均为 8.8；若填入 2 个值，第 1 个代表下界，第 2 个代表上界，第 1 个值一般为负数。

程序运行结果如下：

TOST 水平 0.05 等效性分析

c	方法	均值	下限		90% CL 均值			上限	评估
差(1-2)	汇总	-6.0340	-8.8	>	-15.6718	3.6038	<	8.8	不相等
差(1-2)	Satterthwaite	-6.0340	-8.8	>	-15.7624	3.6944	<	8.8	不相等

方法	方差	检验	Null	自由度	t 值	P 值
汇总	等于	上限	-8.8	18	0.50	0.3124
汇总	等于	下限	8.8	18	-2.67	0.0078
汇总	等于	总体				0.3124
Satterthwaite	不等于	上限	-8.8	15.359	0.50	0.3129
Satterthwaite	不等于	下限	8.8	15.359	-2.67	0.0086
Satterthwaite	不等于	总体				0.3129

方差等价				
方法	分子自由度	分母自由度	F 值	Pr > F
折叠的 F	9	9	2.42	0.2047

统计结论：$t_1 = 0.50$，$p_1 = 0.3129$，按照 $\alpha = 0.025$，不能拒绝 $H_{0(1)}$；$t_2 = -2.67$，$p_2 = 0.0086$，按照 $\alpha = 0.025$，拒绝 $H_{0(2)}$，接受 $H_{1(2)}$。

专业结论：第一个单侧检验没有拒绝 H_0，还不能认为两种治疗方法等效。

16.6.2　定量资料优效性检验

【例 16-13】　为评价药物 A 治疗偏头痛的效果，采用与标准药物 B 进行比较的方法。主要观察指标为患者服药 10min 后自评的 VAS 疼痛分值(0 ~ 100)(见表 16-9)，设定优效性界值为 15，试判断在治疗偏头痛方面，药物 A 是否优效于药物 B。

表 16-9　两组患者服药 10min 后目评的 VAS 疼痛分值

药物种类	VAS 疼痛分值									
A	70.53	87.16	86.45	75.4	61.22	85.34	64.84	75.05	68.14	72.03
B	46.24	35.87	53.62	61.98	56.46	51.7	48.91	48.68	54.88	48.91

SAS 程序如下：

```
data suptest;
input c x@@ ;
cards;
1      70.53      2      46.24
1      87.16      2      35.87
1      86.45      2      53.62
1      75.4       2      61.98
1      61.22      2      56.46
1      85.34      2      51.70
1      64.84      2      48.91
1      75.05      2      48.68
1      68.14      2      54.88
1      72.03      2      48.91
;
ods html;
proc ttest sides = u h0 =15;
class  c;
var x;
run;
ods html close;
```

程序中，第一组为试验组，第二组为对照组；sides = u 选项表示采用上单侧检验，h0 = 15(注：这里的 h0 通常用 δ_U 表示。)。

程序运行结果如下：

方法	方差	自由度	t 值	Pr > t
汇总	等于	18	2.44	0.0125
Satterthwaite	不等于	16.818	2.44	0.0129

方差等价				
方法	分子自由度	分母自由度	F 值	Pr > F
折叠的 F	9	9	1.72	0.4308

根据方差齐性检验(Equality of Variances)，$p > 0.05$，认为方差相等。对应 t 检验结果，应参照汇总方法，对应方差相等时的情况。

统计学结论：$t = 2.44$，$p = 0.0125$，按照 $\alpha = 0.05$，拒绝 H_0，接受 H_1。

专业结论：可以认为在治疗偏头痛方面，药物 A 优效于药物 B。

16.6.3　定量资料非劣效性检验

【例 16-14】　某项研究，观察某中药治疗某病患者，与某种西药进行比较，以血沉的下降值作为疗效指标(见表 16-10)，假设该中药对血沉的降低值平均不低于西药 0.70mm/h，才有推广价值。试评价该中药的治疗效果。

表 16-10　两组患者服药后血沉的降低值

药物种类	血沉的降低值/(min/h)									
中药	5.16	1.69	2.86	3.8	2.6	5.49	4.62	1.4	3.49	3.93
西药	5.79	5.1	3.88	2.63	1.87	8.94	5.7	2.51	3.01	8.14

SAS 程序如下：

```
data uppertest;
input c x@ @ ;
cards;
1    5.16 2    5.79
1    1.69 2    5.1
1    2.86 2    3.88
1    3.8  2    2.63
1    2.6  2    1.87
1    5.49 2    8.94
1    4.62 2    5.7
1    1.4  2    2.51
1    3.49 2    3.01
1    3.93 2    8.14
;
ods html;
proc ttest sides = u h0 = -0.7;
class  c;
var x;
run;
ods html close;
```

程序对于试验组和对照组有明确要求，第一组为试验组，第二组为对照组；sides = u 选项表示采用上单侧检验，h0 = -0.7(注：这里的 h0 通常用 δ_L 表示。)。

程序运行结果如下：

方法	方差	自由度	t 值	Pr > t
汇总	等于	18	-0.63	0.7309
Satterthwaite	不等于	14.293	-0.63	0.7299

方差相等				
方法	分子自由度	分母自由度	F 值	Pr > F
折叠的 F	9	9	3.08	0.1096

根据方差齐性检验(Equality of Variances)，$p>0.05$，认为方差相等。对应 t 检验结果，应参照汇总方法，对应方差相等时的情况。

统计结论：$t = -0.63$，$p = 0.7309$，按照 $\alpha = 0.05$，不能拒绝劣效的原假设。

专业结论：还不能认为该中药对血沉的降低效果非劣效于西药。

第 4 篇　用 SAS 实现试验设计及处理病态数据的两个过程简介

第 17 章　与试验设计有关的 SAS 过程

17.1　有关 SAS 过程的重要应用

本节通过有关举例，介绍如何借助 SAS 软件的 PLAN、OPTEX、FACTEX 过程实现常见的单因素设计及多因素设计。

17.1.1　用 SAS 实现成组设计

【例 17-1】 某研究者欲研究稳心颗粒对冠心病患者心率变异性的影响，选取 26 例冠心病(CHD)患者随机等分为 2 组：稳心颗粒组和对照组。两组均接受常规剂量的阿司匹林(100mg，qd)及单硝酸异山梨酯(20mg，bid)作为基础治疗，稳心颗粒组加服稳心颗粒(9g，tid)，治疗过程持续 2 周，观察并记录相关试验数据，请给出具体的设计方案。

分析：对 26 个 CHD 患者进行编号，范围为 1 ~26。SAS 程序如下，程序名为 BCJQ17_1. sas：

```
%let seed=10000;                    /* 1*/
%let number=26;                     /* 2*/
%let group1=wenxin;                 /* 3*/
%let group2=duizhao;                /* 4*/
proc plan seed=&seed;               /* 5*/
  factors a=&number;
  output out=sheji;
run;
data b c;                           /* 6*/
  set sheji;
  subject=_n_;
  if a<=%sysevalf(&number/2)
  then do; output b; end;
  else do; output c; end;
run;
data d;                             /* 7*/
  set b;
  rename subject=&group1;
  drop a;
run;
data e;                             /* 8*/
  set c;
  rename subject=&group2;
  drop a;
run;
data f;
                                    /* 9*/
  merge d e;
run;
ods html;
proc print noobs;
                                    /* 10*/
run;
ods html close;
```

程序说明：第 1 ~4 步为设置宏变量，依次为随机种子数、受试对象例数、第 1 组的名称和第 2 组的名称，使用时仅需根据实际情况修改这 5 个宏变量的取值即可。第 5 步是调用 PLAN 过程将数字进行随机化排列，结果输出至数据集 sheji 中。第 6 步对数据集 sheji 进行操作，产生患者编号，相当于依次将随机数分配给第 1 ~26 号患者，即为每个患者分配 1 个随机数字。随机数字小于等于 1/2 受试对象数的患者分入第 1 组，患者编号保存至数据集 b 中；其余患者分入第 2 组，患者编号保存至数据集 c 中。第 7、8 步分别对数据集 b 和 c 进行处理，主要是修改变量的名称，并分别保存在数据集 d 和 e 中。第 9 步对 2 个数据集 d 和 e 进行横向合并，得到数据集 f。第 10 步打印输出数据集 f 中的内容。

程序输出结果如下：

wenxin	duizhao
3	1
5	2
7	4
9	6
11	8
12	10
13	17
14	18
15	19
16	20
22	21
23	24
26	25

其中，wenxin 和 duizhao 分别代表稳心颗粒组和对照组，列中的数字代表患者的编号。

17.1.2　用 SAS 实现单因素多水平设计

【例 17-2】　某研究者欲比较小白鼠接种 3 种不同菌型伤寒杆菌后的存活日数，选择 30 只小白鼠，将它们完全随机地等分成 3 个组，每组 10 只，分别接种 3 种伤寒杆菌：9D、11C、DSC1。观测每只小白鼠接种后的存活日数。请给出具体的设计方案。

分析：对 30 只小白鼠进行编号，范围为 1 ~30。SAS 程序如下，程序名为 BCJQ17_2. sas。

```
%let seed=10000;                /* 1*/
%let number=30;                 /* 2*/
%let n_g=3;                     /* 3*/
%let group1=G_9D;               /* 4*/
%let group2=G_11C;              /* 5*/
%let group3=G_DSC1;             /* 6*/
proc plan seed=&seed;           /* 7*/
  factors a=&number;
  output out=sheji;
run;
data d;                         /* 8*/
  input; cards;
run;
%macro multigroup;              /* 9*/
%do i=1 %to &n_g;
data c&i;
  set b&i;
  rename subject=&&group&i;
  drop a;
run;
data d;
  merge d c&i;
run;
%end;
%mend multigroup;
%multigroup;                    /* 10*/
ods html;
proc print noobs;               /* 11*/
run;
ods html close;
```

```
  data b&i;
    set sheji;
    subject = _n_;
    if a <= %sysevalf(&number/&n_g*
       &i) and
       a > %sysevalf(&number/&n_g*
      (&i -1))
    then output;
 run;
```

程序说明：第 1 ~ 6 步为设置宏变量，依次为随机种子数、受试对象例数、分组数、第一组的名称、第 2 组的名称和第 3 组的名称，使用时仅需根据实际情况修改这些宏变量的取值即可（对于组的名称，如果是 4 个及以上组数的话，则仿照第 4 ~ 6 步的形式增加几个宏变量，group 后的数字依次递增 1）。第 7 步是调用 PLAN 过程将数字进行随机化排列，结果输出至数据集 sheji 中。第 8 步是建立空数据集，以便第 9 步编写的宏程序使用。第 9 步为建立宏程序 multigroup，作用是将受试对象进行随机等分。第 10 步是调用宏程序 multigroup。第 11 步打印输出最近产生的数据集中的内容。

程序输出结果如下：

G_9D	G_11C	G_DSC1
3	1	2
5	11	4
9	15	6
12	17	7
13	20	8
16	24	10
19	25	14
22	26	18
27	28	21
29	30	23

其中，G_9D、G_11C 和 G_DSC1 分别代表接种 9D、11C、DSC1 型伤寒杆菌后的试验组，列中的数字代表小白鼠的编号。

17.1.3　用 SAS 实现随机区组设计

【例 17-3】　欲研究甲、乙、丙 3 种营养素对小白鼠体重增加的影响，取 6 窝小白鼠，每窝 3 只，随机安排喂养甲、乙、丙 3 种营养素中的 1 种。8 周后，观察小白鼠体重的增加情况。请给出具体的设计方案。

分析：对小白鼠进行编号，第 1 窝编号范围为 1 ~ 3，第 2 窝编号范围为 4 ~ 6，第 3 窝编号范围为 7 ~ 9，第 4 窝编号范围为 10 ~ 12，第 5 窝编号范围为 13 ~ 15，第 6 窝编号范围为 16 ~ 18。SAS 程序如下，程序名为 BCJQ17_3. sas：

```
%let seed = 10000;                /* 1 */
%let block = 6;                   /* 2 */
%let treat = 3;                   /* 3 */
%let b_values = '第 1 窝'  '第 2 窝'
  '第 3 窝'  '第 4 窝'  '第 5 窝'
  '第 6 窝';                      /* 4 */
%let t_values = '营养素 1'  '营养素 2'
  '营养素 3';                     /* 5 */
data b;                           /* 9 */
  set a;
  subject = _n_;
run;
ods html style = analysis;        /* 10 */
proc tabulate style = [width = 100]
format = 2.0;
  class block treat;
```

```
%let subject_name='小鼠编号';
                                    /* 6*/
%let block_name='窝别';             /* 7*/
proc plan seed=&seed;               /* 8*/
   factors block = &block ordered
treat=&treat;
  output out=a
  block cvals=(&b_values)
  treat cvals=(&t_values);
run;
```

```
  var subject;
   table block = ' ', subject =
&subject_name*
treat=' '* sum=' '/box=[label=
&block_name];
run;
ods html close;
```

程序说明：第 1 ~7 步为设置宏变量，依次为随机种子数、区组因素水平数、处理因素水平数、各区组名称、各处理名称、受试对象名称(后加“编号”二字)、区组因素名称，使用时仅需根据实际情况修改这 7 个宏变量的取值即可。第 4 ~7 步中，宏变量为字符型变量，其取值需以英文单引号括起来，尤其是第 4、5 步，同时赋以因素的多个水平值，此时每个水平都需以英文单引号括起来，各水平之间需留有一个或多个空格。第 8 步是调用 PLAN 过程将数字进行随机化排列，结果输出至数据集 sheji 中。第 9 步对数据集 sheji 进行操作，产生受试对象编号。第 10 步调用 TABULATE 过程将设计方案以报表形式展现出来。

程序输出结果如下：

窝别	小白鼠编号		
	营养素 1	营养素 2	营养素 3
第 1 窝	3	1	2
第 2 窝	6	5	4
第 3 窝	8	9	7
第 4 窝	11	10	12
第 5 窝	14	15	13
第 6 窝	18	17	16

其中，第 1 窝的 3 只小鼠编号为 1、2、3，按顺序对应分别接受营养素 2、营养素 3、营养素 1 的喂养，其他可依此类推。以上设计方案中，每个小鼠编号后面均有较大空隙，可用来记录试验的结果。

注意：对于 SAS 输出的网页格式结果，单元格中的数字为右对齐，但复制至 Word 文档中后，将自动转换为左对齐。

17.1.4　用 SAS 实现拉丁方设计

【例 17-4】　欲研究 4 种不同剂量的某药物注射后对血糖升高值的影响，研究者选择 4 个受试对象，每个对象静脉给予不同剂量的该药物各一次，拟采用拉丁方设计进行此试验，请给出具体的设计方案。

特别说明：此试验在实际使用时应慎用，因为每个个体身上先后使用了 4 种不同剂量的某药物，而且，剂量的顺序被随机化了，在多个个体身上观察到每种剂量的疗效是随机的、非线性的，但对试验结果采取此种设计下定量资料方差分析处理时，假定其疗效是线性的，故其分析结果很可能是错误的。此处仅仅展示如何用 SAS 实现此种试验设计类型。若不是几种药物或几种剂量，而是 3 台测定体重的仪器，且观测指标是“体重”，则这样设计的结果就非常准确了。以后，遇到类似情况，也应同样理解和对待，不再赘述。

分析：对 4 名受试对象进行编号，范围为受试对象 1 ~4，4 个试验阶段分别设为阶段 1 ~4，药物剂量设为 1 ~4(试验因素的水平必须为数字，这是后续程序中调用的 TABULATE 过程要求的)。SAS 程序如下，程序名为 BCJQ17_4. sas：

```
%let seed=10000;                    /*1*/
%let block=4;                       /*2*/
%let period=4;                      /*3*/
%let treat=4;                       /*4*/
%let b_values='受试对象1'  '受试对象2'
   '受试对象3'  '受试对象4';/*5*/
%let p_values='阶段1'  '阶段2'  '阶段3'
   '阶段4';                         /*6*/
%let t_values=1  2  3  4;           /*7*/
%let subject_name='受试对象编号';
                                    /*8*/
%let treat_name='剂量';              /*9*/
proc plan seed=&seed;               /*10*/
  factors block=&block ordered period=&period ordered;
  treatments treat=&treat cyclic;
  output out=a
  block cvals=(&b_values) random
  period cvals=(&p_values) random
  treat nvals=(&t_values) random;
run;
ods html style=analysis;  /*11*/
proc tabulate style=[width=100]
format=2.0;
  class block period;
  var treat;
  table block='', treat=&treat_name* period
   ='' * sum=''/box=[label=&subject_name];
run;
ods html close;
```

程序说明：第 1 ~ 9 步为设置宏变量，依次为随机种子数、区组因素水平数、试验阶段因素水平数、处理因素水平数、各区组名称、各阶段名称、各处理名称、受试对象名称(后加“编号”二字)、处理因素名称，使用时仅需根据实际情况修改这 9 个宏变量的取值即可。第 5、6、8 和 9 步中，宏变量为字符型变量，其取值需以英文单引号括起来，尤其是第 5 步和第 6 步，同时赋以因素的多个水平值，此时每个水平都需以英文单引号括起来，各水平之间需留有一个或多个空格。第 7 步中，宏变量为数值型变量(由第 11 步中调用的 TABULATE 过程决定的，必须为数值型变量)，水平值无需用英文单引号括起来，但各水平之间同样需留有一个或多个空格。第 10 步是调用 PLAN 过程将数字进行随机化排列，将结果输出至数据集 sheji 中。第 11 步调用 TABULATE 过程将设计方案以报表形式展现出来。

程序输出结果如下：

受试对象编号	剂量			
	阶段 1	阶段 2	阶段 3	阶段 4
受试对象 1	3	2	4	1
受试对象 2	4	1	2	3
受试对象 3	2	3	1	4
受试对象 4	1	4	3	2

其中，第 1 行数据表示第 1 名受试对象在第 1 ~ 4 阶段依次接受剂量 3、剂量 2、剂量 4 和剂量 1 的某药物注射。其他可依此类推。

17.1.5　用 SAS 实现 2×2 交叉设计

【例 17-5】　某研究者为比较不同注射方式给药后胰岛素的吸收率，选择 18 名健康志愿者进行试验，计划采用交叉设计。随机选取 9 名受试者在第 1 阶段采用喷射注射的方式接受 0. 2IU/kg 体重的门冬胰岛素治疗，然后在第 2 阶段再采用传统胰岛素笔注射的方式接受 0. 2IU/kg 体重的门冬胰岛素治疗，两个阶段之间设定一个充分的清洗期，另外 9 名受试者接受治疗的注射方式顺序与此相反。请给出具体的设计方案。

分析：对 18 个健康志愿者进行编号，范围为 1 ~ 18。对注射方式进行编号，1 为喷射注射，2 为传统胰岛素笔注射。SAS 程序如下，程序名为 BCJQ17_5. sas：

```
%let seed =10000;                  /* 1*/
%let subject =18;                  /* 2*/
%let time_values ='第 1 阶段'
  '第 2 阶段';                      /* 3*/
%let treat_values =1  2;           /* 4*/
%let subject_name ='受试对象编号';
                                   /* 5*/
%let treat_name ='注射方式';        /* 6*/
proc plan seed =&seed;             /* 7*/
  factors subject =&subject time =
  2 ordered;
  treatments treat =2 cyclic;
  output out =a
  time cvals =(&time_values)
  treat nvals =(&treat_values);
run;
ods html style =analysis;     /* 8*/
proc tabulate style =[width =200]
format =2.0;
  class subject time;
  var treat;
  table subject ='', treat =&treat
_name* time
 =' ' *  sum = ' '/box = [label =
&subject_name];
run;
ods html close;
```

程序说明：第 1 ~6 步为设置宏变量，依次为随机种子数、受试对象个数、各阶段名称、各处理名称、受试对象名称(后加“编号”二字)、处理因素名称，使用时仅需根据实际情况修改这 6 个宏变量的取值即可。第 3、5 和 6 步中，宏变量为字符型变量，其取值需以英文单引号括起来，尤其是第 3 步，同时赋以因素的多个水平值，此时每个水平都需以英文单引号括起来，各水平之间需留有一个或多个空格。第 4 步中，宏变量为数值型变量(由第 8 步中调用的 TABULATE 过程决定的，必须为数值型变量)，水平值无需用英文单引号括起来，但各水平之间同样需留有一个或多个空格。第 7 步是调用 PLAN 过程将数字进行随机化排列，结果输出至数据集 sheji 中。第 8 步调用 TABULATE 过程将设计方案以报表形式展现出来。

程序输出结果如下：

受试对象编号	注射方式	
	第 1 阶段	第 2 阶段
1	1	2
2	1	2
3	1	2
4	2	1
5	1	2
6	1	2
7	2	1
8	1	2
9	1	2
10	1	2
11	2	1
12	1	2
13	2	1
14	2	1
15	2	1
16	2	1
17	2	1
18	2	1

其中，第 1 行数据表示 1 号志愿者在第 1 阶段接受 1 号注射方式(即喷射注射)处理，在第 2 阶段接受 2 号注射方式(即传统胰岛素笔注射)处理。其他可依此类推。

17.1.6　用 SAS 实现 3×3 交叉设计

【例 17-6】 某研究者欲研究从藤黄果中提取的羟基柠檬酸对摄食量的影响，选择 18 个年龄在 50～70 岁之间超重或肥胖的健康受试者，分别接受安慰剂、2800mg/d 羟基柠檬酸、5600mg/d 羟基柠檬酸的治疗。拟采用 3×3 交叉设计来安排此试验，采用随机化的方式确定每位受试对象接受 3 种处理的顺序，每种处理持续 6 周，结束后记录下一天的摄食量，然后经过 6 周的清洗期后，再接受下一种处理，请给出具体的设计方案。

分析：对 18 名健康受试者进行编号，范围为 1～18。对药物及剂量进行编号，1 为安慰剂(相当于 0mg/d 羟基柠檬酸)，2 为 2800mg/d 羟基柠檬酸，3 为 2800mg/d 羟基柠檬酸。SAS 程序如下，程序名为 BCJQ17_6. sas：

```
%let seed=10000;                /* 1*/
%let subject=18;                /* 2*/
%let time_values='第1阶段'
   '第2阶段'   '第3阶段';    /* 3*/
%let treat_values=1  2  3;  /* 4*/
%let subject_name='受试对象编号';
                                /* 5*/
%let treat_name='剂量';         /* 6*/
proc plan seed=&seed;           /* 7*/
  factors subject=&subject time=
3 ordered;
  treatments treat=3 cyclic;
  output out=a
  time cvals=(&time_values)
  treat nvals=(&treat_values);
run;
ods html style=analysis;    /* 8*/
proc tabulate style=[width=200]
format=2.0;
  class subject time;
  var treat;
  table subject='', treat=&treat
_name* time
   =''* sum =''/box =[label =
&subject_name];
run;
ods html close;
```

程序说明：第 1～6 步为设置宏变量，依次为随机种子数、受试对象个数、各阶段名称、各处理名称、受试对象名称(后加“编号”二字)、处理因素名称，使用时仅需根据实际情况修改这 6 个宏变量的取值即可。第 3、5 和 6 步中，宏变量为字符型变量，其取值需以英文单引号括起来，尤其是第 3 步，同时赋以因素的多个水平值，此时每个水平都需以英文单引号括起来，各水平之间需留有一个或多个空格。第 4 步中，宏变量为数值型变量(由第 8 步中调用的 TABULATE 过程决定的，必须为数值型变量)，水平值无需用英文单引号括起来，但各水平之间同样需留有一个或多个空格。第 7 步是调用 PLAN 过程将数字进行随机化排列，结果输出至数据集 sheji 中。第 8 步调用 TABULATE 过程将设计方案以报表形式展现出来。

程序输出结果如下：

受试对象编号	剂　量		
	第 1 阶段	第 2 阶段	第 3 阶段
1	2	3	1
2	2	3	1
3	1	2	3
4	2	3	1
5	2	3	1
6	3	1	2
7	3	1	2
8	3	1	2

受试对象编号	剂量		
	第 1 阶段	第 2 阶段	第 3 阶段
9	1	2	3
10	3	1	2
11	3	1	2
12	1	2	3
13	2	3	1
14	1	2	3
15	1	2	3
16	3	1	2
17	2	3	1

其中，第 1 行数据表示 1 号受试者在第 1 阶段接受 2 号剂量药物(即 2800mg/d 羟基柠檬酸)处理，在第 2 阶段接受 3 号剂量药物(即 5600mg/d 羟基柠檬酸)处理，在第 3 阶段接受 1 号剂量药物(即安慰剂)处理。其他可依此类推。

17.1.7　用 SAS 实现析因设计

【例 17-7】　某研究者欲探讨 I 型多聚 ADP 核糖合成酶(PARP1)在心肌梗死后大鼠心肌组织中的表达及活性变化，选择雄性 Wistar 大鼠 36 只，体重为 210～260g，均结扎冠状动脉左前降支(LAD)近端建立急性心肌梗死(AMI)模型，并在术前 15～20min 及术后 2h 腹腔注射相应药物，以后每天注射同等剂量，直至处死当天为止。试验中涉及的药物有 30mg/kg 剂量的 3－氨基苯甲酰胺(3－AB)、100mg/kg 剂量的 3－氨基苯甲酰胺(3－AB)和 0.9% 氯化钠溶液(AMI 组)，注射药物天数有 1 天、3 天和 7 天。拟采用析因设计安排此试验，请给出具体的试验设计方案。

分析：试验中涉及两个因素，分别是药物种类(30mg/kg 剂量的 3－AB、100mg/kg 剂量的 3－AB 和 0.9% 氯化钠溶液)和注射药物天数(1 天、3 天和 7 天)，共可组合出 9 种试验条件，由于共有 36 只 Wistar 大鼠，所以每种试验条件下可进行 4 次独立重复试验(即 4 只大鼠)。对 36 只 Wistar 大鼠进行编号，范围为 1～36。SAS 程序如下，程序名为 BCJQ17_7.sas：

```
%let seed=10000;                    /*1*/
%let subject=36;                    /*2*/
%let treat1=3;                      /*3*/
%let treat2=3;                      /*4*/
%let repeat=4;                      /*5*/
%let treat1_values='30mg/kg 的 3-AB'
    '100mg/kg 的 3-AB'  '0.9% 氯化钠';
                                    /*6*/
%let treat2_values='1 天'  '3 天'
  '7 天';                           *7*/
%let repeat_values='重复试验 1'  '重复试验 2'
    '重复试验 3'  '重复试验 4';/*8*/
%let subject_name='Wistar 大鼠编号';
                                    /*9*/
%let treat_name='药物种类(左)和
    注射天数(右)';                   /*10*/
proc plan seed=&seed;               /*11*/
  factors treat1 = &treat1 treat2 =&treat1
proc plan seed=&seed;               /*12*/
  factors subject=&subject;
  output out=b;
run;
data c;                             /*13*/
  merge a b;
run;
ods html style=analysis;            /*14*/
proc tabulate data = c style = [width=100]
  format=2.0;
  class treat1 treat2 repeat;
  var subject;
  table treat1 = ''* treat2 = '', subject=
  &subject_name* repeat = ''* sum=''/
  box=[label=&treat_name];
run;
ods html close;
```

```
  repeat = &repeat;
  output out = a
  treat1 cvals = (&treat1_values)
  treat2 cvals = (&treat2_values)
  repeat cvals = (&repeat_values);
run;
```

程序说明：第 1 ~ 10 步为设置宏变量，依次为随机种子数、受试对象个数、试验因素 1 的水平数、试验因素 2 的水平数、独立重复试验的次数、试验因素 1 中各水平的名称、试验因素 2 中各水平的名称、各次独立重复试验的名称、受试对象名称（后加“编号”二字）、全部试验因素的总名称，使用时仅需根据实际情况修改这 10 个宏变量的取值即可。第 6 ~ 10 步中，宏变量为字符型变量，其取值需以英文单引号括起来，尤其是第 6 ~ 8 步中，同时赋以因素的多个水平值，此时每个水平都需以英文单引号括起来，各水平之间需留有一个或多个空格。第 11 步调用 PLAN 过程产生 treat1、treat2、repeat3 个变量各水平完全组合产生的 36 种条件，并对其进行随机化。第 12 步调用 PLAN 过程产生 subject 的编号，并对其进行随机化。第 13 步为数据步，实现对此前 PLAN 过程步产生的 a、b 两个数据集的合并。第 14 步是调用 TABULATE 过程，以报表形式将设计方案展现出来。

程序输出结果如下：

药物种类(左)和注射天数(右)		Wistar 大鼠编号			
		重复试验 1	重复试验 2	重复试验 3	重复试验 4
0.9% 氯化钠	1 天	12	25	16	14
	3 天	32	18	8	3
	7 天	4	24	28	22
100mg/kg 的 3 - AB	1 天	29	30	34	5
	3 天	27	6	15	35
	7 天	23	36	11	33
30mg/kg 的 3 - AB	1 天	20	2	9	13
	3 天	17	31	10	26
	7 天	7	19	21	1

其中，第 1 行数据表示第 12、25、16 及 14 号 Wistar 大鼠在第 1 天接受 0.9% 氯化钠溶液处理。其他可依此类推。

17.1.8　用 SAS 实现含区组因素的析因设计

【例 17-8】 某研究者欲研究小鼠在以不同注射剂量（每天总注射量，因素 A）和不同注射频率（每天注射次数，因素 B）下药剂 ACTH 对尿总酸度的影响。其中，A 有 3 个水平：低剂量、中剂量和高剂量；B 有 3 个水平：1 次/天、2 次/天和 3 次/天。这两个因素共有 9 种水平组合，称为 9 个处理组。研究者欲采用含区组因素的析因设计安排此试验，先将 54 只小鼠按某些条件分为 6 个区组，使每个区组中的 9 只小鼠在规定的方面条件最为接近，然后，将每个区组中的 9 只小鼠随机地分入 9 个处理组中。请给出具体的设计方案。

分析：对 54 只小鼠进行编号，区组 1 内的小鼠编号范围为 1 ~ 9，区组 2 内的小鼠编号范围为 10 ~ 18，区组 3 内的小鼠编号范围为 19 ~ 27，区组 4 内的小鼠编号范围为 28 ~ 36，区组 5 内的小鼠编号范围为 37 ~ 45，区组 6 内的小鼠编号范围为 46 ~ 54。SAS 程序如下，程序名为 BCJQ17_8. sas：

```
%let seed=10000;                    /* 1*/
%let block=6;                       /* 2*/
%let treat1_level=3;                /* 3*/
%let treat2_level=3;                /* 4*/
%let treat1 =低剂量@ 中剂量@ 高剂量;
                                    /* 5*/
%let treat2 =1 次/天@ 2 次/天@ 3 次/天;
                                    /* 6*/
%let subject_name='小鼠编号'; /* 7*/
%let block_name='区组';       /* 8*/

proc plan seed=&seed;               /* 9*/
  factors block=&block ordered
  condition=%eval(&treat1_level*
  &treat1_level);
  output out=a;
run;
data b;                             /* 10*/
  set a;
  subject=_n_;
  do i=1 to &treat1_level;
   if condition <= i * &treat1_
level and
  condition >(i-1)* &treat1_lev-
el then do;
  a=i;
  b=condition-(i-1)* &treat1_
level;
  end;
end;
run;
% macro modify (treat1_level,
treat2_level);                      /* 11*/
%do i=1 %to &treat1_level;
data b;
  set b;
  if a=&i then
  a1="%sysfunc(scan(&treat1, &i,
@),20)";
run;
%end;
%do i=1 %to &treat2_level;
data b;
  set b;
  if b=&i then
  b1="%sysfunc(scan(&treat2, &i,
@),20)";
run;
%end;
%mend modify;
%modify(&treat1_level, &treat2_
level);                             /* 12*/
ods html style=analysis;            /* 13*/
proc tabulate style=[width=60]
format=2.0;
  class block a1 b1;
  var subject;
   table block=' ', subject =
&subject_name* a1
   =''* b1=''* sum=''/box=[la-
bel=&block_name];
run;
ods html close;
```

程序说明：第 1 ~8 步为设置宏变量，依次为随机种子数、区组因素水平数、试验因素 1 的水平数、试验因素 2 的水平数、试验因素 1 中各水平的名称(各水平间以@ 符号间隔，方便后续调用)、试验因素 2 中各水平的名称(各水平间以@ 符号间隔，方便后续调用)、受试对象名称(后加“编号”二字)、区组因素名称，使用时仅需根据实际情况修改这 8 个宏变量的取值即可。第 9 步调用 PLAN 过程产生初步的设计方案，并对其进行随机化。第 10 步为数据步，对此前 PLAN 过程步产生的数据集 a 进行操作，目的是产生小鼠编号，并将试验条件还原为各因素的水平组合。第 11 步为创建宏程序，从而使以数字形式给出的试验因素的水平转换为第 5、6 步中的字符，使最终的试验方案更容易理解。第 12 步为调用之前创建的宏程序 modify。第 13 步是调用 TABULATE 过程，以报表形式将设计方案展现出来。

程序输出结果如下：

区组	小鼠编号								
	低剂量			高剂量			中剂量		
	1 次/天	2 次/天	3 次/天	1 次/天	2 次/天	3 次/天	1 次/天	2 次/天	3 次/天
1	7	4	6	8	9	2	3	5	1
2	15	18	11	12	17	13	14	16	10
3	26	20	24	22	27	25	23	21	19
4	33	36	30	31	29	35	34	32	28
5	38	39	43	45	44	40	37	42	41
6	52	49	54	53	46	48	50	47	51

其中，第 1 行数据表示 7、4、6 号小鼠分别接受 1 次/天的低剂量、2 次/天的低剂量、3 次/天的低剂量药剂 ACTH 注射，8、9、2 号小鼠分别接受 1 次/天的高剂量、2 次/天的高剂量、3 次/天的高剂量药剂 ACTH 注射，3、5、1 号小鼠分别接受 1 次/天的中剂量、2 次/天的中剂量、3 次/天的中剂量药剂 ACTH 注射。其他可依此类推。

17.1.9　用 SAS 实现平衡不完全随机区组设计

【例 17-9】　某研究者欲比较生陈皮及采用 8 种不同炮制方法（去白、土炒、清炒、糠炒、麸炒、甘草炙、盐炙、福州制）得到的炮制陈皮对气管和回肠平滑肌的抑制作用，选择 18 窝豚鼠为受试对象，由于每窝仅能保证 5 只，拟采用平衡不完全随机区组设计安排此试验，请给出具体的设计方案。

分析：对受试对象进行编号，第 1 窝内的受试对象编号范围为 1 ~ 5，第 2 窝内的受试对象编号范围为 6 ~ 10，依此类推，直至第 18 窝，其受试对象编号范围为 86 ~ 90。生陈皮及去白、土炒、清炒、糠炒、麸炒、甘草炙、盐炙、福州制 9 种炮制陈皮依次编为陈皮 1 ~ 陈皮 9。SAS 程序如下，程序名为 BCJQ17_9. sas：

```
%let seed = 10000;                    /* 1*/
%let block = 18;                      /* 2*/
%let treat_level = 9;                 /* 3*/
%let subject_per_block = 5;           /* 4*/
%let subject_name = '豚鼠编号';
                                      /* 5*/
%let block_name = '区组';             /* 6*/
%let treat_name = 生陈皮@ 去白@ 土炒
@ 清炒
  @ 糠炒@ 麸炒@ 甘草炙@ 盐炙@ 福州制;
                                      /* 7*/
%let length = 8;                      /* 8*/
data a;                               /* 9*/
  length treatment $ &length;
  input treatment;
  cards;
run;
%macro modify(treat_level);           /* 10*/
%do i = 1 %to &treat_level;
data b;
   treatment = "% sysfunc ( scan
(&treat_name, &i,
  @ ), &length)";
run;
data a;
  set a b;
run;
%end;
%mend modify;
%modify(&treat_level);                /* 11*/
proc optex data = a seed = &seed cod-
ing = orth;                           /* 12*/
  class treatment;
  model treatment;
  blocks structure = (&block)
  &subject_per_block;
  output out = c;
run;
data d;                               /* 13*/
  set c;
  subject = _n_;
run;
ods html style = analysis;            /* 14*/
proc tabulate style = [width = 70]
format = 2.0;
  class block treatment;
  var subject;
  table
block = '', subject = &subject_name
* treatment = ''* sum = ''/box = [la-
bel = &block_name];
run;
ods html close;
```

程序说明：第 1 ~ 8 步为设置宏变量，依次为随机种子数、区组因素水平数、处理因素的水平数、每个区组中的受试对象数、受试对象名称（后加“编号”二字）、区组因素名称、处理因素各水平的名称（各水平间以@ 符号间隔，方便后续调用）和处理因素各水平中取值的最大字节数（每个英文字母或数字为 1 个字节，每个汉字为 2 个字节），使用时仅需根据实际情况修改这 8 个宏变量的取值即可。第 9 步为建立一个包含 treatment 变量的空数据集 a。第 10 步为创建宏程序，从而将处理因素的各水平以列的形式存入数据集 a 中。第 11 步为调用之前创建的宏程序 modify。第 12 步调用 OPTEX 过程产生试验设计方案，并对其进行随机化。第 13 步对数据集 c 进行操作，产生受试对象编号，相当于为每个受试对象分组。第 14 步是调用 TABULATE 过程，以报表形式将设计方案展现出来。

程序输出结果如下：

区组	豚鼠编号								
	福州制	甘草炙	糠炒	清炒	去白	生陈皮	土炒	盐炙	麸炒
1	4	.	.	3	5	.	1	.	2
2	.	7	.	.	.	10	8	6	9
3	15	12	11	.	.	13	14	.	.
4	20	.	17	.	16	.	.	18	19
5	.	22	25	21	.	.	.	23	24
6	28	.	.	.	30	27	26	29	.
7	32	35	34	.	.	33	.	.	31
8	.	38	39	37	40	.	36	.	.
9	45	.	41	44	.	.	42	43	.
10	.	.	50	46	47	49	.	.	48
11	.	51	55	.	52	.	54	53	.
12	60	58	.	57	.	.	56	.	59
13	.	65	.	64	62	63	.	61	.
14	70	.	67	66	.	69	.	68	.
15	.	.	73	.	72	75	74	.	71
16	78	79	.	.	80	.	.	77	76
17	85	83	.	81	84	82	.	.	.
18	.	.	.	88	.	90	89	87	86

其中，第 1 行数据表示第 1 ~ 5 号受试对象分别接受土炒、麸炒、清炒、福州制和去白处理的陈皮。其他可依此类推。

17.1.10 用 SAS 实现分式析因设计

【例 17-10】 某工程师欲改进集成电路生产线的产量，研究因素有 5 个：窗口大小(小，大)、曝光时间(低于额定的 20%，高于额定的 20%)、冲洗时间(30s，45s)，屏蔽大小(小，大)及蚀刻时间(14.5min，15.5min)。工程师认为仅需考察各因素主效应及少数几个两因素之间的一级交互作用，并希望试验次数尽可能少一些，故采用 1/2 分式析因设计，请给出具体的设计方案。

分析：5 个二水平因素的全面组合有 32 种试验条件，工程师采用 1/2 分式析因设计，故需要在其中的 16 种试验条件下进行试验。对受试对象进行编号，编号范围为 1 ~ 16。SAS 程序如下，程序名为 BCJQ17_10. sas：

```
proc factex;                              /* 1 */
  factors wsize extime wtime ssize
etime;
  size design = 16;
  model resolution = 5;
  examine design;
  output out = a
  wsize   cvals = ('small' 'large')
  extime cvals = ('-20% ' '+20% ')
  wtime   nvals = (30 45)
  ssize   cvals = ('small' 'large')
  etime   nvals = (14.5 15.5) ran-
domize(2000);
run;
```

```
data b;                                   /* 2 */
  set a;
  subject = _n_;
run;
ods html;
proc print noobs;                         /* 3 */
  var subject wsize extime wtime
ssize etime;
run;
ods html close;
```

程序说明：第 1 步是调用 FACTEX 过程产生试验设计并对其进行随机化，结果输出至数据集 a 中。第 2 步对数据集 a 进行操作，产生受试对象编号，保存至数据集 b 中。第 3 步打印输出设计方案。

程序输出结果如下：

subject	wsize	extime	wtime	ssize	etime
1	small	-20%	30	large	15.5
2	large	-20%	45	small	14.5
3	small	-20%	45	large	14.5
4	small	+20%	30	small	15.5
5	small	+20%	45	large	15.5
6	large	-20%	45	large	15.5
7	large	+20%	45	large	14.5
8	large	+20%	30	large	15.5
9	small	+20%	30	large	14.5
10	small	-20%	30	small	14.5
11	large	+20%	45	small	15.5
12	small	-20%	45	small	15.5
13	small	+20%	45	small	14.5
14	large	+20%	30	small	14.5
15	large	-20%	30	large	14.5
16	large	-20%	30	small	15.5

其中，第 1 行数据表示 1 号受试对象所接受的试验条件为：小窗口，曝光时间低于额定的 20%，冲洗时间为 30s，大屏蔽，蚀刻时间为 15.5min。其他可依此类推。

17.2　有关 SAS 过程的功能比较

17.2.1　PLAN 过程简介

PLAN 过程隶属于 SAS/STAT 模块，可用于构建各种常见的试验设计并对设计方案进行随机化，特别是析因设计、嵌套设计、交叉设计以及随机区组设计，也可用于产生数字的排列组合表。

PLAN 过程的语法结构如下：

```
PROC PLAN <options>;
  FACTORS factor-selections </NOPRINT>;
  OUTPUT OUT=SAS-data-set <factor-value-settings>;
  TREATMENTS factor-selections;
```

PLAN 过程为交互式过程，首次使用时 PROC PLAN 及 FACTORS 语句为必选项，即在第一个 RUN 语句之前此两句缺一不可，其他语句可根据需要选用。若已激活 PLAN 过程，程序编辑窗口将显示 PROC PLAN running 或 PROC PLAN 正在运行，此时 PROC PLAN 及 FACTORS 语句为可选项。在程序完整后，需加上 RUN 语句，否则产生的设计方案将存储于计算机缓存中，并未输出到 OUTPUT 窗口。

退出 PLAN 过程的方法有以下几种：

① 另起一 DATA 步。

② 另起一 PROC 步。

③ 使用 QUIT 语句，退出当前正在调用的过程。

④ 使用 ENDSAS 语句，结束本次 SAS 的使用。

下面介绍一下 PLAN 过程的语法与选项。

1. PROC PLAN <options>

此语句用以激活 PLAN 过程，在 PROC PLAN 后可以使用的选项包括 SEED = number 和 ORDERED。

SEED = number 通过指定一个整数作为种子数来启动伪随机数发生器，从而随机地安排因素的水平。如果此选项默认或指定 0 或负整数作为种子数，则 SAS 系统将以用户计算机时间作为种子数。

ORDERED 用于说明各因素的水平按从小到大有序排列，除非在 FACTORS 和 TREATMENTS 语句中对因素水平的排列方式另有说明。若空缺此选项，则 PLAN 过程默认因素各水平为随机排列。

与其他过程步不同的是，PLAN 过程在 PROC PLAN 语句中没有"DATA = 数据集名"选项。

2. FACTORS factor-selections </NOPRINT>

FACTORS 语句用于指定产生设计方案的因素并生成设计方案。factor – selections（因素选择）用来说明因素的选择方式，在一个 FACTORS 语句中同时使用多个 factor – selections 来定义多个因素。NOPRINT 用于说明不在 OUTPUT 窗口输出此过程步产生的结果，同时屏蔽 ODS 系统的功效，这在需要将本过程步产生的有关信息保存至数据集时比较有用。

factor-selections（因素选择）的形式如下：

```
name = m <OF n> <selection-type>;
```

其中，name 用于给出设计中因素的名称；m 指某因素最终选取的水平的个数，m 为正整数；若同时规定 n（含义见后），则 m≤n；n 指某因素可供选择的水平的总个数，n 为正整数；"m of n"指从 n 个水平中选取 m 个。

selection- type 提供了 5 种选择因素水平的方法，分别为 RANDOM、ORDERED、PERM、COMB 和 CYCLIC。默认值为 RANDOM，除非在 PROC PLAN 语句中使用 ORDERED 选项将默认值修改为 ORDERED。此外，CYCLIC 方式还可使用额外的选项来指定循环排列的起始组和增量。5 种选择方式详细说明如下：

① RANDOM 从 1，2，…，n 中无放回地随机抽取 m 个数值作为因素的水平。若未指定 n，则仅对 1，2…，m 进行随机排列。

② ORDERED 将 1，2，…，m 按由小到大的顺序排列，一般不指定 n，因其是否指定对结果无影响。如"a = 5 of 7 ordered"与"a = 5 ordered"结果相同，均为"1，2，3，4，5"。

③ PERM 将 1，2，…，m 进行排列，其全部可能的顺序有 m！种，排列的次序为此 m 个数字组合而成的一个正整数从小到大的递进。例如，"r = 120 ordered a = 5 perm"的结果为"1，2，3，4，5；1，2，3，5，4；1，2，4，3，5；…；5，4，3，1，2；5，4，3，2，1"，数值由 12345 递增至 54321。注意，若 FACTORS 语句中，仅有 a = 5 perm，则只产生 1 个排序结果，即 1，2，3，4，5。所以 PERM 选项所指定的某个因素，其所能产生的水平组合数取决于 FACTORS 语句中此因素之前的所有因素的水平组合数。

④ COMB 每次从 1，2，…，n 中选取 m 个数字进行组合，选取的规则是保证每次选取出来的 m 个数字按由小到大排列，且多次选取所产生的排列后的组合值逐渐递增。

⑤ CYCLIC <initial- block><increment> 通过循环排列的方式来选择因素的水平。若未指定 n，则认为 m 即为上界，默认的初始区组为 1，2，…，m，默认的增量为 1，可推断第二次循环结果为 2，3，…，m，1，以此类推；若指定 n，则以 n 为上界。当然，也可通过使用附加选项来指定初始区组

和增量。注意，指定的初始区组需有 m 个数字，且要用圆括号括起来。初始区组的值不要求必须升序或降序排列，增量跟在初始区组的括号后即可。

3. OUTPUT OUT = SAS-data-set <DATA = SAS-data-set><factor-value-settings>

交互式使用 PLAN 过程时，OUTPUT 语句必须紧跟在 FACTORS 语句（和 TREATMENTS 语句，若有的话）之后，且仅用于输出最近的一个设计方案，也可使用最近的设计方案对另一已存在的 SAS 数据集进行随机化。

OUTPUT 语句中也提供了很多选项（OUT = SAS-data-set 为必选项），现简述如下。

（1）OUT = SAS-data-set <DATA = SAS-data-set>

若在 OUTPUT 语句中，仅使用 OUT = SAS-data-set，则 PLAN 过程将最近产生的设计方案输出到此语句指定的 SAS 数据集中。此数据集中，每个变量代表 1 个因素，每个观测代表 1 种试验条件。某观测中某变量的取值即对应相应因素的水平值。

若在 OUTPUT 语句中，同时联用 OUT = SAS-data-set 及 DATA = SAS-data-set 这两个选项，则 PLAN 过程使用最近产生的设计方案来对输入数据集（DATA = SAS-data-set）进行随机化，并将随机化结果保存在输出数据集（OUT = SAS-data-set）中。输出数据集与输入数据集形式一致，仅改变其对应变量的取值。输入数据集中与设计方案里所含无关的因素，其取值保持不变并保留在输出数据集中。

（2）factor-value-settings（因素值的设定）

此选项可用于设计方案中因素水平输出值的设定。对于单用 OUT = SAS-data-set 与 OUT = SAS-data-set 和 DATA = SAS-data-set 联用，factor-value-settings 语句的格式略有不同。

① 单用 OUT = SAS-data-set 语句时 factor-value-settings 语句的格式如下：

```
factor-name <NVALS=list-of-n-numbers > <ORDERED | RANDOM> ;  或
factor-name <CVALS=list-of-n-strings > <ORDERED | RANDOM> ;
```

其中，factor-name 是 OUTPUT 语句之前最后一个 FACTORS 语句中的某个因素；NVALS = 后面列出 n 个数值，作为因素的水平值，PLAN 过程默认 NVALS = (1 2 … n)；CVALS = 后面列出 n 个字符串，作为因素的水平值，每个字符串长度不超过 40 字节，且必须以引号（单、双皆可）括起来。需要注意的是，在输出数据集中的变量的长度以括号中最长的那个字符串的长度为准，短于此字符串的其他字符串尾端以空格补齐。例如，以下两个语句所产生的这个 2 水平因素的相同水平“China”的值就有所不同：

```
CVALS = ('China' 'Beijing');
CVALS = ('China' 'Shanghai');
```

第一个语句产生的变量的长度以字符串最长的“Beijing”为准，为 7 个字节，所以此变量水平“China”尾端接 2 个空格；同理，第二个语句产生的变量的长度以字符串最长的“Shanghai”为准，为 8 个字节，所以此变量水平“China”尾端接 3 个空格。若想匹配类似这两个语句中的“China”（如合并数据集时就可能用到），则需在 DATA 步中调用 TRIM 函数来删去尾端空格。

ORDERED | RANDOM 用来指定如何将 NVALS = 或 CVALS = 语句中给定的值与因素水平（1，2，…，n）相关联。默认为 ORDERED，即 NVALS = 或 CVALS = 语句中给定的第一个值与因素的第一个水平 1 相对应，第二个值与因素的第二个水平 2 相对应，以此类推。也可将关联方式指定为 RANDOM，这样给定的值与因素水平的对应就是随机决定的。

② 联用 OUT = SAS-data-set 和 DATA = SAS-data-set 语句时 factor-value-settings 语句的格式。

其格式与单用 OUT = SAS-data-set 语句时的格式基本相同。当然，PLAN 过程要求最近生成的设计方案里的因素都必须能够与输入数据集中的一个变量相对应。如果输入数据集中的变量名称与其在设计方案中的对应的因素名称不一致时，可通过如下语句进行说明：

```
input-variable-name = factor-name;
```

即输入数据集中变量名称在等号左边，等号右边给出其在设计方案中对应因素的名称。此说明之后也可使用 NVALS = 或 CVALS = 语句，格式与单用 OUT = SAS-data-set 语句时相同。

另外，PLAN 过程设定输入数据集中的每个观测是对设计方案的位置说明，从而将设计方案中此位置的数值替换输入数据集中的观测，并输出到输出数据集中。所以，输入数据集中各变量的取值范围应包含在设计方案中相应因素的取值范围之内。否则，此取值所在的观测将不被视为是对设计方案的位置说明，那么此观测也将毫无变化地输出到输出数据集中。

4. TREATMENTS factor- selections

TREATMENTS 语句用来规定产生试验设计方案的处理，但它不产生试验设计方案。如果在第一个 RUN 语句之前，使用多个 FACTORS 语句和 TREATMENTS 语句，那么 PLAN 过程将仅以最后一个 TREATMENTS 语句和每个 FACTORS 语句各产生一个设计方案。此语句格式同 FACTORS 语句：

```
name=m <OF n> <selection-type>;
```

PLAN 过程规定，在 FACTORS 语句中最后一个因素(Factor)的每个水平下，TREATMENTS 语句中各处理(Treatment)均需选择一个水平与之匹配。所以 TREATMENTS 语句中规定每种处理的水平数均要大于或等于 FACTORS 语句中最后一个因素的水平数。

5. ODS 语句

在 PLAN 过程中，可以通过使用 ODS 语句，选择性地将此过程产生的结果输出到数据集中。具体的表名、相关信息及适用语句条件见表 17-1。

表 17-1　PLAN 过程中使用 ODS 语句输出数据集

ODS 输出表名	输出内容	适用语句
finfo	因素的信息	过程中仅有 FACTORS 语句
pfinfo	因素的信息	过程中同时有 FACTORS 和 TREATMENTS 语句
tfinfo	处理的信息	过程中同时有 FACTORS 和 TREATMENTS 语句
plan	设计方案	任意

17.2.2　FACTEX 过程简介

FACTEX 过程隶属于 SAS/QC(质量控制)模块，可用于构建各种具有正交性的试验设计，这些设计可以是析因设计，也可以是分式析因设计，同时可以包含区组因素，也可用于构建多阶段试验设计，如裂区设计。

FACTEX 过程是一个交互式的过程，对因素的个数和试验设计的大小没有限制，可用来构建下列设计类型：

- 含区组或不含区组的析因设计、分式析因设计；
- 裂区设计、分式裂区设计；
- 完全随机区组设计；
- 含外数组的析因设计；
- 超希腊拉丁方设计。

通过与 DATA 步的联合，FACTEX 过程可以实现更多更复杂的设计，如不完全随机区组设计等。

FACTEX 过程的基本语法结构如下：

```
PROC FACTEX < options >;
  FACTORSfactor-names < / option >;
  SIZEsize-specification;
  MODELmodel-specification < MINABS < (d) >>;
  BLOCKSblock-specification;
  UNITEFFECTSuniteffects / < WHOLE = () > < SUB = () >;
  EXAMINE <options >;
  OUTPUT OUT = SAS-data-set < options >;
RUN;
```

下面以简表的形式将各语句中的可选项及其作用表述出来，以供参考，见表 17-2 表中大写字母为 SAS 语句关键词或提供的可选项，小写字母为用户可自定义的值。

表 17-2　FACTEX 过程中各语句可选项及其作用

作　用	适 用 语 句	选　项
定义因素		
设定多个 2 水平的因素	FACTORS	$factor_1 \cdots factor_f$
设定多个 q 水平的因素	FACTORS	$factor_1 \cdots factor_f$/ NLEV = q
定义设计大小		
指定试验点个数	SIZE	DESIGN = n
指定分式析因设计的分数	SIZE	FRACTION = h
指定索引因素的个数	SIZE	NRUNFACS = m
最小化试验点个数	SIZE	DESIGN = MINIMUM 或 FRACTION = MAXIMUM
设定区组因素		
设定区组个数	BLOCKS	NBLOCKS = b
设定区组大小	BLOCKS	SIZE = k
设定用于产生区组因素的伪因素的个数	BLOCKS	NBLKFACS = s
最小化区组大小	BLOCKS	NBLOCKS = MAXIMUM 或 SIZE = MINIMUM
设定模型		
待估计效应	MODEL	ESTIMATE = (effects)
待估计效应和不可忽略效应	MODEL	ESTIMATE = (effects) NONNEG = (nonnegligible- effects)
设计的分辨度	MODEL	RESOLUTION = r
含最高级分辨度的设计	MODEL	RESOLUTION = MAXIMUM
最小偏差设计（至第 $d-1$ 级交互作用）	MODEL	EST = (…) <NONNEG = (…) > 或 RES = …/MIN-ABS < d >
寻找设计		
最大寻找时间	PROC FACTEX	SECONDS = t 或 TIME = t
限制寻找	PROC FACTEX	NOCHECK
设置重复		
重复整个设计 c 次	OUTPUT OUT = SAS-data-set	DESIGNREP = c
对数据集中的每个观测重复设计一次	OUTPUT OUT = SAS-data-set	DESIGNREP = SAS- data- set
将设计中的每个试验点重复 p 次	OUTPUT OUT = SAS-data-set	POINTREP = p
对设计中的每个试验点重复数据集一次	OUTPUT OUT = SAS-data-set	POINTREP = SAS- data- set

（续表）

作　　用	适 用 语 句	选　　项
随机化		
随机化整个设计	OUTPUT OUT = SAS-data-set	RANDOMIZE
随机化设计但不随机分配因素水平	OUTPUT OUT = SAS-data-set	RANDOMIZE NOVALRAN
指定随机种子数	OUTPUT OUT = SAS-data-set	RANDOMIZE(u)
查看设计		
编码的因素和区组水平	EXAMINE	DESIGN
列出设计的特征	EXAMINE	
混杂结构(至第 $d-1$ 级交互作用)	EXAMINE	ALIASING <d>
混杂规则	EXAMINE	CONFOUNDING
保存设计		
编码的因素水平	OUTPUT OUT = SAS-data-set	
解码的因素水平(数值型)	OUTPUT OUT = SAS-data-set	factor-name NVALS = (level1…levelq)
解码的因素水平(字符型)	OUTPUT OUT = SAS-data-set	factor-name CVALS = ('level1'… 'levelq')
更改区组因素的名称	OUTPUT OUT = SAS-data-set	BLOCKNAME = block-name
解码的区组水平(数值型)	OUTPUT OUT = SAS-data-set	BLOCKNAME = block-name NVALS = (level1…levelb)
解码的区组水平(字符型)	OUTPUT OUT = SAS-data-set	BLOCKNAME = block-name CVALS = ('level1'… 'levelb')

使用 FACTEX 过程，可参考以下策略进行：

① 使用 PROC FACTEX 语句激活此过程，并使用 FACTORS 语句给出设计中涉及的因素。

② 如设计中包含区组因素，则需使用 BLOCKS 语句和 MODEL 语句。若设计为全因子设计的部分实施等，则需使用 SIZE 语句和 MODEL 语句来指定设计的一些特性。如果尚无法确定设计的大小或区组的个数，则可通过使用 SIZE 语句或 BLOCKS 语句的优化特性来自动选择。

③ 输入 RUN 语句，核查日志(log)窗口看是否有相应的设计存在。若有相应的设计，则进行下一步；若没有相应的设计，则需修改 SIZE、BLOCKS、MODEL 语句中的设置，直到找到相应的设计为止。

④ 检查设计的混杂结构，如果有需要考察的因素或交互效应相互混杂，则需返回第②步重新设定相应特性来寻找新的设计。

⑤ 找到合适的设计后，使用 OUTPUT 语句将设计保存至数据集中，对因素水平进行解码，对区组因素更名和解码，重复试验或对设计进行随机化。待试验完成后，将相应的反应变量的值输入数据集中，使用 GLM 过程或 REG 过程等对数据进行统计分析。

17.2.3　OPTEX 过程简介

OPTEX 过程隶属于 SAS/QC(质量控制)模块，可用于构建各种最优试验设计。用户设定备选试验点和线性模型后，OPTEX 过程将挑选最合适的试验点以尽可能有效地评估模型中有关项目的效应。它适用于构建各种非标准的试验设计。

有时，因为某种原因，采用各种标准设计来安排试验是不可行的。这些原因包括：

① 并非所有的因素水平的组合而成的试验条件在现实中都是可行的。

② 试验区域成形不规则。

③ 资源条件等限制了所能承受的试验次数。

④ 存在非标准的线性或非线性模型。

OPTEX 过程的基本语法结构如下：

```
PROC OPTEX < options >;
  CLASSclass-variables;
  MODELeffects < MINABS < (d) >>;
  BLOCKSblock-specification < options >;
  EXAMINE  < options >;
  GENERATE < options >;
  ID variables;
  OUTPUT OUT = SAS-data-set  < options >;
RUN;
```

下面以简表的形式将各语句中的可选项及其作用表述出来，以供参考，见表 17-3。其中，X 表示设计矩阵。表中大写字母为 SAS 语句关键词或提供的可选项，小写字母为用户可自定义的值。

表 17-3　OPTEX 过程中各语句选项及其作用

作　用	适 用 语 句	选　项
设定模型特性		
试验点数	GENERATE	N = number
饱和设计	GENERATE	N = SATURATED
扩增设计	GENERATE	AUGMENT = SAS- data- set
贝叶斯最优设计	MODEL	/ PRIOR = p_1，p_2，…
最优标准		
最小化$(X'X)^{-1}$的迹	GENERATE	CRITERION = A
最大化$\|X'X\|$	GENERATE	CRITERION = D
设计到备选点距离最小化	GENERATE	CRITERION = U
最近设计点平均距离最大化	GENERATE	CRITERION = S
模型设定		
设定反应变量	MODEL	effects
排除截距项	MODEL	effects NOINT
设定分类变量	CLASS	variables
设定分类变量的参数	CLASS	/ PARAM = parameterization
显示分类变量的参数	PROC OPTEX	CLASSPARM
静态编码	PROC OPTEX	CODING = STATIC
正交编码	PROC OPTEX	CODING = ORTH
只考虑备选设计点的正交编码	PROC OPTEX	CODING = ORTHCAN
不编码	PROC OPTEX	NOCODE
设定区组因素		
设定整体协方差阵	BLOCKS	COVAR = SAS- data- set < options > VAR = variables
设定整体协变量模型	BLOCKS	DESIGN = SAS- data- set < options >
设定 b 个大小为 k 的区组因素	BLOCKS	STRUCTURE = (b)k < options >
区组设置选项		
由不同的初始设计重复寻找 n 次		ITER = n
保留最优的 m 个设计		KEEP = m
随机选择初始设计		INIT = RANDOM
按顺序选择初始设计		INIT = CHAIN
初始矩阵特性		
随机和序贯的方法	GENERATE	INITDESIGN = PARTIAL < m >
选用随机的初始设计	GENERATE	INITDESIGN = RANDOM
选用序贯的初始设计	GENERATE	INITDESIGN = SEQUENTIAL
指定某个初始设计	GENERATE	INITDESIGN = SAS- data- set
设置设计的寻找		

（续表）

作　用	适用语句	选　项
保留最优的 n 个设计	GENERATE	KEEP = n
由不同的初始设计重复寻找 n 次	GENERATE	ITER = n
指定备选设计点	PROC OPTEX	DATA = SAS-data-set
指定随机种子数	PROC OPTEX	SEED = number
指定可接受的最小非 0 效应	PROC OPTEX	EPSILON = ε
寻找设计的方法		
最大偏移水平为 level 的 DETMAX 算法	GENERATE	METHOD = DETMAX <level>
交换算法	GENERATE	METHOD = EXCHANGE
k-交换算法	GENERATE	METHOD = EXCHANGE <k>
序贯算法	GENERATE	METHOD = SEQUENTIAL
FEDOROV 算法	GENERATE	METHOD = FEDOROV
修正的 FEDOROV 算法	GENERATE	METHOD = M_FEDOROV
保存设计		
最优设计	OUTPUT OUT = SAS-data-set	
特定设计	OUTPUT OUT = SAS-data-set	NUMBER = design-number
区组因素更名	OUTPUT OUT = SAS-data-set	BLOCK = variable-name
设置转换变量	ID	variables
显示设计		
设计特性	EXAMINE	
设计方案	EXAMINE	DESIGN
信息矩阵	EXAMINE	INFORMATION
特定最优设计	EXAMINE	NUMBER = design-number
方差阵	EXAMINE	VARIANCE
不输出	PROC OPTEX	NOPRINT

17.2.4　三个 SAS 过程的功能比较

PLAN 过程隶属于 SAS/STAT 模块，可用于实现常见的单因素设计及多因素设计，在交叉设计、嵌套设计、随机区组设计等方面功能较为强大，能够实现的设计类型包括成组设计、单因素多水平设计、随机区组设计、拉丁方设计、2×2 交叉设计、3×3 交叉设计、析因设计、嵌套设计、裂区设计、平衡不完全随机区组设计、部分平衡不完全随机区组设计等。

FACTEX 过程隶属于 SAS/QC 模块，可用于构建各种具有正交性的的试验设计，与 DATA 步联用时，功能更为强大，可实现的设计类型包括析因设计、含区组因素的析因设计、分式析因设计、含区组因素的分式析因设计、裂区设计、分式裂区设计、完全随机区组设计、混合水平设计、超希腊拉丁方设计等。

OPTEX 过程隶属于 SAS/QC 模块，可用于构建各种最优试验设计，尤其适用于构建各种非标准的试验设计。可实现的设计类型包括：平衡不完全随机区组设计、Bayesian 最优设计、D-最优设计、A-最优设计等。

在实际使用时，PLAN 过程即可满足常用的需求。FACTEX 过程和 OPTEX 过程多用于实现一些较为复杂的设计类型，使用起来虽不太麻烦，但需对试验设计类型的原理有较为深刻的理解。

另外，SAS 软件还提供了一个非编程模块 SAS/ADX，它通过强大的、直观的工具菜单调用 FACTEX 过程或 OPTEX 过程来设计试验，并可对试验数据进行探索性分析。可实现的设计类型包括分式析因设计、Plackett-Burman 设计、反应曲面设计、混料设计、混合水平设计、裂区设计、析因设计、最优设计等。有兴趣的读者可参阅相关说明书或文献。

第 18 章　ORTHOREG 和 QUANTREG 过程处理病态数据的效果展示

在简单回归分析和多重回归分析中，经常会遇见“病态”资料。何为“病态”资料呢？如果资料能在二维平面或三维空间中清楚地被展现出来或被表达出来，要么会看到有一些散点呈孤立的“离群点”，要么会看到有一些散点在变化规律上“与众不同”的连续变化且呈族状的“点集”。形成上述两种情况的可能原因有时出在自变量上，有时出在因变量上，有时同时出现在某些自变量和因变量上。本章将介绍两个例子，第一个例子的该问题出在因变量上，部分散点呈族状的“点集”；第二个例子的问题也出在因变量上，但部分散点呈孤立的“离群点”。本章将介绍如何甄别给定的资料是否为“病态”资料的方法，并介绍如何合理处置“病态”资料的技术。

18.1　用 ORTHOREG 过程拟合病态数据

18.1.1　实例及用 ORTHOREG 过程分析

【例 18-1】　假定有一组数据(x, y)，共 101 对，前 10 对数据和最后 10 对数据见表 18-1。

表 18-1　101 对(x, y)数据中的前 10 对数据和最后 10 对数据

i	x	y	i	x	y	i	x	y	i	x	y
1	0.00	0.00000	6	0.05	1.09421	92	0.91	-0.46975	97	0.96	-1.15844
2	0.01	0.60835	7	0.06	0.96998	93	0.92	-0.64040	98	0.97	-1.12892
3	0.02	0.96313	8	0.07	0.81205	94	0.93	-0.81205	99	0.98	-0.96313
4	0.03	1.12892	9	0.08	0.64040	95	0.94	-0.96998	100	0.99	-0.60835
5	0.04	1.15844	10	0.09	0.46975	96	0.95	-1.09421	101	1.00	0.00000

全部 101 对数据可由下面的 SAS 程序产生并可以网页格式输出(限于篇幅，输出从略)：

```
data Polynomial;
   do i = 1 to 101;
      x = (i-1)/(101-1);
      y = 10** (9/2);
      do j = 0 to 8;
         y = y * (x - j/8);
      end;
      output;
end;
run;
ods html;
proc print data = Polynomial(drop = j) noobs;
run;
ods html close;
```

下面拟合 y 随 x 变化而变化的函数关系。

分析与解答：首先，假定这 101 对数据来自某同质的总体，并且两变量在专业上是有联系的，

否则，研究它们之间的函数关系就没有任何价值；其次，需要绘制反映两定量变量之间变化关系的散布图。

基于前面的 SAS 程序产生了数据集 Polynomial，绘制散布图的程序如下：

```
ods html;
proc gplot data = Polynomial;
    plot y* x;
run;
ods html close;
```

程序运行结果如图 18-1 所示。

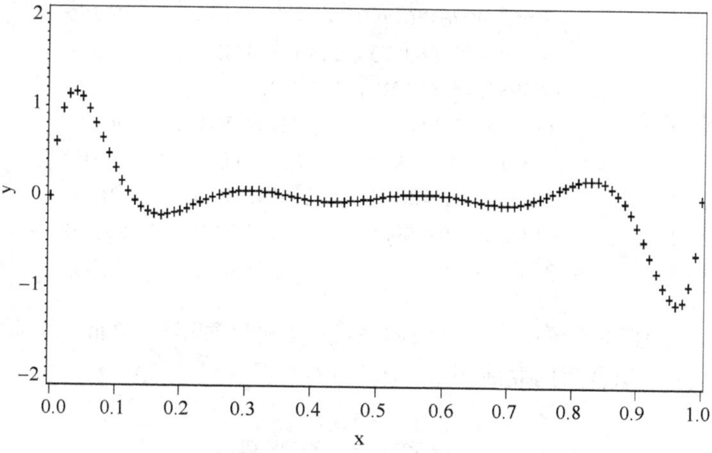

图 18-1　101 对(x, y)数据产生的散布图

对图 18-1 中由散点形成的曲线趋势进行目测分析：开始部分为一个凸起的单峰分布曲线，结束部分为一个凹陷的单峰分布曲线，中间是峰和谷都非常平坦的曲线。可以考虑拟合多项式曲线。

拟合多少次(或阶)多项式比较合适呢？可以从 3 次多项式开始往上拟合，基于前面的 SAS 程序产生了数据集 Polynomial，本例尝试拟合 9 次多项式曲线，程序如下：

```
ods graphics on;
proc orthoreg data = Polynomial;
    effect xMod = polynomial(x / degree = 9);
    model y = xMod;
    effectplot fit / obs;
    store OStore;
run;
ods graphics off;
```

这段程序产生的输出结果如下：

ORTHOREG 过程

因变量：y

源	自由度	平方和	均方	F 值	Pr > F
模型	9	15.527180055	1.7252422284	3.19E22	<.0001
误差	91	4.9212E-21	5.407912E-23		
校正合计	100	15.527180055			

以上结果表明，用 9 次多项式模型拟合此资料，总模型有统计学意义。

方均根误差	7.353851E-12
R 方	1

以上结果表明，方均根误差(即标准误)接近于 0，相关系数的平方接近于 1，几乎模型完全拟合了数据。

参数	自由度	参数估计值	标准误差	t 值	Pr > |t|
Intercept	1	-2.17224978239E-11	5.841067E-12	-3.72	0.0003
x	1	75.9977312439284	3.526134E-10	2.16E11	<.0001
x^2	1	-1652.40781361802	6.8407273E-9	-242E9	<.0001
x^3	1	14249.4539769373	5.9828349E-8	2.38E11	<.0001
x^4	1	-64932.4615750127	2.8072627E-7	-231E9	<.0001
x^5	1	173315.359360303	7.6781594E-7	2.26E11	<.0001
x^6	1	-280158.036459353	1.2614251E-6	-222E9	<.0001
x^7	1	269781.812887142	1.2252919E-6	2.2E11	<.0001
x^8	1	-142302.494709869	6.4807927E-7	-22E10	<.0001
x^9	1	31622.7766022261	1.4379253E-7	2.2E11	<.0001

以上结果表明：9 次多项式模型中全部回归系数(含截距项)与 0 之间的差别均有统计学意义。前面的程序还产生了拟合后的曲线图形，如图 18-2 所示。

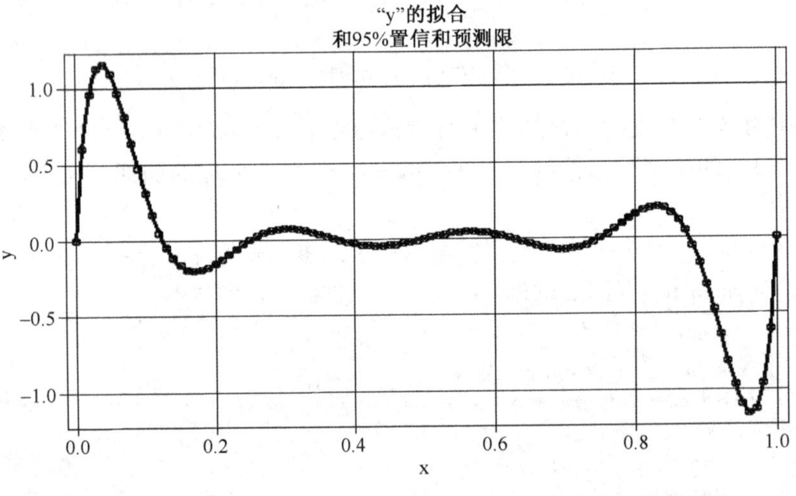

图 18-2　用 9 次多项式拟合 101 对(x, y)数据绘出的曲线图

从图 18-2 中可直观地看出，用 9 次多项式拟合图 18-1 中各散点的变化趋势是相当满意的。然而，变量 x 是在[0, 1]中取值的，即为小数，而小数的高次方是更小的小数，即小数点后有很多位是 0。这样的数据在一定程度上也属于"病态"数据。用普通的最小二乘法来估计模型中参数的数值，在数值计算过程中会出问题。在 ORTHOREG 过程中，采取了特殊的变量变换(Gentleman-Givens Transformations)方法，降低了"病态"数据对拟合过程和结果造成的"危害"。

18.1.2　实例及用 GLM 过程分析

【例 18-2】　对【例 18-1】中产生的 101 对(x, y)数据，采用 GLM 过程拟合 y 依赖 x 变化的回归方程。

分析与解答：基于前面的 SAS 程序产生了数据集 Polynomial，采用 GLM 过程拟合 y 依赖 x 变化的回归方程的程序如下：

```
ods html;
proc glm data = Polynomial;
   model y = x |x |x |x |x |x |x |x |x;
   store GStore;
run;
ods html close;
```

此程序输出的结果如下：

GLM 过程读取的观测数　101

使用的观测数　101

因变量：y

源	自由度	平方和	均方	F 值	Pr > F
模型	8	12.91166716	1.61395839	56.77	<.0001
误差	92	2.61551290	0.02842949		
校正合计	100	15.52718006			

上面这部分结果表明包含 9 次多项式的总模型对资料的拟合效果是有统计学意义的，$F = 56.77$，$p < 0.0001$。

R 方	变异系数	根 MSE	y 均值
0.831553	-2.1913E18	0.168610	-0.000000

上面这部分结果表明复相关系数的平方 0.831553 还是比较大的。

源	自由度	III 型 SS	均方	F 值	Pr > F
x	1	0.46968547	0.46968547	16.52	0.0001
x * x	1	0.64185950	0.64185950	22.58	<.0001
x * x * x	0	0.00000000	.	.	.
x * x * x * x	0	0.00000000	.	.	.
x * x * x * x * x	0	0.00000000	.	.	.
x * x * x * x * x * x	0	0.00000000	.	.	.
x * x * x * x * x * x * x	0	0.00000000	.	.	.
x * x * x * x * x * x * x * x	0	0.00000000	.	.	.
x * x * x * x * x * x * x * x * x	0	0.00000000	.	.	.

上面这部分结果表明自 x^3 项开始，自由度为 0，离差平方和近似为 0，无法进行方差分析。

参数	估计值		标准误差	t 值	Pr > |t|
Intercept	0.44896		0.125479	3.58	0.0006
x	24.61062		6.054852	4.06	0.0001
x * x	-443.74034		93.388508	-4.75	<.0001
x * x * x	2626.90806	B	642.972718	4.09	<.0001
x * x * x * x	-7371.23677	B	2327.022377	-3.17	0.0021
x * x * x * x * x	10697.73145	B	4741.598897	2.26	0.0264
x * x * x * x * x * x	-7749.24904	B	5468.101939	-1.42	0.1598
x * x * x * x * x * x * x	2214.08419	B	3328.355661	0.67	0.5076

```
   x*x*x*x*x*x*x*x*x*x       -0.00610     B   830.439899      -0.00      1.0000
  x*x*x*x*x*x*x*x*x*x*x      0.00000      B   .                .          .
```

Note: The X′X matrix has been found to be singular, and a generalized inverse was used to solve the normal equations. Terms whose estimates are followed by the letter 'B' are not uniquely estimable.

上面这部分结果表明有很多项的回归系数的估计值是不唯一的。

程序还产生了拟合后的曲线图形，如图 18-3 所示。从图 18-3 可直观地看出，置信带很宽，拟合的效果很不理想。

鉴于以上结果，说明“病态”曲线回归资料用 GLM 过程去拟合，效果很不理想。

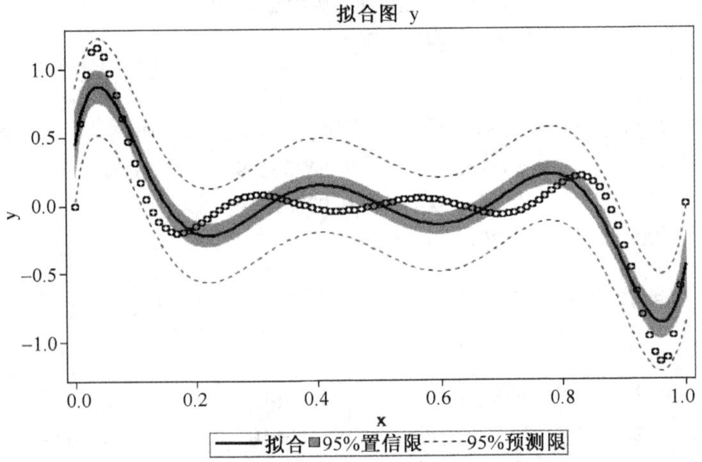

图 18-3　GLM 过程用 9 次多项式拟合 101 对(x, y)数据绘出的曲线图

18.1.3　实例及用 REG 过程分析

【例 18-3】　对【例 18-1】中产生的 101 对(x, y)数据，采用 REG 过程拟合 y 依赖 x 变化的回归方程。

分析与解答：基于前面的 SAS 程序产生了数据集 Polynomial，采用 REG 过程拟合 y 依赖 x 变化的回归方程的程序如下：

```
data aaa;
   set Polynomial;
   x1 = x;  x2 = x1** 2; x3 = x1** 3; x4 = x2** 2; x5 = x2* x3;
   x6 = x3** 2; x7 = x3* x4; x8 = x4** 2; x9 = x4* x5;
ods html;
proc reg data = aaa;
   model y = x1 - x9;
run;
ods html close;
```

此程序输出的结果如下：

REG 过程

模型：MODEL1

因变量：y

读取的观测数　101

使用的观测数　101

方差分析

源	自由度	平方和	均方	F 值	Pr > F
模型	8	12.91167	1.61396	56.77	<.0001
误差	92	2.61551	0.02843		
校正合计	100	15.52718			

方均根误差	0.16861	R 方	0.8316
因变量均值	-7.6946E-18	调整 R 方	0.8169
变异系数	-2.19128E18		

Note: Model is not full rank. Least-squares solutions for the parameters are not unique. Some statistics will be misleading. A reported DF of 0 or B means that the estimate is biased.

Note: The following parameters have been set to 0, since the variables are a linear combination of other variables as shown.

x9 = 0.00001 * Intercept - 0.00162 * x1 + 0.03822 * x2 - 0.36754 * x3 + 1.82024 * x4 - 5.14242 * x5 + 8.61432 * x6 - 8.46123 * x7 + 4.5 * x8

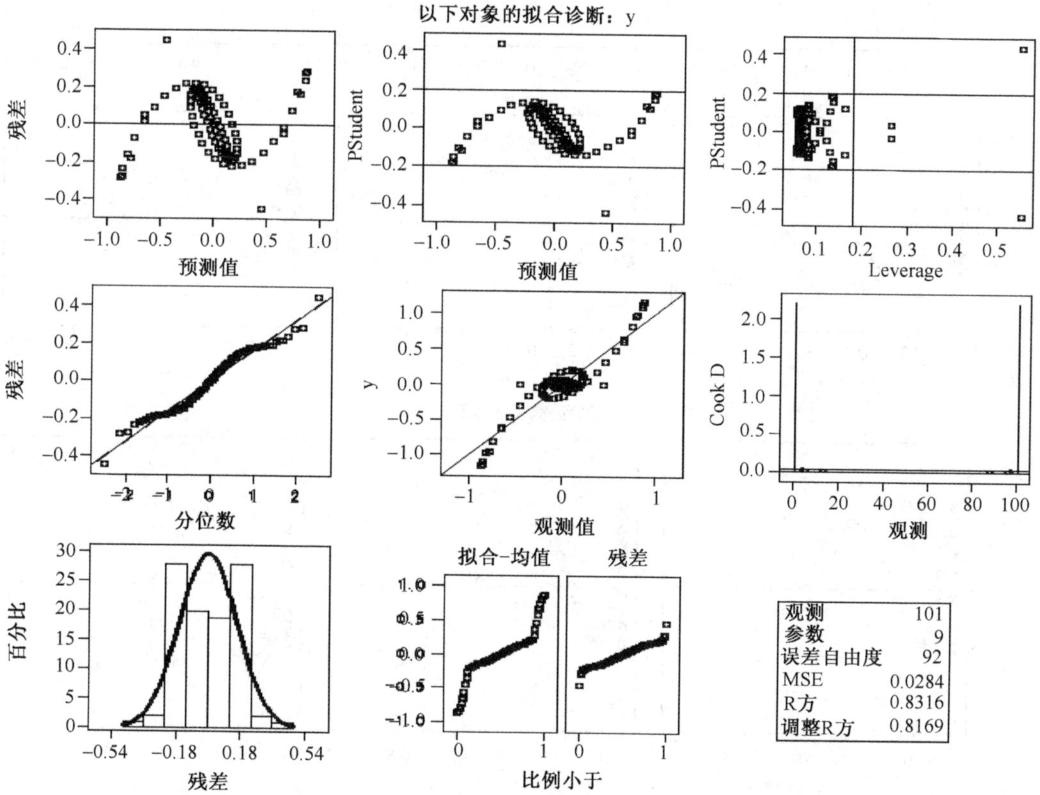

图 18-4　REG 过程自动给出 9 次多项式拟合给定资料关于因变量 y 的残差分析图

参数估计值

变量	自由度	参数估计值	标准误差	t 值	Pr > |t|
Intercept	B	0.44896	0.12548	3.58	0.0006

x1	B	24.61057	6.05484	4.06	0.0001
x2	B	-443.73953	93.38835	-4.75	<.0001
x3	B	2626.90218	642.97152	4.09	<.0001
x4	B	-7371.21500	2327.01786	-3.17	0.0021
x5	B	10698	4741.58960	2.26	0.0264
x6	B	-7749.19762	5468.09131	-1.42	0.1598
x7	B	2214.05312	3328.34931	0.67	0.5076
x8	B	0.00156	830.43836	0.00	1.0000
x9	0	0	.	.	.

以上输出结果与【例 18-2】中用 GLM 过程计算的结果很接近，解释从略。

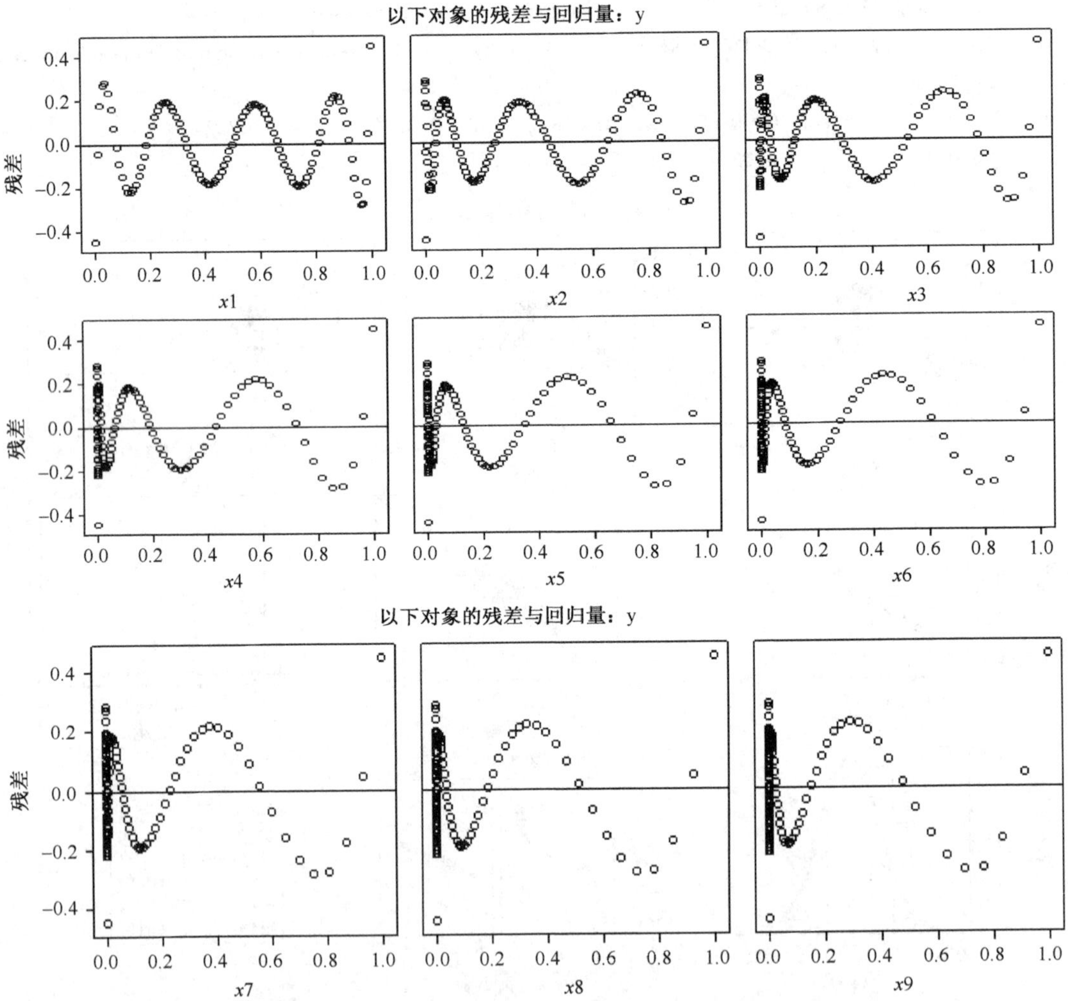

图 18-5　REG 过程自动给出 9 次多项式拟合给定资料关于各自变量的残差分析图

由图 18-4 和图 18-5 所示的残差图可直观地看出，残差图中的散点有很明显的变化趋势，表明所构造的 9 次多项式模型与此资料很不吻合，即曲线拟合以失败而告终。

18.1.4　小结

本节分别采用 ORTHOREG 过程、GLM 过程和 REG 过程拟合了同一个呈曲线变化的特殊资料，拟合的效果是完全不同的。用 ORTHOREG 过程拟合，得到了非常满意的拟合效果，而分别用 GLM 过程和 REG 过程拟合，都以失败而告终。究其原因，ORTHOREG 过程中采用了特殊的变量变换(Gentleman-Givens Transformations)方法，降低了“病态”数据对拟合过程和结果造成的“危害”；而 GLM 过程和 REG 过程中采用普通的最小平方法拟合曲线方程，无法抵抗“病态”数据带来的“灾难”。

18.2 用 QUANTREG 过程拟合病态数据

18.2.1 实例及探索性分析

【例 18-4】 假定有一组数据(x，y)，共 1000 个观测。前 10 个观测(注：每个观测代表从一个个体身上观测到的 3 个变量的具体数值，下同)数据和最后 10 个观测数据分别见表 18-2 和表 18-3。

表 18-2 某试验资料中两自变量与一个因变量之间的数量关系的前10个观测数据

Obs	x1	x2	y
1	1.42151	1.13105	21.2009
2	2.00893	0.79083	21.1920
3	1.82697	-0.02043	18.6024
4	-1.49036	-0.93768	-1.0254
5	-0.45912	-3.42593	-2.5518
6	0.39892	-2.02172	5.9973
7	1.08865	-0.98391	13.0489
8	-0.48139	1.33821	11.2082
9	-0.23384	-0.85954	6.0600
10	0.00900	-0.24376	9.6614

表 18-3 某试验资料中两自变量与一个因变量之间的数量关系的后10个观测数据

Obs	x1	x2	y
991	-1.15836	-1.04066	101.788
992	0.71023	-0.61811	100.557
993	1.04106	0.26261	103.892
994	-0.26348	-0.05647	101.371
995	-1.09514	-1.76723	99.935
996	1.65162	-0.83433	87.594
997	-0.26465	-0.73262	104.739
998	0.55630	-1.52099	105.340
999	0.05137	0.24319	95.097
1000	-1.53994	0.96521	105.054

全部 1000 个观测数据可由下面的 SAS 程序产生并可以网页格式输出(限于篇幅，输出从略)：

```
data outlier;
      do i =1 to 1000;
         x1 = rannor(1234);
         x2 = rannor(1234);
         e = rannor(1234);
         if i > 950 then y =100 +10* e;
         else y =10 +5* x1 +3* x2 +0.5 * e;
         output;
      end;
run;
ods html;
proc print data = outlier;
var x1 x2 y;
run;
ods html close;
```

下面请拟合 y 随 x1 和 x2 变化而变化的依赖关系的方程式。

分析与解答：首先，假定这 1000 对数据来自某同质的总体，并且，3 个变量在专业上是有联系的，否则，研究它们之间的依赖关系就没有任何价值。

对此资料进行探索性分析，需要绘制反映因变量随每一个自变量变化而变化的散布图以及因变量的频数分布图。

(1) 绘制 y 随 x1 变化的散布图

基于前面的 SAS 程序产生了数据集 outlier，绘制 y 随 x1 变化的散布图的程序如下：

```
ods html;
proc gplot data=outlier;
   plot y* x1;
run;
ods html close;
```

此程序产生的散布图如图 18-6 所示。

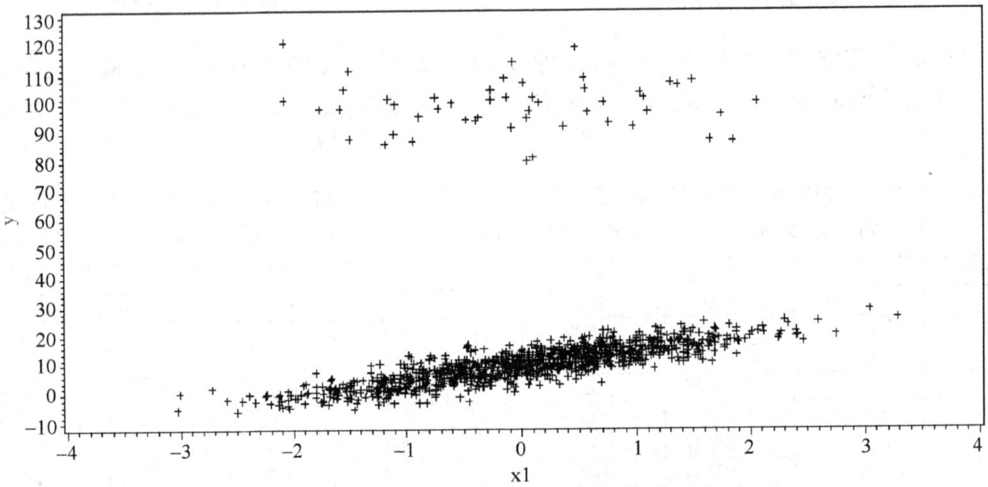

图 18-6　因变量 y 随自变量 x1 变化的散布图

由图 18-6 中的散点可知，全部散点来自两个总体。一个总体数目很多，位于下部，y 与 x1 之间呈非常好的线性关系；而另一个总体数目很少，位于上部，y 与 x1 之间表面上也呈线性关系，但这条线可能平行于 X 轴。也就是说，那些散点在 X 轴的方向上有较大的变化，而在 Y 轴方向上几乎仅是随机误差，对于第一个总体而言，第二个总体中的全部散点都应该被视为“异常点”。

(2) 绘制 y 随 x2 变化的散布图

基于前面的 SAS 程序产生了 SAS 数据集 outlier，绘制 y 随 x2 变化的散布图的程序如下：

```
ods html;
proc gplot data=outlier;
   plot y* x2;
run;
ods html close;
```

此程序产生的散布图如图 18-7 所示。图中散点的表现与图 18-6 所示基本相同，解释从略。

(3) 绘制 y 的频数分布直方图

基于前面的 SAS 程序产生了数据集 outlier，绘制 y 的频数分布直方图的程序如下：

```
ods html;
proc univariate data=outlier normal;
   var y;
```

```
    histogram y / normal;
run;
ods html close;
```

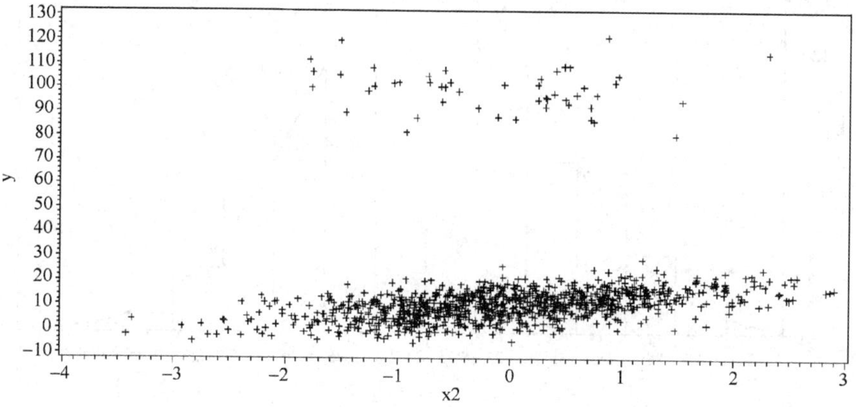

图 18-7　因变量 y 随自变量 x2 变化的散布图

程序输出的结果如图 18-8 所示。

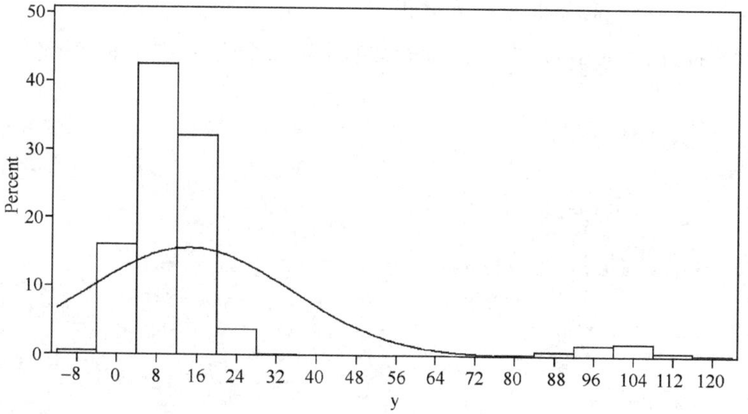

图 18-8　因变量 y 的频数分布直方图

由图 18-8 可知，y 的取值来自两个总体，第一个总体中 y 的取值在 50 以内；第二个总体中 y 的取值在 70 以上。

(4) 绘制第一个总体中 y 的频数分布直方图

基于前面的 SAS 程序产生了数据集 outlier，绘制第一个总体中 y 的频数分布直方图的程序如下：

```
data a1;
    set outlier;
    if i >950 then delete;
ods html;
proc univariate data =a1 normal;
    var y;
    histogram y / normal;
run;
ods html close;
```

如程序输出的结果如图 18-9 所示。

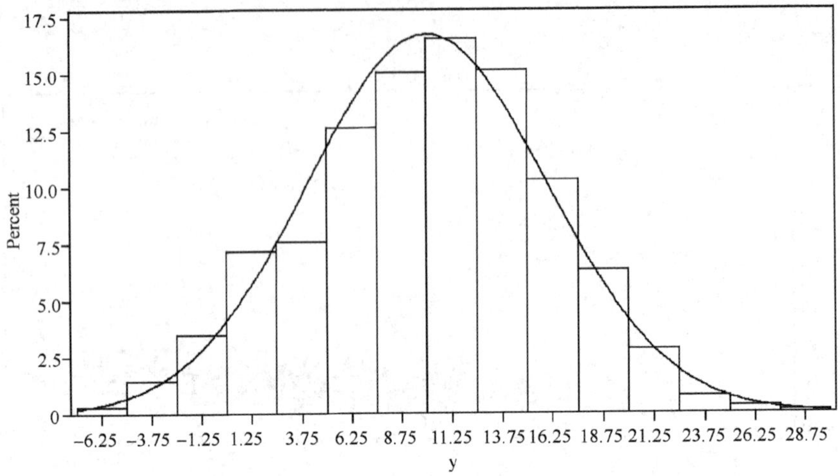

图 18-9　第一个总体中因变量 y 的频数分布直方图

由图 18-9 可知，在第一个总体中，因变量 y 呈单峰基本对称分布，分布范围在 -5.00 ~ 30.00。

(5) 绘制第二个总体中 y 的频数分布直方图

基于前面的 SAS 程序产生了数据集 outlier，绘制第二个总体中 y 的频数分布直方图的程序如下：

```
data a2;
   set outlier;
   if i <=950 then delete;
ods html;
proc univariate data = a2 normal;
   var y;
   histogram y / normal;
run;
ods html close;
```

程序输出的结果如图 18-10 所示。

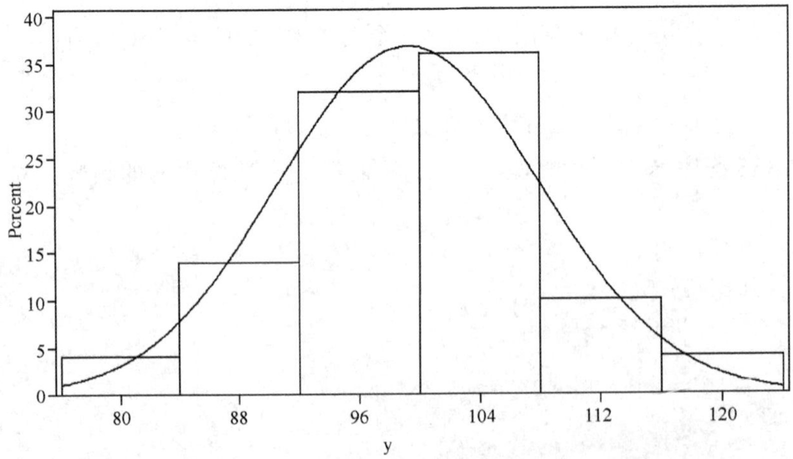

图 18-10　第二个总体中因变量 y 的频数分布直方图

由图 18-10 可知，在第二个总体中，因变量 y 也呈单峰基本对称分布，分布范围在 70～130。

18.2.2　采用 REG 过程在因变量分别服从对称分布的两个总体和全部数据中建立二重线性回归方程

由探索性分析的结果(2 幅散布图和 3 幅频数直方图)可知，含有 1000 个观测的原始数据实际上来自两个总体。下一步的分析应该在两个总体中分别进行，不适合将其视为一个总体进行分析。

1. 在两个总体中分别采用 REG 过程建立 y 依赖 x1 和 x2 的二重线性回归方程

在第一个总体($N_1=950$)中采用 REG 过程建立 y 依赖 x1 和 x2 的二重线性回归方程的 SAS 程序如下：

```
ods html;
proc reg data=a1;
   model y = x1 x2 / p r;
run;
ods html close;
```

程序输出结果如下：

Analysis of Variance					
Source	DF	Sum of Squares	Mean Square	F Value	Pr > F
Model	2	33530	16765	63021.3	<.0001
Error	947	251.92084	0.26602		
Corrected Total	949	33782			

Parameter Estimates					
Variable	DF	Parameter Estimate	Standard Error	t Value	Pr > |t|
Intercept	1	9.99996	0.01675	597.02	<.0001
x1	1	5.00258	0.01693	295.55	<.0001
x2	1	3.00746	0.01604	187.48	<.0001

此结果表明，所拟合的二重线性回归方程是有统计学意义的。其表达式如下：

$$\hat{y} = 9.99996 + 5.00258x1 + 3.00746x2 \quad (18\text{-}1)$$

事实上，由一开始的 SAS 程序可知，此二重线性回归在总体中的表达式如下：

$$y = 10 + 5x1 + 3x2 \quad (18\text{-}2)$$

在第二个总体($N_2=50$)中采用 REG 过程建立 y 依赖 x1 和 x2 的二重线性回归方程的 SAS 程序如下：

```
ods html;
proc reg data=a2;
   model y = x1 x2 / p r;
run;
ods html close;
```

程序输出结果如下：

Analysis of Variance					
Source	DF	Sum of Squares	Mean Square	F Value	Pr > F
Model	2	78.53191	39.26595	0.51	0.6035
Error	47	3615.74831	76.93082		
Corrected Total	49	3694.28022			

Parameter Estimates					
Variable	DF	Parameter Estimate	Standard Error	t Value	Pr > |t|
Intercept	1	99.12319	1.25312	79.10	<.0001
x1	1	-0.48772	1.17283	-0.42	0.6794
x2	1	-1.23759	1.32192	-0.94	0.3540

此结果表明，所拟合的二重线性回归方程是没有统计学意义的。事实上，由一开始的 SAS 程序可知，y 实际上是一个常量 100 与一个随机误差变量乘以常量 10 之和，它与 $x1$ 和 $x2$ 之间没有任何联系。相当于一条平行于横坐标轴的直线方程

$$y = 99.12319 \tag{18-3}$$

2. 盲目将全部数据视为一个总体，采用 REG 过程建立 y 依赖 x1 和 x2 的二重线性回归方程

采用 REG 过程建立 y 依赖 x1 和 x2 的二重线性回归方程的 SAS 程序如下：

```
ods html;
proc reg data=outlier;
   model y = x1 x2 / p r;
run;
ods html close;
```

程序输出结果如下：

Analysis of Variance					
Source	DF	Sum of Squares	Mean Square	F Value	Pr > F
Model	2	26390	13195	33.76	<.0001
Error	997	389707	390.87946		
Corrected Total	999	416097			

Parameter Estimates					
Variable	DF	Parameter Estimate	Standard Error	t Value	Pr > |t|
Intercept	1	14.48953	0.62584	23.15	<.0001
x1	1	4.39030	0.62997	6.97	<.0001
x2	1	2.50293	0.60204	4.16	<.0001

此结果表明，所求得的二重线性回归方程具有统计学意义（$F=33.76$，$p<0.0001$）；且截距、两个回归系数与零之间的差别也都有统计学意义。所求得的二重线性回归方程为

$$\hat{y} = 14.48953 + 4.39030x1 + 2.50293x2 \tag{18-4}$$

3. 将两个总体中分别获得的回归方程与基于全部资料获得的回归方程的比较

式(18-1)与式(18-2)非常接近，表明当因变量 y 呈对称分布(理想情况是正态分布)时，基于带误差的样本数据求得的二重线性回归方程与其真实的方程是非常接近的；式(18-3)表明第二个总体中因变量 y 是一个常量，它与两个自变量之间无关；式(18-4)表明，它是式(18-1)和式(18-3)叠加的结果，尽管第一个总体的样本含量很大($N_1=950$)，但却受到了来自样本含量较小($N_2=50$)的第二个总体数据的相当严重的影响。

18.2.3　采用 QUANTREG 过程在因变量分别服从对称分布的两个总体中和全部数据中建立二重线性回归方程

1. 在两个总体中采用 QUANTREG 过程建立 y 依赖 x1 和 x2 的二重线性回归方程

在第一个总体($N_1=950$)中采用 QUANTREG 过程建立 y 依赖 x1 和 x2 的二重线性回归方程的 SAS 程序如下：

```
ods html;
proc quantreg algorithm=simplex data=a1;
   model y = x1 x2 / quantile=0.5 diagnostics(all) LEVERAGE;
run;
quit;
ods html close;
```

程序输出结果如下：

Parameter Estimates				
Parameter	DF	Estimate	95% Confidence Limits	
Intercept	1	9.9997	9.9647	10.0481
x1	1	4.9966	4.9672	5.0408
x2	1	3.0322	2.9907	3.0638

此结果表明，所拟合的二重线性回归方程是有统计学意义的。其表达式如下：

$$\hat{y} = 9.99997 + 4.9966x1 + 3.03226x2 \tag{18-5}$$

事实上，由一开始的 SAS 程序可知，此二重线性回归在总体中的表达式如下：

$$y = 10 + 5x1 + 3x2 \tag{18-6}$$

在第二个总体($N_2=50$)中采用 QUANTREG 过程建立 y 依赖 x1 和 x2 的二重线性回归方程的 SAS 程序如下：

```
ods html;
proc quantreg algorithm=simplex data=a2;
   model y = x1 x2 / quantile=0.5 diagnostics(all) LEVERAGE;
run;
quit;
ods html close;
```

程序输出结果如下：

Parameter Estimates				
Parameter	DF	Estimate	95% Confidence Limits	
Intercept	1	98.7938	96.8707	101.2854
x1	1	0.0953	-1.4251	2.2990
x2	1	-2.7427	-5.0727	1.2418

此结果表明，所拟合的二重线性回归方程是没有统计学意义的。事实上，由一开始的 SAS 程序可知，y 实际上是一个常量 100 与一个随机误差变量乘以常量 10 之和，它与 x1 和 x2 之间没有任何联系。相当于有一条平行于横坐标轴的直线方程：

$$y = 98.7938 \tag{18-7}$$

2. 盲目将全部数据视为一个总体，采用 QUANTREG 过程建立 y 依赖 x1 和 x2 的二重线性回归方程

采用 QUANTREG 过程建立 y 依赖 x1 和 x2 的二重线性回归方程所需要的 SAS 程序如下：

```
ods html;
proc quantreg algorithm=simplex data=outlier;
   model y = x1 x2 / quantile=0.5 diagnostics(all) LEVERAGE;
run;
quit;
ods html close;
```

程序输出结果如下：

Parameter Estimates				
Parameter	DF	Estimate	95% Confidence Limits	
Intercept	1	10.0364	9.9959	10.0756
x1	1	5.0106	4.9602	5.0388
x2	1	3.0294	2.9944	3.0630

此结果表明，所求得的二重线性回归方程具有统计学意义（没有关于总模型的假设检验结果），仅给出了截距、两个回归系数的估计值和 95% 置信区间（置信区间不包括 0，表明与零之间的差别具有统计学意义）。所求得的二重线性回归方程为

$$\hat{y} = 10.0364 + 5.0106x1 + 3.0294x2 \tag{18-8}$$

3. 将两个总体中分别获得的回归方程与基于全部资料获得的回归方程进行比较

式(18-5)与式(18-6)非常接近，表明当因变量 y 呈对称分布（理想情况是正态分布）时，基于带误差的样本数据求得的二重线性回归方程与其真实的方程是非常接近的；式(18-7)表明第二个总体中因变量 y 是一个常量，它与两个自变量之间无关；式(18-8)表明，它是式(18-5)和式(18-7)叠加的结果，尽管第二个总体的样本含量比较大（$N_2 = 50$），但对基于全部数据拟合的二重线性回归方程式(18-8)造成的影响并不大。

18.2.4　因变量 y 的取值中未包含异常值时 REG 与 QUANTREG 两过程的表现的比较

若以式(18-2)或 式(18-6)（这两个方程是完全相同的，只是为了引用时指代方便，编号了两次）为标准方程式，比较式(18-1)与式(18-5)不难发现，式(18-1)更接近于真实的方程式。这说明在因变量 y 呈对称分布且自变量无明显异常取值时，REG 过程比 QUANTREG 过程拟合的多重线性回归方程更接近真实情况。

18.2.5　因变量 y 的取值中包含异常值时 REG 与 QUANTREG 两过程的表现的比较

显然，用 QUANTREG 过程拟合得到的回归方程式(18-8)与此资料中第一个总体（$N_1 = 950$）的真实的二重线性方程式(18-2)或式(18-6)是非常吻合的，即受到第二个总体数据（$N_2 = 50$）的影响很小；而用 REG 过程拟合得到的回归方程式(18-4)与此资料中第一个总体（$N_1 = 950$）的真实的二

重线性方程式(18-2)或式(18-6)相差甚远，说明该回归方程受到第二个总体数据($N_2=50$)的影响比较大。

18.2.6　小结

面对给定的多因素回归分析资料，在处理资料前，首先要问的问题不是选用什么类型的回归模型拟合资料合适，而是该资料是否值得进行某种回归分析。一般来说，下列资料是不值得分析的：① 人为编造的资料；② 科研设计有严重硬伤的资料；③ 经过错误的方法加工整理后的资料；④ 对拟用回归分析的资料而言，资料所取自的受试对象明显来自两个或多个总体(如【例 18-4】资料，事实上，前 950 个受试对象与后 50 个受试对象分别来自两个总体，最明智的做法是分别处理)。

面对给定的多重回归分析资料，假定不存在上述 4 种情况，首先应考察因变量的性质。第一类，若因变量是定量变量，需要进一步考察它是“一般定量变量(含计量与计数两小类)”，还是“生存时间变量”，还是“时间变量的函数”。第二类，若因变量是定性变量，通常可以再细分为两类，其一，单组设计和配对设计一元定性资料(二值、多值有序、多值名义结果变量)，可以考虑拟合多重 logistic 回归方程；其二，非单组设计和配对设计一元定性资料(通常以发生率或构成比形式呈现结果变量的数值)，通常可以选用多重 Probit 回归分析，当然，也可选用多重 logistic 回归分析。它们之间对资料应满足的前提条件的假定是有区别的，具有可操作性的解决方案是同时拟合这两种回归方程，取拟合优度更好的那个方法产生的结果。

在第一类中，若因变量是“时间变量的函数”，则应考虑采用“时间序列分析”；若因变量是“生存时间变量”，则应考虑采用“生存分析”；若因变量是“一般定量变量”，则需要进一步细分，即需要分为计量变量还是计数变量。若因变量是计量变量且呈正态分布(至少是对称分布)，通常可以考虑拟合多重线性回归方程；若因变量是计数变量且均值与方差接近相等，通常可以考虑拟合多重 Poisson 回归方程；若因变量是计数变量但方差明显大于均值(称为过离散)，通常可以考虑拟合多重负二项回归方程。

在上述两大类情况下，严格地说，还应考虑自变量的两方面情况。其一，考察基于实际观测的自变量是否有必要引入派生自变量，若需要引入，其表现形式是什么，如何确定；其二，应考察自变量自身的分布情况以及与因变量之间的相关关系和依赖关系。多重主成分回归分析就是当某些自变量之间存在较强多重共线性情况下的一种改良多重线性回归分析，因篇幅所限，其他情况不再赘述。

附录　胡良平统计学专著及配套软件简介

1.《医学统计学与 SAS 应用技巧》简介

胡良平，周士波主编. 北京：中国科学技术出版社，15.67 万字，1991（定价：4.20 元）。本书基于 DOS 版 SAS 6.03 软件，介绍了 SAS 应用入门、医学试验设计、常用统计分析、多元统计分析和 VAX SAS 应用入门。

2.《医学统计应用错误的诊断与释疑》简介

胡良平主编. 北京：军事医学科学出版社，17.8 万字，1999（定价 12.00 元）。本书针对医学科研和医学期刊中常犯的统计学错误，讲解如何识别错误，如何正确选用统计分析方法。

3.《医学统计学内容概要、考题精选与考题详解》简介

胡良平编著. 北京：军事医学科学出版社，37 万字，2000（定价 22.00.00 元）。本书简明扼要地概述了医学统计学的主要内容，精选出 20 套适合检查统计学应用水平的考题，并附有详细的解答。

4.《现代统计学与 SAS 应用》简介

胡良平主编. 北京：军事医学科学出版社，1996，2000，2002（定价 40.00 元）。本书详细地介绍了各种常用和多元统计分析方法，并给出了手工计算和用 SAS 6.04 软件实现统计计算的方法和结果的解释。

5.《Windows SAS 6.12 & 8.0 实用统计分析教程》简介

胡良平编著. 北京：军事医学科学出版社，96.9 万字，2001（定价 52.00 元）。本书不仅介绍了各种常用和多元统计分析方法，还着重介绍了 Windows SAS 6.12 & 8.0 的使用方法（含编程法和非编程法），详细介绍了辨析多因素设计类型的技巧和用 SAS 实现试验设计的方法。

6.《医学统计学基础与典型错误辨析》简介

胡良平，李子建主编. 北京：军事医学科学出版社，60.4 万字，2003（定价 36.00 元）。本书详细地介绍了学习统计学的策略、所必需的基本知识、常用的描述性统计分析方法和假设检验方法。

7.《检验医学科研设计与统计分析》简介

胡良平主编. 北京：人民军医出版社，64 万字，2004（定价 65.00 元）。本书紧紧围绕试验设计的三要素和四原则、分析定量资料和定性资料的要领、诊断性试验和一致性检验中的统计分析方法等重要内容，从正反两方面详细阐述了学习和灵活运用这些知识的方法和技术。

8.《医学统计实用手册》简介

胡良平主编. 北京：人民卫生出版社，48.5 万字，2004（定价 30.00 元）。鉴于目前医学科研和医学期刊中存在大量误用和滥用统计学的现象，本书通过分析这些现象产生的根源和实质，有针对性地提出了解决这些问题的对策。

9.《统计学三型理论在试验设计中的应用》简介

胡良平主编. 北京：人民军医出版社，50.1 万字，2006（定价 45.00 元）。本书针对“许多人学

了多遍统计学仍不得要领，几乎是一用就错”的普遍现象，提出了彻底解决的对策，其精髓就是“统计学三型理论(简称‘三型理论’)”，即统计学问题基本上都可归结为“表现型”、“原型”和“标准型”，准确把握每个具体问题中的“三型”，将能科学合理地解决科研工作中与统计学有关的实际问题。事实上，统计学中的全部内容皆可运用“三型理论”来解说，但本书仅关注“科研设计”，特别是“试验设计”方面的问题。

10.《医学统计实战练习》简介

胡良平主编. 北京：军事医学科学出版社，83.4 万字，2007(定价 66.00 元)。本书收录了编者 21 年来从事统计教学、科研、咨询和培训工作而积累的各种考试真题以及根据审稿的稿件和公开发表的论文中提取的资料改编而成的新题，共有 1000 余道，并给出了每一道题的详细解答。

11.《口腔医学科研设计与统计分析》简介

胡良平主编. 北京：人民军医出版社，54 万字，2007(定价 65.00 元)。本书给出了取自口腔医学科研设计和统计分析的大量实例，运用“统计学三型理论”辨析试验设计、统计描述和统计分析中出现的错误，在给出正确做法的同时，给出了带有原始数据的各种实例，用 SAS 软件演示统计分析的全过程和部分手工计算过程；还给出了估计样本含量的公式、实例和用 SAS 实现计算的方法。

12.《统计学三型理论在统计表达与描述中的应用》简介

胡良平主编. 北京：人民军医出版社，55.3 万字，2008(定价 80.00 元)。本书运用统计学三型理论，透过各种具体的统计表达和描述方面问题的“表现型”，揭示其“原型”，进而将“原型”正确地转变为“标准型”，使统计表达与描述方面的问题尽可能得到圆满解决。

13.《科研课题的研究设计与统计分析(第一集)》简介

胡良平主编. 北京：军事医学科学出版社，72.5 万字，2008(定价 55.00 元)。本书取材于我国 2006 年 500 多种生物医学期刊中影响因子较高的 23 种期刊，查阅这些期刊中近 3000 篇论著，从中挑选出具有广泛代表性的论著约 300 篇，主要从统计研究设计和统计分析方法选用两个方面，来剖析论著中存在的统计学问题，从而提出我国生物医学科研工作的质量需要进一步提高。

14.《医学统计学——运用三型理论分析定量与定性资料》简介

胡良平主编. 北京：人民军医出版社，72.3 万字，2009(定价 115.00 元)。本书在统计学思想指导下，运用统计学三型理论，透过各种具体科研问题所呈现的“表现型”，揭示其“原型”，进而将“原型”正确地转变为“标准型”，全面系统地介绍了各种试验设计类型下收集的定量与定性资料的假设检验方法以及用 SAS 软件实现统计计算和结果解释。除常用的定量与定性资料的统计分析外，还介绍了 META 分析方法和高维列联表资料的各种处理方法。

15.《科研课题的研究设计与统计分析(第二集)》简介

胡良平主编. 北京：军事医学科学出版社，69.5 万字，2009(定价 56.00 元)。针对科研工作者撰写的学术论文和硕士、博士研究生撰写的学位论文在统计学方面存在很多问题的现实，本书全面介绍了撰写高质量论文所必须掌握的科研设计知识、统计分析知识和国际著名统计分析系统(SAS 软件)使用知识，并针对生物医学科研领域中一些主干学科的特点，分析了约 15 个主干学科的硕士、博士研究生学位论文中存在的统计学错误。从正反两个方面揭示了科研设计和统计分析的重要性，有利于提高科研工作者和研究生的科研素质、科研质量和论文水平。

16.《医学统计学——运用三型理论进行多元统计分析》简介

胡良平主编. 北京：人民军医出版社，41.0 万字，2010(定价 70.00 元)。本书涵盖了现代多元统计分析方法中的绝大部分内容，以三型理论为指导，对多元统计分析方法进行了科学的分类，有利于实际工作者学习和使用。其内容包括变量聚类分析、主成分分析和探索性因子分析、典型相关分析、结构方程模型分析、无序样品聚类分析和有序样品聚类分析、多维尺度分析、各种设计定量资料的多元方差分析和多元协方差分析、判别分析、对应分析及其 SAS 实现。

17.《心血管病科研设计与统计分析》简介

胡良平主编. 北京：人民军医出版社，47.5 万字，2010(定价 60.00 元). 本书内容分正反两个方面，正面讲述统计学中的主要内容，包括统计表达与描述、试验设计、定量与定性资料统计分析、简单相关回归分析和多重回归分析；围绕这些内容，又针对误用统计学的实际案例，从反面对差错进行辨析与释疑。正反面内容基本上都取材于与心血管疾病有关的我国数十种学术期刊中的科研论文。

18.《SAS 统计分析教程》简介

胡良平主编. 北京：电子工业出版社，106.5 万字，2010(定价 68.00 元)。本书内容丰富且新颖，实用面宽且可操作性强，涉及定量与定性资料差异性和预测性分析、变量间和样品间相互与依赖关系及近似程度分析、数据挖掘与基因表达谱分析、绘制统计图与试验设计、SAS 语言和 SAS 非编程模块用法。这些内容高质量、高效率地解决了试验设计、统计表达与描述、各种常用和多元统计分析、现代回归分析和数据挖掘、SAS 语言基础和 SAS 实现及结果解释等人们迫切需要解决却又十分棘手的问题。

19.《SAS 试验设计与统计分析》简介

胡良平主编. 北京：人民卫生出版社，88.8 万字，2010(定价 72.00 元)。本书内容涉及面十分宽泛，由 SAS 软件基础、SAS 非编程模块介绍、SAS 编程法用法介绍、SAS 高级编程技术及其应用和 SAS 语言基础 5 篇组成，涵盖了 SAS 软件及其语言的基础和高级用法，试验设计、统计表达与描述和统计分析的主要内容及 SAS 实现。

20.《医学统计学——运用三型理论进行现代回归分析》简介

胡良平主编. 北京：人民军医出版社，45.2 万字，2010(定价 75.00 元)。本书介绍了现代回归分析方法中的大部分内容，包括多重线性回归分析、岭回归分析、各种复杂曲线回归分析、主成分回归分析、Poisson 回归分析、Probit 回归分析、负二项回归分析、配对和非配对设计定性资料多重 logistic 回归分析、对数线性模型分析、生存分析和时间序列分析。

21.《医学遗传统计分析与 SAS 应用》简介

胡良平，郭晋主编. 北京：人民卫生出版社，41.3 万字，2011(定价 36.00 元)。本书结合实例介绍了如何用 SAS 实现四大类遗传数据的统计分析方法，并介绍了简明遗传学的概念与原理、遗传资料统计分析的原理。

22.《正确实施科研设计与统计分析——统计学三型理论的应用与发展》简介

胡良平主编. 北京：人民军医出版社，87.8 万字，2011(定价:139.00 元)。本书全面介绍了如何在三型理论指导下进行科研设计、统计表达与描述、常用统计分析、现代回归分析、多元统计分析和 SAS 实现方法。科研设计部分涵盖了概念、要点、设计类型等；统计表达与描述部分涵盖了统计表、统计图和概率分布等；常用统计分析部分涵盖了一元定量与定性资料的差异性分析；现代回归分析部分涵盖了包括多重线性回归分析、生存分析和时间序列分析等十余种现代回归分析方法。多元统计分析部分涵盖了包括变量聚类分析、判别分析和对应分析等十余种现代多元统计分析方法；以上各部分均涉及如何用 SAS 软件巧妙实现的技术和方法，并有配套软件 SAS-PAL 方便程序调用。

23.《中医药科研设计与统计分析》简介

胡良平，王琪主编. 北京：人民卫生出版社，41.4 万字，2011(定价 36.00 元)。本书结合中医药领域的科研实例，不仅从正面介绍了试验设计、统计表达与描述、统计分析方法及 SAS 实现技术，还对实际工作者在运用前述内容过程中所犯的各种错误进行了辨析与释疑。

24.《临床科研设计与统计分析》简介

胡良平，陶丽新主编. 北京：中国中医药出版社，70.7 万字，2012(定价 45.00 元). 本书主要对临床科研设计与统计分析问题进行阐述，同时还用较大篇幅揭示了临床科研课题和论文中的统计学错误，并给出了辨析与释疑。全书中的统计计算均用 SAS 软件实现。

25.《面向问题的统计学——(1)科研设计与统计分析》简介

胡良平主编. 北京：人民卫生出版社，119.1 万字，2012(定价 98.00 元)。本书分为 6 篇共 54 章，内容涉及消除学习统计学时的心理顾虑、统计思想、三型理论、科研设计、质量控制、表达与描述、单因素设计一元定量与定性资料统计分析、单组设计二元定量资料相关与回归分析和 SAS 语言基础与高级编程技术。

26.《面向问题的统计学——(2)多因素设计与线性模型分析》简介

胡良平主编. 北京：人民卫生出版社，97.5 万字，2012(定价 80.00 元)。本书分为 6 篇共 52 章，内容涉及多因素试验设计类型及其定量与定性资料的差异性分析和现代回归分析、判别分析、生存分析和时间序列分析，还介绍了多水平模型分析法和综合分析法。

27.《面向问题的统计学——(3)试验设计与多元统计分析》简介

胡良平主编. 北京：人民卫生出版社，85.2 万字，2012(定价 65.00 元)。本书分为 5 篇共 25 章，内容涉及三类典型的多元数据结构(单组设计多元定量资料、单因素多水平设计多元定量资料、相似或不相似度矩阵)的各种多元统计分析方法，其代表性方法有主成分分析、样品聚类分析、对应分析、多维尺度分析、多元方差和协方差分析。

28.《外科科研设计与统计分析》简介

胡良平，毛玮主编. 北京：中国协和医科大学出版社，40 万字，2012(38.00 元)。本书内容分为 3 篇，第 1 篇为统计学内容概要，包括统计表达与描述、试验设计、定量与定性资料的统计分析、简单相关与回归分析、多重线性回归分析与多重 logistic 回归分析；第 2 篇为外科科研中常见统计学错误辨析与释疑；第 3 篇为医学统计学要览，以“问题引导”的形式提纲挈领地介绍了“科研设计要览”与“统计分析要览”。

29.《科研设计与统计分析》简介

胡良平主编. 北京：军事医学科学出版社，130.5 万字，2012(98.00 元)。本书内容分为 7 篇共 31 章，概述了国内外迄今为止应该涵盖在统计学范畴的绝大部分精彩内容：富含唯物辩证法精髓和心理学分析的统计思想，使统计思想具体化并具有可操作性的三型理论，灵活运用三型理论解决科研设计，统计表达与描述，各种简单与复杂统计分析，用国际著名统计分析系统 SAS 实现与前述全部内容有关的计算、结果解释和结论陈述。

30.《呼吸系统科研设计与统计分析》简介

胡良平，鲍晓蕾主编. 北京：军事医学科学出版社，53.8 万字，2013.1(55.00 元)。本书以近几年出版的与呼吸系统科研相关的杂志内容为主要资料来源，在阐述统计学的基本理论、知识和技能的基础上，突出培养统计学思维方法、科研设计能力和应用统计分析方法的能力，以及介绍计算机在处理临床科研资料中的正确应用技术。书中还用较大篇幅介绍了呼吸系统科研课题和论文中常见统计学错误案例的辨析与释疑、SAS 软件的基础知识和使用技巧。

31.《护理科研设计与统计分析》简介

胡良平，关雪主编. 北京：军事医学科学出版社，47.7 万字，2013.1(50.00 元)。本书以近几年出版的护理科研相关的杂志内容为主要的资料来源，在阐述统计学的基本理论、知识和技能的基础上，突出培养统计学思维方法、科研设计能力和应用统计分析方法的能力，以及介绍计算机在处理护理科研资料中的正确应用技术。本书自始至终采用“识别错误”、“正确引导”和“归纳总结”的写作思路，把实施护理课题和撰写学术论文中常出现的错误展现出来，并对错差逐一进行辨析与释疑；对案例所涉及的统计学基础知识进行系统梳理，从正面加以引导；对有关的统计理论和方法，从原理上进行归纳总结，以使实际工作者不仅知其然，还能知其所以然。

32.《脑血管病科研设计与统计分析》简介

胡良平，贾元杰主编. 北京：军事医学科学出版社，50.3 万字，2013.5(58.00 元)。本书结合脑血管病临床科研实际，比较全面地介绍了从事临床科研工作所必需的思维方法、统计学基础理论和基本的统计分析技术，内容包括统计思想与三型理论在脑血管病科研中的应用、脑血管病科研基础——统计表达与描述、脑血管病科研设计、脑血管病试验设计、脑血管病临床试验设计、脑血管病调查设计、样本量估计与检验效能分析、常见多因素试验设计类型辨析、定量与定性资料统计分析、简单相关与回归分析、多重线性回归分析与多重 Logistic 回归分析。

33.《临床试验设计与统计分析》简介

胡良平，陶丽新主编. 北京：军事医学科学出版社，54.7 万字，2013.5(58.00 元)。本书结合临床科研和临床试验实际，首先介绍了临床前研究和临床研究的主要内容，不仅在内容的安排上起到了承上启下的效果，使读者很自然地进入临床试验的情境之中，而且在要点把握上也起到了言简意赅、纲举目张的作用，使读者能在尽可能短的时间内领悟和抓住临床试验的核心和要领。在此基础上，结合编者在国家级新药评审中发现的诸多问题，揭示了新药或医疗器械临床试验研究中的陷阱和识别错误的策略；介绍了如何把握好临床试验研究中的三要素、四原则、设计类型和比较类型的概念、方法和技术要领；进而针对临床试验研究中使用频率最高的设计类型——成组设计，围绕 4 种比较类型、定量与定性资料、假设检验、样本量和检验效能估计等关键性问题，结合临床实例逐一进行介绍，并对同类问题进行了比较研究。

34.《非线性回归分析与 SAS 智能化实现》简介

胡良平，高辉主编. 北京：电子工业出版社，51.5 万字，2013.7(定价 39.00 元)。本书概述了回归分析的概念、分类、简单直线、曲线回归分析和多重线性回归分析、复杂固定模式和非固定模式曲线回归分析、单水平和多水平多重曲线回归分析。每种回归分析方法都介绍了分析目的、数据结构(问题与数据)、切入点(分析与解答)、统计模型(计算原理)、分析步骤(含 SAS 实现)。在固定模式单水平非线性回归分析中，涉及的统计模型有二项型和三项型指数曲线模型、Logistic 和 Gompertz 和 Richards 生长曲线模型、Bleasdale-Nelder 和 Halliday 和 Farazdaghi-Harris 产量-密度曲线模型；在非固定模式单和多水平多重非线性回归分析中，涉及的统计模型有二值结果变量定性资料单和多水平 Logistic 和 Probit 和互补双对数回归模型、多值有序结果变量定性资料单和多水平累积 Logistic 和 Probit 和互补双对数回归模型、多值名义结果变量定性资料单和多水平扩展 Logistic 回归模型、计数资料单和多水平 Poisson 和负二项回归模型。在上述各种情况下，还给出了同类问题的比较研究和 SAS 智能化实现方法及结果解释。

35.《课题设计与数据分析——关键技术与标准模版》简介

胡良平主编. 北京：军事医学科学出版社，48.5 万字，2014.1(48.00 元)。本书以"如何做好科研课题"为出发点和落脚点，开门见山，直奔主题，第 1 章从正反两种不同的视角，全面介绍了课题设计的基本概念、关键技术、具体做法和常见错误的辨析与释疑；第 2 章介绍了智源临床研究执行平台，它是一个智能化很高的数据管理和数据分析软件平台，集数据网络平台录入、随机分组、逻辑核查、与国际著名统计分析软件 SAS 实现无缝对接等功能于一身；第 3、4 章介绍了临床试验研究中不可缺少的两个关键技术，即样本含量估计和随机化的 SAS 实现；第 5 章介绍了临床试验数据管理的标准操作规程、质量控制、具体流程和建立数据库的多款软件；第 6 ~ 9 章介绍了与高质量完全科研课题密切有关的第二部分内容，即对资料的统计表达描述和各种统计分析。书中介绍的统计分析方法几乎都可采用 SAS 智能化实现，免去了使用者在分析过程中很多不必要的担心和麻烦。

36. 配套软件简介

(1)与《现代统计学与 SAS 应用》和《Windows SAS 6.12 & 8.0 实用统计分析教程》两本书对应的 SAS 引导程序，即 SASPAL 软件由李子建研制，需要者或有疑问者请发电子邮件联系：lphu812@sina. com。

(2)与《口腔医学科研设计与统计分析》一书对应的 SAS 引导程序，即 SASPAL 软件由胡纯严研制，需要者或有疑问者请发电子邮件联系：valenccia@ sina. com 或 lphu812@ sina. com。

(3)与《统计学三型理论在统计表达与描述中的应用》、《统计学三型理论在定量与定性资料统计分析中的应用》、《医学统计学——运用三型理论进行多元统计分析》、《医学统计学——运用三型理论进行现代回归分析》、《正确实施科研设计与统计分析——统计学三型理论的应用与发展》、《SAS 统计分析教程》、《科研设计与统计分析》、《非线性回归分析与 SAS 智能化实现》对应的 SAS 引导程序，即 SASPAL 软件均由胡纯严研制，需要者或有疑问者请发电子邮件联系：valenccia@ sina. com。

参 考 文 献

[1] SAS 9.2 帮助文档。

[2] 高惠璇. SAS 系统 Base SAS 软件使用手册[M]. 北京：中国统计出版社，1997.

[3] 朱世武. SAS 编程技术教程[M]. 北京：清华大学出版社，2007.

[4] 胡良平. SAS 试验设计与统计分析[M]. 北京：人民卫生出版社，2010.

[5] 胡良平. 现代统计学与 SAS 应用[M]. 北京：军事医学科学出版社，2000.

[6] 胡良平. 统计学三型理论在试验设计中的应用[M]. 北京:人民军医出版社，2006.

[7] 刘玉秀，姚晨，杨友春，等. 随机化临床试验及随机化的 SAS 实现[J]. 中国临床药理学与治疗学，2001，6(3):193-195.

[8] 薛富波，张文彤，田晓燕. SAS 8.2 统计应用教程[M]. 北京：兵器工业出版社，北京希望电子出版社，2004.

[9] SAS Institute Inc. SAS/STAT 9.2 User's Guide. NC：SAS Institute Inc.，2008：4725-4757.

[10] SAS Institute Inc. SAS/QC 9.2 User's Guide. NC：SAS Institute Inc.，2008：977-1054.

[11] SAS Institute Inc. Base 9.2 Procedures Guide. NC：SAS Institute Inc.，2008：1297-1054.

[12] Anton SD，Shuster J，Leeuwenburgh C. Investigations of botanicals on food intake，satiety，weight loss and oxidative stress：study protocol of a double-blind，placebo-controlled，crossover study. J Chin Integr Med. 2011(11)：1190-1198.

举报电话：（010）88254396；（010）88258888

传　　真：（010）88254397

E-mail：　dbqq@phei.com.cn

通信地址：北京市海淀区万寿路173信箱
　　　　　电子工业出版社总编办公室

邮　　编：100036